PHYLLIDA BARLOW
frontier

PHYLLIDA BARLOW
frontier

Herausgegeben von Damian Lentini

HAUS
DER
KUNST

HIRMER

Inhalt

Vorwort
Andrea Lissoni

Die Skulpturen Phyllida Barlows, die am bekanntesten für ihre ebenso beeindruckenden wie spielerischen, mit bunten Farben bemalten Installationen aus wohlfeilen, geringwertigen Materialen ist, wirken in den von ihnen okkupierten Räumen ruhelos und eindrücklich zugleich. Indem sie die Grenzen von Masse, Volumen und Höhe ausloten, fordern diese Werke die Besucher:innen stets aufs Neue heraus, ihre Beziehung zur Skulptur, zu ihrem musealen Umfeld und zur Welt jenseits desselben neu zu beurteilen. Viele dieser monumentalen Kunstwerke werden neben zentralen historischen Arbeiten und einer breiten Palette von Zeichnungen im Haus der Kunst anlässlich der Ausstellung *PHYLLIDA BARLOW. frontier* präsentiert, bei der es sich um die größte Überblicksschau zu Barlows künstlerischer Praxis im Verlaufe einer bemerkenswerten, 50 Jahre umspannenden Karriere handelt.

Wie der Ausstellungstitel und die bewusst disruptive Art, in der sich die Künstlerin dabei der Groß- und Kleinschreibung bedient, zu erkennen geben, versucht Barlow in ihrem Schaffen die Grenzregion zwischen dem Vertrauten und dem Unbekannten zu besetzen. Durch die Hervorhebung der den dreidimensionalen Werken inhärenten Mehrdeutigkeit in ihrer Beziehung zum Raum des Museums und dem der Betrachter:innen werfen Barlows Objekte Fragen hinsichtlich des Verhältnisses der Skulptur zu den in der Welt anzutreffenden Beschränkungen und Strukturen auf. Indem die Ausstellung und der sie begleitende Katalog Barlows zentrale Rolle in einem traditionell von Männern beherrschten Medium betonen, untermauern sie die lebenslange Hingabe, mit der die Künstlerin die formalen und materiellen Möglichkeiten der Skulptur in verschiedenen Medien erkundet hat, und situieren ihre Praxis am Dreh- und Angelpunkt der um die Grenzen und Schwellen der skulpturalen Praxis kreisenden Debatten. Wie die Beiträge zu dieser wissenschaftlichen Publikation wiederholt belegen, stand Barlow seit dem Abschluss ihres Studiums an der Londoner Slade School of Fine Arts 1966 an vorderster Front der Auseinandersetzungen um die skulpturale Form. Ja, es genügt die zahllosen Künstler:innen zu befragen, die sie selbst zwischen 1988 und ihrer Pensionierung 2009 an der Slade School unterrichtet hat, um sich von der maßgeblichen Stellung und der Vitalität ihres skulpturalen Schaffens über Jahrzehnte hinweg zu überzeugen. Barlow war nicht nur eine einzigartige Lehrerin, sondern auch eine umtriebige Akteurin innerhalb des Narrativs der zeitgenössischen Skulptur, wie es sich seit den 1960er-Jahren bis zum Beginn dieses Millenniums entfaltete. Dies wiederum gibt Anlass zu der Frage, warum Institutionen so lange gebraucht haben, um die herausragende Bedeutung von Barlows künstlerischer Praxis innerhalb des zeitgenössischen Diskurses zur Skulptur zur Kenntnis zu nehmen.

Und schließlich führte, ähnlich wie bei vielen ihrer Kolleg:innen, die zweckdienliche Beschaffenheit der von Barlow im Laufe ihrer Karriere genutzten Medien und Methoden neben dem Mangel an Stauraum für diese monumentalen Werke dazu, dass sie einen Großteil ihrer Skulpturen nach jeder Ausstellung demontierte und die Bestandteile für die Anfertigung neuer Arbeiten wiederverwendete. Tatsächlich erklärt dies mit Sicherheit einen Teil des Mythos, der *Shedmesh*, eines der berühmtesten Werke Barlows umgibt, dessen unverzügliche Demontage nach seiner einmaligen Ausstellung in London 1975 bewirkte, dass alle anschließenden Neubeurteilungen auf zwei nahezu identischen Schwarz-Weiß-Fotos der Installation basieren. Mit bewundernswerter Großzügigkeit willigte Barlow ein, *Shedmesh* für die Ausstellung im Haus der Kunst zu rekonstruieren. Es handelt sich dabei um eine von mehreren eigens für die Ausstellung geschaffenen Auftragsarbeiten, die es den Besucher:innen ermöglicht, dem Werk zum ersten Mal seit 46 Jahren in seiner gesamten materiellen Gestalt gegenüberzutreten.

Diese Rekonstruktion von *Shedmesh* trifft den Kern von Phyllida Barlows Praxis der letzten fünf Jahrzehnte: ein nicht nachlassendes Interesse an den materiellen Eigenschaften und den Grenzbereichen der skulpturalen Form. Unabhängig davon, ob sie in zwei oder drei Dimensionen arbeitet, befördert diese Methode dezidiert materiellen Denkens die unmittelbare Erfahrung unterschiedlicher Medien und Prozesse statt unverhohlen metaphorischer oder biografischer Lesarten. Zusätzlich verstärkt wird dies durch die zweckmäßige Natur vieler der in ihren Skulpturen verwendeten Werkstoffe, die es Barlow erlaubt, die Aufmerksamkeit der Betrachter:innen auf das fortwährende Gefährdetsein dieser Skulpturen in ihrem gleichsam arretierten Zustand zu lenken, worin sich die natürlichen Rhythmen von Wachstum und Verfall in der Geschichte und in der Welt insgesamt spiegeln.

PHYLLIDA BARLOW. frontier präsentiert eine andere Art von „Überblick", einen, der Barlows Gedanken zur Form, zur Materialität und zur Beziehung der Skulptur zum Raum in den Vordergrund stellt. Als Ganzes betrachtet, legen sowohl die Ausstellung als auch die Publikation Zeugnis davon ab, wie Barlow unterschiedliche Ausprägungen der Skulptur entwickelt hat, die von ihren Künstlerkolleg:innen nach wie vor in hohem Maße wertgeschätzt und zitiert werden. Durch eine so weit wie möglich gefasste Präsentation der Art und Weise, wie Barlow die formalen und plastischen Möglichkeiten des skulpturalen Vokabulars mittels einer unablässigen, immer wieder neuartigen Anverwandlung von Materialien und Kompositionstechniken einer steten Transformation unterzieht, macht die Ausstellung anschaulich, dass der Beitrag der Künstlerin zur zeitgenössischen Skulptur heute ebenso vital und wichtig ist wie schon im Verlaufe ihrer gesamten bemerkenswerten Karriere.

Schon in weniger ungewissen Zeiten wie den jetzigen erfordern so große und ambitionierte Ausstellungen wie *PHYLLIDA BARLOW. frontier* die Hingabe und das Engagement einer Vielzahl von Personen, die über mehrere Zeitzonen hinweg zusammenarbeiten. Doch die doppelte Herausforderung durch die Coronavirus-Pandemie und den Brexit konfrontierte dieses Team mit einer einzigartigen Bandbreite an zusätzlichen Erfordernissen bei der Realisierung dieser bahnbrechenden Ausstellung.

In diesem Zusammenhang bedanke ich mich für die entscheidende und großzügige finanzielle Förderung durch die Art Mentor Foundation Lucerne. Außerdem danken wir der Henry Moore Foundation für ihren leidenschaftlichen Einsatz für Barlows Werk und ihren großzügigen Beitrag zur Finanzierung der Ausstellung.

Auch viele andere haben eine wichtige Rolle bei der Realisierung einer Ausstellung von diesem Ausmaß, dieser Komplexität und Ambitioniertheit gespielt. Dabei denken wir etwa an die wichtige und hingebungsvolle Arbeit, die von den Mitgliedern von Phyllida Barlows Studio erbracht wurde, insbesondere Adam Burge, Lucy Wilkinson, Frankie King, Hugo Harris, Helena de Pulford, Daniel Lambert und Joseph Moss, die in verschiedenen Phasen alle wesentliche Unterstützung bei der Umsetzung der Ausstellung und dieser Publikation geleistet haben.

Unser Dank gilt außerdem der Galerie Hauser & Wirth, die Phyllida Barlows Schaffen über viele Jahre hinweg unterstützt hat. Wir danken Ursula Hauser, Manuela und Iwan Wirth ebenso wie Marc Payot, James Koch und Mirella Roma. Unser spezieller Dank richtet sich an Madeline Warren, Sophie Nurse, Elly Hawley, Poppy Fairfax, Maria Brassel und Rosa Bacile für ihre engagierte und unermüdliche Förderung von Barlows Werk allgemein und dieser Ausstellung im Besonderen.

Es besteht kein Zweifel daran, dass diese Publikation eine Bereicherung der wissenschaftlichen wie auch kunstkritischen Beschäftigung mit Barlows Œuvre darstellt. Für den vorliegenden Band haben Briony Fer, Damian Lentini, Lisa Paland, Alex Potts, Gilda Williams und Ulrich Wilmes jeweils gewichtige Essays verfasst, die Licht auf die philosophischen und kulturellen Hintergründe von Barlows Denken werfen und dadurch unsere Sichtweise auf ihr Werk und unser Verständnis desselben auf ein neues Niveau interpretatorischer Klarheit heben. Wir danken ihnen für ihre Beiträge. Außerdem danken wir Jutta Allekotte und Rainer Arnold vom Hirmer Verlag, Dan Solbach (grafische Gestaltung), Max Geuter (Installationsfotografie), Gérard A. Goodrow und Nikolaus G. Schneider (Übersetzung) sowie den Lektor:innen Olivia Parkes und Holger Steinemann dafür, dass sie solch ein schönes und ansprechendes Buch geschaffen haben. Unser besonderer Dank gilt außerdem Lisa Paland und Camilla Langnickel für ihre ebenso tatkräftige wie professionelle editorische Betreuung dieses bedeutenden publizistischen Unterfangens.

Als Institution ist das Haus der Kunst sehr stolz auf das große Engagement seiner Mitarbeiter:innen. Die Sorgfalt, mit der sich jedes Mitglied des Teams dem Aufbau der Ausstellungen widmet, schafft erst die Bedingungen, die das Betrachten der Kunst zu einer lebendigen und stimulierenden Erfahrung machen. Die Organisation von *PHYLLIDA BARLOW. frontier* in diesen Zeiten bedeutete einen gewaltigen logistischen Aufwand, und wir sind zu Recht stolz darauf, dieses wichtige Projekt in die Tat umgesetzt zu haben. Damian Lentini, der Kurator der Ausstellung, hat eine der eindrucksvollsten und prägnantesten Erkundungen von Barlows Werk betreut und damit ein neues Fenster für die zukünftige wissenschaftliche Beschäftigung mit diesem aufgestoßen. Ihm gelten mein großes Lob und meine Dankbarkeit dafür, die Ausstellung vorangetrieben und ihr maßgeblich Kontur verliehen zu haben. Hervorzuheben ist außerdem die kuratorische Assistenz von Lisa Paland, die von Anbeginn an der Organisation der Ausstellung beteiligt war. Innerhalb der kuratorischen Abteilung haben beide sehr von der kollegialen Unterstützung durch Jana Baumann, Anna Schneider, Sarah Theurer, Luisa Seipp, Elena Setzer, Dimona Stöckle und Isabella Kredler profitiert.

Dankbar bin ich auch für die Unterstützung seitens meines Kollegen Wolfgang Orthmayr, des kaufmännischen Direktors, sowie für die unschätzbare Hilfe, die uns durch Patricia Schwab, Cora Szabó, Camille Latreille, Jessica Fuhrmann und Moritz Petersen zuteilgeworden ist. Mein besonderer Dank gilt außerdem der unermüdlichen Arbeit von Michael Haacke, dem Leiter der Ausstellungskoordination, und der Leitenden Registrarin Cassandre Schmid für ihren bemerkenswerten Einsatz bei der Beaufsichtigung der Logistik, die für den Transport und die Installation der Werke dieser anspruchsvollen Ausstellung erforderlich war. Bei ihren Bemühungen wurden sie von ihren Kolleg:innen Markus Brandenburg, Christian Leitna, Elena Carvajal, Susanne von der Groeben und Marjen Schmidt (Ausstellungsabteilung) sowie Adina Laub, Carmella Schürmann, Victoria Henri-Brossard und Chloé Coquilhat (Registratur) unterstützt.

Würdigen möchte ich außerdem die außergewöhnliche Arbeit von Pia Linden, Andrea Saul, Sabine Brantl, Sylvia Clasen und Anne Leopold von der Abteilung für Bildung und Vermittlung sowie der

Presse- und Marketingabteilung in Person von Tina Anjou (Marketing), Elena Heitsch (Presse), Iris Ludwig, Alexandra Reißer, Amelie Geiger und Lucy Spitzkopf. Auch die für Technik und Sicherheit zuständige Abteilung mit Anton Köttl, Roland Roppelt, Konstantin Kamponeski und Niels Osthorst verdient Anerkennung für ihren Beitrag.

Abschließend möchte ich meiner immensen Dankbarkeit gegenüber Phyllida Barlow Ausdruck verleihen dafür, dass sie sich zu dieser Ausstellung bereit erklärt hat, noch mehr aber dafür, dass sie uns dabei geholfen hat, eine Schau von solcher Schönheit und Kraft zu realisieren, die neue Fragen hinsichtlich der Beziehung zwischen der zeitgenössischen Skulptur und unserer Lebenswelt aufwirft. Barlows innovativer Umgang mit der Skulptur hat ein wegweisendes und bleibendes Vermächtnis auf diesem Gebiet hervorgebracht, und ihre grenzenlose Großzügigkeit sowie ihr beispielloses Wissen haben die Ausstellung und diese Publikation zu einer wunderbar bereichernden Erfahrung gemacht.

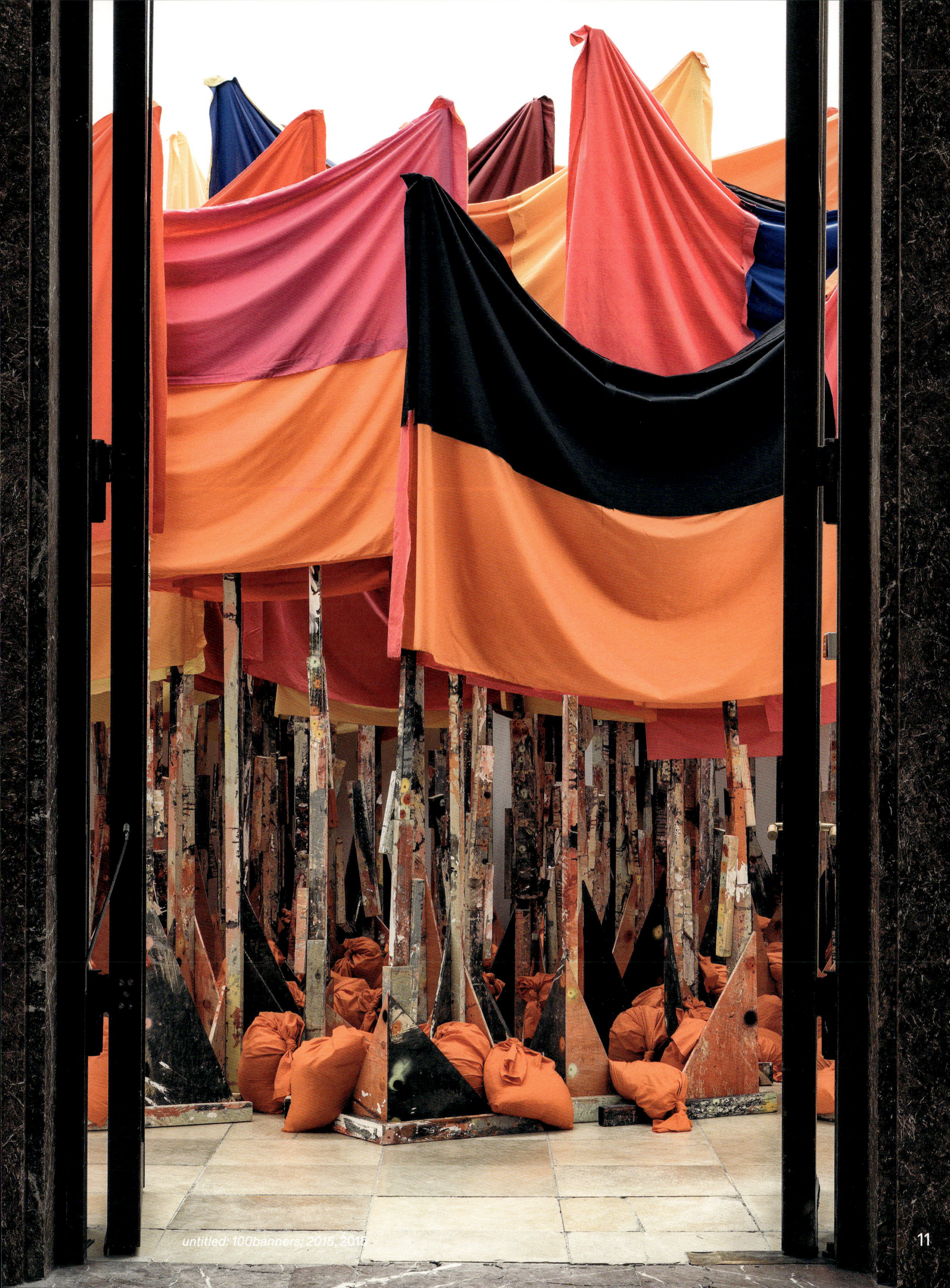

untitled: 100banners, 2015, 2015

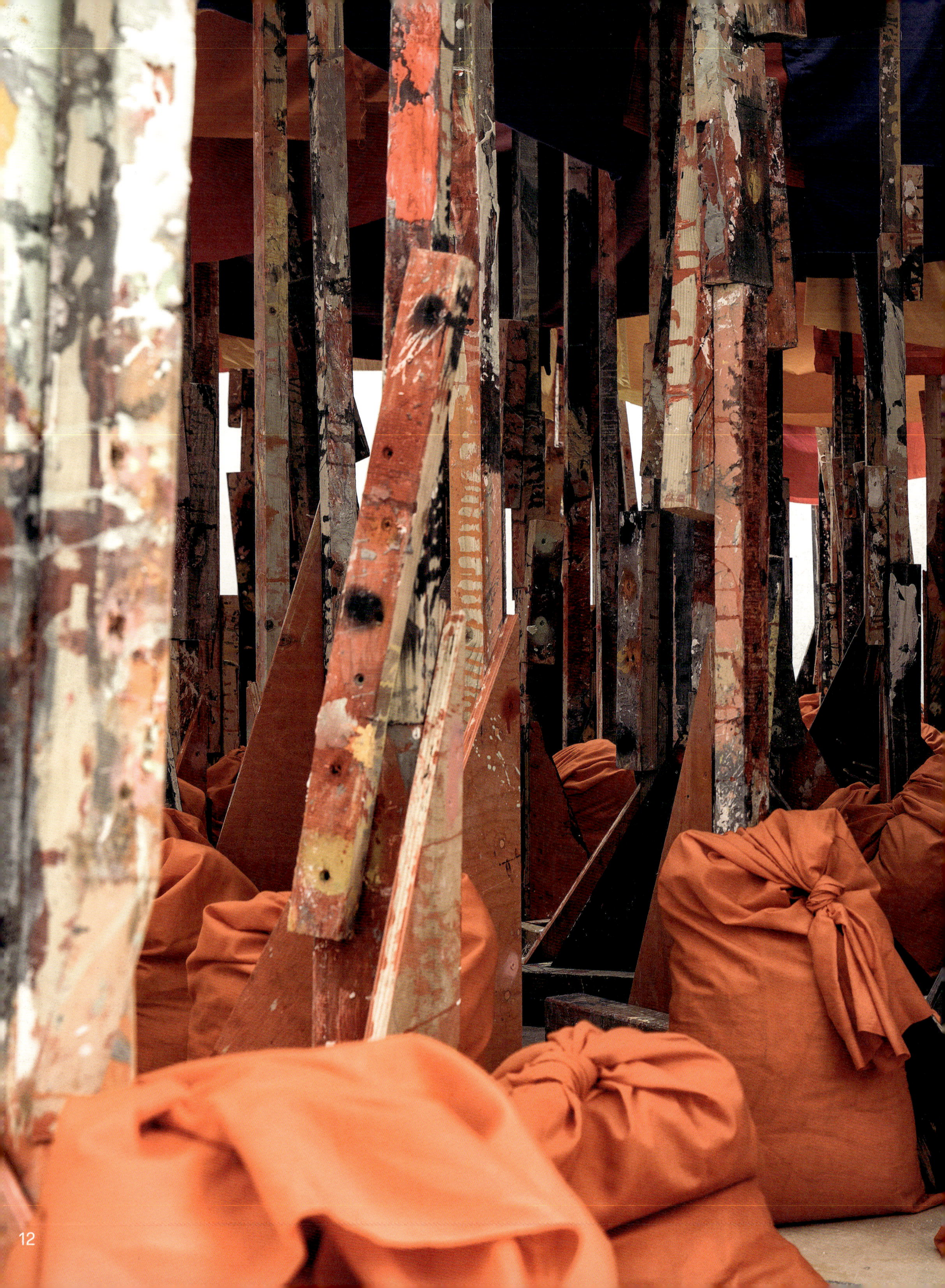

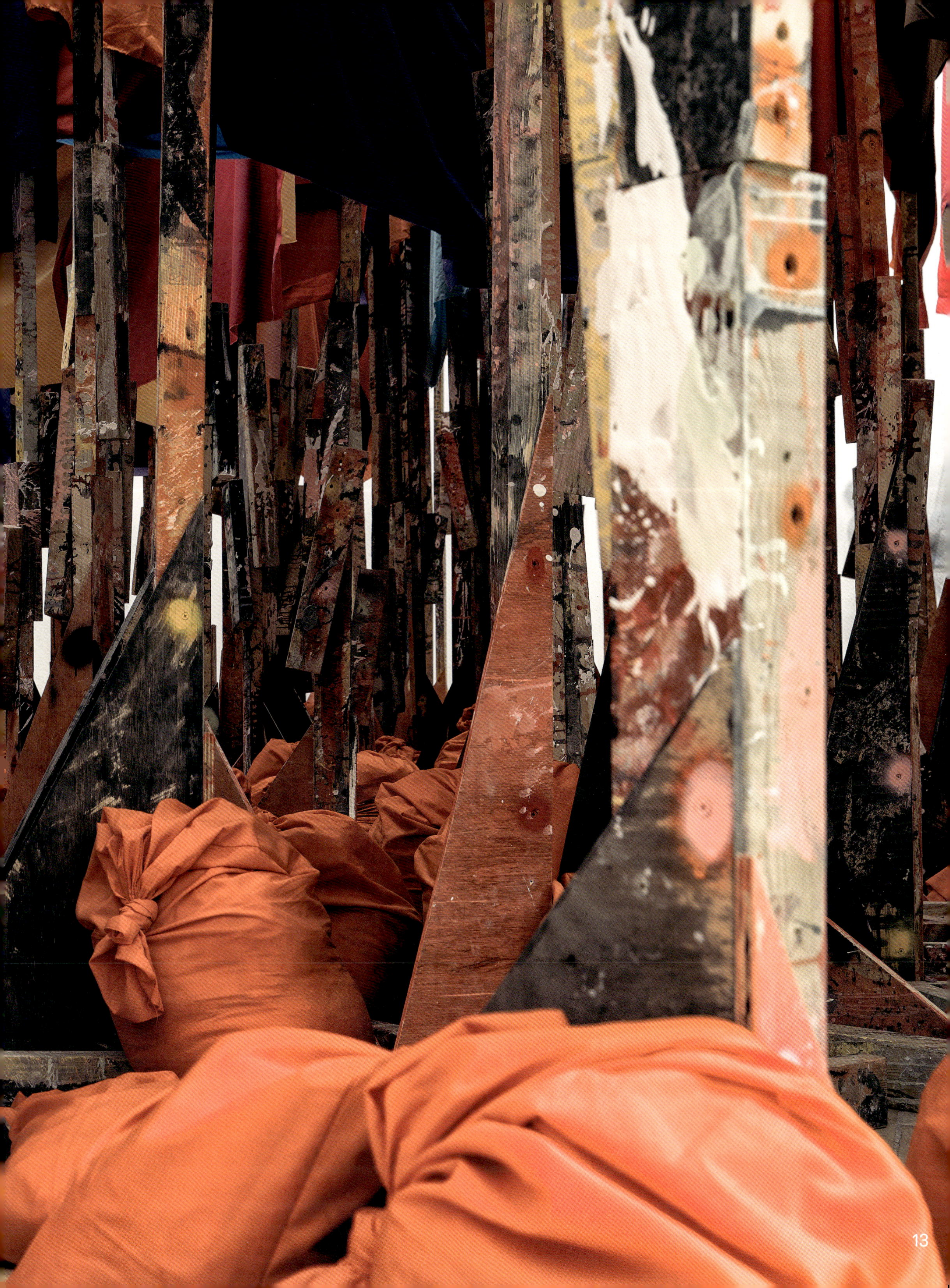

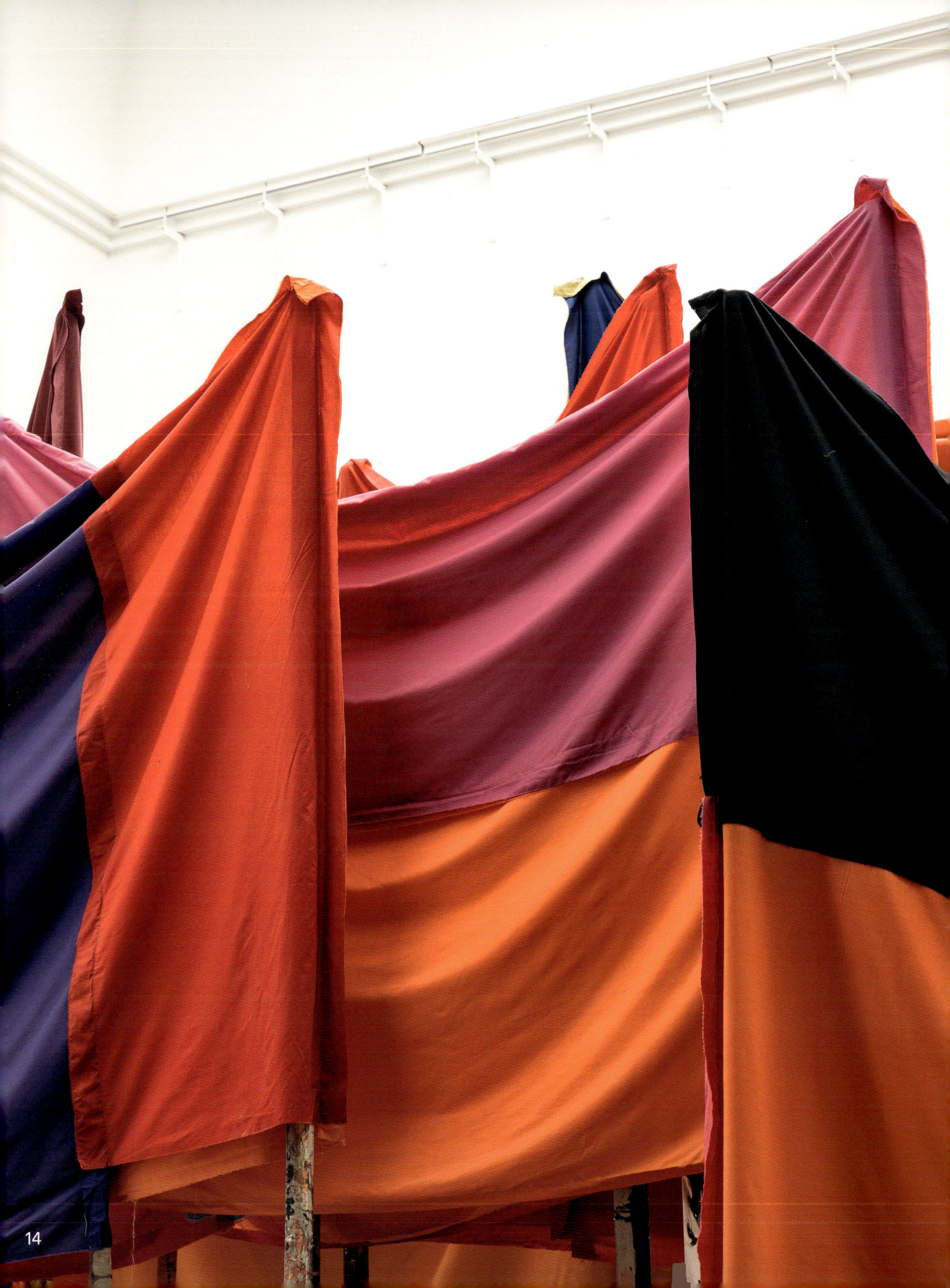

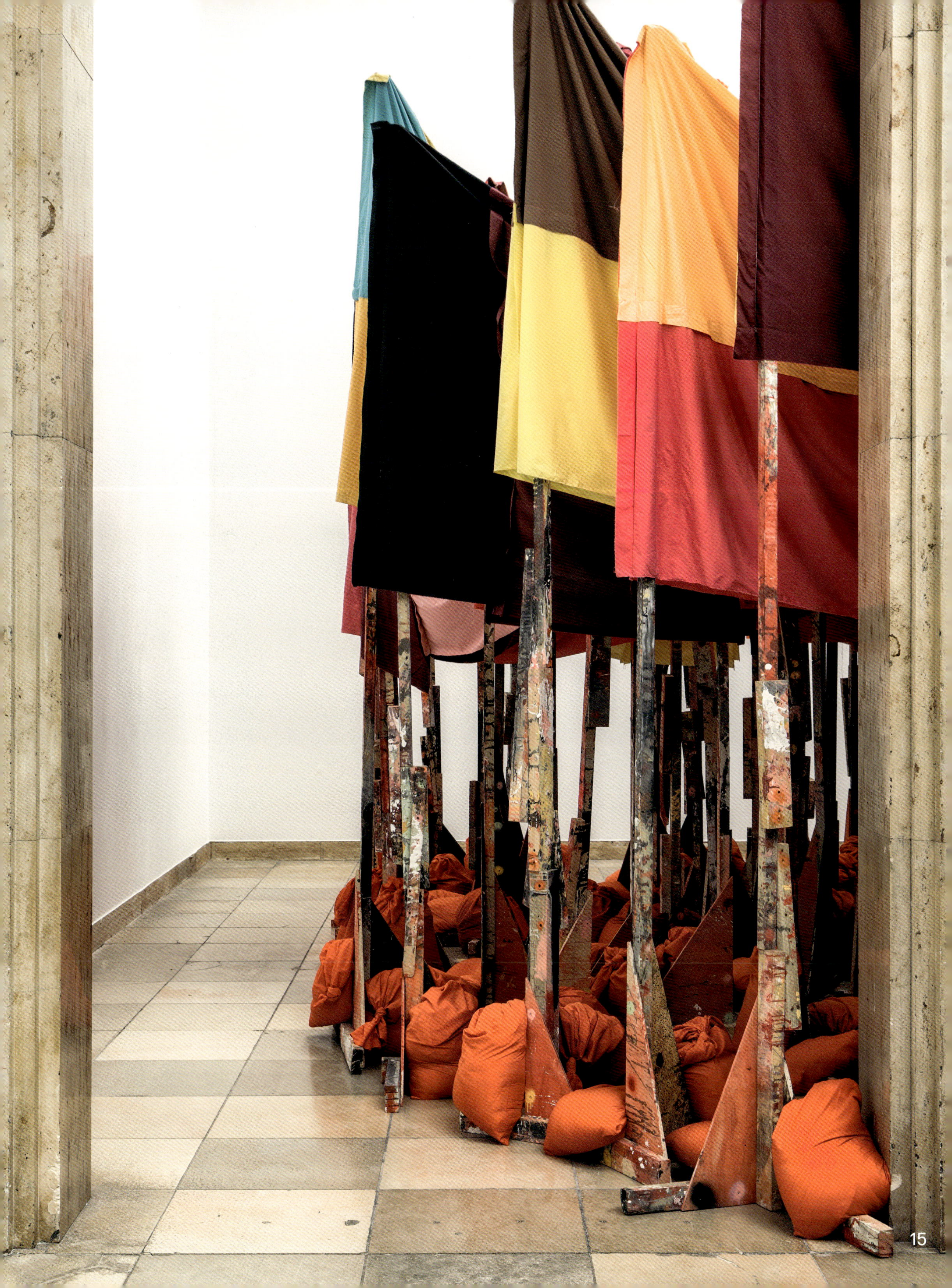

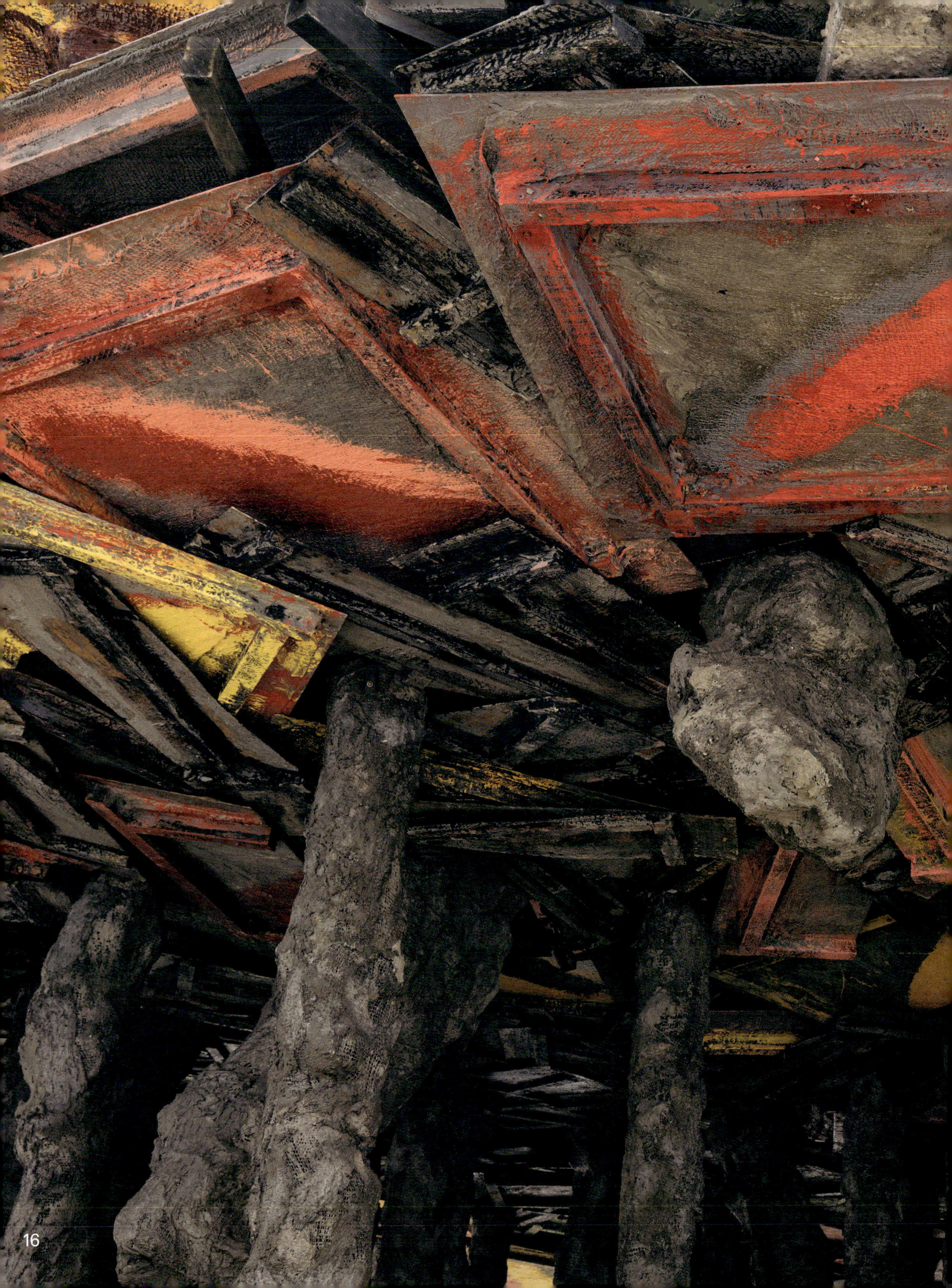

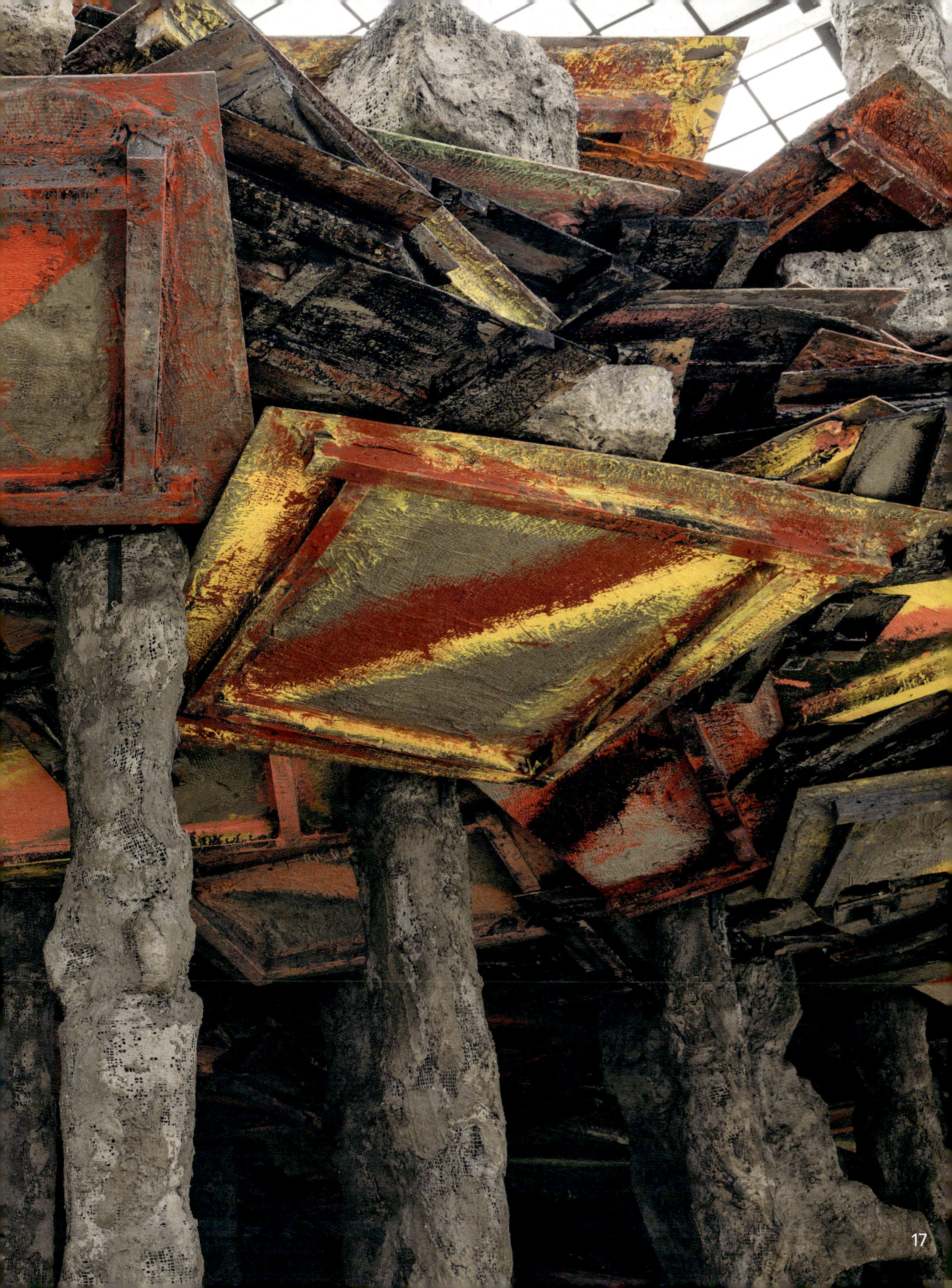

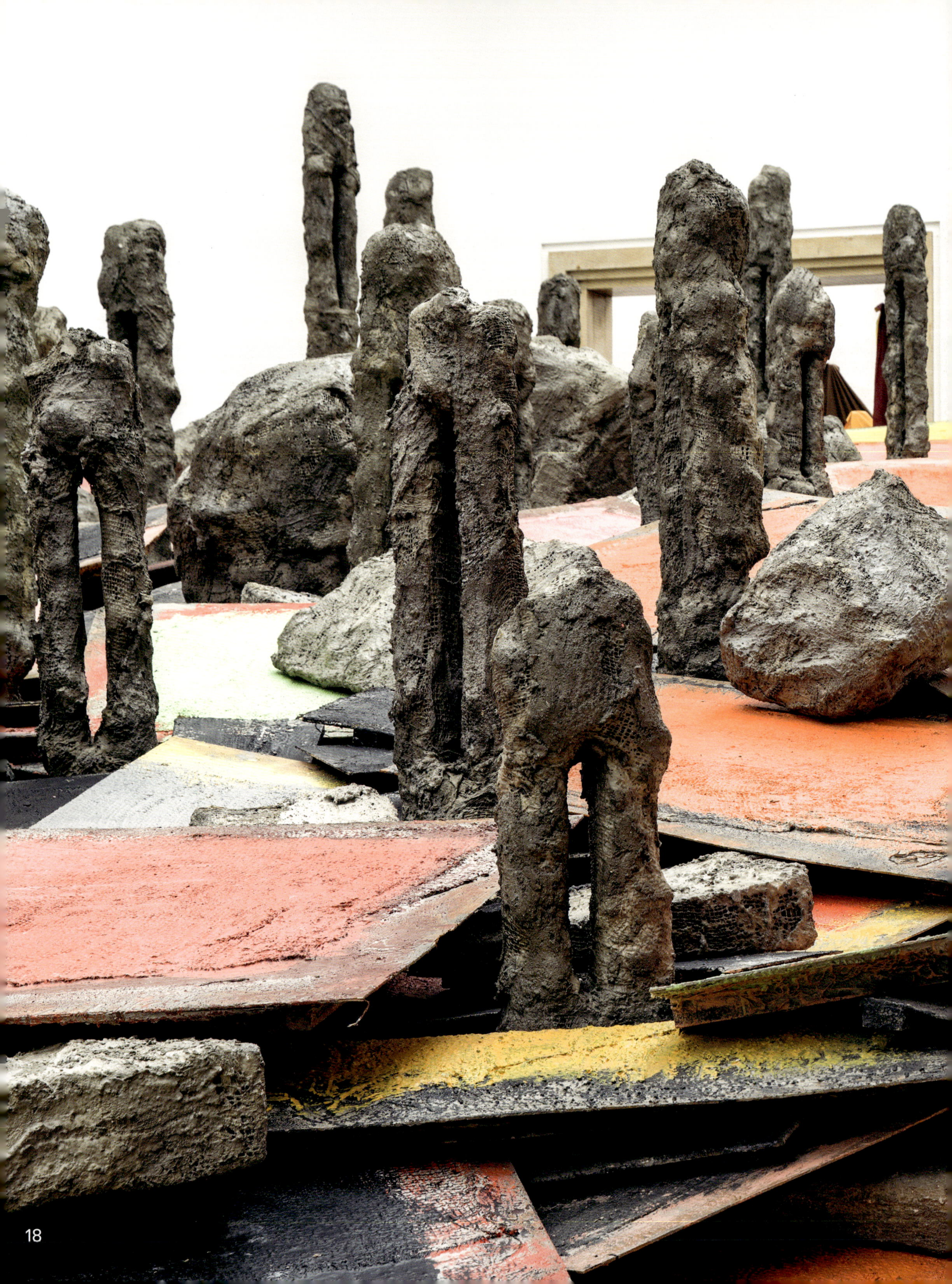

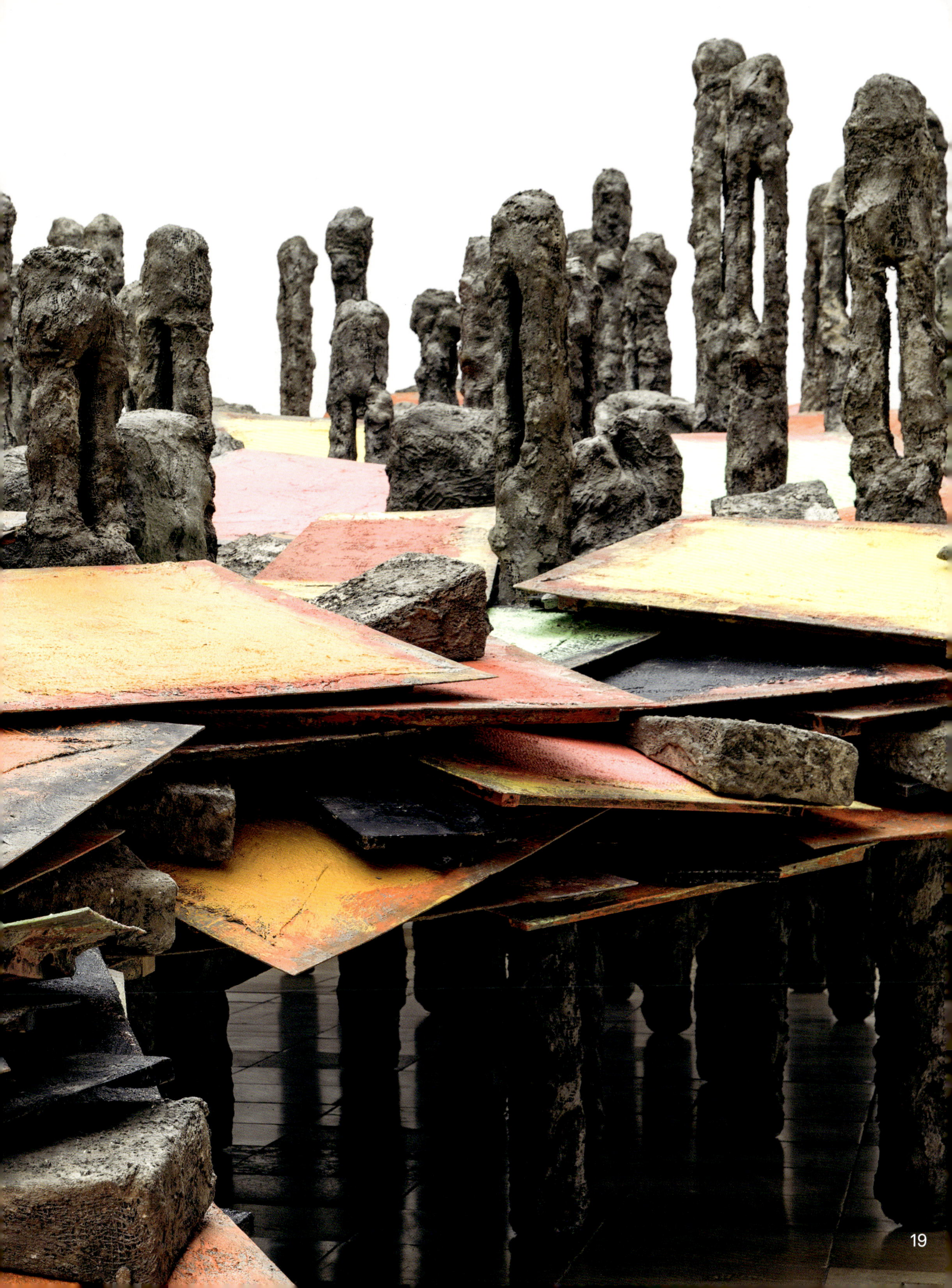

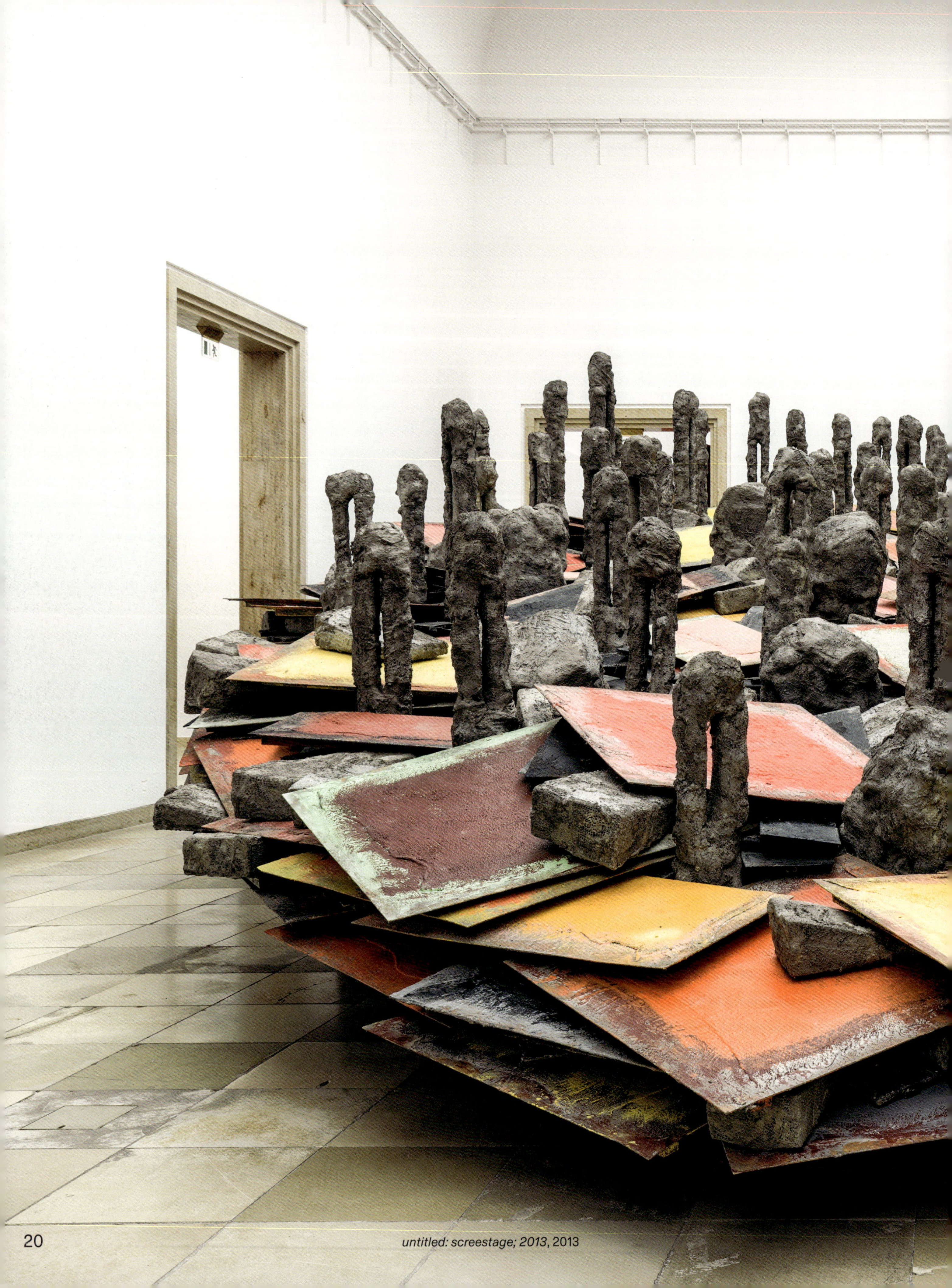

untitled: screestage; 2013, 2013

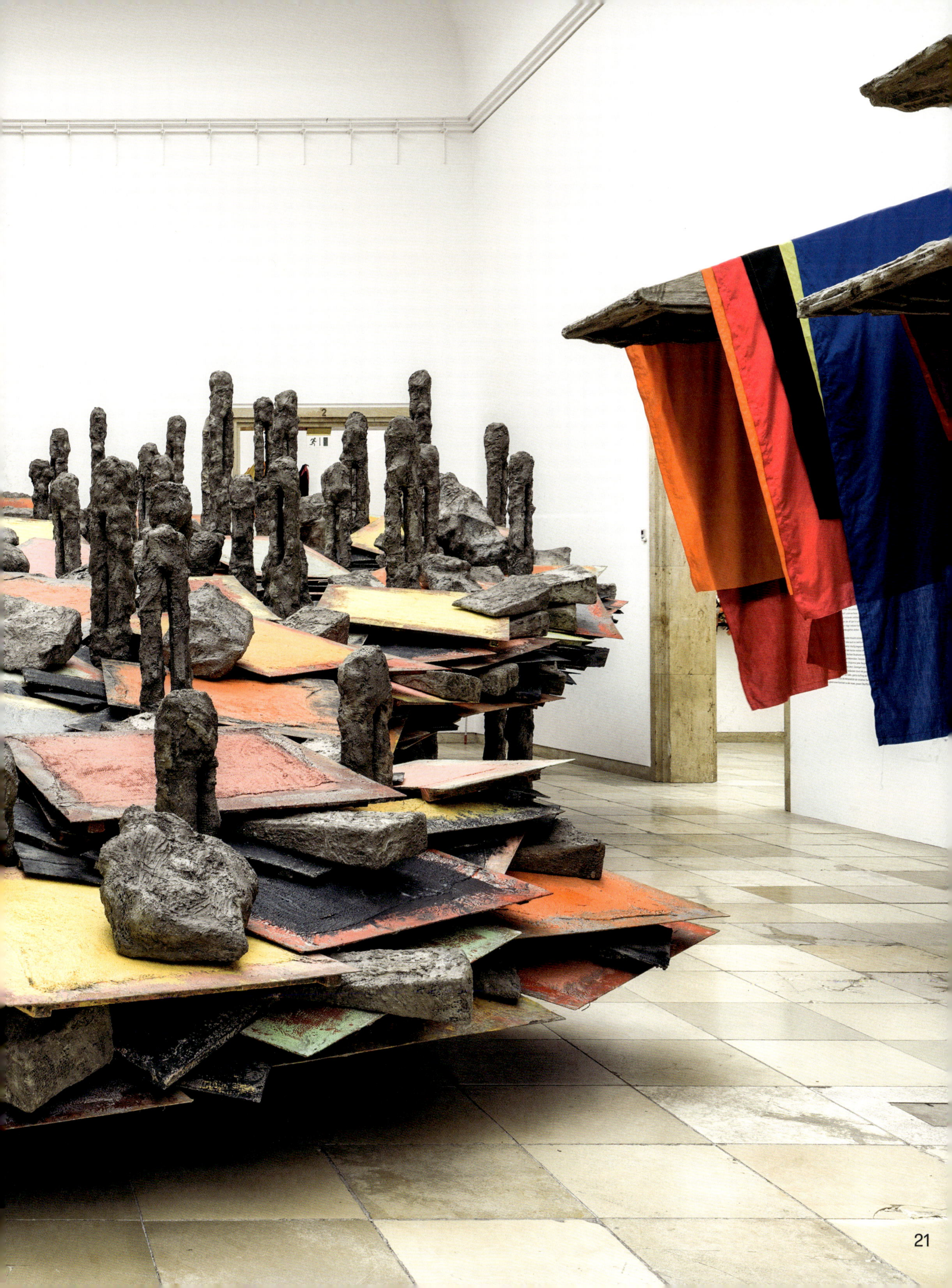

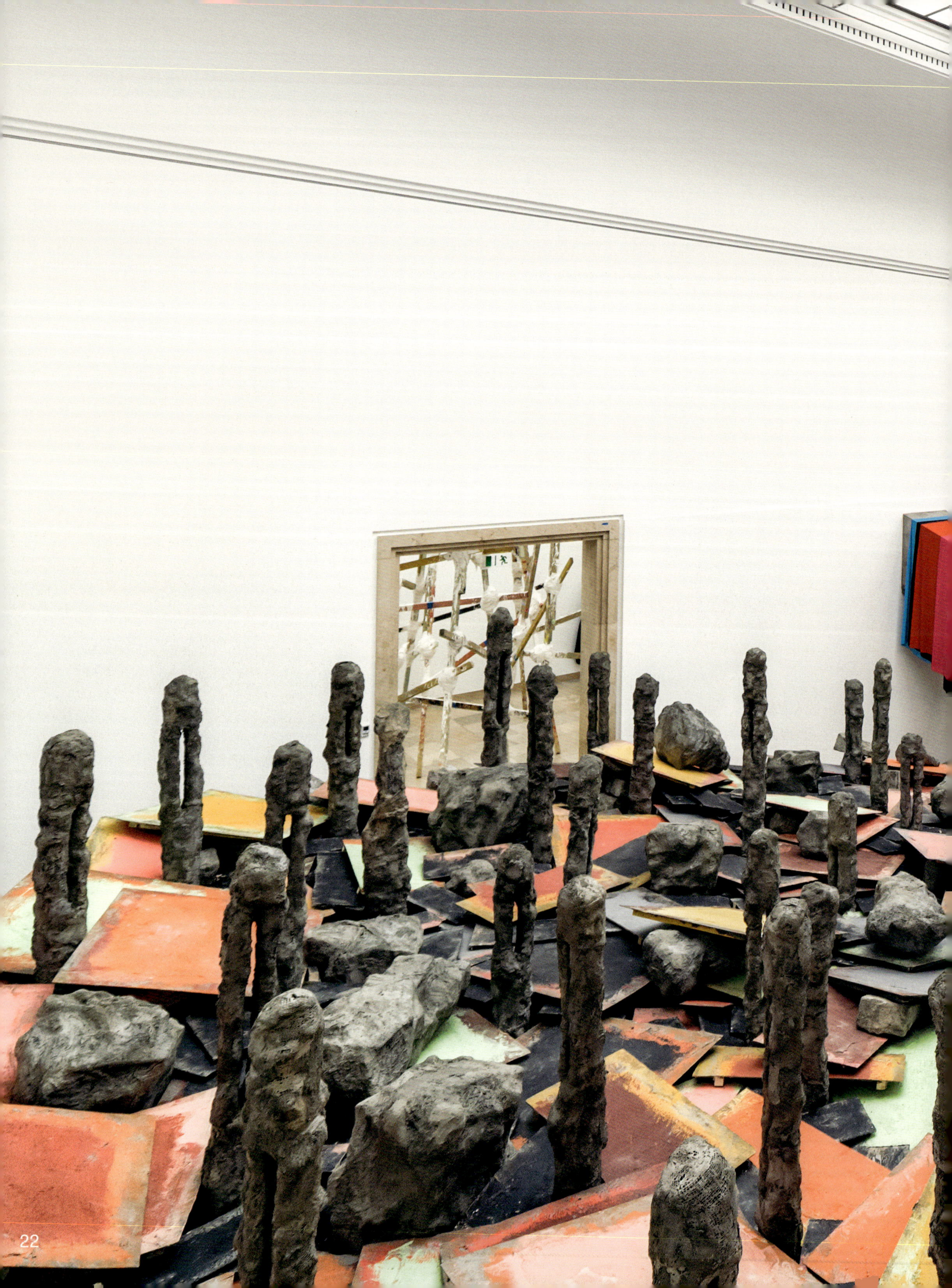

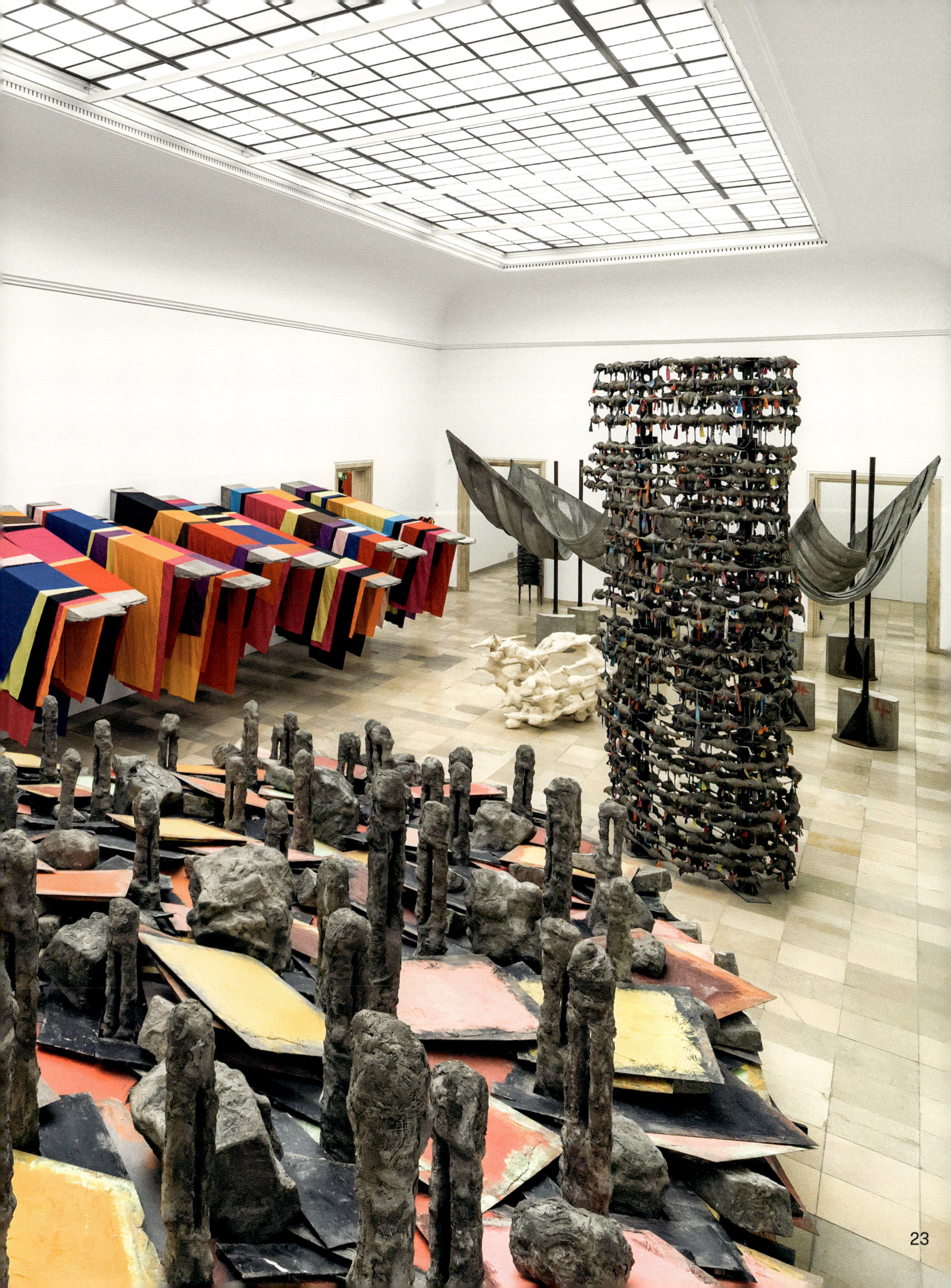

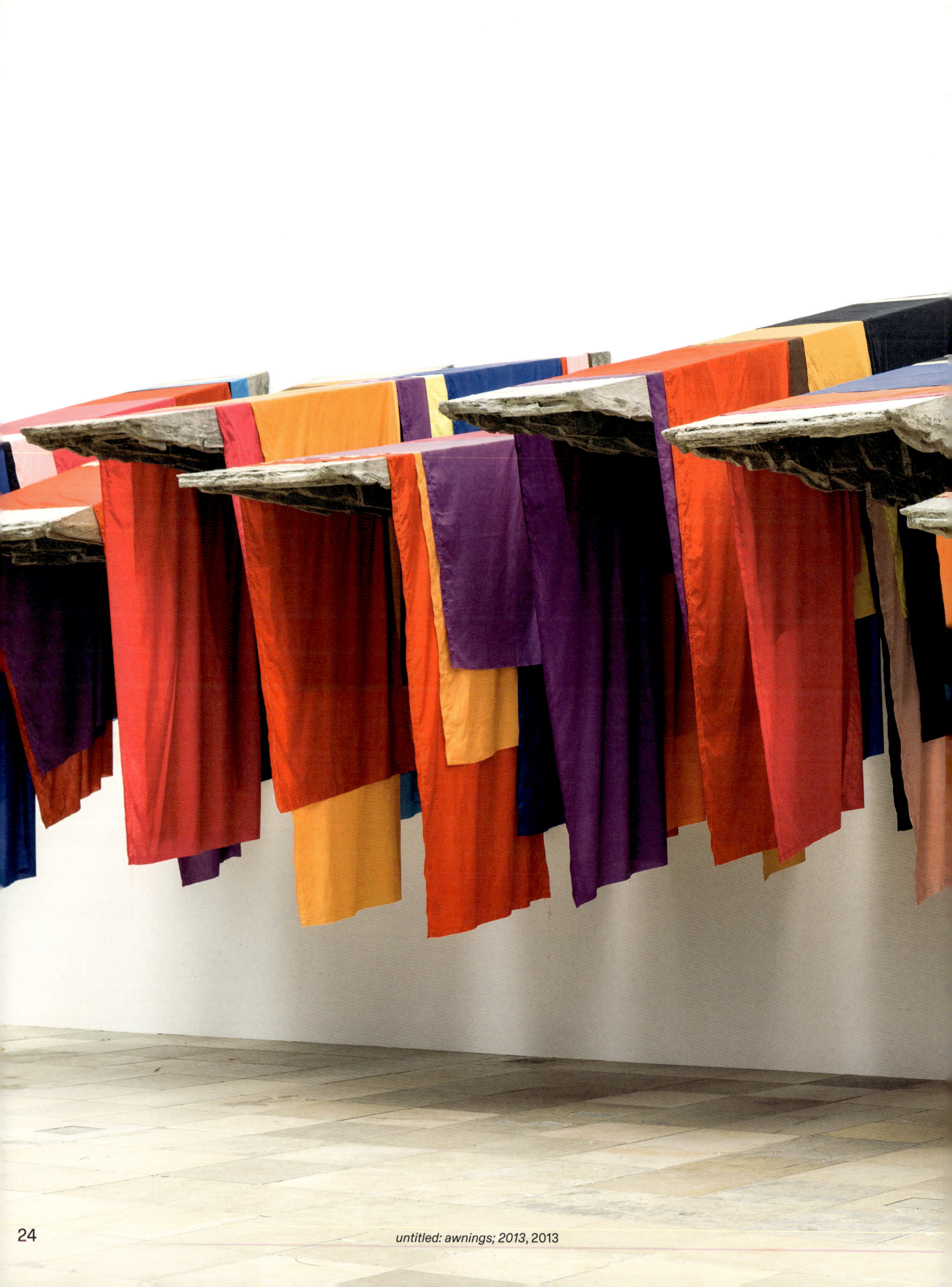

untitled: awnings; 2013, 2013

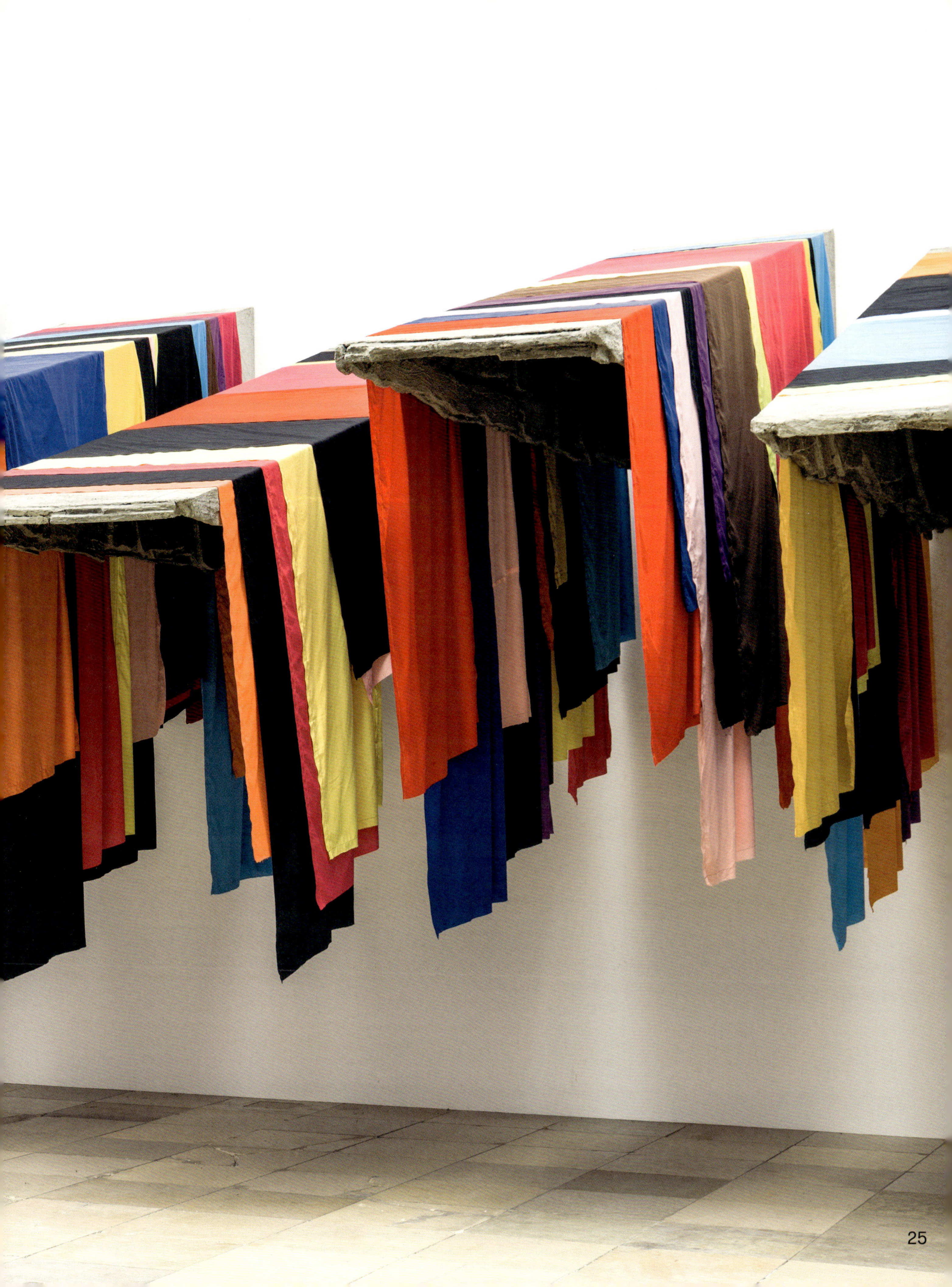

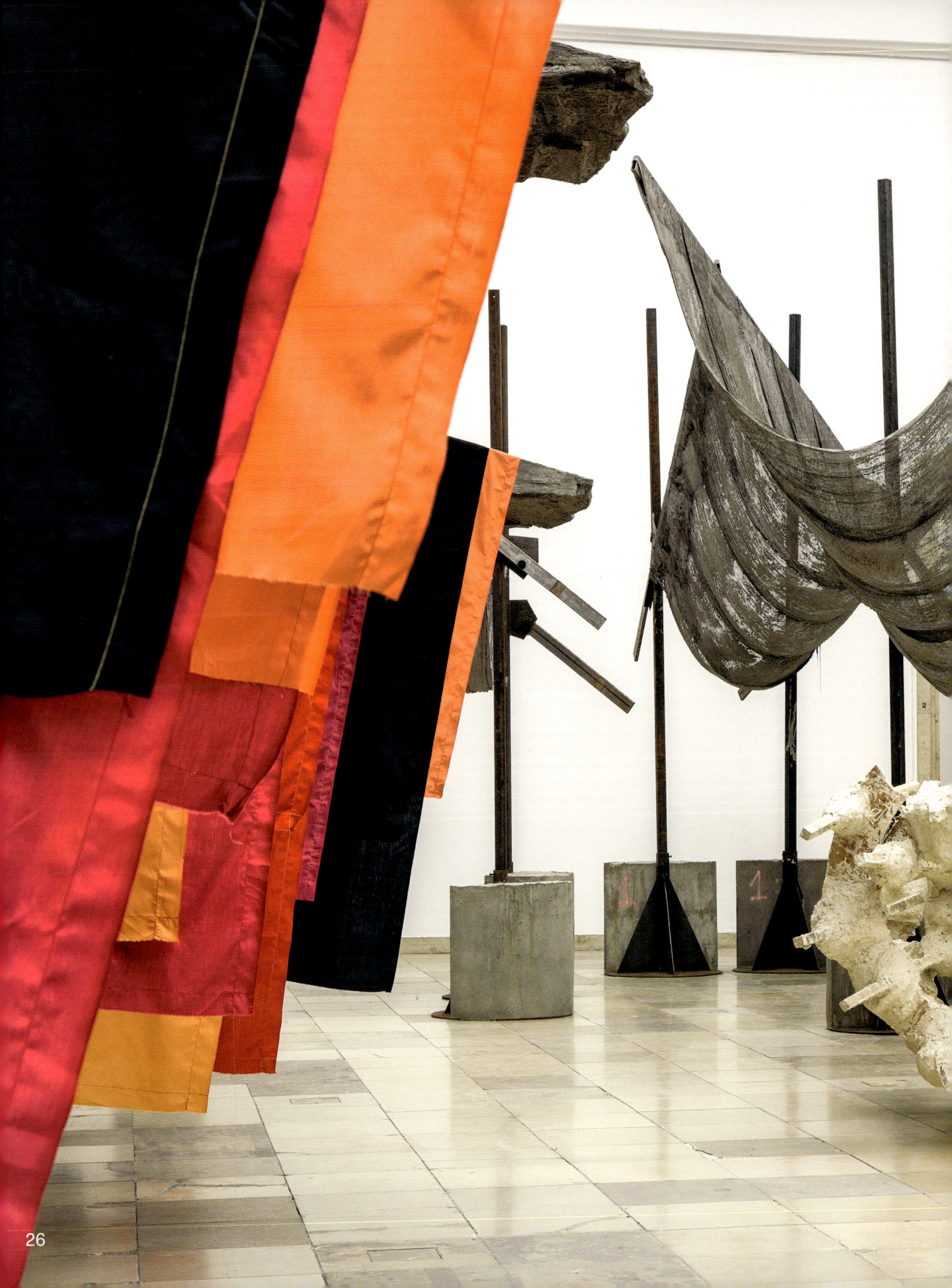

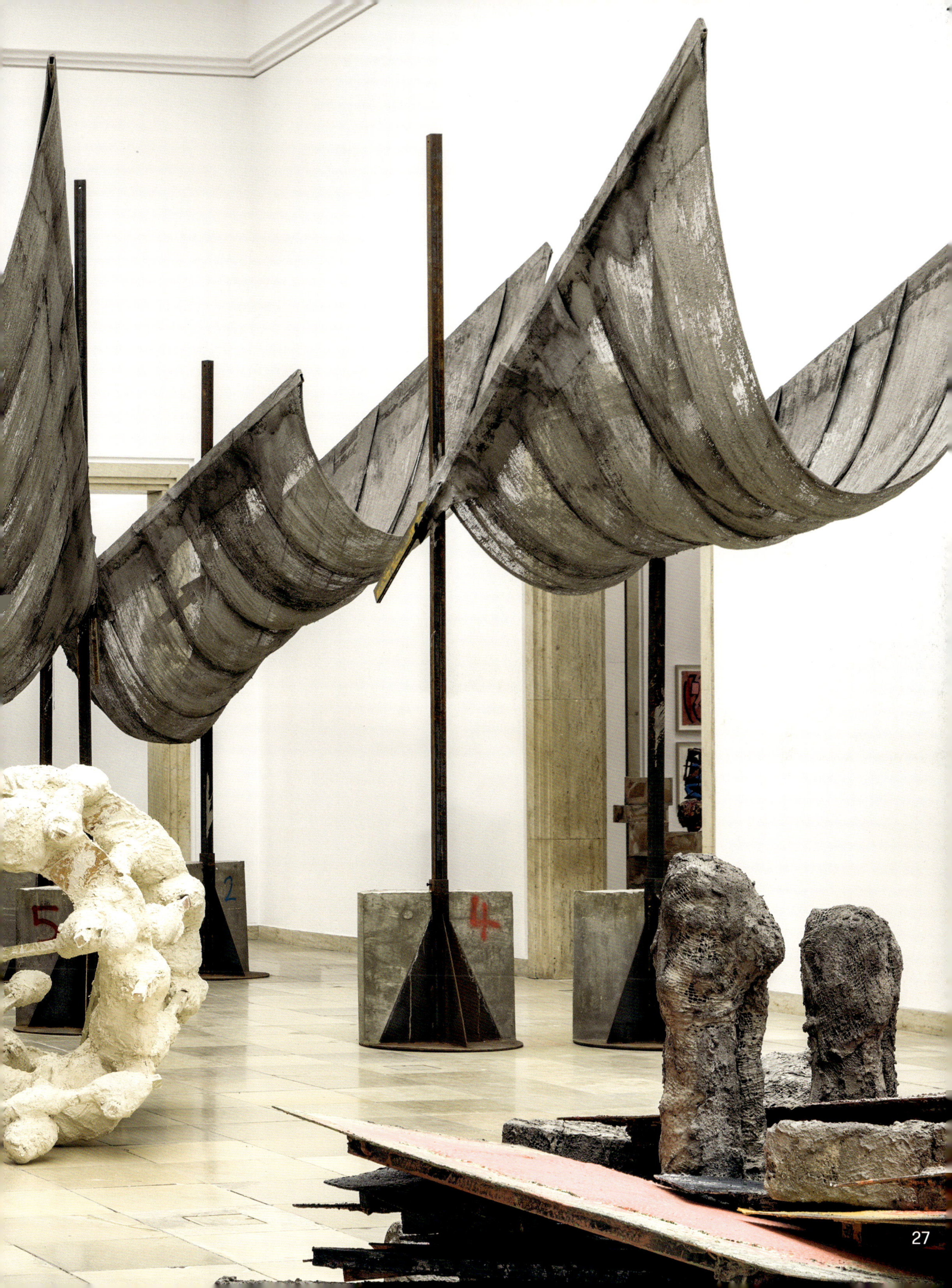
5
2
4

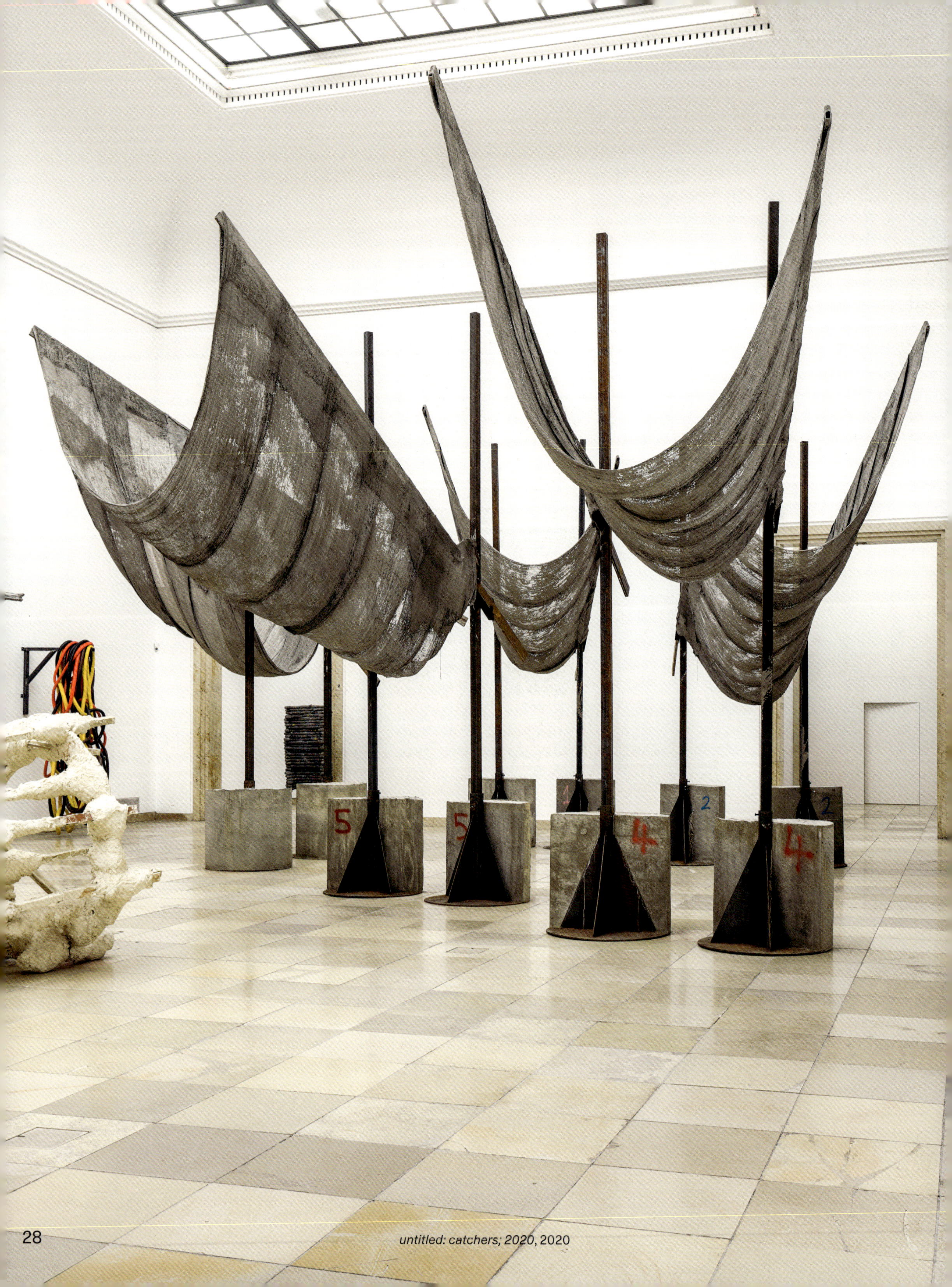

untitled: catchers; 2020, 2020

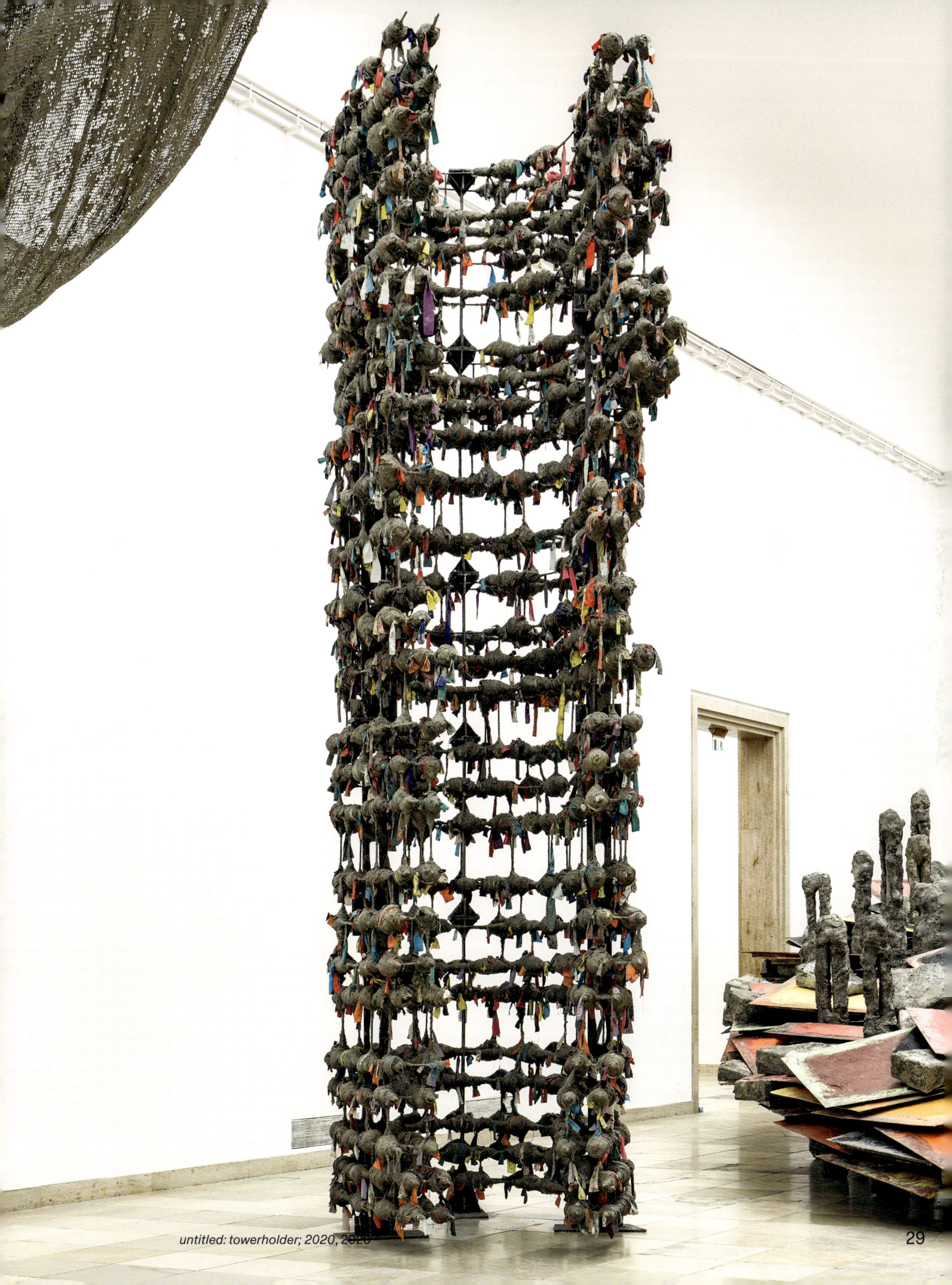

untitled: towerholder; 2020, 2020

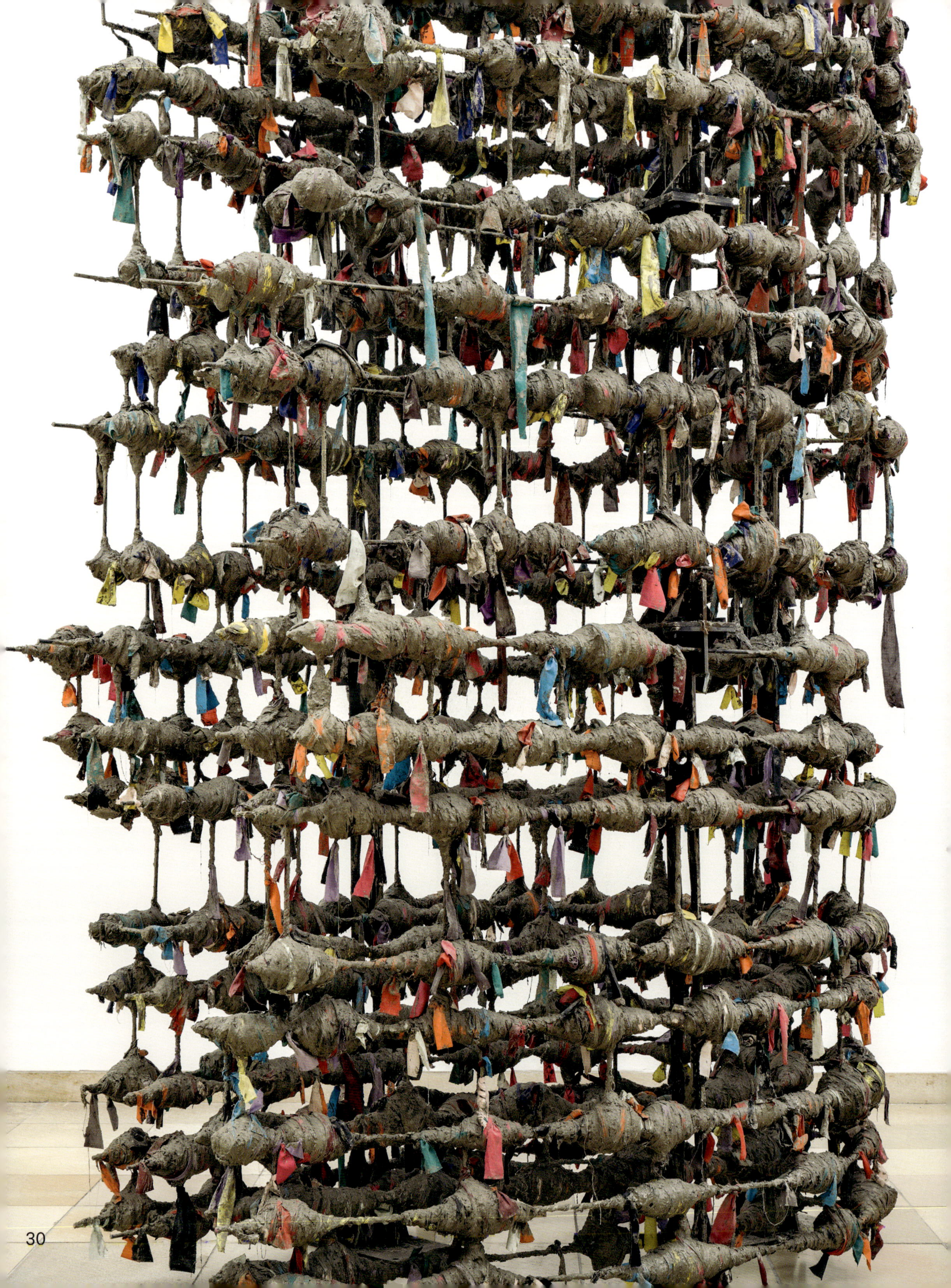

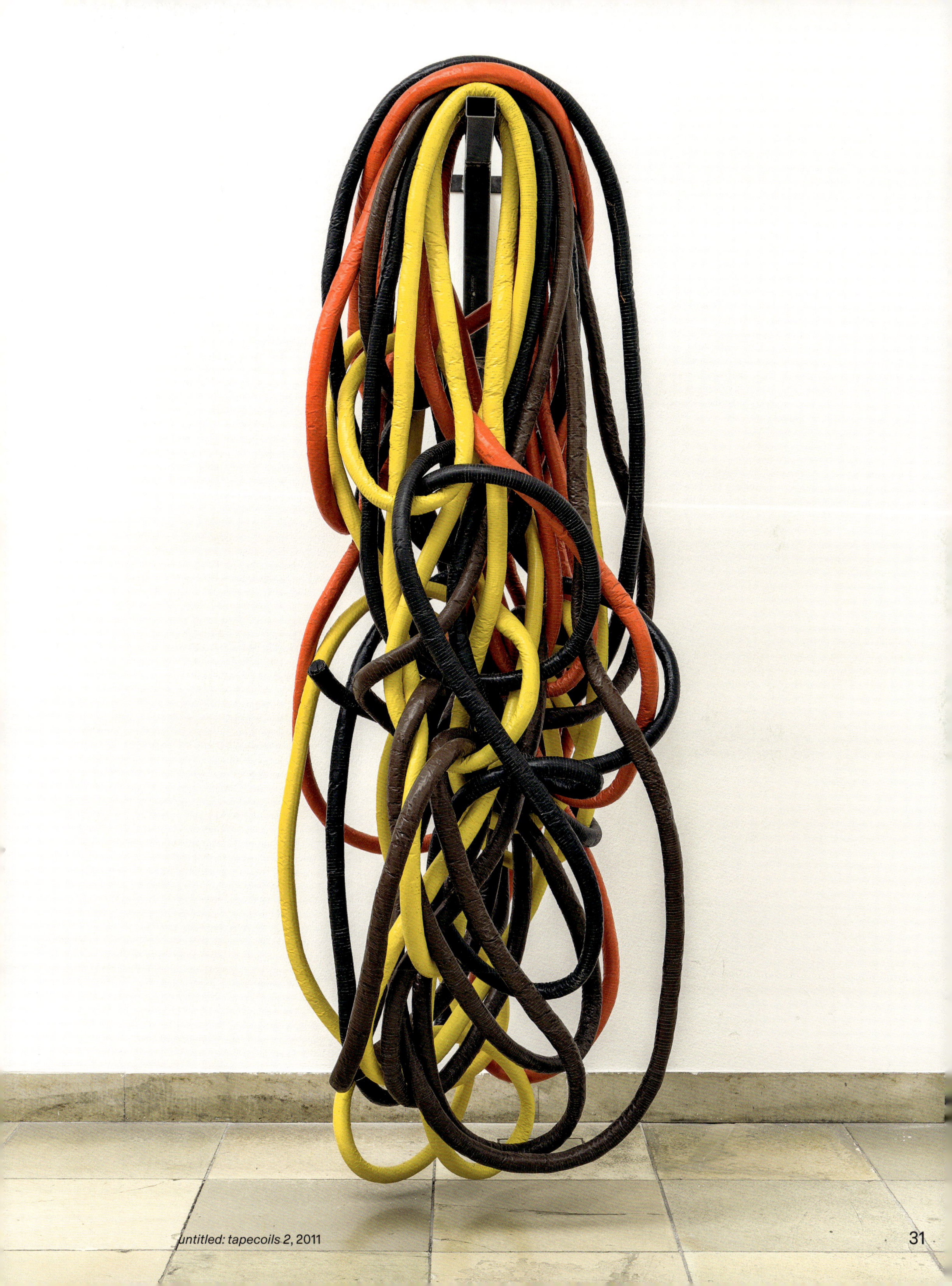

untitled: tapecoils 2, 2011

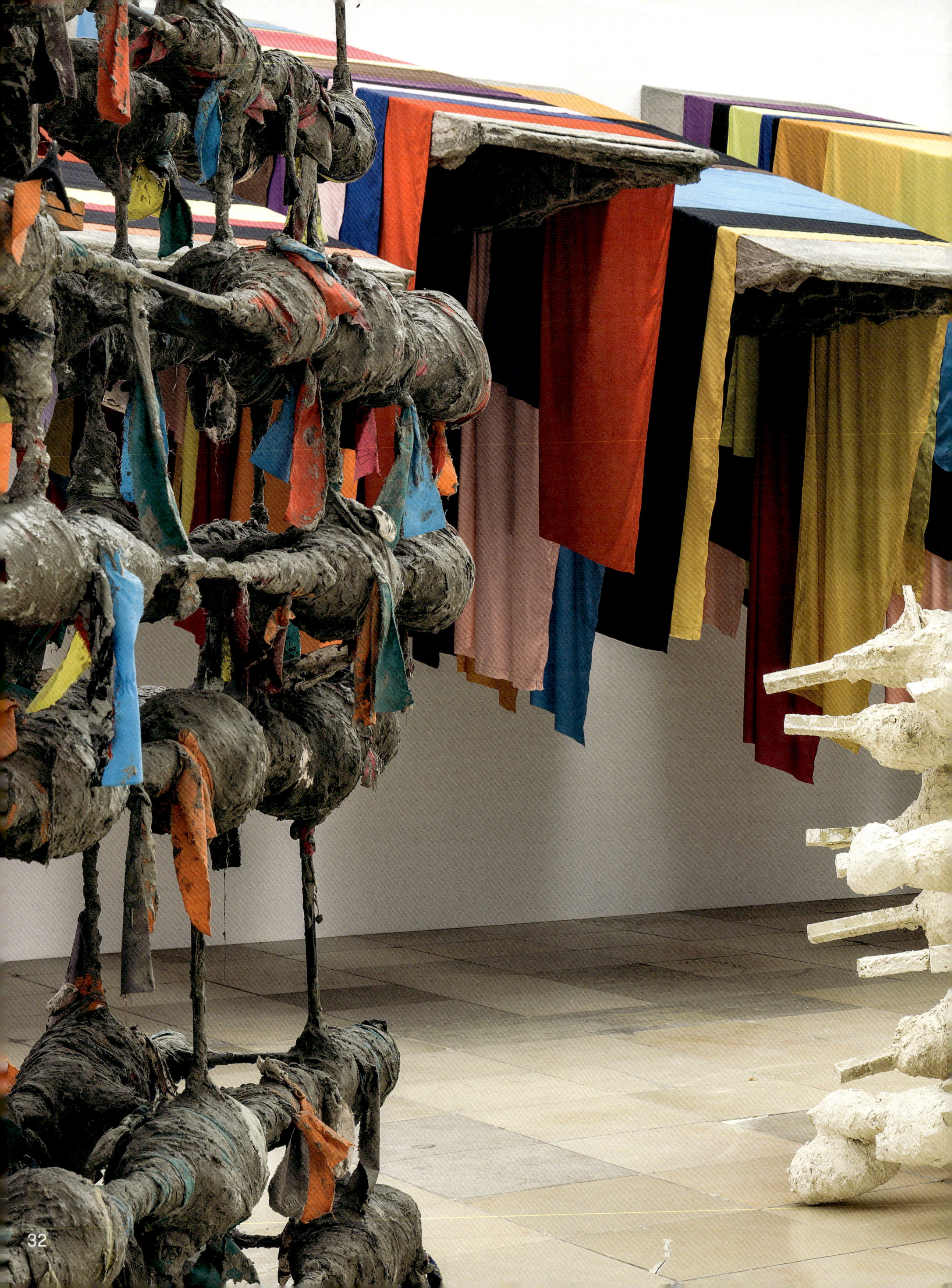

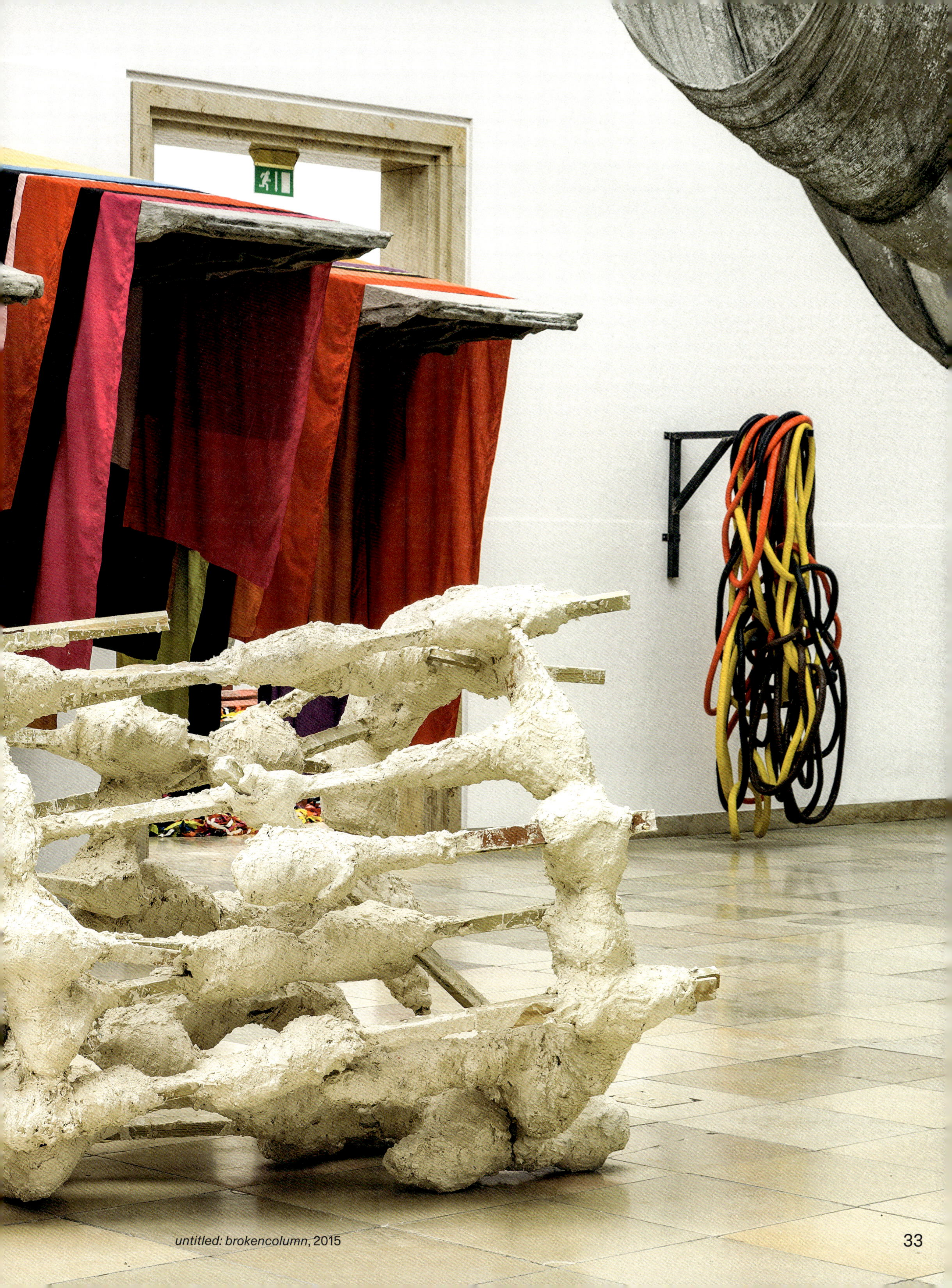

untitled: brokencolumn, 2015

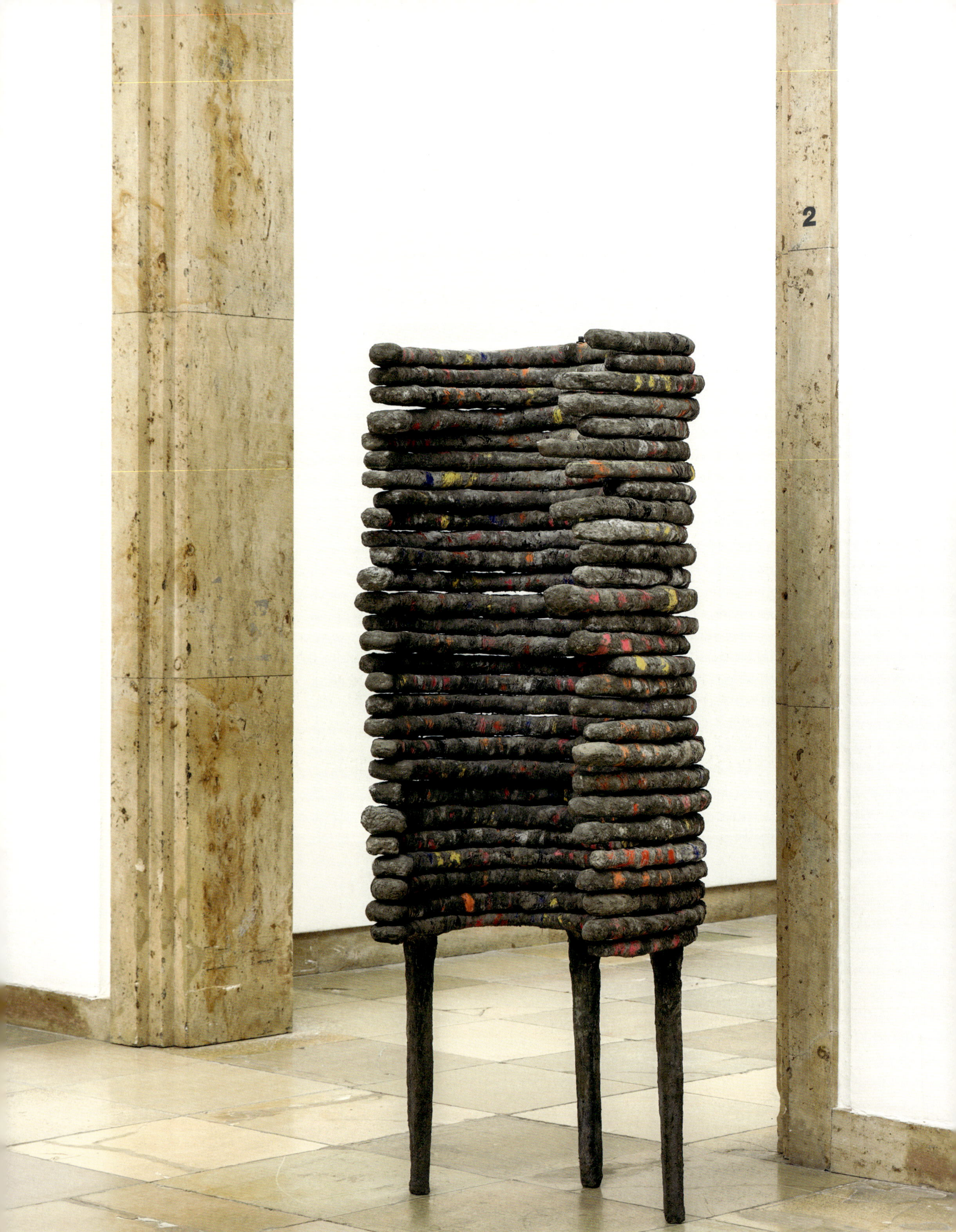

untitled: smallholder; 2019, 2019

Der Anblick einer Gruppe großer farbiger Banner begrüßt die Besucher:innen von Phyllida Barlows Überblicksausstellung im Haus der Kunst (Abb. S. 11–15). Auf eine Reihe dünner, mit Farbflecken übersäter Holzstangen aufgespannt und mit leuchtend orangefarbenen Sandsäcken am Sockel garniert, präsentiert *untitled: 100banners; 2015* solch eine Kavalkade von Farben und Texturen, dass man leicht übersehen kann, dass es den Weg in die Ausstellung fast vollständig versperrt. Diese Form der Verteilung der Werke in den einzelnen Räumen der Ostgalerie – eine in der gesamten Ausstellung verfolgte Taktik – zwingt die Besucher:innen, innezuhalten und sich behutsam ihren eigenen Weg durch diesen Wald aus Stangen und Stoffen zu bahnen. Doch so willkürlich die Platzierung auch anmuten mag, sind die mit einer solchen Begehung verbundenen Tempowechsel durchaus beabsichtigt und treffen den Kern der beiden wichtigsten, miteinander verwobenen Tendenzen und Spannungskräfte, die der gesamten Ausstellung ihre Dynamik verleihen.

Die erste dieser Tendenzen erstreckt sich auf die Beziehung zwischen Skulptur, Objekten und Körpern, so wie sie in der Welt existieren. Betrachtet man beispielsweise die etwas wirr und unbeholfen anmutende Präsentation von *untitled: 100banners; 2015*, dann fällt als Erstes der Kontrast zwischen den Bannern und Flaggen Barlows und denjenigen auf, die einem normalerweise außerhalb des Museumsraums begegnen. Transparente, etwa solche, wie sie bei Feierlichkeiten oder Demonstrationen zum Einsatz kommen, weisen in farblicher oder inhaltlicher Hinsicht im Allgemeinen eine gewisse tonale Kohärenz auf, während diese bunt zusammengewürfelte Ansammlung von Farben und Materialien sich keiner spezifischen Gruppe oder politischen Richtung anzuschließen scheint. Insofern vermittelt das gesamte Ensemble einen augenscheinlich ebenso spielerischen wie einladenden Eindruck: Man hat das Gefühl, als wollten die Transparente die Betrachter:innen dazu verlocken, der Sache auf den Grund zu gehen, und dabei zugleich herausstellen, welche Schwierigkeiten die Entschlüsselung der Gesamterscheinung des Werks aufwirft.

Wie fast alle großformatigen Skulpturen Barlows bietet *untitled: 100banners; 2015* den Betrachter:innen keinen einzelnen, idealisierten Standpunkt innerhalb dieses Ensembles, da die Dimensionen des Raums wie auch diejenigen des Werks die Möglichkeit ausschließen, jemals einen Überblick über die Installation als Ganzes zu erlangen (Abb. S. 11). Von daher sind die Betrachter:innen gezwungen, kontinuierlich durch den Raum zu mäandern, was dazu führt, dass die mit dem hieraus resultierenden Spiel von Maßstab, Bewegung, Oberfläche und Form einhergehende Erfahrung an der Schnittstelle verschiedener Disziplinen angesiedelt ist. Man kann das Werk zu jeder erdenklichen Zeit unter dem Gesichtspunkt von Architektur, Landschaft, Performance, Malerei und Theater betrachten, ohne dass es die Sphäre der Skulptur je verlässt.

Gesteigert wird dieses Gefühl der Mehrdeutigkeit noch durch die Art, wie Barlow jene Werke betitelt. Gilbert Vicario hat festgestellt, dass Barlows Entscheidung, ihre Werke mit einem einzelnen Wort in Kleinbuchstaben zu bezeichnen, den Betrachter:innen eine Handreichung gibt, die es ihnen „so eben gestattet, sich durch den dafür bestimmten Durchschlupf zwischen der Vertrautheit funktionaler Objekte und der Art und Weise, wie sie durch das Auge der Künstlerin einer kreativen Neudeutung unterzogen werden, hindurchzuwinden“.[1] Daher dienen Titel wie *untitled: 100banners; 2015* nicht der Verankerung des Werks, sondern vollziehen vielmehr eine semiotische Abkoppelung der visuellen und linguistischen Signifikanten der „Banner“ von irgendeinem äußeren Signifikat derselben. Man betrachte etwa die beiden vorherrschenden Verwendungsweisen von Bannern in der zeitgenössischen Kunst. Einerseits gibt es da Werke, die sich mit dem symbolischen Kapital auseinandersetzen, über das Transparente und Flaggen normalerweise verfügen, und die in der Regel eine nachhaltige Kritik an der unverhohlenen Zurschaustellung von Nationalismus oder kollektiver Identitätsbildung formulieren, mit der man Banner für gewöhnlich in Verbindung bringt. Zentrale Beispiele hierfür sind David Hammons' *African American Flag* (1990), Hans Haackes *The Vindication of Dulcie September* (1997), ja selbst Jeremy Dellers gefakte Transparente eines Arbeiterumzugs, die 2013 in seiner Ausstellung *English Magic* auf der Biennale von Venedig aufgestellt waren. Am anderen Ende des Spektrums finden sich Daniel Burens *Within and Beyond the Frame* (1973) und *Les Guirlandes* (1982–2017), beides Werke, die eine Kritik an der Flaggenform im Hinblick auf den Ausstellungskomplex in Szene setzen. Doch im Gegensatz zu diesen beiden Beispielen schließen die entschieden mehrdeutige Gestalt von *untitled: 100banners; 2015* und dessen sperrige Positionierung im Galerieraum zwangsläufig alle Versuche kurz, es auf Grundlage unverhohlen buchstäblicher Lesarten seines Bedeutungsgehalts zu verorten, und zwar sowohl im Hinblick auf die Politik seines Einsatzes als auch seiner Platzierung.[2] Obwohl wir große Mühe darauf verwenden, das Werk als etwas zu sehen, das sich auf etwas „dort draußen“ in der Welt bezieht, dienen gerade die Unmittelbarkeit der eigenen Auseinandersetzung mit ihm und der Umstand, dass es seine formalen Eigenschaften in den Vordergrund rückt, der Bekräftigung der Auffassung, dass es sich bei diesen Objekten weder um Banner noch um Flaggen handelt. Der Titel ist in diesem Fall eine falsche Fährte – es ist gleichsam irrelevant zu fragen, ob es tatsächlich genau 100 Banner sind – und erfüllt lediglich den Zweck, die diesen Skulpturen inhärente Mehrdeutigkeit noch zu verstärken.[3] Bedeutung wird entkleidet oder zumindest verschoben, dies zugunsten dessen, dass sich das Augenmerk auf die Fluidität und Vergänglichkeit der Form richtet, indem das Objekt – und mit ihm all seine verschiedenen Referenzen auf Skulptur, Landschaft und Architektur – in der Kategorie der Entropie situiert wird, und zwar in Opposition zum implizierten Sinn von Dauerhaftigkeit und Unveränderlichkeit, die den Wesenskern so vieler skulpturaler Monumente bilden.

Die Betonung entropischer Prozesse rückt die zweite diese Ausstellung durchziehende Haupttendenz in den Vordergrund, sprich: die Frage der Zeit in Bezug auf das skulpturale Objekt. „Zeit" meint hier sowohl das Zeiterleben der Betrachter:innen, während sie sich mit dem Objekt auseinandersetzen und es erkunden, als auch die Zeit, der das Objekt selbst unterworfen ist und der es Ausdruck verleiht, sprich: die Geschichte seiner verschiedenen Bestandteile, seiner Herstellung und Präsentation und auch die Zeit im kunsthistorischen Sinne. Zeichen dieser Letzteren entdeckt man in den Farbspritzern und -markierungen auf den Holzstangen, von denen *untitled: 100banners; 2015* in die Höhe gehalten wird, ebenso wie in den unregelmäßigen Schnitten und der Anordnung der Stoffe, was beides auf eine frühere Verwendung dieser Komponenten in vorangegangenen Werken und Ausstellungen hindeutet:[4] ein ewiger Kreislauf der Zerstörung, Konstruktion und Unvollendetheit, der sich in die Oberflächen aller Werke Barlows eingeschrieben hat.

Diese Zeitvorstellung und die damit einhergehenden Prozesse der Zerstörung und Rekonstruktion haben Barlows Nachdenken über die skulpturale Form von Anfang an geprägt. Tatsächlich hat die Künstlerin den Umstand, dass ihr Vater mit ihr und ihrer älteren Schwester durch das Londoner East End fuhr, um sich ein Bild davon zu machen, wie die Stadt nach dem Krieg wiederaufgebaut wurde, häufig als eine ihrer frühesten Erinnerungen bezeichnet.[5] Dieses Interesse an der entropischen Natur des urbanen Umfelds – der Art, wie die Unvollständigkeit der partiellen Form eines Gebäudes oder einer Baustelle diesen einen beinahe skulpturalen Charakter verleiht – kommt auch in vielen Gemälden jener Zeit zum Ausdruck, so etwa in den Werken der zur School of London zählenden Künstler Leon Kossoff und Frank Auerbach (Abb. 1). Man beachte, wie beide Künstler sich bei dem Versuch, das Gefühl des Im-Fluss-Befindlichen, das die Stadt ergriffen hatte, zu vermitteln, eines besonders raschen, pastosen Farbauftrags bedienten und die Farbe dabei so üppig aufbrachten, dass die Ergebnisse fast skulptural anmuten. Werke wie diese zeugen von einer umfassenderen Rückkehr zu jener materialistischen Art von Kunst der späten 1940er- und frühen 1950er-Jahre, die vor allem in den vom Krieg verwüsteten Städten in Europa und Asien eine bestimmte Strömung des künstlerischen Schaffens kennzeichnete. Die materialistischen Künstler der Nachkriegszeit lehnten die vor dem Ausbruch der Feindseligkeiten von Künstlern favorisierten geometrischen Hard-Edge-Ansätze mit ihren damit einhergehenden utopischen Appellen an Rationalität und Naturwissenschaft ab. Stattdessen bevorzugten sie Gestik, rohe Materialien und eine direkte Auseinandersetzung mit dem Werkstoff und den Gesetzen des Zufalls und schufen so Oberflächen, die man häufig als taktil, rau und uneben beschrieben hat – allesamt charakteristische Merkmale von Barlows mehrere Jahrzehnte später entstandenen Arbeiten. Indem sie die Entropie der Materie und in manchen Fällen fast die vollständige Zerstörung der Form des Objekts heraufbeschworen, machten sich diese Künstler der Nachkriegszeit zudem ein organistisches, ja vitalistisches Denken sowie den ganzen Körper einbeziehende performative Experimente zu eigen.

Doch obwohl man diese Tendenzen in den Bildern von Kossoff oder Auerbach zweifellos ausmachen kann, war die Skulptur in Großbritannien in dieser Zeit sowohl in pädagogischer wie auch in praktischer Hinsicht durch einen besonders konservativen Ansatz in ihrer Entwicklung gehemmt. Folglich stammten viele der für Barlows spätere Werke einflussreichsten Bildhauer:innen vom europäischen Festland oder aus den Vereinigten Staaten. Dies gilt nicht zuletzt für Alberto Giacometti, Jean Fautrier (Abb. 2) sowie Germaine Richier und ihre Werke. So entdeckt man etwa verschiedene Ähnlichkeiten zwischen Barlows Einsatz von Klümpchen, Buckeln und Hohlräumen und Fautriers ikonischer *Otages*-Serie (1943–1945), vor allem im Hinblick darauf, wie beide Georges Batailles Konzept des „informe" beziehungsweise der Formlosigkeit Anschaulichkeit verliehen, ein Ansatz, der sich weigerte, in einer kohärenten und zentrierten Komposition Gestalt anzunehmen, und stattdessen die direkte, physische Auseinandersetzung mit dem Akt der Herstellung eines Objekts suchte.[6] Sowohl in Fautriers *Otages* als auch in vielen Skulpturen Barlows gibt sich die entropische Natur des Informel in der Art und Weise zu erkennen, wie sich der performative Akt des Schöpfens und Zerstörens in die Oberfläche ihrer Werke eingeschrieben hat. Diese Energie tritt auch angesichts der entscheidenden Position hervor, die dem Informel in Umberto Ecos *Das offene Kunstwerk* (1962) zugewiesen wurde, wo es in einer Reihe mit den Texten von Stéphane Mallarmé oder James Joyce oder mit Karlheinz Stockhausens neuer Musik als „epistemologische Metapher" für sich selber stand.[7]

Obwohl der Wiederaufbau eigener Städte für die Vereinigten Staaten kein Thema war, walteten

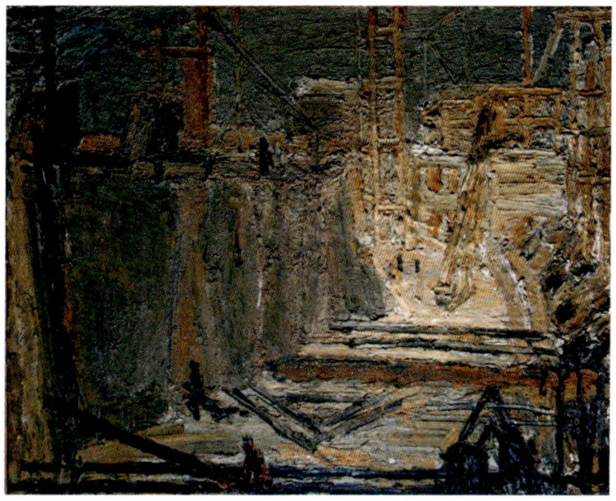

1

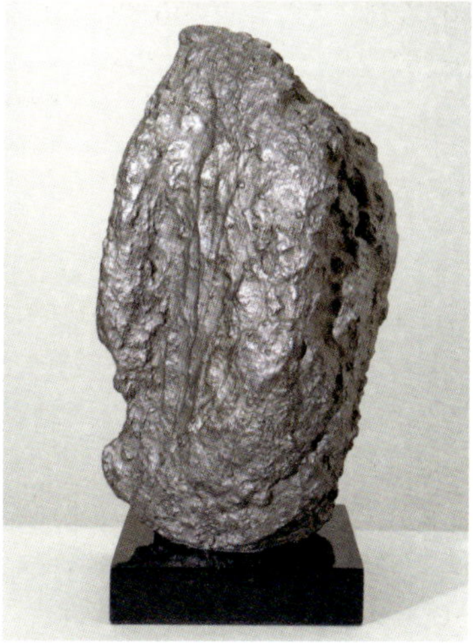

2

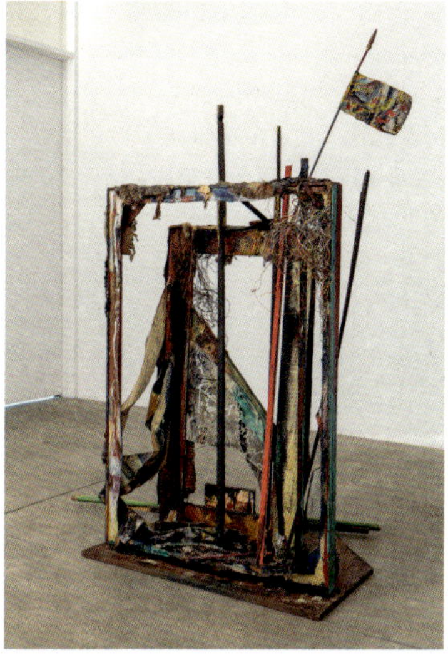

3

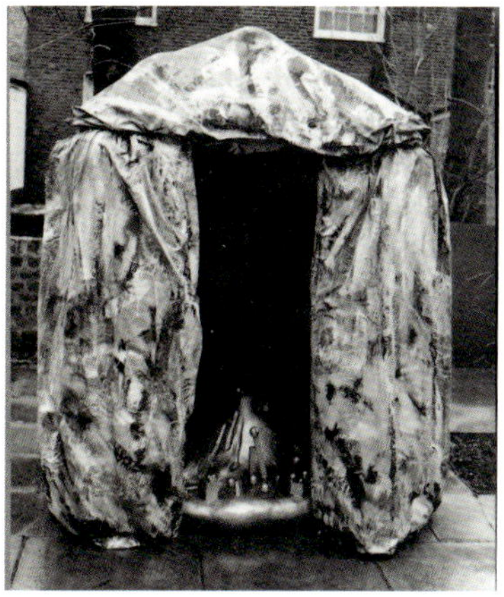

4

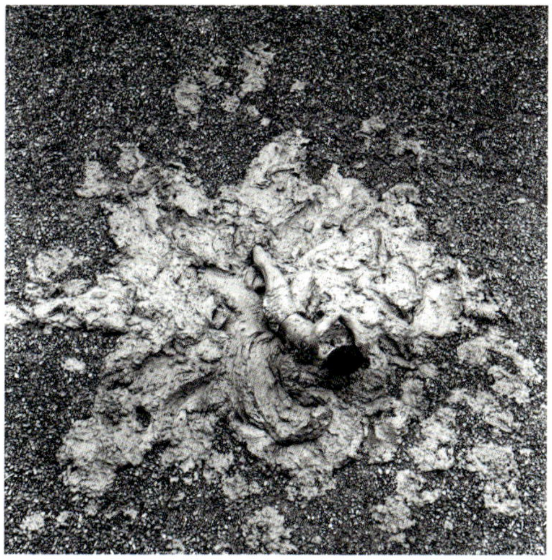

5

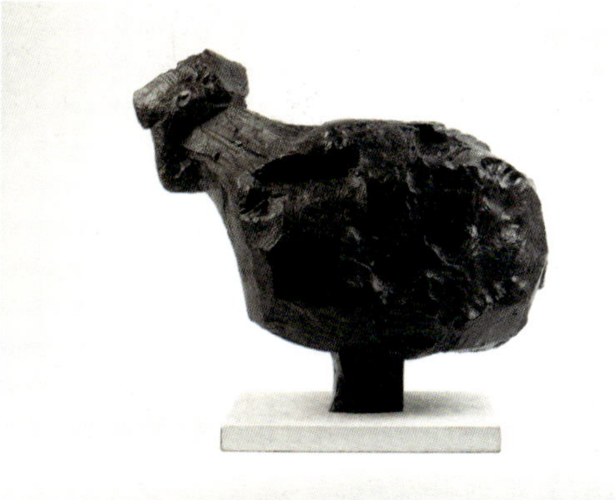

6

1:
Frank Auerbach, *Shell Building Site*, 1959,
Öl auf Holz, 122 × 154 cm.
Hartlepool Museums and Heritage Service

2:
Jean Fautrier, *Tête d'otage* (*Kopf einer Geisel*),
1943/44, Blei auf Marmorsockel.
Sammlung der Tate, London

3:
Carolee Schneemann, *Colorado House*, 1962,
Holz, Keilrahmen, Draht, Pelz, bemalte Leinwandstreifen, Flaschen, Besenstiel, Glasscherben,
Flagge, Fotografie, Sperrholzsockel.
Privatsammlung

4:
Phyllida Barlow, *Tent*, 1967,
Leinwand, Farbe, Harz, Fiberglas, gefundene Objekte.
Installationsansicht, Atelier der Künstlerin,
Offord Road, Islington, London, 1967

5:
Kazuo Shiraga, *Doro ni idomu* (*Challenging Mud*),
1955.
Performance während der *First Gutai Art Exhibition*,
Ohara Kaikan, Tokio, 1955.
Schwarz-Weiß-Fotografie.
Nakanoshima Museum of Art, Osaka

6:
George Fullard, *Head*, 1960, Bronze.
Gallery Pangolin, London

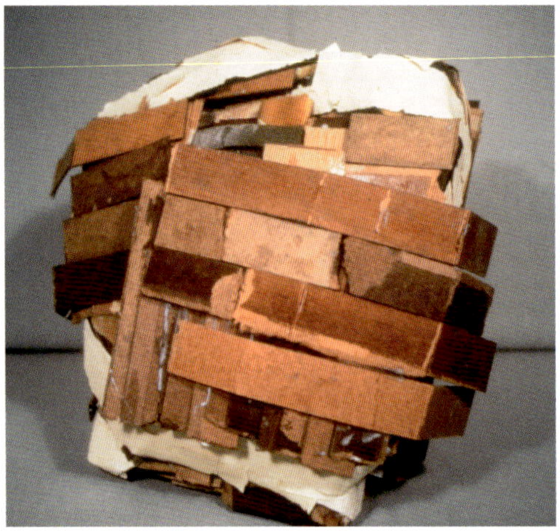

7

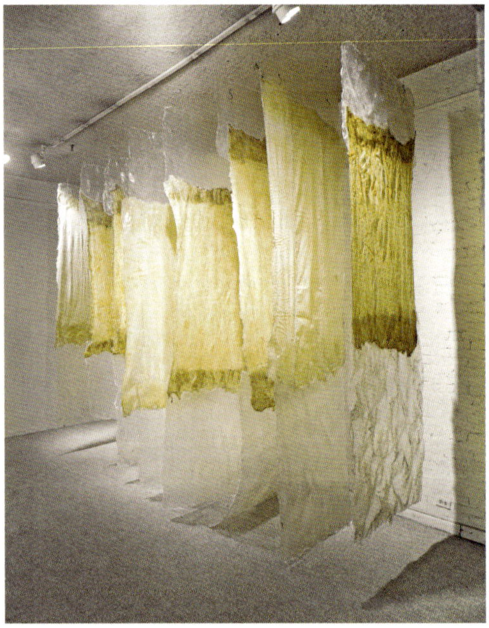

8

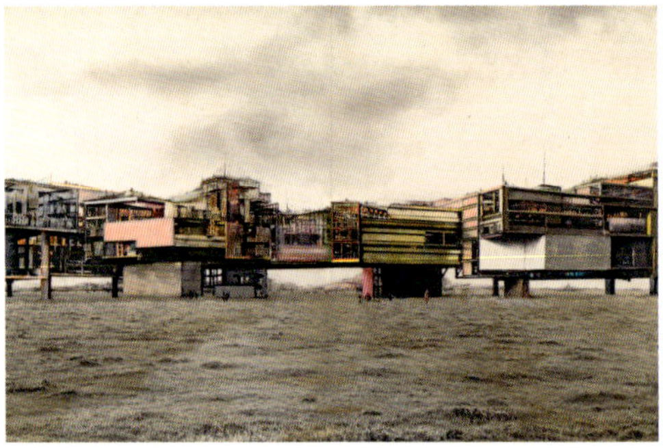

9

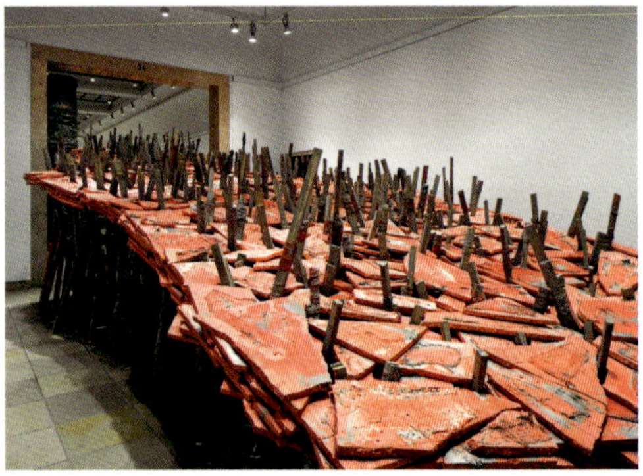

10

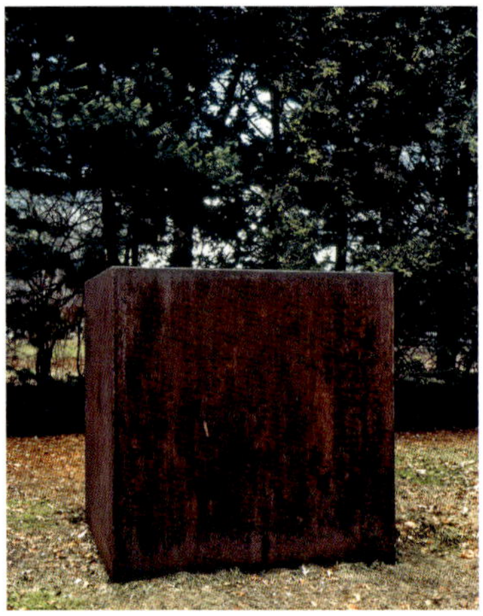

11

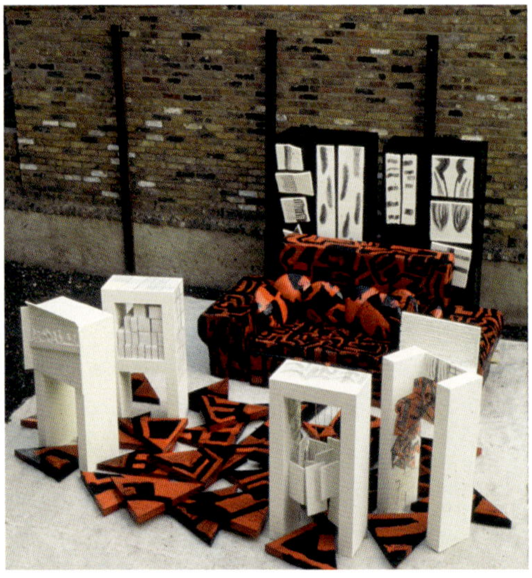

12

7:
Phyllida Barlow, *Touchpiece*,
aus der Werkserie der *Nightworks*, hergestellt aus recycelten Reststücken, 1982/83

8:
Eva Hesse, *Contingent*, 1969,
Mulltuch, Latex, Fiberglas, Polyesterharz.
National Gallery of Australia, Canberra.
Installationsansicht, Finch College Museum of Art, New York, 1969/70

9:
Constant Nieuwenhuys, *Gezicht op New Babylonische sectoren* (*Ansicht Neu-Babylonischer Sektoren*), 1971,
Aquarell und Bleistift auf Fotomontage.
Kunstmuseum Den Haag

10:
Phyllida Barlow, *untitled: stage*, 2011,
Bauholz, Styropor, Farbe.
Ausstellungsansicht, *Skulpturales Handeln*, Haus der Kunst, München, 2011

11:
Tony Smith, *Die*, 1962,
Stahl, geölte Oberfläche.
Whitney Museum of American Art, New York.
Ausstellungsansicht, *The Art of the Real. An Aspect of American Painting and Sculpture 1948–1968*, Tate, London, 1969

12:
Phyllida Barlow, *Sofa, floor & drawings*, 1970/71,
Leinwand, Farbe, Holzrahmen, Hartfaserplatte, Sperrholz, Zeichnung, Glasfaser und Harz, Pigment, Ton.
Ausstellungsansicht, *Art Spectrum London*, Alexandra Palace, London, 1971

nichtsdestoweniger in den Werken einer Generation von Künstler:innen, welche Experimente in der Musik, Literatur und im Tanz mit Strategien der europäischen surrealistischen und dadaistischen Künstler verbanden, entropische Prozesse von Unordnung, Zufall und Willkür. Die entropischen Prozesse dort, die von Robert Rauschenbergs *Combines* und John Chamberlains Versuchen, Offenheit und Zufall eine skulpturale Gestalt zu verleihen, bis zu den für Carolee Schneemanns „kinetische Gemälde" oder Niki de Saint Phalles *Tir*-Serie charakteristischen Elementen der Unordnung und des Zufalls reichten, wurden instrumentalisiert, um den visuellen Künsten ein neues Gefühl von Dringlichkeit und Relevanz zu vermitteln. Tatsächlich gibt es so manche augenfällige formale und methodologische Ähnlichkeiten zwischen Schneemanns *Colorado House* (1962; Abb. 3)[8] als einem frühen Beispiel des „Herunterbrechens" von Malerei auf Skulptur nebst dem Einsatz scheinbar willkürlicher skulpturaler Elemente wie in leuchtenden Farben gestrichenen Holzlatten und einem Werk wie *untitled: 100banners; 2015*. Ja, eine Hinwendung zu einem expressiveren und performativeren Farbauftrag findet sich bereits in Barlows *Tent* von 1967 (Abb. 4). Wenn es auch leider nicht mehr existiert, so veranschaulicht doch eine Fotografie dieses Werks die verschiedenen skulpturalen und malerischen Tendenzen, mit denen Barlow arbeitete, wobei sie ein offenkundiges Interesse an den hybriden, suggestiven Formen Hans Arps oder den organischen skulpturalen Gebilden Louise Bourgeois' mit einem fast performativen Farbauftrag verknüpfte, der sowohl an die Werke Schneemanns wie auch an jene Niki de Saint Phalles erinnert.

Schließlich verbindet dieses Gefühl von Energie und Fluidität in puncto entropischer Herangehensweisen an die skulpturale Gestaltung die spätere Praxis Barlows auch mit den Werken der Gutai-Gruppe in Japan und Korea. Japanische Gutai-Künstler wie Saburo Murakami, Shōzō Shimamoto und Kazuo Shiraga besudelten, ja attackierten ihre Leinwände und Skulpturen gewaltsam mit verkohlten Gegenständen, pulverisiertem Schutt und irisierenden Flecken sich ausbreitenden Öls. Bemerkenswerterweise führten diese Künstler auch eine neue Form der Performancekunst ein, die von Shiraga geradezu verkörpert wurde, der, nur mit seiner Unterwäsche bekleidet, in Erde, Steine, Sand und Kies hineintrat, sich darin wälzte oder darin herumgrub (1955; Abb. 5). Doch obwohl Werke wie Shiragas *Challenging Mud* häufig unter dem Aspekt der Performancekunst diskutiert werden, sind sie hier auch ein wichtiges Beispiel für die Art und Weise, wie skulpturale Materie den Zugriff und die Gesten des Künstlers in Gestalt ihrer finalen, obgleich dennoch vorläufigen Form zu kalzifizieren und kodifizieren vermag. Eine ähnliche Idee sollte sich für Barlow praktisch von dem Moment an als Offenbarung erweisen, in dem sie ihr Studium an der Chelsea School of Art begann, wo die dort vorherrschende Atmosphäre konservativer Pädagogik und mit Händen greifbarer Patriarchie 1961 durch die Berufung George Fullards in den Lehrkörper wettgemacht wurde. Statt fader Klassen mit Studien nach dem lebenden Modell und dem Verhaftetsein an Marmor und Bronze vermittelte einem Fullards Unterricht Einsichten wie jene, von denen Barlow berichtet: „Schweißen war so einfach, wie etwas mit Leim zu kleben, und sollte daher nur im Notfall zur Anwendung kommen; Holz war lebendig; Metall war wie Papier und konnte wie Stoff für die Kleiderherstellung behandelt werden; und Ton war Schlamm. Und so ging es immer weiter, und Picassos Maxime ‚Bevor man einen Nagel gebraucht, muss man ihn zunächst neu erfinden' wurde das Motto, dank dem wir alle zu existieren begannen."[9]

Man beachte hier die unverhohlene Betonung der Taktilität der verschiedenen Medien, die Art und Weise, in der Studentinnen und Studenten, weit entfernt von einem distanzierten und unveränderlichen Umgang mit Materialien (das heißt dem Zusammenschweißen vorgefertigter Metallbleche), dazu ermutigt wurden, sich sozusagen „in den Schlamm zu werfen" und sich aktiv mit dem Medium ihrer Wahl zu befassen. Ein weiterer Beleg für diesen Ansatz waren die Werke, die Fullard in den späten 1950er- und frühen 1960er-Jahren schuf. Dies gilt insbesondere für seine Serie von Bronzeköpfen (*Heads*), bei der die Manipulation des Materials selbst sowie deren geschichtete und mit Ritzungen versehene Oberfläche insofern an Fautriers *Otages* erinnern, als die beinahe formlose Figur von der direkten, taktilen Auseinandersetzung des Künstlers Zeugnis ablegt, die sich in der Oberfläche manifestiert hat (Abb. 6). Barlow nahm Fullard letztlich beim Wort und behandelte Lehm auf ähnliche Weise wie Shiraga Schlamm: im Sinne einer kritischen Erkundung der Möglichkeiten des Taktilen gegenüber jenen des Optischen, die ihren logischen Abschluss in der *Nightworks*-Werkserie finden sollte, welche Barlow in dem kleinen, dunklen Atelier bei sich daheim schuf, in dem sie in den 1980er-Jahren arbeitete (Abb. 7).[10]

Abgesehen davon, dass sie den performativen Charakter des skulpturalen Schaffens hervorhoben, waren die Aktivitäten der Gutai-Künstler auch insofern wichtig, als sie eine generativere Vorstellung von Entropie im Hinblick auf das Kunstobjekt in den Vordergrund rückten. Tatsächlich hätte Shiragas *Challenging Mud* als ein gleichermaßen passendes Beispiel für Robert Smithsons Lesart der Entropie dienen können, wie dieser sie Ende der 1960er-Jahre definierte: „Ich würde jetzt gerne mit einem trivialen Experiment zum Nachweis der Entropie die Irreversibilität der Ewigkeit beweisen. Stellen Sie sich vor Ihrem geistigen Auge vor, daß dieser Sandkasten jeweils zur Hälfte auf der einen Seite mit weißem Sand und auf der anderen Seite mit schwarzem Sand gefüllt wäre. Nun nehmen wir ein Kind und lassen es einige hundert mal im Uhrzeigersinn durch den Sandkasten laufen, bis der Sand sich vermischt und grau wird; danach lassen wir es gegen den Uhrzeigersinn laufen, was aber nicht zur Wiederherstellung der ursprünglichen Teilung führen wird, sondern zur Vermehrung des Graus und zur Zunahme der Entropie."[11]

Smithsons hier vorgebrachte Definition ist wichtig, denn sie impliziert nicht einfach nur die Einsicht in den unwiderruflichen Zerfall der Materie, sondern auch die Erkenntnis, dass sich neue formale Möglichkeiten auf der Grundlage dieses Prozesses eröffnen. Tatsächlich würde der kindliche Akt des Herumrennens sowohl als performatives wie auch als skulpturales Werk nicht nur die Farbe des Objekts („Vermehrung des Graus"), sondern auch dessen formale Eigenschaften erheblich verändern. So kann man sich vorstellen, dass die bis dahin makellose Oberfläche des Sandkastens in eine veritable Mondlandschaft mit ungleichmäßigen Hügelchen und chaotischen Vertiefungen verwandelt worden wäre, in einen kurzlebigen, aber sinnenfälligen Abdruck der physischen, aktiven Auseinandersetzung des Kindes mit den materiellen Eigenschaften des Sandes.

Abgesehen davon, dass es die kreativen und generativen Möglichkeiten entropischer Prozesse evoziert, unterstreicht Smithsons Beispiel einmal mehr den bereits weiter oben skizzierten doppelten Charakter der Zeitlichkeit: Da sind zum einen die Veränderungen, die nicht nur in der äußeren Gestalt des Objekts heraufbeschworen werden (und zwar sowohl während der „Performance" selbst als auch danach, wenn der Sand den entropischen Einflüssen der Elemente überlassen ist), sondern zum anderen auch die Betrachter:innen, die das Werk später in einer seiner temporären Manifestationen erleben werden. Wahrscheinlich ist das beste Beispiel für die formalen und zeitlichen Wesensmerkmale der Entropie das Œuvre Eva Hesses und insbesondere ihre Arbeit *Contingent* (1969; Abb. 8). *Contingent*, das aus acht aus Latex, Mulltuch, Polyesterharz und Fiberglas gefertigten „Bannern" besteht, ist sowohl hinsichtlich seines Namens als auch seiner Gestalt ein Werk, das die Natur des Wandels selbst und dessen komplementäre Auswirkungen auf die Objekte wie auf die Betrachter erkundet. Das jeweilige Erscheinungsbild der Banner von *Contingent*, die parallel zueinander und in einigem Abstand zur Galeriewand aufgehängt sind, wird von den Umgebungsbedingungen diktiert, unter denen das Werk präsentiert wird. Hierzu zählt die Präsenz anderer Körper im Raum, wobei noch die feinsten durch ihre Bewegung verursachten Regungen der Luft zu einer räumlichen Verschiebung und Veränderung des Werks führen können. Darüber hinaus lässt *Contingent* die Grenze zwischen Malerei und Skulptur verschwimmen, obwohl die von der Künstlerin getroffene Charakterisierung des Werks als ein „aufgehängtes Gemälde aus einem anderen Material als Gemälde" seltsamerweise mehr auf Barlows *untitled: 100banners; 2015* zuzutreffen scheint.[12] Vergleichbar mit vielen Arbeiten Barlows ist zudem die Tatsache, dass die meisten der in *Contingent* verwendeten Materialien selbst zu Verfärbung und Verfall neigen[13] und so ein Gefühl von Dynamik und Fluss in die DNA der Werke einschreiben.

Annäherung an die Architektur – Materialien und Prozesse

Im Rückgriff auf das Vermächtnis der erwähnten Künstler:innen kann man sagen, dass sämtliche Skulpturen Phyllida Barlows von der Vorstellung der Entropie als eines konstruktiven statt eines destruktiven Zustands geprägt sind und so ein Gefühl des In-der-Zeit-Seins und eines fortwährenden Entstehens betonen, eines „Werdens" im Deleuze'schen Sinne des Operierens in einem ontologischen System der Immanenz,[14] welches das Herzstück dessen bildet, was es heißt, zeitgenössisch zu sein.[15] Diese Vorstellung, dass das skulpturale Objekt innerhalb multipler fluktuierender Zeitlichkeiten wie auch über diese hinweg existiert, ist möglicherweise nirgendwo offenkundiger als in dem Ensemble der Werke, die sich in der Hauptgalerie der Ausstellung entfalten. Hier begegnet man nicht nur Skulpturen, welche die Grenzen der Raumdimensionen und der überall ohnehin vorhandenen wie auch neu entstehenden höhlenartigen Leerräume ausloten und austesten, sondern die auch von Barlows komplexer, anhaltender Auseinandersetzung mit dem Verhältnis von skulpturalem Objekt und den Kategorien von Architektur und Landschaft zeugen.[16] Sämtliche Werke in dieser Galerie weisen Ähnlichkeiten mit archäo- und petrologischen Formationen auf und erinnern zugleich an die utopische Sprache der modernistischen Architektur sowie an gemächlicher verlaufende geologische Prozesse und Bewegungen. Was die gebaute Umwelt betrifft, so beziehen sich die vier großen Werke in der Galerie – *untitled: screestage; 2013*, *untitled: awnings; 2013*, *untitled: catchers; 2020* und *untitled: towerholder; 2020* (Abb. S. 16–30) – allesamt auf die Béton-brut-Ästhetik, die in den 1950er- und 1960er-Jahren bei vielen architektonischen und städtebaulichen Sanierungsprojekten vorherrschte. Am deutlichsten zeigt sich dies vielleicht an den der Schwerkraft trotzenden Kragbalken von *untitled: awnings; 2013*, die an die brutalistische Architektur von Alison und Peter Smithson im Vereinigten Königreich oder diejenige Marcel Breuers in den USA erinnern, deren Bauten als eine Art architektonische Anverwandlung der materialistischen Ansätze in der Kunstproduktion der Künstler des Informel gelten können.[17]

In ähnlicher Weise wirkt das scheinbar willkürliche Wechselspiel senkrechter und waagrechter Elemente, aus denen *untitled: screestage; 2013* gebildet wird, zunächst wie eine fossilisierte Erwiderung auf die ergebnisoffenen utopischen Projektvorschläge, die so charakteristisch für die Architektur der sogenannten „langen 1960er-Jahre"[18] und vor allem für Constant Nieuwenhuys' Stadtprojekt *New Babylon* waren. Aus einer Reihe unendlich mobiler, sich wandelnder Räume bestehend, die durch miteinander verbundene Gerüste in der Höhe gehalten werden sollten, war *New Babylon*, ganz ähnlich wie *untitled: screestage; 2013*, eine von Linien und einander abwechselnden Farbpaneelen bestimmte Architektur (Abb. 9).[19] Das aus prekär ausbalancierten oder planlos verstreuten Architekturelementen gestaltete *untitled: screestage; 2013* antwortet auf *New Babylon*, und zwar aus der Perspektive einer Zeit, die den seit dem Ende der 1980er-Jahre erfolgten Niedergang des Interesses an utopischen Formen zur Kenntnis genommen hat.[20] Infolgedessen ersetzen Werke wie dieses – ebenso wie *untitled: blocksonstilts; 2018–2019*, *untitled: folly; slashedcolumnx5; 2016/2017* und selbst *untitled: brokenstage/hangingcontainer; 2012/2013* (Abb. S. 61, 98, 144/145), die in den benachbarten Galerien gezeigt werden – das nahezu grenzenlose und schwindelerregende Potenzial der Architekturvisionen der 1960er-Jahre durch Formen, die an eine Art von teilweise eingestürztem, brutalistischem *New Babylon* erinnern und statt utopistische Ansprüche zu erheben die Unmittelbarkeit ihrer materiellen Wirklichkeit betonen. Dennoch handelt es sich bei dieser Hervorhebung der Unmittelbarkeit keineswegs um eine resignative Geste, sondern um etwas, das ein Werk wie *untitled: screestage; 2013* im Verbund mit seinem spielerischen formalen Arrangement für eine Fülle von neuen Lesarten öffnet, die auf der provisorischen und etwas unsteten Art beruhen, wie hier vom Ausstellungsraum Besitz ergriffen wird.

Wie erwähnt, wird dieser Sinngehalt von Barlows Installationen, welche die etablierten, der formalen Unmittelbarkeit der Werke äußerlichen Typologien problematisieren, durch die Titel noch verstärkt. Dies geschieht mittels eines sprachlichen Gleitens, das durch die Verkoppelung von Signifikanten verursacht wird, welche die „Bedeutung" der Skulptur im Hinblick auf andere Objekte in der Welt destabilisiert. Die Kombination von „scree" (Geröll, eine Ansammlung zerbrochener Steine, die sich am Fuß von Bergen und Felswänden findet) und „stage" (Bühne, eine architektonische Plattform für Gegenstände und Menschen) in *untitled: screestage; 2013* konfrontiert die Betrachter:innen in den Worten Vicarios „mit einer physischen und visuellen Erfahrung, die sich der Erklärung widersetzt und doch intuitiv zwischen der Natur und der gebauten Umwelt kreist".[21] Natürlich lässt diese diskursive Gegenüberstellung von skulpturalem Objekt auf der einen und Landschaft und Architektur auf der anderen Seite an Rosalind Krauss' Begriff des „erweiterten Feldes" der skulpturalen Praxis denken, den sie im Schlusskapitel ihres außerordentlich einflussreichen Buches *Passages in Modern Sculpture* sowie in ihrem 1979 in der Zeitschrift *October* erschienenen Essay erläutert hat.[22] In ihrer Darstellung konzentrierte Krauss sich auf die Werke mehrerer bekannter US-amerikanischer Künstler, um zu zeigen, dass eine große Anzahl neuerer Trends in der skulpturalen Praxis in den Vereinigten Staaten sich anhand des Gegensatzpaars von Architektur und Landschaft beschreiben lassen und es sich bei der „Land Art" um ein rein skulpturales Phänomen handelt.

Doch wie bereits zu Beginn dieses Essays erwähnt, beschwört Barlow, abgesehen davon, dass sie in ähnlicher Weise mehrere dieser Positionen im Hinblick auf den Aufstellungsort ihrer Werke für sich in Anspruch nimmt, mit ihrer Verkoppelung von Signifikanten auch verschiedene Zeitlichkeiten herauf, die für unser Verständnis dessen, wie die Skulptur die Zeit und die Geografien durchmisst, eine Rolle spielen. So bezieht sich *untitled: screestage; 2013* sowohl auf die langsamen, tektonischen Bewegungen, aus denen skulpturale Geröllformationen hervorgehen, als auch auf *untitled: stage* (2011), ein früheres Werk, das vor ein paar Jahren als Teil der Ausstellung *Skulpturales Handeln* in der Südgalerie des Haus der Kunst zu sehen gewesen war (Abb. 10).[23] Tatsächlich könnte man sich wie bei einer Geröllformation vorstellen, wie dieses kleinere Werk im Verlauf des letzten Jahrzehnts langsam die Treppe des Museums hinuntergestiegen ist und dabei unterwegs immer mehr farbige Paneele und vertikale Elemente aufgesammelt hat, bevor es schließlich mit seinem längeren Titel, seinem größeren Format und seiner prominenteren Platzierung in Erscheinung getreten ist und nun seine auf diese Weise erlangte Reife zu erkennen gibt.

Natürlich muss man in Verbindung mit der Vorstellung von einem fast gletscherhaft langsamen Voranschreiten der Zeit, die durch das Wort „Geröll" hervorgerufen wird, auch Augenblicke gewaltiger Beschleunigung in Betracht ziehen, wenn man das Vermächtnis von Künstlern untersucht, die auf dem „erweiterten Feld" von Skulptur, Architektur und Landschaft tätig waren. Vor diesem Hintergrund ist es wichtig, zur Kenntnis zu nehmen, dass die scheinbare geografische Ferne der „Land Art" der 1970er-Jahre zwangsläufig zu deren Mythologisierung führte, wie sie in den Zeitschriften und Magazinen betrieben wurde, sprich: dass sie ebenso sehr ein mediales wie ein skulpturales Phänomen war.[24] Für eine junge Bildhauerin wie Barlow, die sehr an den Entwicklungen im Ausland interessiert war, sollte die Verfügbarkeit dieser Form medial vermittelter skulpturaler Praxis erhebliche Auswirkungen auf ihr Werk, namentlich jenes der späten 1960er- und frühen 1970er-Jahre, haben. Wie sie sich selbst später erinnerte, wimmelte es in der Kunstwelt von „Geschichten über Werke in Wüsten und über Ausgrabungen in baufälligen Lagerhäusern, bei denen eine andere Art von Arbeit zur Anwendung gelangte: direkte Handarbeit, wie man sie auf Straßen- und Häuserbaustellen sieht [...], während am anderen Ende der Skala Harz und Latex, ein neues Material, als Farbe benutzt wurden; nicht als Ersatz für Bronze, sondern als selbstständiges Material, in das man etwas eintauchen, das man gießen, spalten und werfen konnte".[25]

Des Weiteren wurde dieser Mythos dadurch befördert, dass Kunstzeitschriften und Kataloge zunehmend Fotografien von Werken enthielten, die mithilfe dieser neuen Methoden gestaltet wurden oder sich an weit entfernten Orten befanden. Doch ganz anders als die makellosen Installationsfotos, die später in den 1970er-Jahren aufzutauchen begannen und von denen Brian O'Doherty bekanntlich schrieb, sie evozierten „Bilder angenehm weiter Räume, luzider Klarheit, großzügiger Verteilung, die Bilder wie teure Bungalows aufreiht",[26] waren viele dieser früheren Fotografien eher planlos und unvollkommen inszeniert. So erinnert sich Barlow, dass eine besonders denkwürdige Aufnahme von Tony Smiths Werk *Die* (1962) im Katalog der Ausstellung *The Art of the Real. An Aspect of American Painting and Sculpture 1948–1968*, die 1969 in der Londoner Tate Gallery stattfand (Abb. 11), den ikonischen Kubus „in einem waldigen Gelände" zeigte. „Der Kubus selbst hat Schlieren und Flecken, er ist alles andere als makellos und auf unbeholfene Weise innerhalb der Grenzen der Fotografie platziert: eine auf dünnem, inzwischen leicht gelblich gewordenem Papier gedruckte Aufnahme."[27] Frances Morris hat festgestellt, dass diese schäbige Präsentationsweise charakteristisch für mehrere Ausstellungen war, die in dieser Zeit in London stattfanden, darunter 1969 die wegweisende mit dem Titel *When Attitudes Become Form* am Institute of Contemporary Arts sowie zwei Jahre später *Art Spectrum London* im Alexandra Palace, wo auch Barlows *Sofa, floor & drawings* zu sehen war (1970/71; Abb. 12).[28]

Stellt man die medial vermittelte Art und Weise, wie Barlow die fraglichen Werke kennenlernte, in Rechnung, entbehrt es daher nicht der Ironie, dass ihre ikonischste Skulptur jener Zeit, das *Die*-artige *Shedmesh*, bis zu dieser Ausstellung nur aufgrund zweier nahezu identischer Schwarz-Weiß-Aufnahmen bekannt war, welche die Arbeit 1975 in einer Ausstellung im Londoner Camden Arts Centre zeigen (Abb. 13).

Vergleichbar den in Remakes wiederaufgelegten, Maßstäbe setzenden Ausstellungen wie *When Attitudes Become Form*, hat *Shedmesh* inzwischen einen fast mythischen Status in Phyllida Barlows Œuvre erlangt: ein nicht mehr existierender kanonischer Moment, dessen Kenntnis sich heute viel eher einer Reihe von Schwarz-Weiß-Aufnahmen verdankt als den Erinnerungen der Menschen, die das Werk damals tatsächlich gesehen haben. Wie bei der 2013 anlässlich der Biennale erfolgten Neuinszenierung der *Attitudes*-Ausstellung in der Fondazione Prada in Venedig wirft auch die Nachschöpfung von *Shedmesh* im Rahmen dieser Ausstellung Fragen bezüglich der Auswirkungen auf, welche die Erinnerung und die Zeit im Hinblick auf einen solch ikonischen Moment in der Vergangenheit zeitigen.[29] Im Fall von *Shedmesh* funktioniert dieses Gleiten der Erinnerung und der Zeit in beide Richtungen. Einerseits ist da die Art, in der das Werk als ein Höhepunkt mehrerer Tendenzen jener Zeit betrachtet wird, in der es selbst entstand (außer den Arbeiten von Tony Smith wurden jene von Eva Hesse, Robert Smithson, Gordon Matta-Clark, Sol LeWitt, Donald Judd, Jackie Winsor, Faith Wilding, Brenda Miller, Jo Baer und Marcel Duchamp damit in Verbindung gebracht[30]), was Mark Godfrey zu der Bemerkung veranlasste, dass *Shedmesh* „den ‚gut gebauten Kubus' mit der Anti-Form-Attitüde" verbinde und dass „Morris' Worte [...] sich als eine Art Leitbild für Barlows spätere postminimalistische Werke der späten 1970er-Jahre" lesen ließen, in denen das Bauen nahezu verschwunden sei.[31] Darüber hinaus führte der Mythos von *Shedmesh* aber auch dazu, dass Werke mit ihm in Verbindung gebracht wurden, die entstanden, nachdem diese Arbeit 1975 präsentiert worden war. Mit Blick auf die gewaltigen Ausstellungsräume des Haus der Kunst etwa sollte man nicht versäumen zu erwähnen, dass man in dem Werk auch eine – wenn auch natürlich faktisch fast unmögliche – Vorahnung der ikonischen *Cells* sehen könnte, die Louise Bourgeois in den 1980er- und 1990er-Jahren schuf und die 2015 in München gezeigt wurden.[32]

Negative Monumente, Sockel und herabhängende Klumpen

Wie Mark Godfrey anmerkt, war eines der bleibendsten Vermächtnisse der skulpturalen Praxis der späten 1960er-Jahre die Art, wie Künstler kritisch hinterfragten, was es heißt, eine Skulptur zu „bauen". Doch neben der kritischen Hinterfragung dieses Verbs ist das Bemerkenswerte an vielen Werken Barlows die Manier, in der sie zugleich das Substantiv „Gebäude" problematisieren. Die Kritik an den Parametern, die eine gebaute Struktur definieren, manifestiert sich am anschaulichsten in den zahlreichen Werken, die wie architektonische Anhängsel anmuten, welche allesamt den funktionalen Aspekt des Objekts, auf das angespielt wird, durch die Art seiner Zurschaustellung null und nichtig machen. So begegnet man

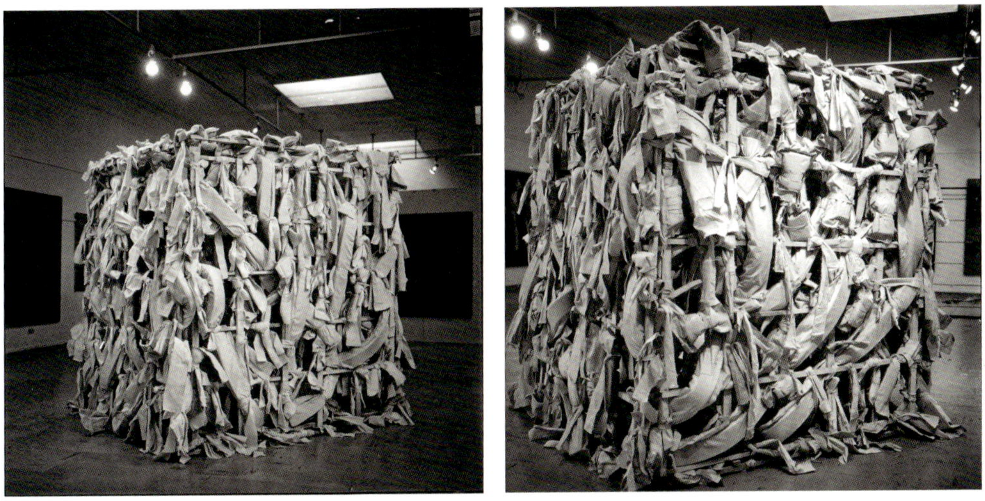

13

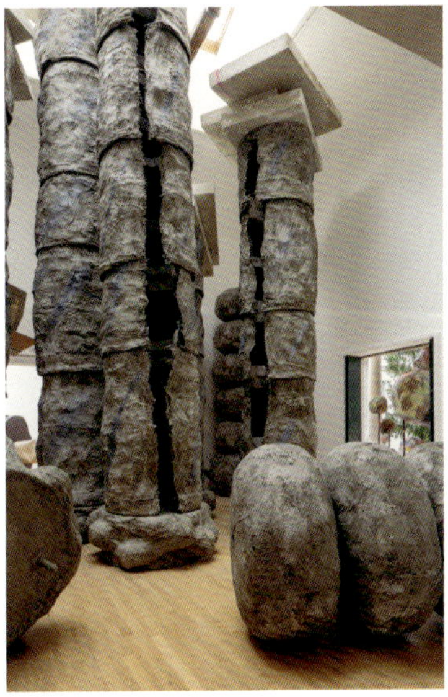

14

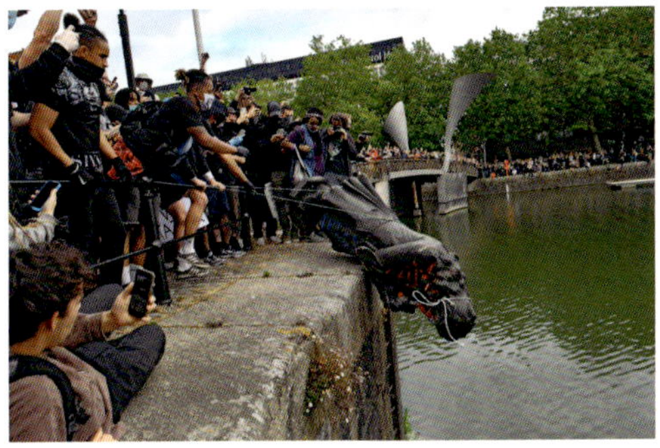

15

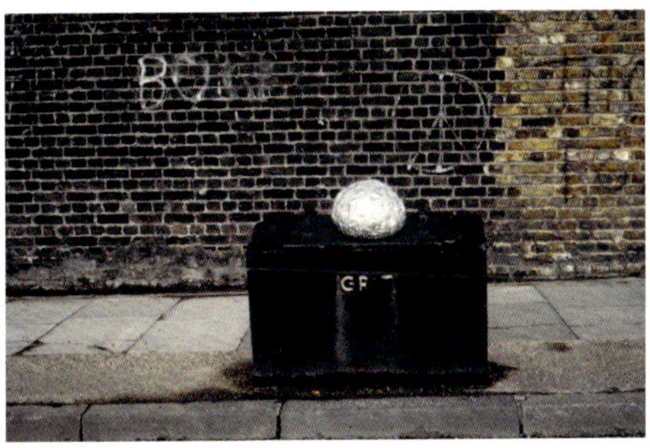

16

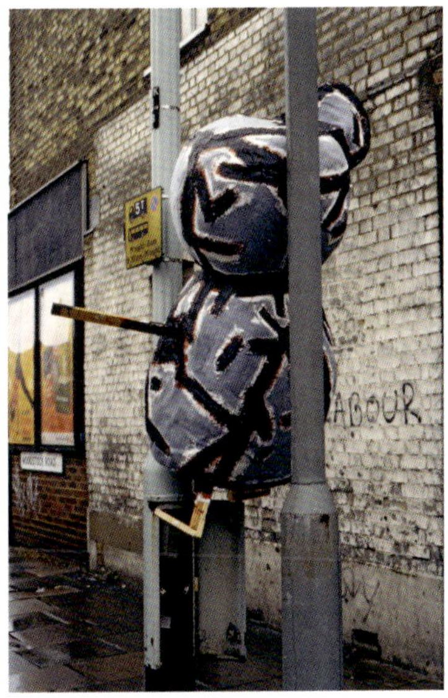

17

13:
Phyllida Barlow, *Shedmesh*, 1975,
Keilrahmen, Leinwand, Polsterschaum.
Installationsansichten, Camden Arts Centre,
London, 1975

14:
Phyllida Barlow, *untitled: folly; slashedcolumnx5; 2016/2017*, Zement, Beton, Baumwollgeflecht, PVA, Papier, Sperrholz, Styropor, Polyurethanschaum, Strühfarbe, Stahl, Bauholz, Maschendraht, Farbe.
Ausstellungsansicht, *folly*, Britischer Pavillon, Biennale von Venedig, 2017

15:
Demonstrant:innen versenken die Statue des britischen Sklavenhändlers Edward Colston im Hafen von Bristol, 7.6.2020

16:
Phyllida Barlow, *Object for a street grit bin*,
Alufolie, Brotlaib.
York Way, London, 1995

17:
Phyllida Barlow, *Object for a lamp post*,
Filzdecke, Farbe, Holz.
York Way, London, 1999

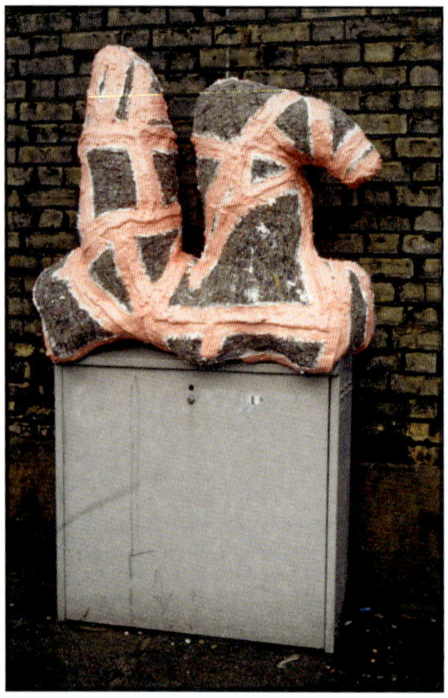

18

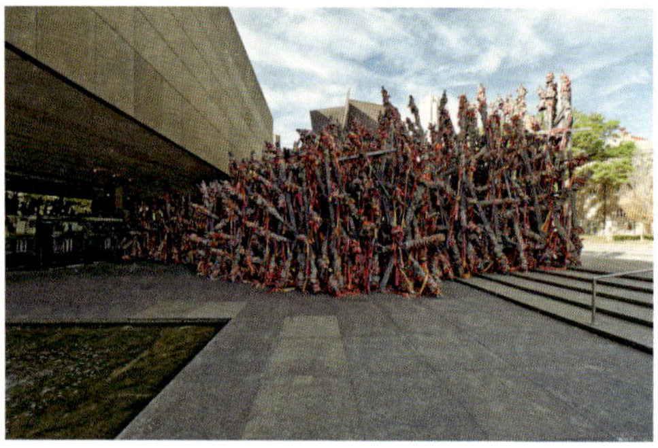

19

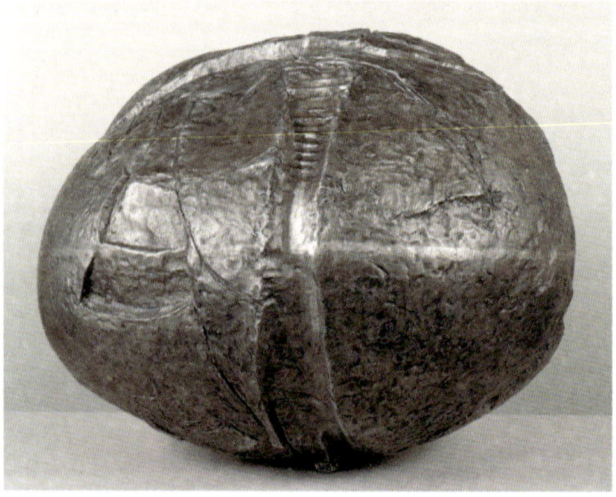

20

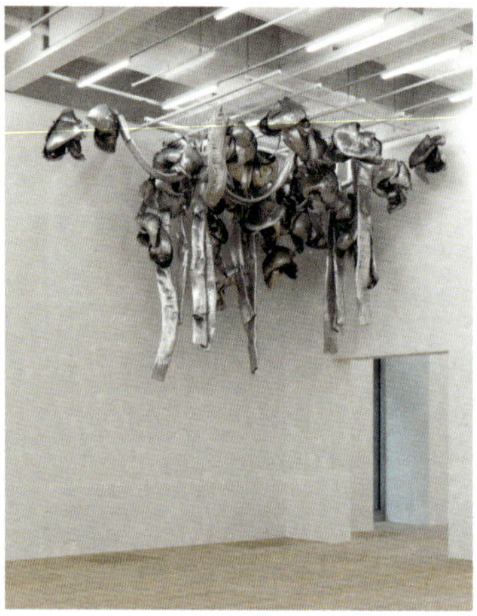

21

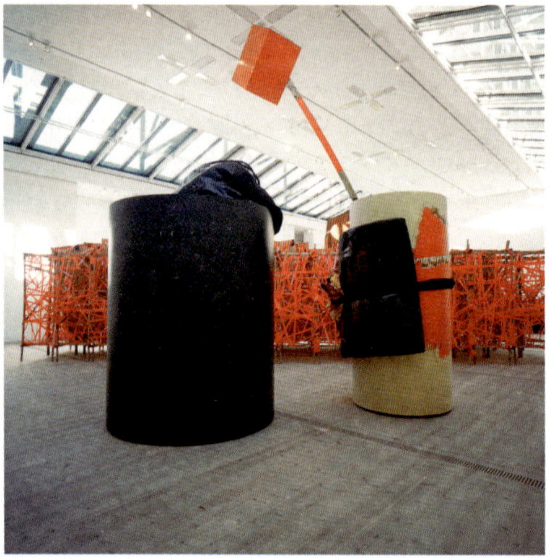

22

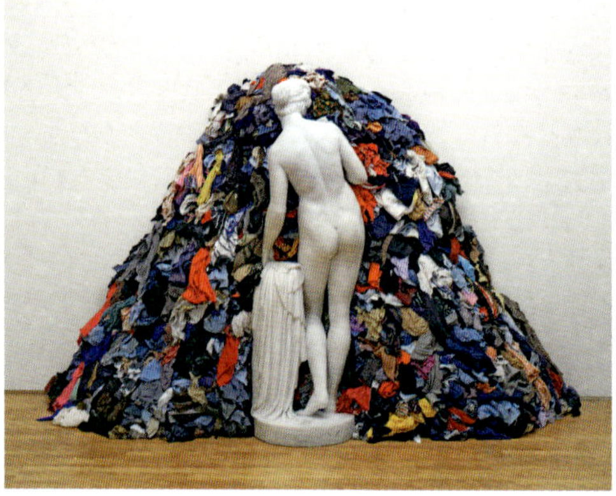

23

18:
Phyllida Barlow, *Object for street furniture*,
Filzdecke, Farbe.
York Way, London, 1999

19:
Phyllida Barlow, *TIP*, 2013,
Bauholz, Stahl, Sprühfarbe, Farbe, Stahlgeflecht,
Baumwollgeflecht, Zement, Stoff, Firnis.
Carnegie International 2013,
Carnegie Museum of Art, Pittsburgh, Pennsylvania

20:
Hubert Dalwood, *Large Object*, 1959,
Aluminium. Sammlung der Tate, London

21:
Marisa Merz, *Untitled (Living Sculpture)*, 1966,
Aluminium.
Sammlung der Tate, London

22:
Phyllida Barlow, *Peninsula* (Detail).
Ausstellungsansicht, Baltic Centre for Contemporary
Art, Gateshead, 2004

23:
Michelangelo Pistoletto, *Venere degli stracci* (*Venus in Lumpen*), 1967, Marmor und Textilien.
Sammlung der Tate, London

überall in der Ausstellung Gebilden wie einer Bühne oder einem Turm, die man nicht erklimmen kann, Markisen, die keinen Schutz vor irgendetwas bieten, einem Auffangnetz, das auf Schutt wartet, welcher niemals eintreffen wird, Balkonen, auf die sich niemand stellen darf, sowie einer Reihe hohler Säulen, die keine Decke tragen (Abb. S. 20/21, 29, 24/25, 28, 88/89, 98). Die Säulen wurden erstmals 2017 in Barlows mit *folly* betitelter Ausstellung im Britischen Pavillon auf der Biennale von Venedig präsentiert: eine perfekte Veranschaulichung des „Unsinns" („folly") ihrer theatralischen Anordnung, in der sie beinahe um die Aufmerksamkeit der Betrachter:innen zu buhlen schienen (Abb. 14). Die als geradezu unangenehm erfahrene unmittelbare Nähe zwischen den Betrachter:innen und diesen Säulen erzwingt eine materielle Lesart ihrer Oberflächentexturen und inszeniert so eine doppelte Inversion der Logik sowohl der Säule wie auch des Sockels (die in der klassischen Skulptur und Architektur eine ausschließlich tragende Funktion erfüllen) und ebenso auch des Monuments (dessen memorative „Bedeutung" normalerweise durch das Wechselspiel von Aufstellungsort und Darstellung generiert wird). Im Gegensatz hierzu eignen sich Barlows gebaute Säulen den Maßstab und die formalistische „Sprache" des Monuments an und ebenso dessen schwindelerregende Vertikalität, seine Anspielungen auf ein „dort draußen" in der Welt existierendes Objekt, während sie es zugleich symbolisch „ausweiden", indem sie es jeglicher Repräsentations- oder Erinnerungsfunktion berauben und die Beziehung zwischen dem Objekt und seinem (Bedeutungs-)Träger zerstören. Dieses Ausweiden wird durch den langen vertikalen Schnitt in der Mitte der Säulen umso anschaulicher gemacht, der es den Betrachter:innen ermöglicht, das Innengerüst zu sehen: eine Ansicht, die klassische Bronzeskulpturen nicht gewähren, obwohl auch sie vergleichbare Hohlräume enthalten. In diesem Sinne bemerkte Vicario, dass Werke wie die in Venedig gezeigten Säulen „die mit Brancusis *Endloser Säule* verknüpften utopischen Bestrebungen mit einer kritischen Reaktion auf die traditionelle Rolle der Skulptur als Vehikel für das staatsbürgerliche und historische Monument" verbinden.[33] Diese Beobachtung ist ziemlich aufschlussreich, denn sie veranschaulicht treffend Barlows Kritik an bestimmten modernistischen Tendenzen, insbesondere ihre Ablehnung der Ortsgebundenheit (eine Haltung, die ihre Wurzeln in Rodins gegen Ende des 19. Jahrhunderts eingeführten Neuerungen hat) und die bereits erwähnte Integration des Sockels (à la Brancusi), doch tut sie dies, ohne die Skulptur einfach nur unter dem Gesichtspunkt ihrer negativen Konnotation zu definieren; sprich: Für Barlow ist sie mehr, als es in Ad Reinhardts berühmt-berüchtigter sarkastischer Bemerkung zum Ausdruck kommt, wonach eine Skulptur etwas sei, „wogegen man stößt, wenn man einen Schritt zurücktritt, um sich ein Gemälde anzusehen".[34]

Ja, im Gegensatz zu Reinhardt will Barlow, dass ihre Skulpturen sich den Betrachter:innen in den Weg stellen und diese zwingen, sich mit ihrer Form auseinanderzusetzen. So bemerkte sie einmal: „Das skulpturale Objekt blockiert den Raum, unterbricht ihn, interveniert in ihn, überbrückt ihn, sitzt auf ihm und ergreift vor allem Besitz von ihm, von dem wir andernfalls selbst Besitz ergreifen würden. Trotz seiner gemeinhin statischen Identität ist das skulpturale Objekt im Hinblick darauf, wie es den Raum nutzen kann, ruhelos und unvorhersagbar. Das ist nicht zwangsläufig eine angenehme oder beruhigende Erfahrung."[35]

Natürlich ergeht es Skulpturen außerhalb des Museums im Allgemeinen nicht viel besser als denen, die sich in ihm befinden, zumal das relative Unbehagen, das durch ihre Existenz hervorgerufen wird, extreme ikonoklastische Reaktionen provozieren kann. Mit Blick auf die Kunstgeschichte fühlt man sich etwa an die umstrittene Entfernung von Richard Serras *Tilted Arc* (1989) von der Federal Plaza in Manhattan erinnert[36] oder auch an die 2003 um die Welt gegangenen Bilder vom Sturz der Statue Saddam Husseins auf dem Firdos-Platz in Bagdad und ebenso an die jüngsten Demonstrationen, bei denen die Skulptur des Sklavenhändlers Edward Colston im Hafen von Bristol versenkt wurde (Abb. 15).[37] Viele von Barlows Reaktionen auf die relative Ruhelosigkeit der Skulptur in den 1990er-Jahren können auch als im Einklang mit diesem Drang stehend gesehen werden, sich nicht aufdrängen zu wollen: Dies reicht von subtilen Interventionen in Hauseingängen sowie auf oder neben Streugutkisten und anderen öffentlichen Vorrichtungen (Abb. 16–18) bis hin zu einer Aktion, bei der sie auf eine Weise, die auf seltsame Art den Protest von Bristol vorwegzunehmen scheint, eine Reihe von Skulpturen in die Themse warf.[38]

Vor diesem Hintergrund erscheinen Barlows spätere Interventionen im Museum und im öffentlichen Raum alles andere als zurückhaltend. Ein Werk wie *TIP* etwa, das im Rahmen der *Carnegie International 2013* in Pittsburgh entstand, scheint sich auszudehnen, um aus dem Museum auszubrechen und sich dann auf dem Gehsteig fortzusetzen (Abb. 19). Und obwohl die für die Biennale von Venedig geschaffenen Säulen in einem geschlossenen Ausstellungsraum standen, muteten sie einerseits rastlos an, als wollten sie sich aneinander vorbeidrängeln, um besser gesehen zu werden, doch andererseits auch so, als fühlten sie sich nicht wohl in ihrer Haut (daher ihre Tendenz, aus den Begrenzungen ihres Skeletts auszubrechen). Statt also bloß spröde zu verharren oder sich vor aller Augen zu verstecken (wie dies so viele „unbedenkliche" Monumente im Außenraum tun), erinnern Barlows Werke an das, was Peter Cook von Archigram 2004 anlässlich einer Retrospektive der Architektengruppe zu einem Kritiker sagte. Er wolle eine „‚immersive Umgebung', etwas ‚Lautes, Großes, Buntes, das einem direkt ins Gesicht springt'".[39] Indem sie ihre Säulen so positioniert, dass sie einem in diesem Sinne „direkt ins Gesicht" springen, hebt Barlow die Einzigartigkeit der individuellen Form hervor. Von Nahem betrachtet, bemerkt man unwillkürlich die Unregelmäßigkeit ihrer Oberflächentexturen oder die Art, wie Bänder und andere Materialien in sie eingebettet sind. Auch das unterscheidet diese Objekte von klassischen Bronzemonumenten und Architekturelementen wie Säulen, die aufgrund der Wiederverwendung derselben Gussformen nahezu identisch sind. Im Gegensatz hierzu erinnert Barlows Betonung der Eigentümlichkeiten ihrer „modularen" Formen an das *Wabi-Sabi*-Konzept, das beispielsweise in japanischen Töpferwaren Gestalt erlangt. Dabei gelten die Unvollkommenheiten eines Objekts und die Veränderungen, die dieses bei seiner Herstellung und durch seinen Gebrauch erfährt, als schätzenswerte Besonderheiten, die es zu etwas Unbeständigem und zugleich Einzigartigem werden lassen. Indem sie die Makel ihrer Werke und deren „Unrast" hervorhebt, lässt Barlow sie zu Provokateuren werden, die sich den Betrachter:innen nicht nur gewaltsam in den Weg stellen, sondern auch die inhärente Hohlheit ihrer Form und ihres Inhalts offenlegen und sich selbst daran ergötzen. Um sich den Unterschied vor Augen zu halten, genügt es, diese skurrilen skulpturalen Säulen mit der Achtung gebietenden, starren Kolonnade zu vergleichen, auf die man vor dem Betreten des Museums trifft und die nicht nur die Decke des Gebäudes, sondern auch die seiner Entstehung zugrunde liegende Ideologie trägt.

Natürlich ist dies nicht das einzige Beispiel dafür, wie sich Barlows Werke mit den Gebäuden, in denen sie zur Aufstellung gelangen, auseinandersetzen, ja vielleicht Streit mit diesen suchen. Neben dem im italienischen Stil gehaltenen Britischen Pavillon in Venedig oder dem neoklassizistischen Museum in München lieferte Phyllida Barlow, den Worten Carmen Juliás zufolge, bereits 2014 mit ihrer Installation *dock* in der Tate Britain „ein antagonistisches Gegenstück zu dem nüchternen neoklassizistischen Gefäß, das sie beherbergte, indem sie voller formaler Ironie all das zur Anschauung brachte, was Galerien nicht zu eigen ist: Exzess, Chaos, Disproportionalität, Dissonanz, Formbarkeit und Kurzlebigkeit".[40] Dieser Liste könnte man noch den Begriff des „Nomadischen" hinzufügen, nicht nur im Hinblick auf die Säulen, die sich in München, obwohl sie für Venedig entworfen wurden, durchaus heimisch zu fühlen scheinen, sondern auch bezüglich der verschiedenen Balkone und herabhängenden Klumpen, die über die anderen Räume verteilt sind (Abb. S. 88/89, 144/145). Diese Werke erweisen sich als besonders faszinierend, dies einerseits aufgrund der durch sie geweckten und zugleich sich fortlaufend wandelnden symbolischen Assoziationen – man fühlt sich an die Funktion von Balkonen als Bühnen erinnert, auf denen Macht zur Schau gestellt wird (der Balkon des Palazzo Venezia in Rom), von Balkonen als mythologischer Kulisse (Julias Balkon in Verona) oder in jüngerer Zeit von Balkonen als Räumen, in denen man staatsbürgerlichen Gemeinschaftssinn demonstriert (wie die improvisierten Konzerte und Solidaritätsadressen, die in ganz Europa während des ersten Lockdowns zum Besten gegeben wurden). Darüber hinaus beziehen diese herabhängenden Werke ihre Faszination aus der Art, in der sie das Verhältnis von Objekt und Sockel problematisieren. Denn nicht nur besitzt keines dieser Werke einen Sockel, sondern im Fall der Balkone sind sie auch ihrer Funktion als Traggerüst für den menschlichen Körper entkleidet: Sie ragen aus massiven Wänden hervor und sind derart hoch platziert, dass man sie unmöglich betreten kann.

Das soll natürlich nicht heißen, dass Barlows Werke einfach eine modernistische Ausweitung der Brancusi'schen Inkorporierung – oder Verbannung – der Sockel sind. In vielen ihrer Werke werden die Skulptur und deren Basis gewissermaßen unverzichtbar füreinander, obwohl es dennoch nach wie vor eine klare Unterscheidung gibt, wo das eine endet und das andere beginnt. Wenngleich der Sockel immer noch klar als solcher gekennzeichnet ist, wird seine wahrgenommene Funktion als ein Mittel, um die Skulptur über die Welt der profanen Dinge zu erheben, verwischt. Am deutlichsten zeigt dies die Werkserie *Objects for…*, bei der eine Reihe von Alltagsgegenständen und Haushaltsgeräten temporär als Podeste für die Zurschaustellung skulpturaler Objekte in Anspruch genommen werden (S. 122, Abb. 10; Abb. S. 226–230). Barlow erhält, anders als etwa Nam June Paik in seinen Arbeiten, den Unterschied von Objekt und Sockel immer aufrecht und lässt beispielsweise keinen Zweifel daran aufkommen, dass ihr Röhrenfernseher der Sockel ihres „Objekts" ist (*Object for the television*, 1994; Abb. S. 109), weshalb man auch nicht erwarten sollte, dass dieser ein Bild ausstrahlt. Dennoch sind diese Paarungen symbiotischer Art, da die Entfernung oder Ersetzung des Sockels das „Objekt" seiner Bedeutung berauben würde.

Im Gegensatz zu dieser Funktion des Sockels, der das skulpturale Objekt in starkem Maße verankert, indem er eine Beziehung zum Boden herstellt und ihm eine Funktion als „Objekt für [etwas]" einschreibt, scheint die genaue räumliche Position oder Funktion jener Konstellation hängender „Klumpen", die in einem anderen Saal ausgestellt werden, ungewiss (Abb. S. 144/145). Sie bestehen aus verschiedenen Industrieabfällen (Styropor, Sand, Zement, Farbe, Draht, Gummi, Polyvinylacetat) und scheinen gerade im „Landen" begriffen zu sein, was angesichts

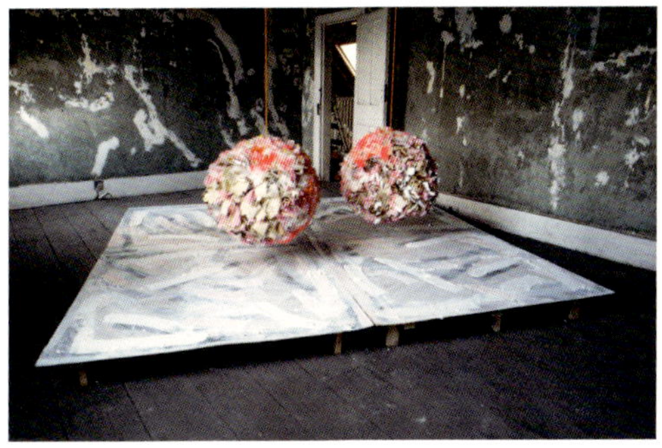

24

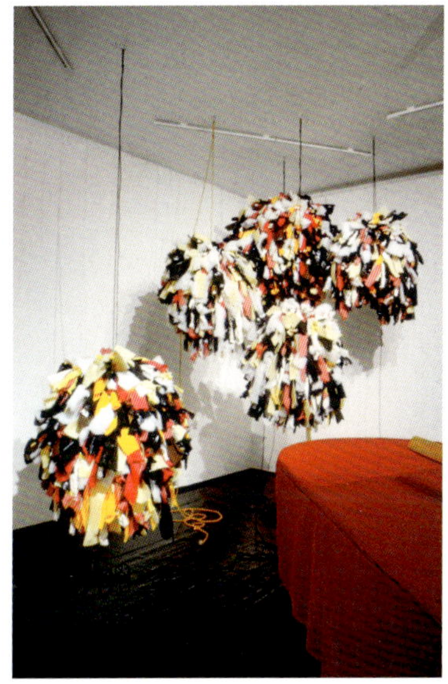

25

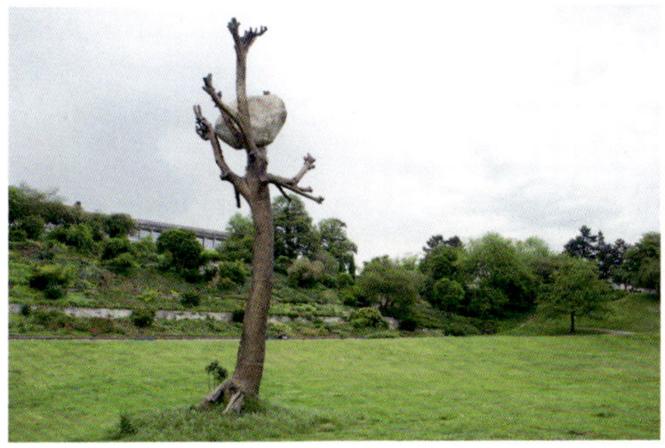

26

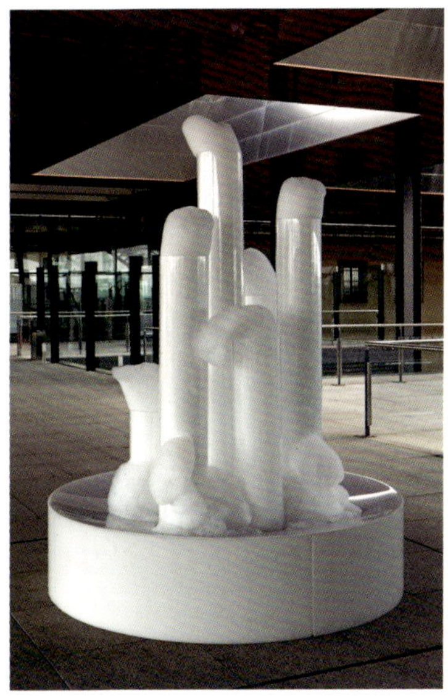

27

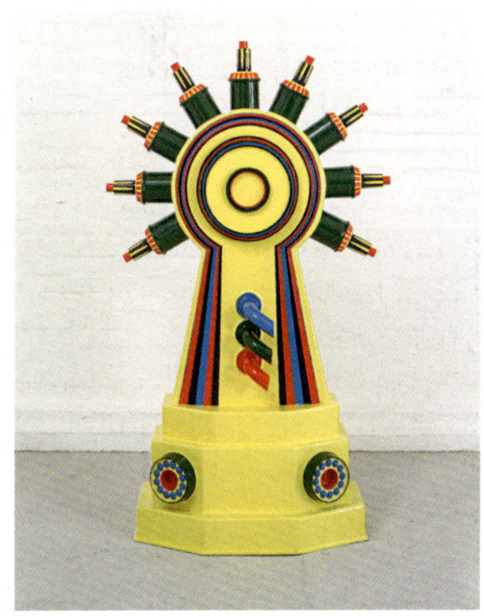

28

24:
Phyllida Barlow, *after dark* (Detail). Ausstellungsansicht, The Master Shipwright's House, Deptford, London, 1998

25:
Phyllida Barlow, *SCAPE* (Detail). Ausstellungsansicht, Spacex, Exeter, Devon, 2005

26:
Giuseppe Penone, *Idee di pietra* (*Ansichten eines Steins*), 2003–2010, Bronze, Granit. Ausstellungsansicht, *dOCUMENTA (13)*, Karlsaue, Kassel, 2012

27:
David Medalla, *Cloud Gates-Bubble Machine*, 1965/2013, Edelstahl, Acryl, Methacrylat, Wasserpumpe, Wasser, Seife. Installationsansicht, Museo Nacional Centro de Arte Reina Sofía, Madrid, Dauerleihgabe der Baró Galería, São Paulo, 2014

28:
Eduardo Paolozzi, *Diana as an Engine I*, 1963–1966, Aluminium, geschweißt und bemalt. Sammlung des British Council

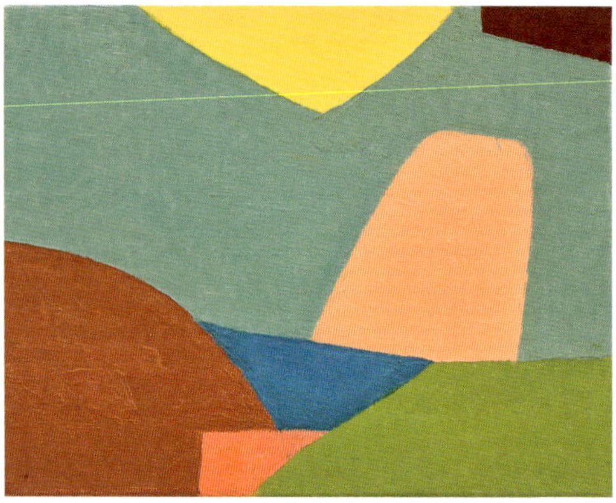

29

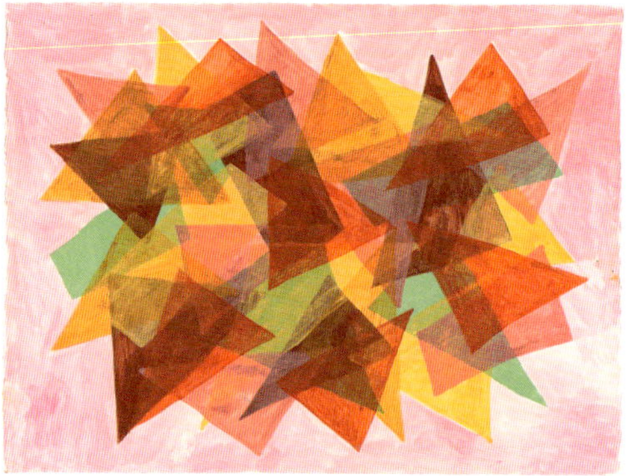

30

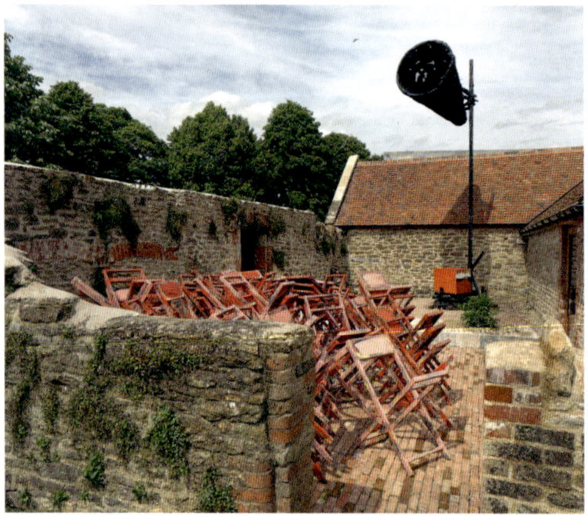

31

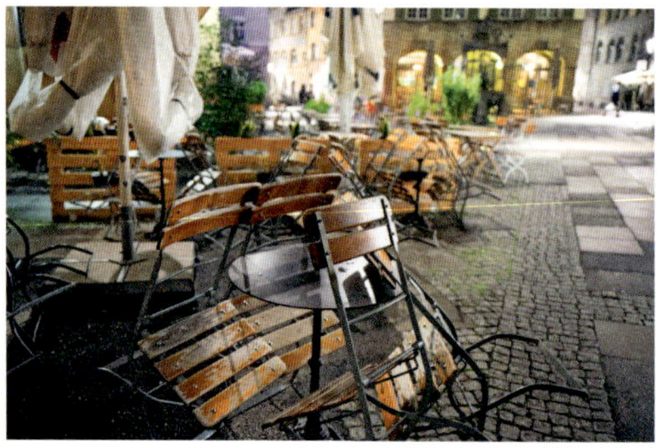

32

29:
Etel Adnan, *Untitled*, 2015,
Öl auf Leinwand, 27 × 35 cm.
Privatsammlung, New York

30:
Phyllida Barlow, *untitled: scatter, 3; 2019*,
Acryl auf Papier, 56,1 × 76,6 cm

31:
Phyllida Barlow, *untitled: stackedchairs*, 2014,
Bauholz, Sperrholz, Zement, Farbe, Sand, PVA, Firnis.
Ausstellungsansicht, *GIG*, Hauser & Wirth,
Somerset, 2014

32:
Leere Tische und Stühle vor einem Café in Stuttgart
während des ersten Corona-Lockdowns, 2020

ihrer Ähnlichkeit mit Asteroiden oder Planeten kein unangemessener Terminus sein dürfte. Darüber hinaus sind offenbar nicht alle Klumpen bereit, darauf zu verzichten, dass man einen Sockel unter ihnen platziert, ein Umstand, der möglicherweise auch die Präsenz diverser Objekte im Sockelformat in der Ecke des Raums erklärt. In diesem Sinne und im Lichte ihrer formalen Verwandtschaft mit Fautriers oben erwähnten *Otages* könnte man die Klumpen auch mit einem Kopf, der eines Körpers bedarf, vergleichen, was ein Gefühl des Schauderns hervorrufen könnte, ähnlich dem, das die Betrachter:innen vor Werken wie Hubert Dalwoods *Large Object* (1959; Abb. 20) oder Man Rays berühmt-berüchtigter Fotografie *Black and White* (1926) beschleichen mag.

Doch angesichts des „alltäglichen" Charakters der bei ihrer Herstellung verwendeten Materialien sowie des prekär anmutenden Charakters ihrer Aufhängung im Raum bietet sich der vielleicht passendste Vergleich für diese Konstellation von Klumpen in den „lebendigen Skulpturen" von Marisa Merz, deren hohle und in sich verdrehte, von der Decke herabhängende Aluminiumröhren an Stalaktiten von einem anderen Planeten denken lassen (Abb. 21). Natürlich sind Barlows Klumpen in ihrer Trägheit wesentlich eigensinniger als Merz' fließendere und organischere Schöpfungen, die ja nicht umsonst als „lebendig" bezeichnet werden. Die Klumpen hingegen „hängen" einfach nur da und warten zweifellos auf den Moment, in dem sie unter ihrem eigenen Gewicht krachend zu Boden stürzen. Ähnlich eigensinnige Objekte begegnen einem überall in Barlows Œuvre. Bei ihrer im Jahr 2004 ausgerichteten Ausstellung im Baltic Centre for Contemporary Art in Gateshead etwa schien eine schlaffe Stoffbahn sich auf einer Reihe dünner, improvisierter Holzstelzen zu fläzen, die sie in die Höhe hielten, während es bei einem anderen röhrenförmigen Werk anmutete, als sei sein Inneres drauf und dran, den um seine Mitte gebundenen Klebestreifen zum Zerreißen zu bringen (Abb. 22).

In der aktuellen Ausstellung nehmen diese „schlampigen" Objekte die Gestalt der niedergeschlagen an der Wand lehnenden Sonnenschirme (*untitled: parasols; 2020* [Abb. S. 58]) ebenso an wie die der leicht verblassten Leinwände und der etwas ausgebleichten Blöcke, die auf improvisierten Stelzen aufgebockt sind (*untitled: canvasracks; 2018–2019* und *untitled: blocksonstilts; 2018–2019* [Abb. S. 92/93, 61]). Ähnlich wie die Klumpen lassen einen diese Werke an verschiedene Künstler der frühen 1970er-Jahre denken: Die Leinwandfetzen etwa rufen nicht nur die Arbeiten von Robert Morris und Barry Flanagan in Erinnerung,[41] sondern auch Michelangelo Pistolettos Haufen bunter Textilien bei seiner „Lumpenvenus" (*Venere degli stracci*, 1967; Abb. 23). Das, was alle diese Werke miteinander verbindet, ist die Anhäufung und Verteilung irgendwelchen *Zeugs*, die Herstellung einer skulpturalen Farb- und Formassemblage aus industriell gefertigten Stoffen und Materialien. Dieses Interesse an den skulpturalen Möglichkeiten, die der Anhäufung materieller Abfälle innewohnen, war in Barlows künstlerischer Praxis gleichsam von Anbeginn an vorhanden. Beispiele dafür finden sich nicht nur in der Arbeit mit dem angemessenen Titel *Stuff* (1973), sondern auch im Verstreuen und Anhäufen von Stoff in Werken wie *Chair* (1971) und *All and Everything* (1972), und ebenso in der Art, wie er unter der schwarzen Plastikverpackung in *Strangers* (1985) oder *Fall* (1991) hervorlugt, oder im bunten Industriemüll, aus dem *Fill* (1983), *Expanse* (1987) und am spektakulärsten von allen die Mammutinstallation *Seam* (1990) bestehen (Abb. S. 197, 189, 194, 207, 210, 214, 218). Da sie anscheinend auf das gesamte Repertoire der Arte Povera zurückgegriffen hat, entdeckt man in der Serie von Puscheln, die Barlow seit den späten 1990er-Jahren geschaffen hat (Abb. 24 und 25), eine Kombination von Pistolettos Stoffen und Merz' Hängearbeiten, oder man erinnert sich in Anbetracht der Spannung, die durch der Schwerkraft trotzende Werke wie *untitled: blocksonstilts; 2018–2019* heraufbeschworen wird, sowohl an Giovanni Anselmos *Torsione*-Serie (1968) wie auch in formaler Hinsicht an die verschiedenen Iterationen von Giuseppe Penones *Idee di pietra* (2003–2010; Abb. 26).

Skulpturale Handlungsmacht und Zeit

Obwohl sich die von Penone und Barlow verwendeten Materialien radikal voneinander unterscheiden, fördert ein Vergleich zwischen beiden dennoch einen ähnlichen Umgang mit der Handlungsmacht der Skulptur zutage, indem sich im Interesse des italienischen Künstlers an Themen wie Atmung, Wachstum und Altern eine Verbindung zu den bereits erwähnten entropischen Prozessen, die so viele Werke Barlows prägen, eröffnet. Deren Faszination im Hinblick darauf, dass Objekte über eine latente Handlungsmacht verfügen – selbst wenn diese nur darin besteht, dass besagte Objekte vermeintlich umzukippen drohen oder abgestützt werden müssen –, lässt sich auf ihre Studienzeit bei George Fullard zurückführen. Fullard ermutigte seine Studentinnen und Studenten, die verschiedenen Erscheinungsformen des Skulpturalen zu erkunden: nicht nur diejenigen, die sich auf Gegenstände erstrecken, wie sie in der Welt existieren (Picassos „Nagel"), sondern auch Buster Keatons oder Charlie Chaplins Beziehungen zu und Interaktionen mit unbelebten Objekten oder, so Barlow, „inwiefern sich die Misslichkeit und das Pathos der qualvollen und hoffnungslosen Beziehung, die in [F. Scott Fitzgeralds] *The Great Gatsby* und *Tender is the Night* beschrieben wird, mit der Misslichkeit vergleichen lassen, die dem zugrunde liegt, wie Skulpturen gemacht werden und Dinge zusammenfinden, von denen man das nie vermutet hätte".[42] Man beachte hier die Betonung des Experimentierens über verschiedene Medien hinweg, der Verortung der skulpturalen Praxis nicht nur in den bildenden Künsten, sondern auch in der Architektur, Malerei, Landschaft, in Theater und Oper, Film, Literatur, Cartoons, sowie die Auffassung, dass die eigene Auseinandersetzung mit den Objekten nicht einfach unberührt und vorherbestimmt war, sondern auch die Möglichkeit bot, dass Zufall und Irrtum eine Rolle spielten. Diese Konvergenz von Chaos, Handlungsmacht, Naturkräften und höherer Gewalt zeigt sich am besten in der Skulpturenserie des „umgedrehten Hauses", die in der aktuellen Ausstellung durch *untitled: stockade; 2015* (Abb. S. 153) vertreten ist, ein Werk, das sich auf das filmische Chaos von Buster Keatons *Steamboat Bill, Jr.* (1928) ebenso stützt wie auf die Bilder der eingestürzten und umgekippten Häuser, die nach dem Hurrikan Katrina 2005 um die Welt gingen.[43]

Man vergleiche dieses Gefühl von Drama und Spannung – die Erschaffung des skulpturalen Objekts, das in einen narrativen Rahmen eingebettet ist, der den Drehungen und Wendungen des Kinos verwandt ist – mit der „Leblosigkeit" der Werke, die in den 1960er-Jahren von den Bildhauern der sogenannten „New Generation" präsentiert wurden. In einem häufig zitierten Essay, in dem sie ihrer Enttäuschung angesichts einer dieser Ausstellungen Ausdruck verlieh, kommentierte Barlow dies folgendermaßen: „[...] es gab da sofort eine Vertrautheit. Eine Dumpfheit machte sich breit: Die Stille der Skulptur war fade, nicht atmosphärisch, ihr Gewicht war bleiern statt illusorisch, ihre Farbe, wiewohl ihr größter Vorzug, zu ähnlich dem, was in der Malereiausstellung der New Generation im Jahr zuvor gezeigt worden war... vorwiegend männlich geprägte Tätigkeiten: Schweißen, Gießen und Konstruieren mit Fiberglas und Harz sowie halbindustrielle Assemblagen."[44]

Statt herkömmlichen Vorstellungen vom Bildhauer als jemandem zu entsprechen, der einem Gegenstand mittels Schweißen oder einer anderen handwerklichen Tätigkeit eine Existenz verleiht, und inspiriert von Fullards Unterricht und ihrer parallel hierzu erfolgten „Entdeckung" der Werke Duchamps, vertraten Künstler:innen wie Barlow die gegenteilige Auffassung, ein „Künstler" (nicht einfach nur ein „Bildhauer") sei in Wirklichkeit jemand, der mit Prozessen und Materialien experimentiert, statt per se „bildhauerisch tätig zu sein".[45] Wirft man einen Blick auf die Londoner Kunstszene der 1960er-Jahre, so stößt man auf eine Reihe von Künstler:innen, die sich auf ähnliche Weise Duchamps Kritik der Kategorien der Skulptur, der Medienspezifität und des Status des Künstlers zu eigen machten und so versuchten, das Konzept der skulpturalen Praxis zu erweitern oder zu sprengen. In der Londoner Signals Gallery etwa konnte man sowohl Gustav Metzgers „auto-destruktive" Werke als auch David Medallas „auto-kreative" *Bubble Machine*-Skulpturen entdecken (Abb. 27), die beide emblematisch für eine positive Lesart der entropischen skulpturalen Form sind. Vor allem Medallas Werke, die aus einem Sockel bestanden, aus dem langsam eine „Wolke" aus Seifenschaum aufstieg (deren Blasen sich rasch verflüchtigten, sobald sie eine Weile mit der Luft in Berührung gekommen waren) standen dadurch, dass sie jede Vorstellung von einer festen oder greifbaren Form definitiv ausschlossen, in diametralem Gegensatz zur „bleiernen" Skulptur. Mit Worten, die an Penones Ideen denken lassen, sagte Medalla von diesen Schöpfungen, dass sie vielleicht eines Tages „atmen, schwitzen, husten, lachen, gähnen, grinsen, blinzeln, keuchen, tanzen, laufen, kriechen" könnten.[46] In ähnlicher Weise begegnet diese erweiterte Sicht der Handlungsmacht der skulpturalen Praxis im gesamten künstlerischen Schaffen von Gilbert & George, das Texte, Film, Zeichnungen, Fotografie und Performance umfasst, ungeachtet der Tatsache, dass beide sich selbst als „Bildhauer" und alle ihre Werke als „Skulpturen" bezeichneten.[47] Barlow erlebte ihre ikonische Performance *The Singing Sculpture*, als sie 1970 in der Nigel Greenwood Gallery in Chelsea zur Aufführung gelangte, und der Anblick der beiden Bildhauer, die mit bronzebedeckten Gesichtern auf einem Tisch stehend den alten Varieté-Song „Underneath the Arches" sangen, sollte ihre Ansichten über die Möglichkeiten der Skulptur vor allem in medialer Hinsicht und bezüglich des Verhältnisses von Objekt und Sockel nachhaltig prägen.

Zu guter Letzt verdankt sich Barlows Interesse an der Beziehung von Farbe und skulpturaler Form – das im Gegensatz zu dem glatten, industriellen Farbauftrag, den man gemeinhin mit der New Generation assoziiert, steht – viel stärker Eduardo Paolozzis Pop-Experimenten als irgendeinem der von Anthony Caro, Phillip King oder David Annesley gefertigten Werke. Paolozzi hatte in den 1940er-Jahren, wie später Barlow, an der Slade School of Fine Art studiert und ganz ähnlich wie sie ein wesentlich größeres Augenmerk auf jene Kunst gerichtet, die aus Europa (avantgardistische Kunst) und den USA (die Farben in Werbung und Kunst) kam, als auf diejenige, die er im Gegensatz dazu als die konservativere Ausrichtung der britischen Skulptur erachtete. Dieser rebellische Geist veranlasste Paolozzi 1947, nach Paris zu ziehen, wo er Künstlern begegnen konnte, die in den Gefilden von Surrealismus, Abstraktion, Informel oder der neuen Spielarten der Figuration arbeiteten.[48] Während die skulpturalen Werke, die er nach seiner Rückkehr nach London 1948 ausstellte, davon künden, wie sehr er den in Paris tätigen Künstlerkollegen Picasso und Giacometti verpflichtet war, demonstriert seine spätere Einbeziehung von Farbe, welch nachhaltigen Einfluss die amerikanische Populärkultur auf sein Schaffen hatte.[49]

Der verblüffende, ebenso leuchtende wie grelle Farbauftrag bei einer Skulptur wie *Diana as an Engine I* (1963–1966; Abb. 28) etwa findet sich nicht nur in nahezu allen Skulpturen Barlows wieder (obwohl der Farbauftrag selbst dort eine stärkere Nähe zu Schneemann oder de Saint Phalle aufweist), sondern zeigt sich auch in ihrer nahezu unermüdlichen Zeichenpraxis über die Jahrzehnte hinweg.

Da heute nur mehr eine Handvoll von Barlows Skulpturen aus dem vergangenen Jahrhundert existiert, bieten diese zahlreichen Zeichnungen einen unverzichtbaren Einblick in ihr Reflektieren über Fragen der Farbe und der skulpturalen Form im Verlauf der letzten fünf Jahrzehnte. Insgesamt betrachtet, zeugen diese Arbeiten auf Papier von einem nahezu unstillbaren Hunger, sich wieder und wieder mit bestimmten formalen Arrangements zu befassen. Unbehindert von Beschränkungen der Physik und der Schwerkraft, verströmen diese Werke ein Gefühl von Emanzipation und von Neugier im Hinblick darauf, wie sich formale, strukturelle und chromatische Elemente auf einer zweidimensionalen Fläche zueinander verhalten. Darüber gewähren sie, mit der seltenen Ausnahme einer Reihe monochromer Kompositionen, den Betrachter:innen eine grundlegende Einsicht in die Art und Weise, wie der Farbauftrag die Volumina und Gewichte einer Komposition definieren und radikal verlagern kann, indem er durch Veränderungen in der Kombination chromatischer Töne erstaunlich unterschiedliche Register zu erzeugen vermag. Form, Schatten und Ton verändern sich auf den zweidimensionalen Oberflächen dieser Kompositionen ständig, während Werke wie Barlows neueste Serie von Skizzen für die Münchner Inszenierung von Mozarts 1781 uraufgeführter Oper *Idomeneo* (Abb. S. 133, 134) von einem Gefühl von Tiefe und Pathos durchdrungen sind, das nicht nur an die Augen Dr. T. J. Eckleburgs, der in *The Great Gatsby* (1925) über das Tal der Asche blickt, erinnert, sondern auch an die unheimlichen, verlassenen Plätze in den Bildern Giorgio de Chiricos.

Eine andere Beobachtung, die offenkundig wird, wenn man diese ziemlich bemerkenswerte Produktion von Arbeiten auf Papier überblickt, ist die Treue, mit der Barlow immer wieder zu denselben Formen zurückkehrt, um sie in Gestalt neuer struktureller oder chromatischer Arrangements zu hinterfragen.[50] Ähnlich wie Etel Adnan immer wieder auf die Form ihres geliebten Mount Tamalpais (Abb. 29) zurückkommt, führt auch Barlows kontinuierliche Rückkehr zu vertrauten Formen zu einer prächtigen Choreografie wechselnder Farbflächen und Massen (Abb. 30). Eine weitere Parallele zu Adnans Praxis ist die Art und Weise, wie die Zeit zur Wahrnehmung dieser Formen beiträgt. Doch während Adnan in ihren Bildern die wechselnden Farben des Mount Tamalpais im Verlauf der Jahres- und Tageszeiten und ihre eigene emotionale Reaktion auf die Landschaft festzuhalten sucht, sind die Veränderungen in Barlows Annäherung an ein bestimmtes formales Arrangement normalerweise von dem Stadium abhängig, in dem die Zeichnung gefertigt wurde, sprich: davon, ob diese vor, während oder nach der Herstellung eines skulpturalen Objekts ausgeführt wurde. In diesem Sinne sind Barlows Arbeiten auf Papier selbst die Produkte eines bestimmten Moments in der Zeit: Sie entstehen entweder im Vorgriff auf die Herstellung des skulpturalen Objekts oder parallel dazu zum Zwecke der Dokumentation seiner Umsetzung oder im Zuge eines – in vielen Fällen mehrere Jahre später stattfindenden – Reflektierens über den Schöpfungsprozess.

Vor diesem Hintergrund ist es wahrscheinlich angemessen, dass dieser Essay mit einer weiteren Beobachtung hinsichtlich der Beziehung zwischen Barlows Objekten und der Zeit schließt: und zwar im Blick auf die Zeit ihrer Entstehung, auf die der Tatsache, dass sie erneut ausgestellt werden, geschuldeten Veränderungen sowie auf die Art, in der viele von ihnen ein Vorwissen davon zu vermitteln scheinen, wie wir uns zu den uns umgebenden Objekten verhalten werden. In manchen Fällen wirkt diese Beziehung im Rückblick nachgerade scharfsinnig, so etwa der weiter oben erwähnte Akt, die Skulpturen in den Fluss zu werfen. Dann wieder hat man das Gefühl, dass aktuelle Ereignisse lediglich eine missliche und unpassende Beziehung zwischen Körpern und Objekten hervortreten lassen, die in Barlows Œuvre schon immer sinnfällig gewesen ist, so etwa, als man während des ersten Lockdowns dazu neigte, überall in den kleineren und größeren Städten der Welt Barlows angelehnte Sonnenschirme und unbesetzte Stühle herumstehen zu sehen (Abb. 31 und 32). Oder vielleicht verhält es sich auch umgekehrt: Die Ereignisse der letzten Zeit haben uns lediglich daran erinnert, wie zeitgenössisch und zeitgemäß Barlows Werk schon immer war, vor allem im Hinblick auf seine Privilegierung der veränderlichen Beziehung zwischen den Objekten, den Räumen, in denen sie sich befinden, und den Körpern, von denen sie geformt und wahrgenommen werden.

1 Gilbert Vicario, „...A Mass of Rocks on the Side of a Mountain", in: *Phyllida Barlow: scree*, Ausst.-Kat. Des Moines Art Center, Iowa, 2013, S. 6–11, hier S. 7 f.

2 Wäre es anders, riefe die Platzierung der Werke im Kontext des Haus der Kunst unweigerlich die Transparente und Flaggen in Erinnerung, die das Gebäude zwischen 1937 und 1944 während der *Großen Deutschen Kunstausstellung* und der mit ihr verbundenen Feierlichkeiten zum „Tag der Deutschen Kunst" schmückten.

3 Sally O'Reilly hat darauf hingewiesen, dass Mehrdeutigkeit in Barlows Werk schon immer

eine zentrale Rolle spielte: „Mehrdeutigkeit ist eine Strategie, um eine übergriffige Schlussfolgerung zu unterminieren. Mehrdeutigkeit eignet weder die Passivität noch die Folgsamkeit der Vollendung: Sie ist flüchtig, trügerisch, unterirdisch. Manchmal ist Mehrdeutigkeit offensichtlich, manchmal verschüttet, häufig beides. Barlows Mehrdeutigkeit trifft in einem Karren ein, der von der ganzen aus Form, Inhalt, Bedeutung und Absicht bestehenden Mannschaft gezogen wird." Sally O'Reilly, „A Quest for the Moment", in: *Phyllida Barlow: Peninsula*, hrsg. von Pippa Coles und Elisabetta Fabrizi, Ausst.-Kat. Baltic Centre for Contemporary Art, Gateshead, 2004, S. 12–19, hier S. 14.

4 Tatsächlich stammen die orangefarbenen Sandsäcke, welche die Banner festhalten, aus einer Ausstellung in Kiew, während die Banner selbst ursprünglich für eine Ausstellung im Nasher Sculpture Center in Dallas hergestellt wurden und dann als Teil der Ausstellung *Power to the People. Political Art Now* in der Schirn Kunsthalle in Frankfurt am Main zu sehen waren; siehe *Power to the People. Politische Kunst jetzt / Political Art Now*, hrsg. von Martina Weinhart, Ausst.-Kat. Schirn Kunsthalle Frankfurt, Frankfurt am Main, 2018.

5 Gary Carrion-Murayari, „Interview with Phyllida Barlow", in: *Phyllida Barlow: siege*, hrsg. von ders., Ausst.-Kat. New Museum, New York, 2012, S. 10–37, hier S. 29; Frances Morris, „States of Unrest", in: *Phyllida Barlow. Sculpture 1963–2015*, hrsg. von Fiona Bradley, Ausst.-Kat. The Fruitmarket Gallery, Edinburgh, Ostfildern 2015, S. 23–175, hier S. 81.

6 Der französische Schriftsteller Francis Ponge zog als Erster diesen Vergleich zwischen Bataille und Fautrier; Francis Ponge, *Note sur les Otages, peintures de Fautrier*, Paris 1946; engl. Übers.: „Note on the Otages, Paintings by Fautrier", in: *Jean Fautrier. 1898–1964*, hrsg. von Curtis L. Carter und Karen K. Butler, Ausst.-Kat. Patrick and Beatrice Haggerty Museum of Art, Milwaukee; Miriam and Ira D. Wallach Art Gallery, New York; Fogg Art Museum, Cambridge, Mass., New Haven 2002, S. 170–177, hier S. 176. Zur Chronologie von Fautriers *Otages* siehe Rachel Perry, „Jean Fautrier's Jolies Juives", in: *October*, 108, Frühjahr 2004, S. 53–55. Perry merkt an, dass Fautrier mit diesen Bildern bereits in Paris begann, lange bevor er sich im April 1944 in das Sanatorium von Vallée-aux-Loups, Châtenay-Malabry, zurückzog, wo er gehört haben soll, wie Geiseln erschossen wurden. Vgl. *Formless. A User's Guide*, hrsg. von Yve-Alain Bois und Rosalind Krauss, Ausst.-Kat. Centre Georges Pompidou, Paris, New York 1997, S. 121.

7 Umberto Eco, „Das Offene Kunstwerk in den visuellen Künsten", in: ders., *Das offene Kunstwerk*, Frankfurt am Main 1977, S. 154–185: Diese Verbindung zwischen Eco, Mallarmé, Joyce und Stockhausen konstatierte Sarah Wilson, „Neue Menschenbilder: der Humanismus der Nachkriegszeit und seine Infragestellung in der westlichen Welt", in: *Postwar. Kunst zwischen Pazifik und Atlantik, 1945–1965*, hrsg. von Okwui Enwezor, Katy Siegel und Ulrich Wilmes, Ausst.-Kat. Haus der Kunst, München, München, London und New York 2015, S. 344–349.

8 Für eine Diskussion dieses Werks neben anderen „kinetischen Gemälden" Schneemanns siehe Sabine Breitwieser, „Kinetic Painting: Carolee Schneemann's Media", in: *Carolee Schneemann. Kinetic Painting*, hrsg. von ders., Ausst.-Kat. Museum der Moderne Salzburg, München, London und New York 2018, S. 12–25, hier S. 16; dt. Ausgabe: Sabine Breitwieser, „Kinetische Malerei: Carolee Schneemanns Medien", in: *Carolee Schneemann. Kinetische Malerei*, hrsg. von ders., Ausst.-Kat. Museum der Moderne Salzburg, München, London und New York 2018, S. 12–25.

9 Phyllida Barlow 1998 in einem Vortrag anlässlich von George Fullards Ausstellung in der Mappin Gallery, Sheffield; ein Auszug findet sich in: Phyllida Barlow, „My Teacher: Phyllida Barlow on George Fullard", 21.10.2016, www.tate.org.uk/tate-etc/issue-38-autumn-2016/my-teacher-phyllida-barlow-on-george-fullard (19.11.2020).

10 Jon Wood, „The Sculpture of Phyllida Barlow", in: *Objects for … And Other Things. Phyllida Barlow*, London 2004, S. 115–166, hier S. 125; Morris 2015 (wie Anm. 5), S. 86.

11 Robert Smithson, „A Tour of the Monuments of Passaic, New Jersey", in: *Artforum*, 6, 4, Dezember 1967, S. 48–51; Wiederabdruck in: Robert Smithson, *Collected Writings*, hrsg. von Jack Flam, Berkeley, Los Angeles und London 1996, S. 68–74; dt. Übers. zit. nach Robert Smithson, „Besuchen Sie die Monumente von Passaic, New Jersey", in: ders., *Gesammelte Werke*, hrsg. von Eva Schmidt und Kai Vöckler, Köln 2000, S. 67–102, hier S. 102.

12 Lucy Lippard, *Eva Hesse*, New York 1976, S. 131.

13 Bill Barrette, *Eva Hesse. Sculpture. Catalogue Raisonné*, New York 1989, S. 226.

14 Vgl. Brian Massumi, „Becoming-Deleuzian", in: *Environment and Planning D: Society and Space*, 14, 4, 1996, S. 395–406.

15 Für eine Zusammenfassung dieser Definition der zeitgenössischen Kunst als „In-der-Zeit-Sein" siehe Terry Smith, *What is Contemporary Art?*, Chicago 2009, S. 241–271.

16 Wie Barlow einmal in einem Interview mit Julia Peyton-Jones und Hans Ulrich Obrist sagte, ist ihr Interesse an dieser Art von auffallenden großformatigen skulpturalen Installationen Teil ihres „Disputs mit dem Raum", Ausdruck des Wunsches, die „häufig ererbte männliche Autorität zu kritisieren, die sich in dem Gebäude spiegelt, in welchem die Werke sich befinden"; Julia Peyton-Jones und Hans Ulrich Obrist, „Interview with Phyllida Barlow", in: *Nairy Baghramian. Phyllida Barlow*, hrsg. von Kathryn Rattee und Melissa Larner, Ausst.-Kat. Serpentine Gallery, London, 2010, S. 49–59, hier S. 53.

17 Tatsächlich erklärte Barlow selbst, sie habe sich zu ihrem Werk von den brutalistischen Beton- und Steinbauten inspirieren lassen, denen sie in New York City begegnete; siehe Vicario 2013 (wie Anm. 1), S. 8.

18 Arthur Marwich, *The Sixties. Cultural Revolution in Britain, France, Italy, and the United States, c. 1958–c. 1974*, Oxford 1998; Louis Marin, *Utopiques: jeux d'espaces*, Paris 1973; engl. Ausgabe: *Utopics. Spatial Play*, London 1984; insbes. auch: Fredric Jameson, „Periodizing the 60s" (1984), in: ders., *The Ideologies of Theory. Essays 1971–1986*, Bd. 2: *Syntax of History*, Minneapolis 1988, S. 178–208.

19 Außerdem konnte jedes dieser wechselnden Paneele neu angeordnet werden, um so ein bestimmtes „Mikroambiente" aus klimatischen Bedingungen, Licht, Klang, Geruch und Farbe zu generieren; siehe Constant und Guy Debord, „The Amsterdam Declaration", in: *Internationale Situationniste*, 2, Dezember, 1958, S. 31 f.; Wiederabdruck in: *Constant's New Babylon. The Hyper-Architecture of Desire*, hrsg. von Mark Wigley, Ausst.-Kat. Witte de With, Center for Contemporary Art, Rotterdam, Rotterdam 1998, S. 87.

20 Wie Constant selbst 1980 bemerkte: „Die Relevanz des *New Babylon*-Projekts scheint verschwunden oder in eine schemenhafte Zukunft verschoben worden zu sein." Constant, „New Babylon – Ten Years On", in: Ausst.-Kat. Rotterdam 1998 (wie Anm. 19), S. 232–236, hier S. 236; vgl. Fredric Jameson, *Archaeologies of the Future. The Desire Called Utopia and Other Science Fictions*, London 2005.

21 Vicario 2013 (wie Anm. 1), S. 7.

22 Rosalind Krauss, *Passages in Modern Sculpture*, Cambridge, Mass., 1977, S. 243–287; dies., „Sculpture in the Expanded Field", in: *October*, 8, Frühjahr 1979, S. 30–44.

23 *Skulpturales Handeln / Sculptural Acts*, hrsg. von Patrizia Dander und Julienne Lorz, Ausst.-Kat. Haus der Kunst, München, Ostfildern 2011; darin insbes. den Essay von Daniela Stöppel, „Phyllida Barlow – Das Skulpturale an sich?", S. 42–47.

24 Wie Philipp Kaiser und Miwon Kwon schreiben: „Vielleicht mehr noch als die Pop Art fand die Land Art großen Anklang in der populären kulturellen Vorstellungswelt der 1960er- und 1970er-Jahre […] und zog die Aufmerksamkeit etablierter Publikationen wie *Life*, *Esquire*, *Saturday Evening Post*, *Newsweek* und *Time* auf sich, die in der ganzen Welt verbreitet waren." Philipp Kaiser und Miwon Kwon, „Ends of the Earth and Back", in: *Ends of the Earth. Land Art to 1974*, hrsg. von Philipp Kaiser, Ausst.-Kat. The Museum of Contemporary Art, Los Angeles; Haus der Kunst, München, München, London und New York 2012, S. 17–35, hier S. 27.

25 Phyllida Barlow, „Hearsay, Rumours, Bed-sit Dreamers and Art Begins Today", in: *Objects for …* (wie Anm. 10), S. 210–213, hier S. 211.

26 Brian O'Doherty, „Inside the White Cube: Notes on the Gallery Space, Part 1", in: *Artforum*, 14, 7, März 1976, S. 24–30, hier S. 30; Wiederabdruck in: ders., *Inside the White Cube. The Ideology of the Gallery Space*, San Francisco 1986, S. 29; dt. Ausgabe: *In der weißen Zelle*, hrsg. von Wolfgang Kemp, Berlin 1996, S. 29.

27 Phyllida Barlow, „Travelling Light: A Brief Analysis of the End of the Work and the Triumph of the Photograph Colour Transparency", in: Naomi Salaman and Ronnie Simpson (Hrsg.), *Postcards on Photography. Photorealism and the Reproduction*, Cambridge 1998, S. 57; Wiederabdruck in: Mark Godfrey, „Phyllida Barlow's Sculptural Imagination", in: *Objects for …* (wie Anm. 10), 2003, S. 19–74, hier S. 23.

28 Morris 2015 (wie Anm. 5), S. 58.

29 Alle diese Fragen der Neuschöpfung und Erinnerung im Hinblick auf *When Attitudes Become Form* werden in der folgenden Publikation behandelt: *When Attitudes Become Form: Bern 1969 / Venedig 2013*, hrsg. von Germano Celant, Ausst.-Kat. Fondazione Prada, Venedig, Mailand 2013.

30 Godfrey 2003 (wie Anm. 27), S. 23–25.

31 Ebd., S. 26.

32 *Louise Bourgeois. Strukturen des Daseins: Die Zellen*, hrsg. von Julienne Lorz, Ausst.-Kat. Haus der Kunst, München, u. a., London und New York 2015. Barlow war ihr ganzes Leben lang von Bourgeois' Werk fasziniert; siehe Phyllida Barlow, „The Sneeze of Louise", in: *Objects for …* (wie Anm. 10), S. 168–170.

33 Vicario 2013 (wie Anm. 1), S. 9. Dies war nicht das erste Mal, dass Phyllida Barlow den utopischen Diskurs parodierte, der sich um Brancusis Werk rankte: Auf ähnliche Weise beschrieb sie *untitled: dock: crushedtower*

(2014; S. 124, Abb. 17), das sie als Teil ihrer Auftragsarbeit von 2014 für die Duveen Galleries der Tate Britain konzipierte, als eine „absurde endlose Säule"; siehe Carmen Juliá, „Phyllida Barlow: dock", Tate Britain, 2014, www.tate.org.uk/whats-on/tate-britain/exhibition/tate-britain-commission-2014-phyllida-barlow/exhibition-catalogue/essay (20.11.2020).

34 Ad Reinhardt, zit. nach Krauss 1979 (wie Anm. 22), S. 34–36.

35 Phyllida Barlow, „Artist Proposal", 2012, www.tate.org.uk/whats-on/tate-britain/exhibition/tate-britain-commission-2014-phyllida-barlow/exhibition-catalogue/proposal (20.11.2020).

36 Gregg M. Horowitz, „Public Art / Public Space: The Spectacle of the Tilted Arc Controversy", in: *The Journal of Aesthetics and Art Criticism*, 54, 1, Winter 1996, S. 8–14.

37 Vgl. Jack Grey, „Bristol George Floyd Protest: Colston Statue Toppled", 7.6.2020, www.bbc.com/news/uk-england-bristol-52955868 (20.11.2020).

38 Michael Bird, *Studio Voices. Art and Life in 20th-Century Britain*, London 2018, S. 176.

39 Peter Cook, zit. nach Tom Dyckhoff, „Flashback to the Future", in: *The Times*, 6.4.2004, S. 16.

40 Juliá 2014 (wie Anm. 33).

41 Wie bereits angemerkt, begegnet Morris' Konzentration auf Materie und Schwerkraft auch bei anderen Künstlern; dies gilt vor allem für seine Betonung von „Überlegungen des Ordnens als notwendig ungezwungen und ungenau und unbetont. Zufälliges Aufhäufen, loses Stapeln, Hängen, dem Material eine vorübergehende Form verleihen. Der Zufall wird akzeptiert und Unbestimmtheit ist impliziert, da das Ersetzen zu einer anderen Konfiguration führen wird." Robert Morris, „Anti-Form", in: *Artforum*, 6, 8, April 1968, S. 33–35, hier S. 35. Dies findet sich in ähnlicher Form etwa in Barry Flanagans Werk der späten 1960er-Jahre ebenso wie in vielen Experimenten Barlows, die um die Frage kreisten, wie materielle Verdichtungen und die Verteilung die Form bestimmen; siehe Godfrey 2003 (wie Anm. 27), S. 25.

42 Barlow 2016 (wie Anm. 9).

43 Morris 2015 (wie Anm. 5), S. 81.

44 Barlow, „Hearsay, Rumours [...]" (wie Anm. 25), S. 211.

45 Obwohl Duchamp die meisten seiner Readymades vor dem Ausbruch des Ersten Weltkriegs schuf, führte erst das Aufblühen der Neo-Dada-Bewegungen in den USA und Europa in den 1950er- und 1960er-Jahren dazu, dass diese Werke theoretisch durchleuchtet wurden und anlässlich von Ausstellungen und in Kunstzeitschriften im Rahmen kunsthistorischer Fallstudien in eine neue Perspektive gerückt wurden. Typisch hierfür waren Ausstellungen wie *The Art of Assemblage*, die 1961 im New Yorker Museum of Modern Art stattfand, in deren Verlauf Duchamp seinen kanonischen Vortrag „Apropos of ‚Readymades'" hielt, der später in der Londoner Kunstzeitschrift *Art and Artists* abgedruckt wurde; Marcel Duchamp, „Apropos of ‚Readymades'", in: *Art and Artists*, 1, 4, Juli 1966, S. 47.

46 David Medalla, „MMMMMMM... Manifesto", in: *Signals New Bulletin*, 1, 8, Juni/Juli 1965; Wiederabdruck in: *Live in Your Head. Concept and Experiment in Britain 1965–75*, hrsg. von Clive Phillpot und Andrea Tarsia, Ausst.-Kat. Whitechapel Art Gallery, London, 2000, S. 129.

47 Gilbert & George, „Underneath the Arches", in: *Studio International. Journal of Modern Art*, 179, 922, Mai 1970, S. 218 f.; Wiederabdruck in: Jon Wood, David Hulks und Alex Potts (Hrsg.), *Modern Sculpture Reader*, Leeds 2007, S. 299 f.

48 Winfried Konnertz, *Eduardo Paolozzi*, Köln 1984.

49 Letztere Werke kennt man wahrscheinlich am besten aufgrund von Paolozzis Collagen in seinen *Scrapbooks*, die anlässlich seiner Retrospektive 1971 in der Tate erstmals öffentlich ausgestellt wurden, aber sie gehen auf Farbillustrationen und Werbeanzeigen zurück, die er zum ersten Mal in amerikanischen Zeitungen sah, welche er sich von expatriierten US-amerikanischen Militärveteranen lieh, die beschlossen hatten, in Frankreich zu bleiben und ihr Studium auf der Grundlage der GI Bill fortzusetzen. Die mit dem modernen Offsetdruckverfahren produzierten Farben übertrafen qualitativ alles, was sich in europäischen Zeitschriften oder Büchern jener Zeit vor oder nach dem Krieg fand; siehe John-Paul Stonard, „„The Bunk Collages of Eduardo Paolozzi", in: *The Burlington Magazine*, 150, 1261, 2008, S. 238–249.

50 In einem öffentlichen Gespräch im Norton Museum of Art scherzte Barlow 2013 bei der Durchsicht ihrer Zeichnungen, im Verlauf des Jahres sei ihr klar geworden, dass sie „sehr wenige Ideen gehabt" habe. Diese hingeworfene Bemerkung belegt, mit welcher Hingabe Barlow bestimmte Formen in all ihren möglichen Manifestationen und durch verschiedene räumliche Wiederholungen hindurch immer wieder erkundet; siehe Sara Harrison, „Introduction", in: *Phyllida Barlow. Fifty Years of Drawings*, Ausst.-Kat. Hauser & Wirth, London, Zürich 2014, S. 6–9, hier S. 8.

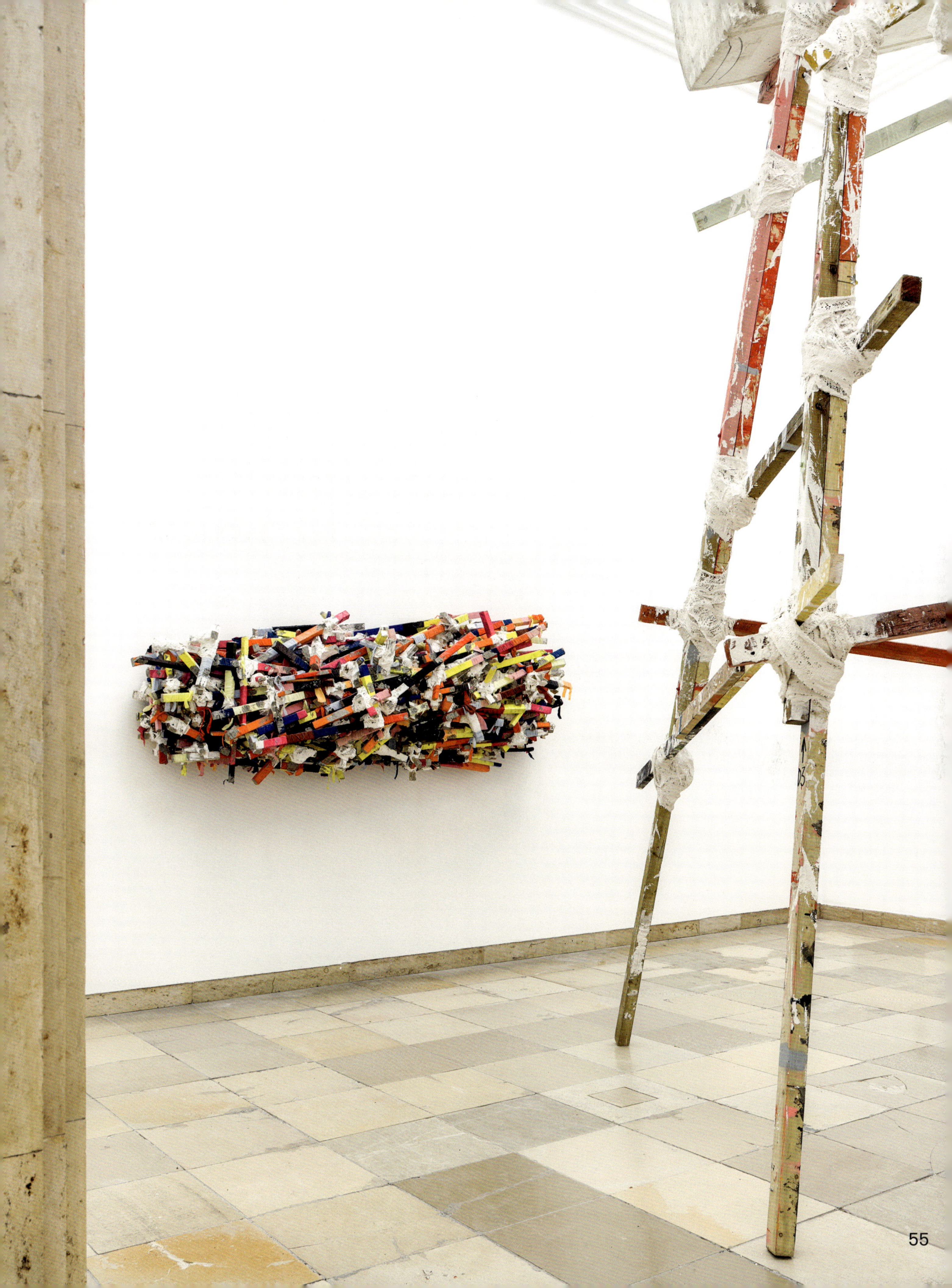

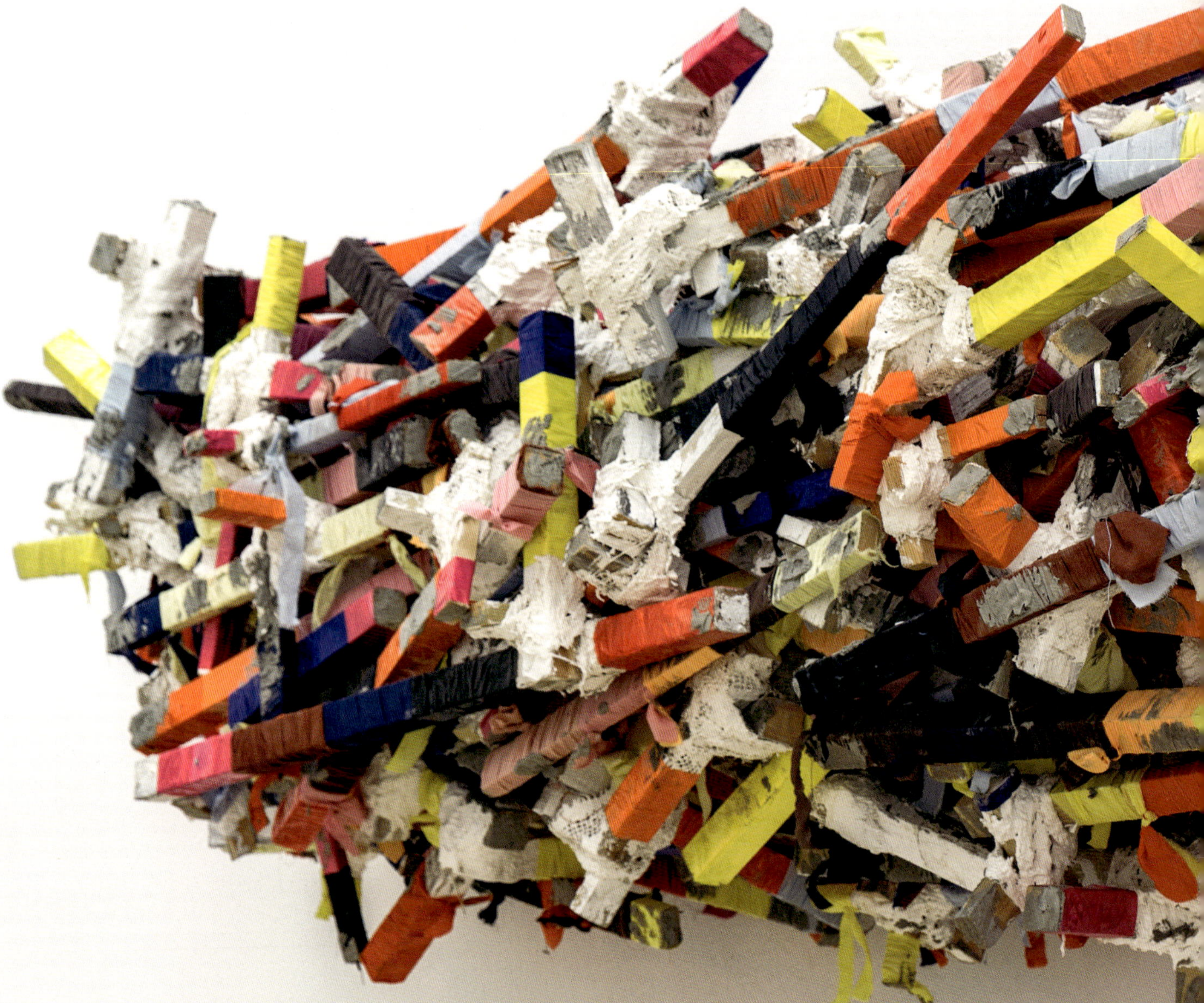

RIG: untitled; broken shelf 3, 2011

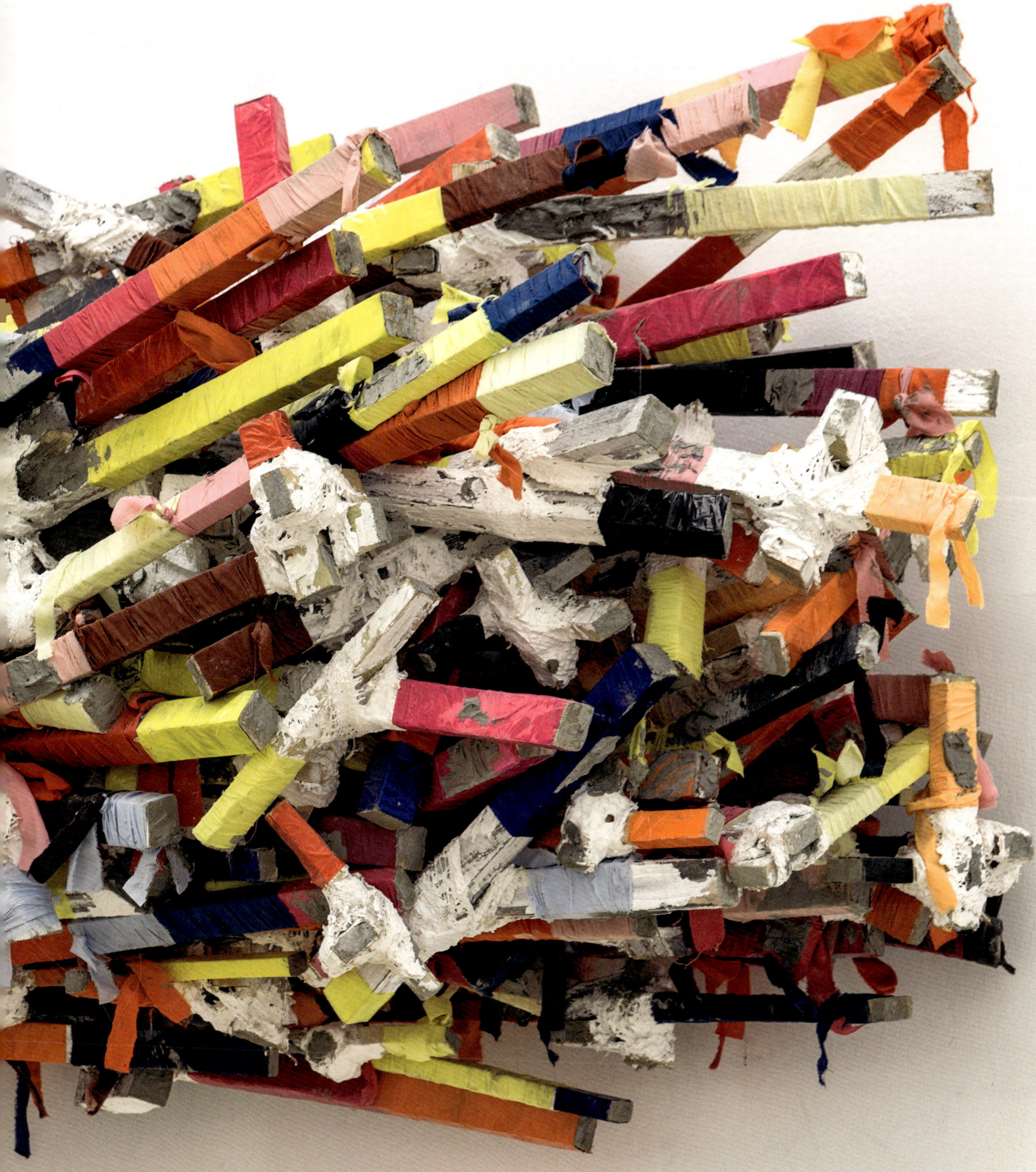

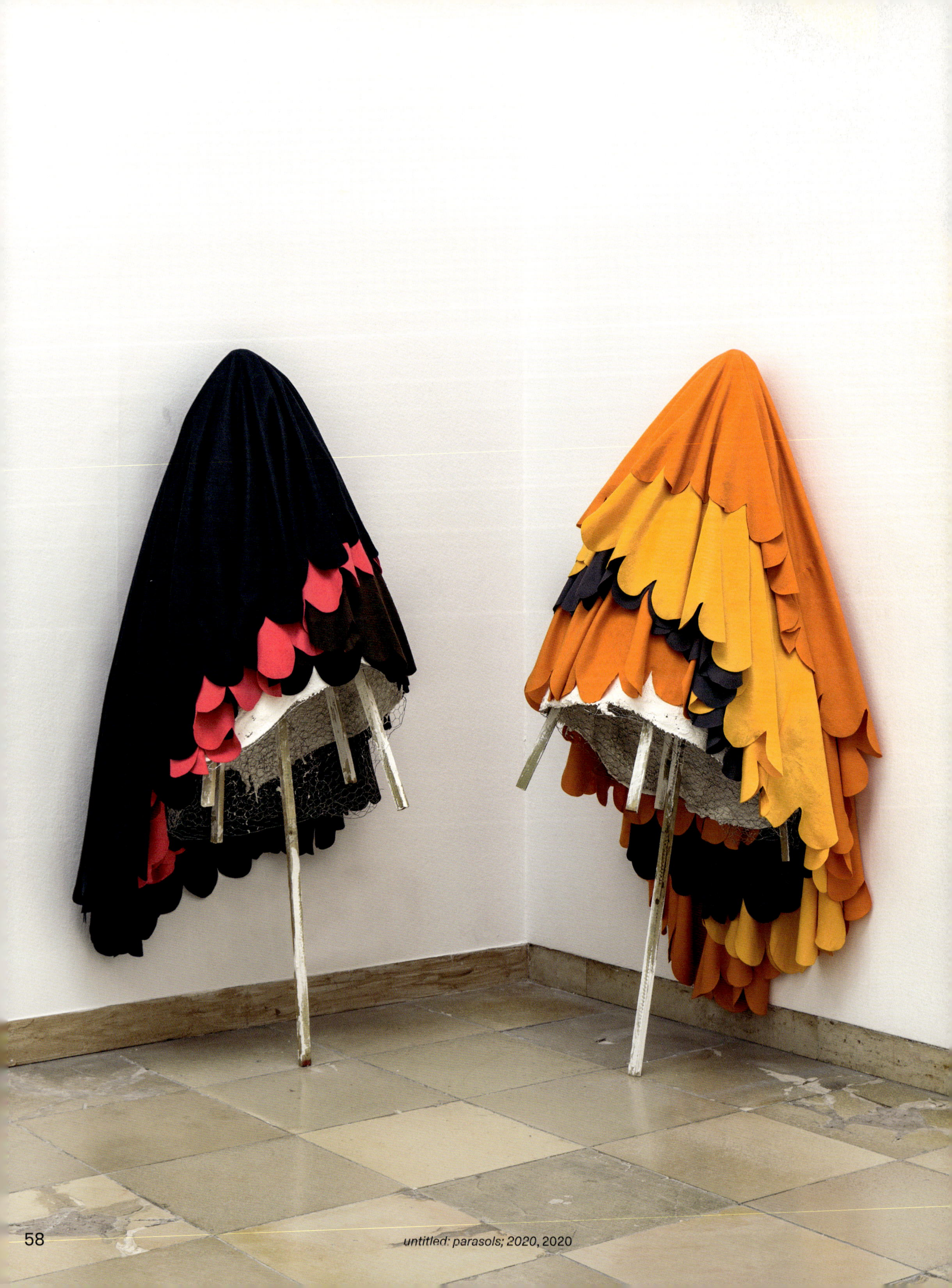

untitled: parasols; 2020, 2020

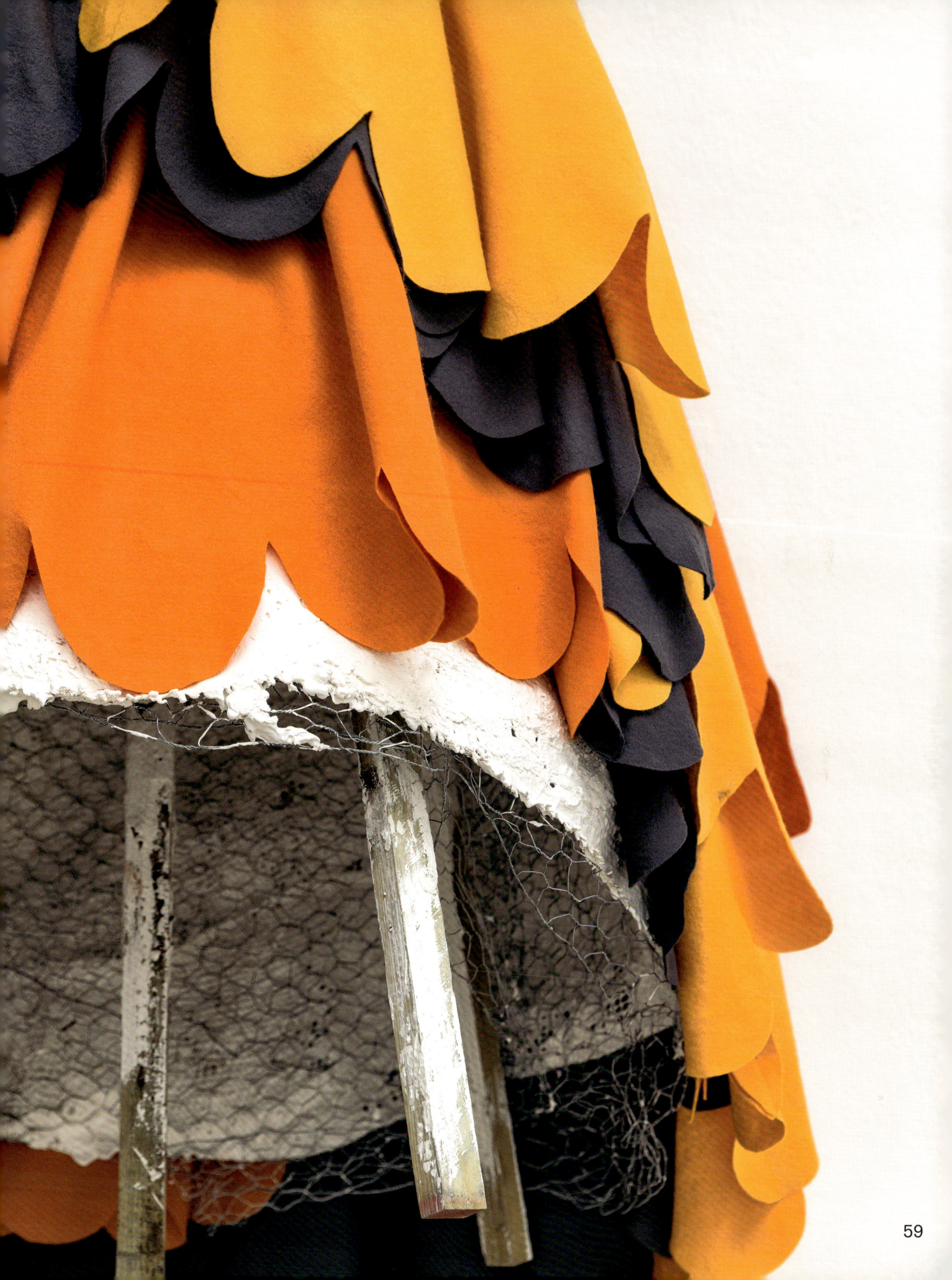

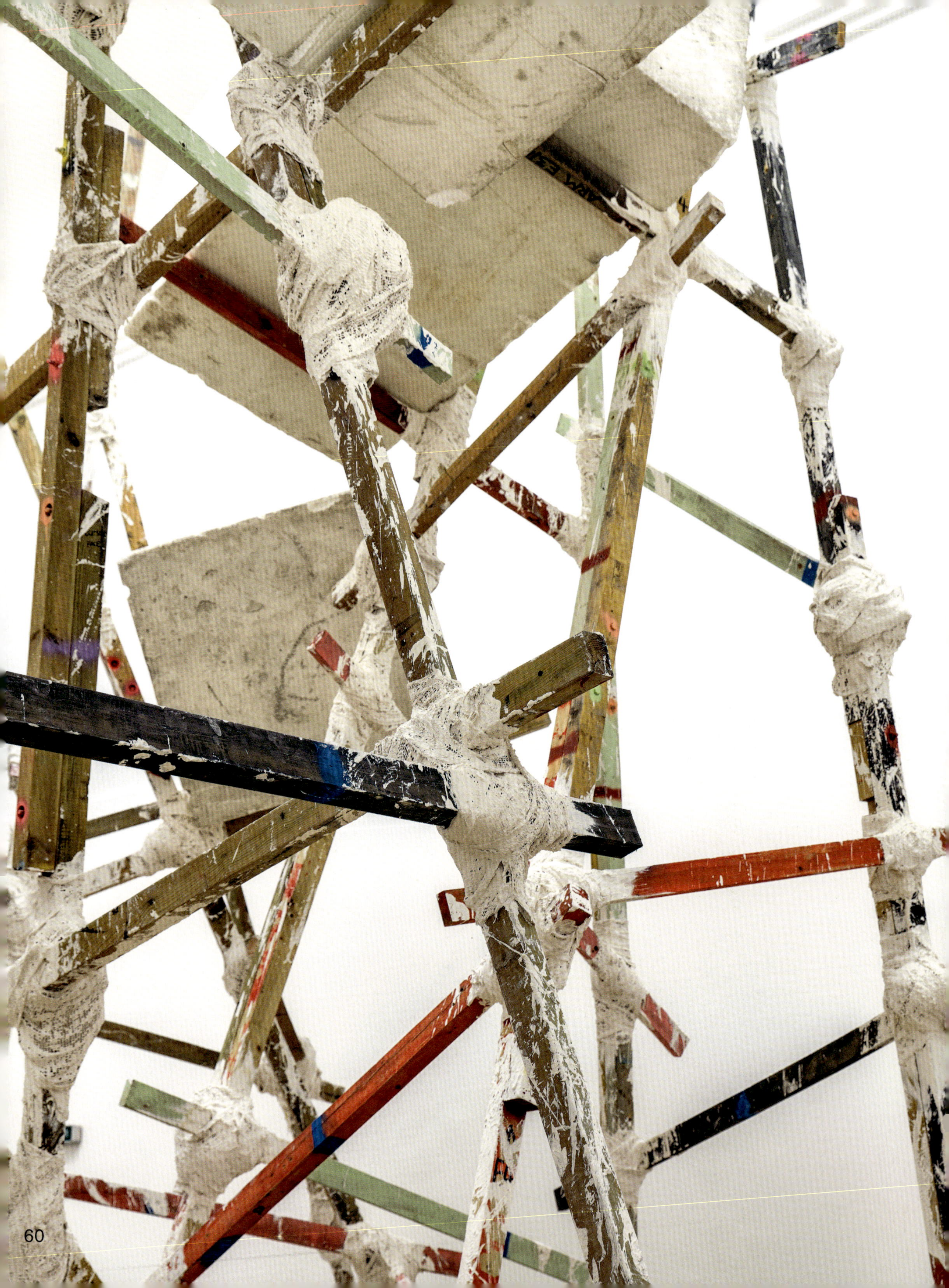

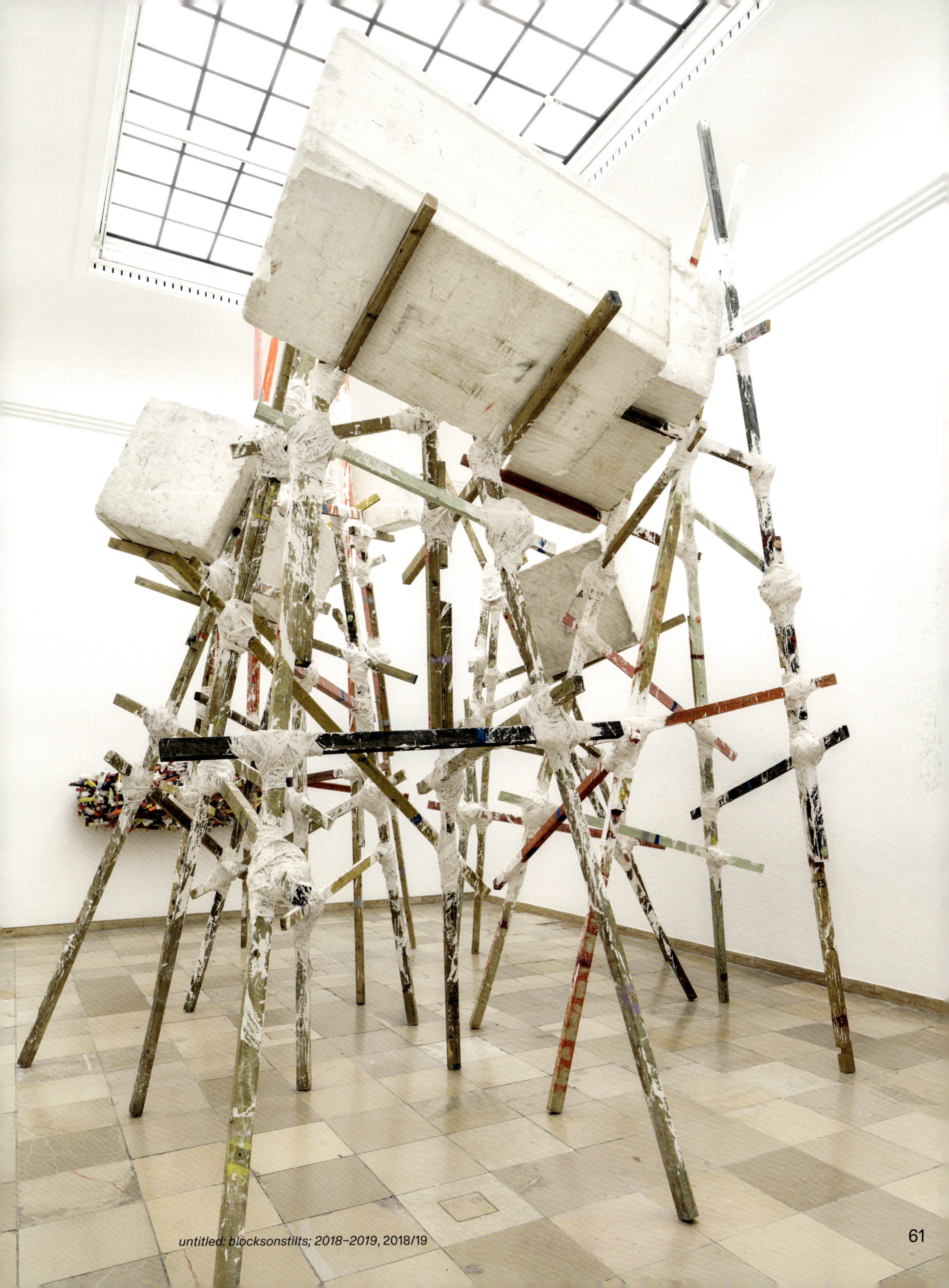

untitled: blocksonstilts; 2018–2019, 2018/19

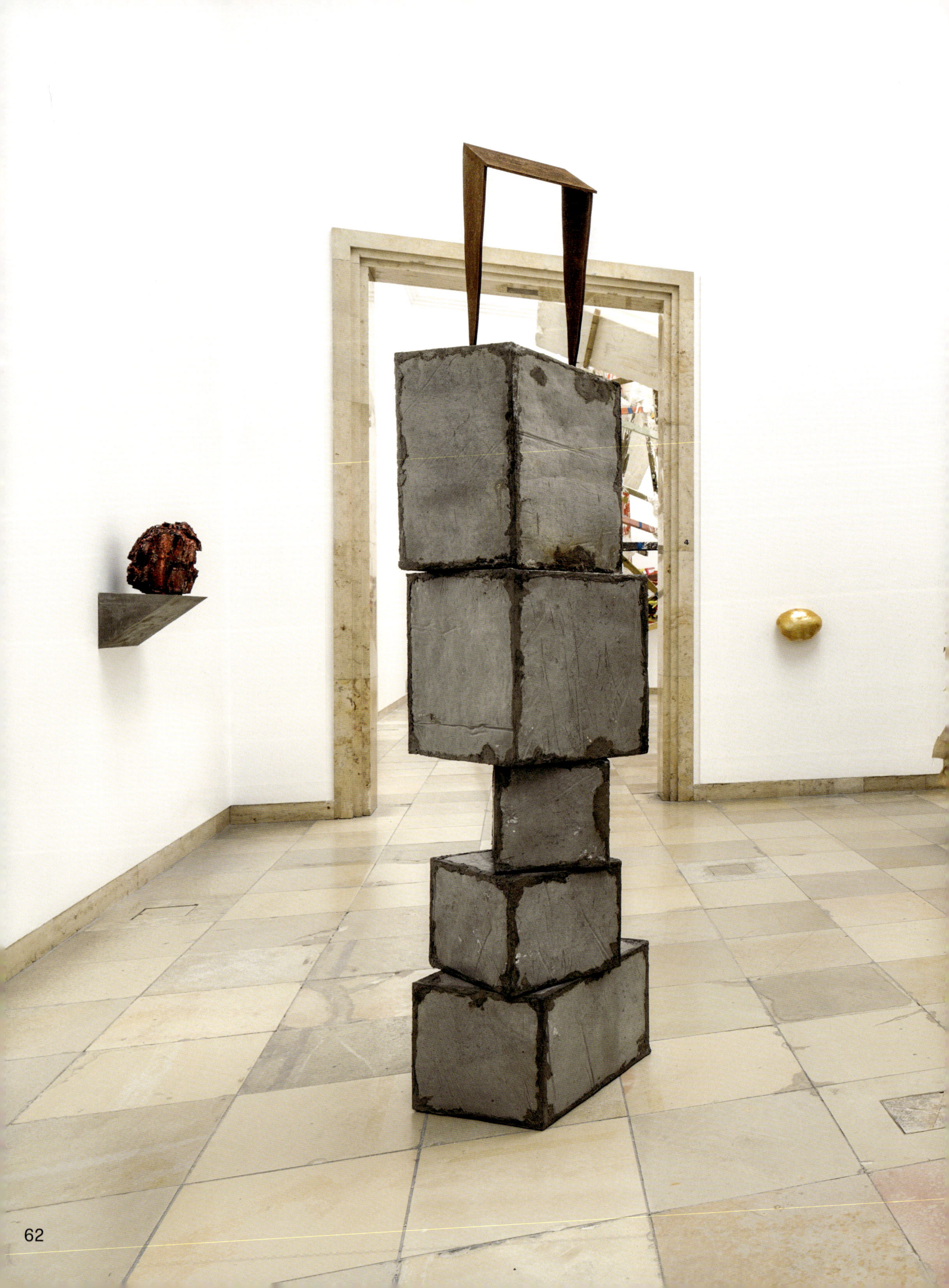

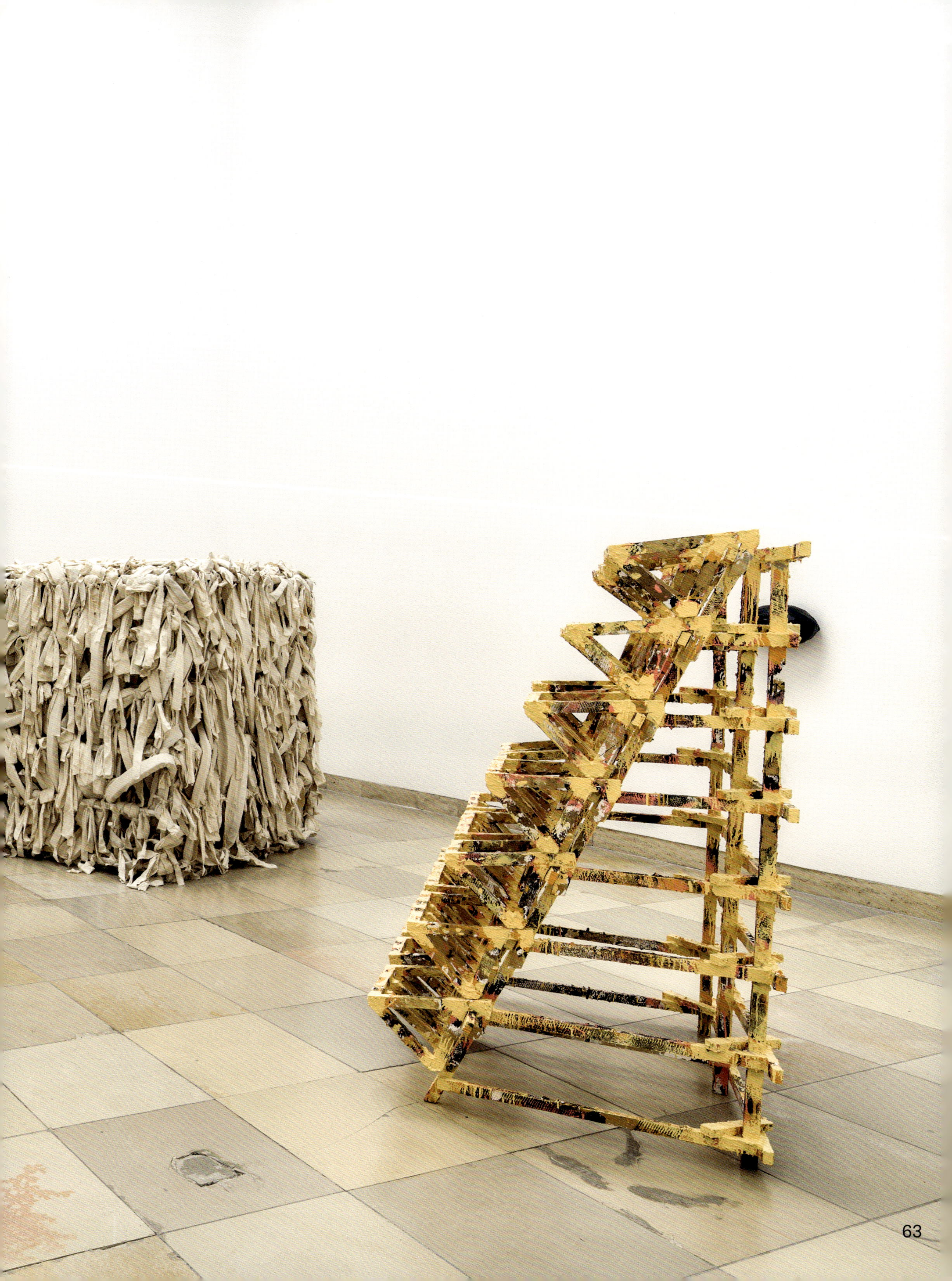

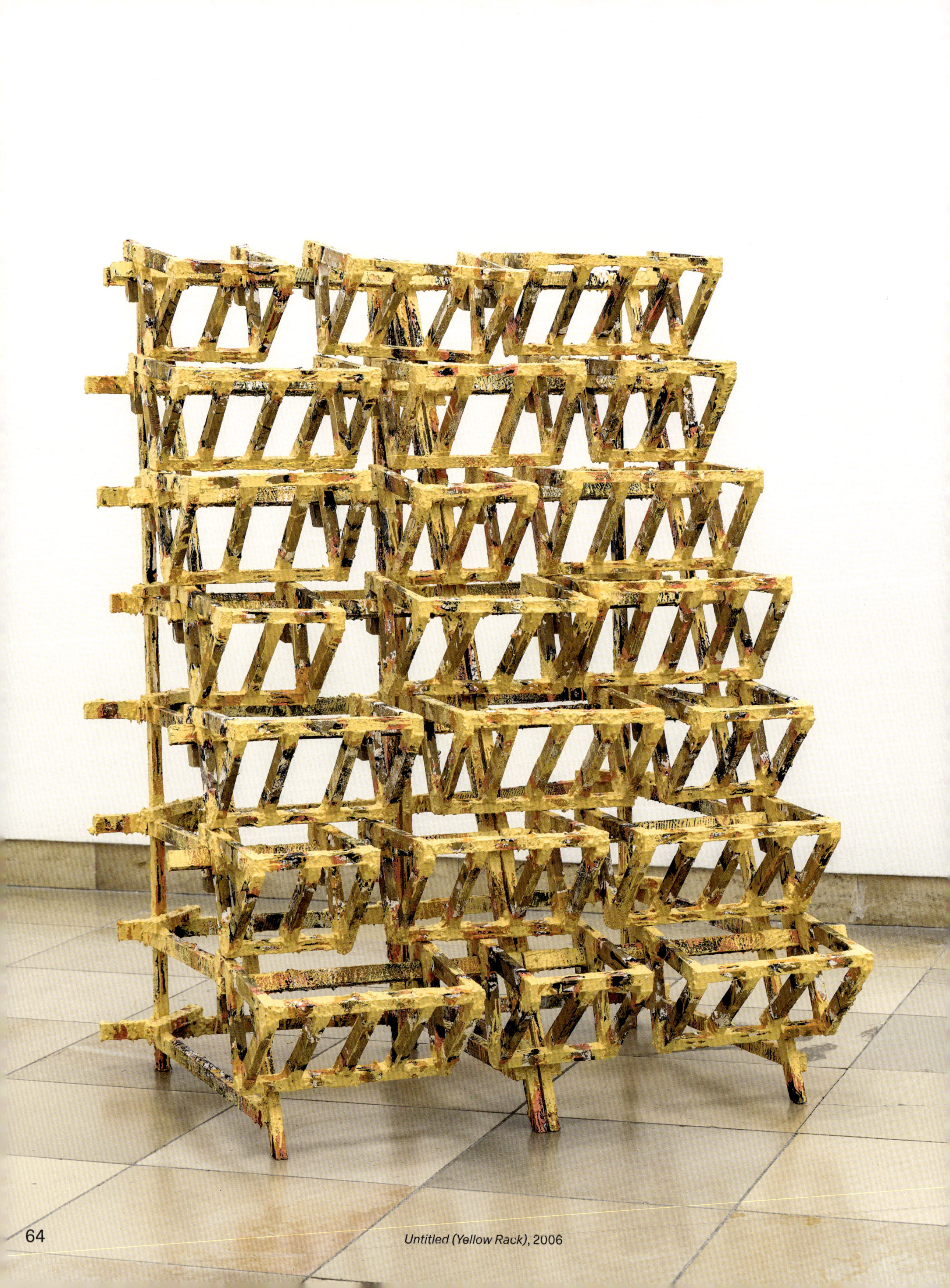

Untitled (Yellow Rack), 2006

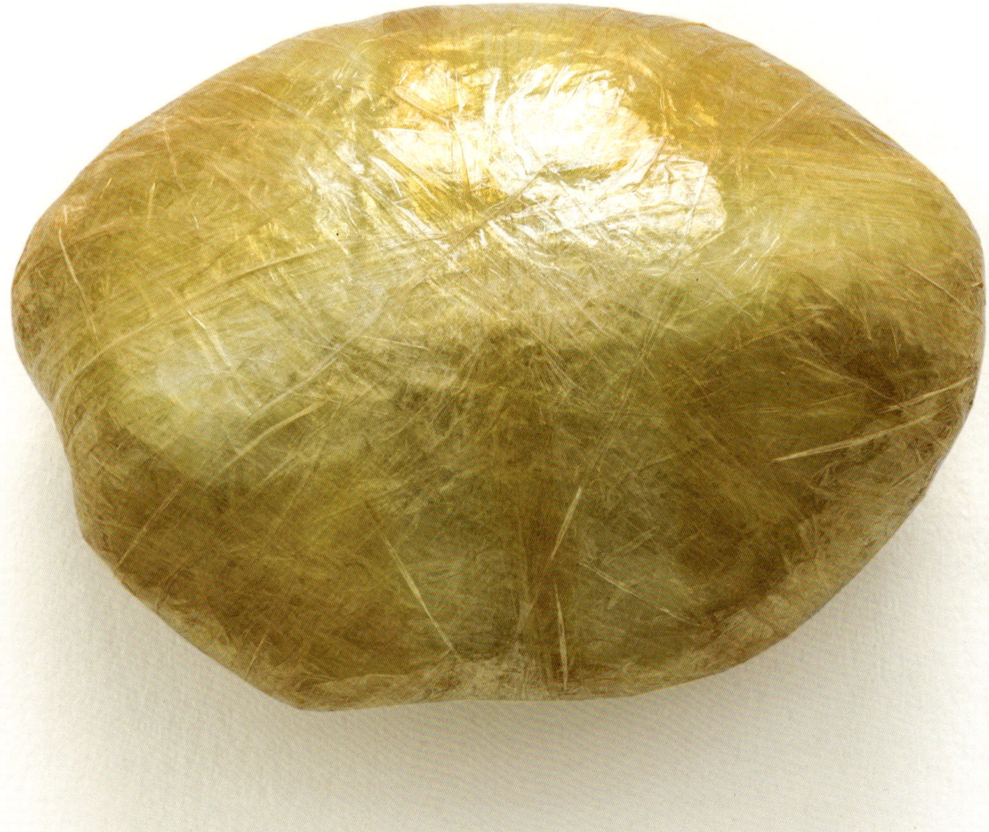

TORSO, 1986–1989

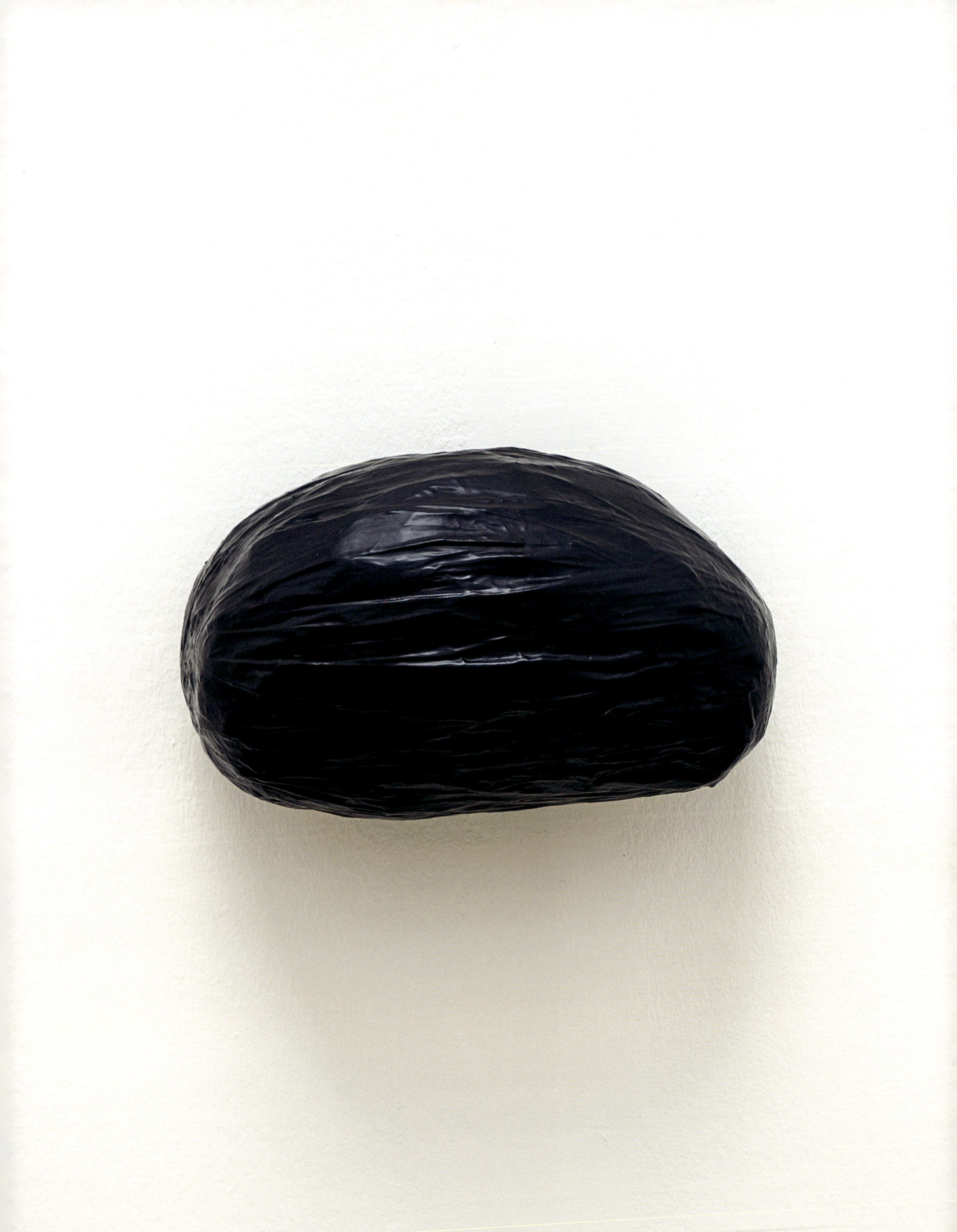

LOAF, 1986–1989

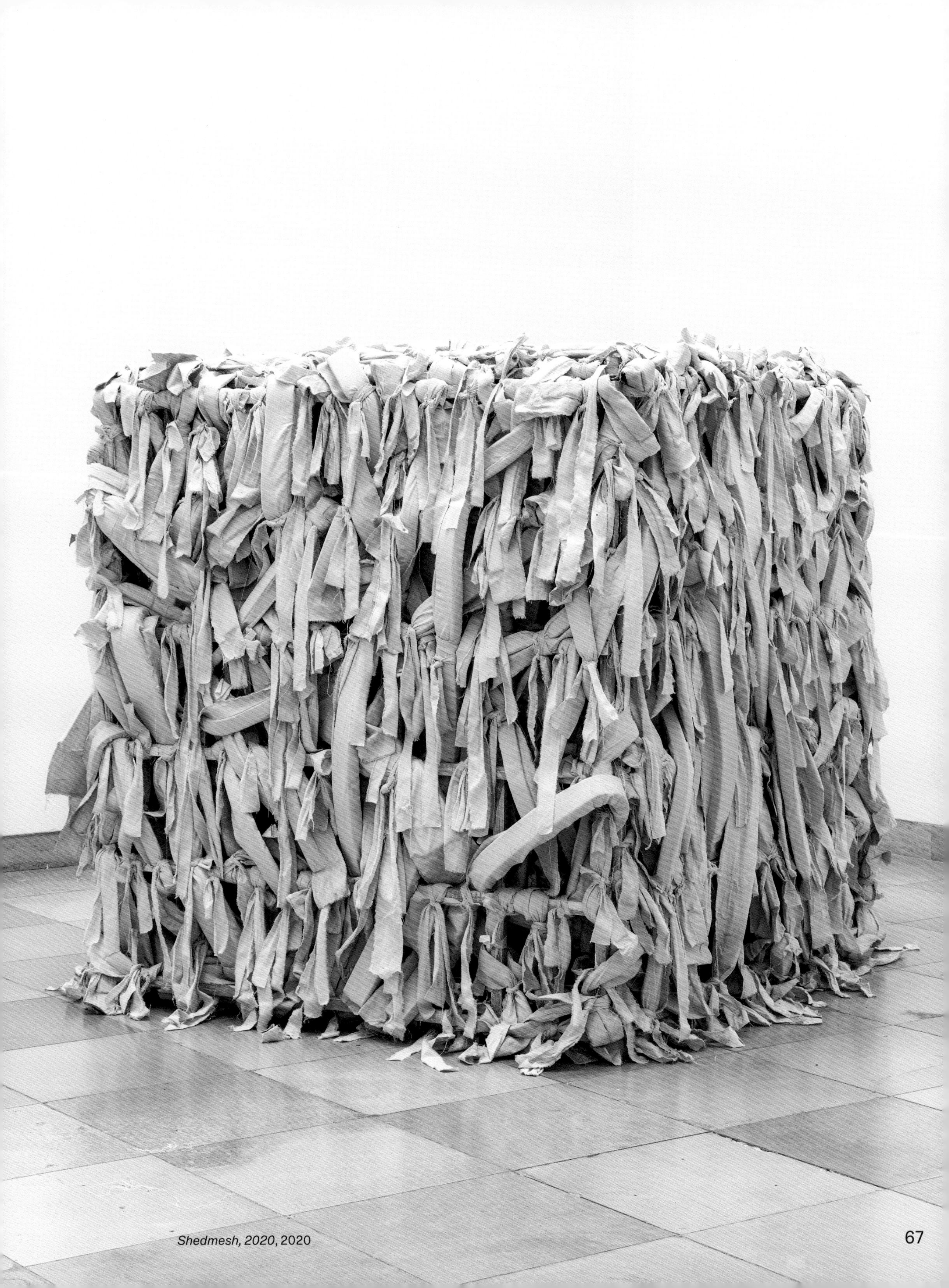

Shedmesh, 2020, 2020

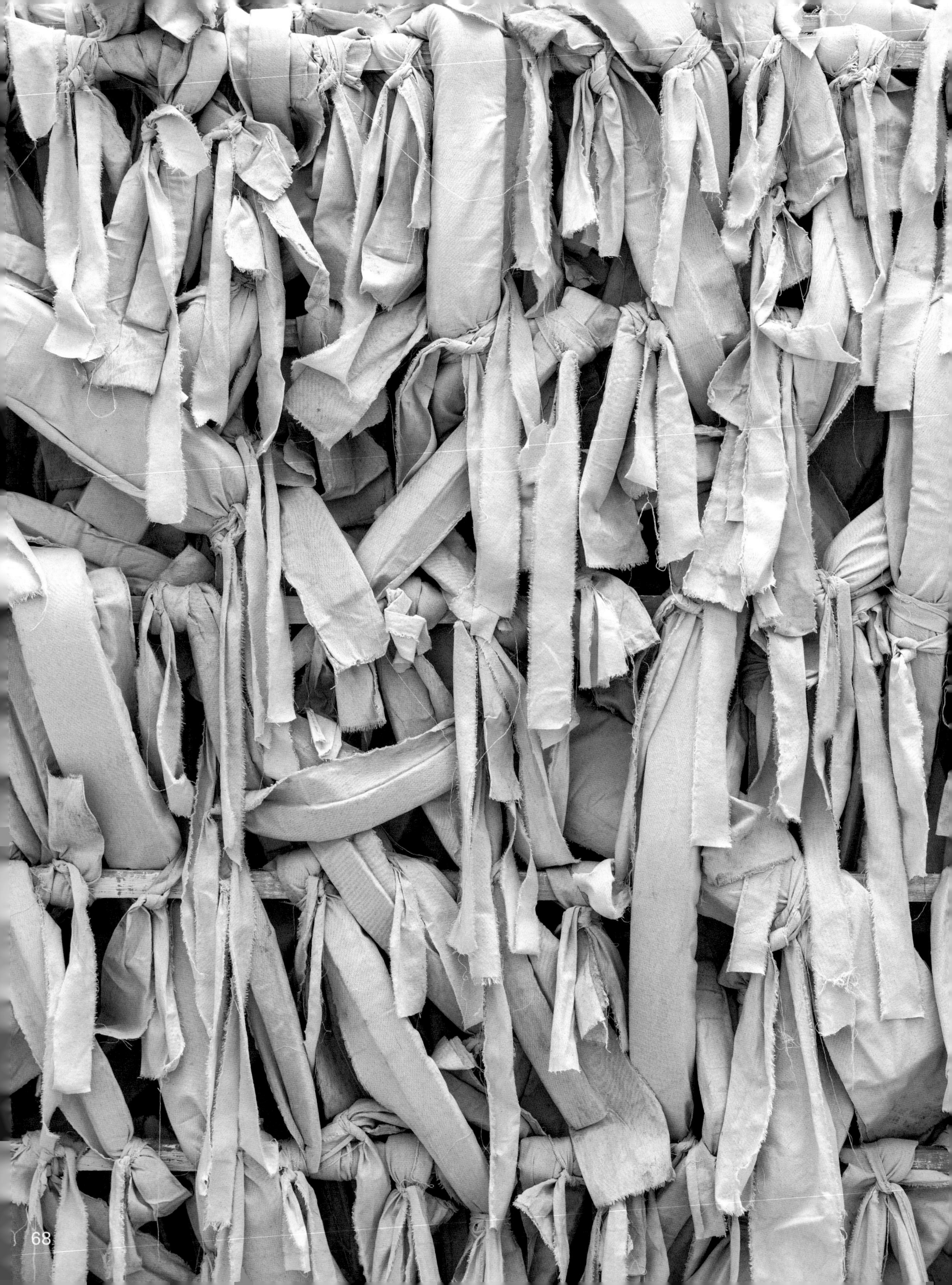

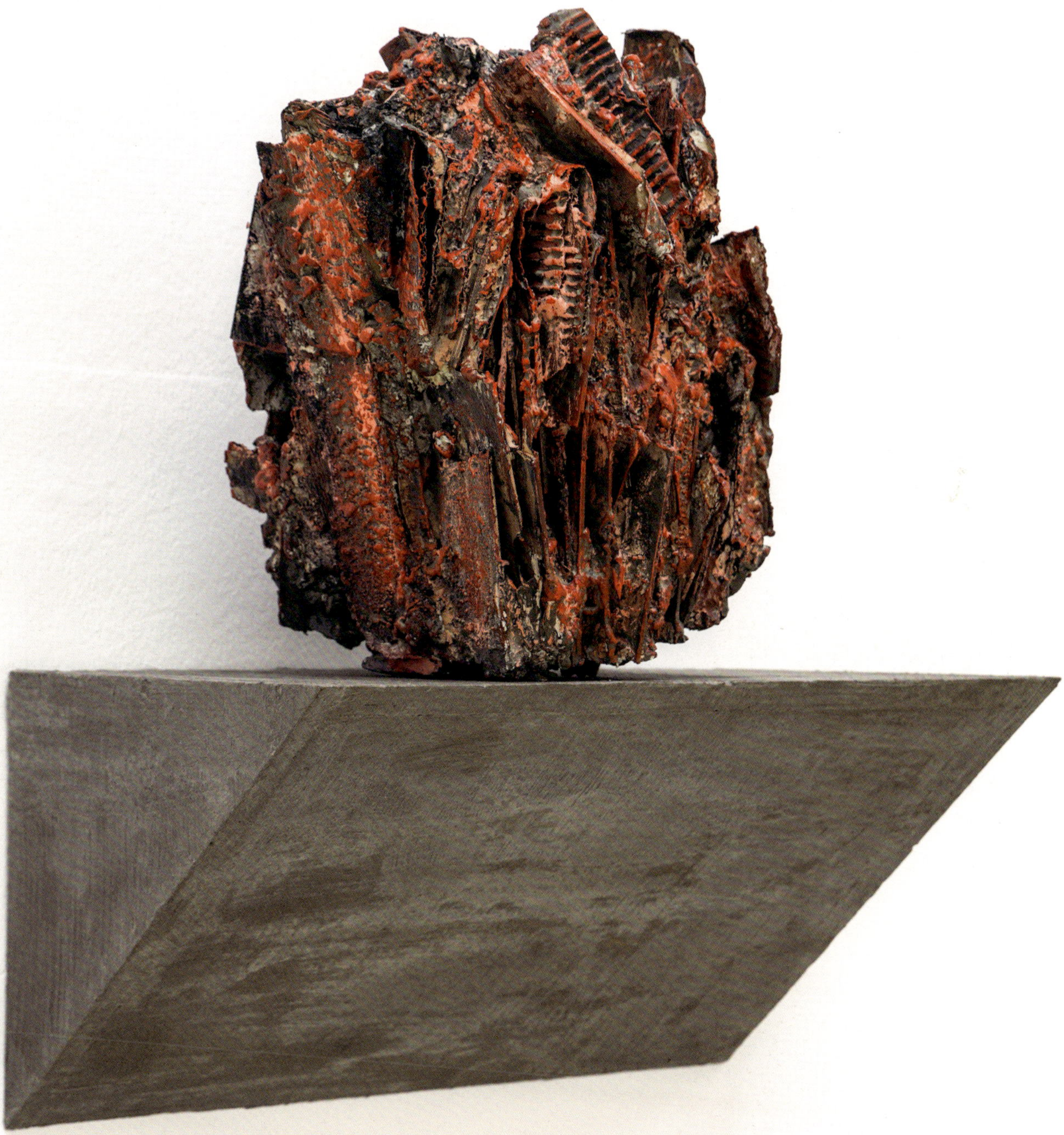

untitled: press, iii; 2018, 2018

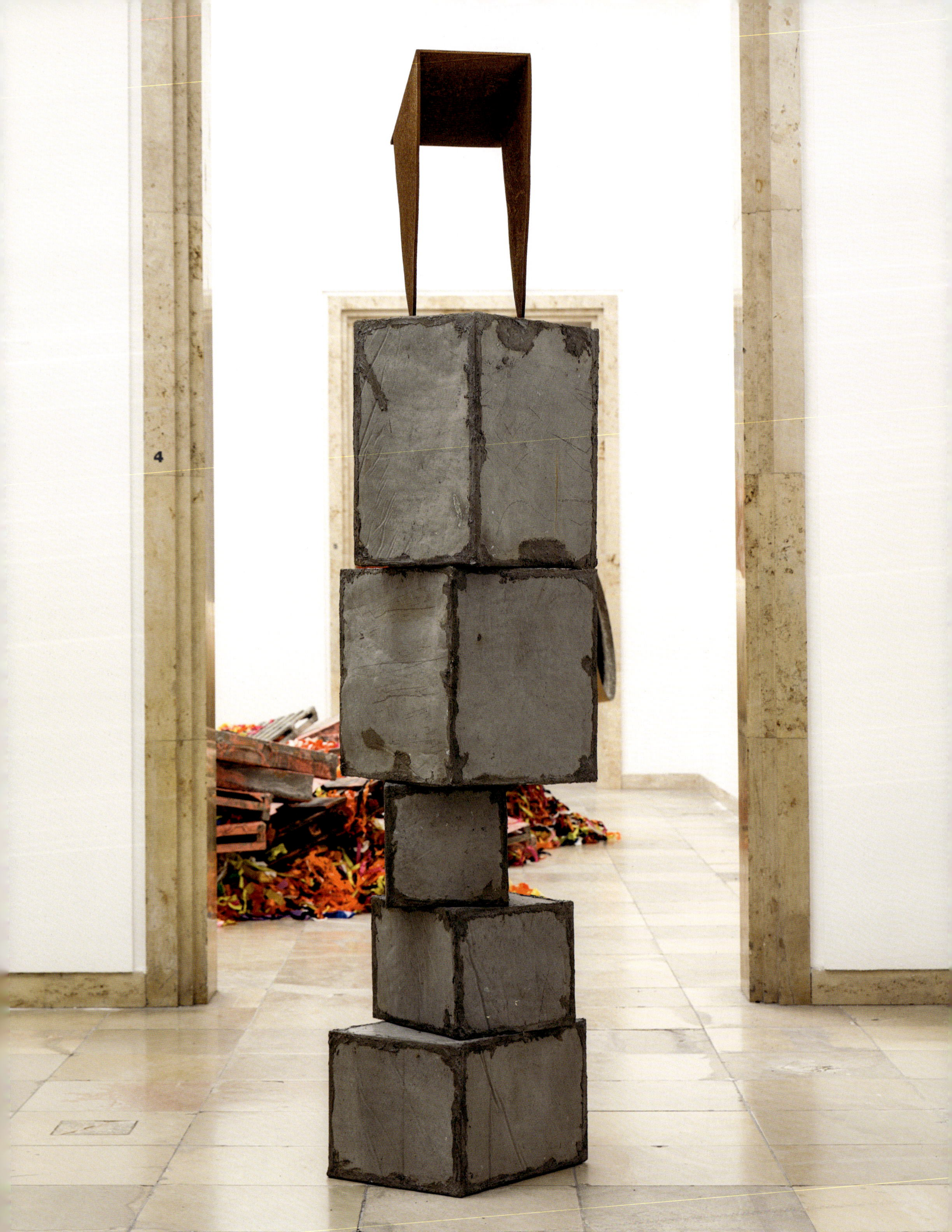

untitled: female; 2018, 2018

Phyllida Barlows skulpturales Projekt

Alex Potts

Phyllida Barlows Œuvre ist aus verschiedenen Gründen bemerkenswert, nicht zuletzt aufgrund ihrer Fähigkeit, eine kreative Spannung zwischen ihrem Engagement für die Skulptur und dem Streben nach experimentellen Alternativen zu dieser aufrechtzuerhalten. Ihre Praxis ist keineswegs postmodern oder postmedial, sondern durch eine intensive Auseinandersetzung mit Fragen der materiellen Substanz und Methodik gekennzeichnet. Diese Bestrebungen sind für Barlow von großer Bedeutung und erstrecken sich von der Konzeption und Herstellung des Kunstwerks bis zur materiellen Beschaffenheit gewöhnlicher Phänomene im Alltag. Massenkompatible postmoderne oder postmediale Arbeiten stützen sich in erheblichem Maße auf die visuellen Eigenschaften des Bildes und eine ausgeklügelte konzeptuelle Einbettung. Obgleich sie diese Faktoren nicht ignoriert, bringt Barlow die materiellen Dimensionen skulpturaler Prozesse und Konfigurationen sowie die von ihnen erzeugte imaginative Resonanz optimal zur Geltung. Allerdings sollte man dies nicht als Rückgriff auf irgendeine „authentische" skulpturale Praxis missverstehen. Schon häufig hat Barlow zu dem faden, selbstverliebten, häufig maskulinistischen Akademismus Stellung bezogen, der aus dem Einsatz für skulpturale Authentizität hervorgegangen ist.[1] Geleitet wird ihr Schaffen von einem breiten ethischen Engagement für ein materialistisches Projekt, das keine bestimmten Resultate hervorbringen und dem keine festgelegten Parameter und keine offenkundige Selbstrechtfertigung zugrunde liegen können. Sie ist sich völlig im Klaren darüber, dass der Wert eines Engagements für ein Werk, das seine Legitimität aus sich selbst als Skulptur bezieht, nicht mehr als selbstverständlich vorausgesetzt werden kann. Die Fragen, die hierdurch aufgeworfen werden, die Spannungen, die mit einem fortwährenden Streben nach dem Skulpturalen und dem Zwang, seine Grenzen infrage zu stellen und diese zu überschreiten, einhergehen, haben sich im Falle Barlows als besonders produktiv erwiesen.[2] Sie sind integraler Bestandteil einer stringenten skulpturalen Praxis, die innerhalb der mutmaßlich postmedialen Gegebenheiten der gegenwärtigen Kunst Gestalt annimmt.

Barlows Werk hat wenig mit den Figuren und figurativen Präsenzen zu tun, die auch lange nach dem Aufkommen der Abstraktion in der Skulptur der Moderne ein ständiges Anliegen geblieben sind.[3] Selbst das moderne Pendant zur Figur – der singuläre, kompakt geformte Monolith – ist in ihrem jüngeren Œuvre nur noch sporadisch vertreten. Man könnte vielleicht einen Vergleich zu den offen strukturierten, von den Bildhauern der „New Generation" bevorzugten Formen ziehen, jenen Künstlern, die die Kunstszene, vor allem in Großbritannien, zu der Zeit beherrschten, als Barlow ihr Studium an der Kunsthochschule begann, wenngleich ihr künstlerisches Schaffen eher im Widerspruch zu deren formal puristischen und streng autonomen skulpturalen Schöpfungen steht.[4] Es dürfte ergiebiger sein, eine breitere Perspektive einzunehmen und sich klarzumachen, dass der nicht-figurale Charakter ihrer Arbeit in einer Architektonik wurzelt, die seit Langem ein Merkmal der skulpturalen Praxis ist.[5] Frühere Bildhauer, die Denkmäler und Werke für die Fassaden und Eingänge von Gebäuden schufen, mussten sich oft mit den tektonischen Aspekten der Räume und Strukturen, in denen ihre Figuren inszeniert wurden, ebenso beschäftigen wie mit den Figuren selbst. Bei der Anfertigung sehr großformatiger figurativer Werke mussten sie, selbst wenn der Entwurf nicht besonders architektonisch war, eventuell auf architektonische Konstruktionsmethoden zurückgreifen.[6]

Die eher objekthaften Kreationen im kleineren Maßstab, die Barlows großformatige Arbeiten ergänzen, schließen häufig ebenfalls eine kreative Auseinandersetzung mit einer Architektonik der skulpturalen Form und ein Überdenken selbiger mit ein. Viele von ihnen nehmen Bezug auf vertraute Merkmale der städtischen Umgebung, nicht nur auf Gebäude, sondern auch auf informellere Strukturen, die dort in verschiedenen Phasen der Entstehung, der Baufälligkeit und des Verfalls hervortreten.[7] Barlows objekthafte Werke haben im Allgemeinen mehr mit den Unwägbarkeiten und Gefährdungen gewöhnlicher gebauter Dinge zu tun als mit der formalen Logik geschlossener plastischer Formen. *untitled: hung4; 2018* (Abb. 1) etwa zeichnet sich dadurch aus, dass seine vier bemalten rechteckigen Tafeln den Raum, in dem sie installiert sind, unterschiedlich unterteilen und strukturieren. Die Konfiguration, die sie zusammen mit dem aufwendigen Metallrahmen bilden, an dem sie hängen, mutet wie der unfertige obere Abschnitt einer gebauten Struktur an, vor allem wenn man sie über sich schweben sieht. Die wandähnlichen Elemente, so scheint es, werden dabei gerade unter einem offenen Vordach von auf komplexe Weise miteinander verbundenen Metallträgern in Stellung gebracht. Es handelt sich um ein faszinierendes Gebilde, das sich in einem definitiven Zustand der Nichtvollendung befindet. Die runden Löcher, welche die rechteckigen Raumteiler oder Wände perforieren, erinnern an Öffnungen, die zwischen außen und innen vermitteln. Doch die herabhängenden Wandelemente verdichten sich nicht zu einem klar abgegrenzten Innenraum, sondern fungieren als offene Flexionen einer Grenze zwischen außen und innen, wobei die Löcher Durchgänge zwischen einer sich nie ganz verschließenden Außen- und Innenseite markieren. *untitled: hung4; 2018* inszeniert

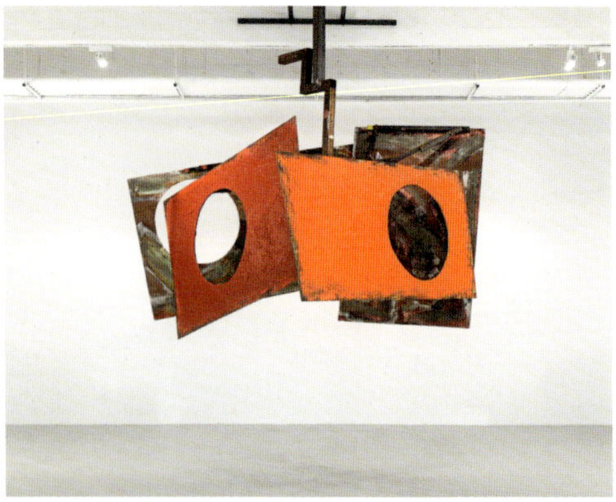

1

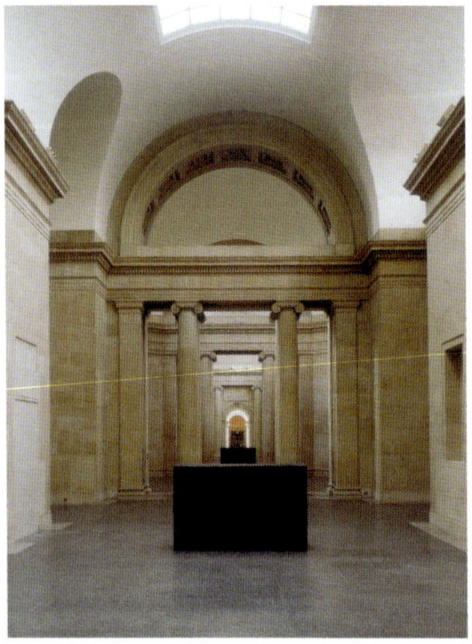

2

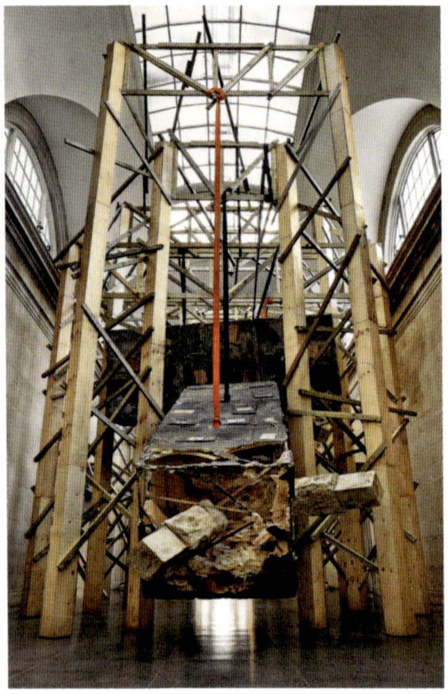

3

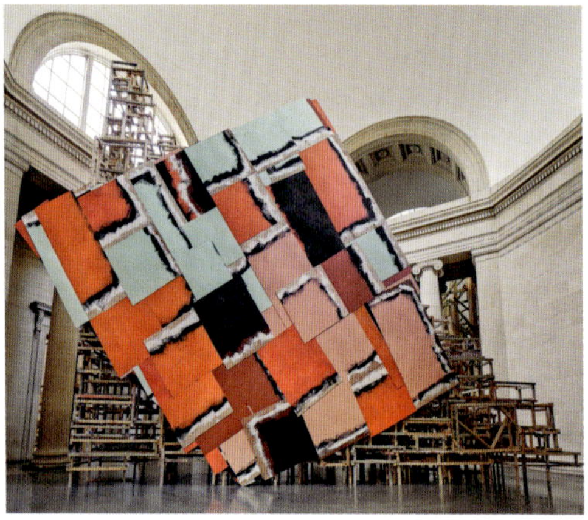

4

1:
Phyllida Barlow, *untitled: hung4; 2018*,
Zement, Spachtelmasse, PVA, Farbe, Pigment,
Gips, Sperrholz, Sand, Sprühfarbe, Stahl.
Ausstellungsansicht, *tilt*,
Hauser & Wirth, New York, 2018

2:
Richard Serra, *Weight and Measure*, 1992,
zwei Blöcke aus Schmiedestahl.
Ausstellungsansicht, *Weight and Measure*,
Tate, London, 1992

3:
Phyllida Barlow, *untitled: dock: 5hungblocks*, 2013,
Stahlarmatur, Styropor, Sperrholz, Kabelbinder,
Zement, PVA, Polyurethanschaum.
Ausstellungsansicht, *dock*,
Tate, London, 2014

4:
Phyllida Barlow, *untitled: dock: emptystaircase-hoarding*, 2014, Bauholz, Farbe, Sperrholz.
Ausstellungsansicht, *dock*,
Tate, London, 2014

eine Architektur der Umhegung, die sich, noch während sie Gestalt annimmt, verschiebt.

Architektur und räumliche Umgebung

Seit einem Jahrzehnt konzentriert Phyllida Barlow ihre Energien auf aufwendige, großformatige Werke, die den zentralen Raum oder die zentralen Räume einer Galerie oder eines anderen Ausstellungsorts füllen. Dabei handelt es sich nicht um Installationen im herkömmlichen Sinne. Als skulpturale Werke beanspruchen ihre einzelnen Elemente ein gewisses Maß an Unabhängigkeit und Autarkie, auch wenn sie sich demonstrativ voneinander und von den Gegebenheiten ihrer Umgebung absetzen und so eine suggestive, zwanglos arrangierte Totalität erzeugen. Die wohl eindrücklichste dieser Schöpfungen war *dock*, die 2014 in den Duveen Galleries der Tate Britain installiert wurde. Diese Galerien bilden einen großen zeremoniellen Raum, der die Mitte des Gebäudes durchzieht und sich bis dato nicht als eine Umgebung erwiesen hatte, welche die dort ausgestellten Skulpturen sonderlich willkommen hieß. Abgesehen von Richard Serras *Weight and Measure* von 1992 (Abb. 2), war es bislang noch keinem Künstler gelungen, den Raum so erfolgreich einzunehmen und zu besetzen, wie Barlow dies tat. *dock* drang geradezu explosionsartig in diese nicht sehr vielversprechend anmutende, kalt klassizisierende Arena ein und füllte sie mit dem lebendigen und pulsierenden Chaos einiger vage imaginierter oder erinnerter Docklands.[8] Doch welcher Docklands? Die großen schwarzen Kisten, die in der vorderen Galerie aufgehängt waren, als würden sie gerade angehoben oder herabgesenkt, erinnerten an Schiffscontainer (Abb. 3), die dem mit *untitled: dock: 5hungblocks* betitelten Ensemble eine angemessen zeitgenössische Anmutung verliehen. Doch der faszinierende Exzess und das Chaos von *dock* scheinen unendlich weit von der Umgebung heutiger Containerhäfen entfernt zu sein, deren plane, weitgehend leere Flächen im Allgemeinen viele Meilen abseits des pulsierenden Lebens der Stadt angesiedelt sind. Das Chaos und der Überfluss von *dock* haben mehr mit den Docklands eines Zeitalters der Schifffahrt gemein, in dem es noch keine Container gab und die Docklands von Warenhaufen und jeder Menge Maschinen, Schuppen und Lagerhäusern bevölkert waren.[9] Es eröffnen sich aber auch starke Assoziationen an die aufgelassenen und zerfallenden Reste der alten Docklands, die einst weite Teile von Londons East End verunreinigten und in den 1980er-Jahren zu Sanierungszwecken geräumt wurden, ein Anblick, der damals die Fantasie vieler Menschen beflügelte. Derek Jarmans Film *The Last of England* (1987) fällt einem in diesem Zusammenhang ein, wenngleich Barlows Perspektive weniger melancholisch ist als diejenige Jarmans. Anstatt bei diesen Ruinen einer ehemals lebendigen Industriekultur zu verweilen, ließ sie sich offenbar eher von dem von Verfall gekennzeichneten Chaos und den damit verbundenen Erinnerungen an die vormals heftige Betriebsamkeit und den Waren- und Materialverkehr in dieser Gegend faszinieren.

Barlows Ansatz in Werken wie *dock* besteht nicht wie bei Serra in *Weight and Measure* darin, die Wahrnehmung einer architektonischen Umgebung mittels des Einsatzes architektonischer Markierungen oder Strukturen zu verändern, deren Monumentalität in eine Wechselbeziehung zu ihrer Umgebung tritt. In diesem Sinne ist Barlows Werk nicht ortsspezifisch. Es ist so gestaltet, dass es eine Umgebung füllt und transformiert und sie in einen Schauplatz für ihre skulpturalen Konstruktionen und Ensembles verwandelt, während es häufig die räumlichen Gegebenheiten nutzt, um einen Pfad durch das Werk hindurch zu gestalten. So wurden in der Tate die beiden längeren der Duveen Galleries zu Durchgangskanälen (Abb. 3, 5 und 6), während die zentrale Galerie, die beide miteinander verbindet, eine Zäsur markierte, indem der Weg teilweise durch einen riesigen, vielfarbigen Bretterzaun versperrt war, der von einer offenen treppenartigen Struktur, die die Mitte des Raums überspannte, ausbalanciert wurde (Abb. 4). Barlow hat ihre Vorgehensweise bei der Entwicklung solcher Strukturen recht explizit dargelegt. Der Besuch und die Besichtigung des Raums, in dem ihr Werk installiert werden soll, ist ein wichtiger Ausgangspunkt. Dies dient ihr als Anregung, die es ihr ermöglicht, die Arbeit zu entwerfen und ihre Bestandteile im Atelier herzustellen, wobei sie sich auf die Erinnerung an die Eindrücke stützt, die der Raum in ihr hinterlassen hat.[10] Dass Werk und Raum zusammenpassen, muss zwar beachtet, darf aber auch nicht zum Fetisch erhoben werden. Während der Ausarbeitung des Werks darf dieses seine eigene innere Logik entwickeln. Doch auch wenn es teilweise vom Raum inspiriert ist, wird es nicht von diesem bestimmt, ja steht möglicherweise sogar in wesentlichen Punkten im Widerspruch zu ihm.

dock gelang es, die monumentale und klassizisierende Rhetorik der Duveen Galleries an den Rand des Bewusstseins zu drängen und gleichzeitig der Stabilität und Schwere ihrer steinverkleideten Wände aus dem Weg zu gehen. Barlows Konstruktionen waren beeindruckend und auffällig, ihnen war aber zugleich eine gewisse Offenheit und Leichtigkeit zu eigen, wobei die größeren, voluminöser wirkenden Gebilde über einem schwebten oder hoch aufgerichtet an der Wand lehnten. Bei *untitled: dock: 5hungblocks* (2013; Abb. 3) in der langen, zur Vorderseite hin gelegenen Galerie handelte es sich um große containerartige, an Fachwerkgerüsten hängende Objekte, und zwar eher um solche im alten Stil als um riesige Container moderner Bauart: Sie

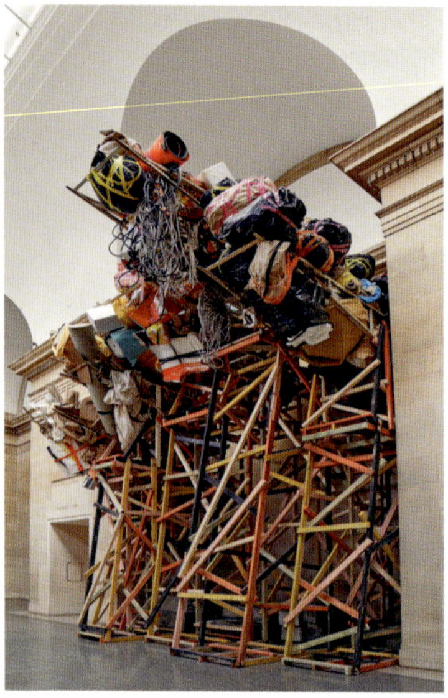

5

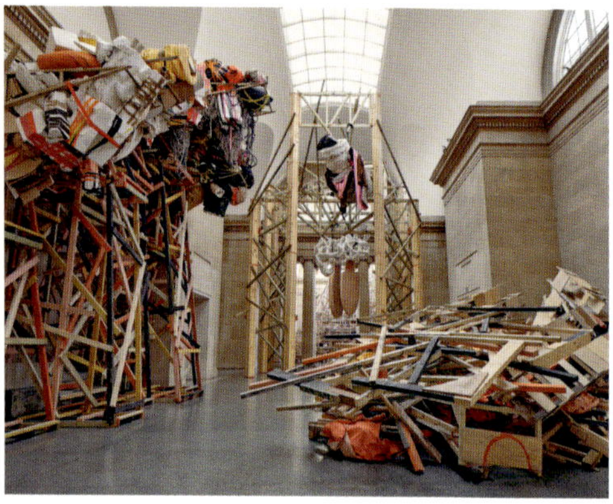

6

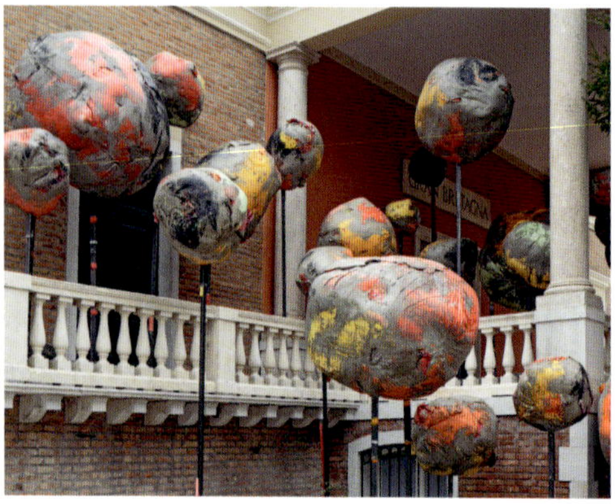

7

5:
Phyllida Barlow, *untitled: dock: 5stockadecrates*, 2014, Bauholz, Stahlarmatur, Atelierabfälle, Reststücke, Seil, Rohre, Styropor, Klebeband, Stoff, Leinwand, Karton, Plastikrohre, Schaumstoff, Sperrholz, Papier, Wellkarton.
Ausstellungsansicht, *dock*,
Tate, London, 2014

6:
Vorne rechts: Phyllida Barlow, *untitled: dock: crashedlintel/brokensculpture/paintedtarps*, 2014, Bauholz- und Sperrholz-Reststücke, Leinwand, Farbe, Stahlarmatur, Hühnerdraht, Haftputzgips, Gittergewebe, Zement, Polyurethanschaum; vorne links: *untitled: dock: 5stockadecrates*, 2014; im Hintergrund: *untitled: dock: hungcowledtubes* und *untitled: dock: hungprongsplastercoils*, 2014.
Ausstellungsansicht, *dock*,
Tate, London, 2014

7:
Phyllida Barlow, *untitled: folly; baubles; 2016/2017*, Karton, Zement, Schaumstoff, Farbe, Papier, Sperrholz, Polybaumwolle, Polyurethanbrett, Styropor, Polyurethanschaum, Sprühfarbe, Stahl, Firnis, Maschendraht.
Ausstellungsansicht, *folly*, Britischer Pavillion, Biennale von Venedig, 2017

waren von beeindruckender Präsenz, aber auch offensichtlich hohl und aus leichten Materialien gefertigt. Eines von ihnen war aufgebrochen und enthüllte so sein schäbig anmutendes Inneres. In der anderen langen Galerie war hinten *untitled: dock: 5stockadecrates* (2014; Abb. 5) installiert. Dicht gepackte Haufen verschiedener weggeworfener Materialien, von denen einige lose, andere mit Plastikfolie und Klebeband zu Bündeln arrangiert waren, ragten weit aus einer Wand heraus und waren hoch über den Betrachter:innen auf einer prekär anmutenden und unregelmäßigen, aber kompliziert ausbalancierten Palisade aus Holzpfählen aufgebockt. Gegenüber dieser sich hoch auftürmenden Szenerie von geordneter Unordnung lag ein abgeflachter Haufen aus zerbrochenen Strukturen und Fetzen farbiger Planen, die Barlow mit *untitled: dock: crashedlintel/brokensculpture/paintedtarps* (2014; Abb. 6) betitelte.

Jene Gebilde, die die Galerien füllten, wiesen in ihrer Konstruktion eine gewisse Ordnung und Präzision und zugleich eine gewisse Informalität auf, die an Unordnung grenzte. Die Art und Weise, wie sie entstanden und wie die Materialien aufgehäuft waren, sowie die Verstrebungen und Stützen, die bei ihrer Herstellung zum Einsatz kamen, schienen sowohl fein aufeinander abgestimmt als auch beiläufig improvisiert worden zu sein. Man hatte den Eindruck, sich inmitten eines laufenden Prozesses zu befinden, der zu einem Zeitpunkt angehalten worden war, an dem seine Elemente für einen Moment zusammenfanden, indem die Anhäufungen weggeworfener und zerfallender Dinge mit stabiler anmutenden Strukturen ihren gemeinsamen Platz fanden und in diese integriert wurden. Barlow betont mit Nachdruck, dass ihr Werk nicht nur in dem fertigen, in der Galerie präsentierten Kunstwerk besteht, sondern auch in dessen Gestaltung, wobei dieser Entstehungsprozess von fortwährender Verwandlung zwischen Ungeschehen- und Neumachen bestimmt wird.[11] Das Werk ist ein konkretes Ding und ein Prozess gleichermaßen. Es existiert in der Zeit, so wie im weitesten Sinne alles, was wir in der materiellen Welt Gestalt annehmen sehen, menschlichen Handlungen ebenso wie nichtmenschlichen Kräften und Prozessen unterworfen ist. Barlows Werk zeichnet sich durch seine Fähigkeit aus, diesen Zustand zu dramatisieren. Dennoch handelt es sich dabei nicht um Prozesskunst. Denn auch wenn das Kunstwerk, das im Atelier entsteht, ständigen Modifikationen und Veränderungen unterworfen ist, gelangt dieser Prozess irgendwann an sein Ende, wenn das Werk das Atelier verlässt und in einem Ausstellungsraum aufgebaut und realisiert wird. Dieser Moment der Realisierung ähnelt nach Barlows Ansicht einer Performance. Dabei handelt es sich um keine theatralische Aufführung im herkömmlichen Sinne, obwohl die Künstlerin häufig über die Beziehung zwischen ihrer Arbeit und dem Theater nachdenkt.[12] Es ist eine Aufführung, an der die Betrachter:innen beteiligt sind, indem sie auf ihre je eigene Weise vom Werk Besitz ergreifen.[13] Das Werk ist die Installation, die vorübergehend als vollendet präsentiert wird, sich aber der Wahrnehmung als eine stabile, zeitlich fixierte Ganzheit entzieht. Für die Betrachter:innen erlangt es Gestalt vermittels eines fortwährenden Prozesses des Aufnehmens der und Reagierens auf die schwer fassbaren, sich ständig wandelnden und unendlich faszinierenden Effekte, die seine scheinbar stabilen Strukturen und Materialanordnungen hervorrufen. Barlows Kunst zeichnet sich durch die Konsequenz aus, mit der sie diese zeitlichen Komplexitäten in ein Werk einbaut und für die Betrachter:innen manifest werden lässt.

In *folly*, das für den Britischen Pavillon auf der Biennale von Venedig 2017 entstand, entspricht die Dominanz über den gegebenen architektonischen Raum in gewisser Hinsicht derjenigen in *dock*.[14] Das Gebäude selbst, eine verkleinerte palladianische Villa, erinnert ein wenig an einen zweckfreien Zierbau. Barlows Werk nahm die bescheidenen und keineswegs monumentalen Innenräume in Beschlag und belebte sie. Doch es tat mehr als das. Es füllte sie derart an, dass es ihre Grenzen überschritt und diese gleichsam sprengte. Die freundlich anmutende klassizistische Eingangsfront des Pavillons wurde teilweise durch eine Anhäufung farbiger Kugeln verborgen (Abb. 7). Eine ähnlich vielfarbige, durchbrochene Plakatwand wurde auf einer Seite des Gebäudes auf einem Müllhaufen aufgebockt, während eines der drei mit *untitled: folly; 3carouselchairs; 2016/2017* betitelten Werke von der Installation in der hinteren Galerie auf die Plattform ausgriff, zu der hin sich die teilweise verglaste Außenwand der Galerie öffnete. Die zentrale Hauptgalerie war dicht mit Werken bevölkert, deren geradezu monumentale Präsenz dem Innenraum wenig oder keinen Platz ließ, um für sich allein zu wirken. Fünf große, säulenartig dicht gedrängte Formen mit blockartigen Kapitellen, die sich gegen die moderne Holzbalken- und Glasdecke drückten, deren Existenz sie nicht nur ignorierten, sondern teilweise den Blicken entzogen, entfalteten kurzzeitig die Anmutung von Überresten einer antiken, möglicherweise ägyptischen Säulenhalle (Abb. S. 98). Ergänzt wurden diese durch eine primitivere Felsblocksäule und die eingestürzten Überreste einer weiteren Säule. Das atmosphärisch aufgeladene, monumentale Erscheinungsbild wurde jedoch geschickt aufgelockert und destabilisiert durch eine aufgeblasene Megafonform aus Streben und Reifen, die auf einem etwas schiefen Bündel aufrechter Balken ruhte (Abb. S. 157), und eine aberwitzig anmutende, in sich verdrehte und sich nach oben hin verjüngende Säulenform, die von roten Spulen umhüllt war (Abb. 8), sowie

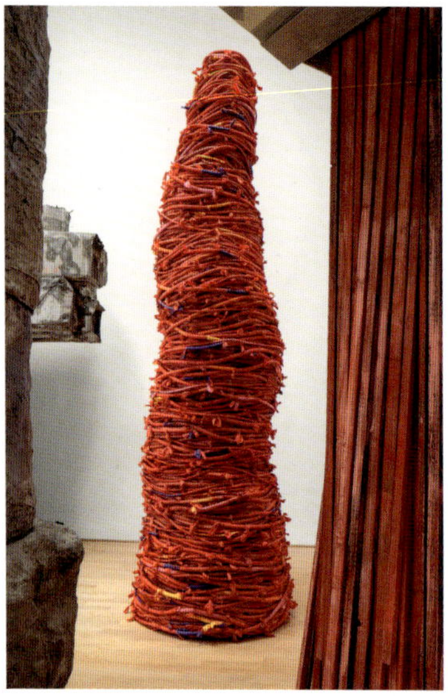

8

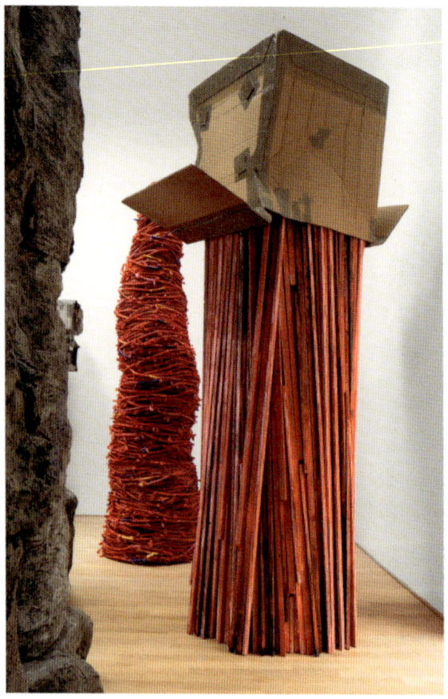

9

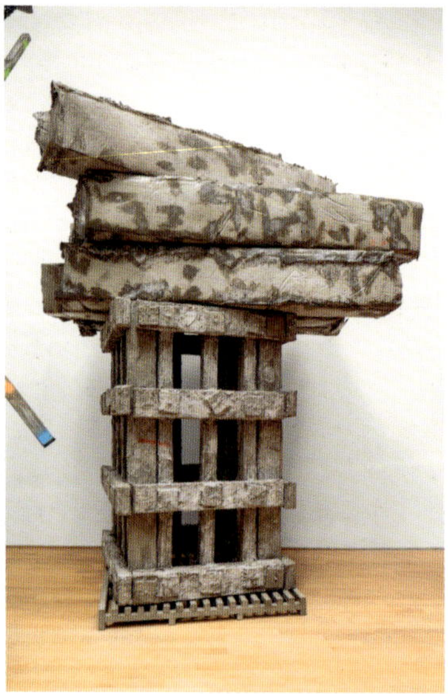

10

8:
Phyllida Barlow, *untitled: folly; coilcolumn; 2016/2017*,
Stahl, Bauholz, Sperrholz, Stoff, Papierseil.
Ausstellungsansicht, *folly*,
Britischer Pavillon, Biennale von Venedig, 2017

9:
Phyllida Barlow, *untitled: folly; boxonsticks; 2016/2017*,
Beton, Pappe, Spachtel, PVA, Farbe, Sperrholz,
Polyurethanschaum, Sprühfarbe, Klebeband,
Bauholz, Firnis.
Ausstellungsansicht, *folly*,
Britischer Pavillon, Biennale von Venedig, 2017

10:
Phyllida Barlow, *untitled: folly; crate/stack; 2017*,
Zement, Baumwollgeflecht, PVA, Styropor, Polyurethanschaum, Sprühfarbe.
Ausstellungsansicht, *folly*,
Britischer Pavillon, Biennale von Venedig, 2017

durch einen Karton, der spielerisch auf einer Ansammlung ebenso leuchtend roter Stelzen balancierte (Abb. 9). Zu guter Letzt fügte Barlow noch einen Stapel Balken hinzu, der auf einer Art Packkiste ruhte, wie man sie im Hof eines Baustoffhändlers antreffen könnte (Abb. 10).

Wenn man sich die fünf großen Säulen genauer ansah, stellte man fest, dass sie sowohl hohl als auch auf einer Seite aufgeschnitten waren, wodurch ihre nicht sehr substanziellen Innereien freigelegt wurden. Man konnte das hölzerne Gerüst erkennen und die dünne, mit grau gestrichenem Stoff überzogene Gewebeschicht sehen, die sich als Außenfläche dessen maskierte, was einen Moment lang wie aufeinandergestapelte zylindrische Steinblöcke erschienen war. Die kleineren Räume, die den zentralen umgaben, waren nicht so reichlich gefüllt. Jeder enthielt nur ein oder zwei unterschiedliche skulpturale Objekte, wodurch, um mit Barlow zu sprechen, die Wirkung einer „chinesischen Schachtel" entstand.[15] Zwei dieser Arrangements waren überdies so gestaltet, dass sie die Betrachter:innen bedrängen sollten. Diagonal über eine der Galerien erstreckte sich ein hohes, schräg verlaufendes, mit bemalten Tafeln geschmücktes Brett, auf dessen einen Seite zwei gewichtig anmutende Gebilde herabhingen, die den Betrachter:innen zu Leibe rückten (Abb. 11). In der schräg gegenüberliegenden Galerie ragten dunkle, grob behauene Holzspitzen aggressiv aus einer mit farbigen Tafeln verkleideten Wand heraus und drangen in den Raum vor (Abb. 12). Die Wirkung stand in deutlichem Kontrast zu jener des einladenderen Ambientes der hell erleuchteten, offeneren Galerie, die unmittelbar dahinter angrenzte (Abb. 13). Dort, gegenüber einem sich zum Garten hin öffnenden Fenster, befand sich ein grau gestrichener, kurvenförmiger „venezianischer" Balkon aus mit Gittergewebe umhülltem Maschendraht. Er war an einer Wand befestigt, welche wie jene verschattete im Raum davor von einem farbenfrohen Arrangement an ihr angebrachter bemalter Tafeln belebt wurde.

Architektonische Elemente und skulpturale Form

folly setzte sich auf zwei Ebenen mit der Architektonik auseinander: zum einen mittels der Umgestaltung des Gebäudes und seiner Räume sowie seiner genialen Reaktion auf diese, und zum anderen durch die individuellen Bezugnahmen auf bekannte architektonische Formen. Am deutlichsten wurde dies bei den Motiven, deren Gestalt an Gebilde wie Säulen und Balkone erinnerte. Impliziter war dies bei den dicht gedrängten Reihen farbiger Tafeln, welche die Wände in zwei der Räume hervorhoben (Abb. 12 und 13), sowie dem großen schrägen Brett der Fall, das ebenfalls mit farbigen Tafeln versehen war und die Betrachter:innen bedrängte, als ob es sich um eine nicht ganz korrekt platzierte Trennwand handele (Abb. 11). Auf welche Art von Architektur wurde hier rekurriert? Die schwerfälligen säulenartigen Formen speisten sich aus einem alten Vokabular der Architektur, während die Wände, die im Unterschied zur massiven Tragekonstruktion als Verkleidung oder Trennwände angelegt waren, eher das Formenvokabular der modernen Architektur aufgriffen. Die modernistischen Assoziationen stellen sich auch bei den tektonischen Aspekten von Barlows aufwendigeren Werken ein, die nicht aus geformten Materialanhäufungen, sondern aus Rahmen und Latten gefertigt sind. Zugleich gibt es bei ihr eine Distanzierung von den skulpturalen Paradigmen des Modellierens und Schnitzens. Bezeichnend ist in diesem Zusammenhang, dass Barlow sich immer wieder auf das Vordach bezieht, eine Schutzvorrichtung, die normalerweise dazu dient, direktes Sonnenlicht abzuwehren, und aus einem dünnen Rahmen besteht, über den eine Stoffbahn gespannt ist. Bunte Stoffbahnen fungieren in ihrem Werk häufig als selbstständige, eigens hergestellte Erkennungszeichen und sind über horizontale Stützen (*untitled: awnings; 2013*; Abb. S. 24/25) drapiert oder über am Boden verankerte Stangen gehängt (*untitled: canvasracks; 2018–2019* und *untitled: 100banners; 2015*; Abb. S. 92/93 und 11–15).

Doch Barlows Tektonik ist nicht ausschließlich modernistisch geprägt. Ihr frei improvisiertes, oft beinahe unordentliches Erscheinungsbild untergräbt diesen Eindruck. Sie mutet abgenutzter und gebrauchter an als die makellosen Produkte des Maschinenzeitalters. Bezeichnenderweise finden sich Eisen und Stahl, die ikonischen Materialien der industriellen Moderne, bei ihr nur selten. Stattdessen überwiegen die leichten, halb fertigen und „unvollendeten" Materialien des Baustoffhändlers und, so könnte man hinzufügen, des Baumarkts, der Waren für kleinere Konstruktionen und inhäusige Bauarbeiten bereitstellt. Eine fruchtbare Grundlage für das Nachdenken über jene Formen der Fabrikation, mit denen sich Barlow beschäftigt und die sie als integrale Bestandteile ihres Werks auszuweisen bemüht ist, bieten Gottfried Sempers Schriften über die Rolle, die Materialien und Herstellungsprozesse für die Erzeugung des Formenvokabulars von Kunst, Architektur und Gestaltung spielen. Als Architekt, der unter anderem Präsentationsstände für die Weltausstellung 1851 entworfen hatte, konzipierte Semper seine überaus ambitionierte Studie *Der Stil in den technischen und tektonischen Künsten oder Praktische Ästhetik* (1860/1863) teilweise als Antwort auf die Auswirkungen der Industriellen Revolution auf gestaltete Objekte sowie die architektonische Form gebauter Strukturen.[16] Es mag willkürlich erscheinen, sich auf eine im 19. Jahrhundert formulierte Theorie wie diese zu berufen, doch Sempers Analyse bleibt grundlegend für jede umfassendere Betrachtung der Beziehungen zwischen

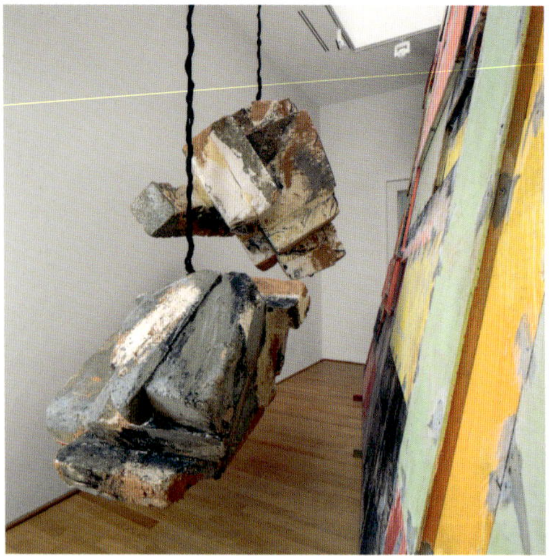

11

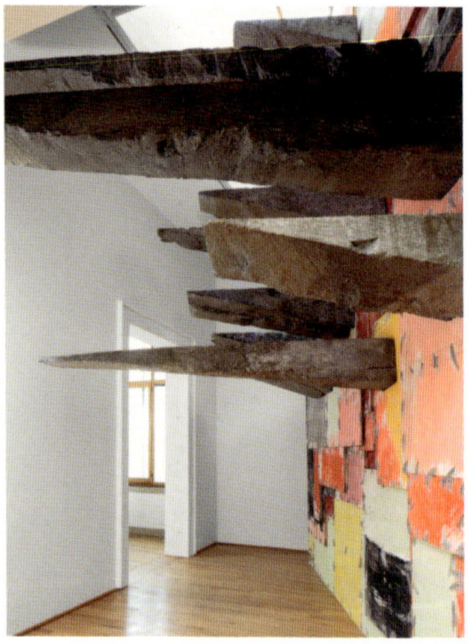

12

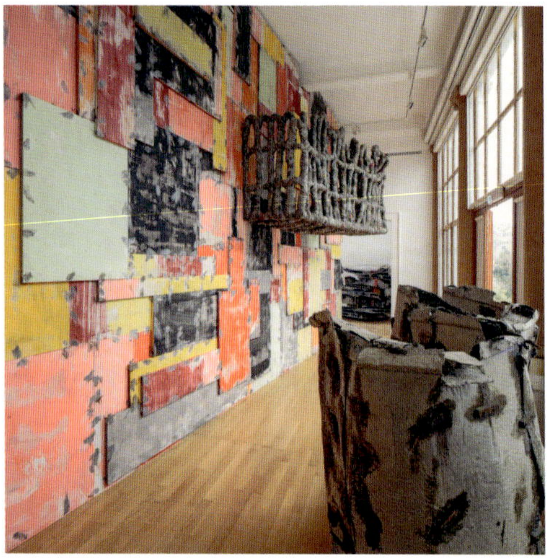

13

11:
Phyllida Barlow, *untitled: folly; doublehang; 2016/2017*, Bauholz, Sperrholz, Farbe, Haftputz, Zement, PVA, Gips, Pigment, Polyurethanbrett, Styropor, Polyurethanschaum, Sprühfarbe, Stahl.
Ausstellungsansicht, *folly*,
Britischer Pavillon, Biennale von Venedig, 2017

12:
Phyllida Barlow, *untitled: folly; awnings; 2016/2017*, Bauholz, Sperrholz, Farbe, Zement, PVA, Pigment, Styropor, Polyurethanschaum, Sprühfarbe, Stahl.
Ausstellungsansicht, *folly*,
Britischer Pavillon, Biennale von Venedig, 2017

13:
Phyllida Barlow, *untitled: folly; balcony; 2016/2017*, Stahl, Maschendraht, Polyurethanschaum, Zement, Baumwollgeflecht, Farbe, Stoff, Firnis.
Ausstellungsansicht, *folly*,
Britischer Pavillon, Biennale von Venedig, 2017

künstlerischer Form und materiellem Prozess. Das große Zeitalter des materialistischen Denkens, dem er angehörte und das auch das von Darwin und Marx war, hallt noch immer in einer Moderne nach, die in der jüngsten Vergangenheit für Fantasien empfänglich war, sich jener Zwänge zu entledigen, die der menschlichen Gestaltung der Umwelt durch die Beschaffenheit einer nicht-menschlichen materiellen Welt und ihrer Prozesse auferlegt wurden.

Besonders relevant für Barlows Arbeitsweise ist die bemerkenswerte Abkehr Sempers von den traditionellen europäischen Vorstellungen von architektonischer Formgebung mit ihrer Privilegierung des massiven Mauerwerkbaus. Für Semper war das Primäre die zeltartige Struktur mit einem gezimmerten Rahmen aus „stabförmig[en], elastisch[en]" Bestandteilen von „der senkrecht auf die Länge wirkenden Kraft widerstehender Festigkeit" sowie mit Verkleidungen und Trennwänden aus Textilien oder textilähnlichen Bahnen, die „biegsam, zäh, dem Zerrreissen in hohem Grade widerstehend" waren.[17] Semper zufolge war das Mauerwerk mit seinem sehr „dichte[n] Aggregatzustande", der „dem Zerdrücken zum Theil ungeheuren Widerstand" leistet, erst relativ spät in der Menschheitsgeschichte zum paradigmatischen Baustoff geworden.[18] Die unterschiedlichen Strukturierungsprozesse, die für die Arbeit mit diesen verschiedenen Arten von Rohmaterialien geeignet sind, führen nach Semper zu unterschiedlichen formalen Prinzipien.[19] Gezimmerte Strukturen brachten die Tektonik ins Spiel. Abdeckungen oder Trennwände schöpften aus der textilen Webkunst oder dem Verbinden flexibler Fäden zu einem zusammenhängenden Tuch, das auf eine Konstruktion oder natürlich an den menschlichen Körper gehängt oder darauf drapiert wurde. Das Bauen mit Mauerwerk war wieder etwas anderes, eine Kunst der Stereotomie.[20] Das Aufschlussreichste an diesem Schema, insofern es sich auf Barlows Skulptur anwenden lässt, ist nicht nur die enge Verflechtung der künstlerischen Form mit den Materialeigenschaften und den Herstellungsverfahren, sondern auch die Hervorhebung von Arbeitsprozessen, die von der Tektonik starrer gezimmerter Strukturen und den gestalterischen Möglichkeiten von Bögen aus flexiblem textilartigem Material bestimmt werden.

In jüngerer Zeit ist Barlows Arbeitsweise in hohem Maße von den Anforderungen großformatiger Installationen geprägt, für deren Ausführung ein Team von Assistent:innen erforderlich ist, das die Künstlerin anleitet und beaufsichtigt.[21] Doch selbst solche Arbeiten werden noch immer intern ausgeführt und bedürfen der direkten Beteiligung der Künstlerin statt der Vergabe an einen Subunternehmer oder der Produktion in einem wie eine Fabrik organisierten Mega-Atelier. Außerdem fertigt Barlow nach wie vor eine beachtliche Anzahl von Skulpturen, deren Entstehung und Herstellung eher den individuellen, atelierbasierten Arbeitsweisen entsprechen. Auch bei diesen spielt die Architektonik eine bedeutende Rolle, indem die Künstlerin vermittels ihrer auf Fragmente architektonischer Formen, Strukturen oder Raumwirkungen Bezug nimmt oder diese aufgreift. Wie *cul-de-sac*, ihre jüngste Schau (2019) in der Royal Academy, gezeigt hat, bewegt sich ihre künstlerische Praxis, wenn überhaupt, jetzt eher in Richtung solcher kleinteiliger atelierbasierter skulpturaler Schöpfungen.[22] Zwar bildeten die in dieser Ausstellung präsentierten Werke eine Art Ensemble und machten sich räumliche Effekte der Installation zunutze, aber sie taten dies nicht auf eine Weise, die die Gruppierung als ein eigenständiges Werk auswies. Der Aufbau der Ausstellung sowie die Abfolge der Abbildungen im Katalog zeichneten einen räumlichen Verlauf nach (Abb. 14 und 15). Dieser begann im offenen Raum der Eingangsgalerie, setzte sich in einem kleineren, ziemlich dicht gedrängten und teilweise blockierten zentralen Raum fort und mündete schließlich in eine andere offenere Präsentation in einer Galerie, die wie die erste großzügig von Tageslicht erhellt wurde, das durch eine partiell verglaste Decke einfiel. Dort stieß man, da die Ausgangstür versperrt war, auf eine Sackgasse („cul-de-sac"), sodass man gezwungen war, die Schritte zurückzulenken, und die Skulpturen auf dem Rückweg nochmals aus anderen Blickwinkeln betrachten konnte.

Architektonische Bezüge entfalteten sich auch in mehreren Einzelwerken. In der ersten Galerie wurde man von *untitled: lintelshadow; 2018–2019* begrüßt, einem blockartigen Sturz, der auf hohen, schlanken Stelzen stand und in einer festen, schwer anmutenden Bodenstruktur verankert war (Abb. 14). Diese schien aus eng aneinandergefügten Zementblöcken zu bestehen, auch wenn sie die Form eines möglichen Schattens nachzeichnete. Doch der Sturz und sein ihn spiegelnder Schatten waren nur scheinbar schwer. Bei genauerem Hinsehen stellte sich heraus, dass es sich um hohle Bretterstrukturen handelte, die mit Baumwollgewebe und einer dünnen Zementschicht überzogen waren. Es war ein Spiel mit der Stereotomie der Mauerwerkarchitektur, aber einer, deren Bestandteile hohl und relativ leicht waren. Der Sturz ist eine architektonische Form, die eine Öffnung abschließen und bekrönen soll, bei der es sich normalerweise um eine Schwelle oder Grenze zwischen Innen- und Außenraum handelt. Barlow ist offenkundig fasziniert von der räumlichen Aufladung, die von Schwellen und Öffnungen ausgeht[23] und diese zu fluiden Phänomenen macht, statt dass sie eine miteinander verbundene Innen- oder Außenseite fixieren.

Im zentralen Raum (Abb. 15) wurde man von einer säulenartigen Form begrüßt, die ein wenig verkümmert und stämmig war, wie es sich für ihren

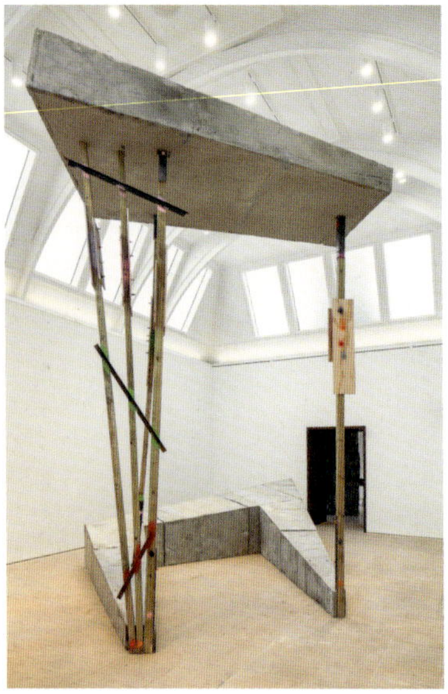

14

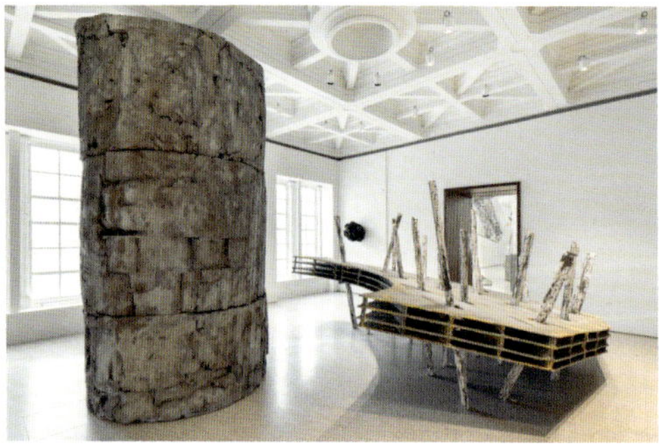

15

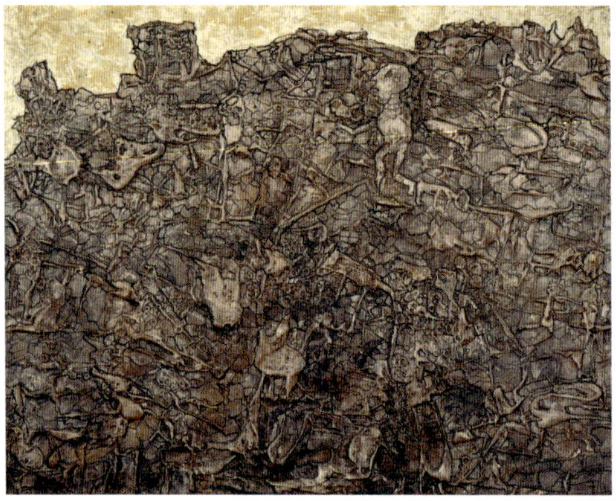

16

14:
Phyllida Barlow, *untitled: lintelshadow; 2018–2019*, Zement, Gittergewebe, Farbe, PVA, Pigmente, Sperrholz, Polyurethanbrett, Polystyrol, Polyurethanschaumstoff, Sprühfarbe, Stahl, Bauholz. Ausstellungsansicht, *cul-de-sac*, Royal Academy of Arts, London, 2019

15:
Phyllida Barlow, *untitled: barrel; 2018–2019*, Zement, Farbe, Sperrholz, Polyurethanbrett, Polystyrol, Polyurethanschaumstoff, Sprühfarbe, Stahl, Bauholz; *untitled: shadowplatform; 2018–2019*, Zement, Gittergewebe, PVA, Farbe, Gips, Sperrholz, Sand, Bauholz. Ausstellungsansicht, *cul-de-sac*, Royal Academy of Arts, London, 2019

16:
Jean Dubuffet, *Le voyageur sans boussole* (*Der Reisende ohne Kompass*), 1952, Öl und Leim auf Hartfaserplatte, 119 × 135 cm. Musée National d'Art Moderne, Paris

beengten Standort gebührte, und die man daher passenderweise als „Fass" bezeichnete. Daneben und einen Großteil der Galerie überspannend befand sich *untitled: shadowplatform; 2018–2019*, ein schräges Bodensegment, das durch die unregelmäßige Anordnung von Pfählen, die es anhoben und durchdrangen und seine teilweise hohle innere Struktur offenlegten, funktionsuntüchtig gemacht wurde. Ein weiteres Lieblingsmotiv von Barlow sind Plattformen. In der letzten Galerie stieß man mit *untitled: blocksonstilts; 2018–2019* (Abb. S. 61) auf ein Werk, das man als eine Art Decke auffassen könnte, eine Gruppe großer Blöcke, die über dem Boden abgestützt über den Betrachter:innen schwebten. Vielleicht erinnert es aber auch an die Architektonik jener ungewöhnlich gestalteten Gebäudekonstruktionen, die, statt auf dem Boden zu ruhen, auf Stelzen in der Luft gehalten werden. Doch ebenso gut könnte man darin unter skulpturalen Gesichtspunkten eine faszinierende Übung des Hochhaltens von Gebilden erblicken, die für ihre Stützen etwas zu schwer aussehen, sich aber, wenn man sie untersucht, als aus leichtem Material (in diesem Fall Styropor) hergestellt erweisen und die Betrachter:innen durch ihre scheinbare, aber illusorische Schwere verblüffen.

Prozess und Materialität – menschlich, nicht-menschlich

Das „Werk" ist für Barlow ebenso sehr ein Prozess wie ein Ding, ein Phänomen, das so präsentiert wird, dass es seinen Ursprung in der Praxis des Machens und Umgestaltens nie ganz hinter sich lässt. Prozesse, die in der materiellen Welt stattfinden, können durch menschliches Handeln beeinflusst werden, aber auch durch nicht-menschliche Kräfte, die unabhängig von menschlichem Willen und menschlicher Kontrolle agieren. Das Werk Barlows ist eines, das beide Arten von Prozessen umfasst. In dieser Hinsicht weist es nicht nur eine Affinität zur experimentellen Prozesskunst der späten 1960er- und frühen 1970er-Jahre auf, sondern auch zu bestimmten früheren künstlerischen Strömungen der Nachkriegszeit. Diese mal als Informel, mal als Abstrakter Expressionismus bezeichneten und vor allem in der Malerei praktizierten Gestaltungsweisen setzten die freie Handhabung der materiellen Substanz des Mediums und die enge Auseinandersetzung mit dieser in ihr Recht. Barlow hat ihre Bewunderung für die Künstler der Jahrhundertmitte zum Ausdruck gebracht, deren Werke ihrem Empfinden nach eine Intensität besaßen, die sich der souveränen Herstellung klobiger, unbeholfen, ja sogar brutal anmutender Formen verdankte.[24] Es handelte sich um Kunst, in der die Formen und Gestalten, die in Erscheinung traten, das Produkt nicht einer auf Repräsentation zielenden Absicht oder vorgefasster formaler Abstraktionen waren, sondern eines spontanen, improvisierten Umgangs mit Farbe. Bei einer Kunst wie derjenigen von Dubuffet (Abb. 16) oder Asger Jorn oder, um ein britisches Beispiel zu nehmen, von Magda Cordell pflegten grob geformte Motive aus dem Inneren der Malerei heraus Gestalt zu erlangen, doch diese Motive widersetzten sich einer klaren, stabilen Identität und waren auch darauf ausgelegt, dies zu tun. Diese Herangehensweise zeitigte nicht nur ein engagiertes Eintreten für den Prozess als eine generative Kraft, sondern auch ein ausgeprägtes Verständnis für den referenziellen oder repräsentativen Wert der künstlerischen Formen, die ein nachhaltiger Prozess hervorbringen konnte. Derartige Malweisen wurden nicht als kategorial abstrakt erachtet, sondern als eine Malerei, die das Potenzial besaß, Aspekte der realen Welt zu evozieren, die gelegentlich, aber nicht immer, in den Titeln anklangen.[25] Diese waren nicht dazu gedacht, den Inhalt der Werke zu bezeichnen, vielmehr waren sie sehr oft kryptisch oder von uninformativer Wörtlichkeit. Einem solchen Verständnis von Referenzialität verleiht Barlow dadurch Ausdruck, dass sie den in den Werktiteln angeführten Bezeichnungen normalerweise den Vermerk „untitled" voranstellt.

Bei mehreren Gelegenheiten hat Barlow das referenzielle Potenzial ihrer Arbeit angesprochen, die mehrdeutige und für die Betrachter:innen faszinierende Fähigkeit, Phänomene in der realen Welt zu evozieren. In den Notizen, die sie während ihrer Beschäftigung mit *folly* machte, setzte sie sich ausführlich mit der Art und Weise auseinander, in der ihre Kunst mit „der Beziehung zwischen identifizierbaren Dingen – Balkon, Bretterzaun, Amboss – und nicht identifizierbaren Dingen zu tun hat: Es bringt die Außenwelt nach innen, spielt diese Dinge gegen Dinge aus, die vertraut, aber auch mehrdeutig sein können [...]." Die Gebilde, die aus ihrem ausgedehnten Prozess der Arbeit mit Materialien und deren strukturellen, taktilen und visuellen Eigenschaften hervorgingen, führten ihrer Ansicht nach zu „Annäherungen an Dinge, die benennbar sind, wie auch an solche, bei denen dies nicht der Fall ist".[26] Ihre Aufzeichnungen zu den großen zerschnittenen Säulen im zentralen Raum von *folly* sind in dieser Hinsicht sehr aufschlussreich: Sie erachtete die Werke als in einem „Phantomzustand" befindlich, als Fantasiegebilde in der Welt. „Was ist es denn", fragte sie, „was die Säulen von Venedig zu sein trachten [...] die als Pastiches von Säulen begonnen haben, die so tun, als würden sie Baldachine hochhalten, etwas aufführen, sehr theatralisch – eindeutig eine Art opernhaftes Bühnenbild –, doch als seien sie aufgrund der Schwierigkeiten bei der Produktion, der Herstellung, ausgehöhlt, organisch, Sci-Fi, unbenennbare Strukturen geworden ... etwas kitschig und im besten Falle unbenennbar."[27]

Doch die vermeintlichen Verwandtschaften mit einem „Informel"-artigen Verständnis und einer Privilegierung des Prozessualen lassen sich in verschiedener bedeutsamer Hinsicht nicht aufrechterhalten. Erstens hat Barlow mit den expressiven Bestrebungen, die mit dieser Art von gestischer Malerei assoziiert werden, nichts gemein. Es wäre völlig unangemessen, in ihr eine Abstrakte Expressionistin zu sehen, vor allem, wenn man den Begriff in seinem wörtlicheren Sinn auffasst. Auch die in der informellen Malerei vorherrschenden Anklänge ans Figurative hat sie hinter sich gelassen. Die mehrdeutigen Formen und Gestalten, die dort auftauchen, erinnern oft an Figuren und Gesichter und an Körperfragmente. Drittens, und das ist das Wichtigste, ist der Prozess bei Barlow von den vornehmlich kunstbasierten Konnotationen befreit, die ihm auch in der Nachkriegszeit noch zu eigen waren. Für Barlow ist der Prozess nichts ausgesprochen Individuelles oder Persönliches, und er schließt fraglos auch die Beteiligung eines Teams von Assistent:innen mit ein.[28] Gewöhnlich verwendet sie Materialien und Herstellungstechniken, die nicht kunstspezifisch sind, anders als dies bei den meisten informellen Gemälden weiterhin der Fall war.

Für Barlow muss der künstlerische Prozess um eine Vielzahl alltäglicher Arten der Herstellung und des Bauens von Dingen erweitert werden und eine Vielzahl von Materialien wie Gittergewebe, Sperrholz, Maschendraht und Zement einbeziehen, die für industrielle wie für häusliche Zwecke Verwendung finden.[29] Sie hat zum Ausdruck gebracht, wie fasziniert sie davon ist, mit welcher Fachkundigkeit gewöhnliche körperliche Arbeiten ausgeführt werden, etwa „die Art und Weise, wie Straßen repariert werden und Bauarbeiter arbeiten". Sie betrachtet dies als „absolut grundlegend für die Bildhauerei".[30] Beharrlich distanziert sie sich von fetischistischen Auffassungen wie der, dass der künstlerische Prozess etwas Besonderes sei. Sie empfindet ihr Schaffen häufig als anstrengend, ganz so wie gewöhnliche Arbeit auch. Vieles davon „ist der Welt zugehörig, in der etwas auf die zweckmäßigste Art erledigt wird" und hat, obwohl es kunstfertig sein mag, nichts mit „der Hierarchie des Handwerks" oder der Kostbarkeit der Berührung durch den Künstler zu tun.[31] Kleinformatigere Werke, die von der Künstlerin mehr oder weniger vollständig in ihrem Atelier ausgeführt werden, haben durchaus ihren Reiz für sie. Diese Werke können rasch und auf intime Weise angefertigt werden, und: „Alle Gesten gehören mir", wie sie es ausgedrückt hat.[32] Dennoch sieht sie auch in der individuellen Atelierarbeit einen engen Bezug zu den Formen des Schaffens und Bauens, die außerhalb der Ateliergrenzen anzutreffen sind. Daraus, wie auch aus der Ähnlichkeit mit Umgebungen und Dingen in der realen Welt, beziehen ihre Arbeiten ihre evokative und referenzielle Kraft. Das Gefühl, das von den entmystifizierten, alltäglichen Prozessen des Herstellens und des Ungeschehenmachens, des Aufbauens und des Zerfalls von Dingen vermittelt wird, ist ein integraler Bestandteil des imaginativen Einflusses, den das Werk auf uns ausübt, und trägt dazu bei, dass es bei uns eine größere Resonanz hervorruft als ein bloßes Bild oder eine geniale skulpturale Schöpfung.

Noch eine weitere Dimension von Barlows Ethik des künstlerischen Prozesses ist erwähnenswert. Ihre skulpturalen Objekte und Installationen präsentieren sich wie alle Kunstwerke als von menschlichem Handeln und Erfindungsgeist geprägt. Neben der körperlichen Tätigkeit der Herstellung umfassen die Prozesse auch geistiges Kalkül sowie die Auswahl vorgefertigter Materialien und der Formen identifizierbarer Dinge, mit denen man zu arbeiten beginnt. Die meisten der ausgewählten Einsatzmaterialien sind ungeachtet ihres vermeintlich „rohen" Zustands tatsächlich vorgefertigt und bearbeitet, wie Barlow selbst bemerkt hat.[33] Zugleich erinnern der Aufbau und die Gestaltung ihrer Arbeiten an Aspekte der materiellen Realität, die nicht schlechterdings das Produkt menschlichen Handelns sind, sondern ganz oder teilweise Manifestationen nicht-menschlicher Prozesse und Phänomene. Man hat den Eindruck, dass ihre Materialien sich dem organisierenden Zugriff widersetzen, ja in einem bestimmten Maße ihrem eigenen Willen gefolgt sind. Barlows Werke sind zuweilen dort am eloquentesten, wo sie eine gewisse Patina angesetzt und an Komplexität gewonnen haben, indem sie bis zu einem gewissen Grad unbewussten oder vorbewussten Prozessen der Demontage und des Verfalls nachgegeben haben oder diesen unterworfen waren.

Dass sich Barlows Werk mit natürlichen oder nicht-menschlichen Prozessen befasst wie auch mit solchen, die menschliche Handlungen und Willensäußerungen beinhalten, wird in *untitled: screestage; 2013* (Abb. S. 20/21) anschaulich in Szene gesetzt.[34] Dieses plattformartige Gebilde erinnert an ein grob konstruiertes und gekipptes Segment eines Fußbodens. Gleichzeitig könnte man die weiträumige Anhäufung von Tafeln, die den Boden bilden, als ein Terrain mit instabilem, sich an einen Hang klammerndem Geröll betrachten, das durch Holzpfosten mit einer groben Oberfläche am Abrutschen gehindert wird. Diese Pfosten erinnern an tote Baumstämme, die möglicherweise die Opfer des durch das Geröll verursachten Erdrutschs sind. In einem im Jahr 2004 mit ihr geführten Interview bezeichnete Barlow diese Dimension ihres Werks als etwas für die Skulptur als Kunstform gewissermaßen Charakteristisches, indem es einen zu ihr hinzieht und gleichzeitig das Unbehagen hervorruft, zu dem sie weithin Anlass gibt: „Ist die – materielle wie physische – Nähe der Skulptur zu jenem Territorium grundlegender Reflexe und Triebe von Lebewesen (einschließlich der Menschen) und der Natur das, was dazu geführt hat, dass sie als Kunstform gefürchtet und, in vielen Fällen verständlicherweise, verachtet wird? Als ob ihr nächster Verwandter all jene Funktionen von Tieren, Menschen und Natur wären, denen kein Gedanke zugrunde liegt: roh, fundamental, unkontrollierbar."[35]

Doch Barlow plädiert nicht für eine Kunst der ursprünglichen Rohheit, ganz im Gegenteil. Es geht hier um eine menschliche Projektion auf Aspekte der materiellen Welt, die derartigen existenziellen Anliegen völlig gleichgültig gegenüberstehen. Skulptur, die danach strebt, einer solchen „Vor-Form" Anschaulichkeit zu verleihen, ist ihrer Ansicht nach dazu bestimmt, ein „Surrogat zu sein [...] eine dürftige Illustration und Imitation, eine ganz und gar nicht erfüllende Erfahrung aus zweiter Hand".[36] Es geht also um die Einbettung jener Art von Skulptur, die sie ihrer eigenen Auffassung gemäß in Prozessen herstellt, die für die unkontrollierbaren Eigenschaften belebter wie unbelebter Dinge offenbleiben, Prozesse, die nicht vorgeben, Transzendenz durch die vermeintlich höher angesiedelten Operationen eines künstlich entwickelten menschlichen Bestrebens oder einer Vorstellung von Endgültigkeit zu erreichen. „Ich vertraue nicht", erklärte Barlow, „oder reagiere nicht auf die vermeintliche Integrität des Handwerks, die im Versuch gründet, die Skulptur zu zivilisieren."[37] Das Unbewusste, das sie fasziniert, ist nicht das Unbewusste des rohen psychischen Drangs. Es hat vielmehr mit den unbewussten Dimensionen menschlicher und nicht-menschlicher Prozesse zu tun, die in unserer alltäglichen materiellen Welt am Werk sind. Dies umfasst Phänomene, die konstruktiv ebenso wie destruktiv sind, die sich zeitweilig zu funktionierenden Strukturen oder identifizierbaren, Anzeichen des Zusammenbruchs und Kollabierens aufweisenden Dingen formieren, die nie von Dauer, aber auch nie einfach nur flüchtig sind. Dieser sehr grundlegende Zustand der materiellen Welt, in der wir leben, dient Phyllida Barlow, wie sie selbst es ausdrückt, als „Metapher" für das, was wir als „Conditio humana" erleben.[38]

1 *Objects for... And Other Things. Phyllida Barlow*, London 2004, S. 213; *Phyllida Barlow: scree*, hrsg. von Gilbert Vicario, Ausst.-Kat. Des Moines Art Center, Iowa, 2014, S. 12. Soweit nicht anders vermerkt, handelt es sich bei den nachfolgenden Zitaten um Barlows eigene Kommentare, die in veröffentlichten Interviews und Essays oder im Internet zugänglichen Videoaufzeichnungen dokumentiert sind.

2 Die Auseinandersetzung mit den Dilemmata, die sich aus diesen scheinbar gegensätzlichen Geboten ergeben, kommt in Barlows Beiträgen zu Diskussionen über den Zustand der Skulptur mehrfach zur Srache; siehe *Objects for...* (wie Anm. 1), S. 91, 93, 226.

3 Bis weit in 20. Jahrhundert hinein spielten Darstellungen der menschlichen Figur in der modernen Bildhauerei eine führende Rolle, was in der Malerei weniger der Fall war. Ja noch Mitte des Jahrhunderts, zur Zeit der Hochmoderne, beschworen die von dezidiert abstrakten Künstlern wie David Smith geschaffenen Skulpturen häufig noch die schattenhafte Präsenz einer Figur oder Persönlichkeit herauf; vgl. Alex Potts, „Personages Imperfect and Persistent", in: *David Smith. Personage*, bearb. von dems., Ausst.-Kat. Gagosian Gallery, New York; Gagosian Gallery, London, London 2006, S. 7–19.

4 In seiner einflussreichen theoretischen Auseinandersetzung mit der formalen Beschaffenheit der modernen Skulptur kontrastierte Greenberg die offenen und seiner Ansicht nach eher optischen Strukturen, die von den Kubisten eingeführt und in den Werken von David Smith und Anthony Caro, dem führenden Vertreter der „New Generation", weiterentwickelt wurden, mit den monolithischen Formen, die in der modernen Skulptur wie derjenigen Constantin Brancusis und Henry Moores fortbestanden; Alex Potts, *The Sculptural Imagination. Figurative, Modernist, Minimalist*, New Haven und London 2000, S. 180; Clement Greenberg, „The New Sculpture" (1949 und 1958), in: ders.,*The Collected Essays and Criticism*, Bd. 2: *Arrogant Purpose. 1945–1949*, Chicago und London 1986, S. 316 f.; dt. Ausgabe: „Die neue Skulptur", in: ders., *Die Essenz der Moderne. Ausgewählte Kritiken und Essays*, hrsg. von Karlheinz Lüdeking, Hamburg 2009, S. 163–173.

5 Penelope Curtis bietet in ihrer Studie unter dem Titel *Sculpture. Vertical, Horizontal, Closed, Open*, New Haven und London 2017, eine wertvolle Analyse der architektonischen Aspekte der skulpturalen Form.

6 Die Freiheitsstatue in New York ist hierfür ein klassisches Beispiel; siehe Darcy Grimaldo Grigsby, *Colossal. Engineering the Suez Canal, Statue of Liberty, Eiffel Tower and Panama Canal*, Pittsburgh und New York 2012, S. 71–103.

7 Barlow hat ihr Interesse an den gebauten, verfallenden und aufgegebenen Strukturen, die moderne Stadtlandschaften bevölkern, ausführlich zum Ausdruck gebracht; *Phyllida Barlow: tilt*, 2018, Regie: Cosima Spender, Produktion: Hauser & Wirth, www.hauserwirth.com/stories/22920-phyllida-barlow-tilt (22.1.2021); *Phyllida*, 2019, Regie: Cosima Spender, Produktion: Hauser & Wirth, www.royalacademy.org.uk/article/digital-premiere-phyllida-barlow-artist-documentary?mc_cid=068460c38b&mc_eid=c0a201dadf (22.1.2021). Bezüglich der spezifischen

Fähigkeit von Barlows Skulpturen, vertraute, aber im Allgemeinen übersehene Aspekte der gebauten Umwelt und ihrer Überbleibsel heraufzubeschwören, siehe Jon Wood, „The Sculpture of Phyllida Barlow", in: *Objects for...* (wie Anm. 1), S. 115–166, hier S. 148–150.

8 Zu *dock* siehe Adrian Searle, „Phyllida Barlow at Tate Britain", in: *The Guardian*, 31.3.2014, www.theguardian.com/artanddesign/2014/mar/31/phyllida-barlow-dock-2014-tate-britain-review (22.1.2021); *Phyllida Barlow. Sculpture 1963–2015*, hrsg. von Fiona Bradley, Ausst.-Kat. The Fruitmarket Gallery, Edinburgh, Ostfildern 2015, S. 110–125; „Simple Actions: A Conversation with Phyllida Barlow" (Interview, geführt von Ina Cole), in: *Sculpture Journal*, Mai 2016, www.hauserwirth.com/stories/2294-simple-actions-conversation-phyllida-barlow (22.1.2021).

9 Das Flussufer direkt vor der Tate Britain war früher selbst ein Dock, wenn auch eines der weniger glücklichen Art. Von dort aus wurden Strafgefangene, die zeitweilig in dem Gefängnis untergebracht waren, das früher an dem Ort stand, wo sich heute das Museum befindet, nach Australien verschifft.

10 Ausst.-Kat. Edinburgh 2015 (wie Anm. 8), S. 11; *Phyllida Barlow: cul-de-sac*, London 2019, S. 29, 31.

11 *Phyllida Barlow: folly*, London 2017, S. 43.

12 Ebd., S. 11.

13 *Objects for...* (wie Anm. 1), S. 183, 187; *cul-de-sac* (wie Anm. 10), S. 34.

14 Zu *folly* siehe *folly* (wie Anm. 11); *cul-de-sac* (wie Anm. 10), S. 29–31.

15 *cul-de-sac* (wie Anm. 10), S. 31.

16 Gottfried Semper, *Der Stil in den technischen und tektonischen Künsten oder Praktische Ästhetik*, 2 Bde., Frankfurt am Main 1860/1863. Das Traktat wurde von Harry Francis Mallgrave und Michael Robinson ins Englische übersetzt: *Style in the Technical and Tectonic Arts, or, Practical Aesthetics*, Los Angeles 2004. Einen Kommentar zu Sempers prozessbasierter theoretischer Auseinandersetzung mit den Grundprinzipien der Architektur und der Gestaltung bieten die Kapiteleinleitungen in Mallgraves Monografie: *Gottfried Semper. Architect of the Nineteenth Century*, New Haven und London 1996, S. 179–181, 277–302.

17 Semper 1860/1863 (wie Anm. 16), Bd. 1, S. 9, 12.

18 Ebd., S. 12; vgl. Gottfried Semper, „Über die Verhältnisse der dekorativen Künste zur Architektur" (1854), in: ders., *Kleine Schriften*, Berlin und Stuttgart 1884, S. 344, 348.

19 Semper 1860/1863 (wie Anm. 16), Bd. 1, S. 9 ff.

20 Ebd., Bd. 2, passim. – Keramische Kunst, die sich aus der Arbeit mit biegsamen Materialien entwickelte, welche sich nach dem Formen härten ließen, stellte eine weitere primäre Kategorie dar. Semper betrachtete Metallarbeiten als eine Kompositstrategie, die Keramik- und Zimmermannsprozesse miteinander verband. Die unspezifische Art der Arbeit mit Materialien, die Semper als Keramik bezeichnete, wird in der traditionellen skulpturalen Praxis ausgiebig genutzt, ist aber bezeichnenderweise für Barlows Arbeitsmethode nur von geringer Relevanz.

21 Siehe Anm. 28.

22 Dies war seitens Barlow ein ganz bewusster Schritt; vgl. *cul-de-sac* (wie Anm. 10), S. 45; *tilt* (wie Anm. 7).

23 *cul-de-sac* (wie Anm. 10), S. 45. Für Barlows Interesse an der Schwelle als etwas, das dem Moment des Übergangs von einem Raum in einen anderen Objektstatus verleiht, als einer Passage statt einer Grenze zwischen einem Innen- und einem Außenraum, vgl. *tilt* (wie Anm. 7); *Phyllida* (wie Anm. 7).

24 *Phyllida* (wie Anm. 7).

25 Alex Potts, *Experiments in Modern Realism. World Making, Politics and the Everyday in Postwar European and American Art*, New Haven und London 2013, S. 70 f., 135–140.

26 *folly* (wie Anm. 11), S. 38.

27 Ebd., S. 41.

28 Barlow macht sehr deutlich, dass ihre Verpflichtung auf das Prozessuale nicht bedeutet, dass sie den direkten Umgang des Künstlers mit Materialien bevorzugt, und legt dar, dass die enge Zusammenarbeit mit Assistent:innen selbst eine vollkommen zulässige Form der skulpturalen Herstellung, ja einfach eine praktische Notwendigkeit ist, wenn es um die Anfertigung großformatiger Werke geht; Ausst.-Kat. Des Moines 2014 (wie Anm. 1), S. 13; vgl. „Simple Actions" (wie Anm. 8); *cul-de-sac* (wie Anm. 10), S. 39.

29 *tilt* (wie Anm. 7); „Simple Actions" (wie Anm. 8).

30 Ausst.-Kat. Des Moines 2014 (wie Anm. 1), S. 14.

31 Ebd.

32 Ebd.

33 Ebd., S. 13.

34 Barlows Installation von *screestage* und *11 awnings* im Des Moines Art Center passte sich in einer faszinierenden Manier an den Rohbeton-Brutalismus von I. M. Peis Erweiterungsbau an und destabilisierte zugleich auf suggestive Weise dessen stilvoll-nüchterne Monumentalität; siehe die Abbildungen in: Ausst.-Kat. Des Moines 2014 (wie Anm. 1).

35 *Objects for...* (wie Anm. 1), S. 94.

36 Ebd.

37 Ebd.

38 *Phyllida* (wie Anm. 7).

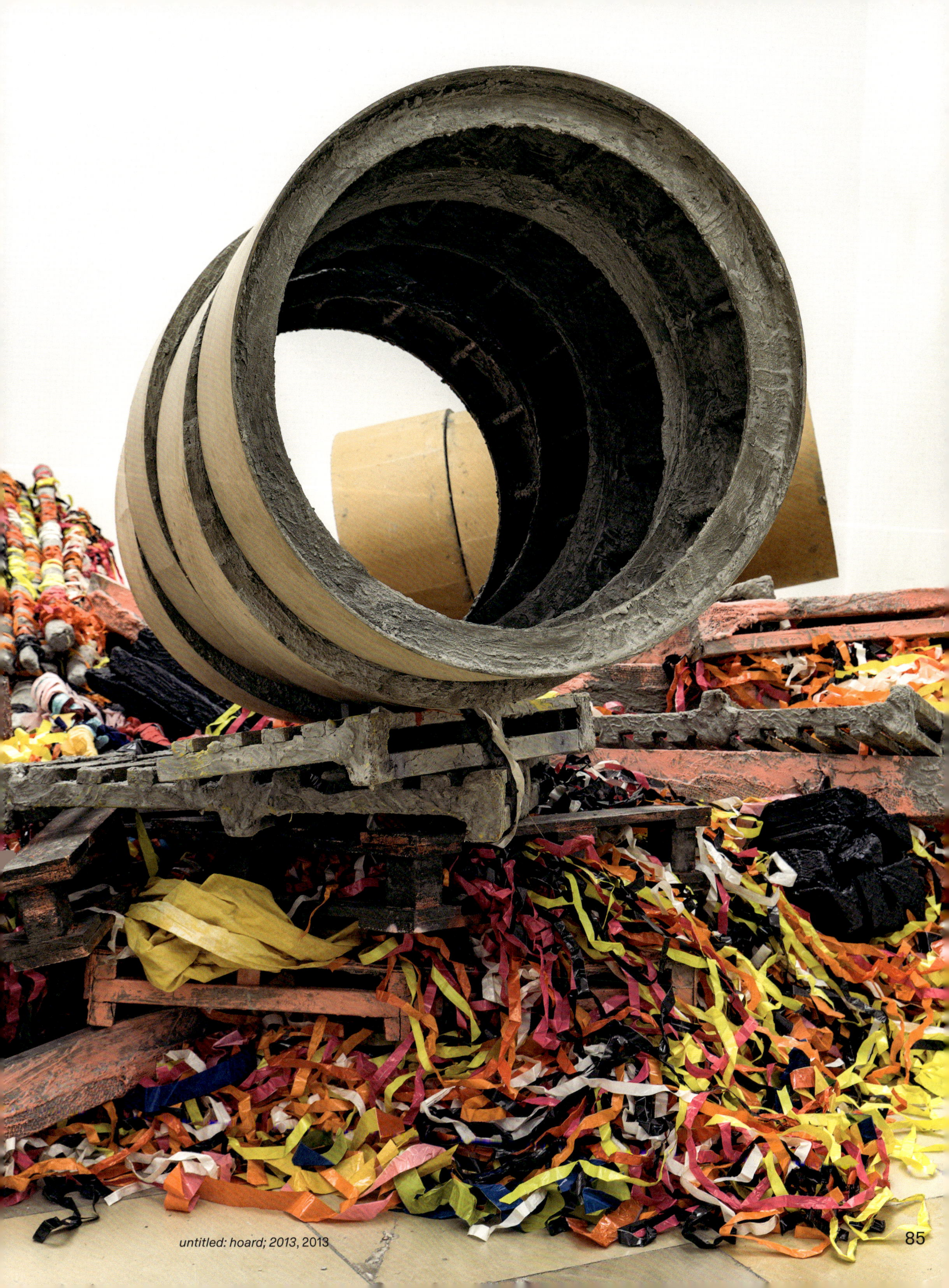

untitled: hoard; 2013, 2013

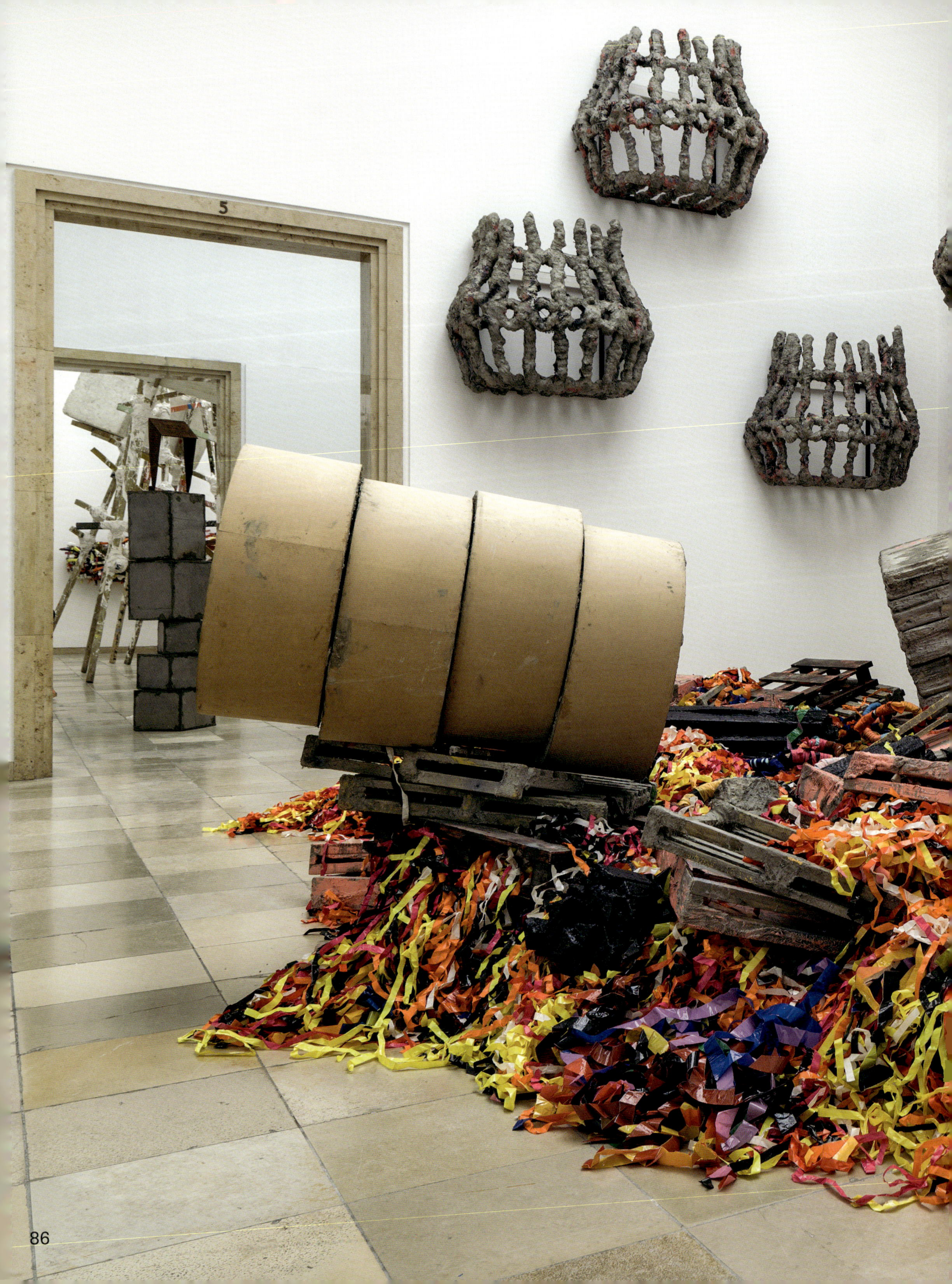
5

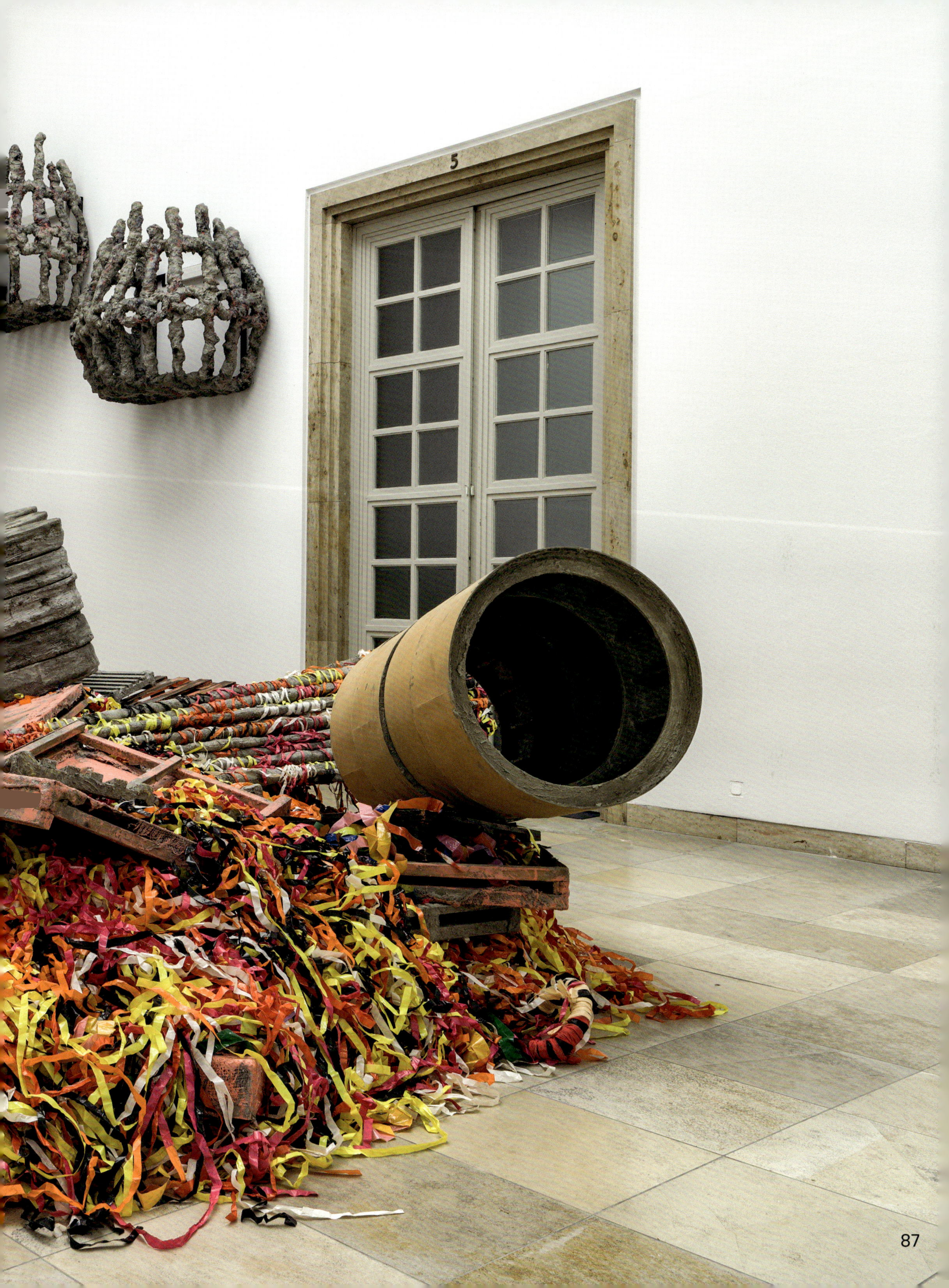
5

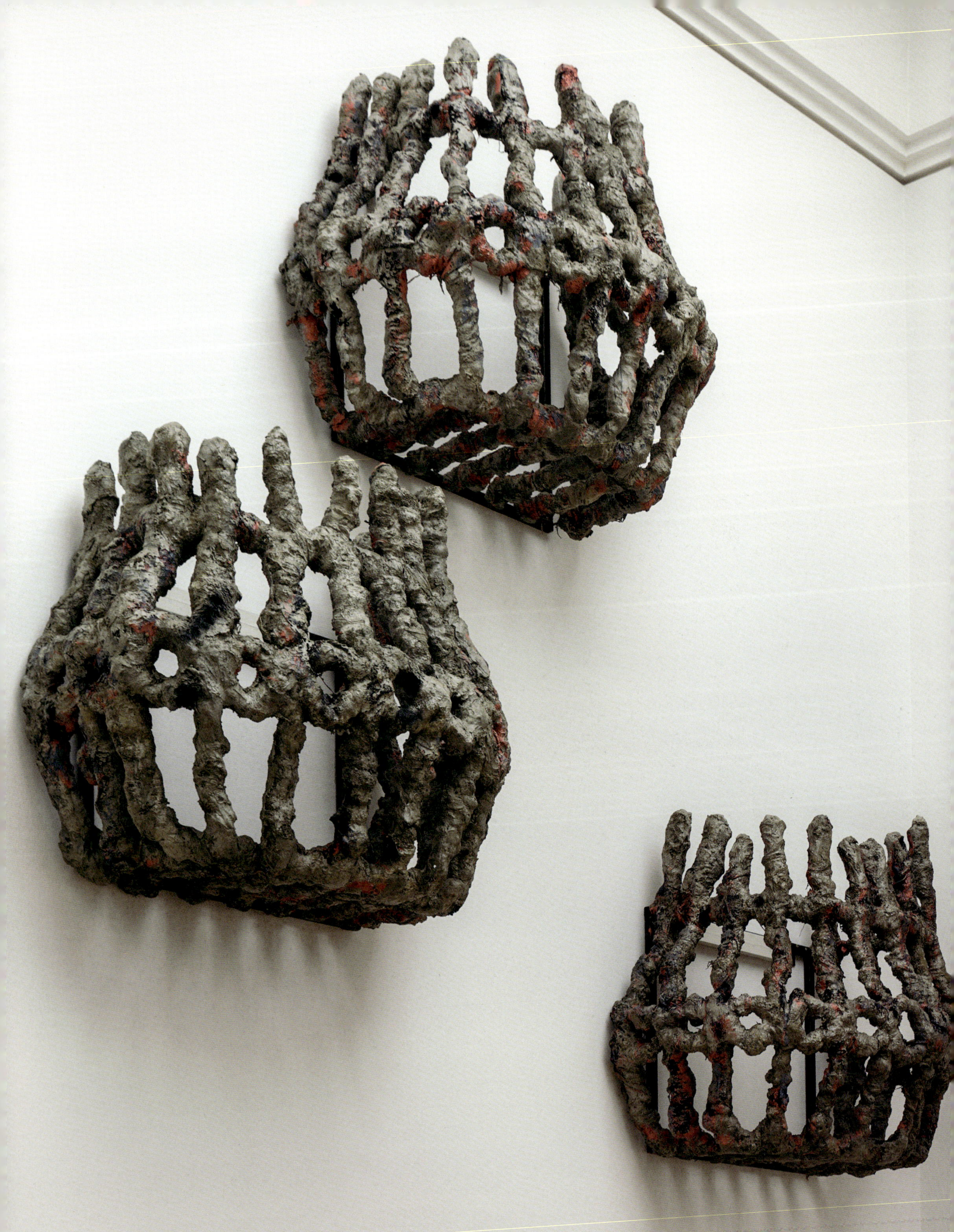

untitled: balconies, 2011

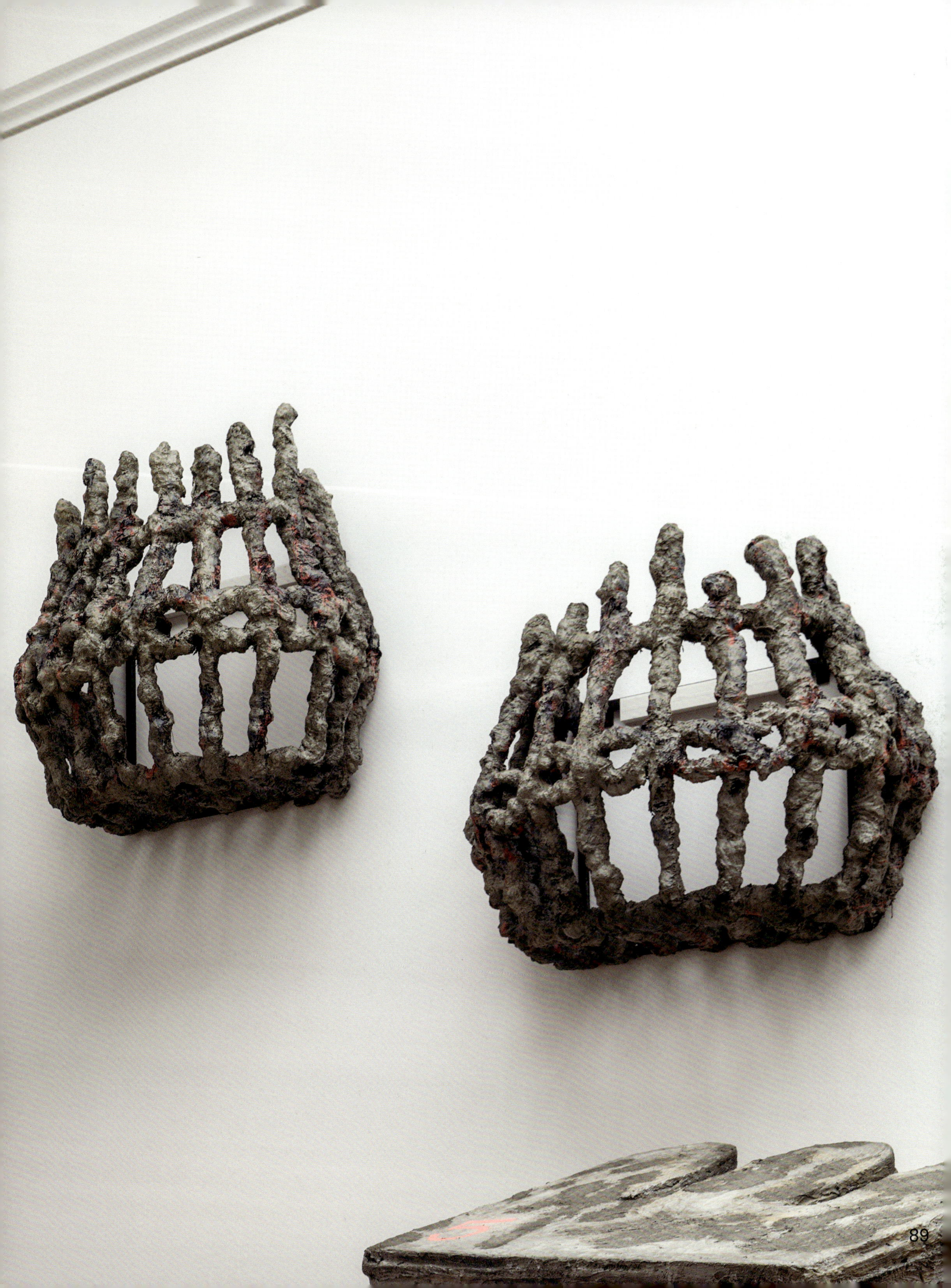

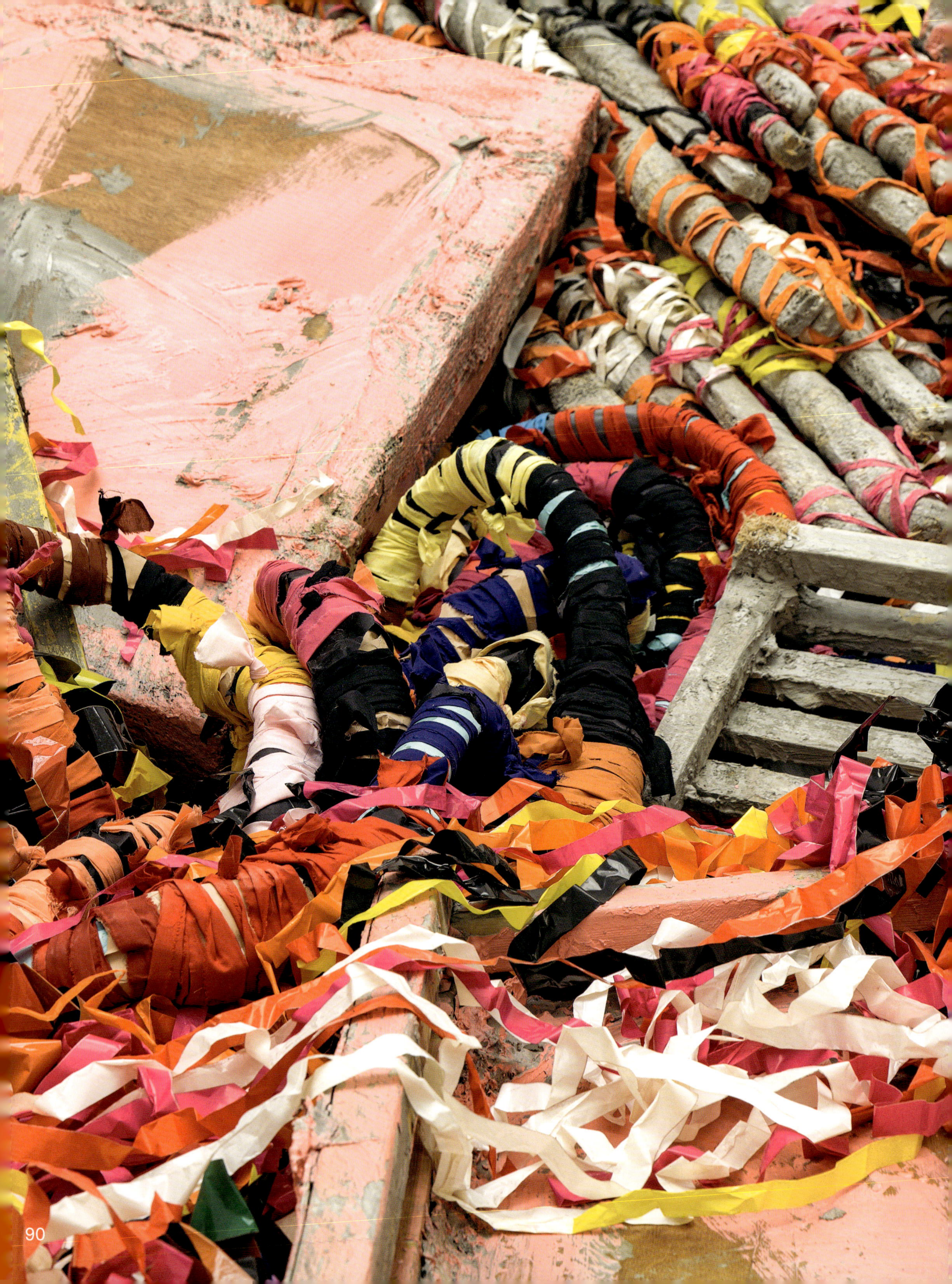

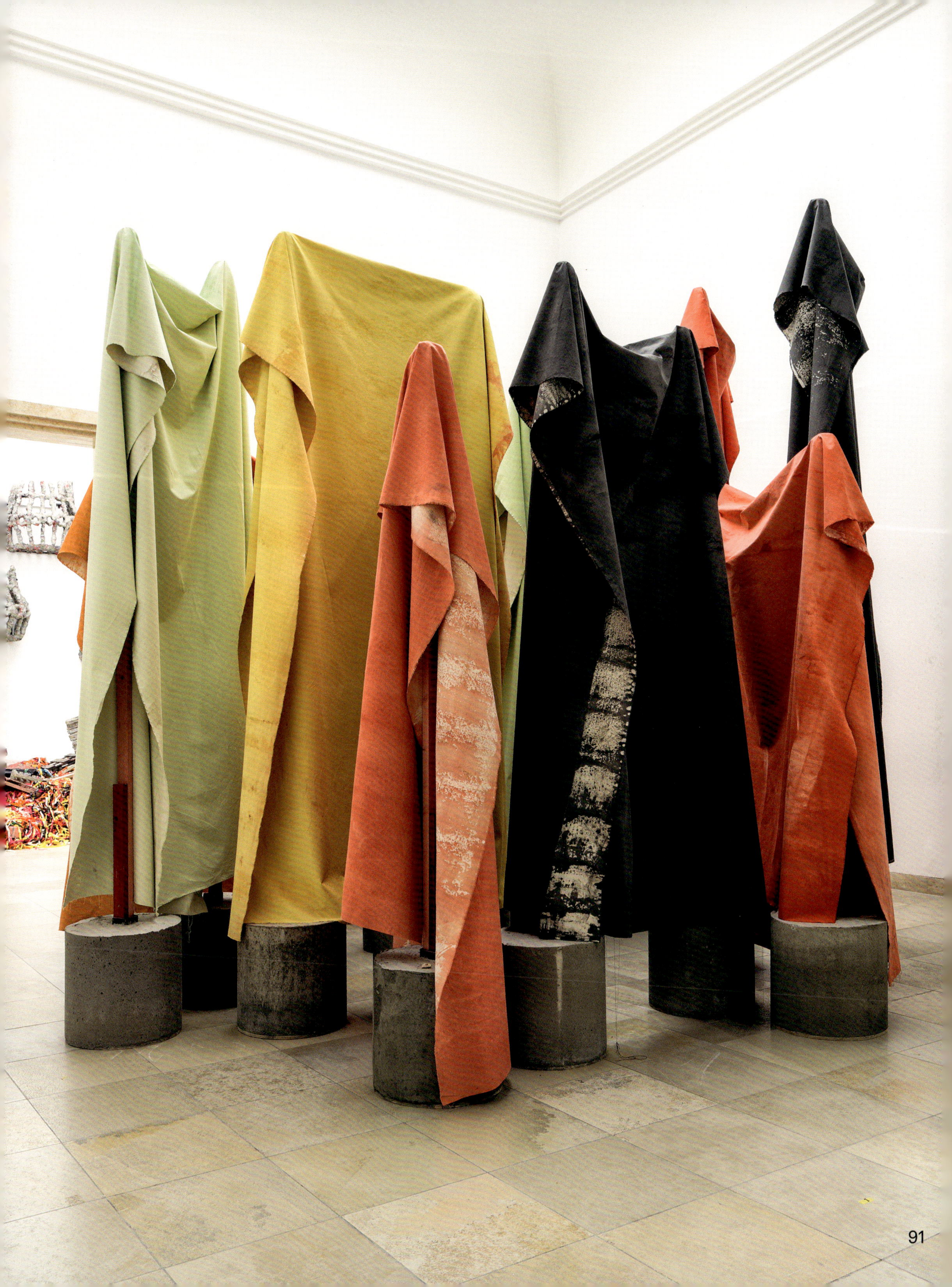

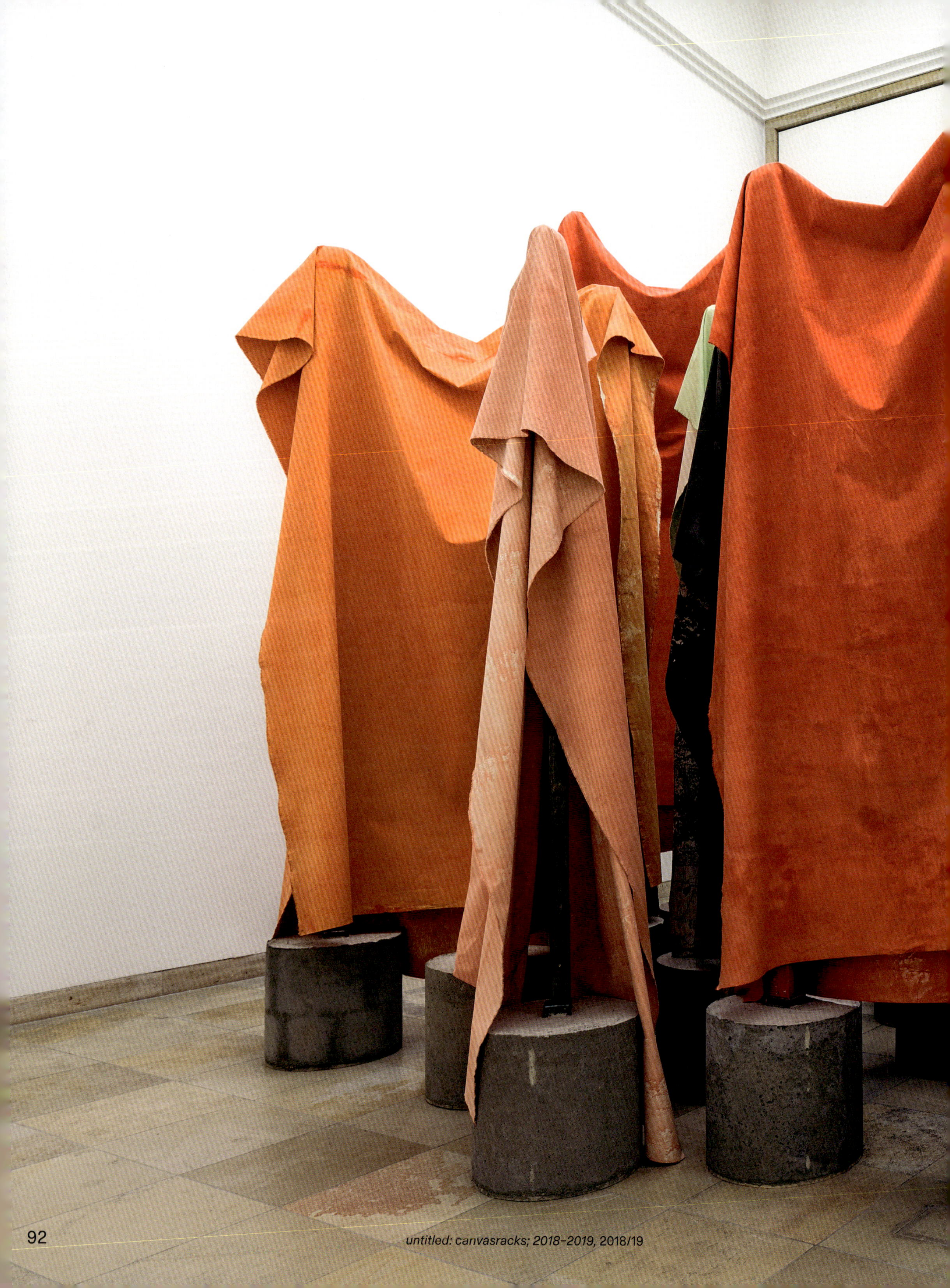

untitled: canvasracks; 2018–2019, 2018/19

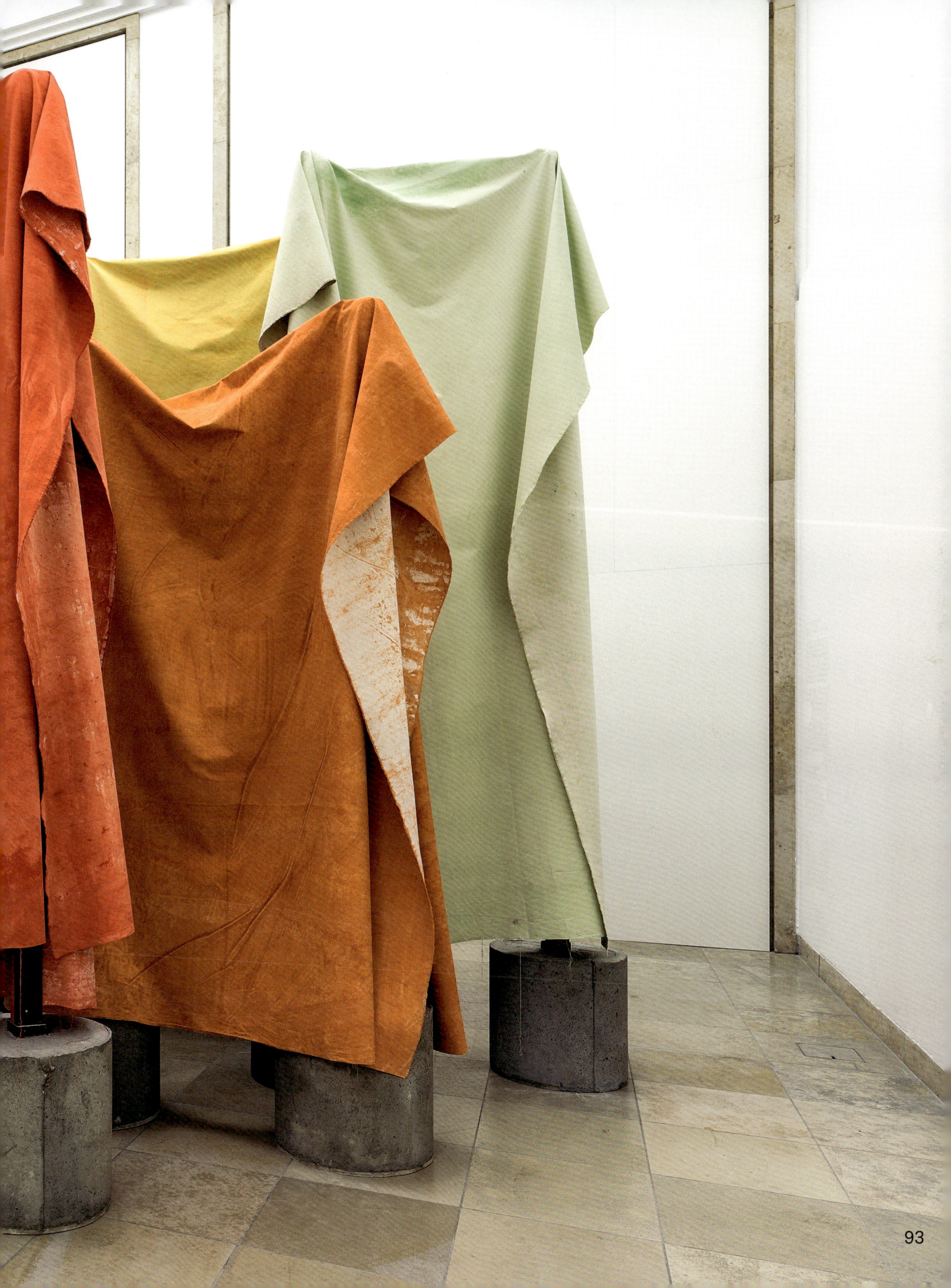

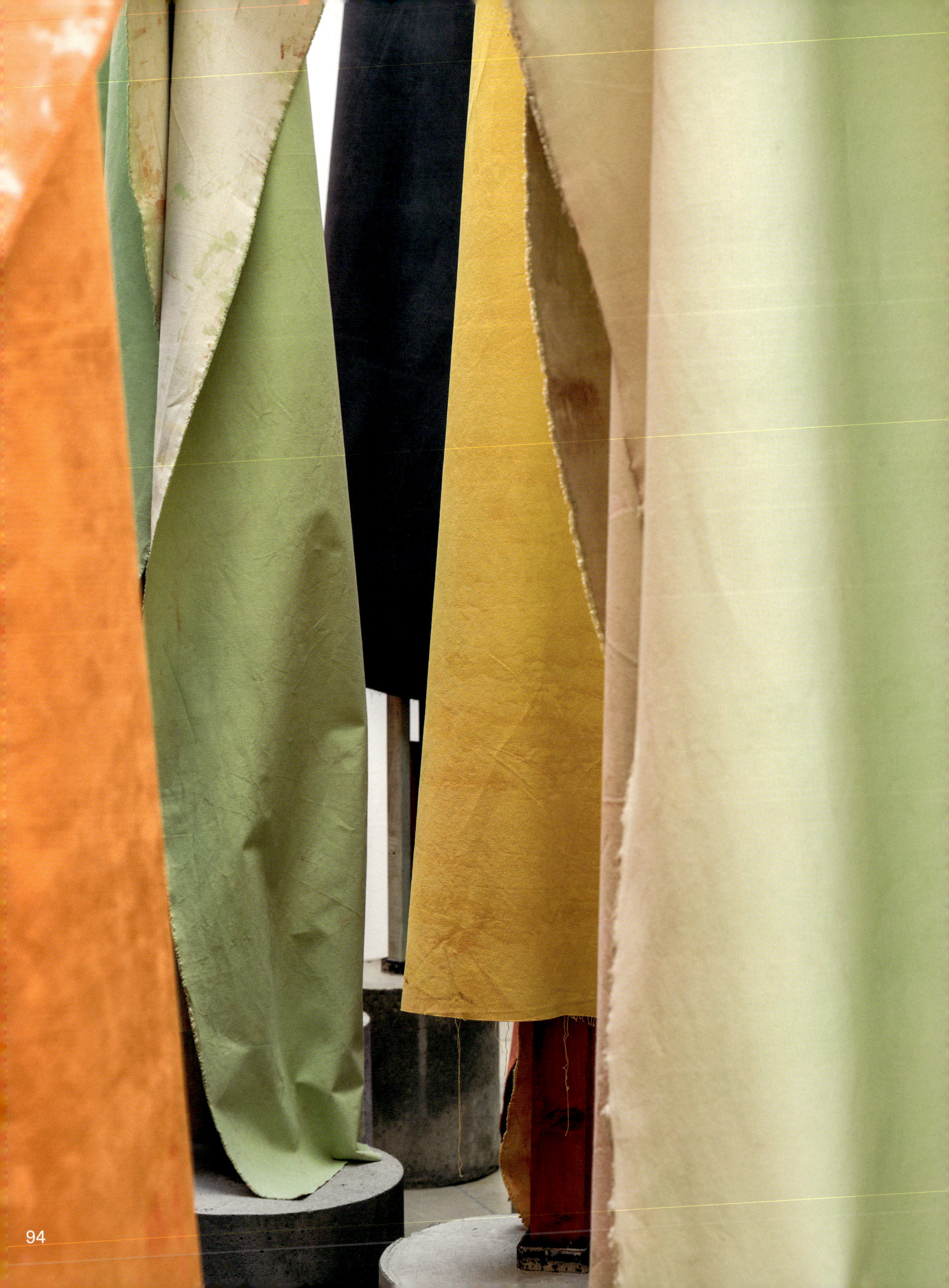

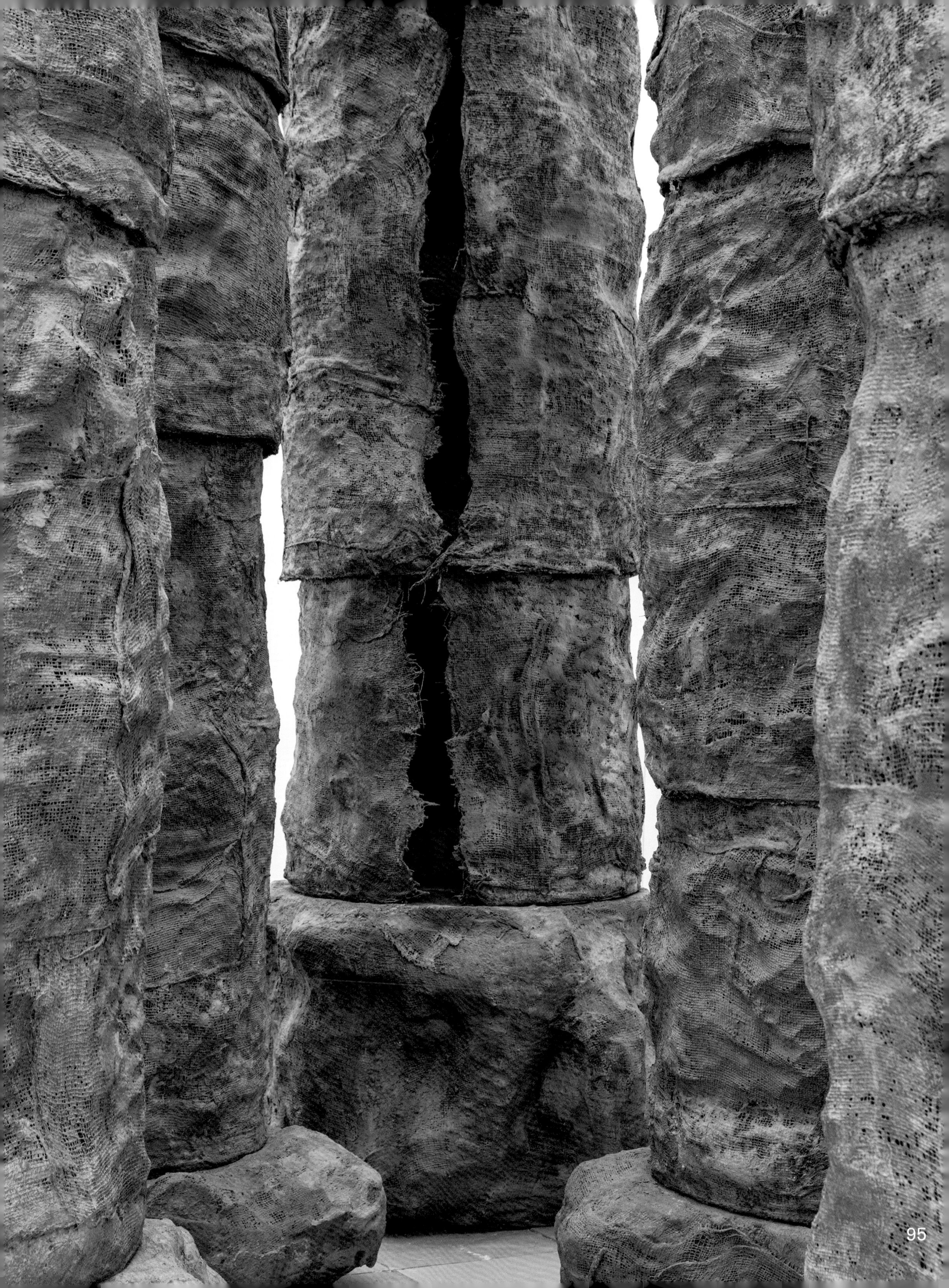

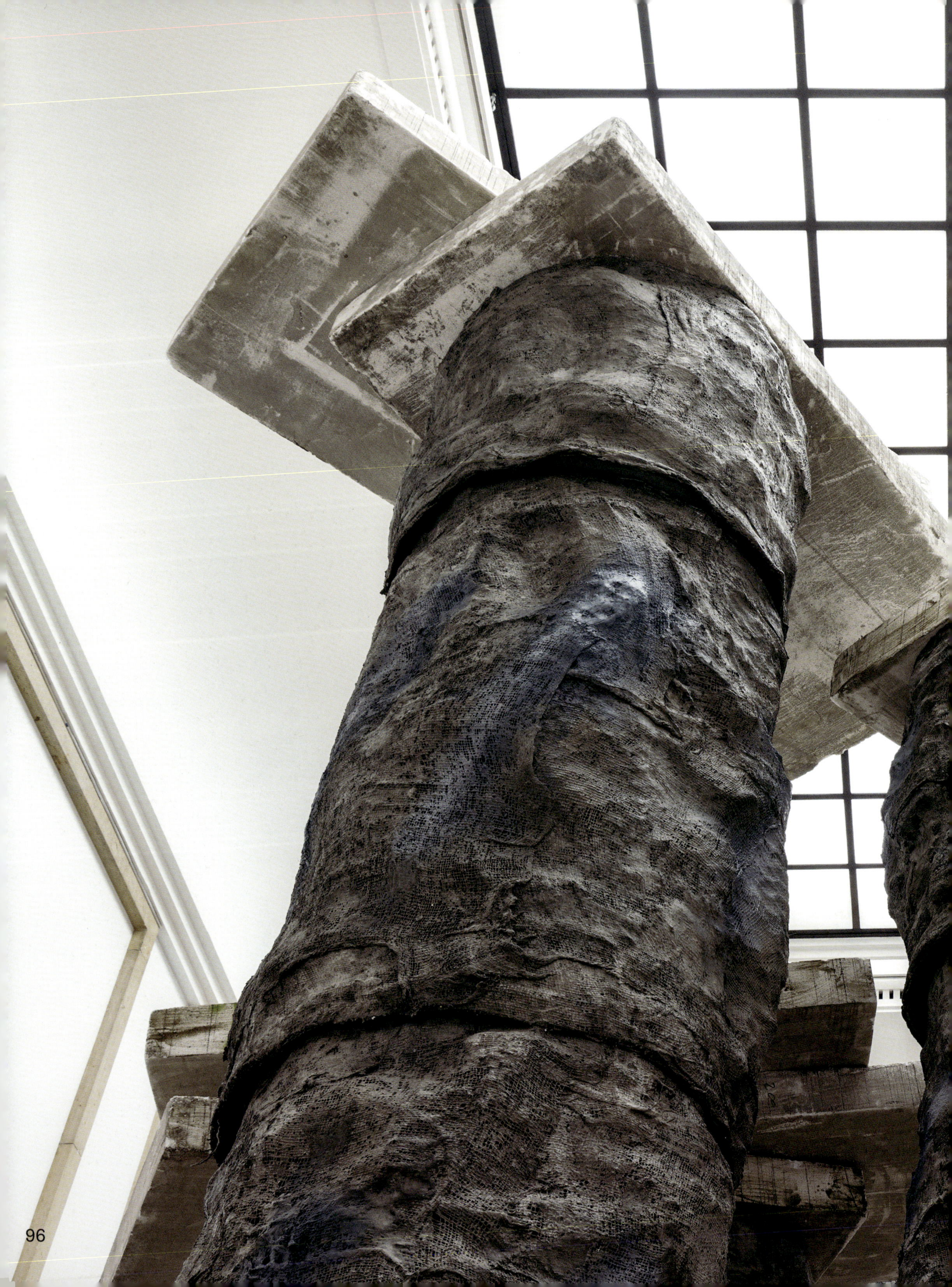

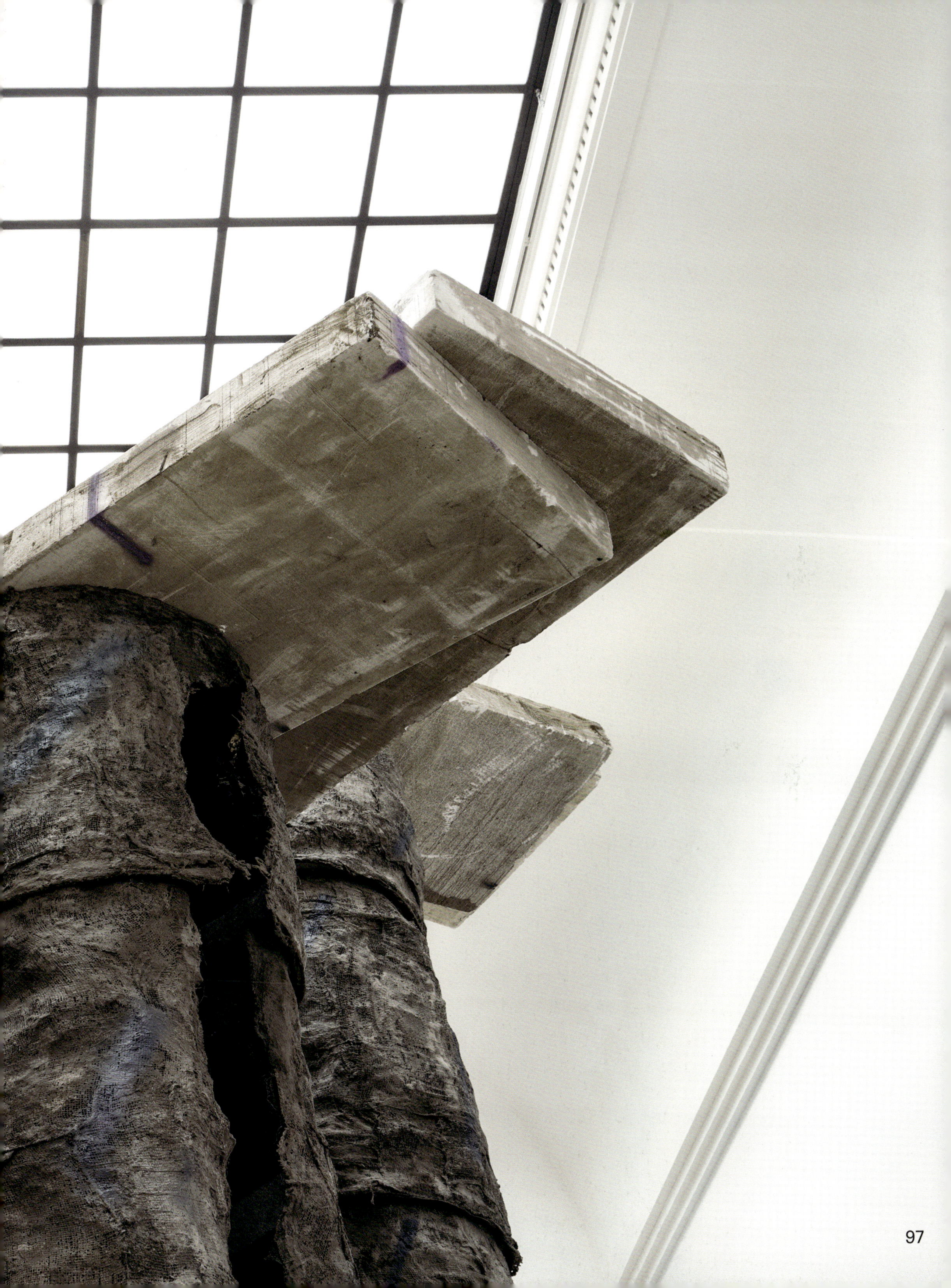

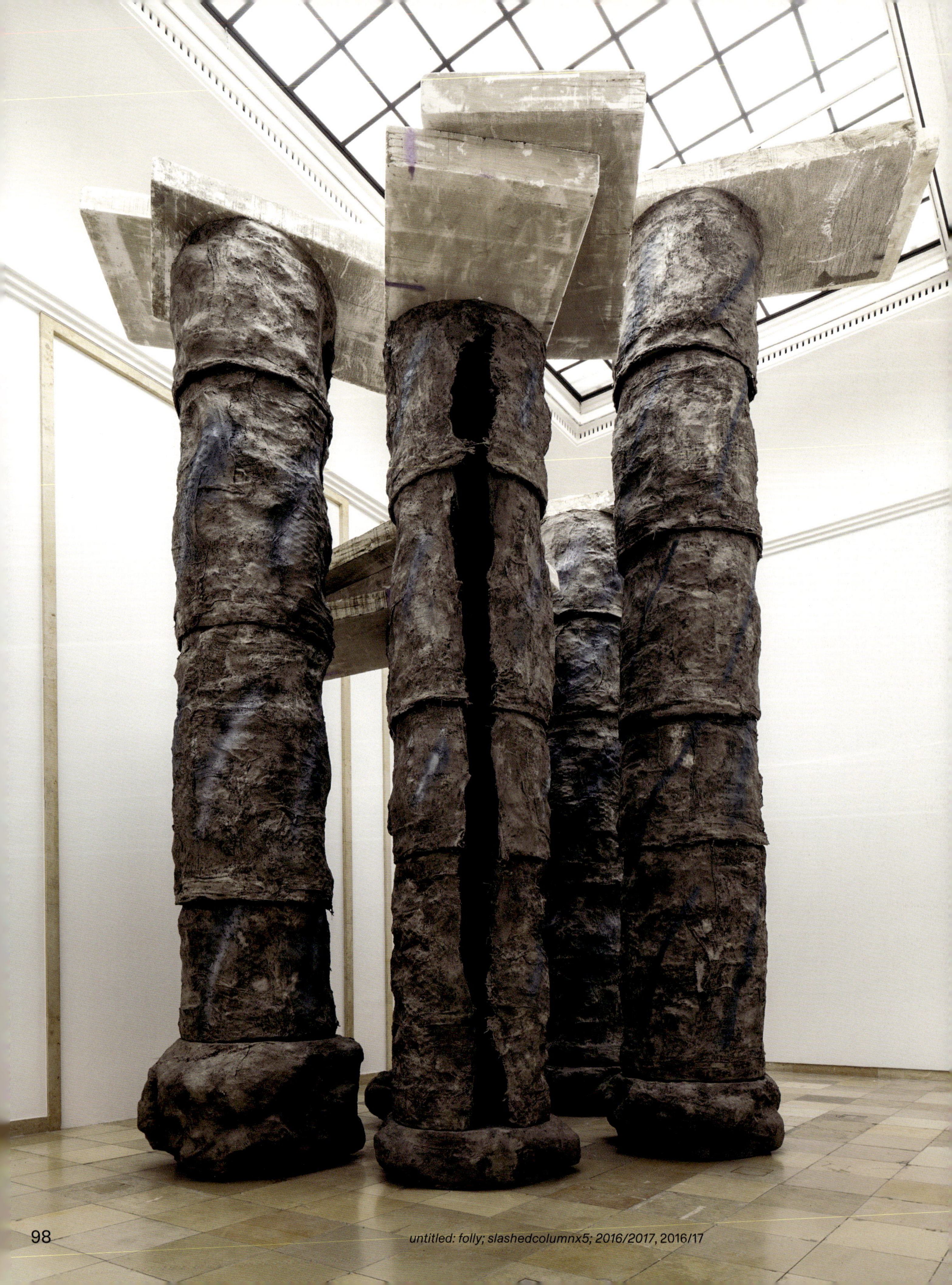

untitled: folly; slashedcolumnx5; 2016/2017, 2016/17

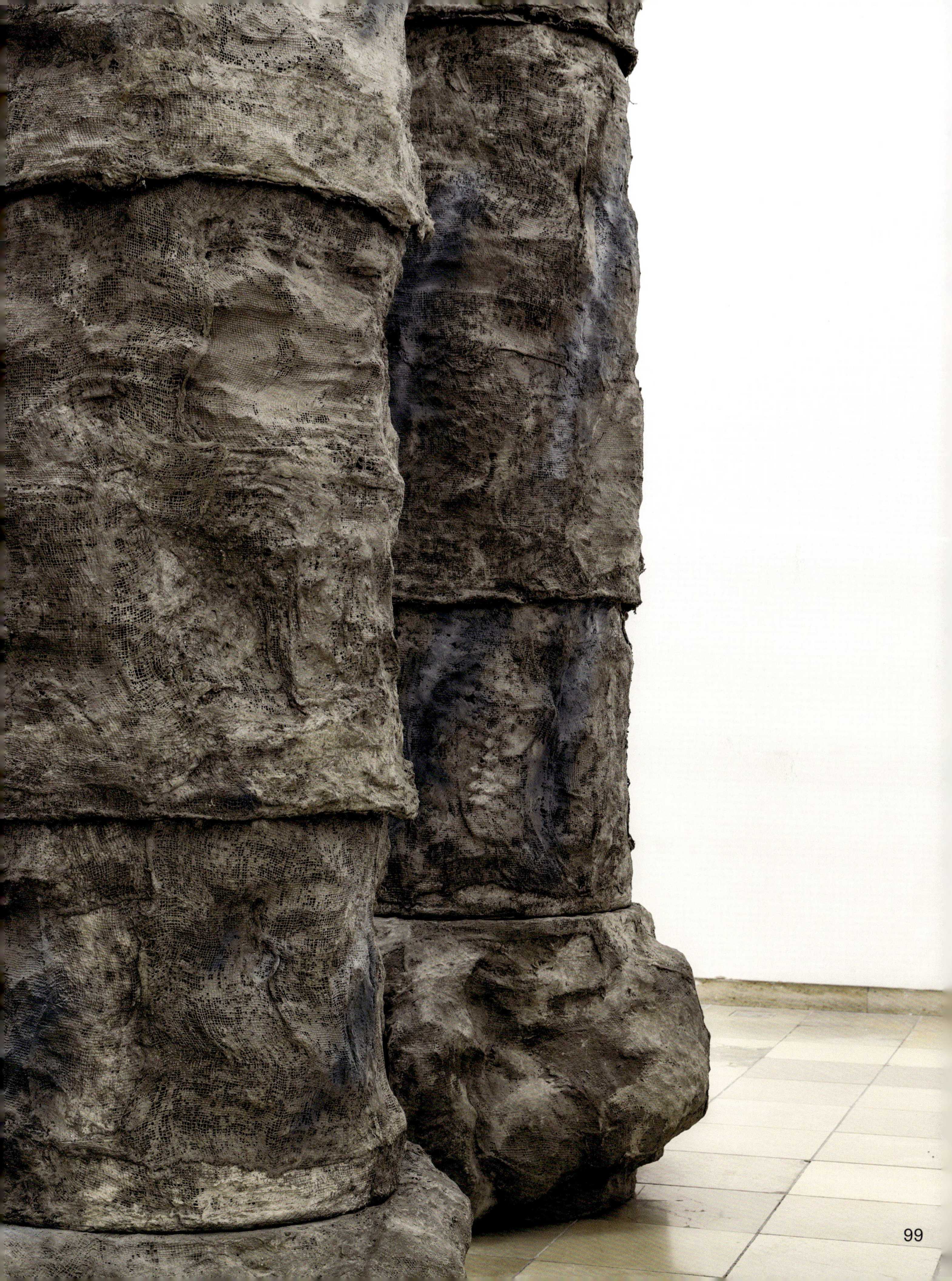

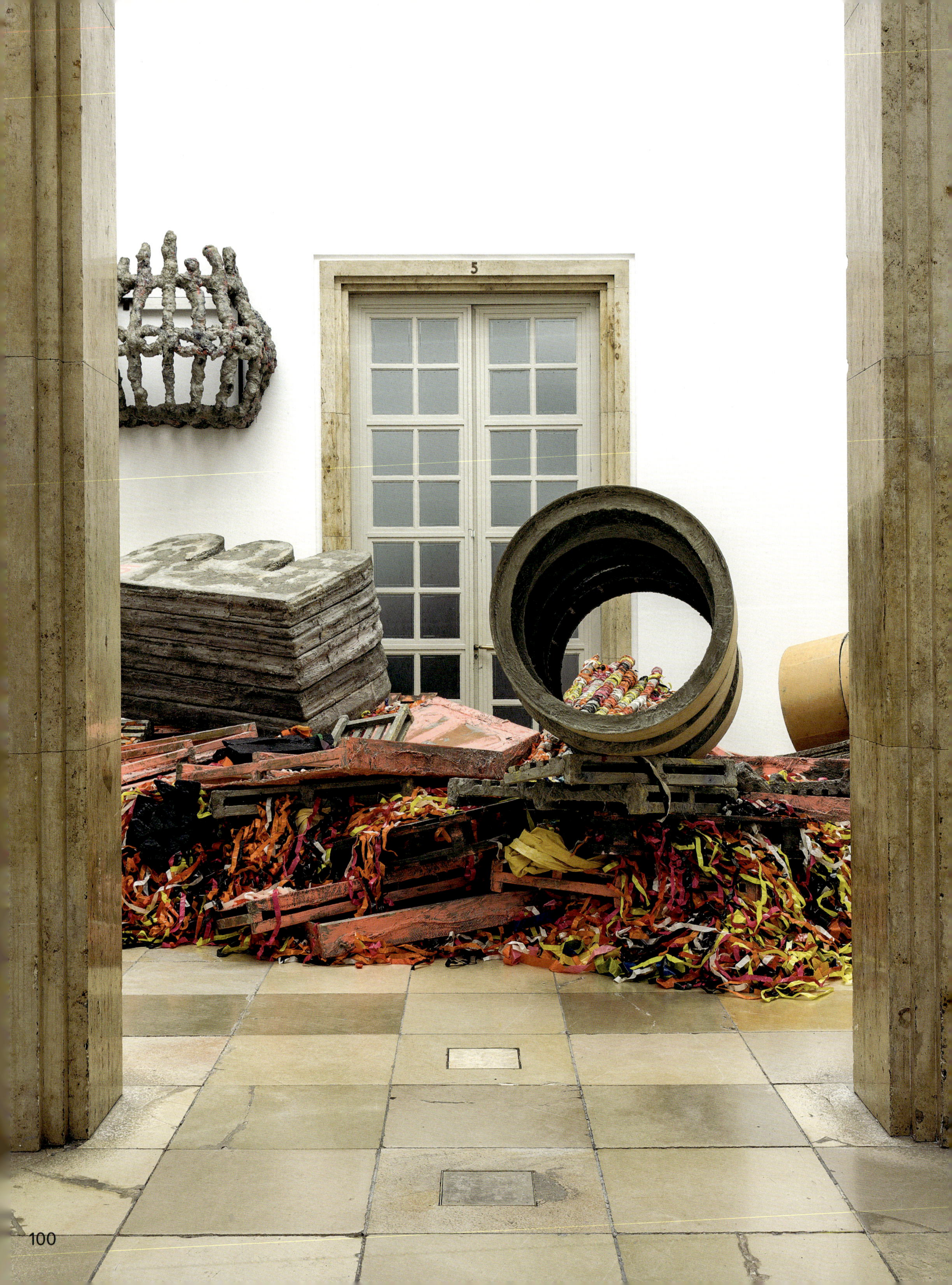

Eine Feier des Missverstehens
Phyllida Barlow

Text für eine von Jeremy Akerman (Akerman Daly) organisierte Lesung im Hanbury Salon zum Thema „Missverständnisse“, 14. Oktober 2001

Ein Professor der griechischen Philosophie pflegte mich von Zeit zu Zeit zu fragen, welche Theorien und Philosophien an Kunsthochschulen rezipiert würden. Einmal hatte ich gerade einige Gespräche mit Magisterkandidat:innen geführt, und mehrere von ihnen hatten dabei Platons Höhlengleichnis erwähnt. Dieser Professor fragte mich, warum das so populär sei. Ich antwortete auf eine wohl etwas zu unbekümmerte Weise: „Oh, wissen Sie, es spricht Künstler:innen an, denn es geht darin ja darum, was wirklich ist und was nicht, und darum, dass wir beides nicht voneinander unterscheiden können – das stimmt doch, oder?“ (Letzteres hatte ich noch rasch hinzugefügt, da ich sah, wie sein Gesichtsausdruck von Interesse in Entsetzen umschlug.) ... Sein Blick wurde eiskalt, und dann sagte er gemessenen Tons: „Also wissen Sie, das ist völlig und absolut ...“ – und hier legte er um der dramatischen Wirkung willen eine Pause ein, sodass ich auf das Urteil warten musste – „... FALSCH“, und er donnerte das Wort „falsch“ mit rachsüchtiger Freude heraus. Dann fügte er noch hinzu: „Aber falsch ist gut. Philosophen mögen falsch. Es gibt ihnen etwas zum Nachdenken.“

Um sich misszuverstehen, braucht es zwei ... eine:n, der oder die missversteht, und eine:n, der oder die das Missverständnis verursacht.

Aber ich bin mir sicher, ich habe nie gesagt: „Ich missverstehe Sie gerade.“ Oder: „Ich missverstehe Sie.“

Ich weiß, ich habe oft gesagt: „Ich verstehe Sie nicht.“ Oder sogar: „Ich habe Sie missverstanden ...“, und in diesem Fall scheint die Vergangenheitsform beim Gebrauch des Wortes „missverstehen“ wichtig zu sein. Es scheint nicht dasselbe zu sein zu sagen: „Ich missverstehe Sie gerade.“ ... Und ich weiß nicht, warum das nicht richtig klingt.

Ist „nicht verstehen“ dasselbe wie „missverstehen“?

Ich glaube nicht.

„Verstehen“ hat etwas zu tun mit Übereinstimmung, Anerkennung, Erkennen, Verständnis, Kommunikation, sich verbindendem Denken, Vom-selben-Blatt-Singen, der Fähigkeit, Anweisungen auszuführen, einem Argument folgen, ein Gespräch führen, dem Lösen eines Problems, dem Übersetzen von Informationen, dem Deuten von Zeichen und dem Verbreiten von Wissen. Das Ganze ist ziemlich hochtrabend. Und es dient alles dazu, Ordnung zu schaffen, Lösungen zu finden, die Wege einfacher zu machen, auf denen man von einem Ort zu einem anderen und vom einen Ende eines Tages zu einem anderen gelangt. Es ist eine notwendige Funktion des Am-Leben-Seins. „Verstehen“, so beschrieben, ist fade.

Vielleicht ist „Verstehen“ die Manier, aus unterschiedlichen Teilen eine Einheit und Ganzheit zu formen ...

Als einer meiner Söhne sechs Jahre alt war, musste er in seiner Schule eine einfache Mathearbeit schreiben. Leider ist er auf diesem Gebiet wahrscheinlich eine ebenso große Null wie ich. Die Aufgabe bestand darin, zwei Zahlen miteinander zu vergleichen und die Frage zu beantworten, welche von beiden die größere sei. Die ersten beiden Zahlen, die man ihm gab, waren die Fünf und die Acht. Sorgfältig maß er die Fläche, die jede Zahl auf der Seite beanspruchte, und kam zu dem Schluss, dass die Zahl Fünf etwas mehr Fläche einnahm als die Acht. Voller Stolz maß er daraufhin alle Zahlen, und sehr zum Erstaunen der Lehrerin waren einige Antworten überraschend korrekt, andere hingegen nicht. Seine Bestürzung und seine Wut, als man ihm sagte, sein Ansatz sei falsch, waren grenzenlos. Er wollte wissen, wie er die Frage verstehen solle. Und warum es nicht mehrere Möglichkeiten richtiger Antworten geben könne. Ich fand natürlich, er sei ein Genie, weil er seine eigene Lösung für die Aufgabe gefunden hatte.

War dies ein Beispiel für „nicht verstehen“ oder für „missverstehen“?

Mir gefällt die Assoziation der „Beinahekollision“ – im Englischen „near miss“ –, die Missverstehen impliziert. Wenn Verstehen Informationen zu einem erkennbaren Ganzen verbindet, dann bietet das Missverstehen einen flüchtigen Blick auf eine imaginative Uneinsichtigkeit, welche die der richtigen Antwort zugrunde liegende Ordnung nicht begreift. Stattdessen wird etwas anderes hinzugefügt oder weggenommen. Die gegebenen Informationseinheiten werden neu arrangiert. Das Ergebnis ist eine Art von Chaos. Dem wohnt mit Sicherheit eine gewisse Schönheit inne.

Ein Missverständnis kann auf heimlichem Einvernehmen beruhen: Beide Parteien stimmen darin überein, das Missverstehen als einen Akt der Empathie anzuerkennen. Ich kann mich an einen Vorfall erinnern, als Fabian und ich 1963 im ehemaligen Jugoslawien Urlaub machten. Wir waren mit meinen Eltern und anderen Familienangehörigen zusammen. Meine Eltern waren von der ehemaligen Partisanenführerin des jugoslawischen Widerstands im Zweiten Weltkrieg eingeladen worden. Sie war eine spezielle Favoritin Präsident Titos, und wir wohnten in der Villa neben derjenigen, in der Tito den Sommer verbrachte. Er hatte Präsident Chruschtschow und seine Frau zu Gast. Eines Tages spazierten Fabian und ich und meine Mutter, die Russisch sprach, auf dem schmalen Weg um den See, und das taten auch die Präsidenten Tito und

Chruschtschow und ihre Frauen sowie zahlreiche Sicherheitsleute. Wir mussten uns unweigerlich begegnen. Zu unserem großen Schrecken und Erstaunen nutzte meine Mutter die Gunst des Augenblicks, um den Lauf der Geschichte zu verändern, und warf sich in die Arme des hocherfreuten Chruschtschow, der sie wie ein Bär umarmte. „Wir müssen Weltfrieden haben", sagte sie in ihrem recht gestelzten Russisch: „Ja, ja, ja, natürlich", antwortete ein strahlender Chruschtschow. Und dann küssten sie sich, nicht ohne dass meine Mutter sich an Madame Chruschtschow wandte und sagte: „Es tut mir leid, ich hoffe, Sie haben nichts dagegen", worauf diese antwortete: „Nein, bitte, nur zu, er macht das auf der ganzen Welt."

Selbstverständlich kam der Weltfrieden nicht zustande. Doch es war dabei kein Missverständnis im Spiel.

Auch der andere Vorfall hatte mit meinen Eltern zu tun. Diesmal mit meinem Vater. In den späten 1960er-Jahren hielt er sich als Teil einer Handelsdelegation in China auf. Man absolvierte die offiziellen Touren, und der Besuch endete mit einem Bankett und vielen Reden. Mehrere Mitglieder der Delegation sprachen fließend Kantonesisch, doch die chinesischen Funktionäre hatten das nicht überprüft. Sie gingen davon aus, dass niemand irgendeine Spielart des Chinesischen spreche. Als dann die Reden aus dem Englischen ins Kantonesische übertragen wurden, nahmen sich die Übersetzer:innen große Freiheiten gegenüber der Originalversion, indem sie ihre Übersetzungen an die maoistische Parteilinie jener Zeit anpassten. Ja offenbar wiesen die Übersetzungen keinerlei Ähnlichkeit mit dem originalen Englisch auf, und diejenigen, die sowohl die englischen als auch die kantonesischen Versionen verstanden, konnten zur großen Bestürzung der chinesischen Funktionäre vor Lachen nicht mehr an sich halten. Schließlich nahmen sich chinesische Sicherheitsbeamte der ungebärdigen Besucher an und warnten sie, sie sollten sich zusammenreißen oder sie würden festgenommen. Auch hier gab es kein Missverständnis.

Die Beinahekollision, das „near miss", des Missverstehens ist sicherlich der aufregendere und verbrecherischere Strohmann des Verstehens. Machbarkeit, Zweckmäßigkeit und Effizienz sind die Forderungen des Alltagslebens. Das Verständnis versteht dies und ist ihr treuer Helfershelfer. Jedenfalls so lange, bis der ungebärdige Verwandte Missverständnis hereinplatzt, Schlüssel und Handys verliert, Namen vergisst, verschläft, den Morgen hasst, reizbar ist, dies und das nicht mag, dies und jenes bevorzugt, es nicht kriegt, Kuchen mag, Meeresfrüchte nicht mag, unwirsch, schwierig, albern, zerstörerisch, aufmerksamkeitsheischend ist – oder sich in irgendeinem anderen erdenklichen unnachgiebigen Geistes- und Körperzustand befindet.

Doch zurück zur Syntax und zu den Zeitformen. Wird man missverstanden, nimmt man eine Opferrolle ein. Wir alle haben das schon mal erlebt. Und der Fiesling, der das Missverständnis verursacht, ist wahrscheinlich der missverstandenste von allen und der verachtetste. Das ist ebenfalls nicht unbedingt ganz richtig. „Missverstanden" ist die Vergangenheitsform. Es – was immer „es" ist – ist bereits geschehen. „Es" wird ein Substantiv: das Missverständnis, das dazu geführt hat, dass ich, oder du, missverstanden wurde. Etwas ganz anderes als: Ich bin missverstanden worden, wo es zwar jetzt geschieht, aber das „missverstanden" immer noch in der Vergangenheitsform steht. Wie seltsam. Aber es ist die passive Zeitform ... Es wird mir angetan ... nicht wie „Ich missverstehe Sie" ... die aktive Zeitform ... Ich tue Ihnen das Missverstehen an ... Zum Tango des Missverstehens gehören definitiv immer zwei.

Aber beim Missverstandenwerden geht es nicht nur um Viktimisierung. Als Künstler:in missverstanden zu werden, hat etwas Heroisches, so ärgerlich das sein mag. Verstehen – das Vernünftige, Ordentliche – ist im Land des Visuellen nicht willkommen. Bei uns Künstlerinnen und Künstlern stellt die Neugierde unsere Beobachtungen und Erinnerungen auf die Probe, und unsere Komfortzonen werden hinterfragt und kräftig durcheinandergerüttelt. Nichts ist das, was es zu sein scheint. Alles kann missverstanden werden. Und dieser rätselhafte Angriff muss in ein Bildmedium übersetzt werden ... neu geordnet, aber nicht zwangsläufig, um in einem buchstäblichen Sinne verstanden zu werden, sondern um mit visuellen Mitteln eine Möglichkeit zu erzeugen. Die Ergebnisse kommen dem Verstandenwerden gleichfalls nicht entgegen. „Was schaue ich mir an und warum?" wird wahrscheinlich eine typische Antwort sein. Doch indem ich akzeptiere, missverstanden zu werden, oder, genauer gesagt, indem ich das Missverstehen akzeptiere als etwas, das mehr ist als eine bloße Möglichkeit, sprich: als eine erfundene Möglichkeit, spiele ich das eigentliche Spiel des Künstlers, der Künstlerin, und das ist umso besser so.

Missverstehen ist also eine Lebensform. Es ist die dunkle Seite ... die private Welt der Imagination, wo Funktion und Machbarkeit, Vernunft und Logik keine Rolle spielen, sondern wo uneingeschränkt Irritationen und Abschweifungen herrschen und ihre eigenen Hierarchien und Kollisionen zwischen Ordnung und Chaos etablieren. Das Land des Missverstehens ist wahrscheinlich eine Art Hölle, doch für mich ist es zweifelsohne auch der Himmel.

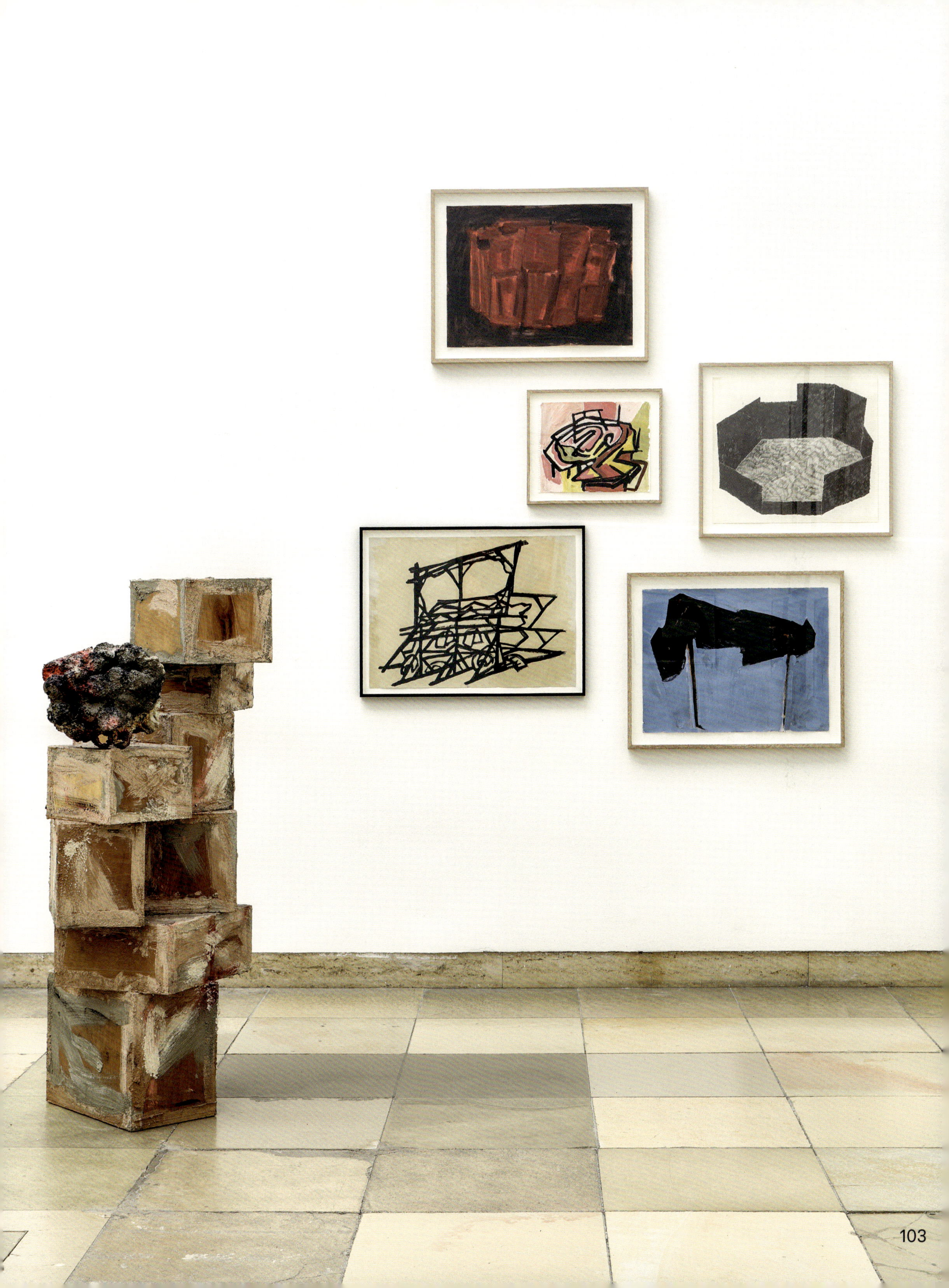

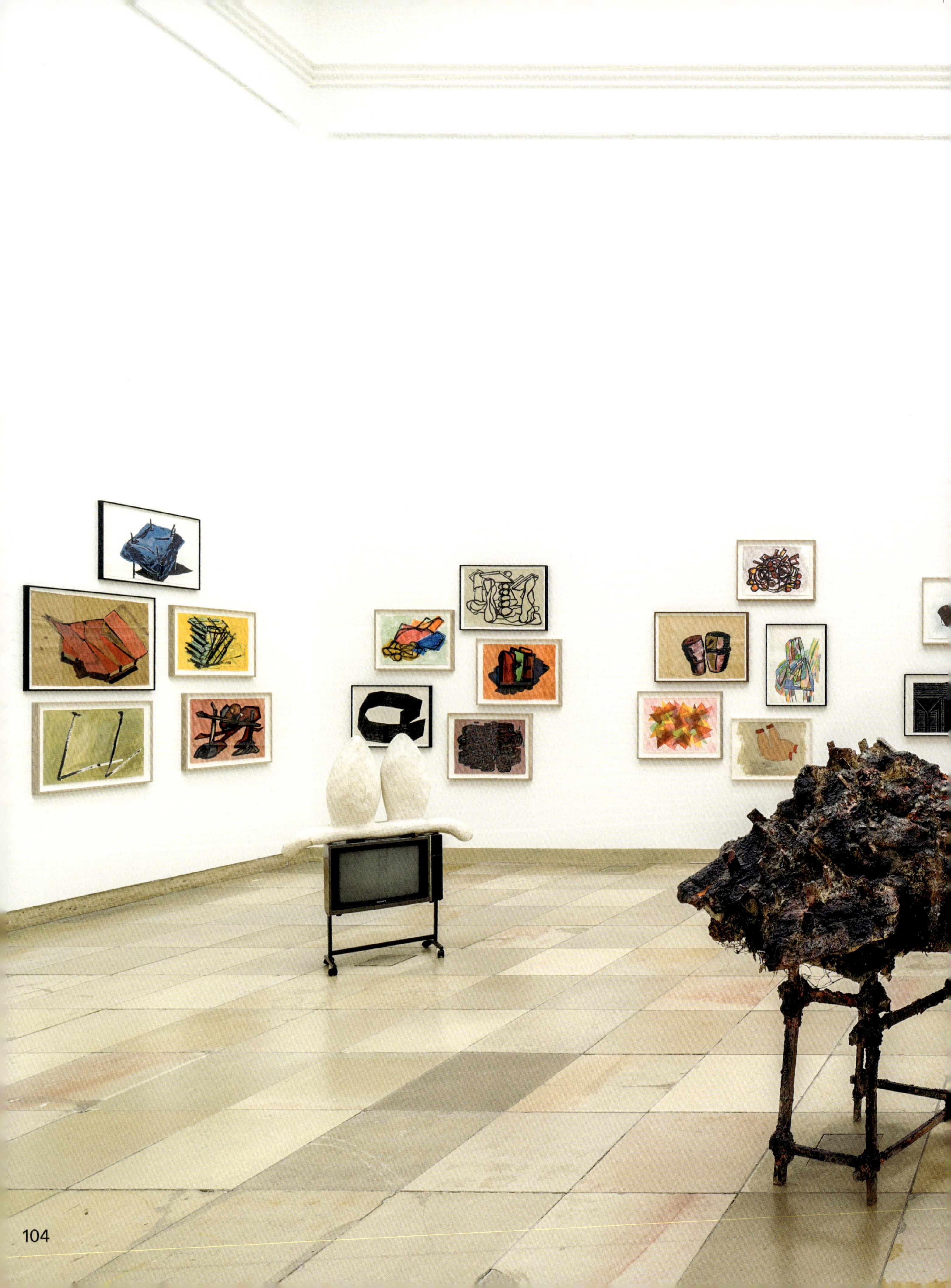

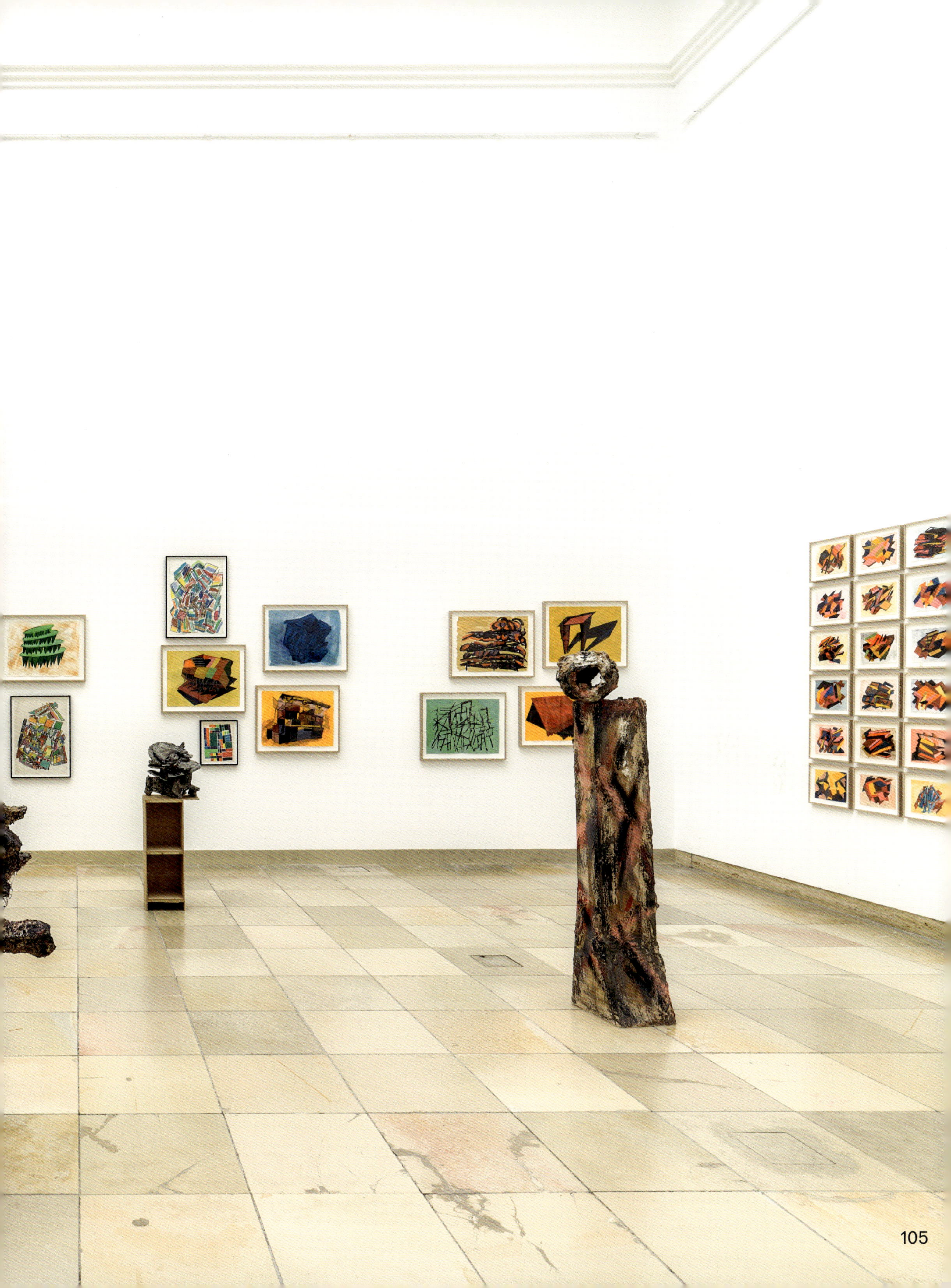

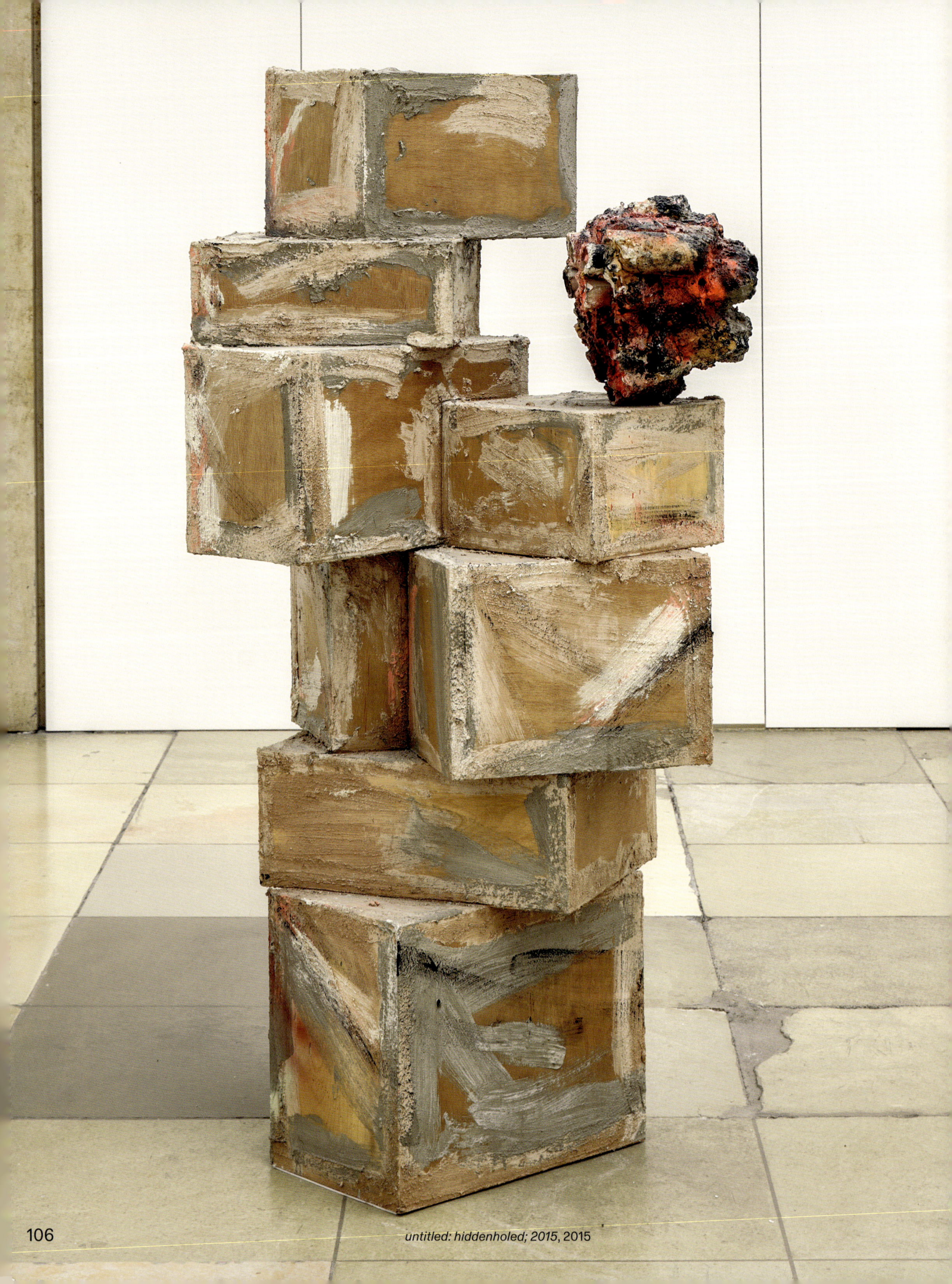

untitled: hiddenholed; 2015, 2015

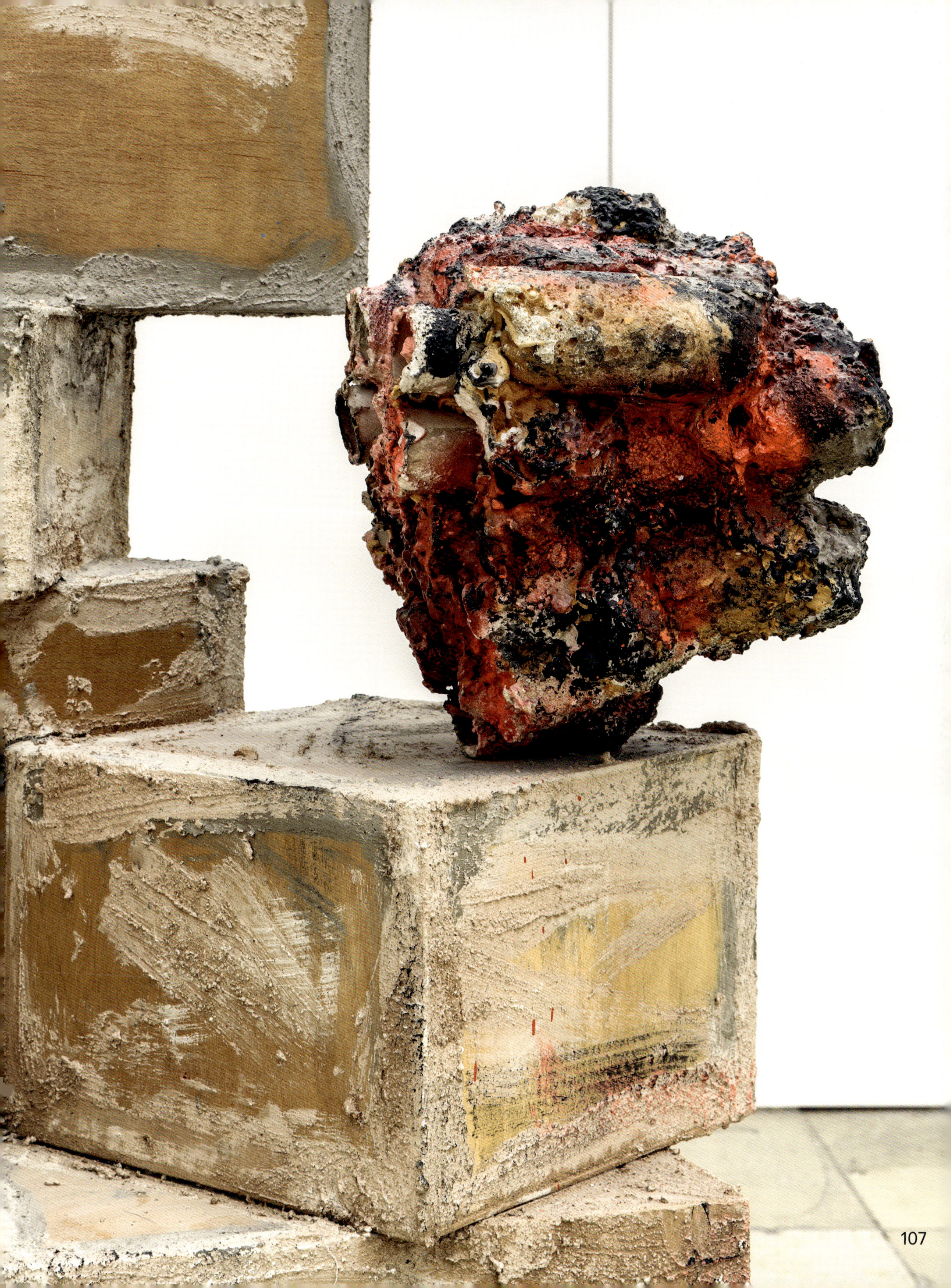

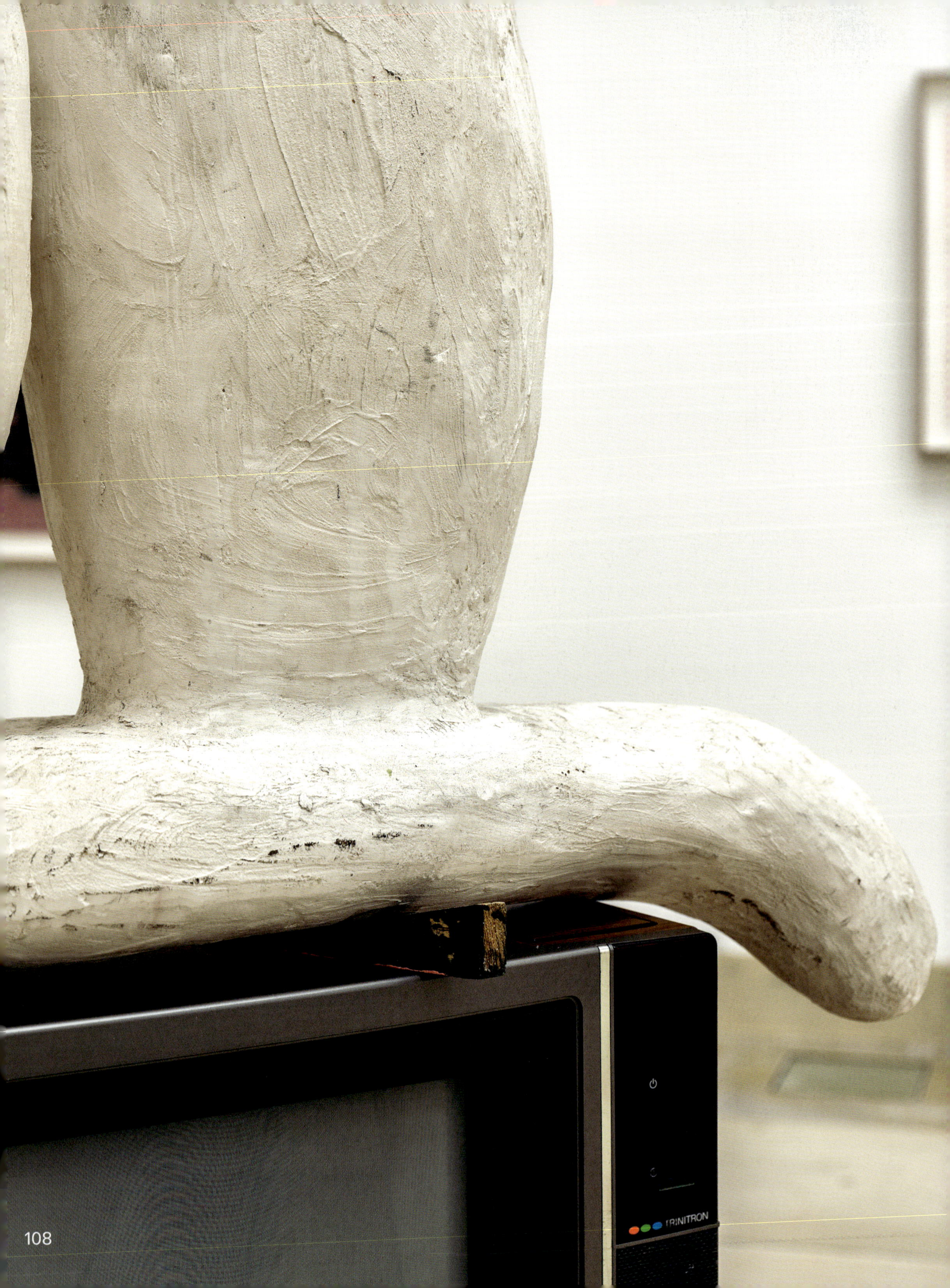
TRINITRON

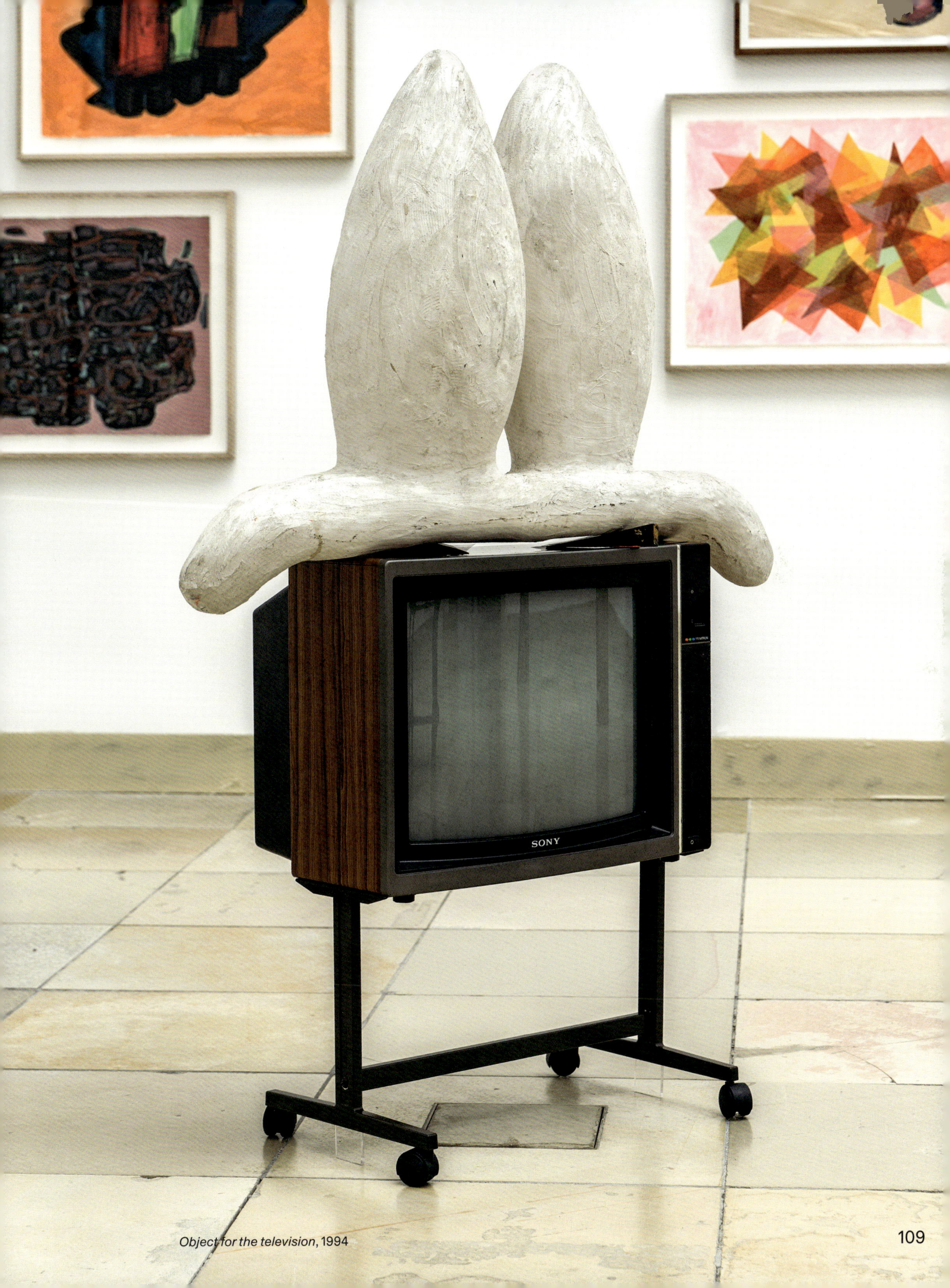

Object for the television, 1994

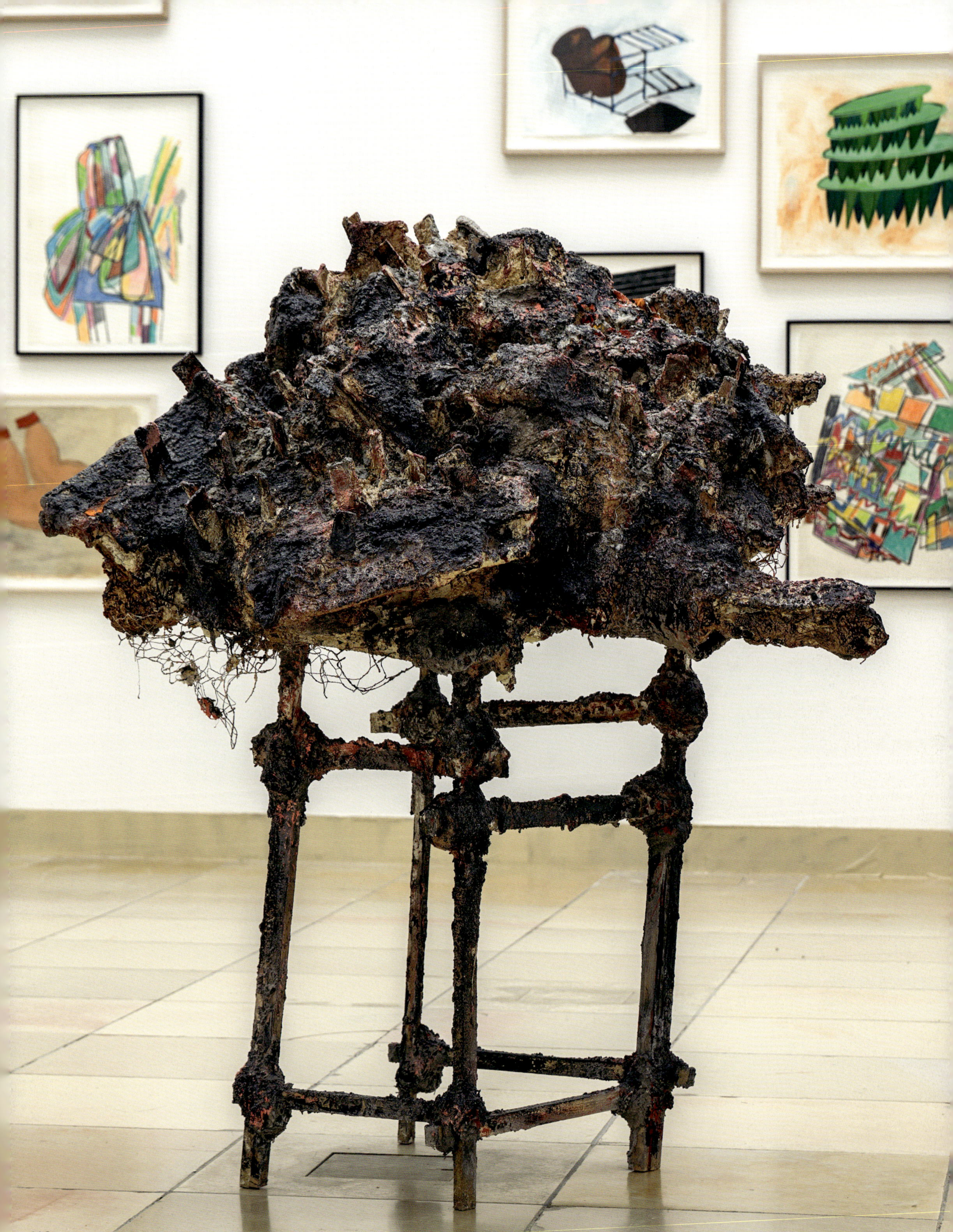

untitled: slip, 2013

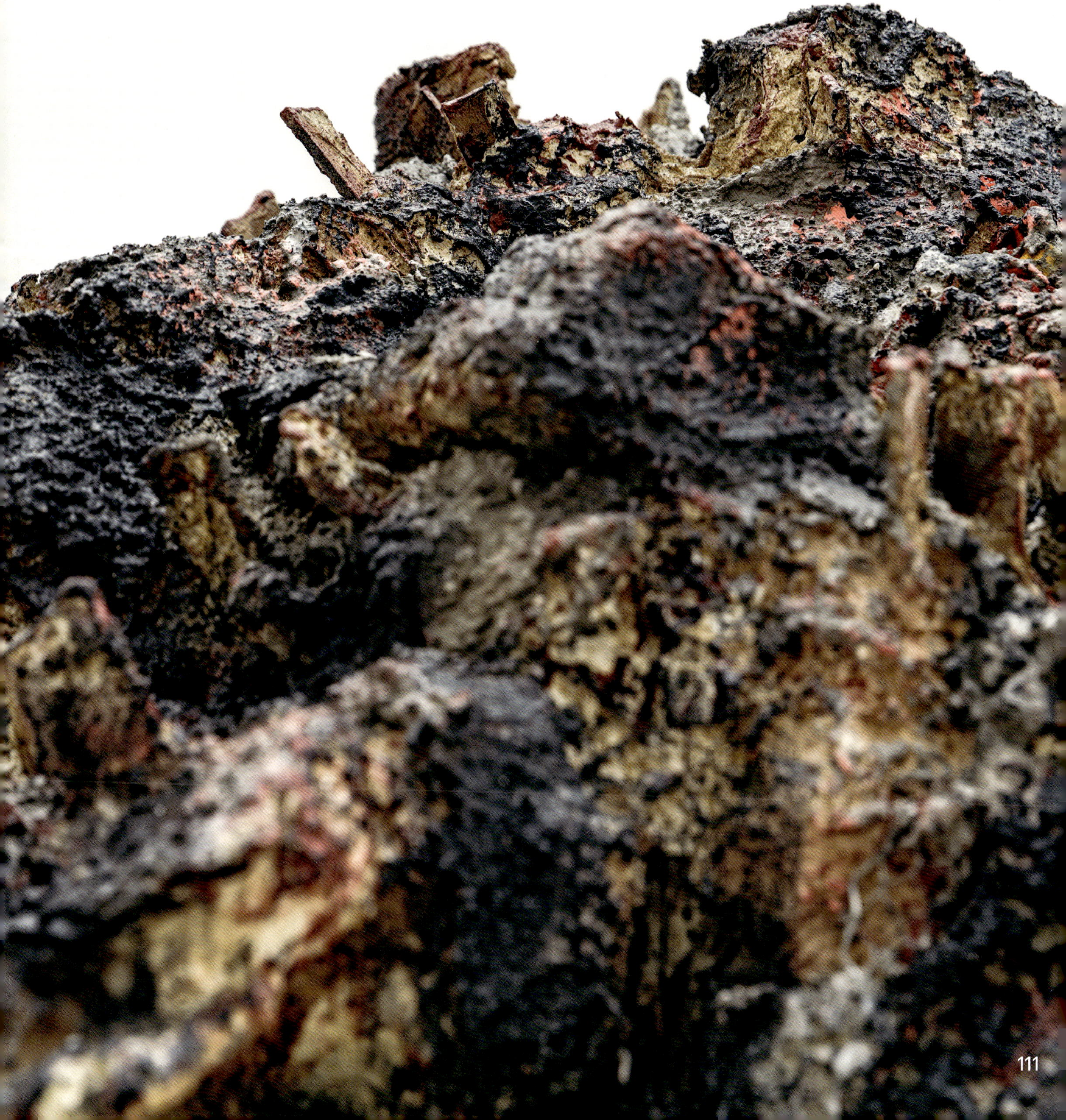

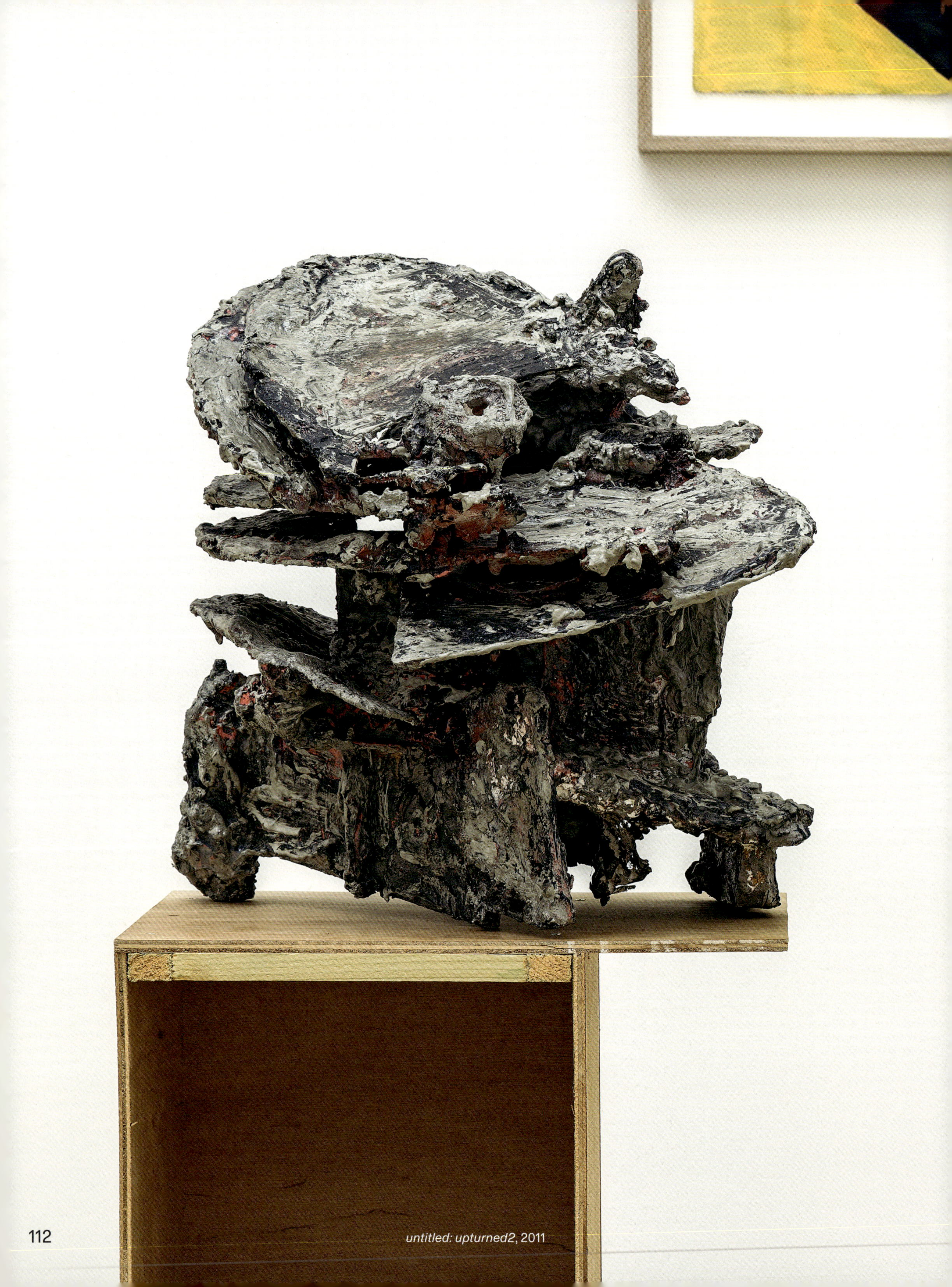

untitled: upturned2, 2011

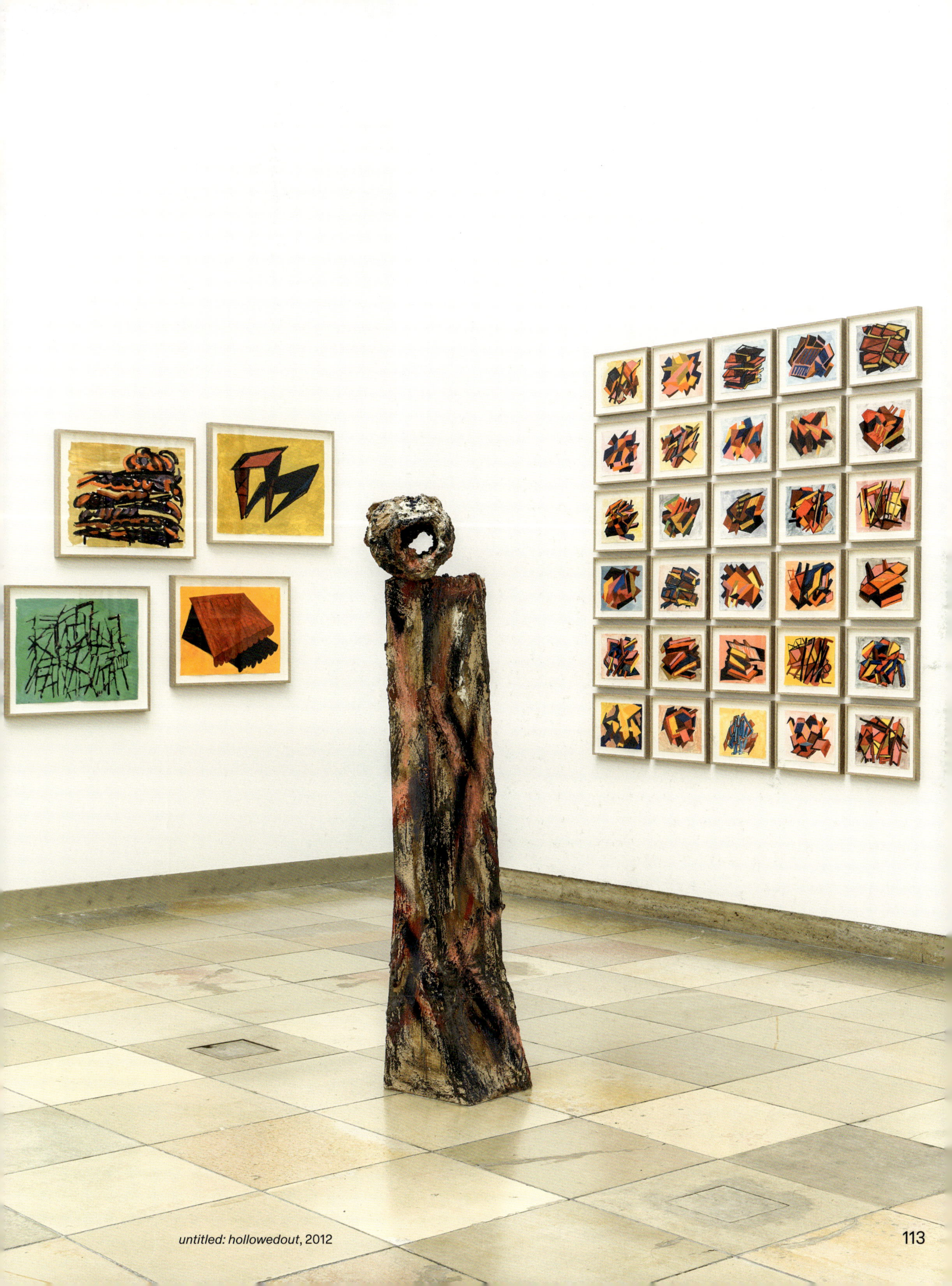

untitled: hollowedout, 2012

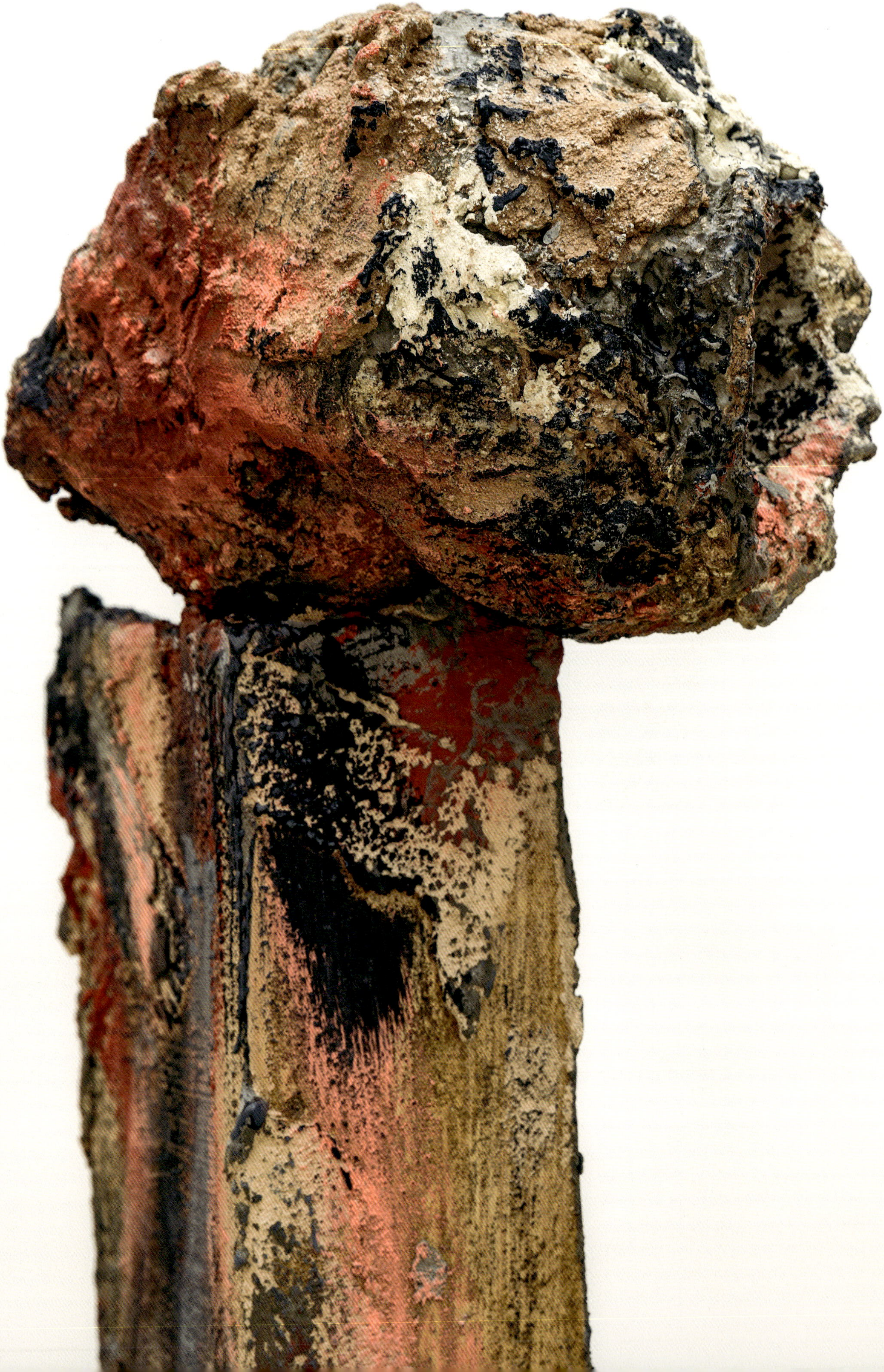

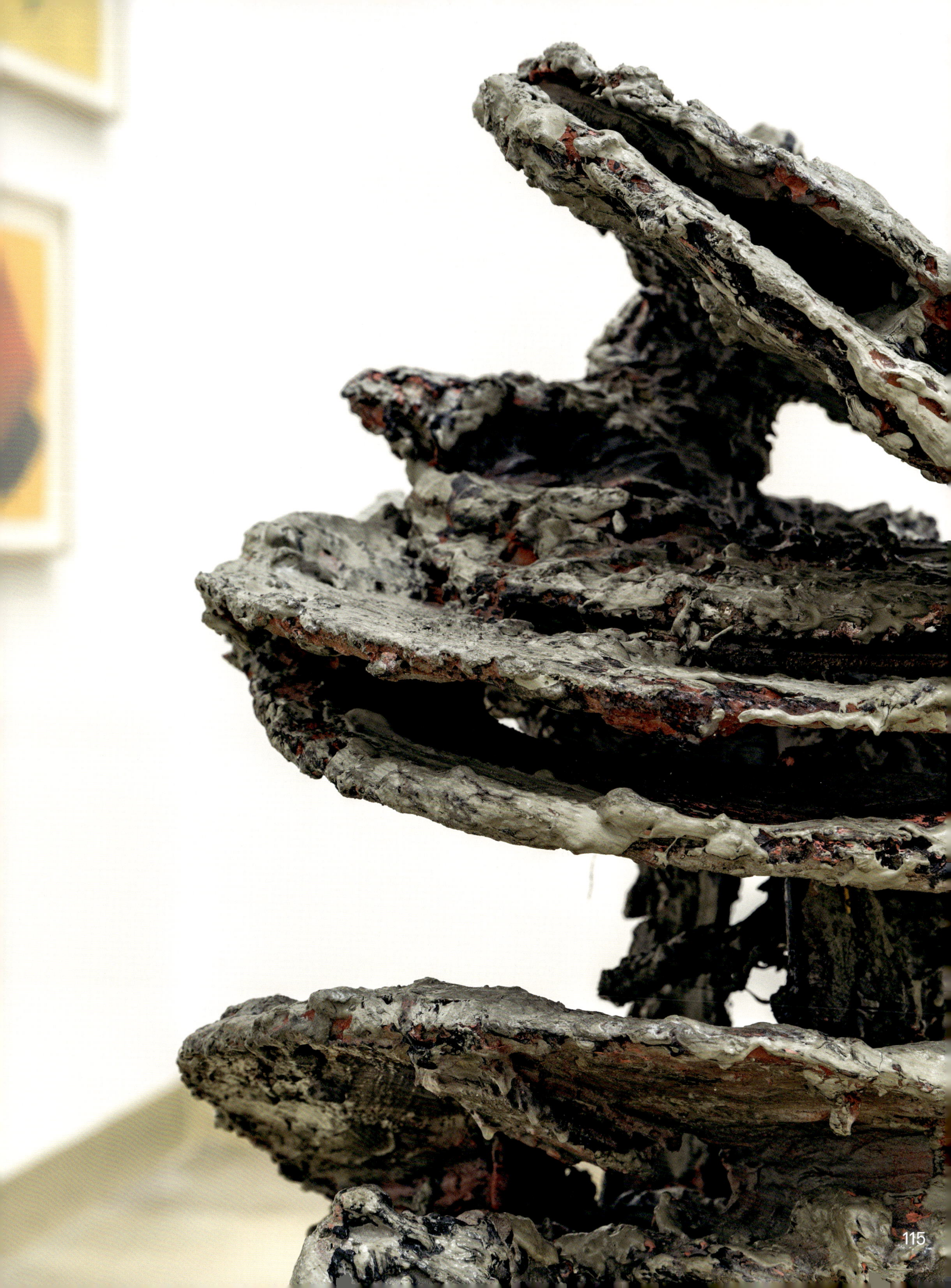

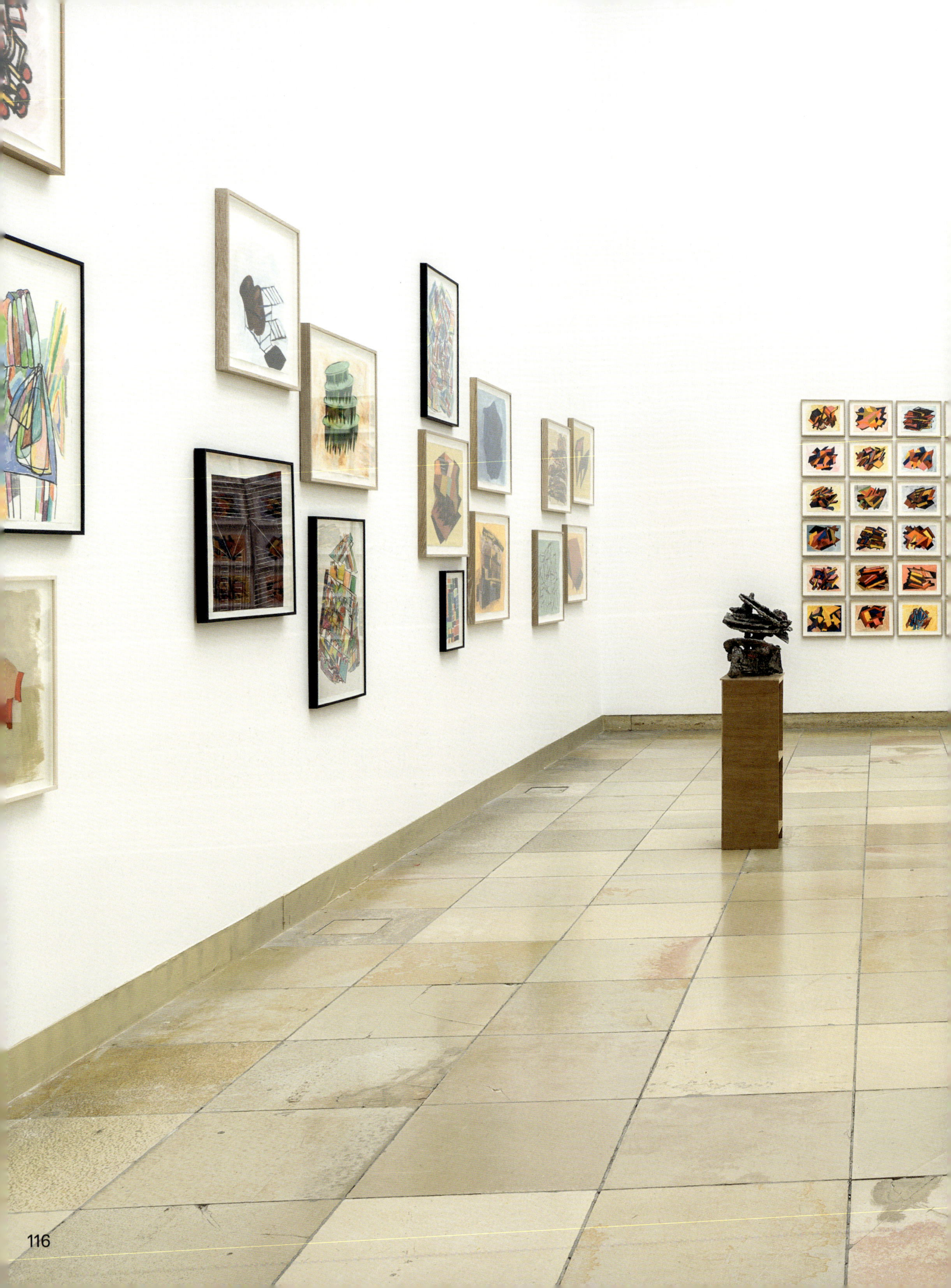

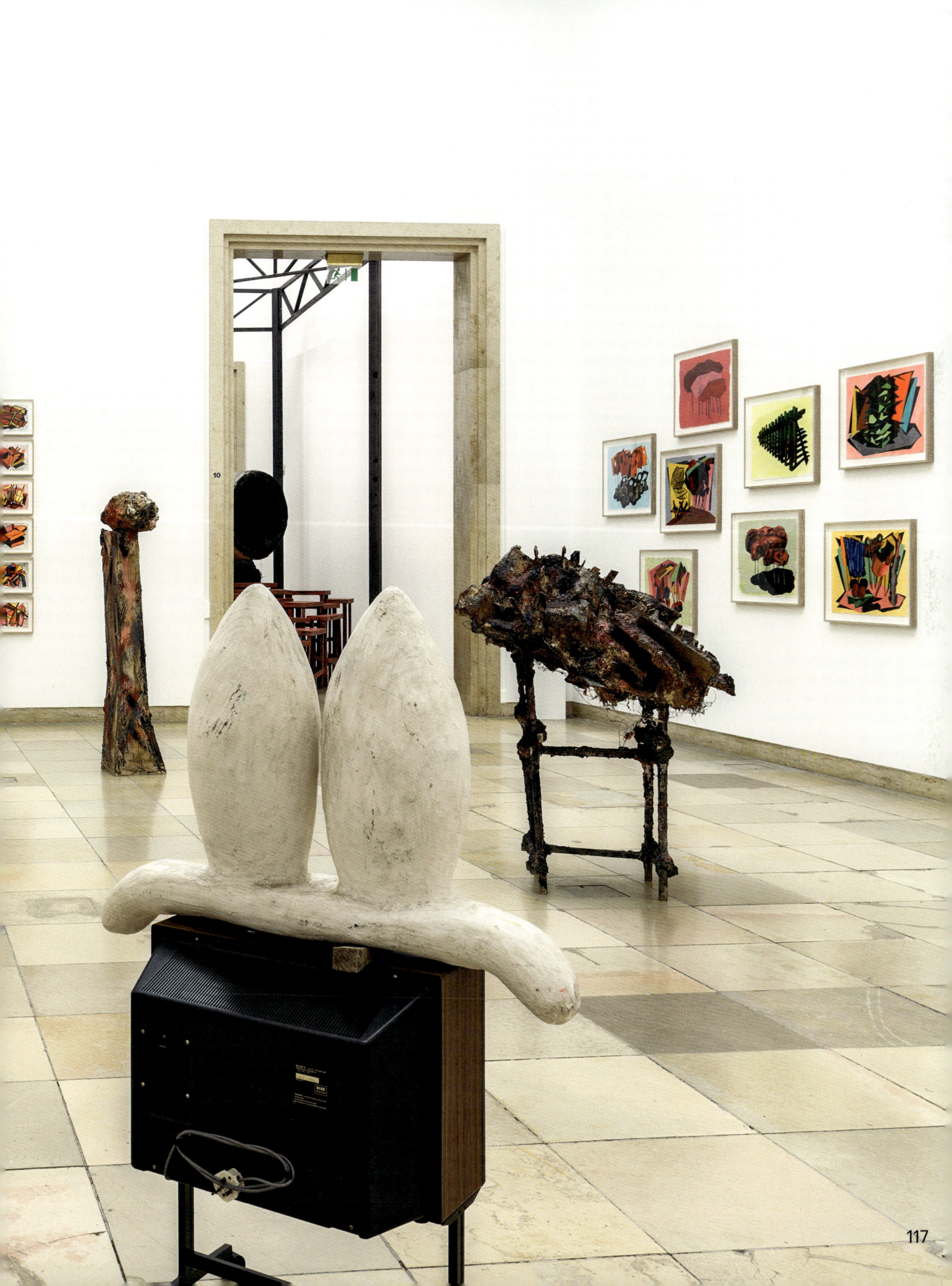

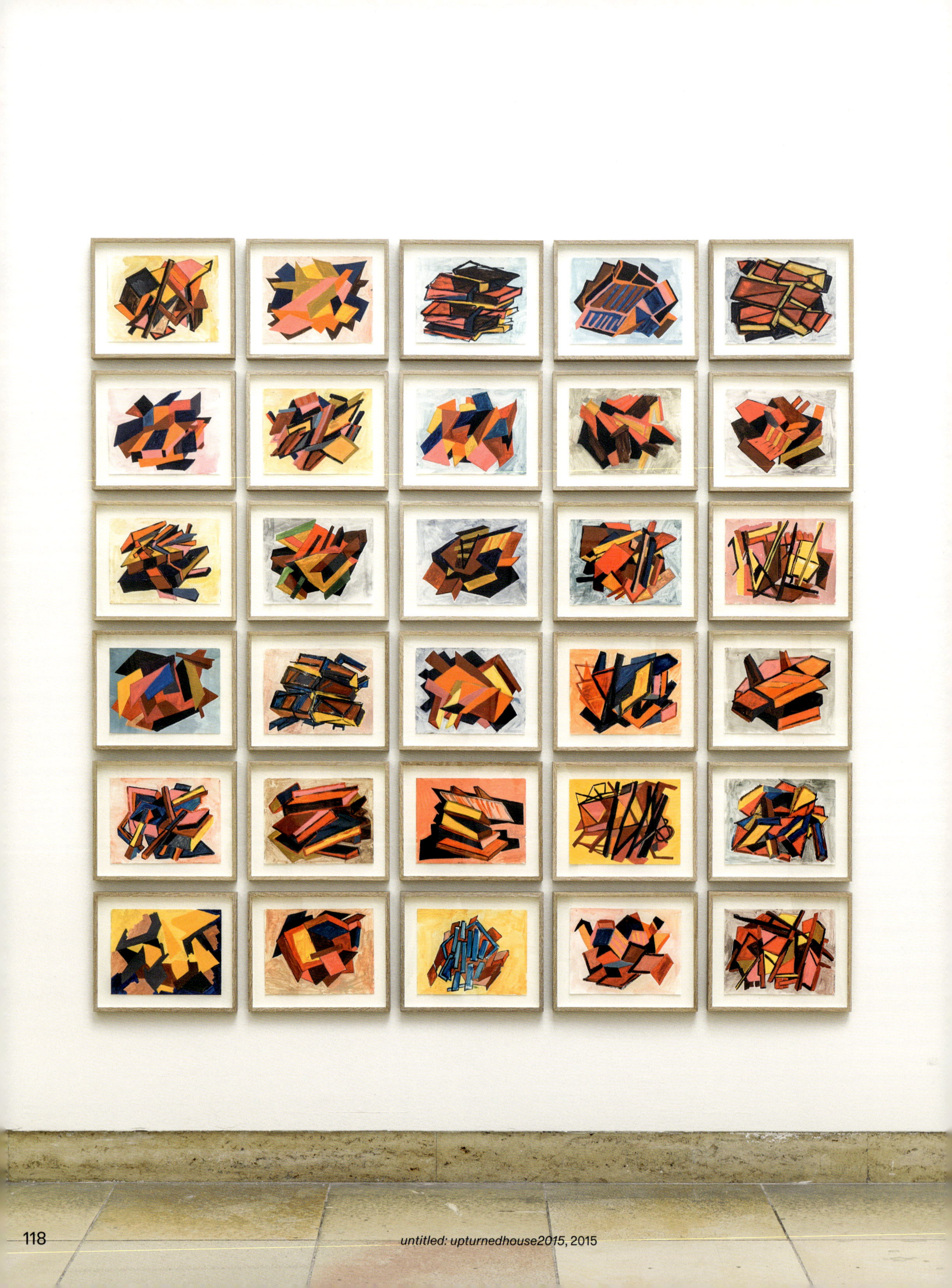

untitled: upturnedhouse2015, 2015

Stand and Deliver
Über die „transformative Erfahrung" in Phyllida Barlows Skulpturen
Gilda Williams

> „Ich möchte, dass die Materialien nicht transformiert werden. Daher bin ich mir sehr unklar darüber, worin die transformative Erfahrung besteht."
> – Phyllida Barlow[1]

Mit ausdrucksloser Stimme erzählt die amerikanische Komikerin Lily Tomlin den folgenden Witz in einem monotonen, gelangweilten Tonfall: „Ich ging in den Laden. Ich kaufte einen Papierkorb. Der Kassierer tat ihn in eine Tüte. Ich brachte den Papierkorb zu mir nach Hause, ich nahm ihn aus der Tüte. Ich zerknüllte die Tüte. Ich warf die zerknüllte Tüte in den Papierkorb."

Tomlins drollige Geschichte handelt von zwei eintönigen Objekten (eine Einkaufstüte, ein Papierkorb), die stillschweigend ihre Funktionen wechseln: vom Behälter zum Beinhalteten, vom Nützlichen zum Nutzlosen, vom Äußeren zum Inneren. Als ich mir Phyllida Barlows Skulptur *RIG: untitled; containers; leaningcoveredholed* (2011; Abb. 1) ansah, erinnerte ich mich an diesen alten Witz über winzige ontologische Transformationen bei gewöhnlichen, leblosen Objekten. Irgendwie verfügt dieser Stapel regloser Materialien über eine Handlungsmacht, wirkt geistreich und komisch, ja pathetisch und verloren. Wie gelingt es Barlow, statische Materialien in skulpturale Wesen zu verwandeln?

In *RIG: untitled; containers; leaningcoveredholed* verbirgt ein gewaltiger, aber jämmerlich unzulänglicher, brauner Papiersack zur Hälfte einen zerbröckelnden, von einem Maschendrahtnetz umhüllten Zementzylinder, der – auf einige unglückselige Rollen aufgebockt – schuldbewusst unter sich ein paar Handvoll Bauschutt verschüttet hat. Einerseits bewundere ich in diesem Werk Barlows formales Know-how beim Zusammenfügen trockener Texturen: das Knirschen und die Falten des braunen Papiers, das wabenförmige Maschendrahtmuster, das den schweren Zement zusammenhält, das Verstreuen von Steinen am Boden, die wie ein Miniatur-Felsstrand aus steinigem Geröll zu Staub zerfallen. Wenn ich andererseits die physischen Eigenschaften der einzelnen Materialien ignoriere und stattdessen ihre Zweckbestimmung ergründe, verspüre ich in *RIG: untitled; containers; leaningcoveredholed* einen Geist der Frustration, da jedes Element bei seiner dürftigen Arbeit versagt. Der Sack ist zu kurz, um die schuldbewusste Säule zu verbergen. Die architektonische Robustheit der Säule wird durch die wackeligen Rollen untergraben. Die unterdimensionierten Räder scheinen zerquetscht und ihrer Fähigkeit beraubt worden zu sein, ihren übergewichtigen Passagier zu transportieren. Und der formlose Schutt sieht aus, als habe man ihn zurückgelassen, damit er sich auf dem sauberen Galerieboden in ein unwillkommenes Chaos auflöst.

Bei der Begegnung mit Phyllida Barlows Skulpturen trete ich in ein Dreiergespräch ein, an dem die Künstlerin, die Materie und ich selbst beteiligt sind, ähnlich wie bei der kurzen Dreierbeziehung, in der Tomlin sich mit zwei unbelebten Dingen konfrontiert sah, was ihre menschliche Handlungsmacht auf eine Abfolge von Antworten reduzierte. Wenn ich mich Barlows Kunstwerken nähere, passe ich meine Handlungen an, um ihren wortlosen Anforderungen gerecht zu werden: Ich werde sanft herumgestoßen. Raumgroße Installationen schubsen mich ihre Ränder entlang. Ich umkreise sie nervös, umarme die Wand (*SKIT*, 2005; Abb. S. 246; *untitled: hoardings*, 2012; Abb. 2) oder werde aus der Galerie vertrieben (*cul-de-sac*, 2019). Ich habe Schwierigkeiten herauszufinden, wo Barlows Kunstwerke anfangen und wo sie enden. Wie nah sollte ich ihnen kommen? Während ich unter *untitled: dock: 5hungblocks* (2013; S. 72, Abb. 3) in den Duveen Galleries der Tate Britain entlangschlendere, blicke ich mit einem gewissen Unbehagen auf die schiffscontainergroßen Kisten, die über mir hängen, und mustere das klapprige Gerüst, das sie stützt. Ich erinnere mich an Andrea Mantegnas Fresken in der Camera degli Sposi in Mantua (1465–1574), und zwar an die junge Frau, die dort aus dem illusionistischen Kuppelgemälde auf mich herabblickt und dabei schalkhaft in Erwägung zieht, ob sie den Stock mit ihrer Hand leicht nach vorne rollen und damit die stattliche Topfpflanze herabstürzen und zerschellen lassen soll (Abb. 3).[2]

Manchmal sind die Betrachter:innen gezwungen, sich durch verstreut herumliegende Sockel hindurchzuschlängeln, so etwa bei der Galerie-Installation *...later* (2012). Bei *untitled: 21 arches* (2012; Abb. 4) wendet mir eine Ansammlung hoch aufragender Zementröhren den Rücken zu; sie krümmen ihre Hälse nach innen, als tuschelten sie verschwörerisch miteinander und schlössen mich dabei aus ihrer großen Bande aus. „Wir wissen nichts von einem Körper, wenn wir nicht wissen, was er vermag, d.h. welche Affekte er hat, wie sie sich mit anderen Affekten, den Affekten eines anderen Körpers verbinden können", schrieben Gilles Deleuze und Félix Guattari einmal.[3] Tatsächlich erfasse ich Barlows Kunst, indem ich entdecke, wie sich der „Körper" der Skulptur auf die Affekte meines eigenen Körpers auswirkt.

„Ich möchte, dass die Materialien [in meinen Skulpturen] nicht transformiert werden", hat Phyllida Barlow einmal gesagt. „Daher bin ich mir sehr unklar darüber, worin die transformative Erfahrung besteht."[4] In diesem Aufsatz möchte ich mich dieser unerklärlichen Transformation widmen, aber nicht mittels der Analyse ästhetischer Eigenschaften

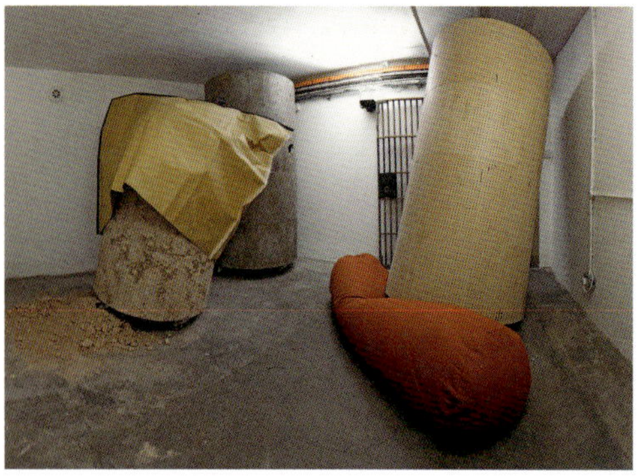

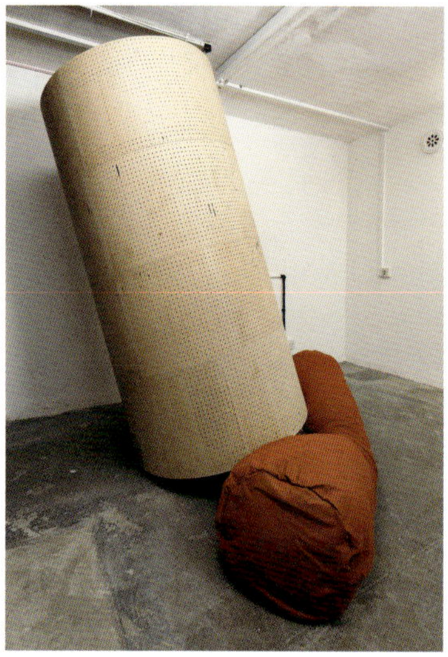

1

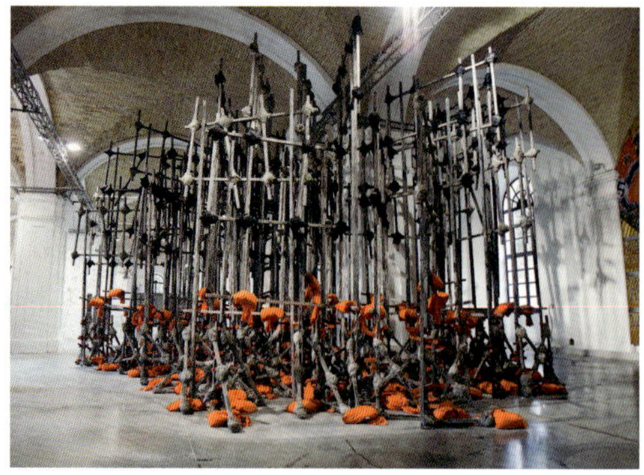

2

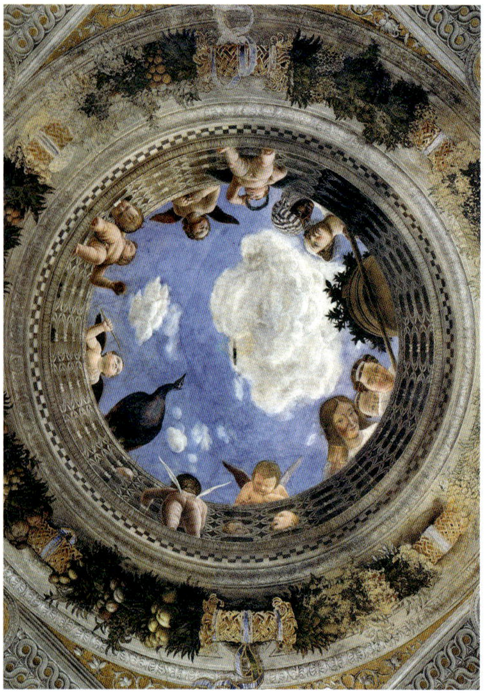

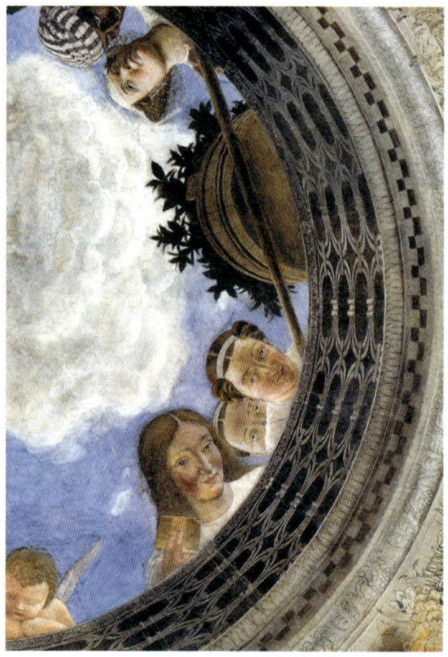

3

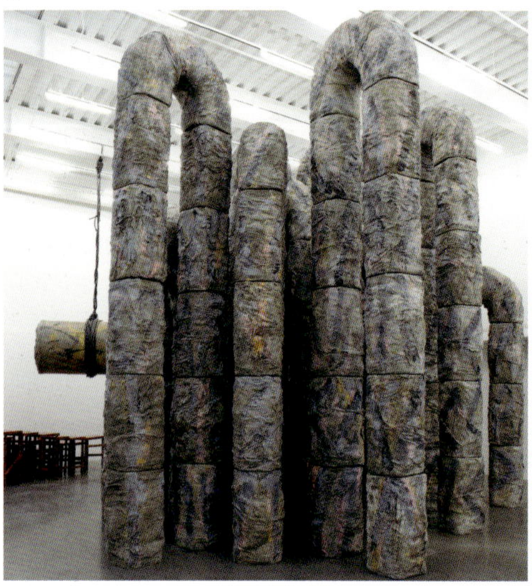

4

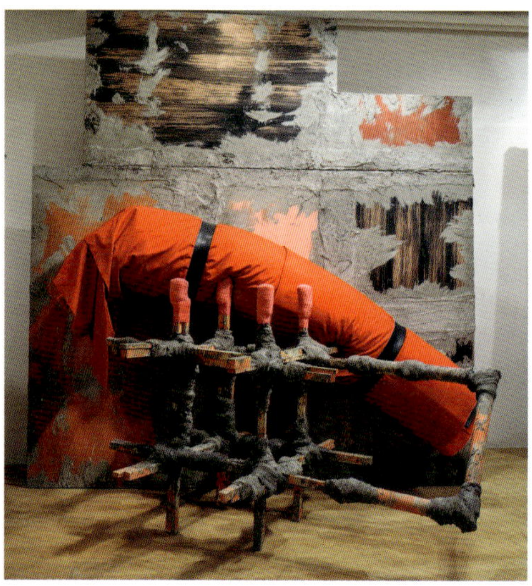

5

1:
Phyllida Barlow, *RIG: untitled; containers; leaning-coveredholed*, 2011, MDF, Zement, Rollen, Stecktafel, Styropor, Maschendraht, Stoff, Hartfaserplatte, Gips, Papiertüte; rechts: Detail.
Ausstellungsansicht, *RIG*, Hauser & Wirth, London, 2011

2:
Phyllida Barlow, *untitled: hoardings*, 2012, Bauholz, Baumwollgeflecht, Zement, schwarzer Filz, Farbe.
Installationsansicht, Kiew-Biennale, 2012

3:
Links: Andrea Mantegna, Oculus in der Camera degli Sposi, 1465–1474, Castello di San Giorgio, Mantua; rechts: Detail

4:
Phyllida Barlow, *untitled: 21 arches*, 2012, Styropor, Zement, Baumwollstoff, Farbe, Firnis.
Ausstellungsansicht, *siege*, New Museum, New York, 2012

5:
Phyllida Barlow, *untitled: contraption*, 2015, Bauholz, Sperrholz, Baumwollgeflecht, Zement, Sand, Farbe, Pappröhren, Polsterschaum, Filz, Stoff, Gummi.
Ausstellungsansicht, *set*, The Fruitmarket Gallery, Edinburgh, 2015

(Gewicht, Textur, Größe, Farbe, die von Barlow allesamt hervorragend gehandhabt werden), sondern indem ich untersuche, wie sich Materialien *verhalten*, sprich: wie die Künstlerin sie behandelt und einsetzt. So stelle ich beispielsweise fest, dass Barlow stets eine klare Arbeitsteilung vornimmt. Einige Materialien sind kräftige Arbeiter, die sichtbar unter Zwang arbeiten und schwere Lasten heben (Holz, Metall, Zement), andere hingegen sind rückgratlose Schnorrer und faule Taugenichtse (Stoff, Schaumstoff, Plastiktüten, Bänder). Bei *SKIT* steht ein Dickicht von Holzstangen kreuz und quer oder aufrecht in der Gegend herum, während schwindelerregende, albern anmutende Puschel und verhedderte Bänder untätig herabbaumeln und die Trittbrettfahrt genießen. Den gleichen Kontrast beobachte ich bei der hoch aufragenden Skulptur *untitled: dock: 5stockadecrates* (2014; S. 74, Abb. 5; Abb. S. 258). Die Basis der Skulptur bildet ein Wald aus bunten, in verschiedene Richtungen weisenden Holzpfählen, die sich größte Mühe geben, eine ausladende Fuhre von prallen Säcken, Kisten, Seilen und Rohren zu tragen. Die skelettartige untere Hälfte hält pflichtbewusst ihre träge Ladung in die Höhe und schützt diesen Haufen zweckfreier Dinge, sagen wir mal, vor einer Flutwelle, die plötzlich durch die Tate fegt. Der obere und der untere Teil von *untitled: dock: 5stockadecrates* sind gleichsam eine Studie zu Kontrasten: Träger vs. Getragenes, freigelegt vs. verborgen, tüchtig vs. entbehrlich, Architektur vs. Deponie.

Barlows Kompositionen sind nicht-hierarchisch, doch einige Elemente verhalten sich wie Stars, wenn nicht gar wie regelrechte Diven, während andere bescheidene Nebenrollen übernehmen. In *untitled: contraption* (2015; Abb. 5) liegt eine körperartige, in pompejanisches Rot gehüllte Schaumstoffrolle gewichtig da wie eine mumifizierte aufgebahrte Kaiserin. Die steife graue Armatur darunter erfüllt eine ehrerbietige und proletarische Funktion, indem sie diesen „königlichen Leichnam" stützt. In *untitled: stackedobjectsonapiano* (2012; Abb. 6) trägt eine Plattform in Form eines Konzertflügels ein buntes Bündel von Kissen, Paletten und Röhren – gleich einem musikalischen Umzugswagen, dessen temporäre Ladung auf dem Dach festgezurrt ist. Bei näherem Hinsehen entdecke ich unter dem Flügel eine Schar kurzer, über die Maße beanspruchter Stäbe bei der Arbeit – ähnlich den dunklen, dürren Beinen eines fetten Käfers. Manchmal verändert sich die Funktion eines Materials wie bei den instabilen Gegenständen in Lily Tomlins Witz geradezu unmerklich. In *untitled: stage* (2011; Abb. 7) trägt ein hoher schattiger Dschungel aus Holz-„Beinen" ein Podest aus Polystyrolschichten, bevor er plötzlich seine Funktion wechselt und wie von Zauberhand oberhalb als karges, von jeglicher Last befreites Feld aus kurzen, hellen, schwerelosen Trieben wieder-auftaucht. An anderen Stellen werden Erwartungen durchkreuzt: in *fin*, einem Teil von *untitled: tripleact-2015 (fin, hoop, box)* (Abb. 8), trägt ein requisitenartiger „Felsbrocken" (der in Wirklichkeit aus Gips, Polystyrol und Polyurethanschaum besteht) das Gewicht eines in ihn eingelassenen Wandelements aus Sperrholz, das wie ein massiver Parasit im Rücken seines steinernen Wirtes steckt.

Wenn ich die „Verhaltensweisen" der Materialien betone, wie ich dies hier tue, komme ich einer Anthropomorphisierung von Phyllida Barlows Kunst gefährlich nahe, indem ich imaginäre Charaktere auf Skulpturen projiziere: besiegte, enttäuschte Behälter, asoziale, geheimnistuerische Ansammlungen von Zementröhren, gepolsterte, schlafende Aristokraten. Tatsächlich lassen Barlows Skulpturen, wie Briony Fer bemerkt hat, „etwas von der Bewegung von Körpern erahnen, ohne es auszusprechen, geschweige denn darzustellen".[5] Mitunter freilich betteln ihre Skulpturen regelrecht darum, personifiziert zu werden. So mutet *untitled: bags* (1989; Abb. 9) wie eine Reihe halb gefüllter und angelehnter brauner Papiersäcke von menschlicher Größe an, wie erschöpfte Bürger, die in einer ewigen Schlange warten und dabei gegenseitig ihre müden und erschlafften Körper stützen. *Object for an armchair* (1994; Abb. 10) präsentiert sich als tonnenförmige Polsterrolle, die auf einen Sessel im Wohnzimmer geplumpst ist und von schwer schuftenden Streifen leuchtend orangefarbenen Klebebands umgürtet wird, wie ein fettleibiger Großonkel, der, wohlgenährt und schier aus den Nähten platzend, während des ganzen verdammten Weihnachtstags den einzigen bequemen Sitzplatz im Wohnzimmer in Beschlag genommen hat.

Aber es gibt hier keine Figuration – keine ungebührlichen Verwandten, keine sackartigen Bürger –, sondern nur meine hyperaktive Fantasie. Barlows Kunst hält die Balance zwischen Andeutungen von körperlicher Präsenz und Anklängen an abstrakte Malerei und Skulptur, was in das mündet, was Mark Godfrey so treffend als „Push-and-Pull zwischen totaler Abstraktion und der Fähigkeit des Werks, den Körper zu evozieren" beschrieben hat.[6] Darüber hinaus wecken viele Skulpturen nicht-körperliche Assoziationen und erinnern an unbelebte Dinge, so etwa ein Flugzeugrumpf in *untitled: suspended-burstcrushedbox* (2013) oder zusammengeklappte, am Ende des Sommers außer Dienst genommene Strandschirme in *untitled: parasols; 2020* (2020; Abb. S. 58). Architektonische Bezüge finden sich in Hülle und Fülle: ein modernistischer Taubenschlag in *untitled: holder* (2014) oder in unterschiedliche Richtungen weisende piranesische Geländer und Brücken in *untitled: structure* (2011; Abb. 11).

Könnte Barlows unfassbare Transformation etwas damit zu tun haben, dass sie Materialien mit subtilem Humor durchtränkt, wie bei der sich zu

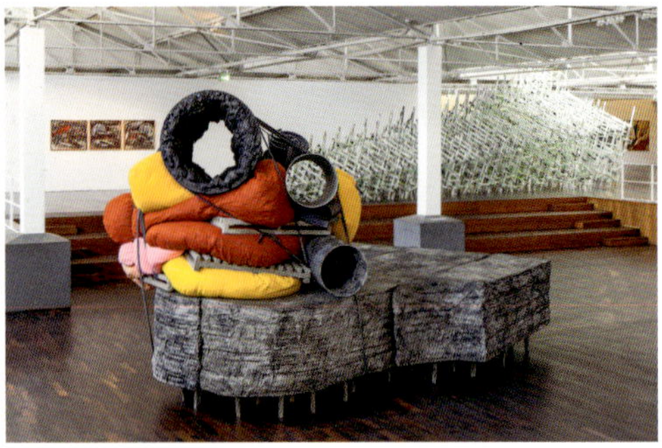

6

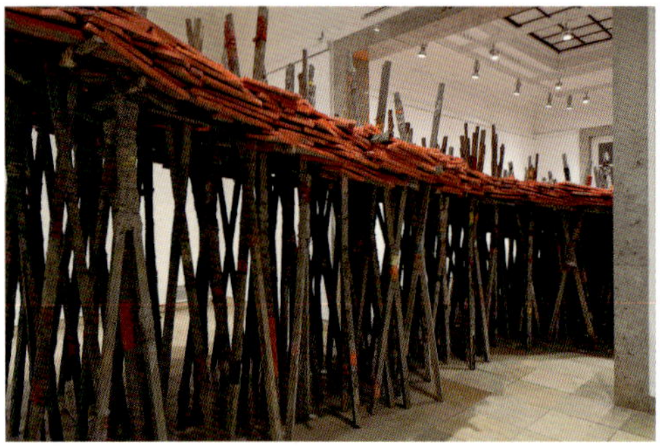

7

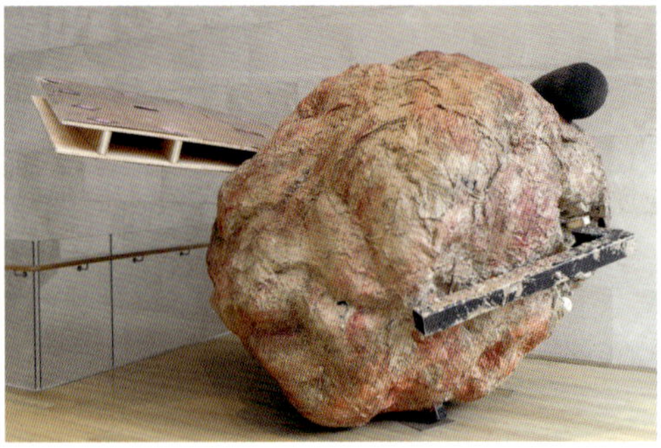

8

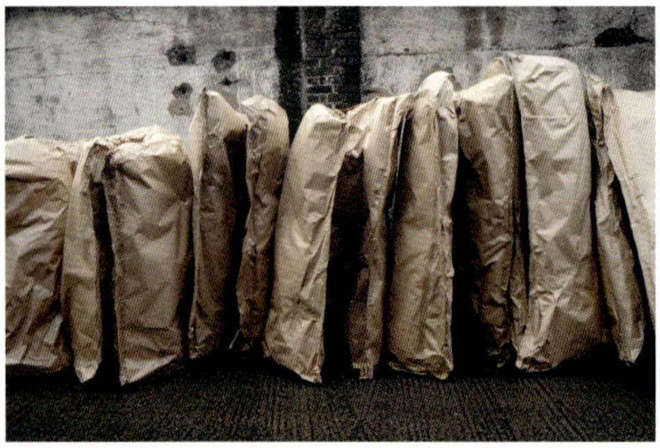

9

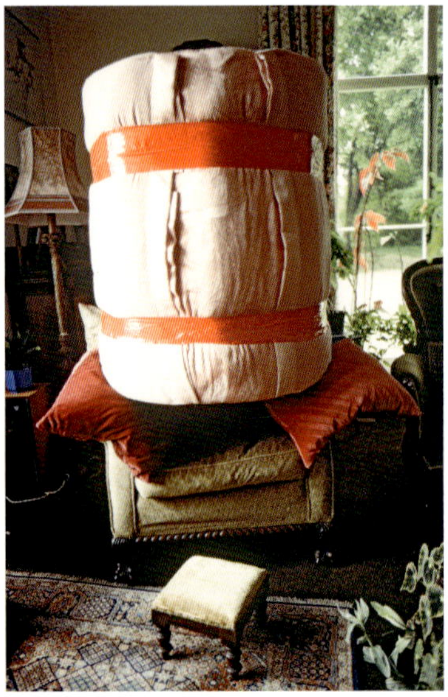

10

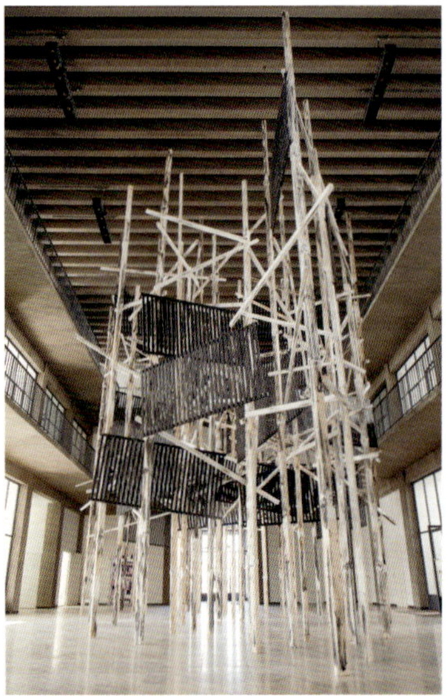

11

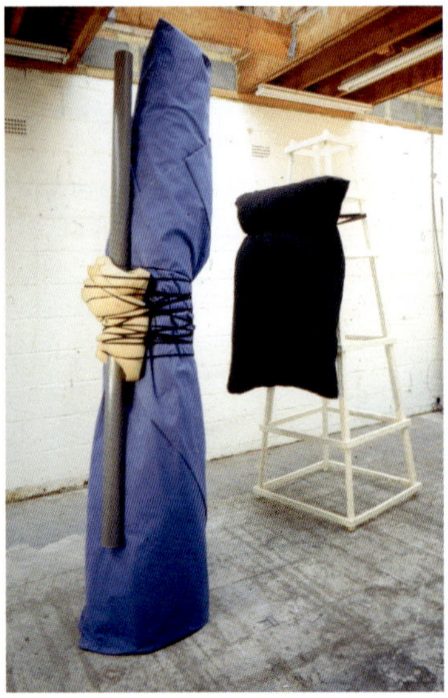

12

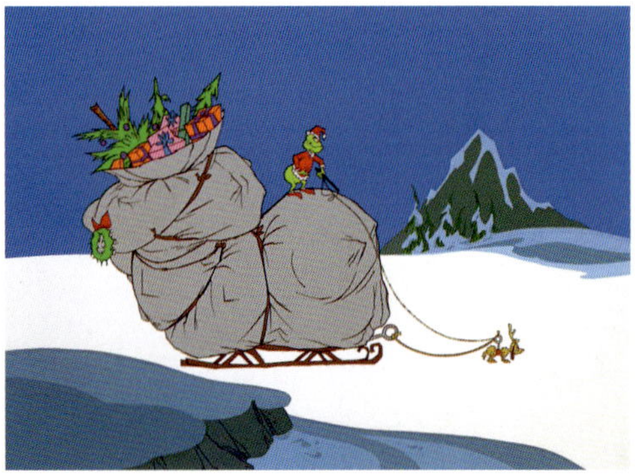

13

6:
Phyllida Barlow, *untitled: stackedobjectsonapiano*, 2012, Styropor, Baumwollgeflecht, Zement, Farbe, Firnis, Stoff.
Ausstellungsansicht, *BRINK*, Ludwig Forum für Internationale Kunst, Aachen, 2012

7:
Phyllida Barlow, *untitled: stage,* 2011, Bauholz, Styropor, Farbe.
Ausstellungsansicht, *Skulpturales Handeln*, Haus der Kunst, München, 2011

8:
Phyllida Barlow, *fin*, aus: *untitled: tripleact2015 (fin, hoop, box)*, Bauholz, Polyurethanschaum, Styropor, Haftputz, Stahl, Sperrholz, Farbe, Baumwollgeflecht, PVA, Sand, Stoff, Sägespäne.
Ausstellungsansicht, *tryst*, Nasher Sculpture Center, Dallas, Texas, 2015

9:
Phyllida Barlow, *untitled: bags*, 1989, Maschendraht, Packpapier, Paketklebeband.
Installationsansicht, Hermitage Road Industrial Estate, London, 1989

10:
Phyllida Barlow, *Object for an armchair*, 1994, Polsterrolle, Vorhangstoff, rotes Klebeband, Sessel.
Installationsansicht, Elbrook House, Hertfordshire, 1994

11:
Phyllida Barlow, *untitled: structure*, 2011, Bauholz, Farbe, Gips, Schrauben.
Ausstellungsansicht, *Cast*, Kunstverein Nürnberg, 2011

12:
Phyllida Barlow, *Bag on frame*, 1992/93, Farbe, Holz, Bauholz, Stoffkissen, Gummikabel.
Atelier der Künstlerin, Woodstock Road, London, 1992/93

13:
How the Grinch Stole Christmas!, 1966, Regie: Chuck Jones, Filmstill, Min. 25, CBS

einer Seite neigenden, funktionsuntüchtigen Säule in *RIG: untitled; containers; leaningcoveredholed* (Abb. 1)? Einige Kunstwerke lassen an Slapstick denken: So ist in *untitled: dunce* (2015) eine flüssige Zementmasse auf einen schrägen Sockel geklatscht worden wie ein Kuchen in ein Gesicht. Andere Kompositionen funktionieren wie Komikerduos: In *RIG: untitled; containers; leaningcoveredholed* spielt die in die Höhe ragende zylindrische Stecktafel den „Musterknaben" und Gegenpol zu dem ausgestopften, ziegelroten, auf den Boden geplumpsten „Prügelknaben". Der pausbäckige Trauerkloß, der in *Bag on frame* (1992/93; Abb. 12) auf eine beinerne Leiter geschnallt ist, scheint mit dieser zusammen Abbott und Costello, Mutt und Jeff zu verkörpern. Barlows Humor kann cartoonartig sein: Bei *untitled: dock: 5stockadecrates* (2014; S. 74, Abb. 5) fühle ich mich sofort an den „Grinch" mit seiner schwankenden Schlittenladung geklauter, in einen riesigen Sack gestopfter Geschenkpakete erinnert (Abb. 13). Und immer wieder wird die Kindheit heraufbeschworen. So werden in *RIG: untitled; blocks* (2011; Abb. 14) aus drapierten Laken und Tischen selbst gefertigte Behausungen angedeutet. Ins Riesenhafte vergrößerte Mikadostäbchen werden zum unbeschwerten Fundament von *dock* zusammengefügt oder „ergießen" sich in *untitled: folly; boxonsticks; 2016/2017* (S. 76, Abb. 9) aus einer umgestürzten Schachtel. Das windrädchenartige *untitled: grinder* (2014) erinnert an die in leuchtenden Farben bemalte Holzrassel eines Kleinkinds von der Größe eines Fußballstadions.

„Jedes Ding [*res*] strebt gemäß der ihm eigenen Natur in seinem Sein zu verharren [*conatur*]", schrieb Spinoza in seiner *Ethik*, und Barlows Materialien folgen diesem philosophischen Imperativ.[7] Innerhalb der überwältigenden Bandbreite der von ihr eingesetzten Materialien[8] wird jedem einzelnen von ihnen im Allgemeinen nur die Erfüllung einer einzigen Aufgabe abverlangt, nämlich seinem inneren Zweck „aus eigener Kraft" Ausdruck zu verleihen. Säcke halten. Papier umhüllt. Klebeband bindet. Füllungen plumpsen sich hin. Filzkreise stapeln sich. Und die von Phyllida Barlow ausgewählten Materialien dürfen sich natürlich „danebenbenehmen" und Fehler und Schwächen offenbaren. Gegossener Zement sickert formlos heraus. Dick bemaltes Papier kräuselt sich. Stoff hängt herab und wirft Falten. Pappe zerknittert und kriegt Knicke. Die rohe Holzmaserung weist Farbschlieren auf. Seile und Gitterstoff fransen aus. In Barlows frühem Werk *Shedmesh* (1975; S. 43, Abb. 13) biegen sich Schaumstoffstreifen und hängen willkürlich herab. Sie stellt sicher, dass ihre Arbeit nie übertrieben wirkt, und sie mag es nicht, wenn Ausstellungen „übergeplant und überzogen" sind.[9] Mit der gleichen entspannten Haltung reiten die Assistent:innen der Künstlerin nicht ewig auf ihren Eingriffen herum, da sie die Anweisung erhalten haben, „sich auf eine Geste zu beschränken und dann nicht mehr darauf zurückzukommen [...], so, als ob es sich um eine Arbeit handele, die in der kürzestmöglichen Zeit erledigt werden muss".[10] Ihre Materialien werden nie „verbessert", nie als mangelhaft behandelt, nie als unwürdig abgelehnt. Während der Bildhauer Donald Judd zahllose Sperrholzplatten wegen der geringfügigsten Unvollkommenheit wegwarf, scheint Barlow sie alle uneingeschränkt zu akzeptieren und ihnen alles zu verzeihen, egal wie farbbesprenkelt, unregelmäßig, schäbig oder zerzaust sie auch sein mögen. Ihre akrobatischen Skulpturen mögen insgesamt abschreckend wirken, doch jedes einzelne Bestandteil erfüllt lediglich seine bodenständige Aufgabe.

Barlows Einladung an jede Substanz, „sie selbst zu sein" – ihre bedingungslose Akzeptanz inhärenter Schwächen oder Eigenheiten –, hat für mich eine Entsprechung in einer modernen Form der Pädagogik, die darauf verzichtet, Kinder zu formen und stattdessen die Neigungen jedes einzelnen Kindes fördert. Ich wage mich hier auf ein riskantes Terrain, indem ich Kunstmachen mit Mutterschaft verbinde. Doch tatsächlich fühle ich mich beim Betrachten von Phyllida Barlows Skulpturen immer wieder an die Kindererziehung mit ihren instinktiven, einfallsreichen und aufmerksamen Gesten erinnert. Ich stelle fest, dass ihre Vorgehensweise darin besteht, mit kleinen, überschaubaren Stücken zu beginnen und in vollendeten Kunstwerken zu enden, die größer sind als sie selbst und gewissermaßen jeweils einen eigenen Charakter besitzen. Ich nehme das ganze emphatische „Hochheben" zur Kenntnis: auf Leitern, Gerüsten, Regalen – so wie bei der Ladung in *dock*, die schützend in die Höhe gehalten wird. Das dick gepolsterte Kissen, das in *RIG: untitled; containers; leaningcoveredholed* (Abb. 1) das Umkippen einer aus Stecktafeln zusammengesetzten Säule abpuffert, erinnert mich an die Sofakissen, die präventiv auf dem Boden verteilt wurden, um zu Unfällen neigende Kleinkinder zu schützen. Die mit rosa Stoff umwickelten Spitzen unter dem roten, auf dem Rücken liegenden „Körper" in *untitled: contraption* (Abb. 5) erinnern an die gepolsterten Eckschutzvorrichtungen im ganzen Haus, mit denen kinderunfreundliche Tischecken und spitze Kanten versehen werden. Gleichartige Zementhaufen am Fuße jeder Stange in *RIG: untitled; blocks* (2011) vergegenwärtigen die Aufgabe beim Abendessen, Pudding oder Kartoffelpüree in gleichmäßigen Portionen zu verteilen, um so Streitereien am Küchentisch zu vermeiden. Verrückte Schleifen beschreibende Kabel und Seile wirken wie das Gekritzel in Kinderzeichnungen, während das Gesprüh aus farbigem Papierband in *untitled: hoard; 2013* (Abb. S. 85) an Luftschlangen erinnert, die in letzter Minute zu Hause drapiert wurden, um den beinahe

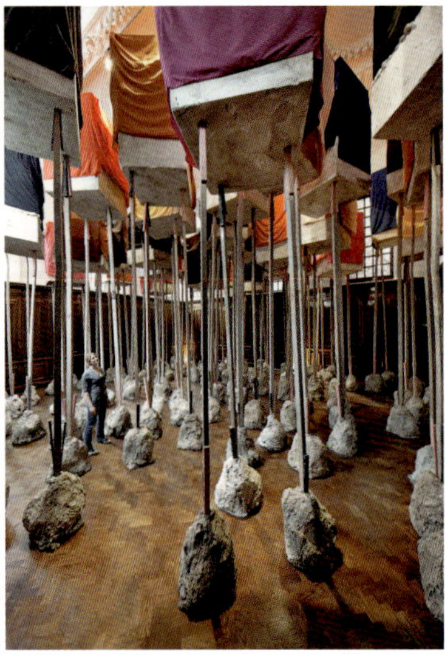

14

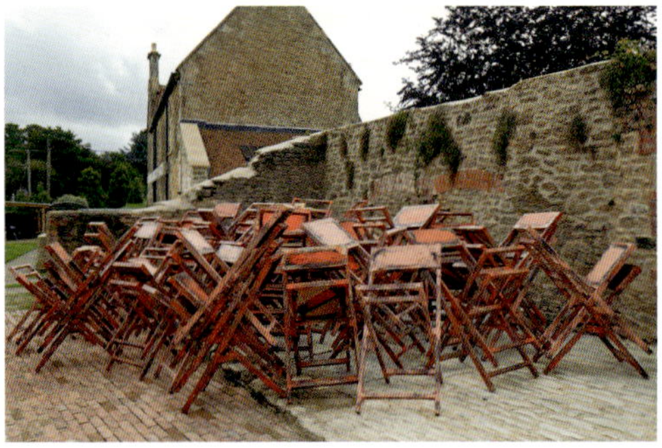

15

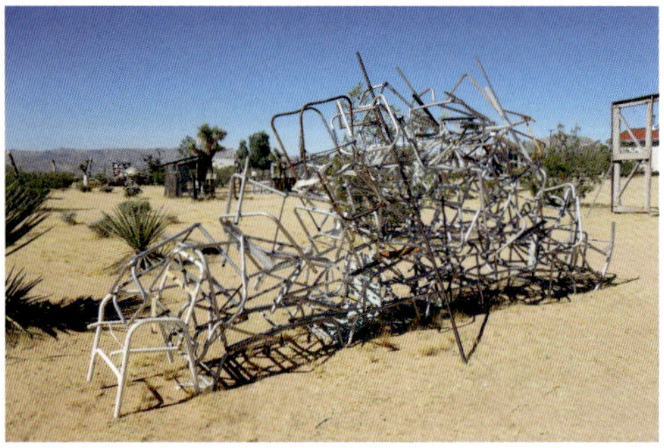

16

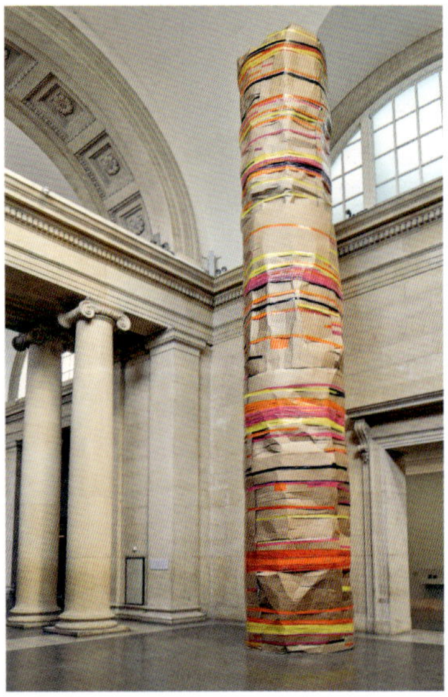

17

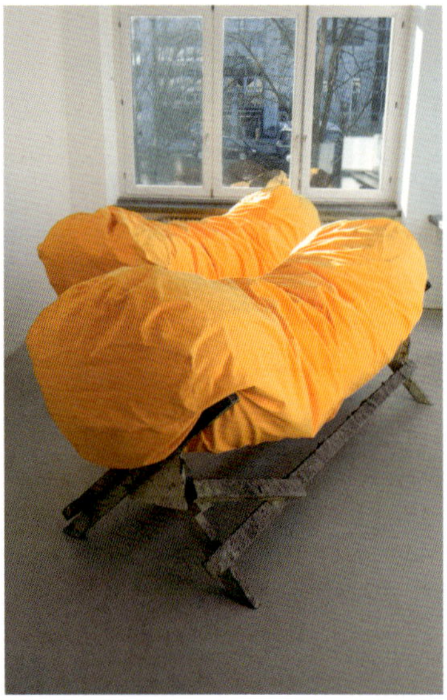

18

14:
Phyllida Barlow, *RIG: untitled; blocks*, 2011,
Styropor, Stoff, Holz, Zement.
Ausstellungsansicht, *RIG*, Hauser & Wirth,
London, 2011

15:
Phyllida Barlow, *untitled: stackedchairs*, 2014,
Holz, Sperrholz, Zement, Farbe, Sand, PVA, Lack.
Ausstellungsansicht, *GIG*, Hauser & Wirth,
Somerset, 2014

16:
Noah Purifoy, *Chairs II*, 1993.
Installationsansicht, Noah Purifoy Outdoor Desert
Art Museum, Joshua Tree, Kalifornien, 2016

17:
Phyllida Barlow, *untitled: dock: crushedtower*, 2014,
Holz, Stahlarmatur, Karton, Klebeband, Polyurethanschaum.
Ausstellungsansicht, *dock*, Tate, London, 2014

18:
Phyllida Barlow, *untitled: bolsters*, 2011,
Stoff, Styropor, Holz, Zement.
Ausstellungsansicht, *Cast*, Kunstverein Nürnberg,
2011

vergessenen Geburtstag eines Kindes mit Girlanden zu feiern. Oft scheint die Logik hinter Barlows Skulpturen darin zu bestehen, Gleiches mit Gleichem zu kombinieren – so etwa bei *untitled: stackedchairs* (2014; Abb. 15) und *untitled: bound fence* (2018) –, und mir kommt die unaufhörliche Tätigkeit von Eltern in den Sinn, zusammengehörende Dinge in Haufen zu sortieren. Wäsche, Spielzeug, Socken, Sportgeräte – was auch immer.

Um Phyllida Barlows subtile „untransformierte Transformationen" zu erfassen, möchte ich den Einfluss der Mutterschaft auf ihr künstlerisches Schaffen noch etwas näher betrachten, auch wenn es sich dabei gemeinhin um einen kunstkritischen No-Go-Bereich handelt. Clement Greenberg schmälerte Künstlerinnen, die sich der Illusion hingaben, sowohl „Hausfrau" als auch Künstlerin sein zu können, etwa indem er Anne Truitt herabsetzte.[11] In der Kunstwelt wirkt das Schreckgespenst der Mutterschaft nach wie vor bedrohlich wie eine katastrophale Leere im Leben einer Künstlerin – eine Katastrophe, von der sich ihr Künstlerinnentum vielleicht nie mehr erholt. Einmal in den 1980er-Jahren, als Barlows Kinder noch klein waren und unweigerlich ihren Alltag und ihre Gedanken beherrschten, mokierte sich ein aus Kunststudierenden bestehendes Publikum über sie, weil sie zugab, dass ihre Rolle als Mutter Vorrang vor der der Künstlerin hatte. Und davor, während sie an der Royal Academy studierte, deutete ein Tutor abfällig an, dass ihre Ausbildung als Künstlerin aufgrund ihres (unvermeidlichen) künstlerischen Verschwindens in der Mutterschaft vergeudet sei.

Selbstverständlich behaupte ich nicht, dass Barlows Künstlerinnentum buchstäblich kindlich ist. Ihre virtuose Beherrschung von Farbe, Gewicht und Textur, die ihr ganzes Leben durchziehende Anfertigung vorzüglicher Zeichnungen sowie ihre Fähigkeit, Formen meisterhaft zu skalieren und dabei atemberaubende mehrstöckige Höhen und mehrere Galerien umfassende Räumlichkeiten zu bespielen, ersticken jede Annahme von Naivität im Keim. Und Barlows Skulpturen sind ebenso wenig ihre „symbolischen Kinder" wie Donald Judds seit Mitte der 1960er-Jahre entstandene *Stacks* Stellvertreter seiner Töchter sind. Barlows oben bereits erwähnte Vorgehensweise, Gleiches mit Gleichem zu kombinieren, ist ein Prinzip, das sich viele Bildhauer:innen, wie etwa Noah Purifoy oder Jackie Winsor, die beide kinderlos geblieben sind, zu eigen machten –, und außerdem erinnert es an die Stapel im Hof einer Baufirma (Abb. 16). Barlow bedient sich vieler Techniken, die nichts mit „Bemuttern" zu tun haben, um ihr Werk zum Leben zu erwecken, etwa indem sie regelmäßig unfertig anmutende, mit Farbe bespritzte Wände und Böden installiert, damit die lähmende Sterilität einer Kunstgalerie durch die flüchtige Lebendigkeit eines unordentlichen Ateliers ersetzt wird.

Vielleicht kommt mir das „Bemuttern" in den Sinn, weil ich weiß, dass Phyllida Barlow und ihr Mann fünf Kinder großgezogen haben. Vielleicht denke ich aber auch an das „Bemuttern", weil das unzählige Meter lange Klebeband, das die braune Pappe in *untitled: dock: crushedtower* (2014; Abb. 17) umspannt, sofort Erinnerungen an die wahnwitzigen, übermäßig geschützten Pakete wachruft, die meine Mutter mir in die Schule schickte. (Mum pflegte eine Keksschachtel im Wert von 2 Dollar mit Klebeband im Wert von 8,75 Dollar zu umwickeln – und ich meine damit reißfestes Isolierband von gnadenloser Haftkraft. Die ganze strapaziöse Anstrengung, an die inzwischen zerbrochenen Kekse heranzukommen, schien die vollkommene Metapher für die hartnäckige, zeitraubende, unbeirrbare Liebe meiner Mutter zu sein.) Am meisten denke ich aber an das „Bemuttern", wenn ich die unerwarteten, winzigen Gesten von, nun ja, Zärtlichkeit bemerke. Die Art und Weise, wie Barlow Scharniere und Gelenke nachdrücklich mit zusätzlichen Stoffwindungen oder Gipsbewürfen versieht (etwa bei *untitled: hoardings*, 2012), als wolle sie ihnen dabei helfen, ihre Schwachstellen zu stärken. Oder die „Decke", die in *untitled: bottle rack* (2007) sorgfältig gefaltet unter dem bemalten Duchamp'schen Readymade des *Flaschentrockners* liegt, oder die Keile, die in *SWAMP: untitled: parapet* (2010) unter einer geneigten Konstruktion platziert sind, so, als ob die Landung dieser Objekte weicher, ihr Aufenthalt bequemer gemacht werden sollte.

Ich bin mir hier der Gefahr einer übertriebenen Symbolisierung durchaus bewusst, wenn in *untitled: bolsters* (2011; Abb. 18) die beiden zu aufeinander abgestimmten Spalieren arrangierten Polsterbündel zwangsläufig als langgliedrige Zwillingswiegen interpretiert würden, welche die von diesem Werk entfaltete exquisite Studie formaler Kontraste überblicken: Die kerzengeraden, tragenden, nach oben drängenden Holzbohlen in natürlichem, mattem Graubraun kontrastieren mit den teigigen, faltigen, nach unten sackenden Kissen in einem radioaktiven Orange-Käse-Ton. Es geht mir nicht darum, Barlows Kunst mit Sentimentalität aufzuladen, doch ich möchte hier der nach wie vor in der Kunstwelt existierenden Stigmatisierung von Mutterschaft, einschließlich des damit einhergehenden anhaltenden Sexismus und vielleicht auch der Diskriminierung des Alters, als einem künstlerischen schwarzen Loch entgegentreten, das weibliche kreative Energien verschlingt und das bestenfalls peinlich, schlimmstenfalls aber ein Todesurteil ist. Könnte man nicht stattdessen die Fertigkeiten der Elternschaft (von Männern und Frauen) als einen Beitrag zum Kunstschaffen begreifen? Und können wir das künstlerische Leben einer Frau respektive Mutter wieder als ein Ganzes betrachten, statt es mit der leeren Worthülse der Kindererziehung zu überspielen?

Natürlich verfügt eine Künstlerin am Anfang einer Elternschaft nicht mehr über den Luxus, lange Zeit im Atelier verbringen zu können. Und die Konzentration wird durch die fortwährend an sie herangetragenen Bedürfnisse, die Unterbrechungen, Impulse und Freuden zunichtegemacht. Nichtsdestoweniger bezeugt Barlows frühe, Anfang der 1990er-Jahre entstandene Serie dicker, länglicher Skulpturen (darunter *Object for an armchair*, Abb. 10), die auf urkomische Weise im ganzen Haus auftauchen – auf Klavieren, Fernsehern, einem Bügelbrett –, dass ihr Künstlerinnentum selbst in der Blütezeit ihrer Mutterschaft nie ausgeschaltet war. Die Häuslichkeit erwies sich als Experimentierfeld und hat, so meine ich, auch ihre späteren Werke durchdrungen und belebt.

Was ist die „transformative Erfahrung", die Phyllida Barlows Kunstwerke belebt und die sie diesen unmerklich einschreibt, ohne ihre schmucklosen Materialien zu verändern? W.J.T. Mitchell hat die Theorie aufgestellt, dass „Objekte" in „Dinge" verwandelt werden, wenn sie auf uns zurückzublicken scheinen – „wenn das stumme Idol spricht"[12]: wenn die beiden nicht lebendigen Protagonisten in Lily Tomlins Witz auf sie zurückstarren und die Komikerin auffordern, ihre Handlungen anzupassen, während sie ihre Funktionen miteinander tauschen.

Barlow sieht und hört sich jedes einzelne Material genau an und reagiert darauf, wobei sie ihm so etwas wie Achtung entgegenbringt. Sie bietet jedem von ihnen eine passende Beschäftigung an (Binden, Tragen, Heben, Zerplatzen) und verschafft ihrem unaufdringlichen Humor Geltung. Und – wie wir etwa bei den absurden zusätzlichen Kissen sahen, die liebevoll unter die „Ellbogen" von *Object for an armchair* geschoben wurden: Phyllida Barlow behandelt selbst die bescheidensten Materialien als etwas, das beachtenswert ist und ihre Fürsorge verdient.

1 Phyllida Barlow, in: „Between a Stroke and a Smack: Interview with Ronnie Simpson", in: *Phyllida Barlow. STINT*, Ausst.-Kat. Mead Gallery, Warwick Arts Centre, 2008, S. 3–34, hier S. 7.
2 Doch ebenso wenig wie Mantegnas gemaltes Trompe-l'œil eine echte Gefahr für die Besucher:innen darstellt, sind Barlows gewissenhaft konstruierte Skulpturen wirklich gefährlich.
3 Gilles Deleuze und Félix Guattari, *Tausend Plateaus. Kapitalismus und Schizophrenie*, Bd. 2, Berlin 1992, S. 350.
4 Phyllida Barlow, in: „Between a Stroke and a Smack" (wie Anm. 1), S. 7.
5 *Nairy Baghramian. Phyllida Barlow*, bearb. von Briony Fer u. a., Ausst.-Kat. Serpentine Gallery, London, 2010, S. 72.
6 Mark Godfrey, „Learning Experience. Phyllida Barlow Talks about her Career as an Artist and a Teacher, and the Past, Present and Future State of Art Schools in Britain", in: *frieze*, 101, September 2006, www.frieze.com/article/learning-experience (15.9.2020).
7 Baruch de Spinoza, *Ethik in geometrischer Ordnung dargestellt*, Hamburg 2015, III. Teil, Lehrsatz 6, S. 239.
8 Hierzu zählen: Schaumstoff, Zement, Draht, Polystyrol, Klappstühle, Sand, Sägemehl, Bänder, Stoff, Holzabfälle, Stahl, Plastik, Farbe, Aluminium, Gummischläuche, Gummikabel, Stecktafel, Leinwand, Sprühfarbe, Papiertau, Klebeband, Filz, Rohrleitungen, Gips, PVA, Maschendraht, Holz, Gitterstoff, Lack, Rollen, Wellpappe, MDF, Seil, Rohre, Leinwand, Füllmaterial, Harz, Kisten, Fiberglas, Teppichfilz, Schalungsschichten, Regalhalterung, Bügelbrett und Hausmüll.
9 Phyllida Barlow, in: Ausst.-Kat. Warwick 2008 (wie Anm. 1), S. 3.
10 Phyllida Barlow, in: Oliver Basciano, „Phyllida Barlow", in: *Art Review*, März 2016, S. 72–77, hier S. 77.
11 „Sie [Truitt] ist als radikale Neuerin weniger bekannt, als sie es sein sollte. Mit Sicherheit ‚gehört sie nicht dazu'. Aber wie könnte eine in Washington lebende Hausfrau mit drei kleinen Kindern auch dazugehören? Wie sollte eine solche Person der Rolle einer Pionierin in Sachen herausragender Kunst gerecht werden können?" Clement Greenberg, „Changer: Anne Truitt", in: *Vogue*, 15, 9, Mai 1968, S. 212 f., 284, hier S. 284.
12 W.J.T. Mitchell, *What do Pictures Want? The Lives and Loves of Images*, Chicago 2005, S. 156.

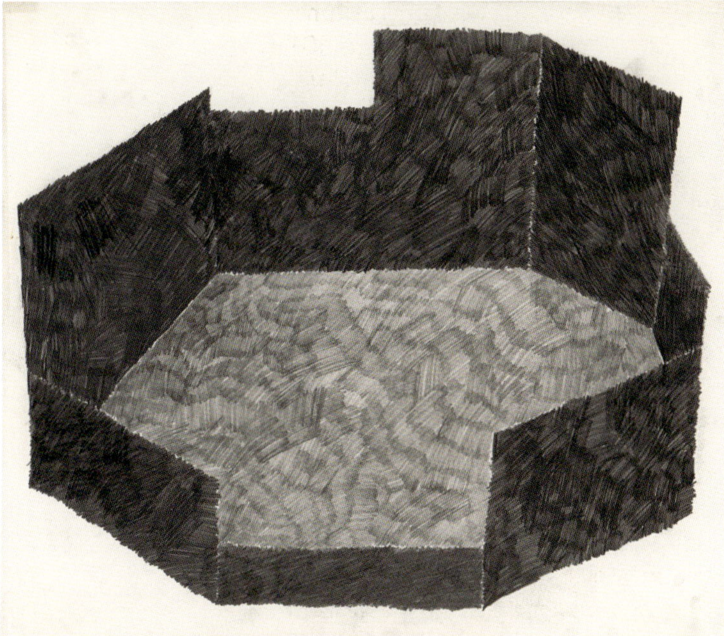

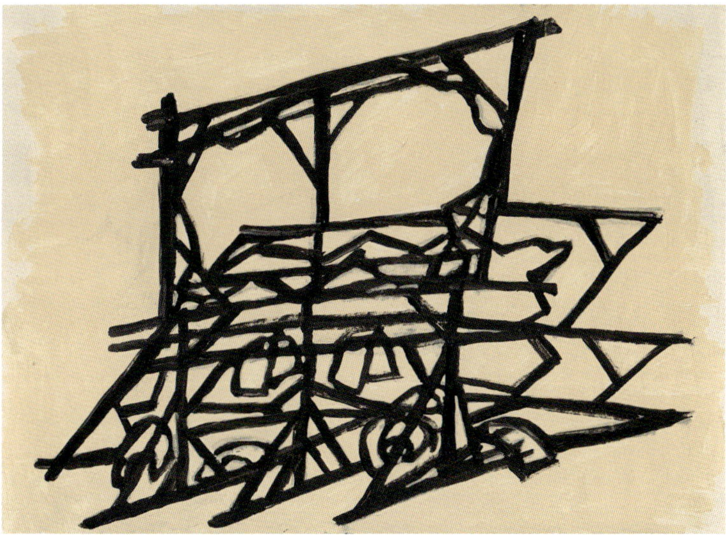

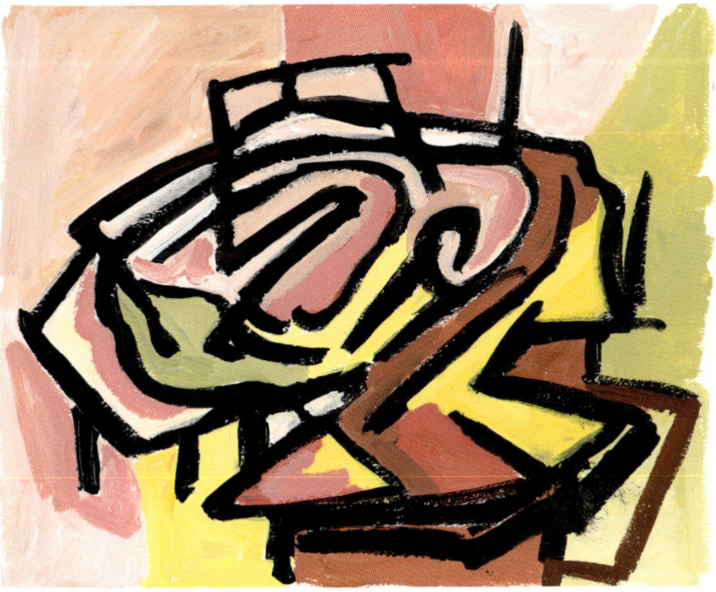

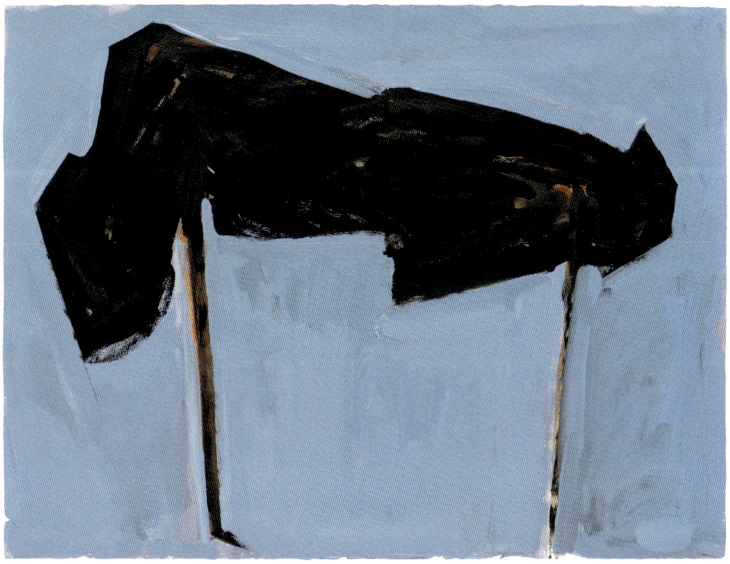

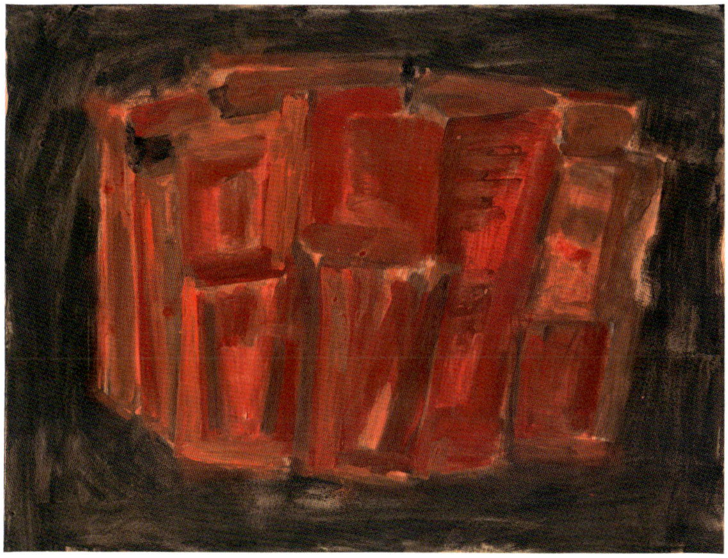

untitled, 1978
untitled, 2002

untitled: hoardingvenice, 2016
untitled: rolledtarpaulin 2, 2010
untitled: stockade 5, 2012

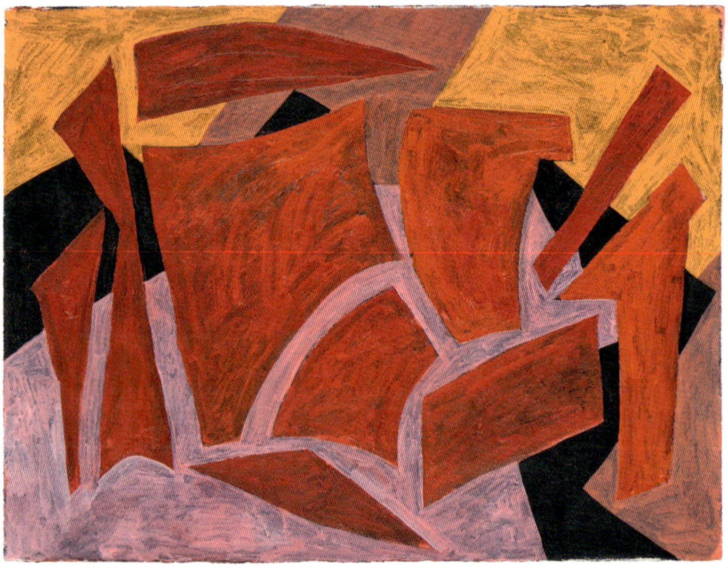

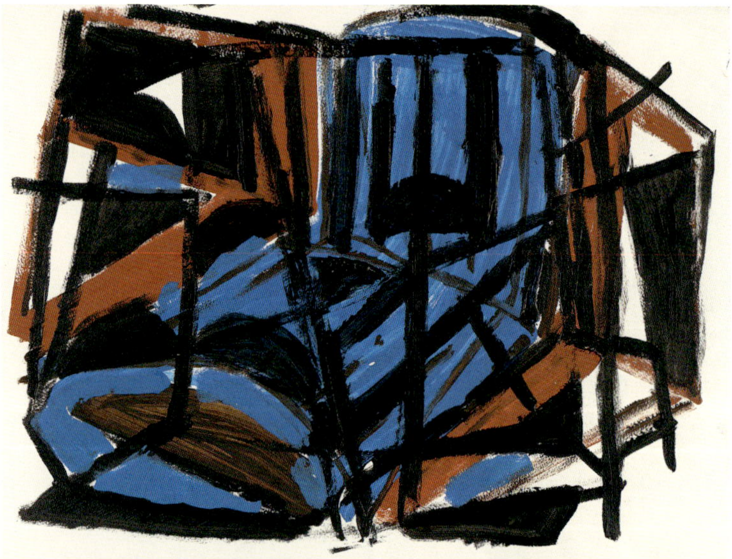

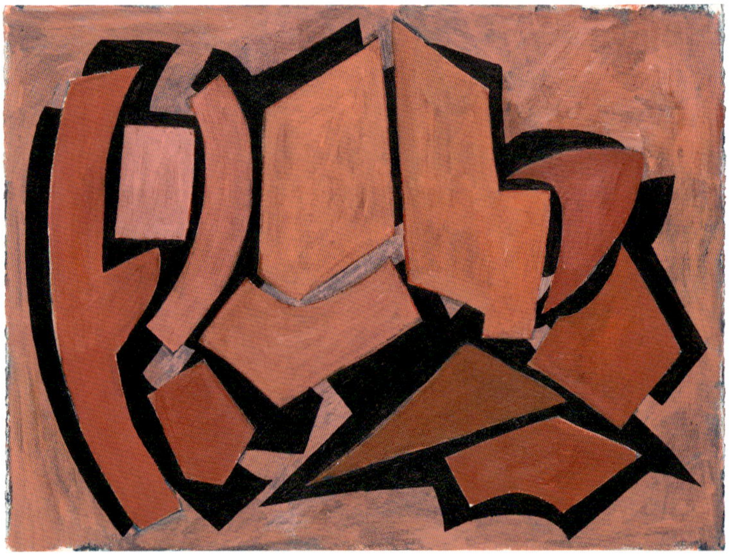

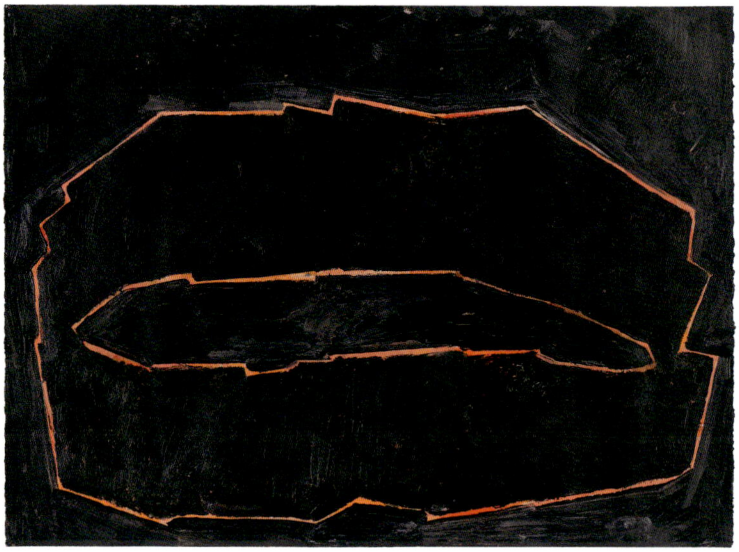

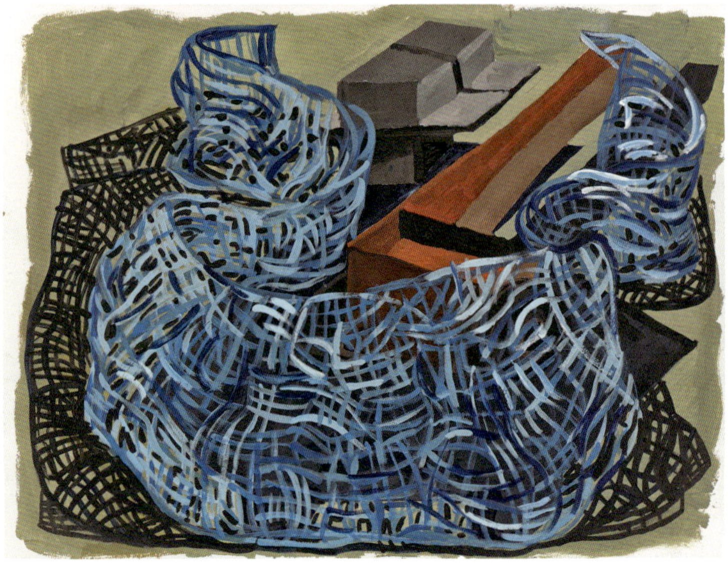

untitled: drop (cutter); 2018, 2018
untitled: fall (cutter); 2018, 2018
untitled, 2001

untitled: drop (cutter); 2018, 2018
untitled: enclosurestockade, 2, 2012

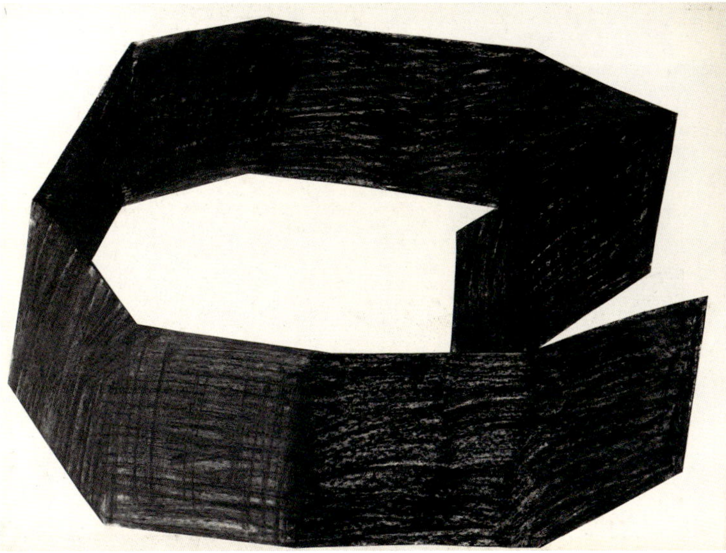

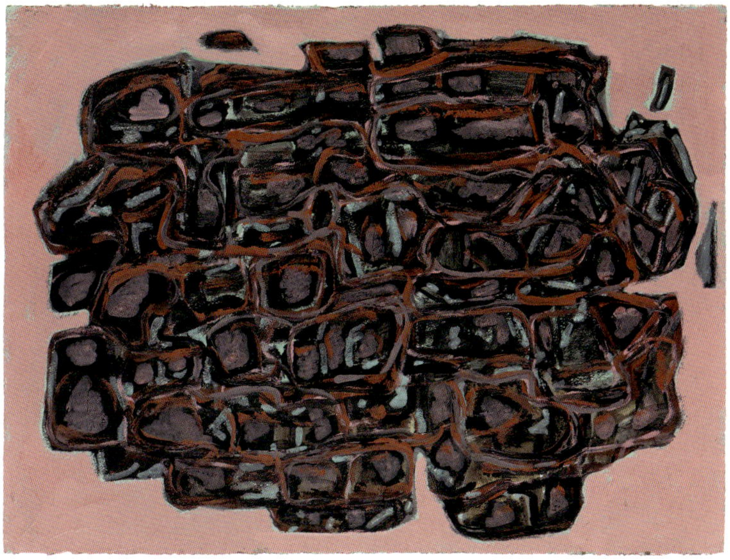

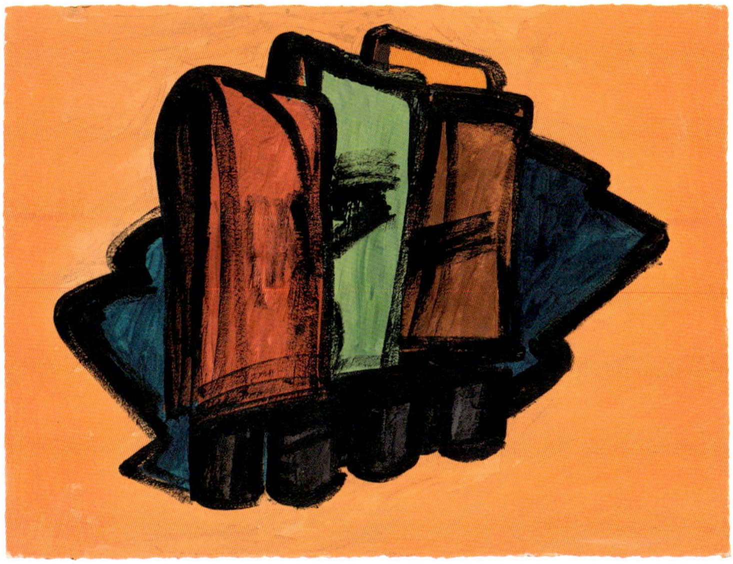

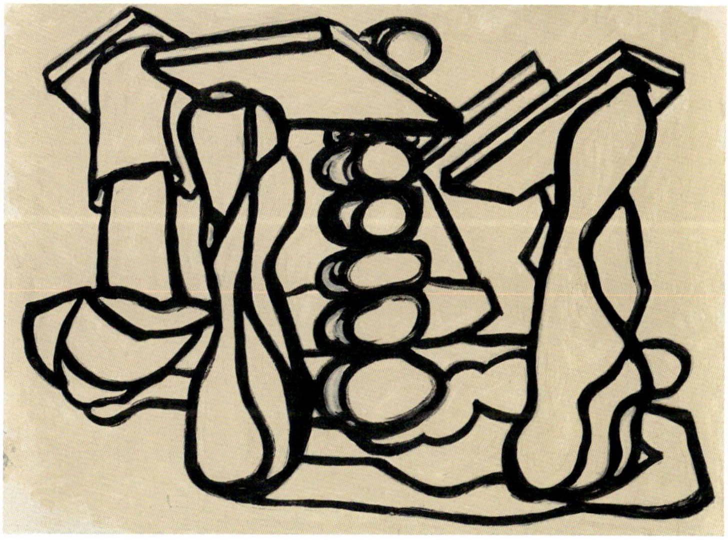

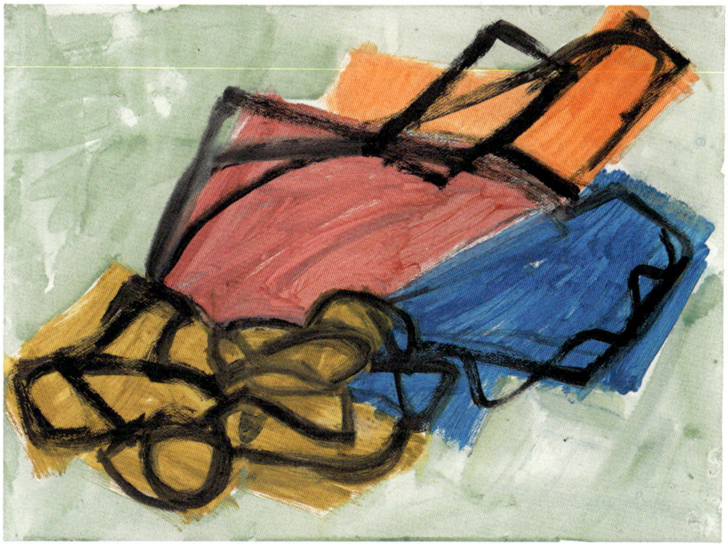

untitled, 1979–1981
untitled: canvases (cul.de.sac); 2018, 2018

untitled: wall, 2011
untitled: venicecolumnstubbytower, 2016
untitled: fallen, 2013

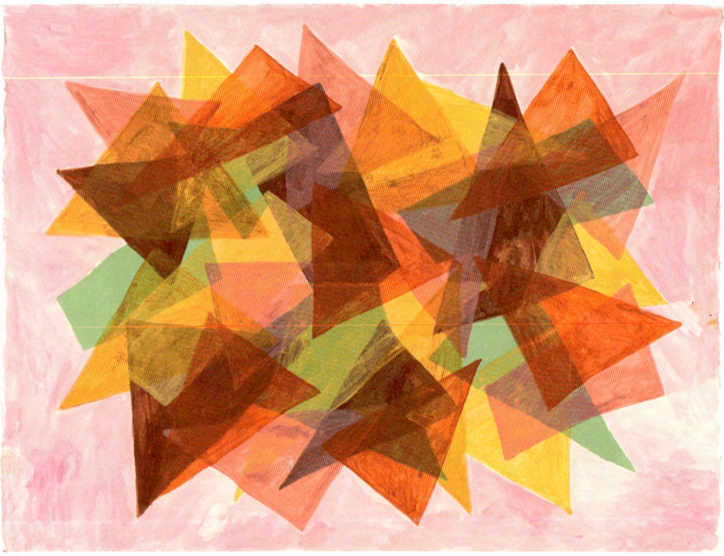
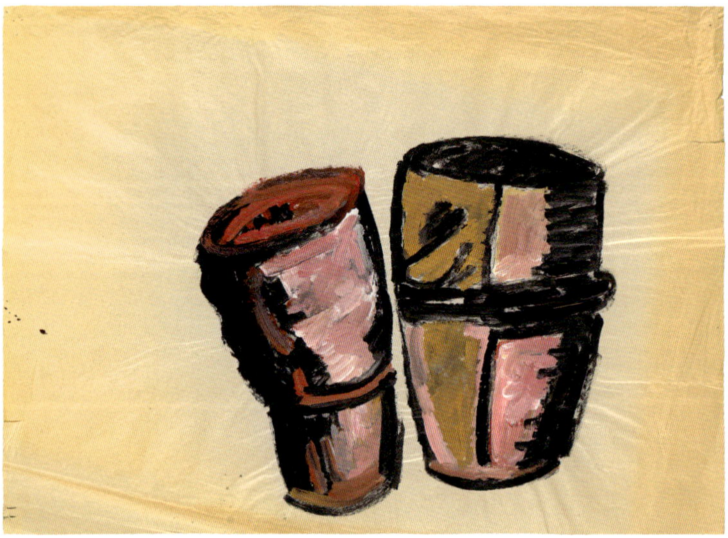
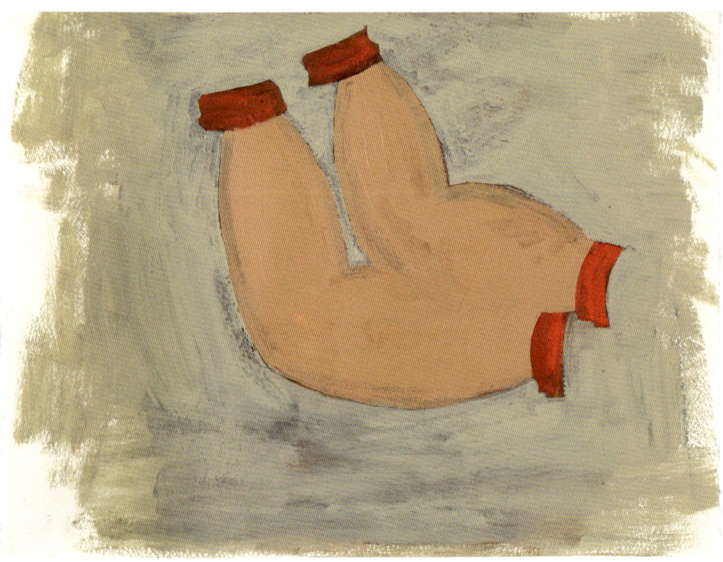
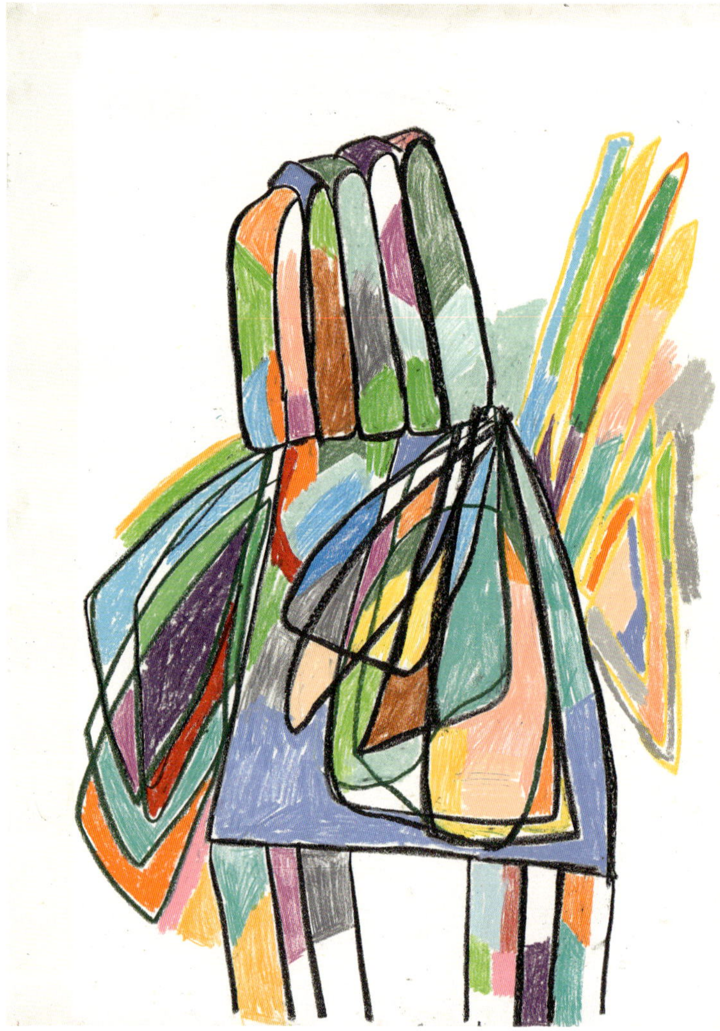
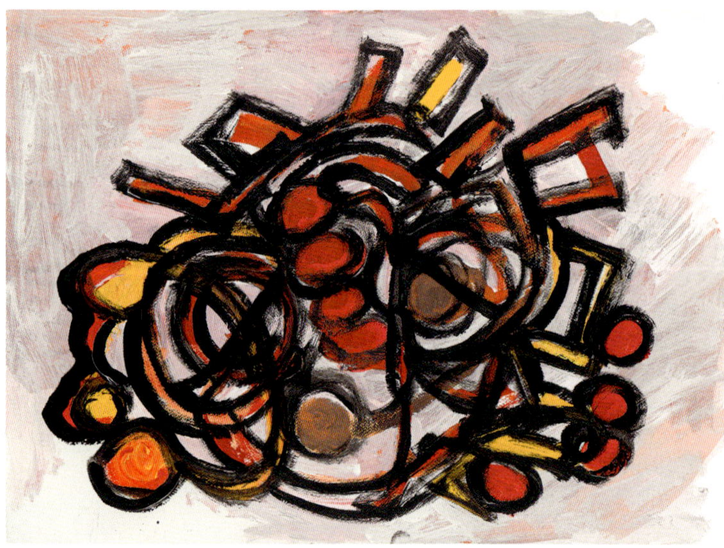

untitled: scatter, 3; 2019, 2019
untitled: bound, späte 1990er-Jahre
untitled: plump; 2017, 2017

1 Chair Figure, späte 1960er- / frühe 1970er-Jahre
untitled: coil, 2013

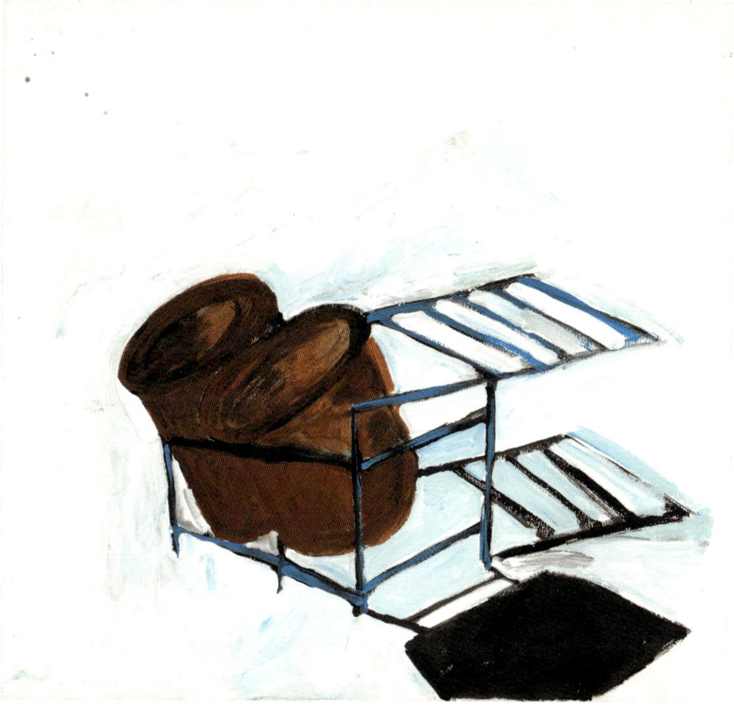

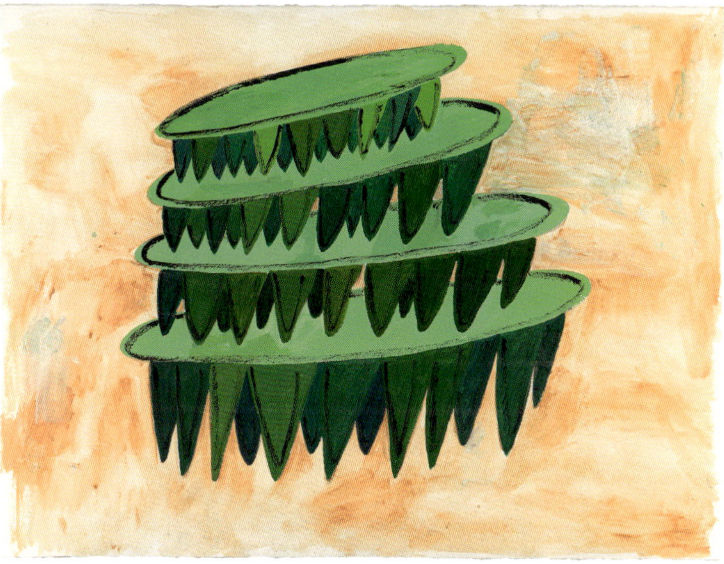

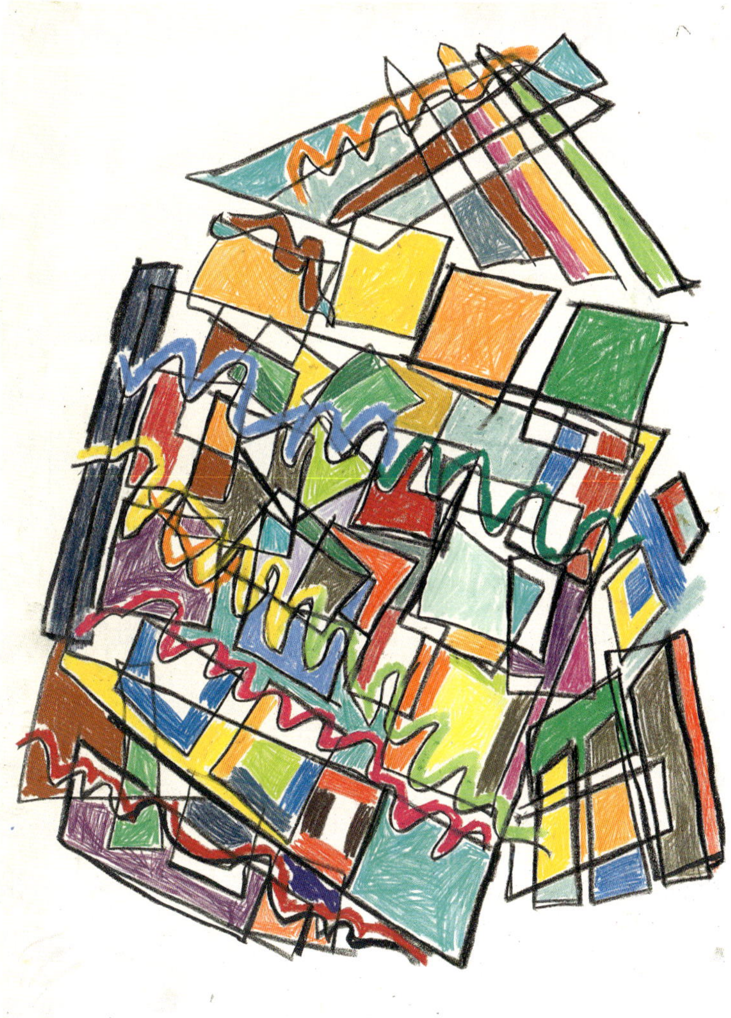

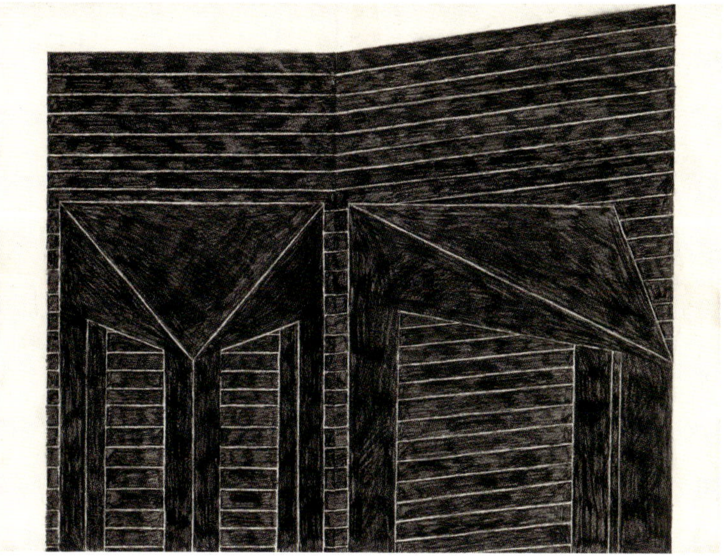

untitled, 2002
6 Bathing Hut, späte 1960er- / frühe 1970er-Jahre

untitled: pavilion; 2018, 2018
untitled, 1977–1980

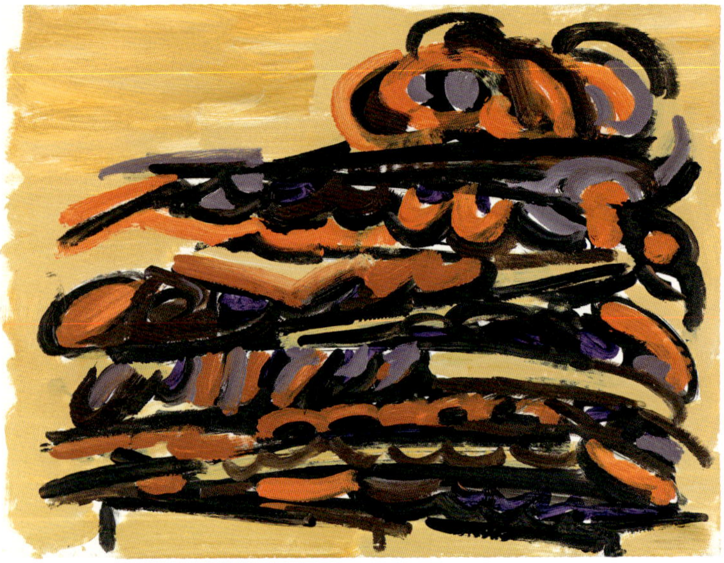

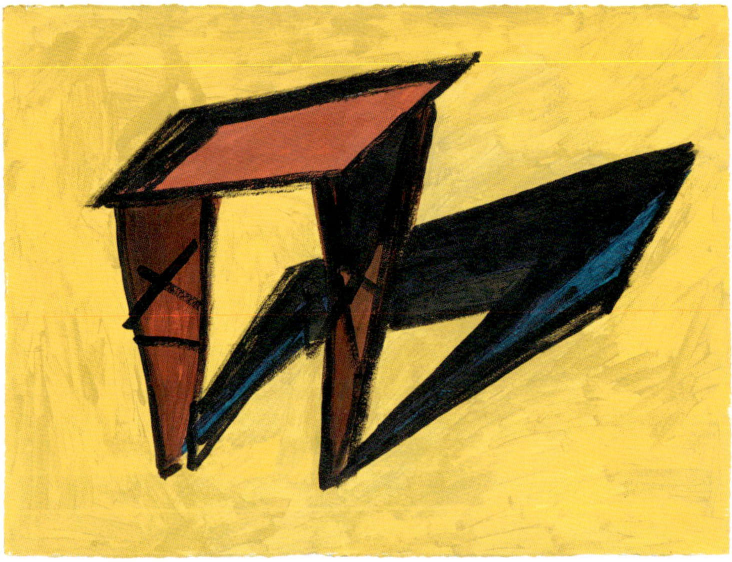

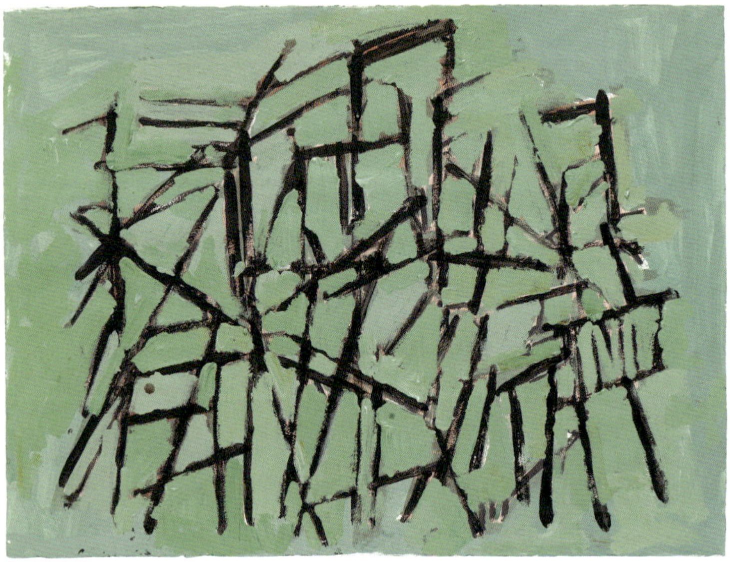

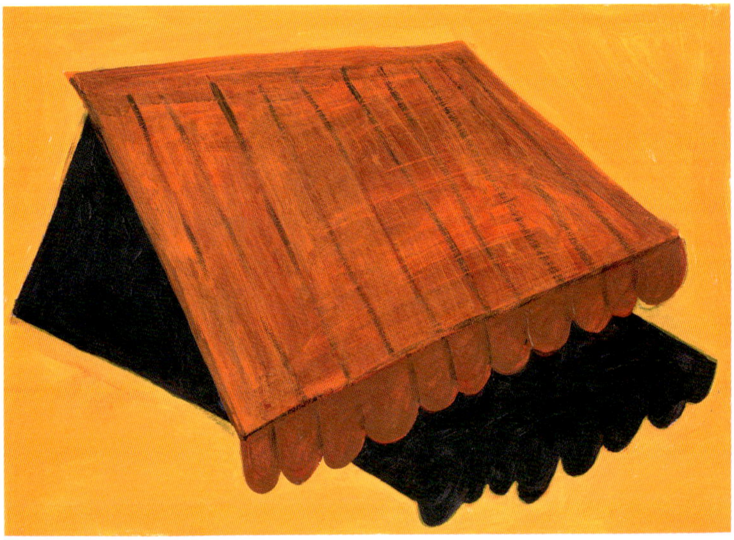

untitled, 2002
untitled: proposedhallstructure, 2011

untitled: lintel (cul.de.sac); 2018, 2018
untitled: awningred, 2014

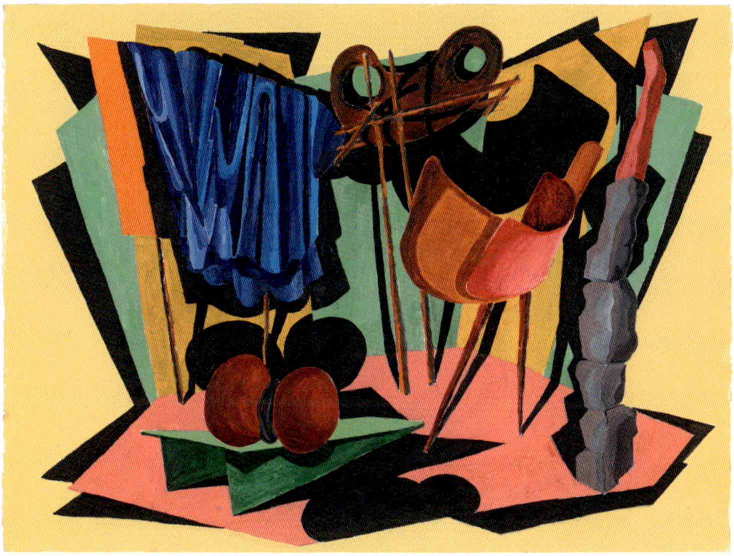

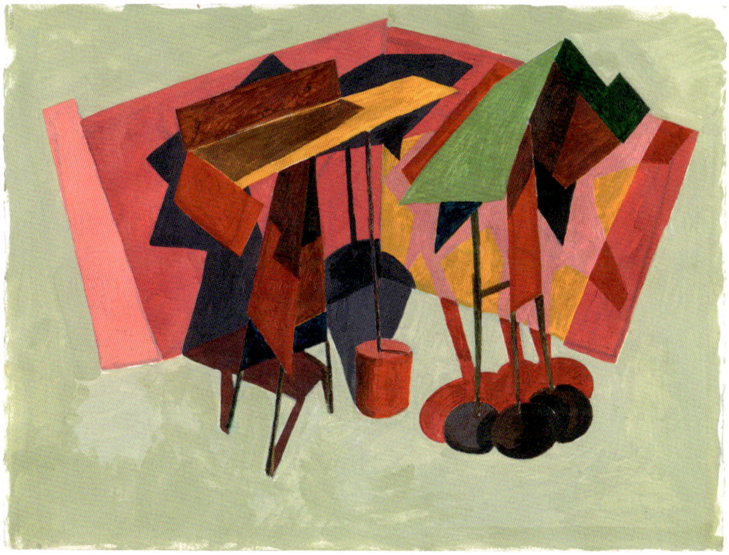

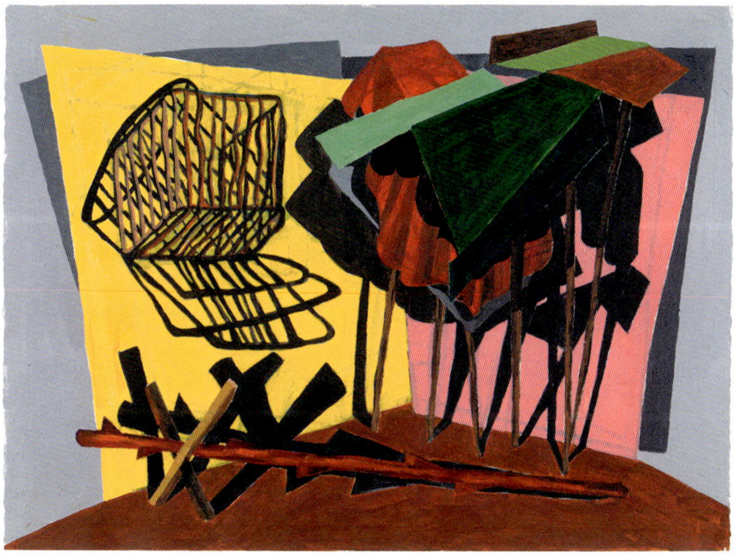

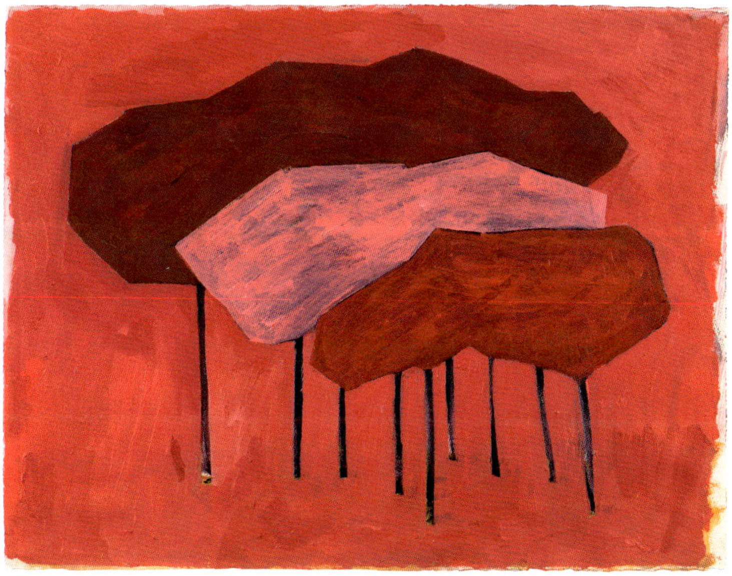

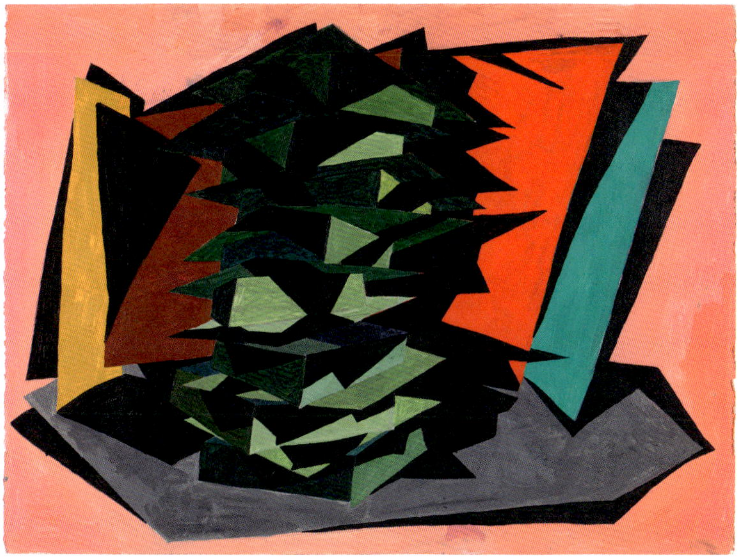

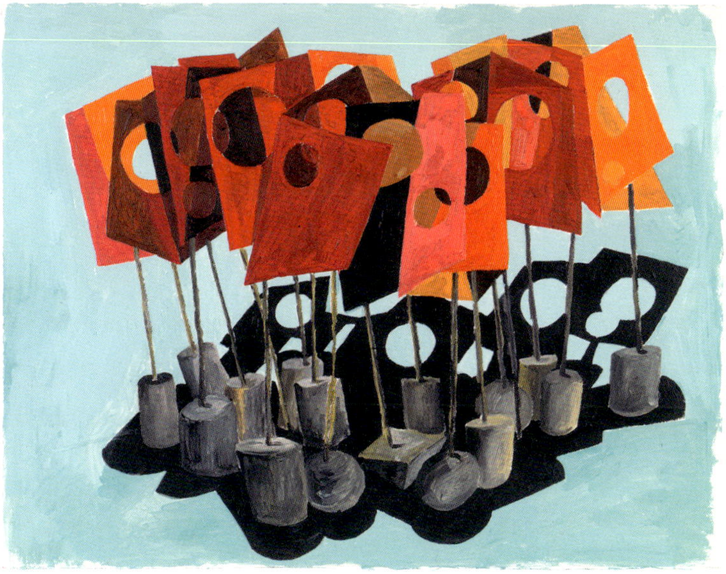

untitled: set 6; (blue tarp); 2020, 2020
untitled: set 4; 2020, 2020
untitled: set 3 (greenstack); 2020, 2020

untitled: set 2; 2020, 2020
untitled: 3 boulders; idomeneo; 2020, 2020
untitled: industrial units; idomeneo; 2020, 2020

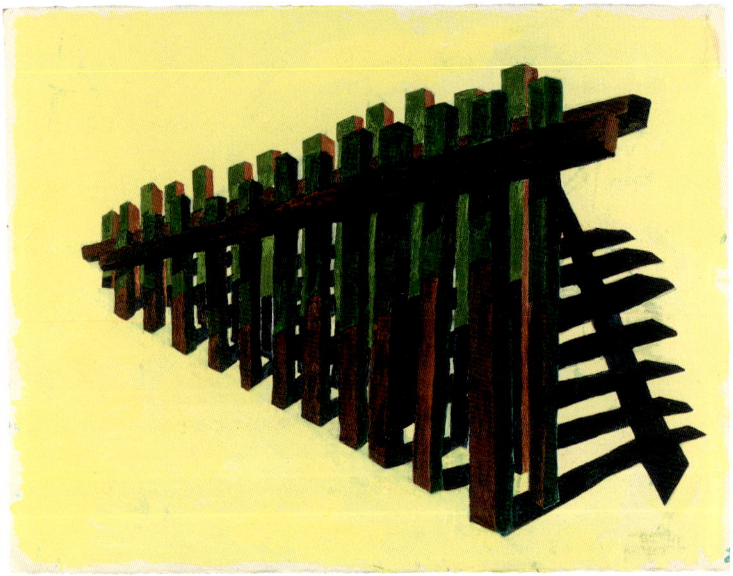

untitled: breakwater; idomeneo; 2020, 2020

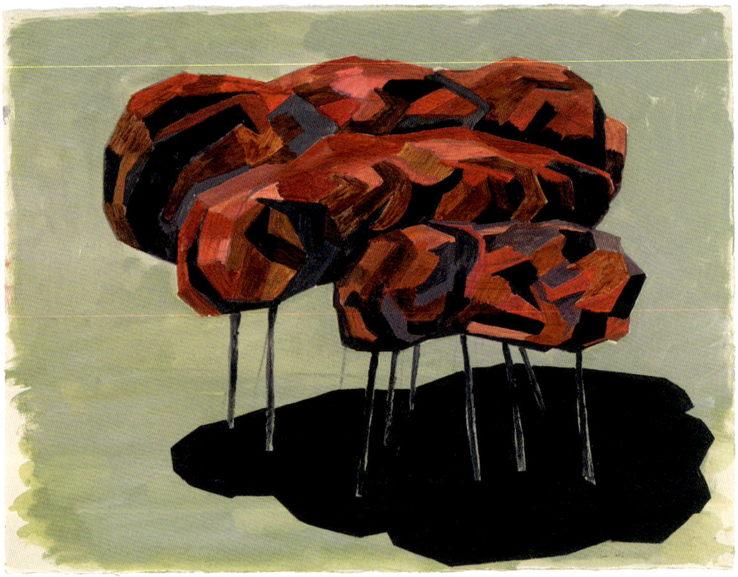

untitled: 3 boulders; idomeneo; 2020, 2020

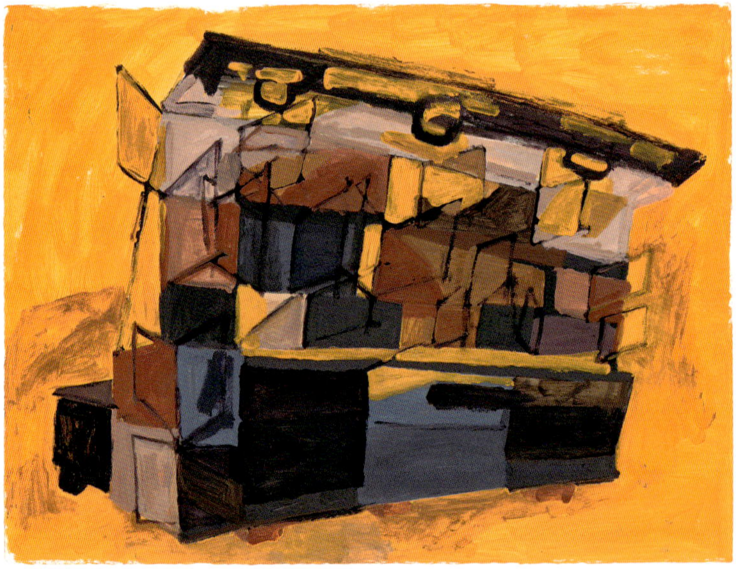

untitled: nighttimestall, 2011

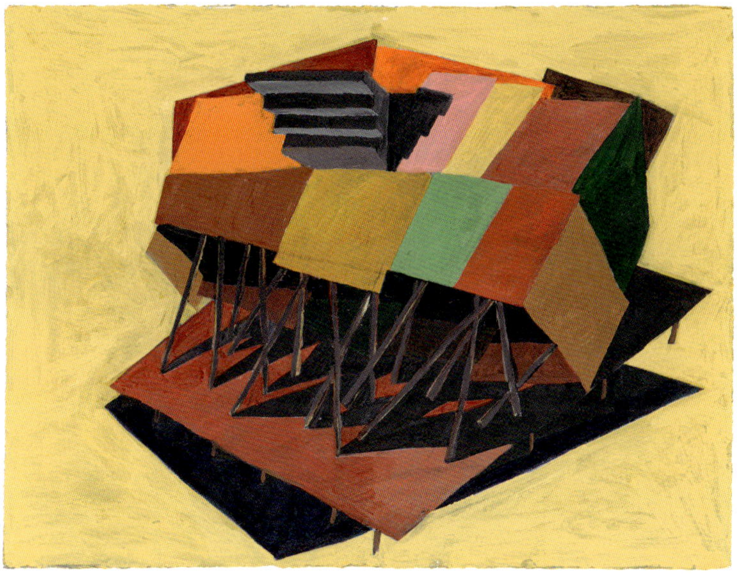

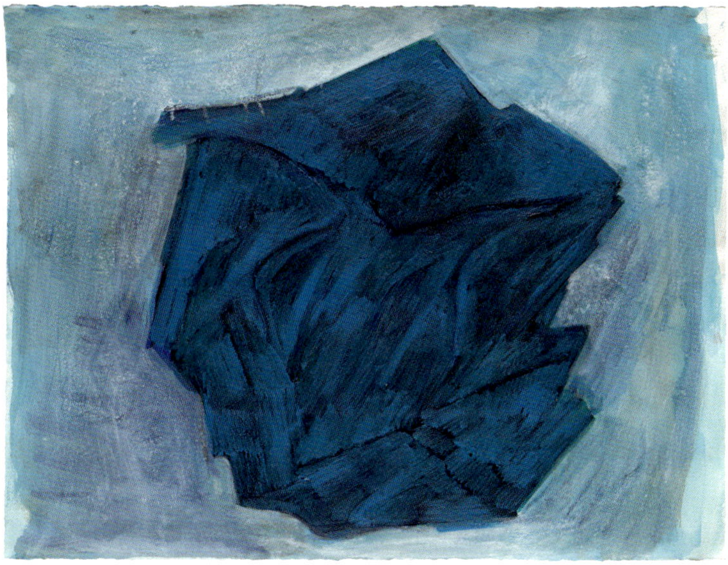

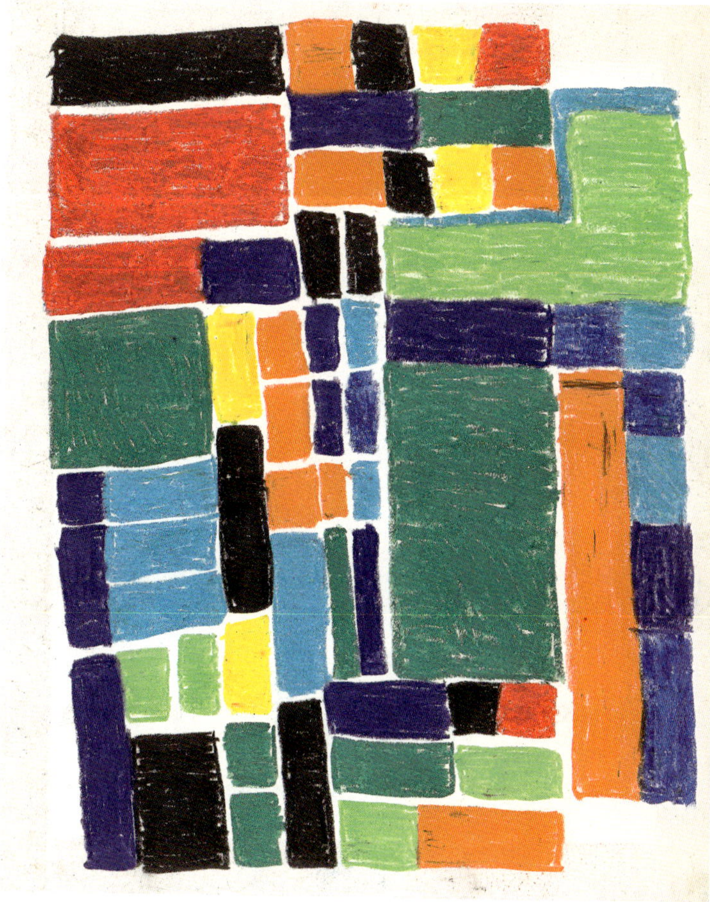

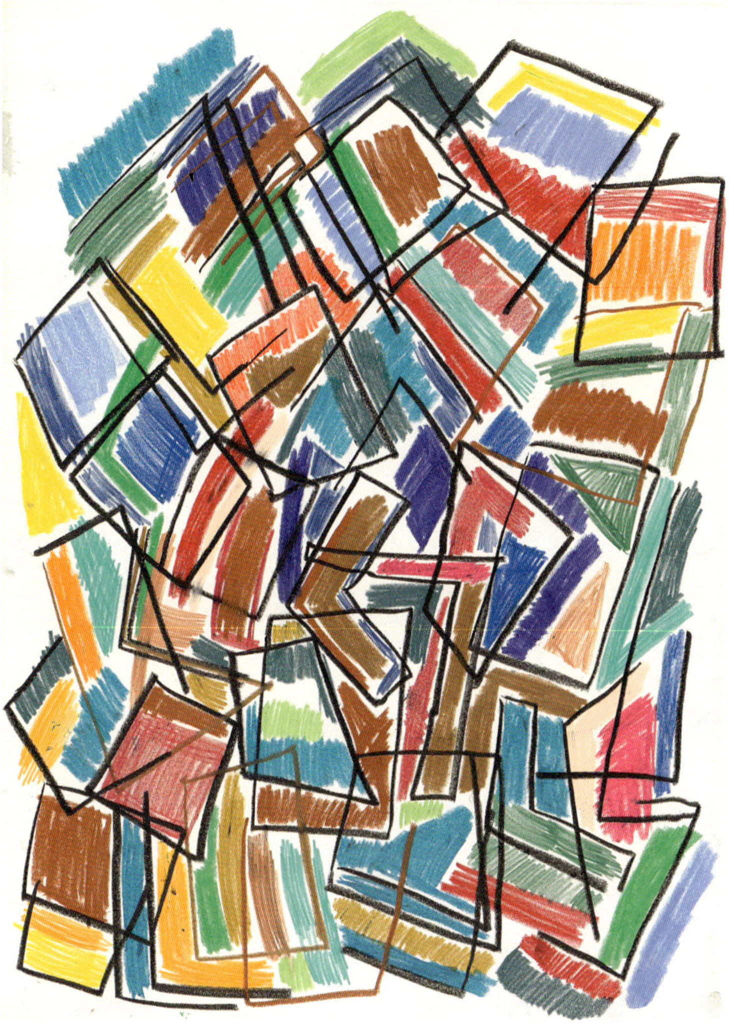

untitled: upturnedhouse 3; 2019, 2019
untitled, 1967–1970er-Jahre

untitled: blue(tarp); 2018, 2018
7 Bathing Hut, späte 1960er- / frühe 1970er-Jahre

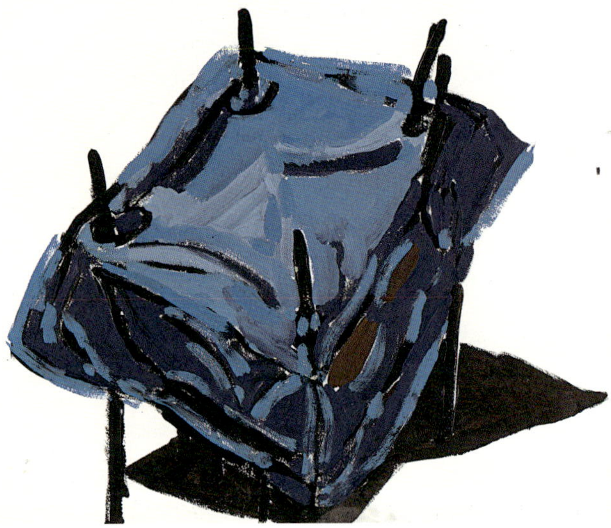

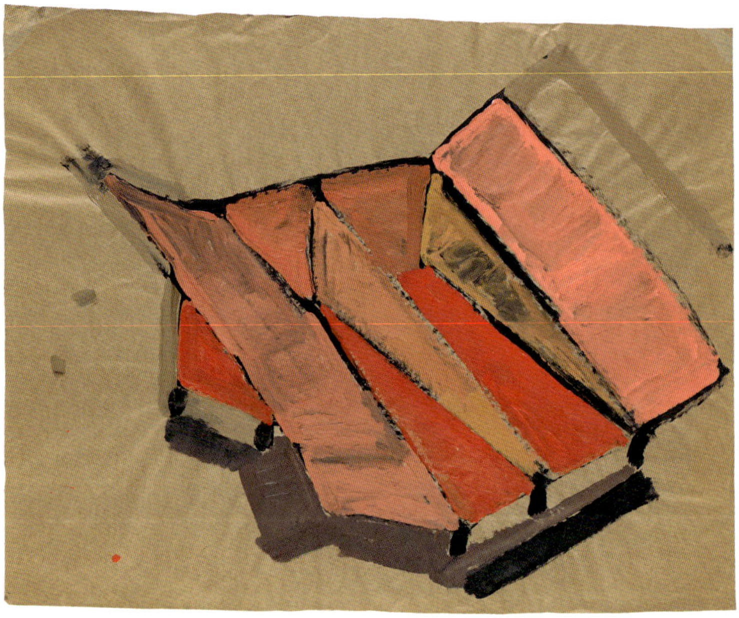

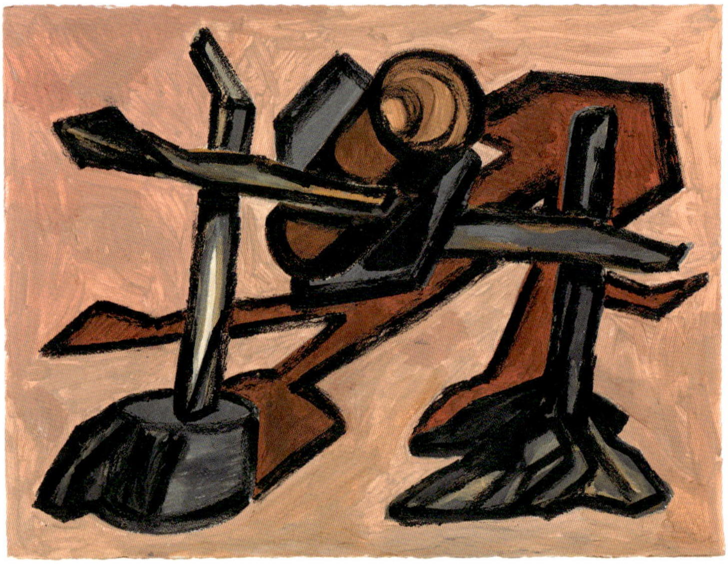

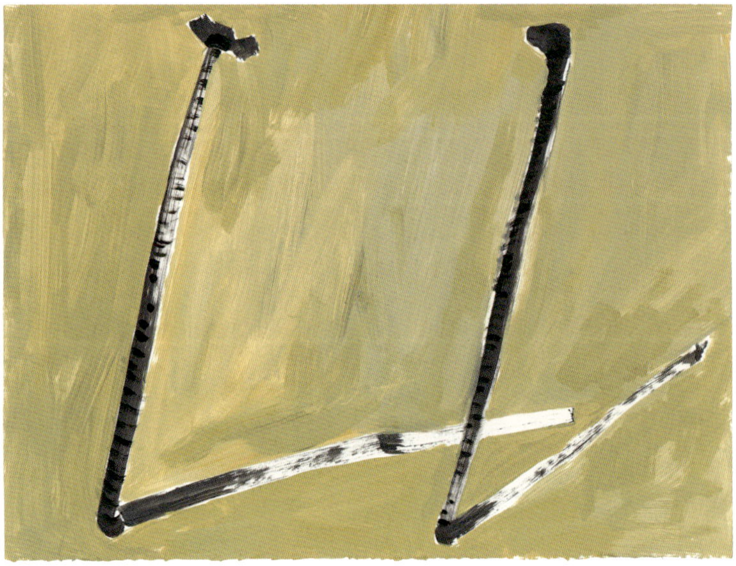

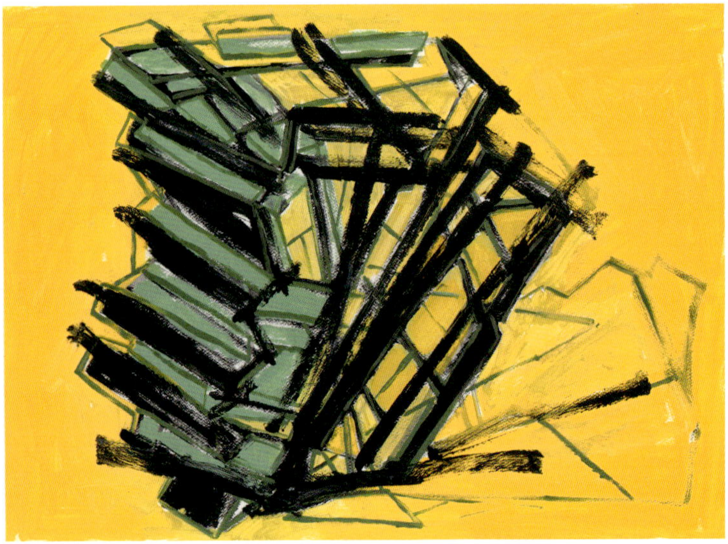

untitled, 2002
untitled: cul.de.sac (post stops); 2018, 2018
untitled: upturnedstaircase, 2014

untitled, 1999
untitled: props, 2010

Phyllida Barlow – Combine Sculpture
„Vielleicht denke ich nicht genug über Schönheit nach“
Ulrich Wilmes

Der Reichtum des bildnerischen Vokabulars der Werke von Phyllida Barlow eröffnet vielfältige Möglichkeiten der Kontextualisierung und Deutung. Dabei ist der Einsatz von Farbe von wesentlicher Bedeutung in Barlows bildnerischem Konzept. Es in seiner Tragweite vollständig auszuloten, würde den Rahmen dieser Betrachtungen sprengen. Daher widmen sie sich anhand von Fallbeispielen einem herausgelösten formalen Aspekt, der bestimmten historischen Voraussetzungen im Verhältnis plastischer und malerischer Komponenten in ihrer Arbeit nachspürt. Sie konzentrieren sich dabei auf anschauliche Analogien in Werken, die von einflussreichen Persönlichkeiten der amerikanischen Nachkriegskunst entwickelt worden sind.

Den Auftakt der Ausstellung bildet ein schier undurchdringlich wirkendes Dickicht aus farbigen Bannern. Diese sind aus leuchtend eingefärbten Stoffteilen zusammengenäht, die auf einfache hölzerne Stelzen gespannt sind, deren Füße mit orangefarbenen Sandsäcken beschwert werden. Die Banner lenken den Blick unwillkürlich nach oben, wie auf das Deckengemälde eines Sakral- oder Repräsentationsraums. Kein Weg führt durch sie hindurch, es führen nur Wege an ihnen vorbei. Es sei denn, die *untitled: 100banners; 2015* (Abb. S. 11) wären in einem Raum mit einer Empore installiert, die einen spektakulären Blick von oben auf das Fahnenmeer gewährt, das aus dieser Perspektive eine starke bildhafte Anmutung verströmen würde.

Es sind jedoch keine anschaulich vorgeprägten Bilder, an die Barlow in ihren plastischen Gebilden, die sie selbst „obstacles“, Hindernisse, nennt, anknüpfen will. Allein diese Bezeichnung beinhaltet schon eine Widerständigkeit gegen eine Vereinnahmung im Sinne von Wiedererkennbarkeit. Die vornehmliche Fokussierung auf gewöhnliche Gegenstände und Materialien des Bauens, des Formens und des Malens ruft mithin den Prozess der plastischen Gestaltbildung selbst als zugrunde liegendes Motiv auf.

Barlows teils massiv ausladende Werke richten sich gewöhnlich an einem vorgefundenen Raum aus, das heißt, sie sind nicht ortsspezifisch, sondern jeweils ortsbezogen: „Dem Umlaufen von Skulpturen eignet etwas, das die Möglichkeit eröffnet zu reflektieren, wie das Wandern in einer Landschaft. Die Größe der Skulptur eröffnet die unendliche Möglichkeit, sich über das Objekt selbst hinaus in andere Erfahrungsbereiche hineinzuversetzen.“[1] Die Betrachtenden als Erfahrungsträger werden so zum integralen Bestandteil des Werks. Der Prozess der Betrachtung ist nicht mehr nur Voraussetzung, sondern eine Funktion des Werks. So führt der Zutritt zum monumental dimensionierten zentralen Raum der Ausstellung direkt auf *untitled: screestage; 2013* (Abb. S. 20/21) zu respektive in die Arbeit hinein. Es handelt sich um eine hybride Konstruktion, die je nach Perspektive als ein verfallener Stollen oder eine ins Rutschen geratene schiefe Ebene wahrgenommen wird. Sie überragt zunächst die Betrachtenden, die die Plastik betreten wollen, fällt aber in einer leichten Biegung immer weiter zum Boden hin ab. Zwischen den unregelmäßig geformten Stempeln sieht man sich an einem Punkt unweigerlich gezwungen, aus der Installation herauszutreten – zumal von der Decke Auswüchse wie Stalaktiten in den Raum wachsen. Dann wird die besagte schiefe Ebene aus abstrakt bemalten Tafeln fassbar, die, in ihrer formalen Struktur allesamt einander ähnlich, das gesamte Farbspektrum abbilden.

Die plastischen Eigenschaften der dem urbanen Umfeld entlehnten materiellen ‚Versatzstücke‘ bilden das ‚tektonische‘ Gerüst der Werke, über oder in dem sich die Formelemente ab- oder überlagern. Ihre ästhetischen Aspekte treten dabei scheinbar hinter die körperliche Erfahrung der konstruktiven Gestalt zurück. Sicher ist sich Phyllida Barlow dieser Intention aber keineswegs, wenn sie bekennt: „Vielleicht denke ich nicht genug über Schönheit in meiner Arbeit nach, weil ich so neugierig auf andere Eigenschaften bin, abstrakte Eigenschaften von Zeit, Gewicht, Gleichgewicht, Rhythmus; Zusammenbruch und Müdigkeit im Vergleich zu den aufregenderen dynamischen Vorstellungen von vielleicht Haltung ... dem Zustand, in dem sich etwas befinden könnte. Wächst oder schrumpft es, geht es nach oben oder unten, faltet es sich oder entfaltet es sich?“[2]

Der Ereignischarakter des Werks vermittelt eine ästhetische Erfahrung von Wirklichkeit, welche permanenten Veränderungen ihrer inneren und äußeren Bedingungen unterliegt. Das heißt, die Wirklichkeit eines skulpturalen Werks wird weniger durch seinen *Objektcharakter* als vielmehr durch sein *körperbezogenes Verhältnis zum Material und zum Raum* bestimmt. Mit der Hinwendung zum „obstacle“ schafft sich Barlow den Raum, den Begriff des Plastischen über medial verengte Grenzen hinaus in überwältigender Virtuosität zu thematisieren und auszuformulieren. Entscheidende Paradigmenwechsel in der Skulptur der Moderne werden von ihr radikal vollstreckt.

Die Vorstellung, dass potenziell jeder Gegenstand zum Kunstwerk taugen kann, wurde von Marcel Duchamp mit der Einführung des Readymade nachhaltig manifestiert. Daran anknüpfend, formulierte Joseph Beuys mit dem Konzept der „sozialen Plastik“ den Anspruch einer Kunst, die nicht aus der Lebenswelt abgeleitet wird, sondern unmittelbar in sie hineinwirkt und dort das kreative Potenzial freisetzt, das im Wesen der menschlichen Natur verankert ist – womit jeder Mensch als Künstler angesehen werden kann. Mit diesen wesentlichen Parametern, die im Werk der genannten Künstler ihre Ausformung fanden, wurden Leitlinien zu einer künstlerischen Praxis gelegt, die der Integration von Kunst und Leben aus unterschiedlichen Perspektiven Vorschub leisteten.

Ein entschiedenerer Impuls für die Entwicklung der Kunst nach 1945 ging offenkundig von der Malerei aus. Der Abstrakte Expressionismus in Amerika sowie das Informel, die École de Paris und der Nouveau Réalisme in Europa vollzogen eine radikale Abkehr vom traditionellen Verständnis der Malerei. Die Erweiterung der Bedingungen des Tafelbilds betraf nicht nur formale Probleme der Malerei, sondern reichte so weit, ihre Identität grundsätzlich infrage zu stellen. Es war die Verwirklichung eines ungeheuren Anspruchs, wodurch die Voraussetzungen geschaffen wurden für eine formale Verknüpfung und wechselseitige Durchdringung der künstlerischen Medien und Gattungen.

Die Neuformulierung der Bedingungen einer zeitgenössischen Bildkunst resultierte zum einen aus einer absoluten Konzentration der bildnerischen Mittel auf einige wesentliche Struktur- beziehungsweise Erscheinungsmerkmale. Diese betrafen die Vereinfachung der Bildstruktur auf der Basis eines beschränkten Inventars an wenigen Gestaltelementen sowie die Einführung und Bevorzugung großer Bildformate, die die Unterscheidung von begrenztem Bildfeld und beschränktem Blickfeld der Betrachtenden herausforderten. Damit verbunden waren eine Anerkennung des Objektcharakters des Bildes und daraus folgend die Überwindung der räumlichen Trennung von Bild- und Betrachterraum. Auf der Basis dieser formalen Konzentration der bildnerischen Mittel erwuchs die Aufhebung der Unterscheidung zwischen dem Bild als Bild und dem Bild als Objekt zu einem der zentralen Probleme der Malerei.

Dem standen auf der anderen Seite Ansätze einer realistischen Bildkunst gegenüber, die auf der Grundlage einer tradierten Malerei das Bild als Träger sowohl einer ästhetischen Botschaft als auch einer inhaltlich mehr oder minder eindeutigen Aussage / Geschichte / Erzählung definierten. Unter der Doktrin des Kalten Krieges eskalierte der Diskurs über den Gegensatz von Abstraktion und Repräsentation zu einer ideologischen Auseinandersetzung um die Autonomie der Kunst. Diese wurde von westlicher Seite als Antithese zur gesellschaftlichen Instrumentalisierung realistischer Darstellungen der äußeren, alltäglichen Wirklichkeit durch die sozialistischen Systeme ausgerufen. Die uneingeschränkte Favorisierung der Abstraktion bestimmte das Konzept der *II. documenta* von 1959, für die Werner Haftmann die provozierende Grundthese ausgab, dass „die reproduktive […] heute durch eine evokative Kunst ersetzt“ worden sei. Die „Abstraktion als Weltsprache“ wurde dabei zum Synonym für Freiheit stilisiert, indem sie „als die unmittelbarste Weise der Konfrontation mit der Wirklichkeit und den Tatsachen des Daseins […], die dem menschlichen Geschlecht je möglich war“ erschien, während „die ganze große Domäne der Auseinandersetzung mit den optischen Erscheinungen der Gegenstandswelt nur noch schwache Impulse herzugeben vermag“.[3] Diese dem restaurativen Klima und ungebrochenen Fortschrittsdenken der Nachkriegsgesellschaften geschuldete Einschätzung verfestigte einen Rückzug der „Westkunst“ aus einem wirklichkeitsrelevanten, historischen Bezugsfeld. Dieser Rückzug (be)traf sowohl die Malerei als auch (in abgeschwächter Form) die Skulptur.

Ungeachtet dieser widerstreitenden Positionierungen etablierten sich zeitparallel andere innovative künstlerische Strömungen, welche die Rückgewinnung der Beziehung zwischen künstlerischer Wirklichkeit und alltäglicher Lebenswirklichkeit zu bewerkstelligen suchten. Diese gründeten einerseits auf der affirmativen Aneignung von gewöhnlichen Gegenständen, um andererseits die Allgegenwärtigkeit der Bilder in ihrem Einfluss auf die Wahrnehmung der Wirklichkeit erstmals kritisch zu beleuchten. Die Bilder verhalten sich dabei weitgehend indifferent gegenüber ihren Vorbildern und überlassen es dem Betrachter, entsprechend seiner jeweiligen sozialen Konditionierung eine Wertigkeit herzustellen. In gewissem Sinne können diese Ansätze als eine Anlehnung an das dadaistische Konzept des „Objet trouvé“ und Marcel Duchamps Steigerung zum Readymade im Modus der Malerei aufgefasst werden.

Der Transzendierung des Bildes und seiner metaphysischen Deutung wurde von Künstlern wie Robert Rauschenberg und Jasper Johns eine bildlich-malerische Praxis entgegengestellt, die eine neue Form von Realismus zur Anschauung brachte. Ihre formalen Ansätze basierten auf der direkten Integration alltäglicher Dinge in die Malerei. Während Robert Rauschenberg eine abstrakt-expressive Malerei mit diversen gefundenen Gegenständen anreicherte, indem er sie direkt in die Bilder einfügte, griff Johns allgegenwärtige Motive wie die amerikanische Flagge auf, die er in Malerei übertrug, sodass die Differenz zwischen dem realen Objekt und seiner bildlichen Darstellung verschliffen wurde.

Rauschenbergs künstlerische Haltung war zeitlebens geprägt von der extremen dynamischen Offenheit, einmal erreichte Positionen infrage zu stellen und hinter sich zu lassen, um neuen Ideen Raum zu verschaffen. Er suchte beständig nach formalen und inhaltlichen Grenzen, die er ausdehnen konnte und überschreiten wollte, getrieben von der Frage, was ein Gemälde zu beinhalten vermag, die Dinge des Lebens selbst oder nur deren Abbildung? Eine Frage, die Gary Garrels 2017 anlässlich der Eröffnung von Rauschenbergs posthumer Retrospektive im San Francisco Museum of Modern Art mit seiner Feststellung treffend beantwortete: „Bob pflegte herauszufinden, wie weit man mit einem Kunstwerk gehen kann und dann dennoch ein Kunstwerk hat. [...] Er war der große Manipulator von Bildern und der große Allesfresser von Bildern."[4]

Rauschenbergs interdisziplinäre und gattungsübergreifende Experimente waren wegweisend für seine Zeitgenossen sowohl in der Malerei als auch in der Skulptur beziehungsweise Plastik und in der Performance. In seinen auf diesem Weg herausragenden *Combine Paintings*, die er ab 1954 entwickelte, verknüpfte Rauschenberg Malerei mit alltäglichen Objekten. *Combines* sind als Hybride weder Gemälde noch Skulpturen oder Plastiken. Sie erweitern Bilder sowohl in den alltäglichen als auch den „realen Raum", ganz im Sinne von Donald Judds Definition des Begriffs.[5] In den so erschaffenen Werken erscheinen plastische Gebilde als Funktion von Malerei respektive Gemälde als Funktion plastischer Gebilde. Rauschenberg vollzog die Entwicklung zu den *Combines* vor dem Hintergrund der unmittelbar vorangegangenen Serie der *Red Paintings*, in denen bereits Papier- und Stofffragmente eingefügt waren, die aber strikt der malerischen Überarbeitung unterworfen blieben.

In einer der frühesten Ausprägungen des Neuansatzes verlieh Rauschenberg in *Collection* (1954/55; Abb. 1) den eingefügten Gegenständen eine stärkere formale Gewichtung als der Malerei, die im Gestus des Abstrakten Expressionismus agierte. Zusammengesetzt aus drei Tafeln, hielt es fest am zweidimensionalen Format, in das gegenständliche Elemente eingebracht wurden. Die Ausdehnung des Bildfelds in das Plastisch-Räumliche erscheint allerdings noch recht verhalten.

Zuvor hatte Rauschenberg *Minutiae* (1954; Abb. 2) als Bühnendekoration für Merce Cunninghams gleichnamige Tanzperformance nach John Cages *Music for Piano 1–20* (1952/53) entworfen. Es besteht aus zwei Elementen, die durch Holzleisten stabilisiert und auf Abstand gehalten werden, sodass die Tänzer sich hindurchbewegen können. So vermittelt die Arbeit den Eindruck eines Paravents. Die Vorstellung von Durchlässigkeit wird auch durch die herabhängenden Tücher im größeren Bildsegment hervorgerufen. Die Oberflächen beider Elemente enthalten eine reiche „Ansammlung" von Fragmenten unterschiedlicher Materialität, die durch die fleckigen, tropfenden Pinselspuren der pastosen Bemalung miteinander verschmolzen sind. An *Minutiae* wird deutlich, dass Rauschenbergs Konzept der *Combine Paintings* von Anfang an auf eine Erweiterung der malerischen Bildfläche in Gestalt eines plastischen Objekts angelegt war.

Mit seinem kongenialen Partner Jasper Johns verbanden ihn die gleichen Intentionen einer Erneuerung der Malerei. Allerdings folgte jener einer anderen Sichtweise bezüglich des Verhältnisses von Kunst und Wirklichkeit. Seine Bildgegenstände und sein Bildbegriff waren auf den Objektcharakter sowohl der Motive als auch ihrer Darstellung ausgerichtet. Johns' Ansatz basierte auf der Übernahme von Motiven mit einem unmittelbaren Wiedererkennbarkeitswert. Die amerikanische Flagge stellte für ihn ein symbolträchtiges Vor-Bild dar, das er eins zu eins in Malerei übertrug, sodass beide in Format und Inhalt identisch erscheinen. In dieser Vorgehensweise nahm Lucy R. Lippard eine „Identitätskrise" wahr, in die Johns die Malerei geführt habe.[6] Johns war die Problematik der „Identität" seiner Werke sehr bewusst, wie er in einem Interview mit Walter Hopps dargelegt hat: „Das Ziel schien mir, eine bestimmte Art von Beziehung zu der Weise, wie wir sehen, und zu den Dingen in der Welt, die wir sehen, zu entwickeln, und das ist dieselbe Art von Beziehung wie bei der Flagge. Wir sagen, dass sich das automatisch ergibt. Man neigt automatisch dazu, dies zu tun, aber man sieht, dass es Beziehungen gibt, die man herstellen kann, und diese scheinen mir die Beziehungen zu sein, die man zwischen zwei Bildern herstellen könnte. Es sind beides Dinge, die gesehen und nicht angeschaut werden."[7]

Max Imdahl deutete diese Einschätzung in Bezug auf *Flag* (1954/55; Abb. 3): „Die gemalte Fahne ist der wirklichen Fahne unmittelbar angenähert. Bezeichnetes und Bezeichnendes werden identisch, fallen in eins. Die Identitätskrise ist bedingt durch die Zweidimensionalität sowohl des Bezeichneten als auch des Bezeichnenden."[8] Woraus sich folgerichtig die von Alan R. Solomon gestellte Frage ableitete: „Is it a flag, or is it a painting?"[9]

Die gleiche Beziehung zwischen Werk und Objekt besteht auch bei den *Painted Bronzes* (1960), Abgüssen von Bierdosen oder einer Kaffeedose, die Johns als Behälter für Pinsel diente. Sie sind so detailgetreu bemalt, dass sie die Illusion des tatsächlichen Gegenstands erwecken. Sie sind in der Anschauung quasi nicht unterscheidbar, allein durch die Berührung wird ihre Beschaffenheit greifbar.

Die Begegnung mit den berückenden Werken von Phyllida Barlow ruft – vergleichbar mit den bildnerischen Konzepten von Rauschenberg und Johns – ebenfalls eine Verknüpfung von plastischen und malerischen Gestaltmerkmalen auf. Im Unterschied zu ihnen erwächst Barlows Formensprache jedoch aus der quasi umgekehrten Perspektive. So wie Robert Rauschenberg und Jasper Johns als *Maler* agierten, ist Phyllida Barlows Selbstverständnis in erster Linie das einer *Bildhauerin*, dies im Bewusstsein, dass in beiden Fällen die Begriffe zu kurz greifen, da die gattungsspezifischen Grenzverschiebungen zu nachhaltigen formalen Überlagerungen geführt haben.

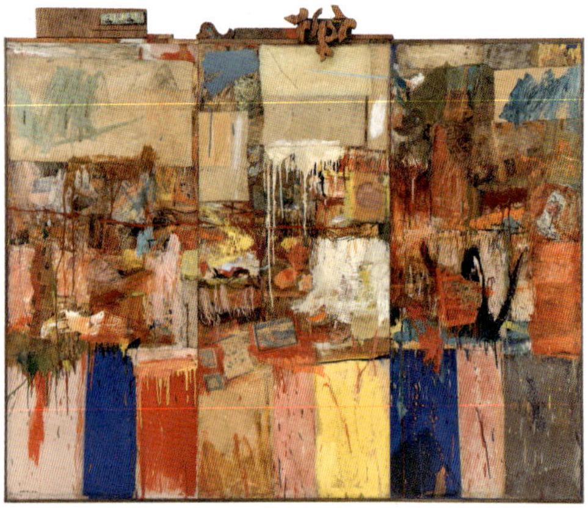

1

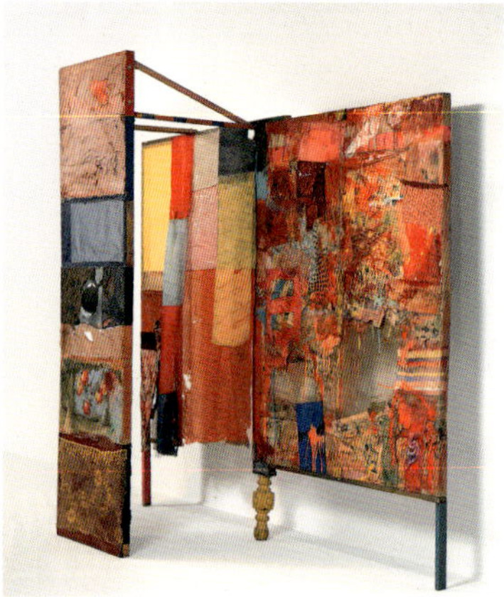

2

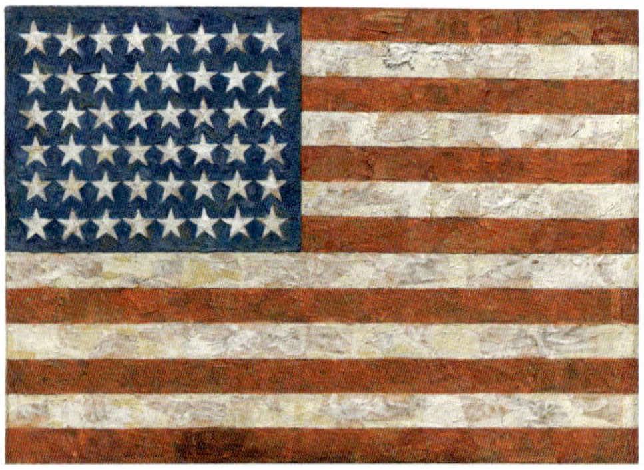

3

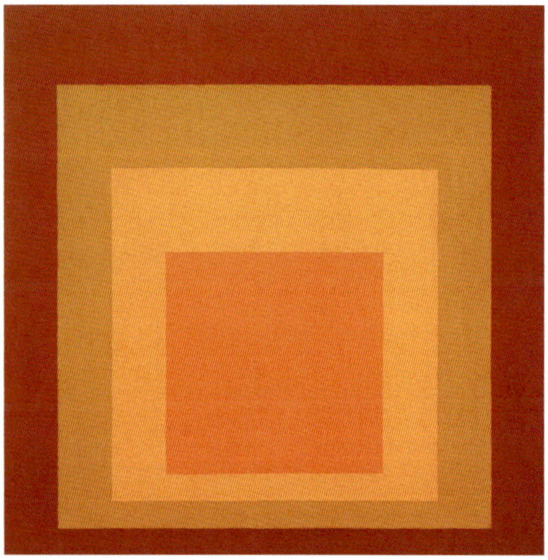

4

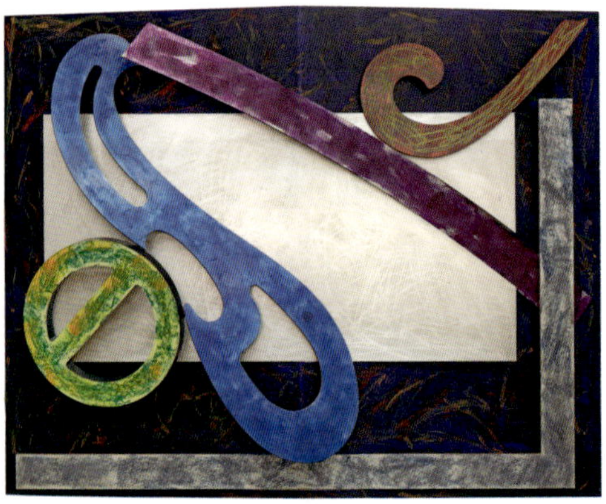

5

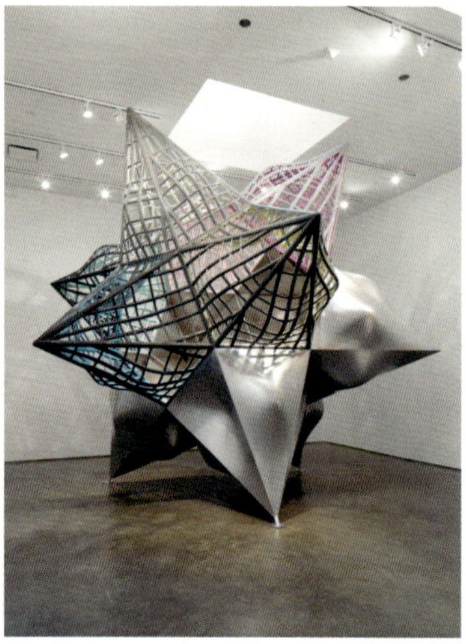

6

1:
Robert Rauschenberg, *Collection*, 1954/55, Stoff, Öl, Papier, Farbe, Zeitung, gedruckte Reproduktionen, Holz, Metall, Spiegel, Leinwände, 203,2 × 243,8 × 8,9 cm.
San Francisco Museum of Modern Art, Schenkung von Harry W. und Mary Margaret Anderson

2:
Robert Rauschenberg mit Jasper Johns, *Minutiae*, 1954, Öl, Papier, Stoff, Zeitung, Holz, Farbmusterkarte, Grafit, Metall, Plastik, Spiegel auf Holz.
Installationsansicht, Privatsammlung, Schweiz

3:
Jasper Johns, *Flag*, 1954/55,
Enkaustik, Öl, Collage auf Stoff, Sperrholzpaneele, 107,3 × 153,8 cm.
The Museum of Modern Art, New York

4:
Josef Albers, *Study for Homage to the Square: High Autumn*, 1957, Öl auf Masonit, 56 × 56 cm.
Dauerleihgabe der Adolf und Luisa Haeuser-Stiftung für Kunst- und Kulturpflege,
Städel Museum, Frankfurt am Main

5:
Frank Stella, *Bonin Night Heron No. 1*, 1976,
Acryl auf Aluminium, 275 × 350 × 65 cm.
Museum Ludwig, Köln

6:
Frank Stella, *Jasper's Split Star*, 2017,
Aluminium.
Ausstellungsansicht, *recent works*,
Marianne Boesky Gallery, New York, 2017

Barlows Werke verzichten auf jede Appropriation alltäglicher Gegenstände. Sie geben keine anschaulichen Verweise vor. Vielmehr nötigen sie den Betrachtenden ab, selbst eine individuelle, subjektive *Bild*-Sprache zu entwickeln, die in den von ihr verwendeten, der Alltagswelt entstammenden Materialien wurzelt. Obgleich die Werke abstrakt sind in ihren Formulierungen, drängen sich immer wieder Metaphern vor das Auge der Betrachtenden.

Daniela Stöppel hat in ihrem Text über „Das Skulpturale an sich" bei Phyllida Barlow diese formale Vorgehensweise sehr treffend beschrieben: „Mögliche Referenzen von Barlows Skulpturen auf real existierende Objekte werden von der ihnen eigenen Dinghaftigkeit immer wieder eingeholt. So erinnern viele ihrer Arbeiten zwar an Gegenstände aus dem öffentlichen Raum, wie Zäune, Poller, Rohre, Rampen, Gitter, Absperrungen und ähnliches. [...] Diese Bezüge sind jedoch weniger als inhaltliche Kommentare zu lesen, sondern vielmehr umgekehrt: Sie lassen die Konstrukte im öffentlichen Raum als ebenfalls plastische Gebilde erkennbar werden."[10]

Diese Beschreibung der Beziehung zwischen Alltäglichem und Künstlerischem in Barlows Werk trifft sich explizit mit Johns' Unterscheidung von „Betrachten und Ansehen". Haben die Betrachtenden *untitled: screestage; 2013* umlaufen, richtet sich die ganze Aufmerksamkeit auf die sich stapelnden bemalten Tafeln, die durch die organisch-amorphen Stempel vor dem Abrutschen von der schiefen Ebene bewahrt werden. Die Tafeln offenbaren den seriellen Charakter einer gleichgearteten formalen Struktur, die als Barlows Würdigung von Josef Albers' Gemäldezyklus *Homage to the Square* (Abb. 4) gelesen werden mag. Sie zeigen durchgängig eine unregelmäßige monochrome Binnenform, die sich in das quadratische Format einfügt und nur einen schmalen Rahmen belässt. Figur und Grund sind jeweils farbig unterschieden. Sie umfassen das gesamte Farbspektrum, wobei die warmen Töne Gelb, Orange und Rot eine gewisse Dominanz ausstrahlen. Die formale Struktur und die Farbgestalt weisen die Tafeln denn auch eher als Gemälde aus denn als bemalte, aufgeschichtete Platten, wohingegen die betonte Materialität der Farbe und der grobe Duktus ihres Auftrags der Modellierung und den Oberflächen der Stützelemente entsprechen.

Im benachbarten Raum konfrontiert *untitled: stockade; 2015* (Abb. S. 153) die Betrachtenden mit einer Plastik, die nahezu vollständig aus *Bildern* zusammengefügt ist. Jedes einzelne besitzt eine individuelle abstrakte Komposition. Darauf gesetzt sind ineinander verschachtelte flache Quader, die monochrom bemalt sind. Als Ganzes wird die Arbeit von zu einer Seite hin aufgeschichteten niedrigen, palettenartigen Elementen in eine Schräge versetzt. Abgesehen von dem erneuten Gefährdungspotenzial, das sich den Betrachtenden wie bereits auch in *untitled: screestage; 2013* durch die suggerierte Instabilität der Konstruktion aufdrängt, vermittelt die Plastik eine spielerische Unordnung, die durch die expressive Farbgestalt noch verstärkt wird. *untitled: stockade; 2015* wirft in seiner dekonstruierten Objekthaftigkeit die Frage auf: Ist es eine malerische Plastik oder ein plastisches Gemälde?

Die Konzeptualisierung des Werkbegriffs in der Nachkriegskunst lieferte einen wesentlichen Ansatz zur Lösung des Widerspruchs zwischen ästhetischer Theorie und künstlerischer Praxis. Frank Stella hat im Verlauf seiner Werkentwicklung vor dem Hintergrund hybrider Übergänge von malerischen zu plastischen Prozessen wesentliche Wendungen vollzogen. Im Zuge dessen bewegte er sich Schritt für Schritt von seiner minimalistischen Malerei, die sich jeder Bildtiefe verweigerte, zu einer Bildsprache, die er zusehends an die Schnittstelle zur Skulptur heranführte. Beispielhaft kann dieser Weg anhand von Gemälden wie *Die Fahne hoch* (1959, Whitney Museum of American Art, New York), *Empress of India* (1965, The Museum of Modern Art, New York) und *Isfahan* (1969, Sammlung Henkel), Reliefs wie *Bonin Night Heron No. 1* (1976; Abb. 5) und jenen aus der Serie *Cones and Pillars* (1984–1987) oder Skulpturen wie *Fentsch* (1992, Privatsammlung) und *Jasper's Split Star* (2017; Abb. 6) nachverfolgt werden.

Als wegweisender Impulsgeber der Minimal Art formulierte Stella sein malerisches Konzept, das seine Bildgestalt grundsätzlich gegen die Bedingungen eines wie auch immer vorab festgelegten – zumeist rechteckigen – Bildformats ausrichtete. Dem stellte er seine Auffassung von einer „nicht-relationalen" Malerei gegenüber, deren wesentliches Merkmal die additive Zueinanderordnung einfacher bildimmanenter Strukturen war. Die so durch seine Strukturelemente erzwungene Bedingtheit des Bildformats definierte das Bild als „Shaped Canvas" und beförderte dessen Anschauung als Bild-Objekt: „Meine Malerei basiert auf der Tatsache, dass nur das, was dort zu sehen ist, auch dort ist. Es ist wirklich ein Objekt. Jedes Gemälde ist ein Gegenstand, und jeder, der sich genügend darauf einlässt, muss sich letztlich der Gegenständlichkeit dessen, was er tut, stellen. Er macht ein Ding."[11]

Doch im Gegensatz zu der von Rauschenberg und Johns vorgetragenen formalen Praxis kombinierte Stella seine ins Dreidimensionale strebenden Reliefs nicht mit Gegenständen der Alltagswelt, sondern ergänzte sie um sich verkomplizierende abstrakte Collageelemente, die sich in barocker Opulenz türmten, gefasst in eine expressive Buntheit oder materielle Monochromie. Unter diesem Gesichtspunkt erscheinen die plastischen Wandbilder von Barlow in vergleichbarer Manier, ohne sich freilich einer ähnlich ausschweifenden Fülle zu bedienen. Werke wie *RIG: untitled; broken shelf 3* (2011; Abb. S. 56/57) kennzeichnet eine strukturelle

Anhäufung hölzerner Bruchstücke, die farbig gefasst sind. Ihre Fassungen wurden jedoch nicht durch Malprozesse bewerkstelligt, sondern mittels der Umwicklung mit bunten Stoffen. Die malerische Wirkung erzielt Barlow mithin durch eine plastische Handhabung von *Farbstoffen* im wörtlichen Sinne, vergleichbar den formalen Eigenschaften, wie sie Robert Rauschenberg in seiner Serie der *Jammers* (1975/76) umgesetzt hat.

Die einzelnen Elemente von *untitled: awnings; 2013* (Abb. S. 24/25) veranschaulichen ein ähnliches Prinzip in einer raumgreifenderen Form. Hier hängen die Stoffbahnen lose über schräg in der Wand befestigte Halterungen. Durch die Art und Weise, in der Barlow eingefärbte Stoffe in ihrer spezifischen Handhabung als Farbmaterie benutzt und gleichzeitig als flexible Formelemente gestaltet, erschafft sie Überlagerungen und Verknüpfungen von plastischen und malerischen Kategorien, unter deren Methodologie sich Phyllida Barlows bildnerisches Konzept mit der Bezeichnung Combine Sculpture erfassen lässt.

1 „There's something about walking around sculpture that has the possibility of being reflective, like walking through a landscape, the largeness of sculpture has that infinite possibility to make one engage beyond just the object itself and into other realms of experience." Phyllida Barlow, zit. nach *Phyllida Barlow ...later*, Ausst. Hauser & Wirth, New York, www.hauserwirth.com/hauser-wirth-exhibitions/4283-phyllida-barlow-later (10.8.2020).

2 „Maybe I don't think enough about beauty in my work because I'm so curious about other qualities, abstract qualities of time, weight, balance, rhythm; collapse and fatigue versus the more upright dynamic notions of maybe posture ... the state that something might be in. Is it growing or shrinking, is it going up or down, is it folding or unfolding?" Phyllida Barlow, in: Mark Brown, „Phyllida Barlow: An Artistic Outsider Who Has Finally Come inside", in: *The Guardian*, 28.4.2016; www.theguardian.com/artanddesign/2016/apr/28/phyllida-barlow-artist-success-2017-venice-biennale (10.8.2020).

3 Werner Haftmann, „Malerei nach 1945", in: *II. documenta '59. Kunst nach 1945*, Ausst.-Kat. Kassel, 3 Bde., Bd. 1: *Malerei*, Köln 1959, S. 11–19, hier S. 13.

4 „Bob would find out how far you could take a work of art and still have a work of art. [...] He was the great manipulator of images and the great omnivore of images." Gary Garrels, zit. nach Anna Furman, „Rip it up and Start Again – Robert Rauschenberg: Erasing the Rules", in: *The Guardian*, 27.11.2017; www.theguardian.com/artanddesign/2017/nov/27/robert-rauschenberg-sfmoma-erasing-the-rules-review (10.8.2020).

5 Donald Judd, „Specific Objects", in: ders., *Complete Writings 1959–1975*, Halifax, Nova Scotia, 1975, 181–189, hier S. 184.

6 Lucy R. Lippard, *Pop Art*, New York 1966, S. 74.

7 „The target seemed to me to occupy a certain kind of relationship to seeing the way we see and to things in the world which we see, and this is the same kind of relationship that the flag had. We say it comes automatically. Automatically you tend to do this, but you see that there are relationships which can be made and those seem to me the relationships that could be made between two images. They're both things which are seen and not looked at." Walter Hopps, „An Interview with Jasper Johns", in: *Artforum International*, 3, 6, März 1965, S. 32–36, hier S. 34.

8 Max Imdahl, „Über mögliche Folgen der konkreten Kunst", in: Renate von Heydebrand und Klaus Günther Just (Hrsg.), *Wissenschaft als Dialog. Studien zur Literatur und Kunst seit der Jahrhundertwende*, Stuttgart 1969, S. 451–475, hier S. 456.

9 Ebd., S. 458.

10 Daniela Stöppel, „Phyllida Barlow – Das Skulpturale an sich", in: *Skulpturales Handeln / Sculptural Acts*, hrsg. von Patrizia Dander und Julienne Lorz, Ausst.-Kat. Haus der Kunst, München, Ostfildern 2011, S. 42–47, hier S. 42.

11 „My painting is based on the fact that only what can be seen there is there. It really is an object. Any painting is an object and anyone who gets involved enough in this finally has to face up to the objectness of whatever it is that he's doing. He is making a thing." Frank Stella, in: Bruce Glaser, „Questions to Stella and Judd", in: *ArtNews*, September 1966, S. 55–61; zit. nach Gregory Battock (Hrsg.), *Minimal Art. A Critical Anthology*, New York 1968, S. 158.

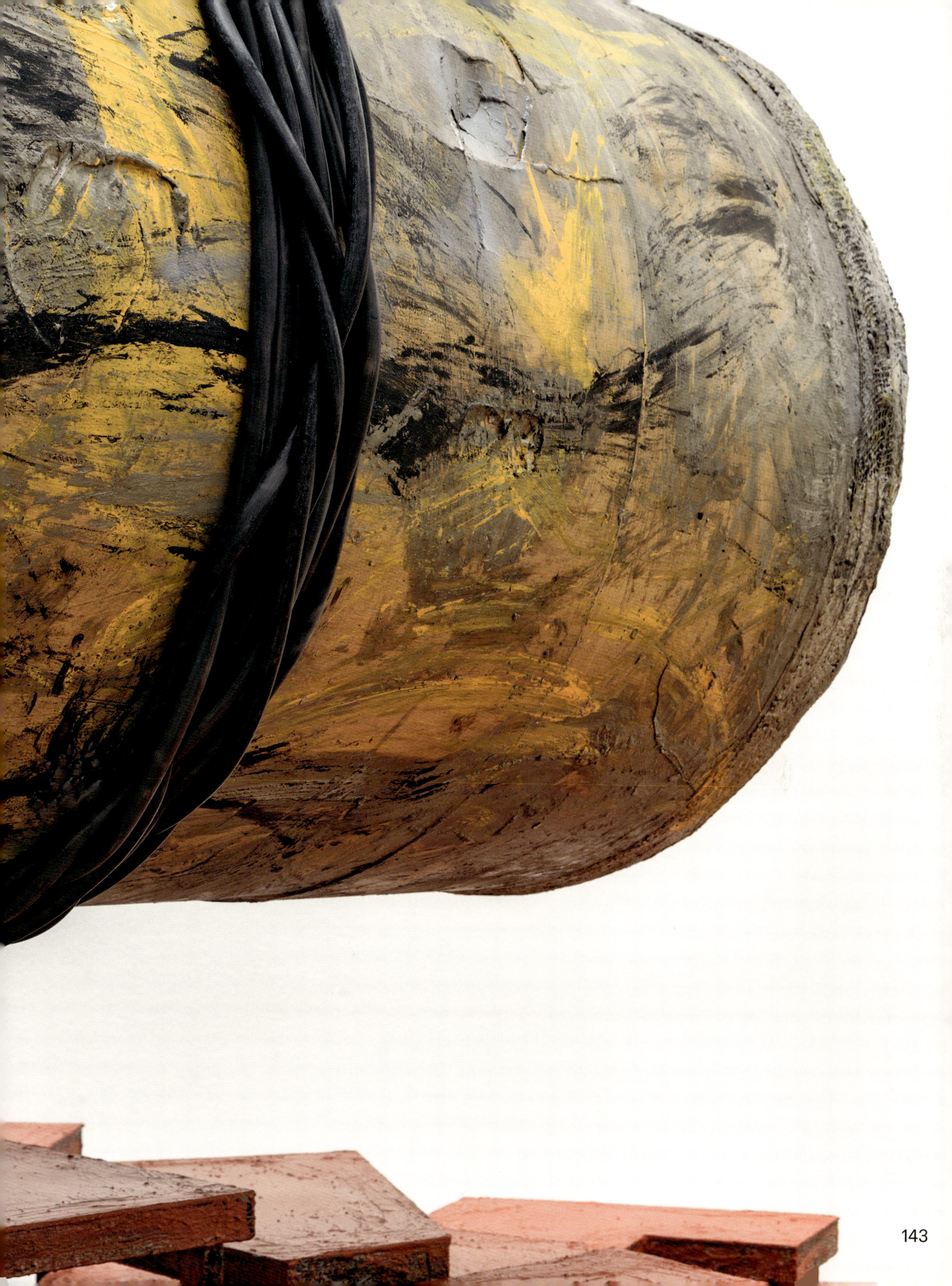

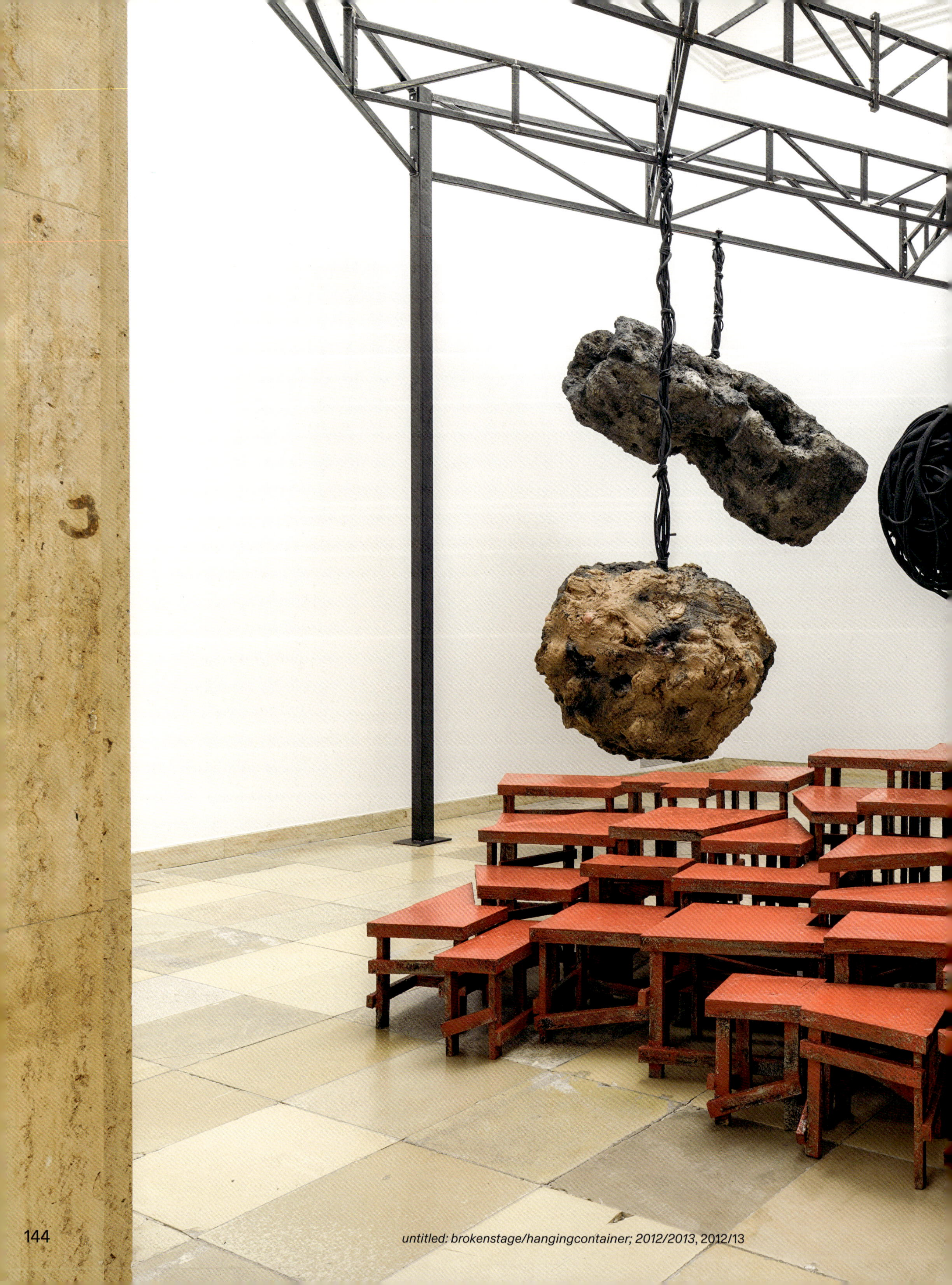

untitled: brokenstage/hangingcontainer; 2012/2013, 2012/13

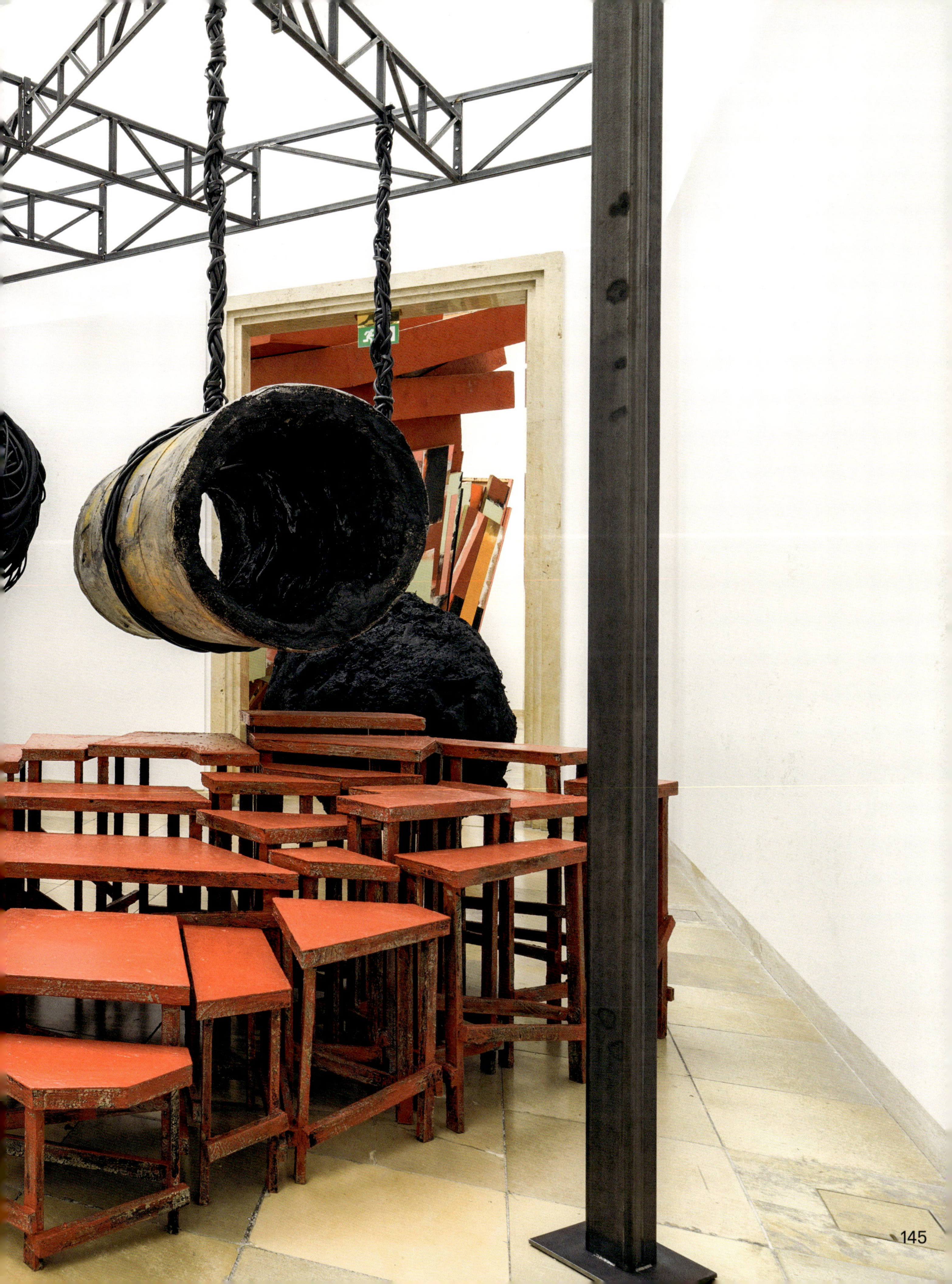

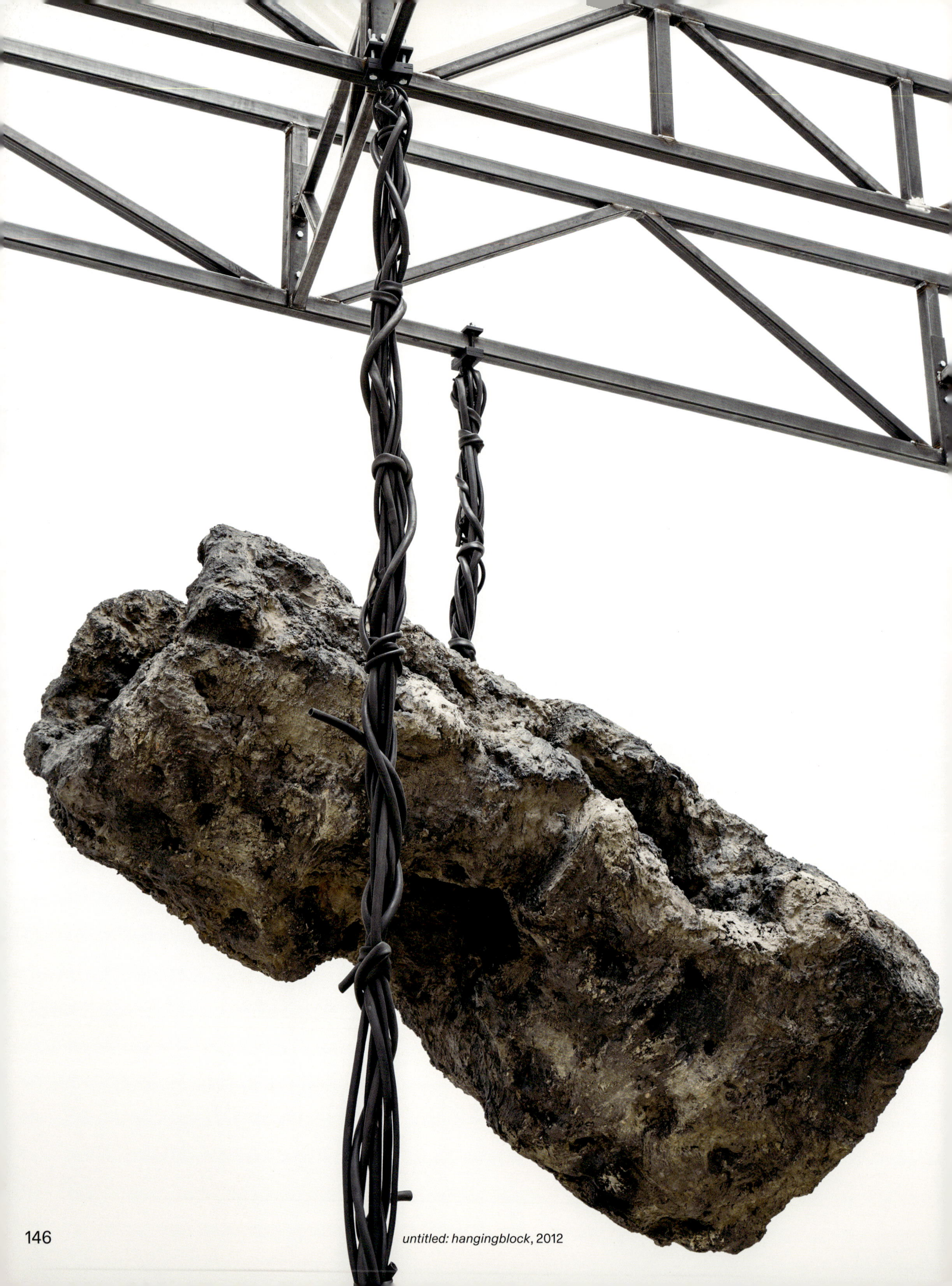

untitled: hangingblock, 2012

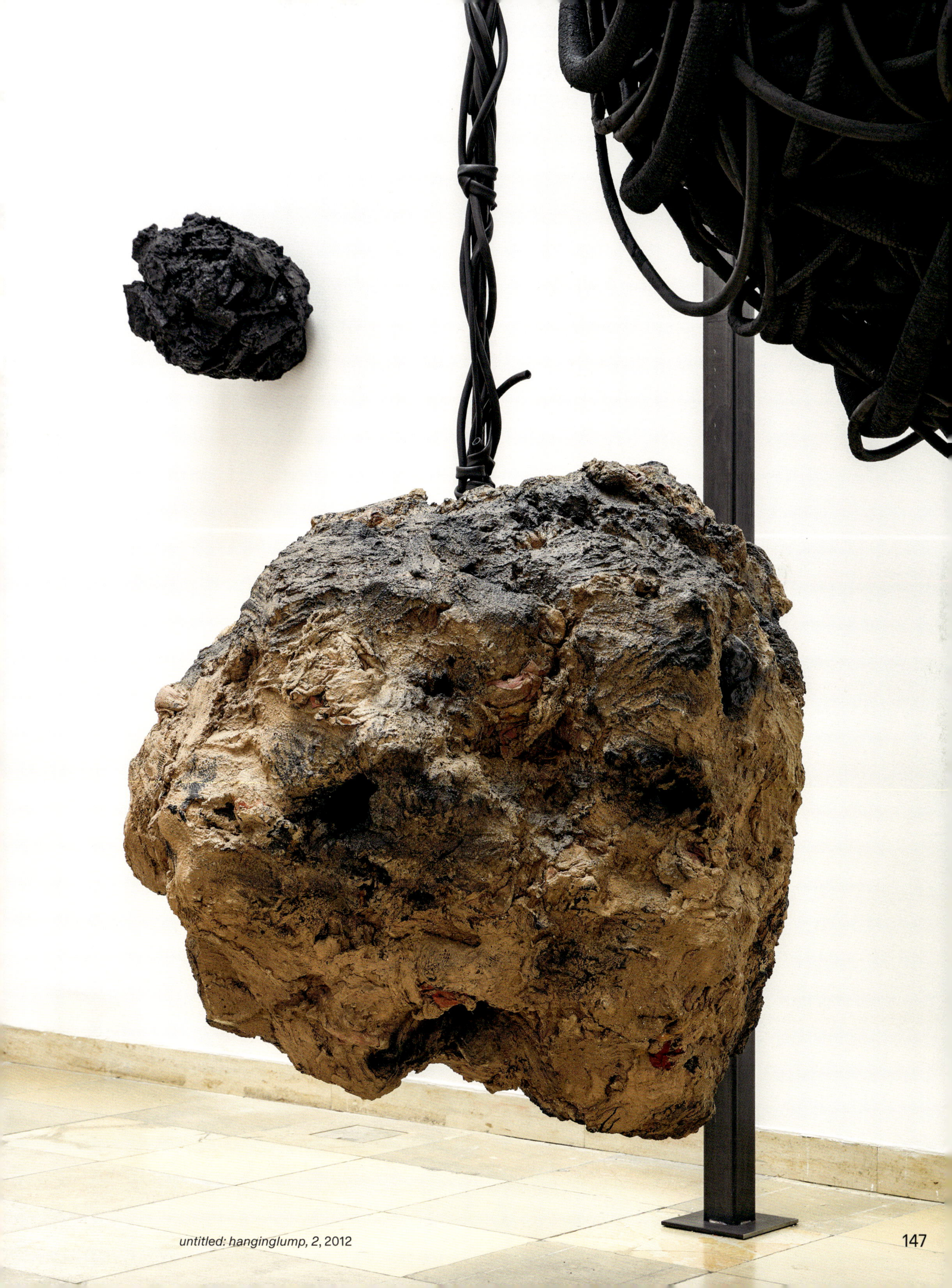

untitled: hanginglump, 2, 2012

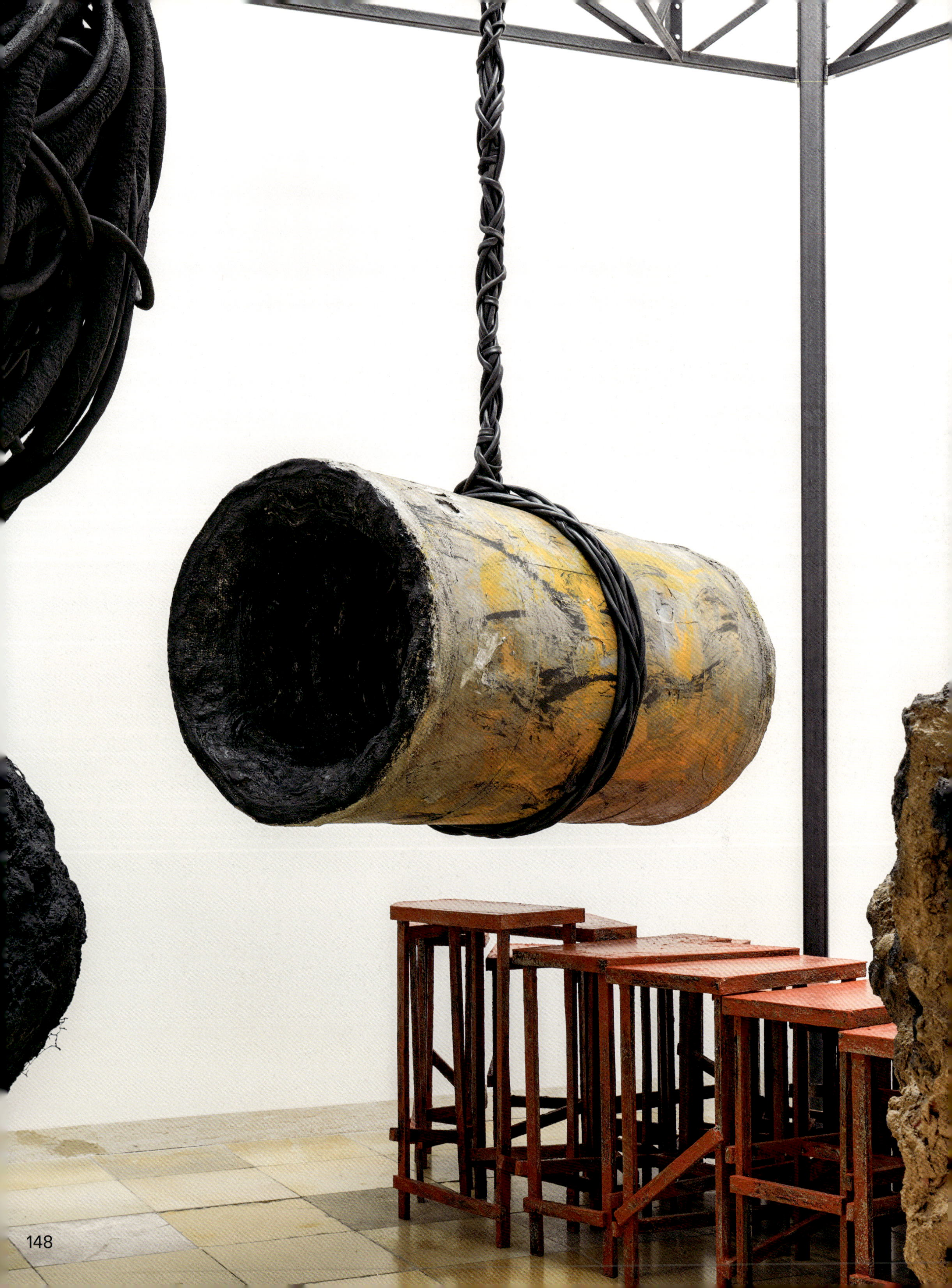

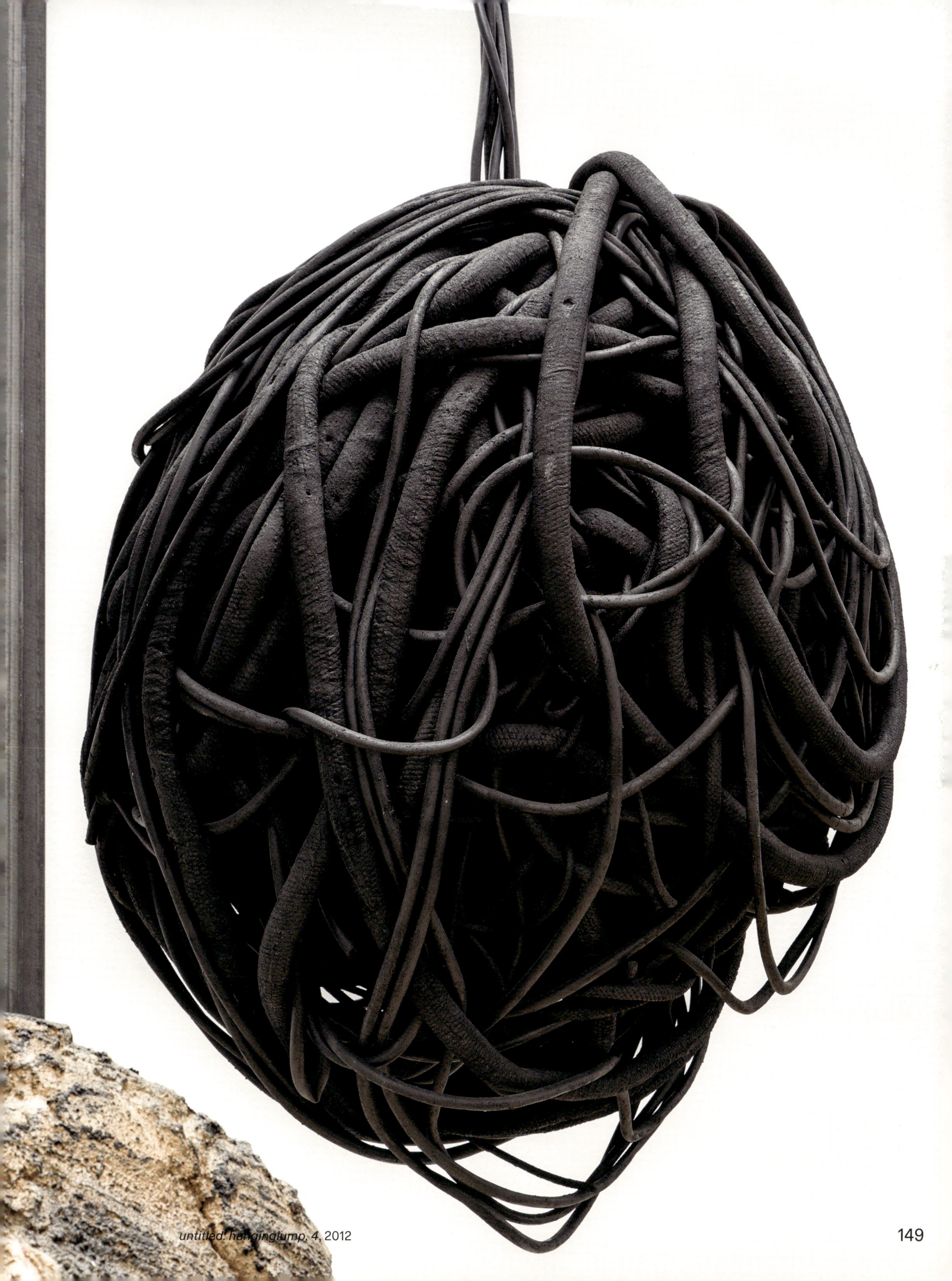

untitled: hanginglump, 4, 2012

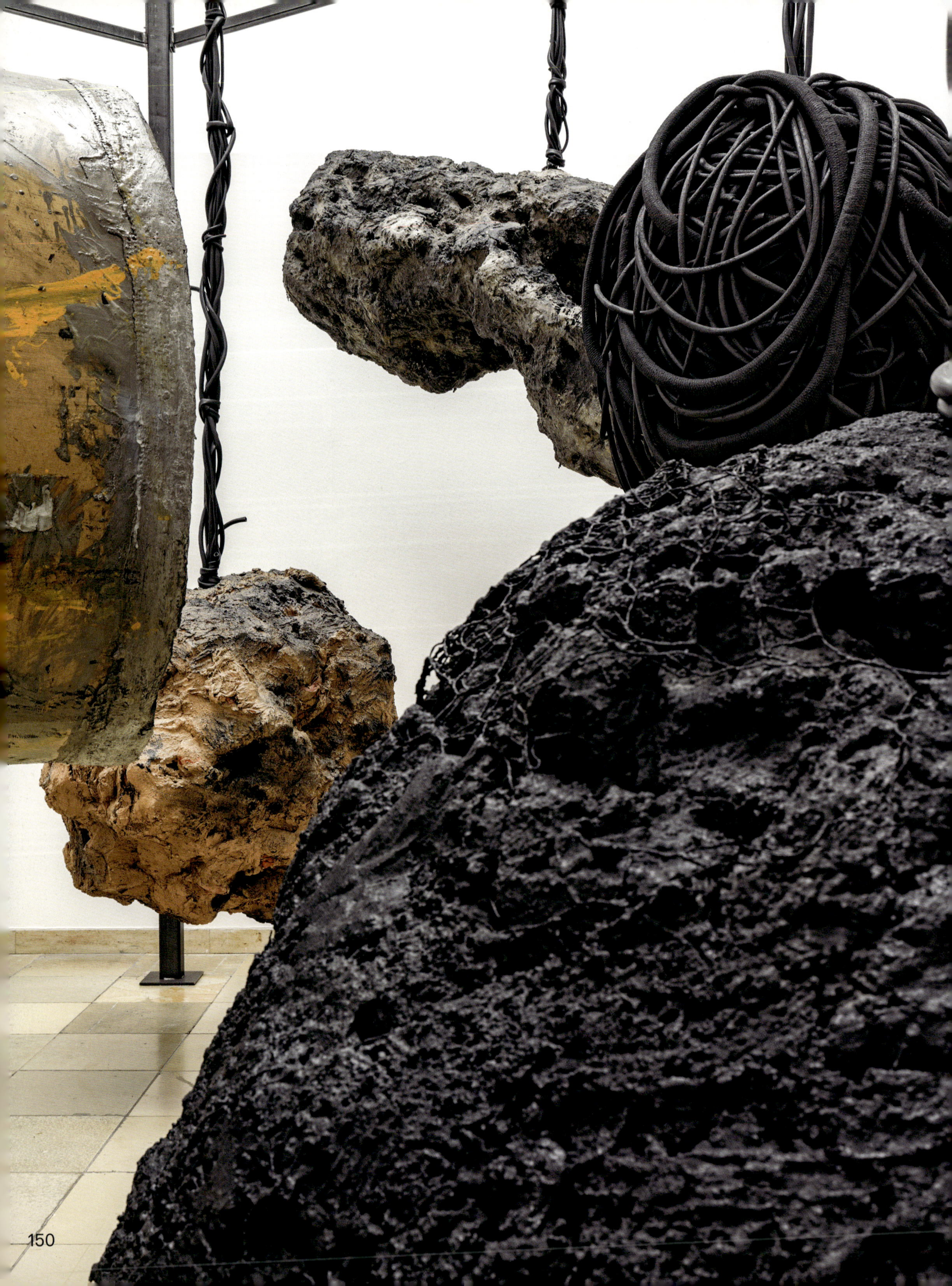

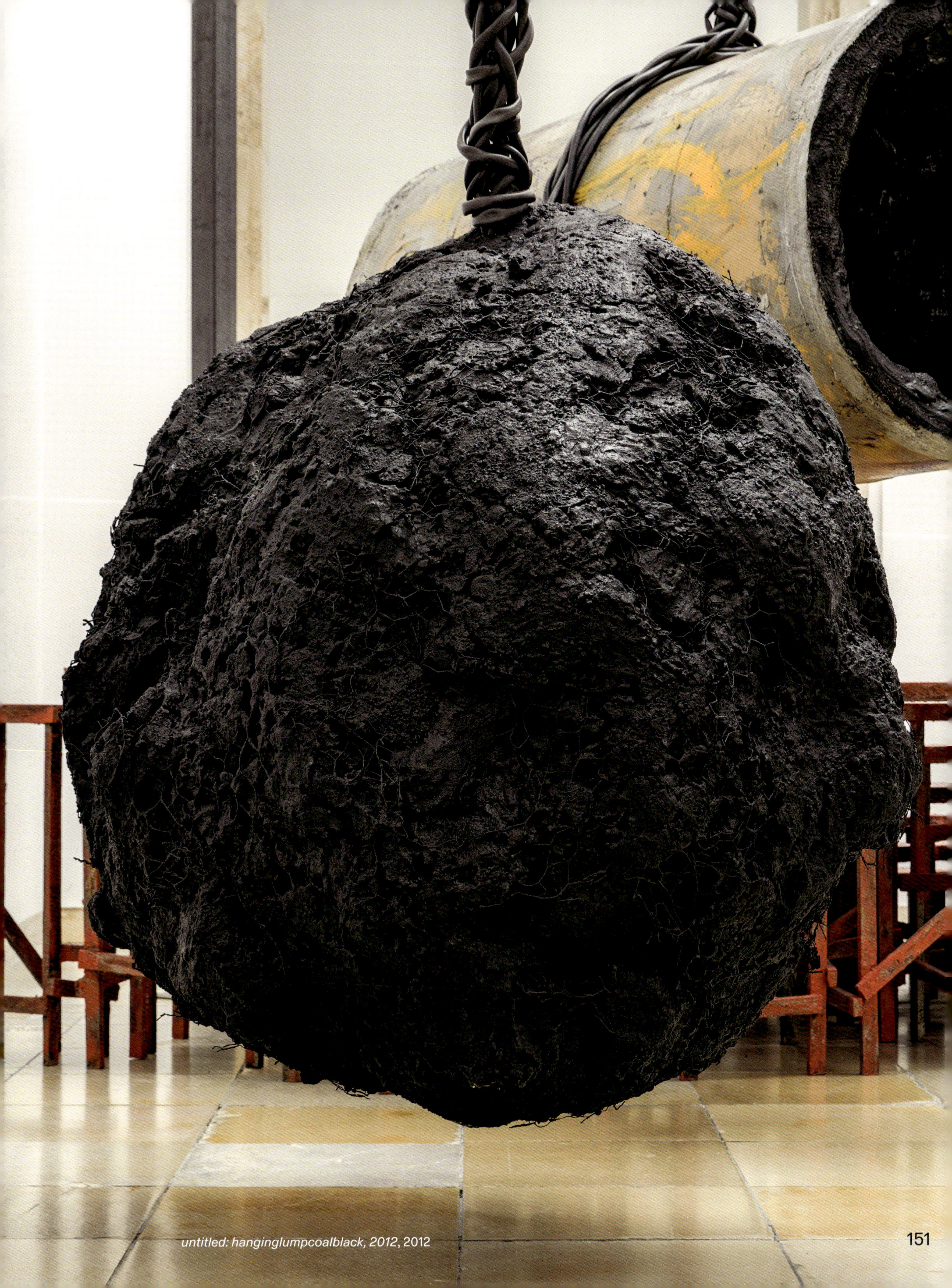

untitled: hanginglumpcoalblack, 2012, 2012

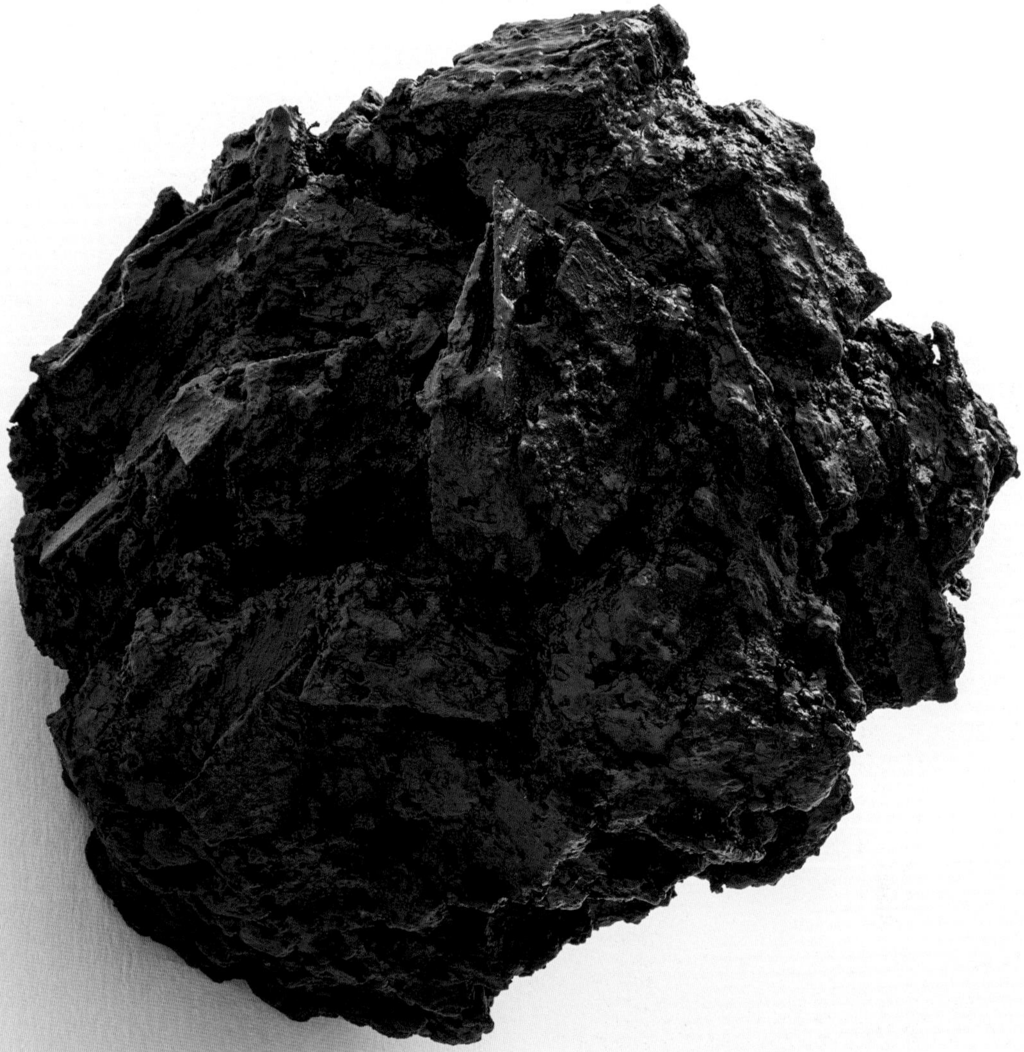

untitled: crush; 2018–2019, 2018/19

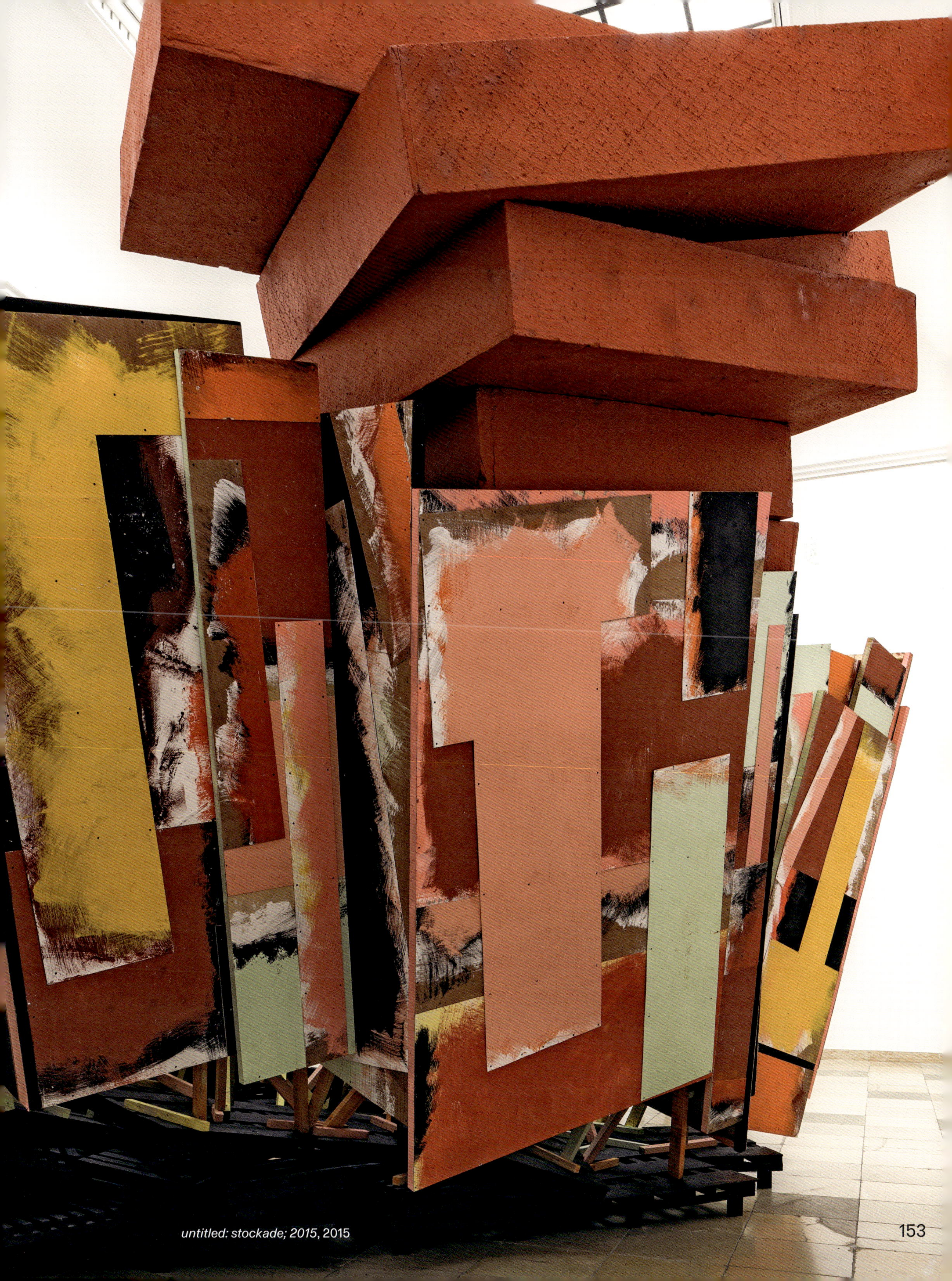

untitled: stockade; 2015, 2015

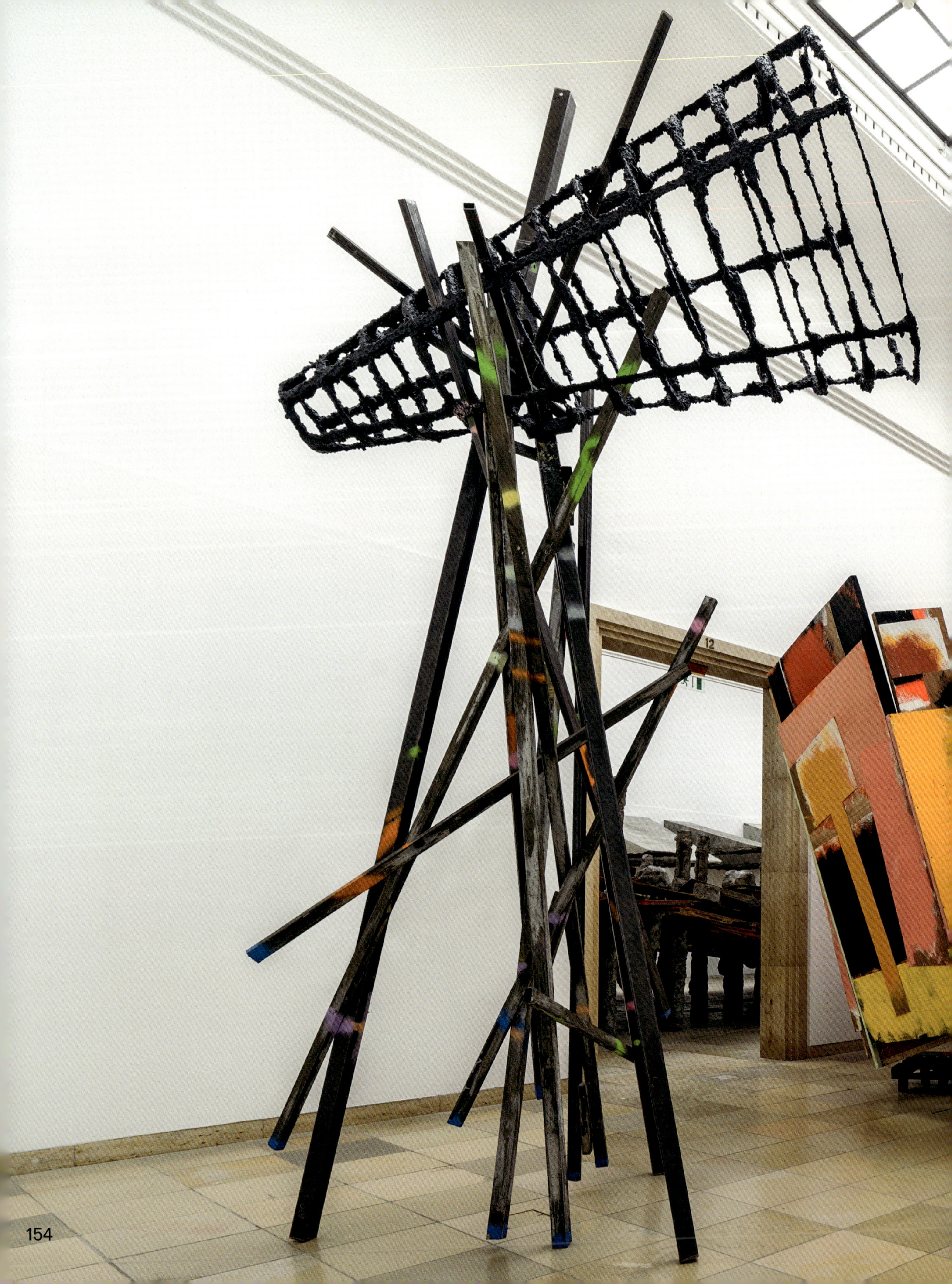

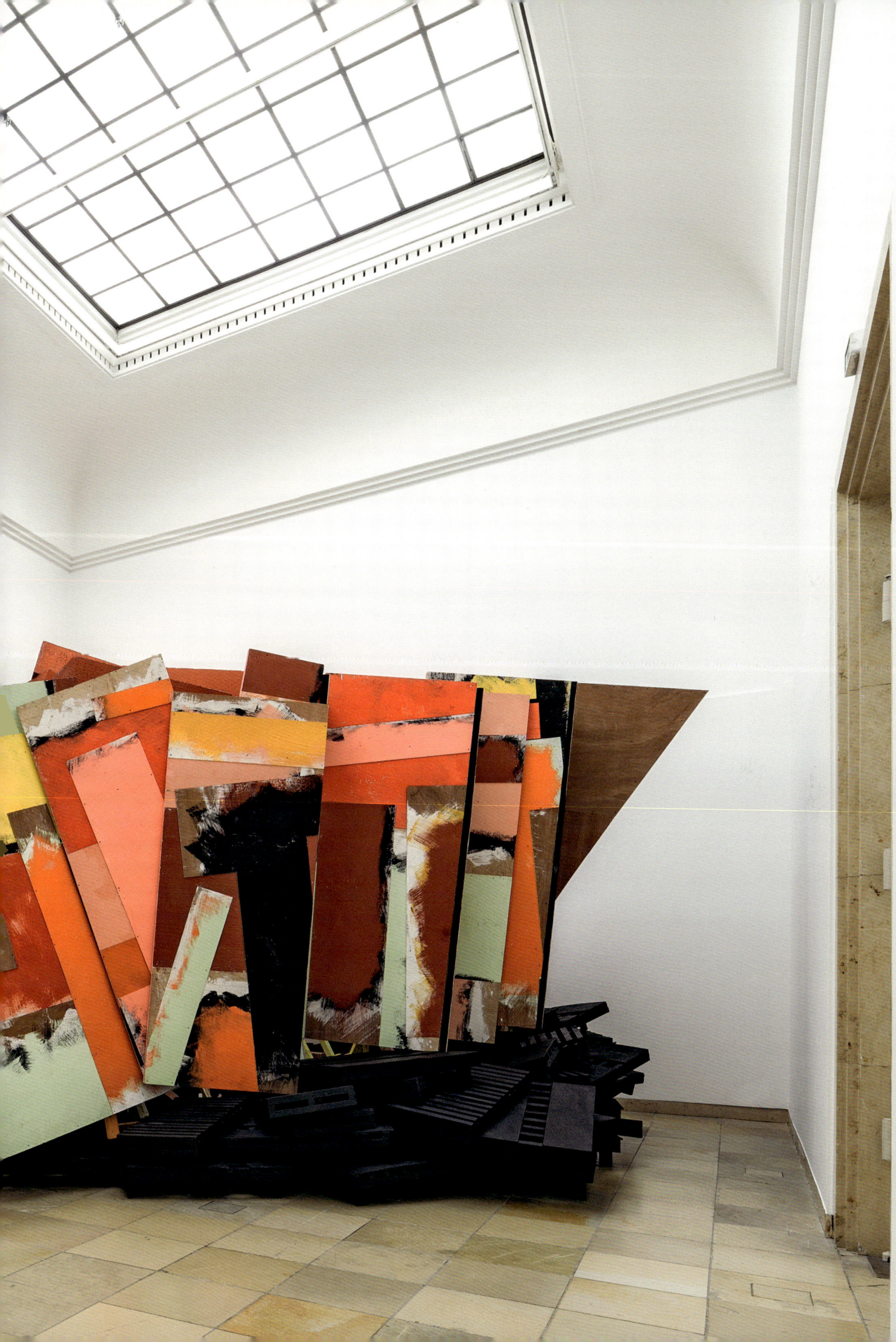

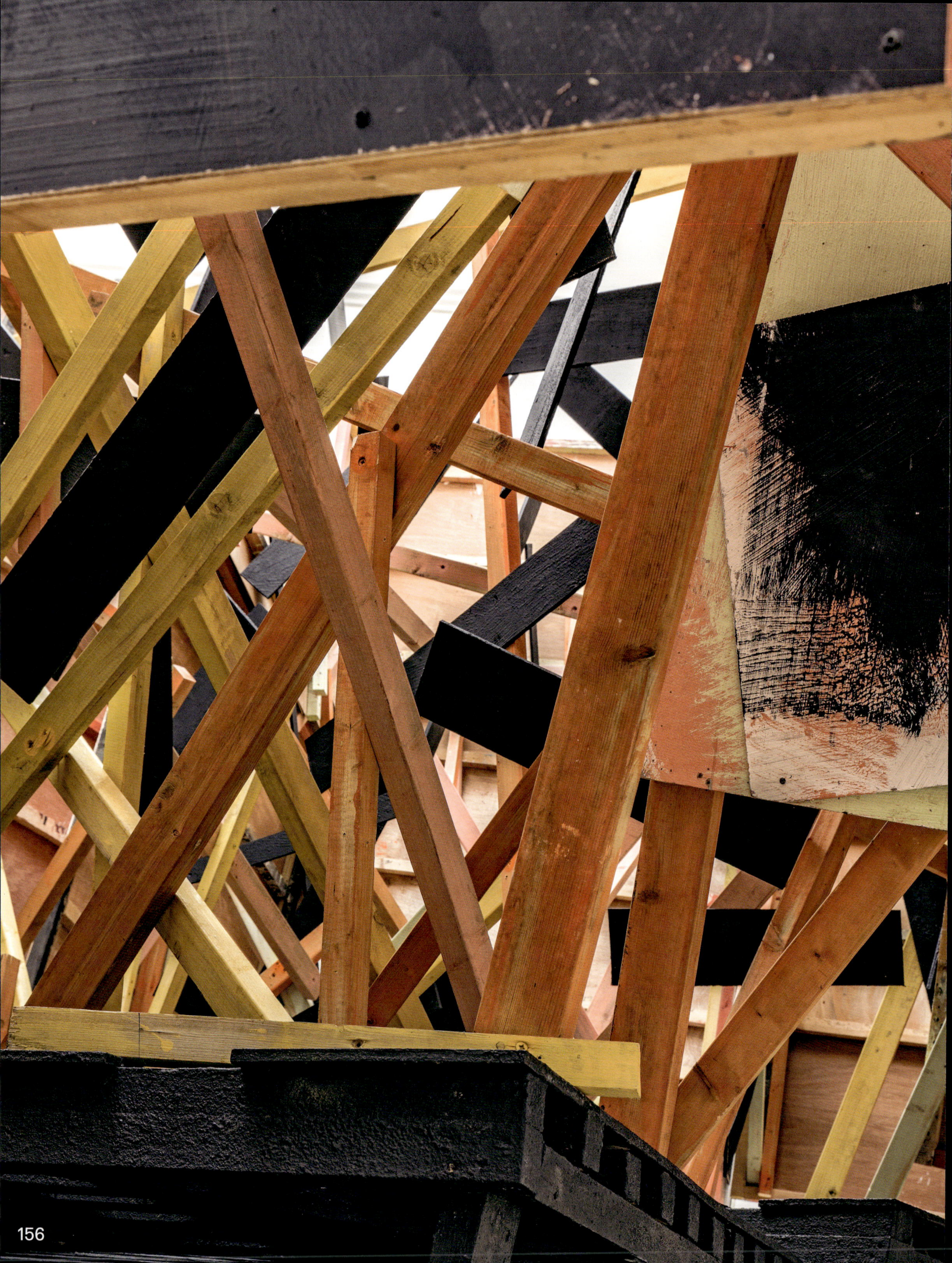

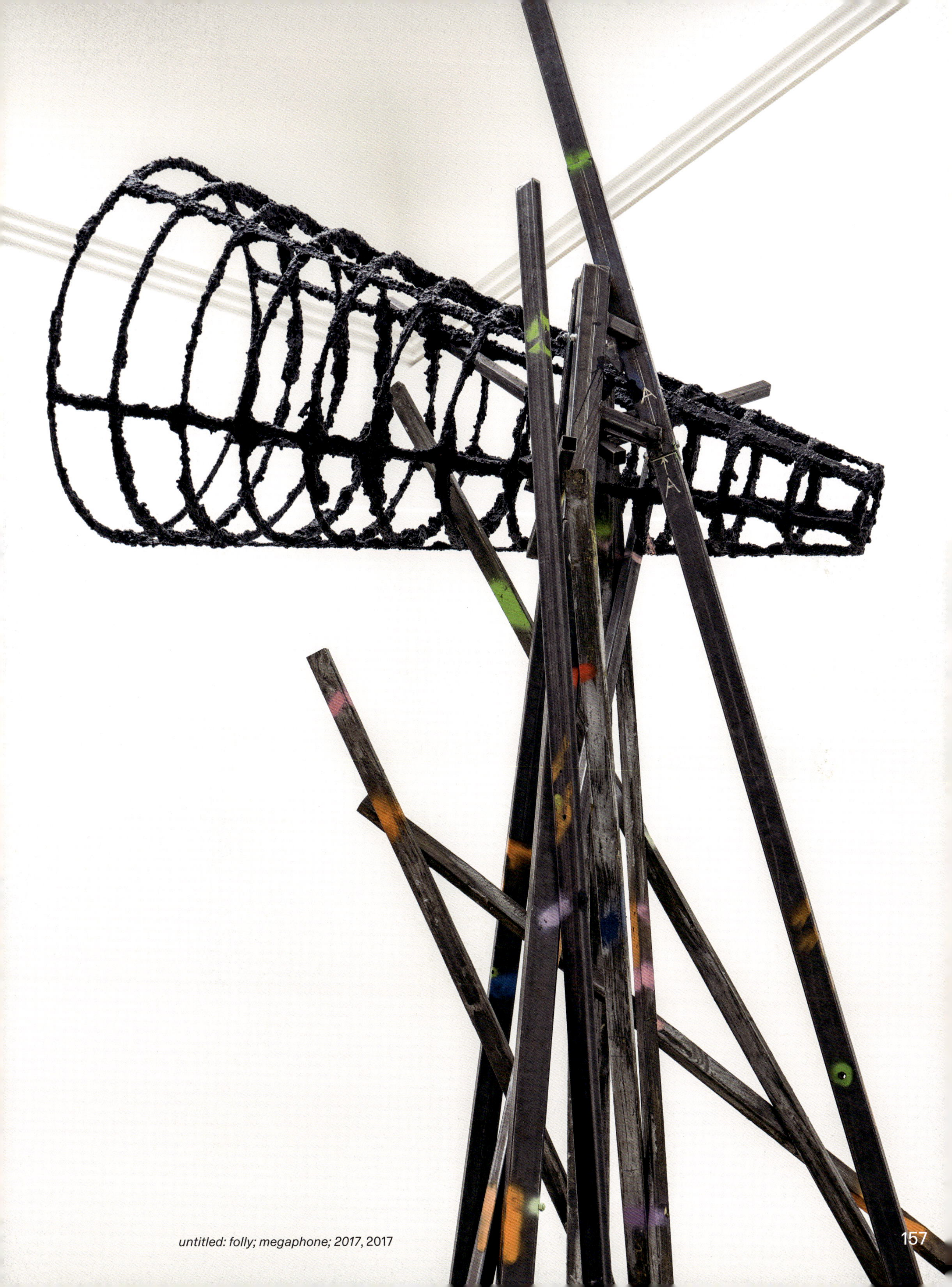

untitled: folly; megaphone; 2017, 2017

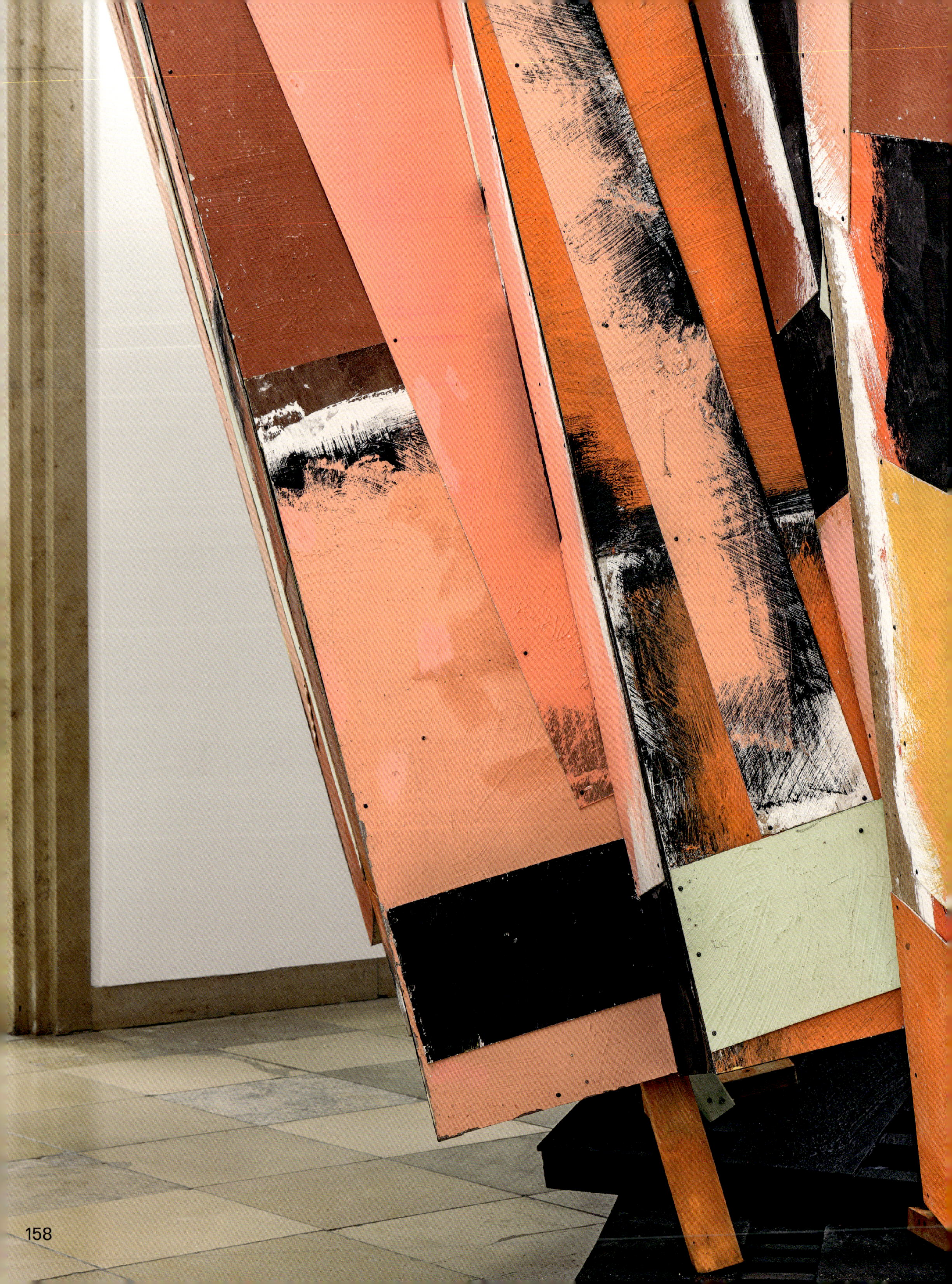

Akte des Machens

Briony Fer

Wenn Phyllida Barlow auf ihr Werk verweist, spricht sie am liebsten von „Akten des Machens" („acts of making"), mit einer klaren Verlagerung der Betonung von der tödlichen Finalität einer „Skulptur" oder eines „Kunstwerks" hin zur Herstellung derselben.[1] Einerseits impliziert sie damit, Kunst zu machen sei einfach etwas, das man tut, sprich: nichts von besonderem Wert; doch andererseits, und dies ist die wesentlich gewichtigere Behauptung, ist für sie der Akt des Machens der Prozess, durch den ein Werk zur Welt kommt – und damit hart erkämpft wird. Barlow scheint mehr über das Kunst-*Machen* als solches zu sagen als darüber, wie das Kunstwerk tatsächlich gemacht oder hergestellt wurde oder welche Materialien dabei zum Einsatz gelangten. Ich glaube nicht, dass dies ein bloßes Umlegen des Schalters ist oder sich auf das reduzieren lässt, was mittlerweile zu einer recht geläufigen Sichtweise der mit der Prozesskunst der 1960er-Jahre assoziierten Verwendung ungewöhnlicher Materialien geworden ist. Ungeachtet aller scheinbaren Formlosigkeit haben Barlows „Akte des Machens" nichts Achtloses an sich. Entscheidender ist meiner Auffassung nach ihre Wahl des Wortes *Akt*, das uns einlädt, sich vorzustellen, wie der Akt des Machens in den des Wahrnehmens eingebettet wird und umgekehrt.

Akte des Machens sind keine Taten Gottes; das gilt auch für das Wunder des Readymade, das durch den Akt der Auswahl zu Kunst wird. Das Machen ist in diesem Kontext eine körperlich anstrengende, praktische Tätigkeit, ob Barlow die kleineren Arbeiten und Modelle nun in ihrem Atelier bei sich zu Hause selbst herstellt oder ob sie dabei in ihrem größeren Atelier in South London mehrere Assistent:innen beschäftigt. Schon die reine materielle Substanz von Barlows Werken ist beeindruckend, wenn man sie zum ersten Mal sieht, doch ihr Sinngehalt bleibt dabei nicht einfach *wie*, sondern *als* eine physische Erinnerung gleichsam an einem haften. Insofern sind Akte des Machens nicht vorüber, wenn die Künstlerin ein Werk vollendet hat, schließlich bleiben sie Akte des Machens, die wir uns weiterhin ansehen können: Sie haben ein Leben, in das wir uns selbst als Betrachter:innen einbringen. Wenn ich an das Werk denke, kommt mir dabei häufig das Missverhältnis von Farbe und Textur in den Sinn, die sich oft in einer verqueren Reziprozität aneinander abarbeiten. Es gibt da Partien aus Rosa und Rot auf krustigem Gipsputz, bei denen die Farbe ihre eigenen geronnenen Texturen erzeugt. Der Maßstab ist oftmals überproportional groß, sodass kleine Segmente uns stark vergrößert oder einfach als bleibender Eindruck prekärer, schwankender Gewichte in Erinnerung bleiben. Die Texturen sind rau und insistieren gewissermaßen darauf, den für ihre Anfertigung erforderlichen Schneid zur Schau zu stellen, statt einfach nur glatte Oberflächen zu sein. Die Worte, die einem dabei in den Sinn kommen, sind: klobig, unbeholfen, plump, ungelenk, derb, also die gleichen Ausdrücke, mit denen sich auch unsere eigene physische Ungelenkheit beschreiben ließe und die unser Unbehagen, in der Welt zu sein und sich in ihr zu bewegen, noch steigern.

Dass dieser Essay während des Lockdown zuzeiten der globalen Pandemie verfasst worden ist, verschärft nicht nur diese Dynamik des Übergangs und der Blockade, bei der uns Dinge in die Quere kommen, uns den Weg versperren, uns einklemmen, sondern eröffnet auch fantasievolle Möglichkeiten, die durch das Werk gleichzeitig ausgelöst werden, das plötzliche Gefühl von Beweglichkeit, von etwas sich Hebendem, von Farbe, die sich schneidend ihren Weg bahnt. Seit sie in den 1960er-Jahren mit der Bildhauerei begann, interessiert Barlow sich für solche ambivalenten oder geradezu paradoxen Effekte, und irgendwie scheinen diese Bewegungen und Effekte, etwa des Bedeckens und Bedecktwerdens, des – scheiternden – Versuchs, durch etwas hindurch- oder an etwas vorbeizukommen, für sie Skulptur zu definieren und nicht etwa die Dreidimensionalität oder das Material an sich. In *Shedmesh, 2020* (Abb. S. 67) beispielsweise, einem 2 × 2 × 2 Meter großen Kubus mit gerasterten Seiten, die mit Bändern aus ungebleichtem, leinwandbeschichtetem Schaumstoff durchflochten und verknotet sind, ist die Frustration schon programmiert: ein elementarer Gebäudetyp ohne Ein- oder Ausgang, der suggeriert, dass die frustrierenden Aspekte der Skulptur gerade das Interessante an ihr seien.

Von Anfang an arbeitete Barlow mit den experimentellen skulpturalen Modellen, die in den 1960er-Jahren in der Bildhauerei auftauchten, und anverwandelte sich diese, etwa jene von Eva Hesses *Accession*-Serie, bei der Kisten mit Hunderten von Gummischläuchen durchzogen waren (*Accession IV*, 1968; Abb. 1), vergrößerte sie jedoch auf das Format eines Schuppens, sodass etwas entstand, in dem man sich eher verstecken oder begraben lassen als in dieses hineinschauen konnte. Aber auch die Iglus von Mario Merz konnten als Prototyp für den urzeitlich anmutenden, mit drohender Gefahr verbundenen Schutzraum fungieren, doch paradoxerweise sind Barlows Materialien weich, nicht hart. Während Barry Flanagan Stapel aus mit Sand befüllten Jutesäcken schuf und Seile verwendete, um größere Installationen herzustellen (*Heap*, 1967; Abb. 2), hatte Barlow, wie *Shedmesh* zeigt, immer ein starkes Interesse an elementaren Konstruktionen und Gebäudetypen und neigte dazu, im größeren Maßstab zu arbeiten. In einigen ihrer frühen Zeichnungen bediente sie sich einer geradezu architektonisch anmutenden, an abstrakte Stadtlandschaften erinnernden Bildrhetorik (Abb. 3).

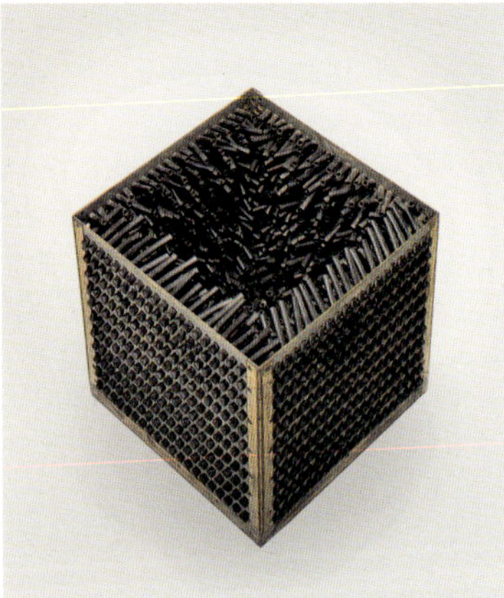

1

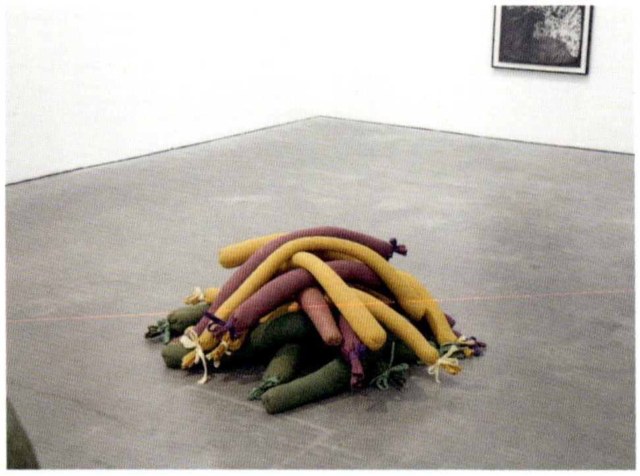

2

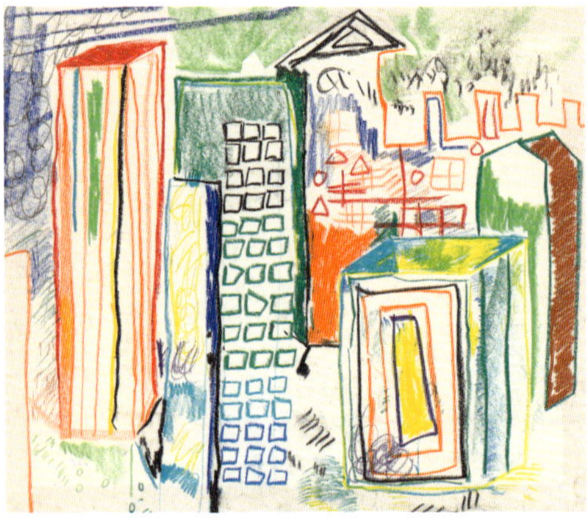

3

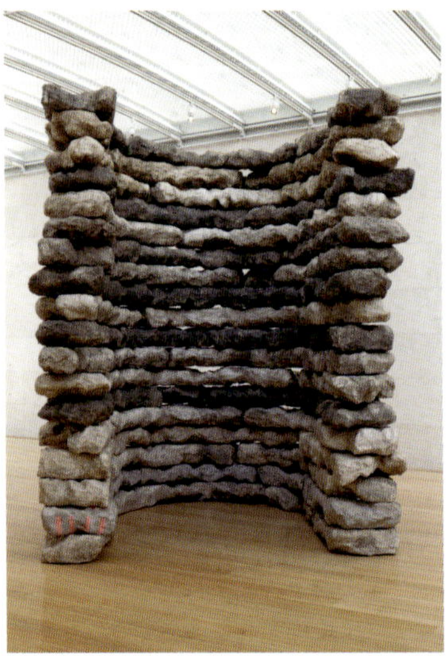

4

1:
Eva Hesse, *Accession IV*, 1968,
verzinkter Stahl und Gummi.
Installationsansicht, Institute of Contemporary Art, Boston, Schenkung von Barbara Lee,
The Barbara Lee Collection of Art by Women

2:
Barry Flanagan, *Heap*, 1967,
Sand, Jutesäcke.
Installationsansicht, Ikon Gallery, Birmingham, 2019

3:
Phyllida Barlow, *untitled*, 1968,
Buntstift und Pastellkreide auf Papier, 45 × 53,8 cm

4:
Phyllida Barlow, *untitled: holder; 2015*,
Styropor, Gips, Baumwollstoff, Zement, PVA, Sand.
Ausstellungsansicht, *tryst*,
Nasher Sculpture Center, Dallas, 2015

Doch selbst dann, wenn ihre Werke nicht wirklich großformatig sind, erwecken sie häufig den Eindruck, als seien sie stark vergrößert oder aufgeblasen. Die Verstärkung von Bestandteilen wie Stützen oder Geländern verleiht ihnen mitunter ein knollen-, ja cartoonartiges Erscheinungsbild (vgl. *untitled: holder; 2015*; Abb. 4). Es geht nicht in erster Linie darum, wie groß ein bestimmtes Werk tatsächlich ist, sondern auf welche Weise der Maßstab von Dingen bewusst verunklart wird. Besonders deutlich machen dies Barlows Hängeskulpturen, die Vorannahmen hinsichtlich Größenordnung und Gewicht entschieden unterlaufen. Die Frage nach dem „Maßstab" eines Klumpen Materie mutet etwas lächerlich an, und doch eignet ihr zugleich etwas durch und durch Skulpturales. Gesteigert wird dies noch, wenn mehrere, allesamt von der Decke herabhängende, aber sehr unterschiedlich große Skulpturen sich zu einer Gruppe formieren. In der aktuellen Ausstellung begegnen die Betrachter:innen einem Ensemble aus zerklüfteten Felsbrocken, die in unterschiedlicher Höhe an offenbar stark belastbaren Ketten und Schläuchen von einer am Boden stehenden Stahlkonstruktion herabhängen. Jedem dieser Brocken wurde eine sehr unterschiedliche Behandlung zuteil: Sie bestehen teils aus Polyurethanschaumstoff, einige sind schwarz bemalt, wobei Zement und Sand hinzugefügt wurde, um sie wie kohleartige Substanzen erscheinen zu lassen. Ihr Gewicht ist bloßer Schein, aber dennoch beunruhigend; es sind keine echten Felsen, die auf uns herabstürzen könnten, doch sie muten so an. Wenngleich Barlows Motivrepertoire größtenteils abstrakt ist, enthält es doch Reminiszenzen an eine Straße und eine Stadtlandschaft. Die herabhängenden Felsbrocken lassen an mit Kränen transportierten Steinschutt denken, und auch andere Werke wecken Assoziationen an Situationen des Aufbauens oder Abreißens der einen oder anderen Art. Eine von Barlows neuesten Skulpturen, *untitled: catchers; 2020* (Abb. S. 28), erinnert möglicherweise an Sicherheitsnetze zum Auffangen herabstürzender Steine, doch angesichts dieses großen Maßstabs ist es unsicher, ob die Installation uns nun bedroht oder aber schützt, ob sie also ein Ort der Gefahr oder einer des Geborgenseins ist.

Schon immer hat sich Barlow für jene Art von Baumaterialien und Stadtmöblierung interessiert, welche die Stadt verschandeln: Abfallcontainer und ihr Inhalt, Poller und Beschilderungen. Mit der Zeit ist die Beharrlichkeit, mit der bestimmte Motive wiederkehren, immer deutlicher geworden. Barlow selbst äußerte in diesem Zusammenhang: „Ich habe ein kleines Repertoire von Formen / Bildern / Objekten, die ich immer wieder in unterschiedlichen Konfigurationen verwende ... Ich fühle mich von diesem begrenzten Repertoire angezogen und davon, dass es grenzenlose Variationen und Permutationen eröffnen kann."[2] So sind die Türme, Säulen, Bögen, Balkone, Stapel, Felsblöcke, Unterstände, Schlupfwinkel und anderen Grundelemente der Konstruktion in ihrem Werk nicht so sehr Abbilder einer imaginären Stadt als vielmehr Überbleibsel der Alltagserfahrungen, die uns die Stadt bietet, oder Erinnerungen an jene. Hauptsächlich werden Elemente von außen nach innen verfrachtet und dabei verfremdet, als sei die Stadt ein umgewendeter Körper; zumindest ist dies das unheimliche Gefühl, das sie häufig hervorrufen (*untitled: awnings; 2013* [Abb. S. 24/25]).

Im selben Moment, in dem wir eine liegende oder abgestützte Säule sehen, sehen wir auch einen Akt des Machens. Das wirklich Seltsame daran ist die Verbindung von Erkennen und Missachtung, die dem Prozess innewohnt, und nicht einfach nur das Bild oder der Prozess allein. Man sollte keinen Moment lang unterschätzen, welch große Rolle das Gemachtsein der Werke – und vor allem ihr Von-Hand-Gemachtsein – wie auch die nur grobe Annäherung an ein architektonisches Element statt der getreuen oder in sich schlüssigen Replik eines solchen spielen. Die Oberflächen können laviert, pockennarbig, rissig, aufgebrochen, mit Farbe bedeckt oder versiegelt sein, wodurch das Gefühl, man gewahre die Ausführung des Werks, nur noch verstärkt wird – das Gefühl, dass über einen gewissen Zeitraum an diesem Werk gearbeitet wurde, jedoch nicht, um ein gewisses Maß an „Vollendung" zu erreichen, sondern um es in einem liminalen Zustand zu belassen. Manchmal fällt es schwer zu entscheiden, ob die Skulptur wie etwas aussieht, das gerade hergestellt oder das gerade beseitigt wird. Das verleiht dem Akt des Machens, während wir ihm beiwohnen, eine starke Anmutung von Zeitlichkeit, sprich: Man hat das Gefühl, dass das Objekt erst unter dem Einfluss der Zeit so geworden ist, wie es nun aussieht. Statt uns also Handlungsvorgaben zu machen, entfaltet sich das Werk, indem es uns erlaubt, um es herum- und durch es hindurchzulaufen, sodass ein eher konstruiertes Gebilde auf der einen Seite dem Trümmerhaufen auf der anderen weicht.

untitled: pinkspree; 2018 (Abb. 5) ist ein Stapel von drei sechseckigen Platten aus bemaltem Sperrholz, die auf prekäre Weise in verschiedenen Winkeln geneigt sind, mit vielen spitzen Beinen, die an riesige gezackte Zähne erinnern. Es ist einer von vielen großen und kleinen Türmen, die Barlow errichtet hat, und gleichzeitig ist es ein Stapel. *untitled: foyer* (2014; Abb. 6) ist ein weiterer Stapel, und zwar mit 17 hufeisenförmigen Schichten: ein Stapel auf Stöcken. Dieses kleinere Werk wirkt fast elegant im Vergleich zu der absurden, skurrilen Aggressivität von *untitled: pinkspree; 2018* und verdeutlicht, wie elastisch solche formalen Tropen in Barlows Händen werden. Ich bin mir nicht einmal sicher, ob es richtig ist, das Gebilde als einen Turm oder als Teil der Gruppe von Türmen zu betrachten, die sie gefertigt hat, obwohl der Vergleich mit einem einstürzenden Turm

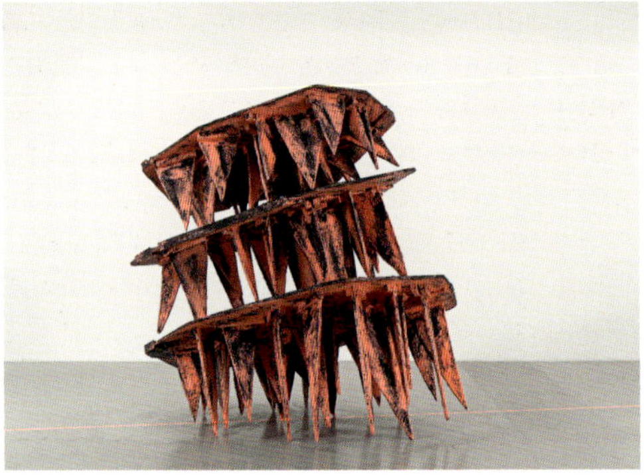

5

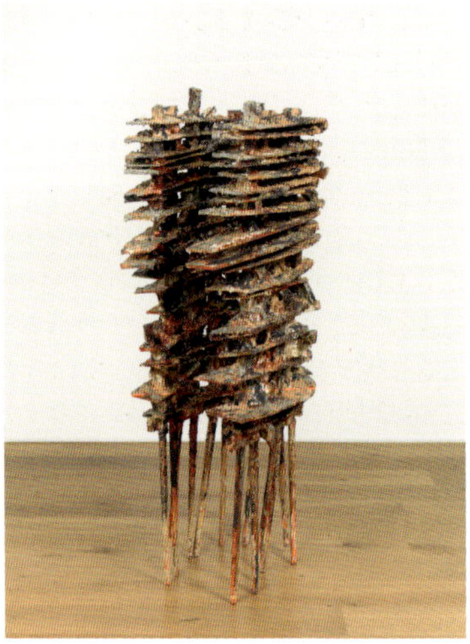

6

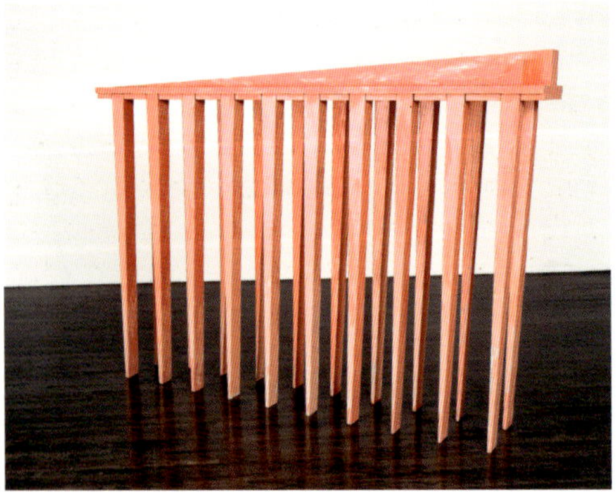

7

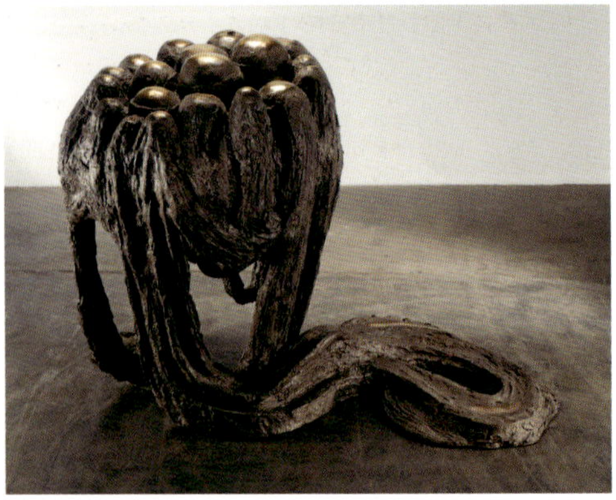

8

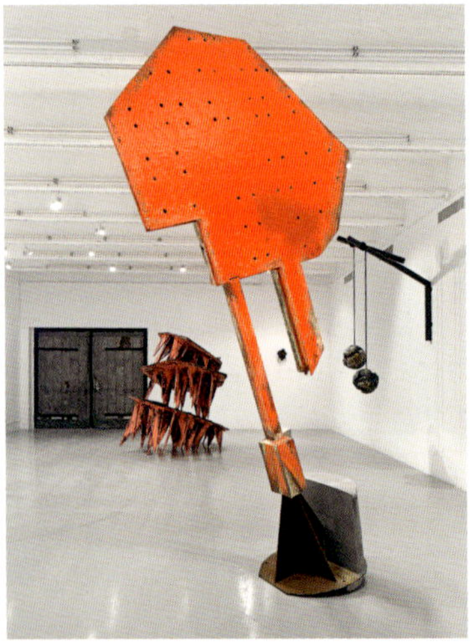

9

5:
Phyllida Barlow, *untitled: pinkspree; 2018*, Füllmaterial, PVA, Farbe, Sperrholz, Sand, Sprühfarbe, Holz.
Ausstellungsansicht, *tilt*, Hauser & Wirth, New York, 2018

6:
Phyllida Barlow, *untitled: foyer*, 2014, Sperrholz, Bauholz, Gips, Haftputz, Zement, Farbe, Sand, PVA.
Privatsammlung, Großbritannien

7:
Louise Bourgeois, *The Blind Leading the Blind*, 1947–1949, Holz, Farbe.
Installationsansicht, Hirshhorn Museum and Sculpture Garden, Washington, D.C.

8:
Louise Bourgeois, *Avenza Revisited II*, 1968/69, Bronze, Silbernitratpatina.
Installationsansicht, Dia Art Foundation, New York

9:
Phyllida Barlow, *untitled: sign; 2018*, Beton, Zement, Spachtelmasse, PVA, Farbe, Sperrholz, Sand, Sprühfarbe, Stahl, Holz.
Ausstellungsansicht, *tilt*, Hauser & Wirth, New York, 2018

einem schnell in den Sinn kommt; dies liegt aber vielleicht eher am Turmbau zu Babel und der Idee der Kakofonie als an der tatsächlichen Struktur. Es handelt sich aber auch um einen Stapel von Tischen oder Rampen, ein Tropus des Stapelns, der in ihrem Œuvre häufig begegnet. *untitled: pinkspree; 2018* ist grob mit rosa und schwarzer Farbe überzogen. Während wir darum herumlaufen, sehen wir teilweise sowohl die Ober- als auch die Unterseiten der Kippflächen. Jene Untersicht scheint ein unbehaglicher, beinahe tabuisierter Standpunkt zu sein, als sei man ein Kind, das sich unter einem Tisch versteckt, dies aber hier in aller Öffentlichkeit tut.

Während es die zahlreichen anderen prekären vertikalen Strukturen Barlows heraufbeschwört, erinnert *untitled: pinkspree; 2018* zugleich auch an Louise Bourgeois' magische Skulpturenserie *The Blind Leading The Blind* (1947–1949; Abb. 7). Doch hilfreicher, als diesen Einfluss zu erkennen, ist es, an Barlows anhaltende und komplexe Auseinandersetzung mit Bourgeois' Werk zu denken – eine Faszination, die mit deren *Avenza Revisited II* (1968/69; Abb. 8)[3] einsetzte, über viele Jahrzehnte hinweg anhielt und laut Barlow nicht zuletzt damit zu tun hat, wie Bourgeois „die phallische Form der *Personages* immer wieder in ganz unterschiedlichen Konfigurationen verwendete".[4] Die *Personages* begann Bourgeois in den späten 1940er-Jahren herzustellen, und zwar im Anschluss an ihre erste Gruppe von Skulpturen, zu denen auch die Serie *The Blind Leading The Blind* gehörte, darunter die heute im Hirshhorn Museum in Washington befindliche Version. Alle Varianten dieser Serie bestehen aus Holz und enthalten jeweils einen von zahlreichen Beinpaaren getragenen Oberbalken. Bei ihnen allen ist das unbehandelte Holz direkt bemalt, entweder rosa, wie im vorliegenden Fall, oder rot und schwarz, eine Farbpalette, die Bourgeois in einer Weise einsetzte, als handele es sich um chromatische Waffen. (Das ist sehr weit entfernt von dem glatten rosa bemalten Stahl, den Anthony Caro oder Phillip King und die New Generation in den 1960er-Jahren einführten.) Barlow entfaltet diese Palette in ihrem eigenen, sehr charakteristischen Arsenal (etwa in *untitled: stockade; 2015*; Abb. S. 153). Könnte man sämtliche auf dieser einen Grundstruktur basierenden Variationen Bourgeois' einmal in einem einzigen Raum zusammen sehen, wäre das ziemlich überwältigend und würde ein ähnliches Gefühl des Wucherns hervorrufen, wie es Barlows Installation auslöst.

Alle diese schrägen Skulpturen, so etwa *untitled: pinkspree; 2018* oder etliche andere Arbeiten – die Requisitenwerke („prop pieces") oder das unbeschriftete, leere *untitled: sign; 2018* (Abb. 9) –, sind von einer beunruhigenden Unbeholfenheit, die wir sowohl körperlich als auch mit unseren Augen wahrnehmen. Steigen sie empor, fallen sie, stecken sie fest, sind sie stabil? Das kann man unmöglich sagen. Ich meine, dass Barlows „Akte des Machens" auch etwas „ausagieren", in dem eher lockeren als strengen psychoanalytischen Sinne, dass sie sich danebenbenehmen (in ihrer Eigenschaft als Skulpturen natürlich). Je mehr Zeit ich im Laufe der Jahre mit den Werken verbracht habe, desto „bühnenhafter" wirken sie auf mich. Ich sage bühnenhaft, um es von dem Wort „theatralisch" zu unterscheiden, das möglicherweise ernsthafter, aber durch Michael Frieds Auffassung von Minimalismus überdeterminiert worden ist. Es mag gewisse Gemeinsamkeiten mit Frieds häufig wiederholter Lesart dessen aufweisen, was ursprünglich an den Werken von Donald Judd und Robert Morris gewissermaßen nicht stimmte, sprich: ihre die Dauer betreffenden, zeitlichen und theatralischen Aspekte.[5] Doch letztlich ist diese Bezugnahme nicht sehr ergiebig oder nicht ergiebig genug, denn Barlows Verbindung zum Theater ist sogar noch *stärker* als von Fried intendiert. Man achte nur einmal auf die Zahl der Werke, die in ihrem Titel Hinweise auf das Theater enthalten oder die schrägen Sitzreihen eines Zuschauerraums nachahmen wie *untitled: screestage; 2013* (Abb. S. 20/21) oder *untitled: brokenstage/hangingcontainer; 2012/2013* (Abb. S. 144/145).

Ein „Akt" ist etwas, das getan wird, wohingegen Barlows „Akte des Machens" nicht auf die gleiche Weise getan werden, weil sie das Potenzial in sich bergen, in verschiedenen Kontexten betrachtet zu werden (auch wenn einige der frühesten Werke, die zerstört wurden, rekonstruiert werden mussten, so etwa *Shedmesh* von 1975 [S. 43, Abb. 13]).[6] Sagen wir, die Skulptur „agiert" weiter im Sinne einer verlängerten Handlung oder Aktivität, hält dabei aber auch an der Implikation fest, dass etwas simuliert wird. Denn schließlich haben wir es hier mit Fiktionen und Kunstgriffen zu tun – und einem großen Maß an Simulation, indem ein Ding vorgibt, ein anderes zu sein. Es mutet so an, als würden die Balkone – ein Tropus, den Barlow erstmals in einer Ausstellung im Studio Voltaire in Clapham, London, verwendete (Abb. S. 248) und von dem sie dann auch im Britischen Pavillon auf der Biennale von Venedig 2018 (S. 78, Abb. 13) ausgiebig Gebrauch machte – als Plattformen von unterschiedlicher Höhe fungieren, die eine ausgeklügelte Dynamik von Blicken und Standpunkten inszenieren. Nicht das Zentrum der Bühne, sondern die Marginalien mit „props" wie dem riesigen *untitled: parasols; 2020* (Abb. S. 58) beherrschen die Szene ebenso wie die vielen Hinweise auf leere Sitzreihen für ein imaginäres Publikum, die eine Gemeinschaft von Zuschauer:innen (uns selbst?) implizieren, welche in ebenjene Akte des Machens einbezogen werden, die wir gerade betrachten.

Ungeachtet ihres geradezu nachlässigen Erscheinungsbilds sind die Werke von einer extremen Künstlichkeit, ja Präzision. Die verschiedenen Winkel eines Gefälles oder einer Schräge zeugen von

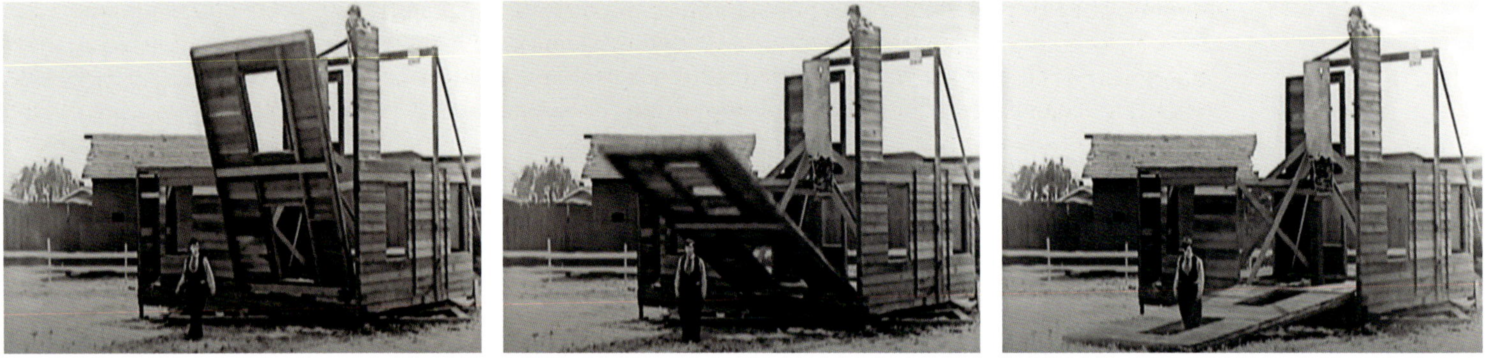

10

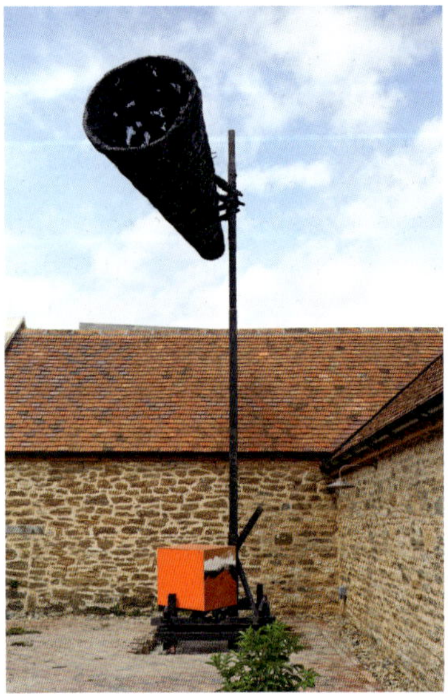

11

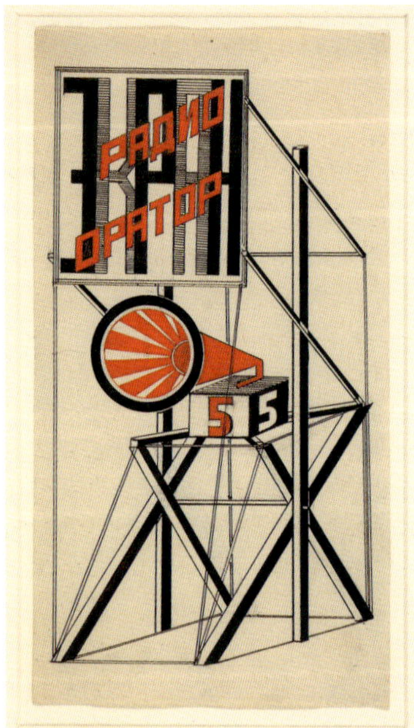

12

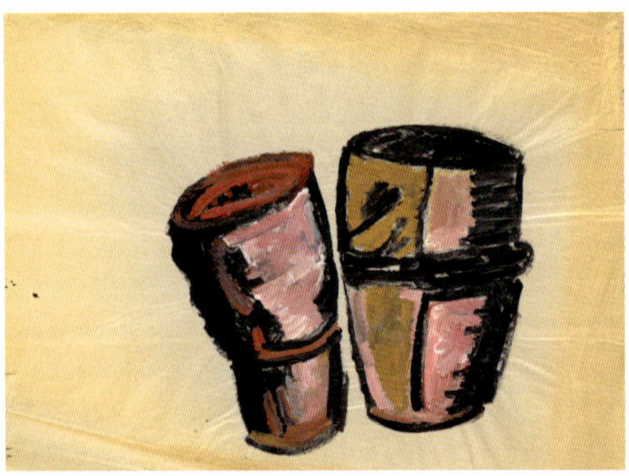

13

10:
One Week, 1920, Regie: Edward F. Cline und Buster Keaton, Produktion: Joseph M. Schenk, Filmstills, Min. 5:40, Metro Pictures, USA

11:
Phyllida Barlow, *untitled: megaphone*, 2014, Stahl, Bauholz, Sperrholz, Drahtgeflecht, Polyurethanschaum, Styropor, Farbe, Firnis. Ausstellungsansicht, *GIG*, Hauser & Wirth, Somerset, 2014

12:
Gustav Klucis, *Design für Lautsprecher Nr. 5*, 1922, farbige Tusche und Bleistift auf Papier, 26,6 × 14,7 cm.
The Metropolitan Organisation of Museums of Visual Arts of Thessaloniki

13:
Phyllida Barlow, *untitled: bound*, späte 1990er-Jahre, Acryl auf Papier, 63,7 × 90 cm

einer Genauigkeit, die nicht formelhaft ist, sondern vom Objekt während des Ausführungs- und Installationsprozesses *eingefordert* wird. Während des gesamten Prozesses finden kleinere und größere Anpassungen statt. Die Objekte werden unter Verwendung traditioneller Entwurfstechniken geplant und anschließend im Zuge des praktischen Erprobens verändert. Auch Improvisation spielt eine Rolle, aber nur eine untergeordnete. In Anspielung auf Buster Keaton hat Barlow gesagt: „Die Art, wie Gegenstände scheitern, hat etwas Komödiantisches."[7] Auch Barlow inszeniert Objekte, die versagen, als seien sie gerade im Begriff einzustürzen, doch sie tut dies, wie es auch Keaton offensichtlich tat, mit bemerkenswerter und akribischer Sorgfalt. Keatons Stunts waren nicht zuletzt deshalb berüchtigt, weil er sie selbst durchführte, so etwa den in seinem Frühwerk *One Week* (1920) – einem Kurzfilm, der die Errichtung eines Fertighauses auf der Basis eines Bausatzes in einer Vorstadtstraße zum Gegenstand hat. Dabei wird das unglückselige Haus im Laufe des Films immer schiefer und wackeliger, bis es sich schließlich selbst „zerlegt" (Abb. 10).

Viele von Barlows Werkstoffen sind Standardmaterialien aus dem Baustoffhandel – Holz, Gips, Zement, Anstrichfarbe usw. Die Anmutung von etwas „Gebautem" ist in ihrem Werk wichtig, auch wenn es dort keine nennenswerten Fügeverbindungen gibt und das Gebilde lediglich von Stoff zusammengehalten wird. Mittels des Hinzufügens von Farbe und Stoff unterschiedlicher Art werden in ihren Werken, so etwa in *untitled: 100banners; 2015* (Abb. S. 11–15) häufig Schichten aufgebaut. Barlow hat in ihren Werken schon immer gerne Textilien verwendet, nicht zuletzt groben Baumwollstoff oder ungebleichte Leinwand (beides sind nach wie vor wichtige Materialien für sie), um Blöcke von kräftiger matter Farbe einzubeziehen, die monochrome Flächen bilden *und* etwas drapieren oder einfach nur herabhängen können. Stoff funktioniert räumlich, wobei einige Farben besonders ins Auge springen. Hier erinnert er an eine Menschenmenge oder eine Phalanx, einen Demonstrations- oder Protestzug, wirkt verführerisch und bedrohlich zugleich. Die Verwendung von Bannern oder Zeichen als Stellvertreter für eine kollektive Menschenmasse erinnert uns wiederum an Bourgeois' Einsatz des Wiederholungsprinzips in ihrer Serie der *Personages*. Der Skulptur erwächst in Barlows Händen eine kollektive körperliche Intelligenz, bei der der Körper impliziert ist, ohne dargestellt zu werden, und die Straße nicht bildlich repräsentiert, sondern mittels „props" und Substituten assoziiert und in die Galerie gebracht wird.

Gelegentlich führen Künstler:innen ein Element ein, das zunächst ein wenig ungewöhnlich erscheinen mag, aber letztlich auf einen starken Grundgedanken im Werk trifft, diesem eine etwas andere Wendung gibt und dadurch etwas freilegt, das schon immer darin vorhanden war. Eine Gruppe von Werken Barlows, bei denen dies der Fall ist, sind, meine ich, jene, die um das Motiv des Megafons kreisen. Ein Megafon ist ein einfaches kegelförmiges Gebilde, das den Klang verstärkt. Es nimmt die übertriebene Gestalt ebenjener Tätigkeit an, die es verrichtet, als habe der sich weitende Durchmesser eines Kegels seine Entsprechung im zunehmenden Schallpegel. Hier wird in skulpturaler Form etwas von der Art und Weise zusammengefasst, wie Barlow verschiedene Modi der Ansprache einsetzt. Man denke an die Kollisionseffekte, auf die man bei einigen Werken stößt, die nur darauf warten, dass etwas passiert, während sie an einer Wand lehnen oder auf dem Boden liegen, im Gegensatz zu anderen, die wie Schilder oder Transparente wirken, die wortlos nach Aufmerksamkeit schreien. *untitled: folly; megaphone; 2017* (Abb. S. 157) war Teil der Installation der Künstlerin für den Britischen Pavillon auf der Biennale von Venedig, ein weiteres „Objekt auf Stäben", doch diesmal bekrönt von einer skelettartigen konischen Struktur, eine Variation diverser anderer, die Barlow geschaffen hat. Ein weiteres „Megafon"-Werk, bestehend aus einem riesigen Kegel auf einem Ständer (Abb. 11), ist eine klare Form verglichen mit der locker arrangierten Pyramide von Stahlstäben, von der er hochgehalten wird. Das Paradoxe an der Einbeziehung eines Apparats zur Steigerung der Lautstärke in einem Medium, das keinen Laut ertönen lässt, entgeht uns nicht. Doch das stumme Geschrei birgt nicht weniger Konfliktpotenzial, indem es eine visuelle Kakofonie erzeugt.

Gewiss ist Barlow keine Künstlerin, die man mit der konstruktivistischen Tradition verbindet; für eine solche Zuschreibung ist ihr Werk, so die gängige Sichtweise, viel zu chaotisch und sinnlich. Und doch greift sie in ihrem Beharren auf dem „Gebauten" und dem Konstruieren von Dingen einen der grundlegenderen Aspekte des Konstruktivismus auf, vor allem im Hinblick auf seine historische Beziehung zu Protest und Revolution. Es ist reizvoll zu sehen, wie Barlows riesige Kegel die Erinnerung an Gustav Klucis, den großen russischen Konstruktivisten und Gestalter von Kiosken, heraufbeschwören. In der Zeit nach der Oktoberrevolution von 1917 gehörte Klucis zu jenen Künstlern, welche die Straße durch Agitprop verwandelten (Abb. 12). In Linolschnitten und Zeichnungen gestaltete er Entwürfe für Kioske, die auf einer Holzrahmenkonstruktion beruhten, mit Megafonen für die Verbreitung von Propaganda ausgestattet waren und eine Mischung aus einfacher Bricolage und Kommunikationstechnologien darstellten. Klucis zahlreiche Kioske in der Serie sind allesamt Variationen eines aus einem rot und schwarz gestrichenen Holzrahmen bestehenden Grundschemas. Das Megafon ist ein prothetischer Gegenstand zur Verstärkung der menschlichen

Stimme bei der Verbreitung revolutionärer Botschaften. Im Kiosk tritt es in Gestalt eines jener Lautsprecher, wie sie in der frühen Radiotechnologie zum Einsatz gelangten, auf. Es mag weit hergeholt erscheinen, Klucis, Keaton und Bourgeois miteinander in Verbindung zu bringen, doch Barlows Ästhetik des Objekts als Protagonist in einer Gruppendynamiken unterworfenen oder kollektiven Aktion scheint förmlich dazu einzuladen.

Barlow hat viele der Tropen, die sie im Laufe mehrerer Jahrzehnte immer wieder verwendet hat, in ihren Zeichnungen erprobt. In denen der frühen 1990er-Jahre scheint die gesamte Palette der sich, Blatt um Blatt, in nahezu endlosen Variationen entfaltenden Motive bereits vorhanden zu sein (Abb. 13). Zwar gibt es dort keine Megafone, dafür jedoch jede Menge Kegel, und was ist ein Megafon schließlich anderes als ein auf der Seite liegender Kegel? Diese polymorphe Verlagerung von einer Form oder Struktur zur anderen wird in den Acrylbildern auf drastische Weise durchgespielt. Barlow hat einmal gesagt, sie habe daran gedacht, „halb erinnerte Dinge" oder „schlechte Kopien"[8] zu zeichnen, womit sie, wenn ich sie da richtig verstehe, meint, dass es produktiv sein kann, wenn man das Aussehen eines Gegenstands nicht ganz korrekt erinnert und eine leicht fehlerhafte Simulation davon hervorbringt. Das ist eine Verbindungslinie, die auch Roland Barthes in seiner vorletzten Vortragsreihe gezogen hat, in der er die Simulation mit seiner Idee vom „Werk als Modell" verknüpfte, wobei er jedoch eher an den Roman als an die bildende Kunst dachte. Das Modell ist hier nicht nur im eigentlichen Wortsinn gemeint: Es ist eine Denkweise im Hinblick darauf, wie sich der Prozess des Schreibens oder sogar der Wunsch zu schreiben in das Schreiben einbettet, wie „das Werk als Modell [...] sich als Experiment mit sich selbst" präsentiert,[9] was dem Verständnis von Barlows Werk als „Akt des Machens" recht nahe kommt.

Während Barlows begrenztes Lexikon wuchernder Tropen einerseits stark in der Welt verwurzelt ist, entfernt es sich andererseits auch von dem vertrauten Erscheinungsbild der Dinge, um neue Verbindungen herzustellen. Das Sich-halb-Erinnern erlaubt es einem, sich Dinge auszudenken, während man eine Abfolge von Annäherungen und Anpassungen durchläuft. Für Barlow ist also der Akt des Machens auch ein Akt des Vergessens, aber selten eine vollständige Auslöschung. Natürlich sind Dinge, an die man sich nur halb erinnert, nicht zwangsläufig weniger bedeutsam. Stattdessen können sie vergrößert und transformiert werden: auf Grundlage einer fälschlichen Erinnerung – doch in diesem Kontext kann sich herausstellen, dass es produktiv sein kann, etwas misszuverstehen. Ob die Paradoxien der Skulptur am Leben erhalten werden können, hängt davon ab, dass wir nicht genau entscheiden können, worum es sich bei dem, was wir sehen, tatsächlich handelt.

1 Phyllida Barlow verwendet die Formulierung „Akte des Machens" häufig und diskutierte die ihr innewohnende Ambivalenz in „The Hatred of the Object", einem Aufsatz, den sie ursprünglich im September 1995 als Vortrag anlässlich der Konferenz „Sculpture, Method, Research" am Central Saint Martins College of Art and Design in London gehalten hatte; siehe *Objects for ... And Other Things. Phyllida Barlow*, London 2004, S. 180–188, hier S. 183 f.

2 Phyllida Barlow in einer E-Mail an die Autorin, 7.7.2020.

3 Mark Godfrey diskutiert Barlows Interesse an Bourgeois' *Avenza Revisited II* in: *Objects for ...* (wie Anm. 1), S. 30.

4 Phyllida Barlow in einer E-Mail an die Autorin, 7.7.2020.

5 Michael Fried, „Art and Objecthood", in: Geoffrey Battcock (Hrsg.), *Minimal Art. A Critical Anthology*, New York 1968, S. 116–147, hier S. 118 f.; dt.: „Kunst und Objekthaftigkeit", in: Gregor Stemmrich (Hrsg.), *Minimal Art. Eine kritische Retrospektive*, Dresden 1998, S. 334–374, insbes. S. 365.

6 *Shedmesh* wurde für die aktuelle Ausstellung neu gefertigt.

7 Phyllida Barlow im Gespräch mit Lynn Barber in der Dokumentation *When Lynn Barber Met Phyllida Barlow*, BBC, 2017, www.youtube.com/watch?v=37I56RHFpz4 (5.10.2020). Phyllida Barlow betont in diesem Interview mehrfach ihr Interesse am Possenhaften und Komischen und besonders ihre Beziehung zu Keaton.

8 Phyllida Barlow im Gespräch mit Alexandre da Cunha, in: *Phyllida Barlow: scree*, Ausst.-Kat. Des Moines Art Center, Iowa, 2014, S. 15.

9 Roland Barthes, *Die Vorbereitung des Romans. Vorlesung am Collège de France 1978–1979 und 1979–1980*, hrsg. von Éric Marty, Frankfurt am Main 2008, S. 253–272, hier S. 267 (Sitzung vom 15.12.1979).

Phyllida Barlow – Eine Biografie

Lisa Paland

Phyllida Barlow (rechts) und ihre Schwester Camilla in Richmond Green, London, 1948

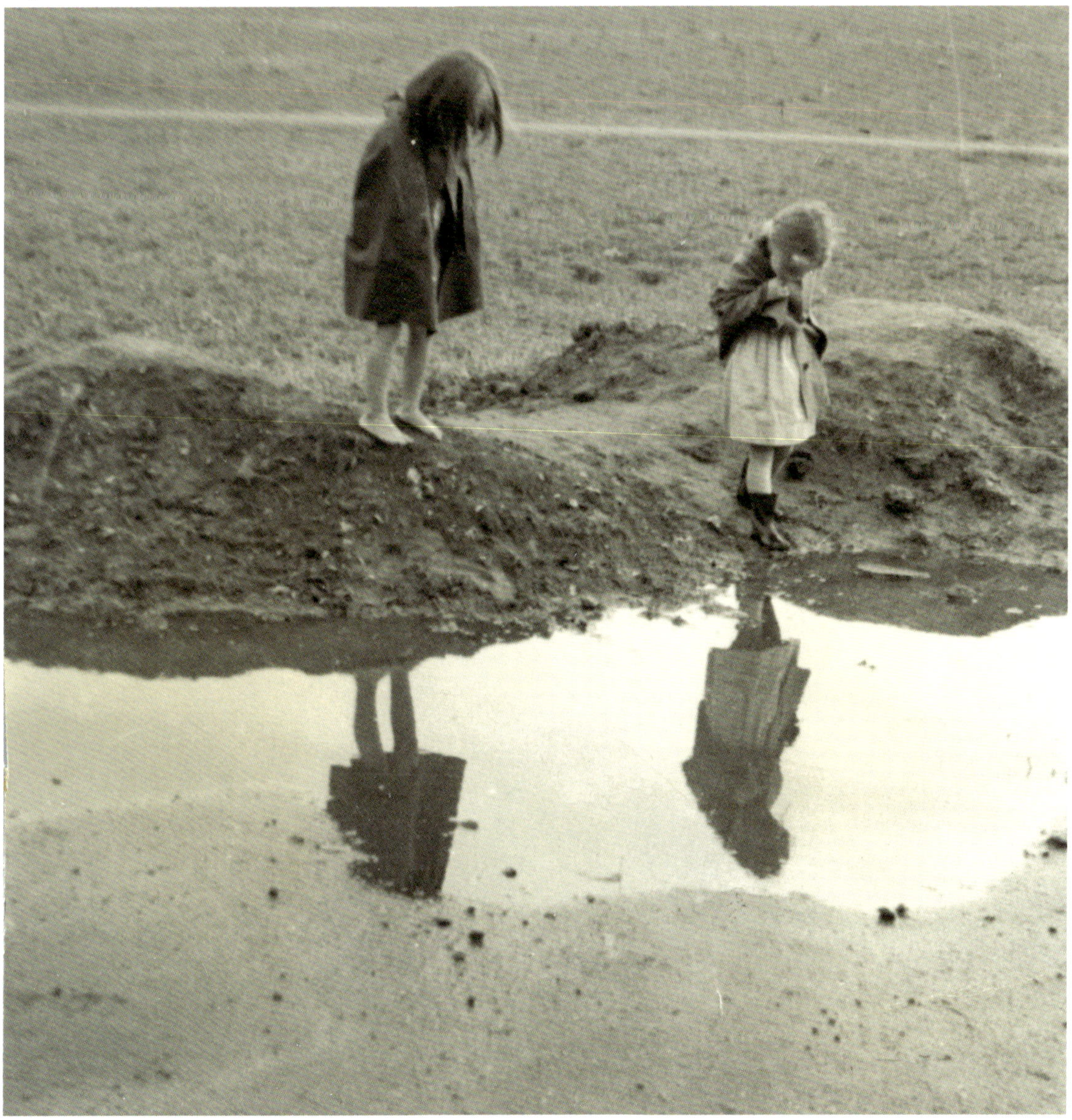

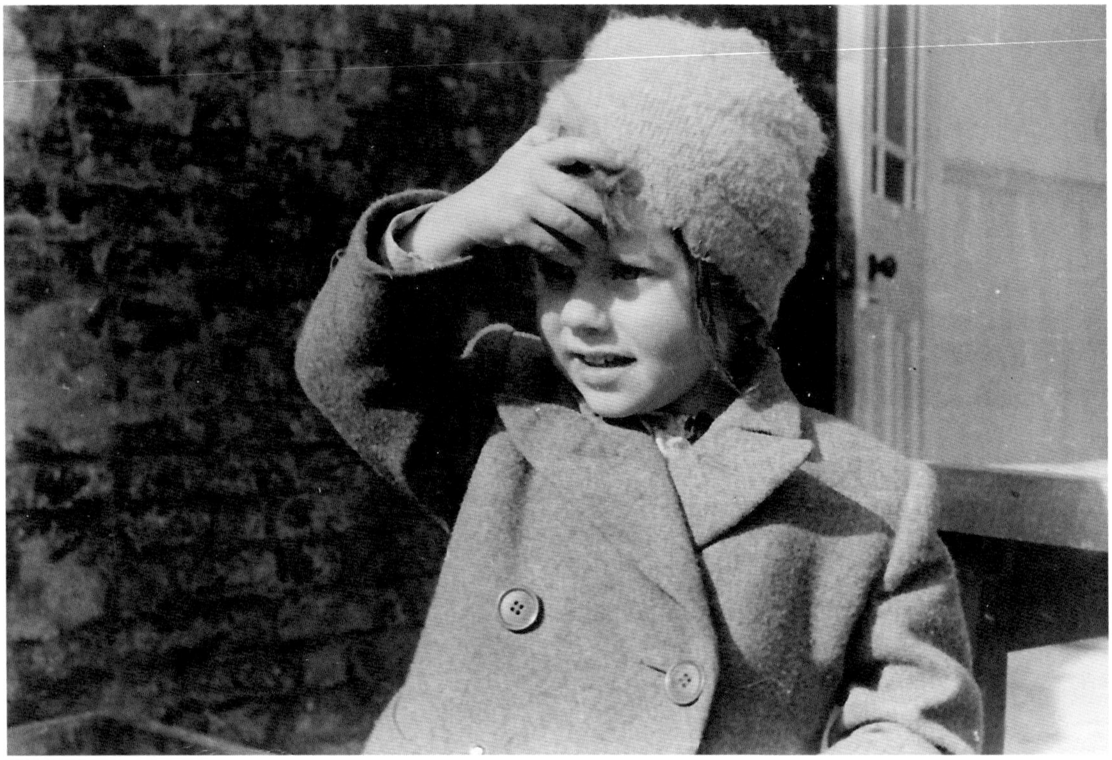
Phyllida Barlow im Alter von vier Jahren, Richmond, London, 1948

Kindheit in Newcastle upon Tyne und London

Phyllida Barlow wurde am 4. April 1944 in Newcastle upon Tyne im Nordosten Englands als jüngstes von drei Geschwistern geboren. Ihre Mutter Brigit Ursula Hope Black war Schriftstellerin, ihr Vater, Erasmus Darwin Barlow, Mediziner. Er nahm nach dem Ende des Zweiten Weltkriegs eine Stelle als Psychiater am Londoner St. Thomas' Hospital an, weshalb die Familie 1949 nach Richmond, einem wohlhabenden Vorort der britischen Hauptstadt, zog. Dort, in unmittelbarer Nähe zur Themse, verbrachte Phyllida Barlow eine harmonische Kindheit. Barlows Mutter Brigit war eine lebensfrohe und kreative Person, die es stets verstand, aus Alltagsmaterialien gemeinsam mit ihren Kindern faszinierende Spielumgebungen zu errichten. Barlow erinnert sich besonders lebhaft an das Konstruieren kleiner Häuser aus Pappe und Streichholzschachteln, in denen Kastanien und Moos das Mobiliar für allerlei Fantasiewesen bildeten – kleinformatige Vorboten ihrer späteren nicht weniger spielerischen raumgreifenden Skulpturen.

Gleichzeitig war Barlows Kindheit stark geprägt von den städtischen und sozialen Umbrüchen der Nachkriegszeit: Im London der 1950er-Jahre wurde sie Zeugin der Zerstörung und Umgestaltung der urbanen Landschaft. Barlows Vater nahm sie im Auto mit auf Ausflüge ins Londoner East End, bei denen sie die enormen Kriegsschäden mit eigenen Augen sah. Der Wiederaufbau der Stadt nach Maßgabe des Brutalismus und Barlows ambivalente Beziehung zu dessen Ästhetik spiegeln sich in einer Vielzahl ihrer späteren Werke wider. Bis heute dienen ihr die unzähligen Baustellen Londons als unerschöpfliche Inspirationsquelle für ihre künstlerischen Arbeiten.

Von klein auf war Barlow darüber hinaus von Tieren fasziniert. Womöglich ist es die Verwandtschaft mit Charles Darwin, ihrem Ur-Ur-Großvater, in der ihre Tierliebe wurzelt, die sie zunächst erwägen ließ, Zoologie in Cambridge zu studieren – ein Vorhaben, das ihr Vater stark befürwortete. Da ihr Interesse für die Kunst aber schließlich doch überwog, änderte sie ihre Pläne wenig später und begann 1960 ihr Kunststudium an der Chelsea School of Art in London.

George Fullard (kniend) und Phyllida Barlow in der Chelsea School of Art, um 1967

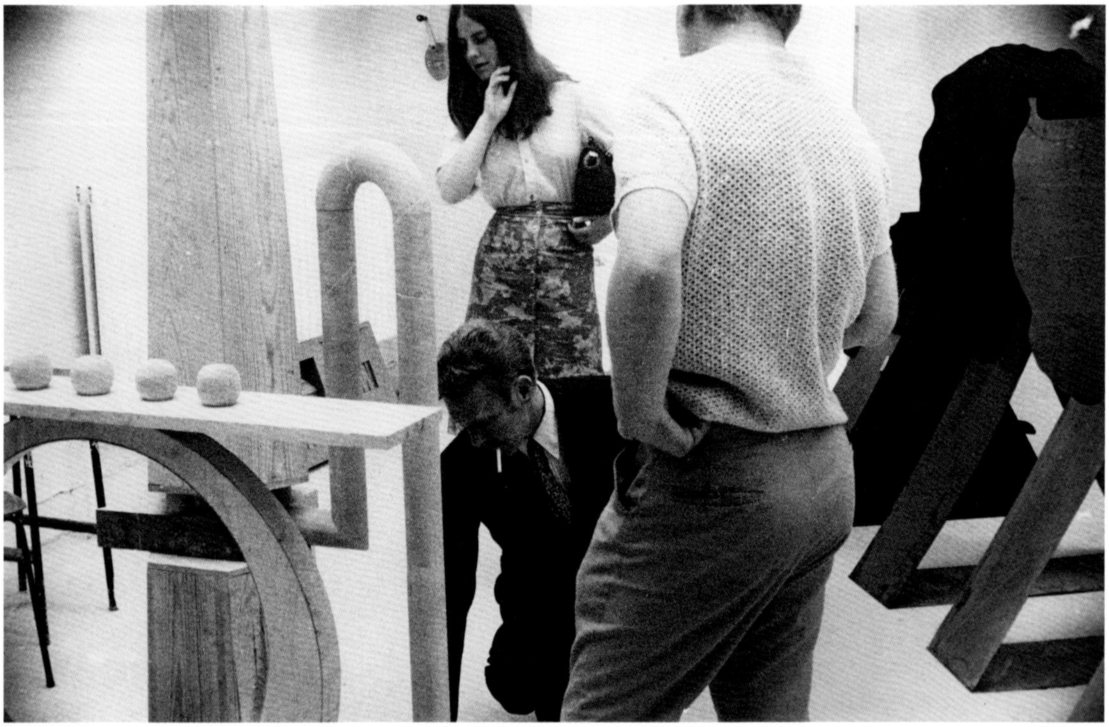

Studium an der Chelsea School of Art und der Slade School of Fine Art

In ihrem ersten Semester in Chelsea, wo sie von 1960 bis 1963 studierte, besuchte Barlow zunächst die noch recht konventionell geprägten Malereikurse, in denen nach dem Modell an der Staffelei gemalt wurde. Diese brachten sie allerdings recht schnell an ihre Grenzen, und zwar nicht etwa deshalb, weil sie den Gegenstand nicht nach einem traditionellen Verständnis „korrekt" zu zeichnen vermochte. Vielmehr erachtete Barlow es als absurd, ihren Gegenstand von dem ihn umgebenden Raum isoliert zu betrachten.[1]

Die althergebrachten Lehrmethoden im Malerei-Department und der dort vorherrschende moralisierende Ton lösten in Barlow klaustrophobische Gefühle aus. 1961 wurde Barlow während eines der von ihr besuchten Zeichenkurse bewusst, dass die figurative Malerei nicht ihr genuines künstlerisches Medium darstellte und sie am Umgang mit Farbe eher deren Haptik und Materialität interessierten. Auf Anraten ihres damaligen Tutors Anthony Hatwell, der Barlows taktile Verwendung der Farbe bemerkte, wandte sie sich der künstlerischen Arbeit in drei Dimensionen zu. Allerdings war die Bildhauerei-Ausbildung in Chelsea zu der Zeit nicht weniger traditionell ausgerichtet und erstreckte sich hauptsächlich auf das Erlernen bildhauerischer Techniken wie Schnitzen, Holzbau, der Anfertigung von Gussformen und Armierungen für Lehm und Gips sowie Schweißen – wobei Frauen allerdings der Zugang zur Schweißwerkstatt verwehrt blieb. Barlow hat diese Atmosphäre oft als restriktiv und wenig experimentell geschildert, die Versiertheit in verschiedenen künstlerisch-handwerklichen Techniken ist jedoch existenzieller Bestandteil ihrer Arbeitsweise geworden, die sie gern als „acts of making" beschreibt.[2]

1961 übernahm George Fullard die Leitung von Chelseas Bildhauerei-Department und brach mit den angestaubten Konventionen. Barlow und ihre Kommiliton:innen waren begeistert von den experimentellen Lehrmethoden Fullards, der sie stets ermutigte, über den Tellerrand des Ateliers hinauszublicken und sich kreativ mit der Alltagswelt auseinanderzusetzen. Von der Brutalität der Tom-und-Jerry-Cartoons und den vermeintlichen Klischees von Frank-Sinatra-Songs gab es ebenso viel über Skulptur zu lernen wie aus dem Umgang mit unbelebten Objekten in Buster-Keaton-Filmen. „George flößte einem ein Vertrauen ein, das den Widerspruch zum Verbreiter von Kreativität erklärte: Indem man dem, was man tun sollte, den Rücken kehrte und woanders hinguckte, würde man Anhaltspunkte für das finden, was man *wirklich* machen sollte", wie Barlow einmal den Ansatz ihres ehemaligen Tutors charakterisiert hat.[3] Bestärkt durch Fullard und

Hatwell, begann sie mit den weichen Materialien Ton und Modelliermasse zu experimentieren, deren chaotisch-formbare Beschaffenheit sie sofort faszinierte. Obwohl Ton seit Tausenden von Jahren in der Bildhauerei zur Anwendung kam, wurde sein Gebrauch im kunstakademischen Kontext bis dato missbilligt und war eher ungewöhnlich, was sowohl Fullard als auch Hatwell hinterfragten.

An der Chelsea School of Art lernte sie auch ihren damals Malerei studierenden Partner und späteren Ehemann Fabian Peake kennen, Sohn des Schriftstellers und Illustrators Mervyn Peake. Die beiden heirateten 1966. Zuvor, 1963, beendete Barlow jedoch ihr Studium in Chelsea und wechselte an die Slade School of Fine Art, wo sie bis 1966 studierte und anfing, sich in neuen Materialien wie Gips, Kunstharz, Fiberglas, Holz, Papier, Stoff und Farbe zu erproben. Die aus dieser Zeit erhaltenen Fotografien ihrer frühen Arbeiten künden von stets wohldurchdachten Kompositionen, sowohl was die Aufnahmen als auch die Skulpturen selbst angeht. Was die unterschiedlichen Materialien, Oberflächenstrukturen und formalen Aspekte dieser Studienarbeiten betrifft, so ist hier bereits eine künstlerische Formensprache erkennbar, die sich durch Barlows gesamtes, mittlerweile fast 60 Jahre umspannendes Schaffen zieht – eine bemerkenswerte Treue nicht nur dem Medium Skulptur, sondern auch den verwendeten Materialien und Techniken gegenüber.

Gegen Ende ihres Studiums, 1965, nahm Barlow an *Young Contemporaries* teil – einer Plattform, später umbenannt in *New Contemporaries*, die junge britische Künstler:innen am Beginn ihrer Karriere mittels verschiedener Formate, unter anderem einer alljährlich ausgerichteten Ausstellung, unterstützte. Im Jahr von Barlows Teilnahme fand die *Young Contemporaries*-Ausstellung im Londoner Institute of Contemporary Arts statt, wo sie ihre Arbeit *table* zeigte.

1 Vgl. Frances Morris, „States of Unrest", in: *Phyllida Barlow. Sculpture 1963–2015*, hrsg. von Fiona Bradley, Ausst.-Kat. The Fruitmarket Gallery, Edinburgh, Ostfildern 2015, S. 23–175, hier S. 27.
2 Siehe hierzu u. a. den Beitrag von Briony Fer in diesem Band, S. 159–166.
3 Phyllida Barlow, „My Teacher: Phyllida Barlow on George Fullard", 21.10.2016, www.tate.org.uk/tate-etc/issue-38-autumn-2016/my-teacher-phyllida-barlow-on-george-fullard (5.10.2020).

Unbetitelte Werke, gefertigt 1963 von Phyllida Barlow während ihres Studiums an der Slade School of Fine Art, London

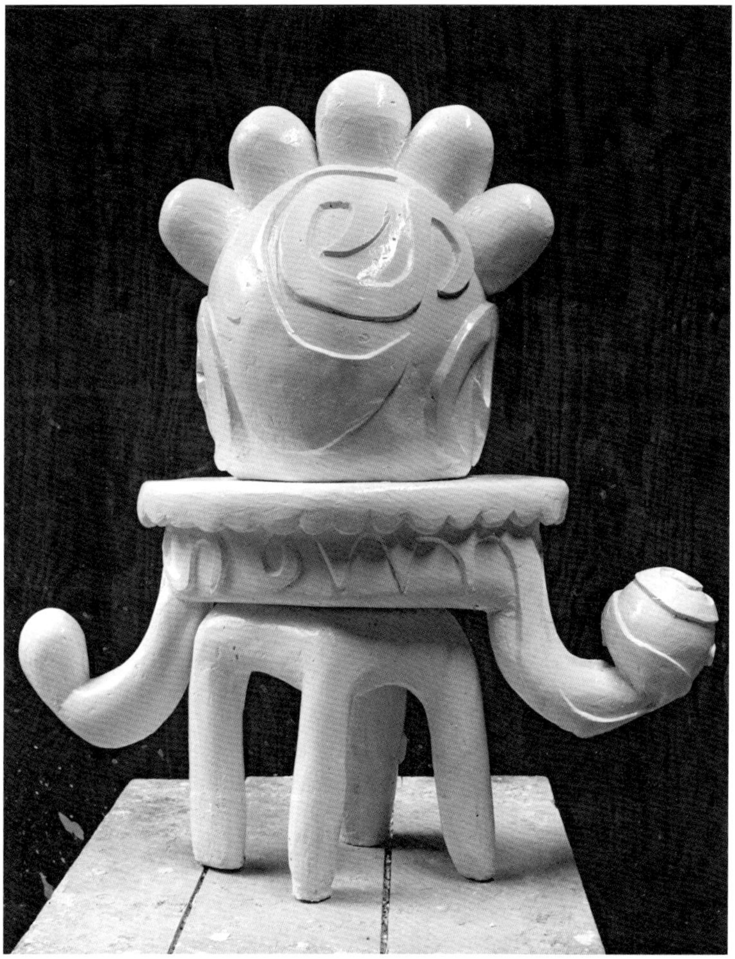

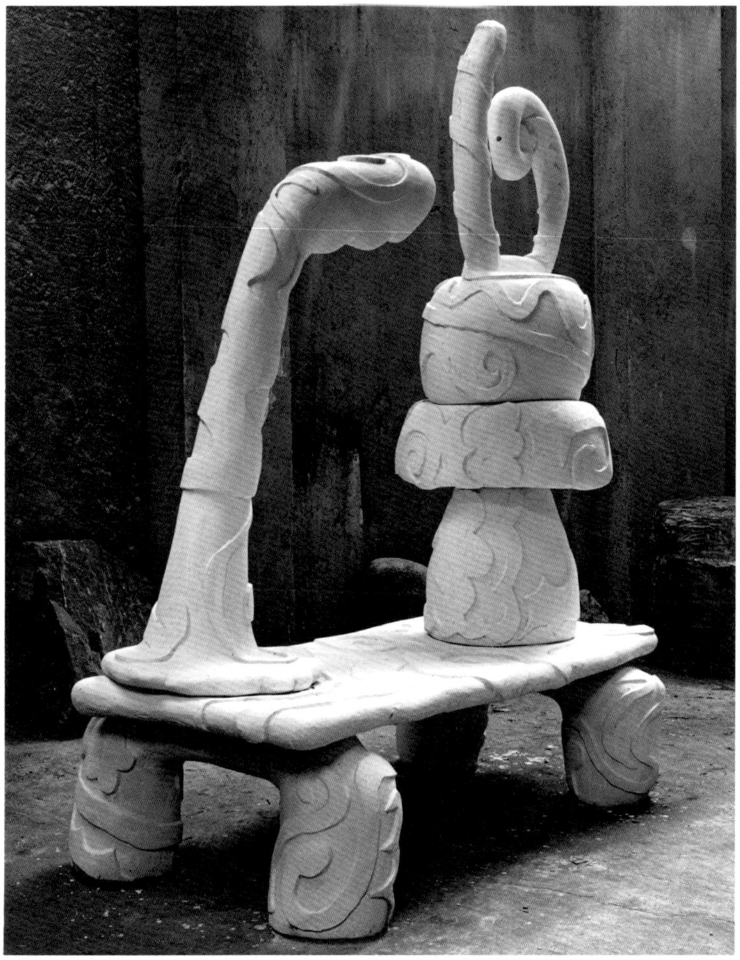

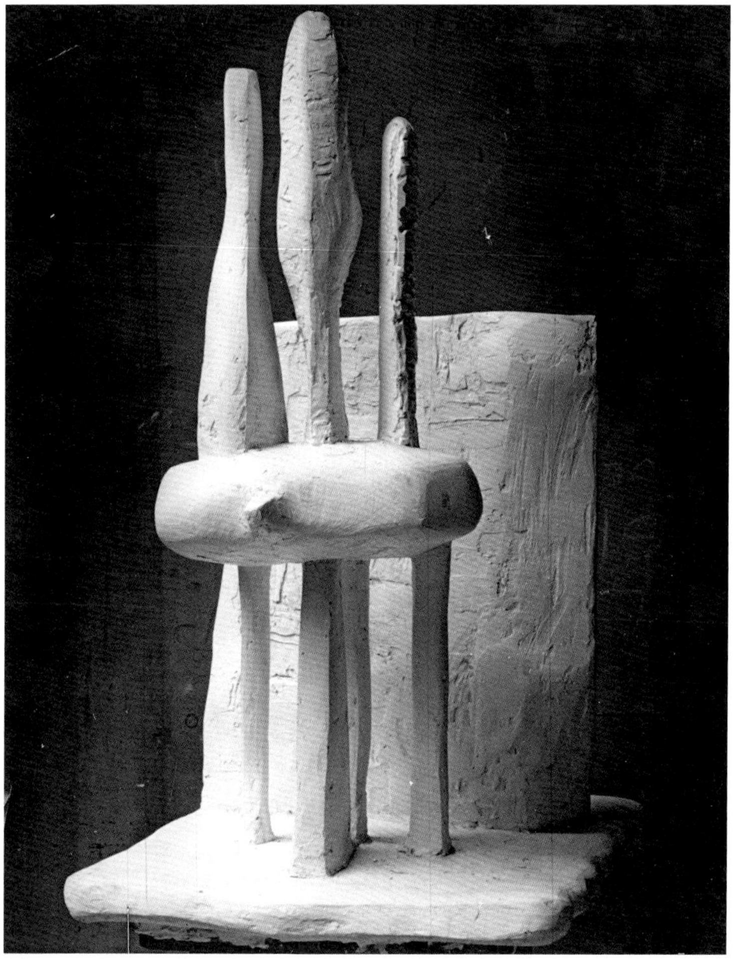

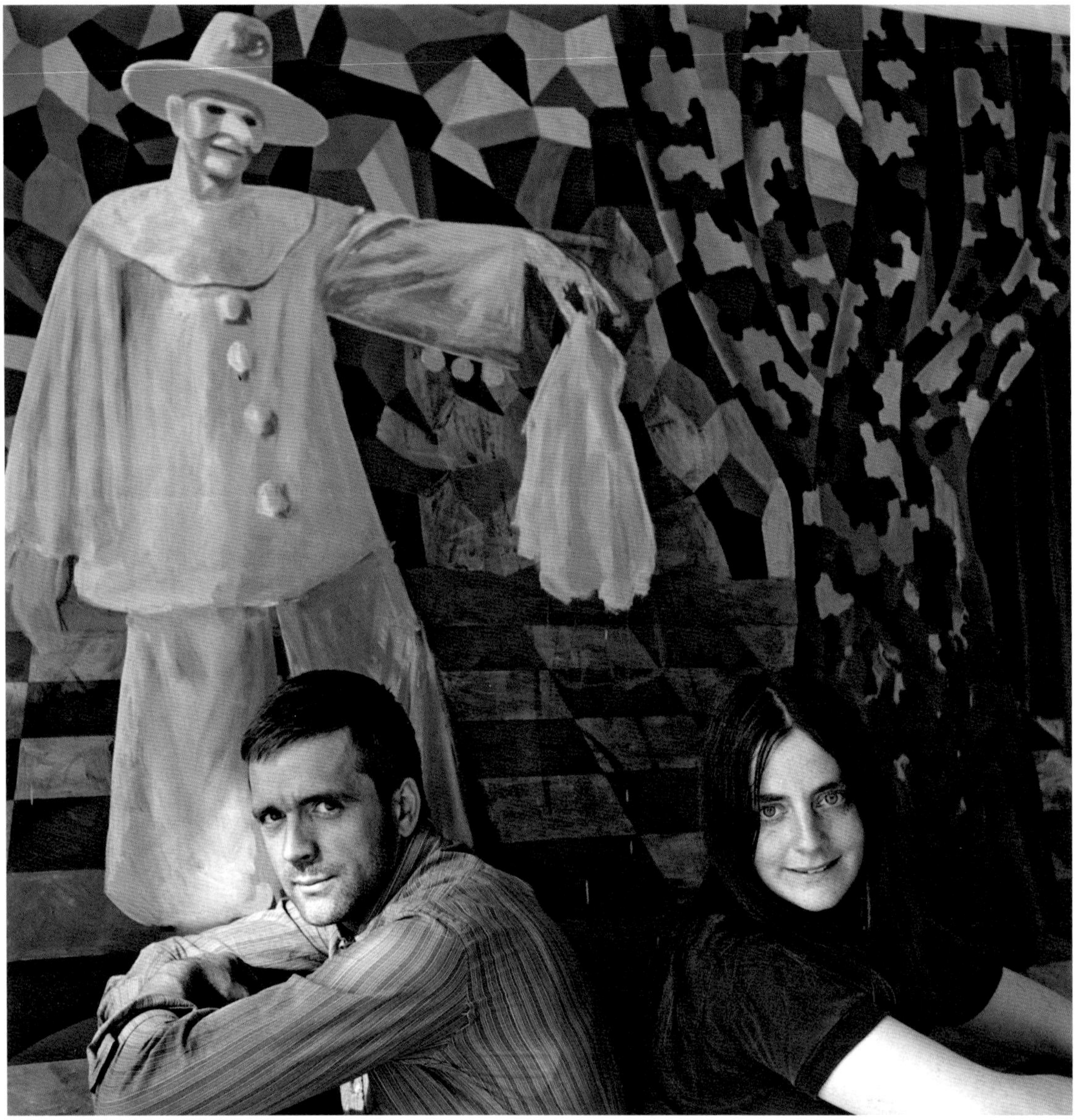

Phyllida Barlow und Fabian Peake vor einem Gemälde von Peake, 1971

Phyllida Barlow (links) und die britische Bildhauerin Simone Martin mit einer Arbeit von Martin an der Slade School of Fine Art, undatiert

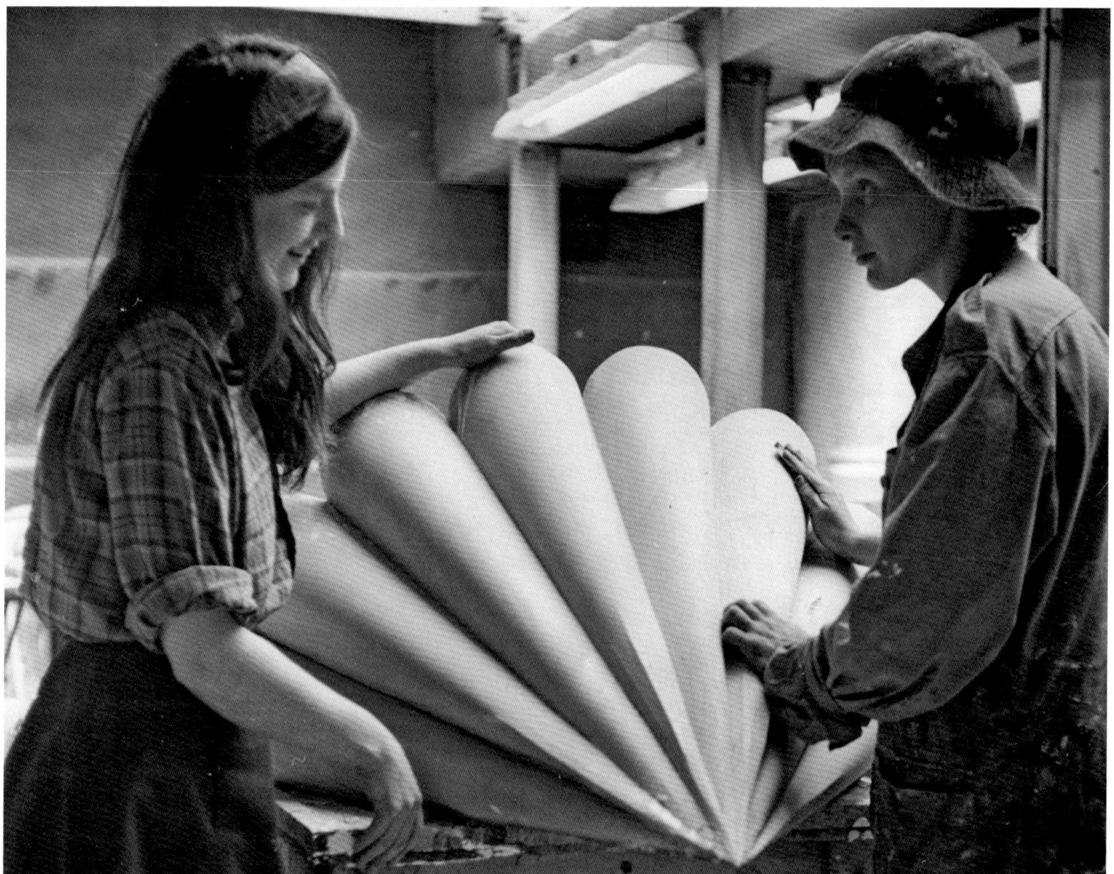

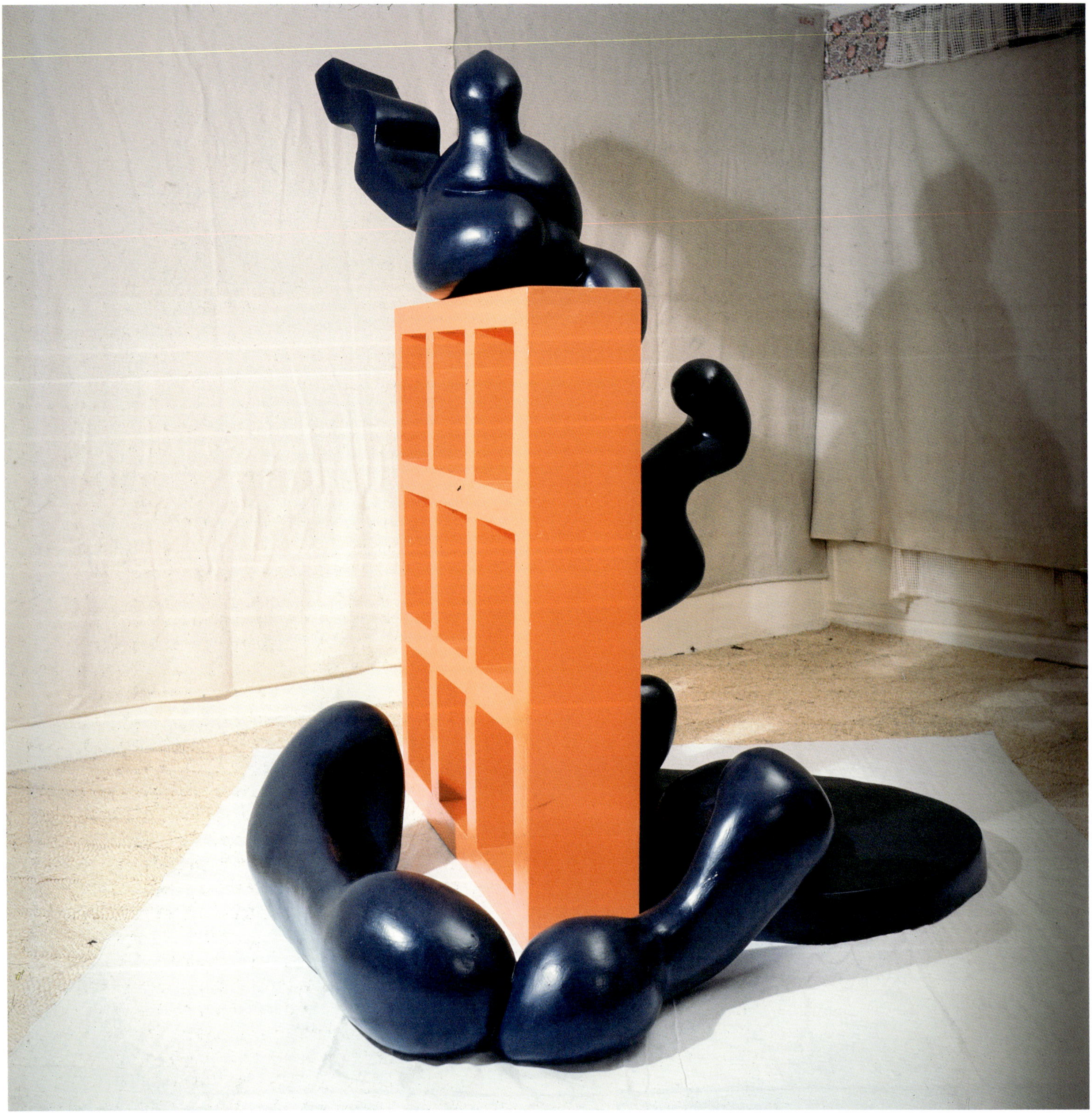

untitled 1, 1966, Installationsansicht, Diplomausstellung der Slade School of Fine Art, London

Erste Ausstellungen und Lehrtätigkeiten

Kurz nachdem Barlow ihr Studium abgeschlossen hatte, richtete sie 1967 ihr erstes Atelier in London ein. Um dieses finanzieren und ausreichend zum Familieneinkommen beitragen zu können – Barlow und Peake bekamen zwischen 1973 und 1981 fünf gemeinsame Kinder –, begann sie an verschiedenen Kunstakademien zu unterrichten. „Lehrerin zu werden, war der ideale Weg, um die Freiheit zu haben, Künstlerin zu sein, ein Atelier zu haben und zu machen, was man wollte, ohne die Verpflichtung oder den Druck, ausstellen zu müssen", begründete Barlow ihre Entscheidung für das Unterrichten.[4]

So lehrte Barlow zunächst am West of England College of Art in Bristol und bald darauf an ihrem ersten Studienort, der Chelsea School of Art, wo sie von 1967 bis 1978 tätig war. 1966/67 lebten Barlow und Peake kurzzeitig in Norfolk an der Ostküste Englands. Barlows Zeichnungen aus dieser Zeit kurz nach ihrem Studium sind stark inspiriert von der Küste und der Architektur, die ihr bereits aus ihrer frühen Kindheit in Nordengland vertraut waren: Strandhütten, Bootshäuser, Wellenbrecher und Stege finden sich zunächst in ihren Zeichnungen, aber auch in vielen ihrer späteren Skulpturen wieder.

Die Aufhebung der Grenze zwischen innen und außen sowie die skulpturalen Qualitäten von Interieurs waren ebenfalls Themen, mit denen Barlow sich in der frühen Phase ihres Schaffens auseinandersetzte, so auch in der Arbeit *Curtain and Cushions*, die sie in einer Gartenanlage in Norfolk installierte. Für die überdimensionierten Polsterkissen (*cushions*) arbeitete Barlow erstmals mit Farbe, die sie in einzelnen dicken Pinselstrichen auf die fertigen Skulpturen auftrug – eine Technik, die sich von da an durch ihr gesamtes weiteres Werk ziehen sollte.

Im September 1971 stellte Barlow gemeinsam mit Barrie Cook im Londoner Camden Arts Centre aus. Unter dem Titel *Sculpture and Drawings* zeigte sie dort drei neue Arbeiten: *View*, *Chair* und *Wardrobe*. Einen Monat zuvor war sie zudem bereits an der Gruppenausstellung *Art Spectrum London* in der Great Hall des viktorianischen Alexandra Palace beteiligt gewesen. Es war eine von insgesamt sieben Ausstellungen dieser Reihe, die einen landesweiten Überblick über die zeitgenössische Kunst in Großbritannien gewährten; organisiert wurde sie von der Greater London Arts Association und dem Arts Council of Great Britain. Barlow präsentierte dort *Sofa, floor & drawings* (1970/71; S. 38, Abb. 12), eine Arbeit, die sich aufgrund ihrer spielerischen Theatralik (das Werk erinnert an ein experimentelles Bühnenbild) und heftig-bunten Materialzusammensetzung neben skulpturalen und performativen Werken von Künstler:innen wie Marc Camille Chaimowicz, Barry Flanagan oder Yoko Ono in bester Gesellschaft befand. Barlow selbst erinnert diese Ausstellung als einen

Befreiungsschlag: „[...] Haufen von Schuhen, ein aufgespannter Latex-Schirm; Barry Flanagan gab jedem Künstler, jeder Künstlerin fünfzig Pence, jemand goss Zement aus einem Baumwipfel, ein anderer zerstörte sein Werk vor Ort: Es war eine Chance, die Skulptur aus ihrer Geschichte herauszuverlagern. [...] Nichts war begrenzt. Es eröffnete sich ein neues Potenzial dessen, was Skulptur sein konnte. Im Zuge ihrer Zersplitterung in viele mögliche Versionen – einschließlich der Ungewissheit hinsichtlich des Status ihrer Vollendung – wurde sowohl der Raum ihrer Produktion (nicht zwangsläufig das Atelier) als auch der Ort ihrer Präsentation (nicht zwangsläufig die Galerie) völlig den Künstler:innen überlassen."[5]

Der Wunsch nach Aufbruch und Neudefinition dessen, was Skulptur sein kann, zeigt sich deutlich in Barlows enthusiastischen Werken der frühen 1970er-Jahre, wie etwa *All and Everything* (1972) oder *Stuff* (1973), deren Titel bereits den überschwänglichen Umgang mit dem Material andeuten. Dies ist auch in ihrer wegweisenden Skulptur *Shedmesh*, die sie 1975 fertigstellte, spürbar: Indem Barlow eine enorme Menge Leinwandreste, Schaumstoff und Holz an einer würfelförmigen Metallarmierung montierte und verknotete, gelang es ihr auf beeindruckende Weise, Form und Formlosigkeit, Malerei und Skulptur, Konstruktion und Dekonstruktion miteinander zu verbinden. Barlow präsentierte *Shedmesh* im Entstehungsjahr in der Gruppenausstellung *Contemporary Painting and Sculpture* im Camden Arts Centre, London.

Im weiteren Verlauf der 1970er-Jahre begann Barlow mit neuen Verfahren und Werkstoffen zu experimentieren. Herkömmliches Industriematerial, das sich leicht in jedem Baumarkt finden ließ, wurde ihr bevorzugtes Arbeitsmittel, nicht zuletzt, da es auch in großen Mengen günstig zu erwerben war. Barlows *Stacks* (1979) beispielsweise, die sie im Rahmen der Gruppenausstellung *Sculpture in Action* im South Hill Park in Bracknell zeigte, bestanden allein aus übereinandergestapelten Spanplatten. Der schnelle und intuitive Umgang mit dem Material resultierte nicht zuletzt aus Barlows ständigem Pendeln zwischen Familie, Lehre und der Arbeit im Atelier, denn die stark begrenzte Zeit für die eigene künstlerische Tätigkeit verlangte nach Disziplin, rascher Entscheidungsfindung und Produktivität.

4 Phyllida Barlow, in: Marc Brown, „Phyllida Barlow: An Artistic Outsider Who Has Finally Come inside", in: *The Guardian*, 28.4.2016; www.theguardian.com/artanddesign/2016/apr/28/phyllida-barlow-artist-success-2017-venice-biennale (19.8.2020).

5 Phyllida Barlow, in: Gary Carrion-Murayari, „Interview with Phyllida Barlow", in: *Phyllida Barlow. siege*, hrsg. von ders., Ausst.-Kat. New Museum, New York, 2012, S. 10–37, hier S. 14.

A Collection of Six, Installation in Norfolk, August 1966

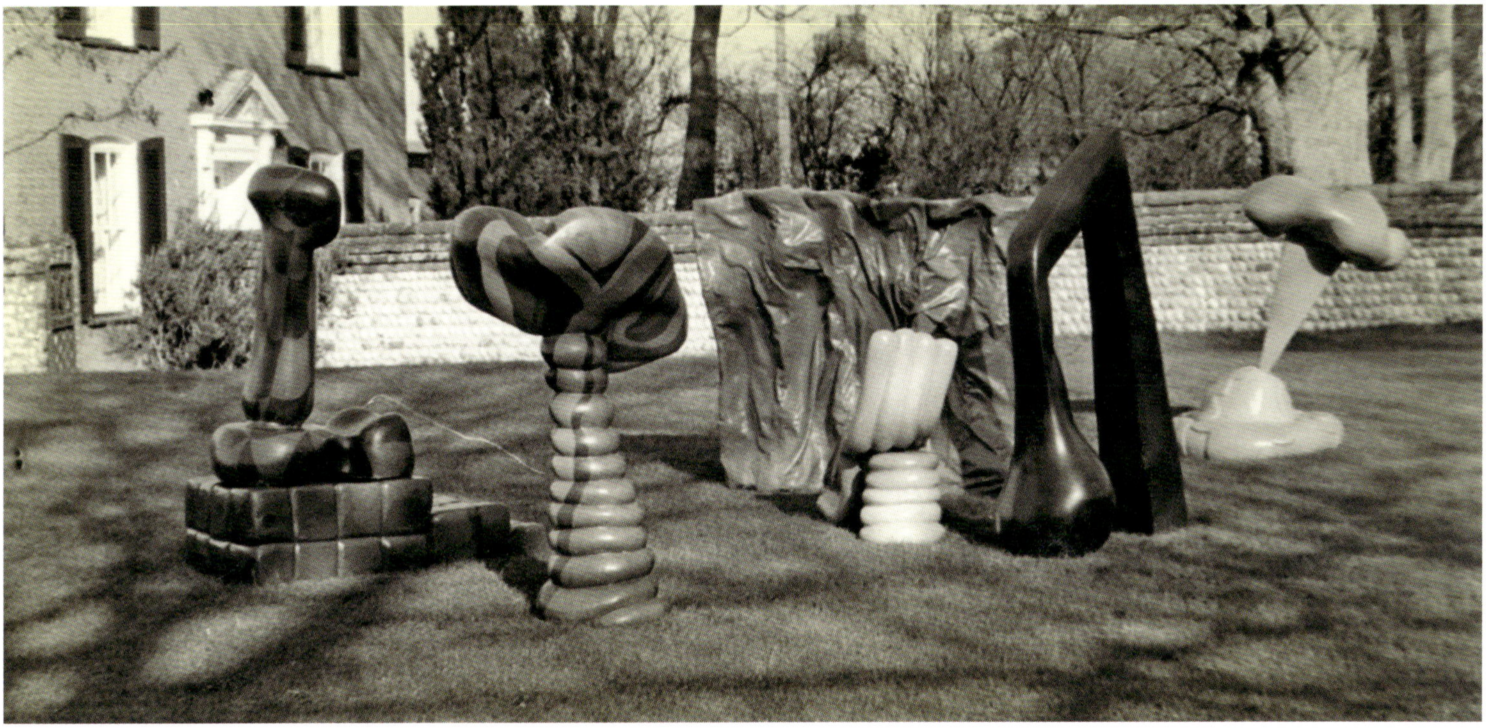

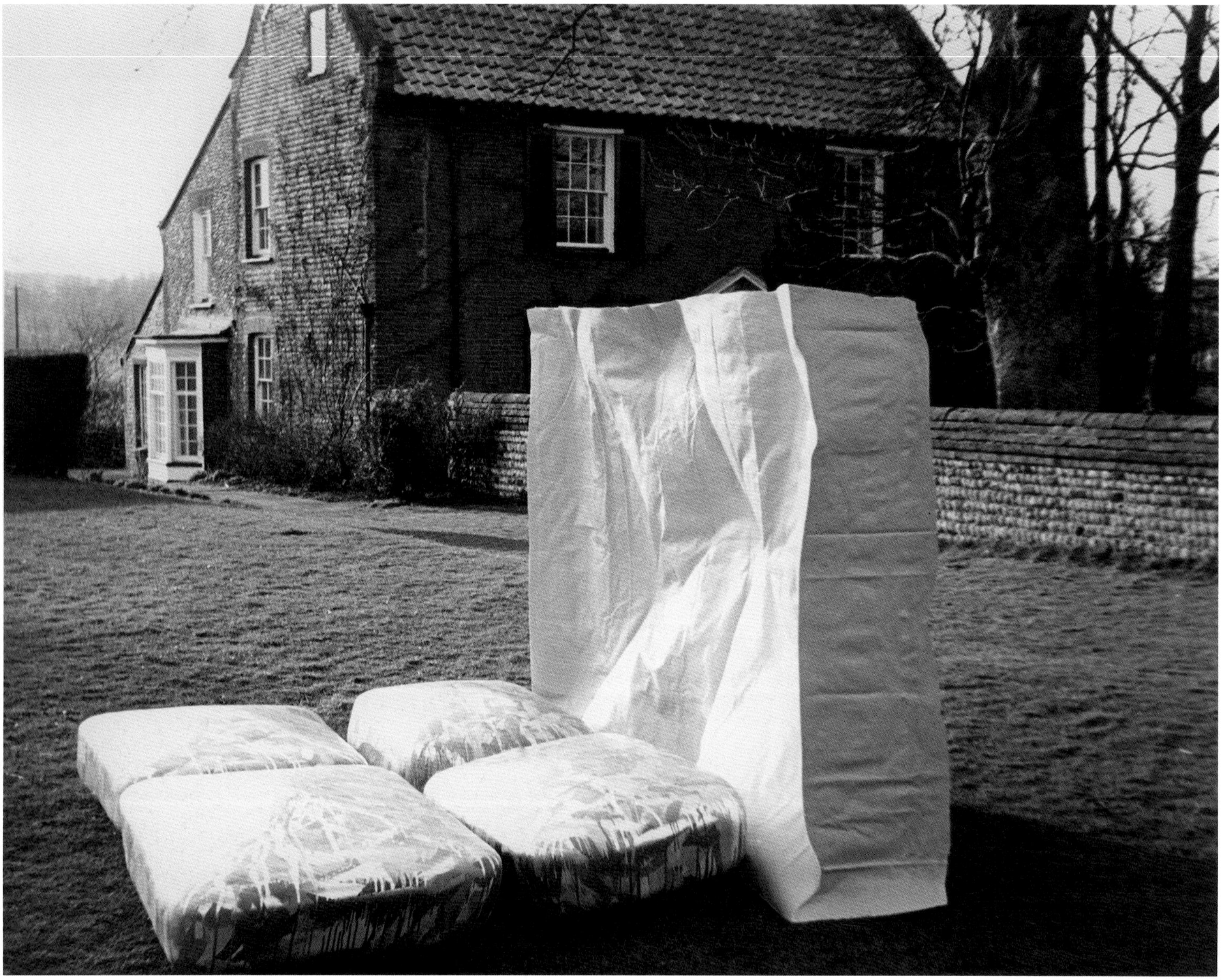

Curtain and Cushions, 1967, Installationsansicht, Cley next the Sea, Norfolk, Januar–März 1967

Table, Installation in Phyllida Barlows Atelier in der Offord Road, Islington, London, November 1968

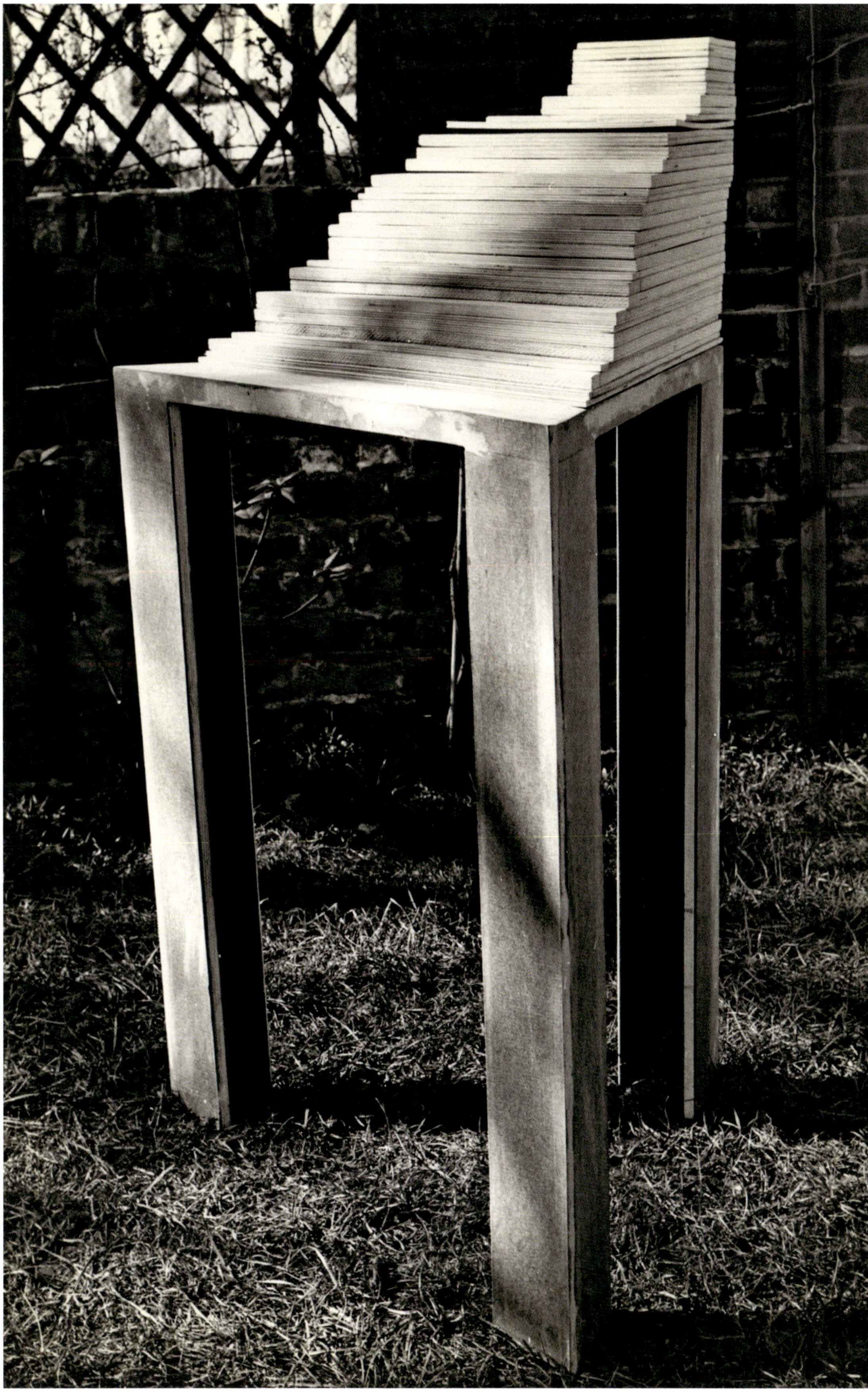

Phyllida Barlow, zeichnend, Littlehampton, Sussex, 1968

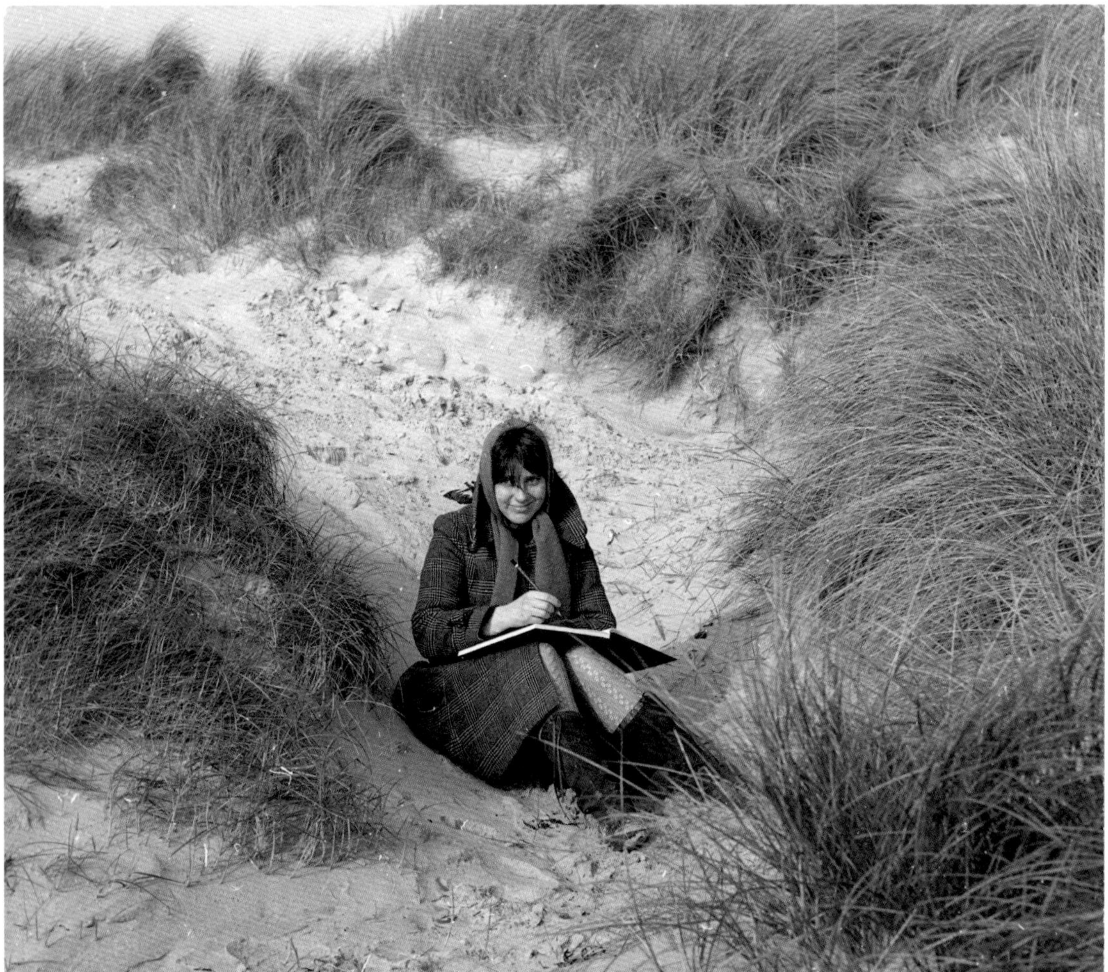

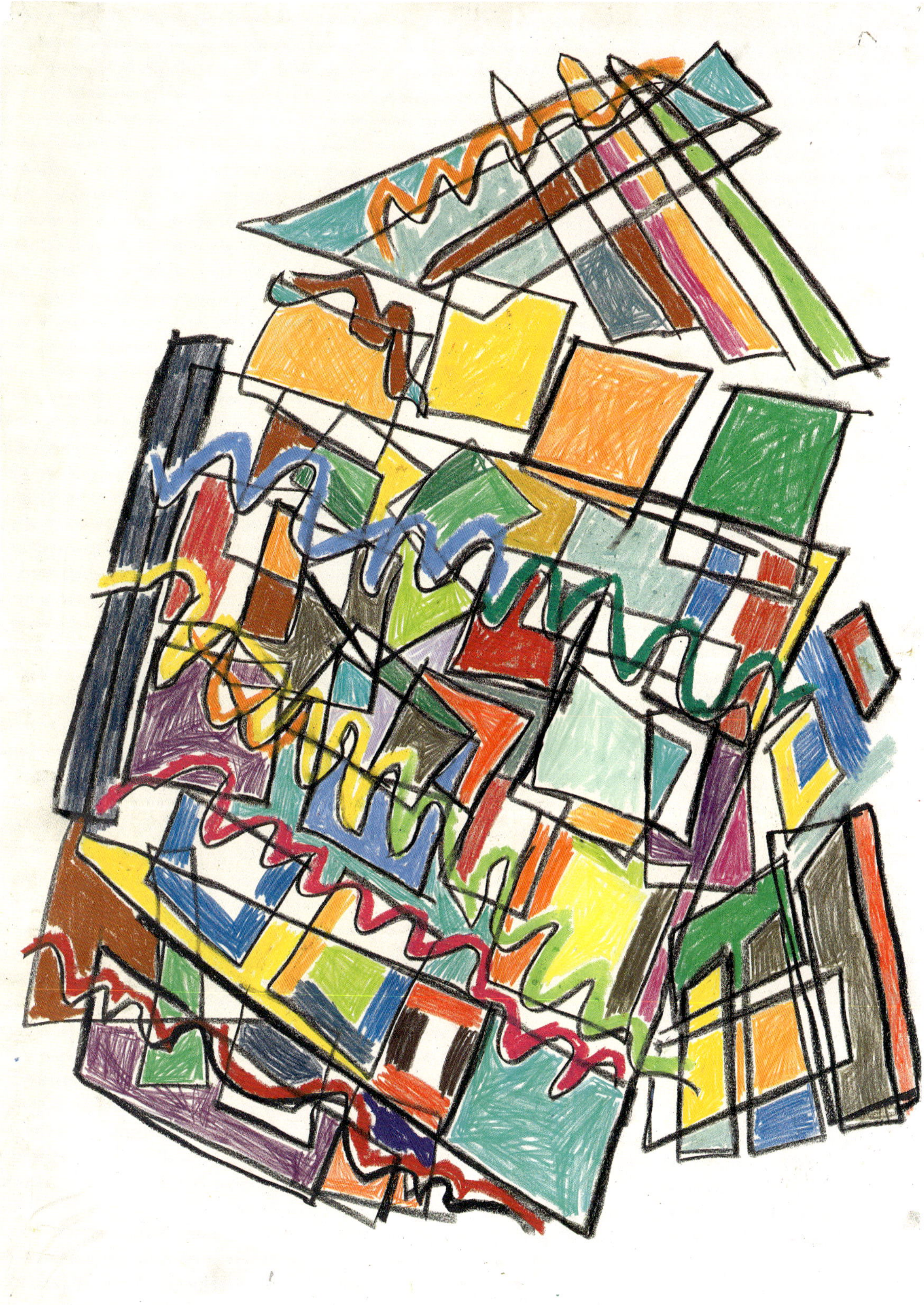

6 Bathing Hut, späte 1960er- / frühe 1970er-Jahre, Buntstift auf Papier, 76,4 × 55,6 cm

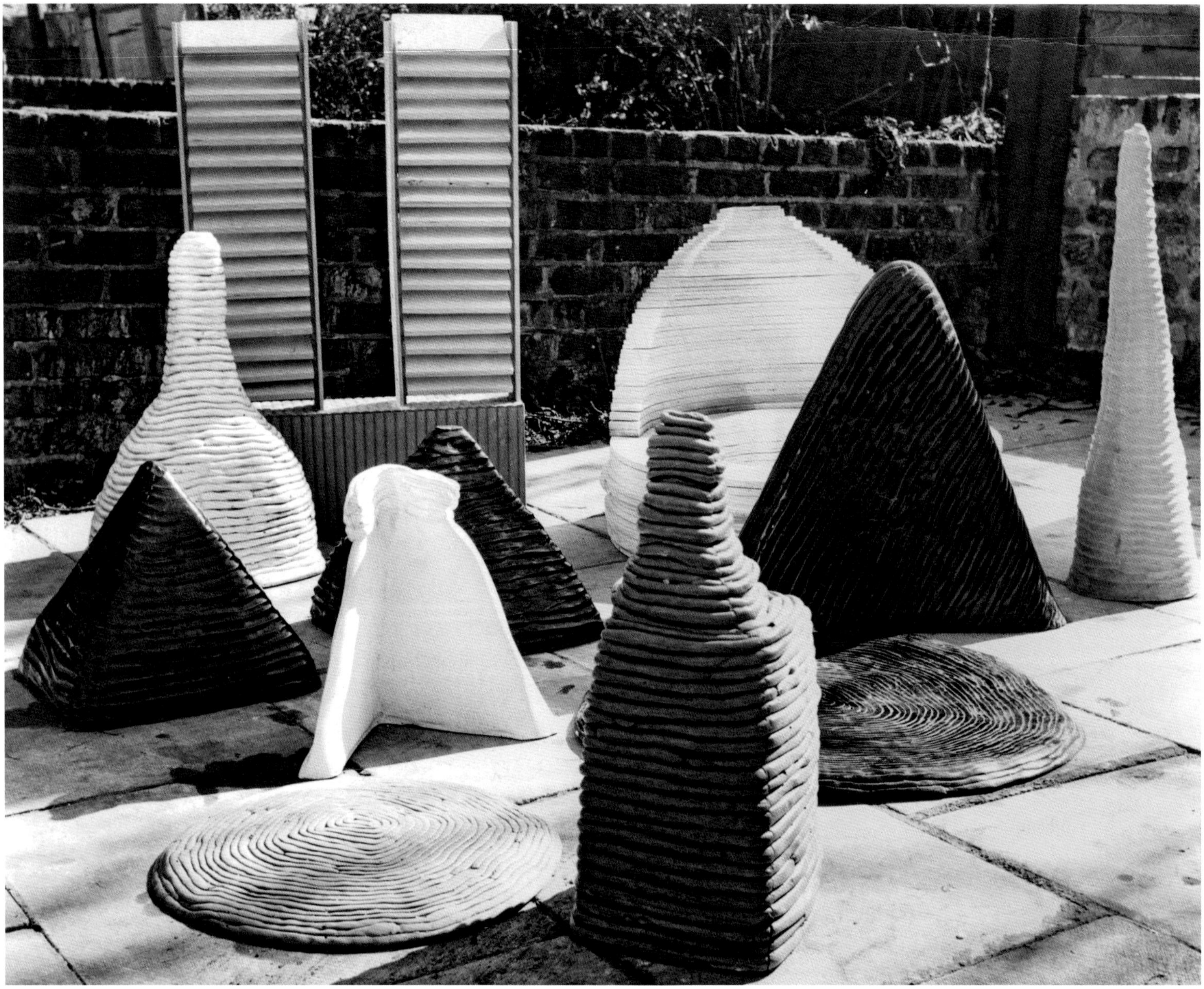

Eleven Pieces, Installation in Phyllida Barlows Atelier in der Offord Road, Islington, London, 1968/69

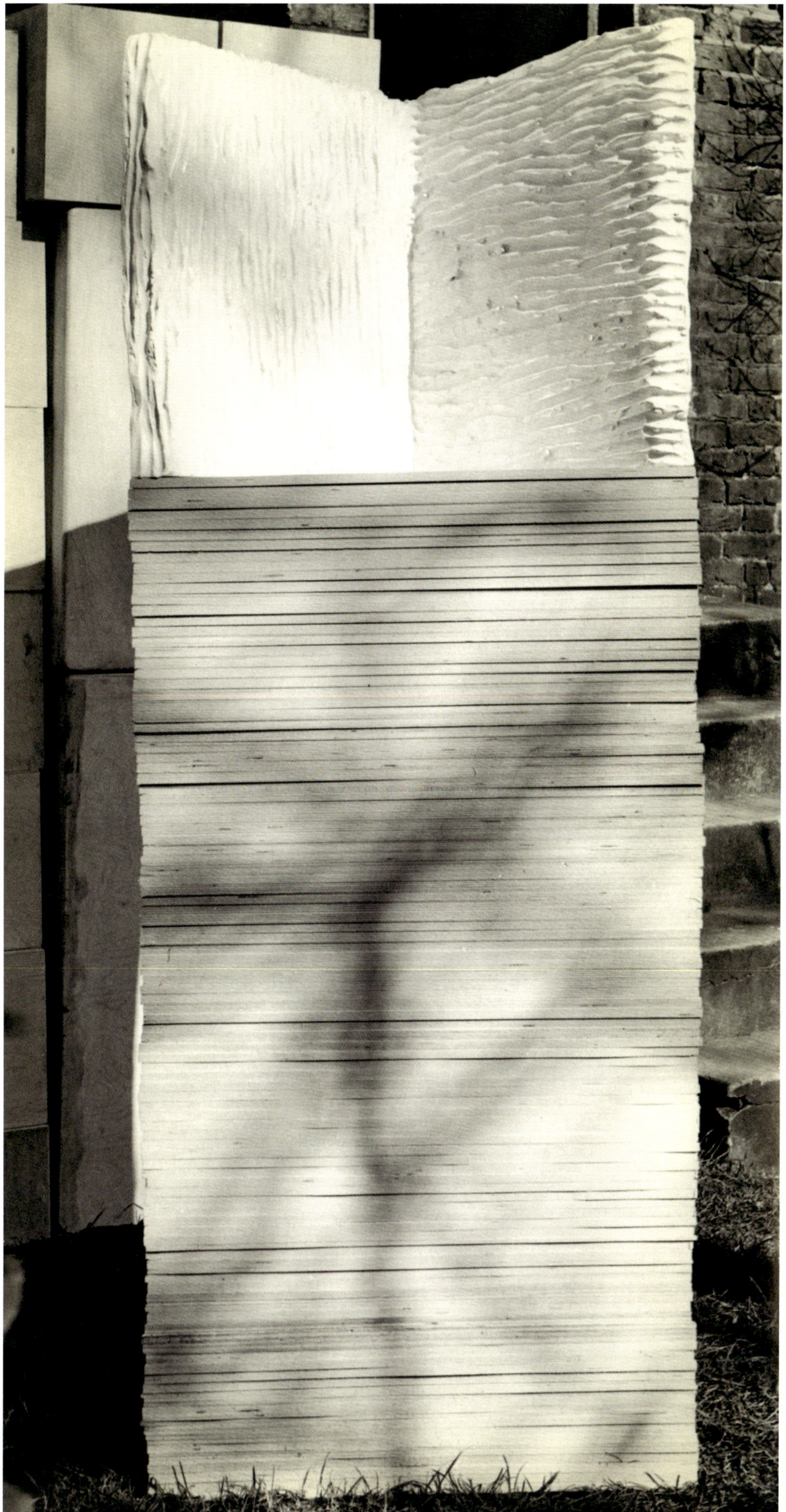

Column Landscape, Installation in Phyllida Barlows Atelier in der Offord Road, Islington, London, 1969

Seascape, 1969, Installation in Phyllida Barlows Atelier in der Offord Road, Islington, London, März–Mai 1969

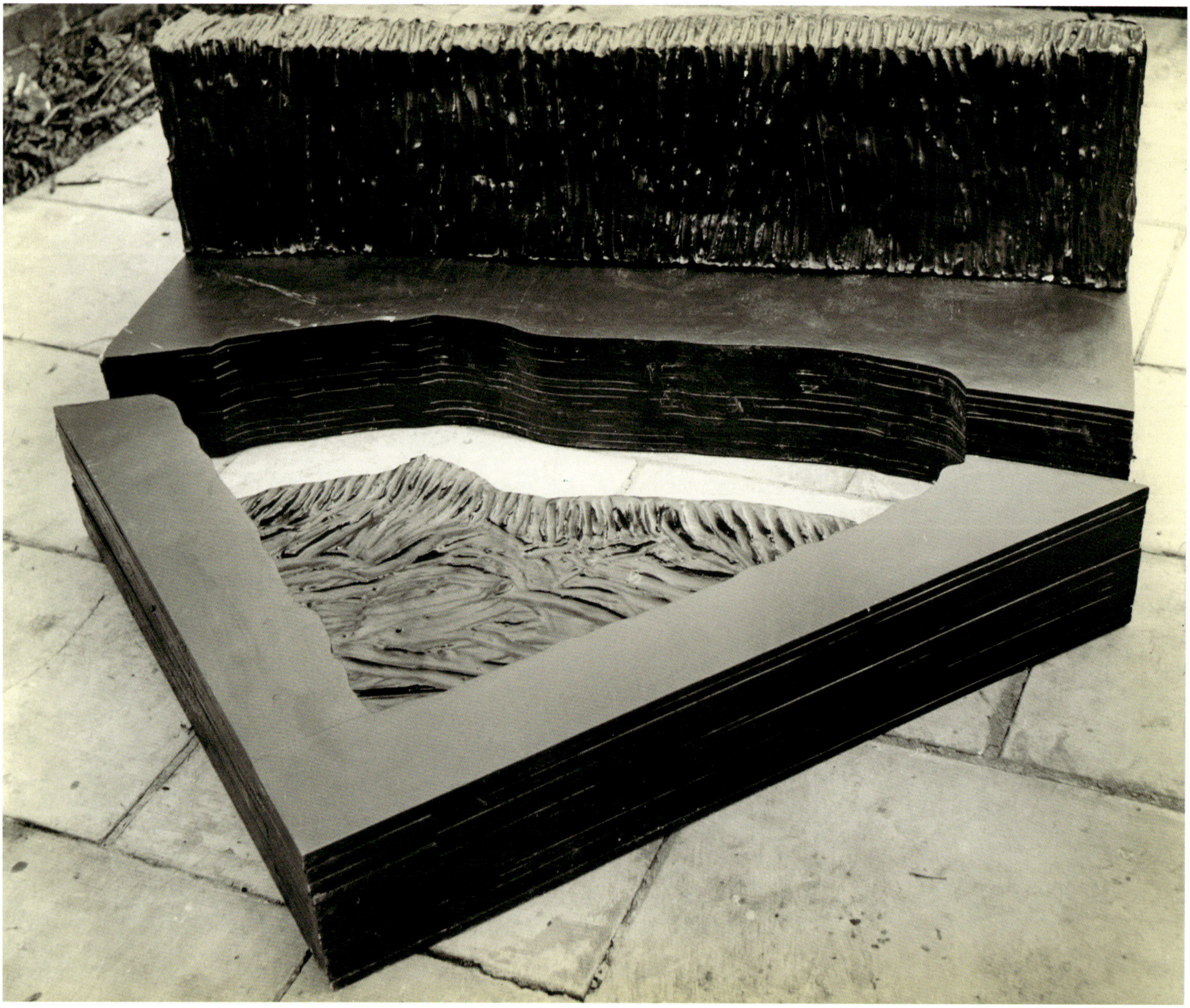

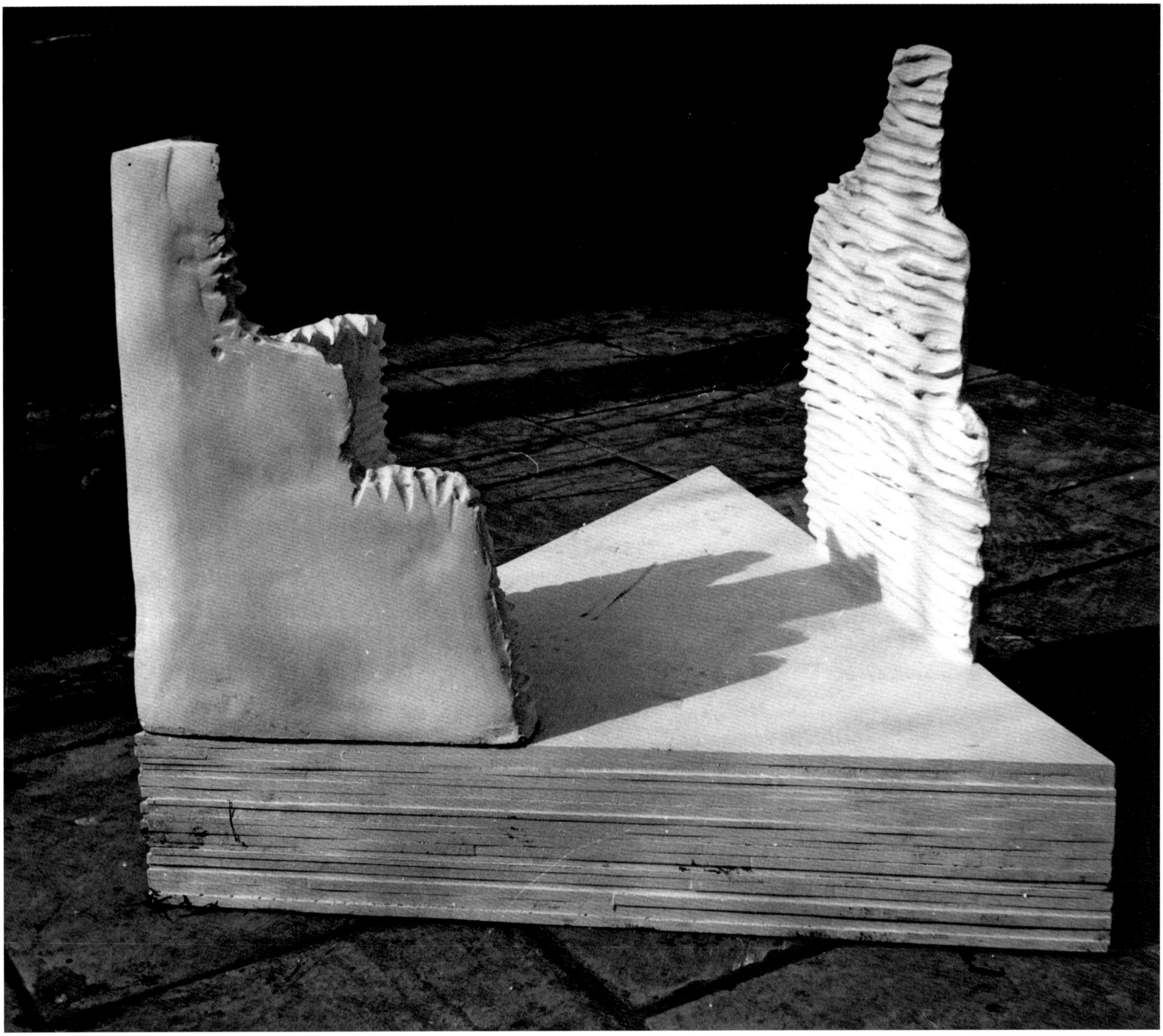

Corner, Installation in Phyllida Barlows Atelier in der Offord Road, Islington, London, 1970

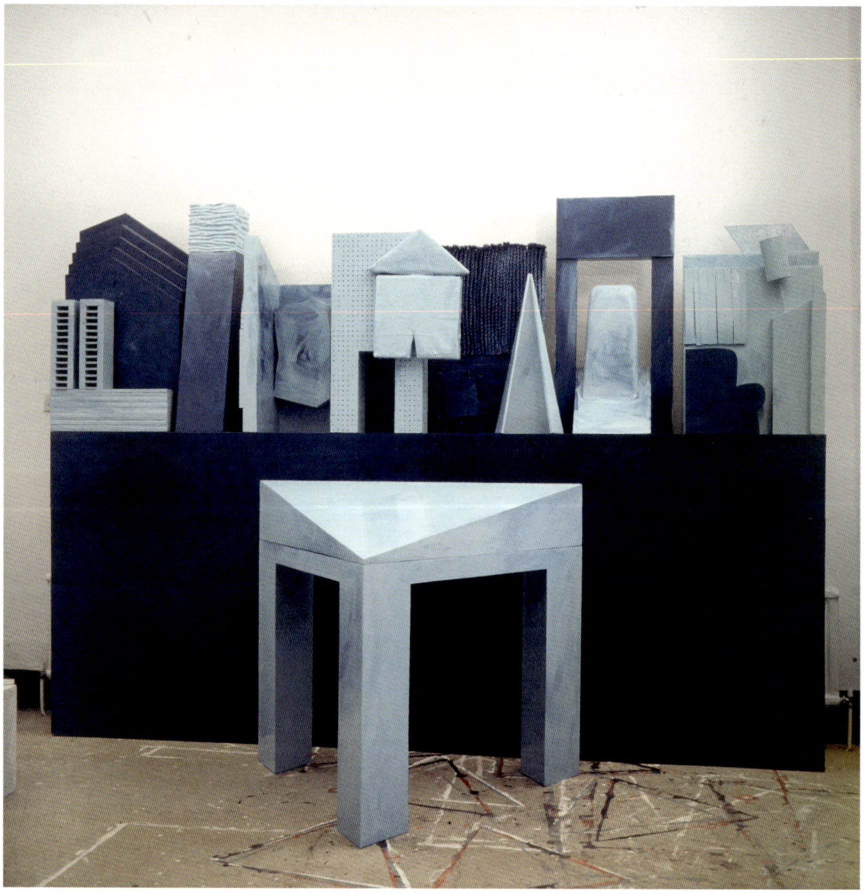

View, Installation in Phyllida Barlows Atelier in der Camden Park Road, London, 1970

View, 1971, Ausstellungsansicht, *Sculpture and Drawings*, Camden Arts Centre, London, 17.9.–17.10.1971

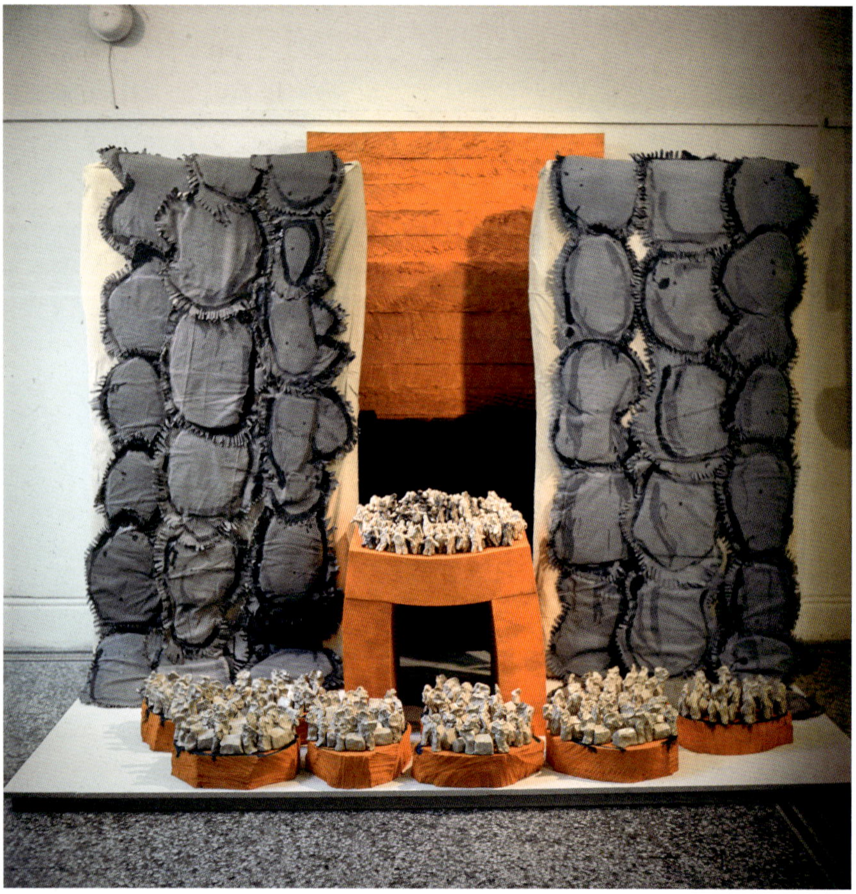

Phyllida Barlow mit *Chair* in der Ausstellung *Sculpture and Drawings*, Camden Arts Centre, London, 17.9.–17.10.1971

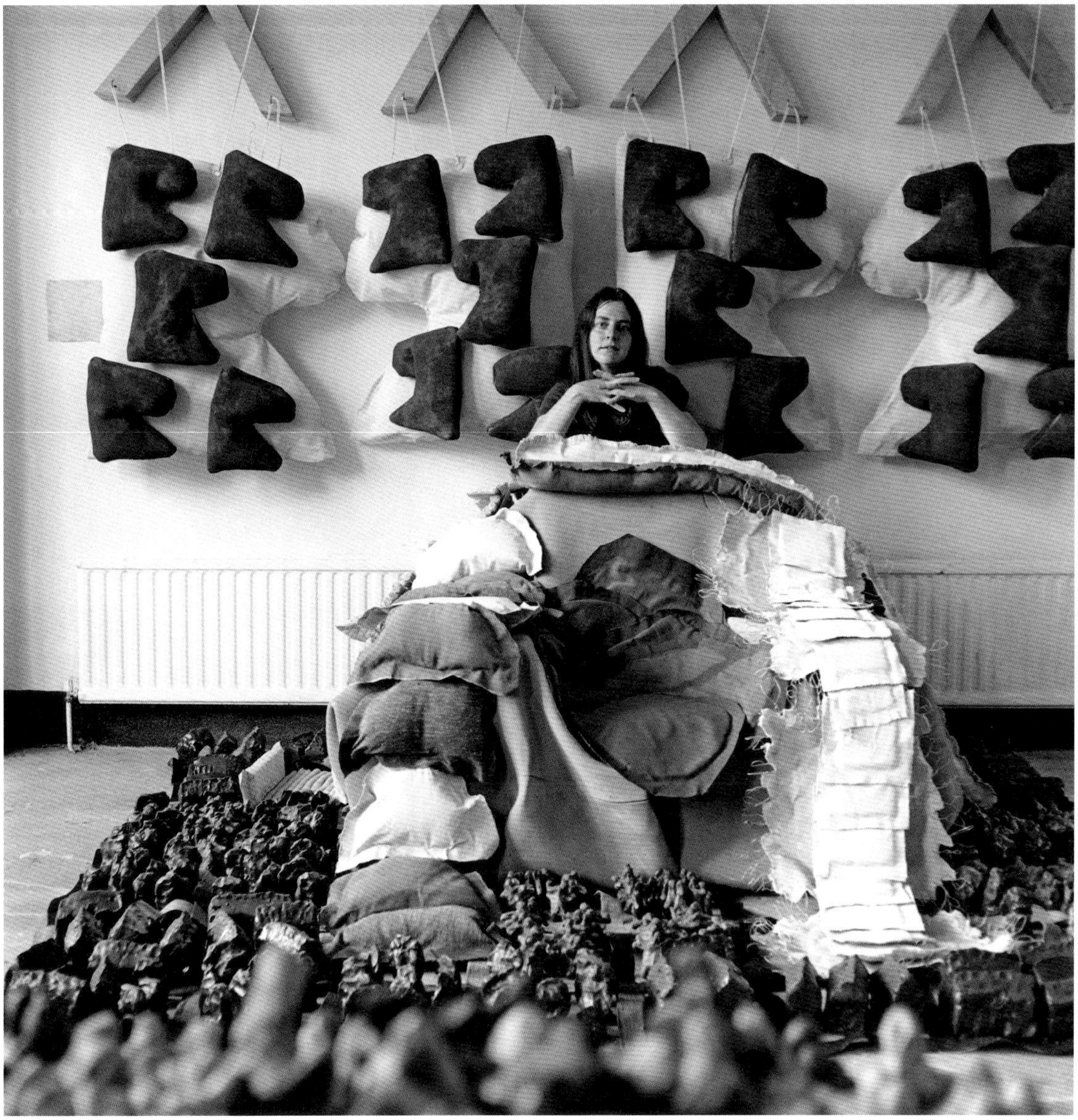

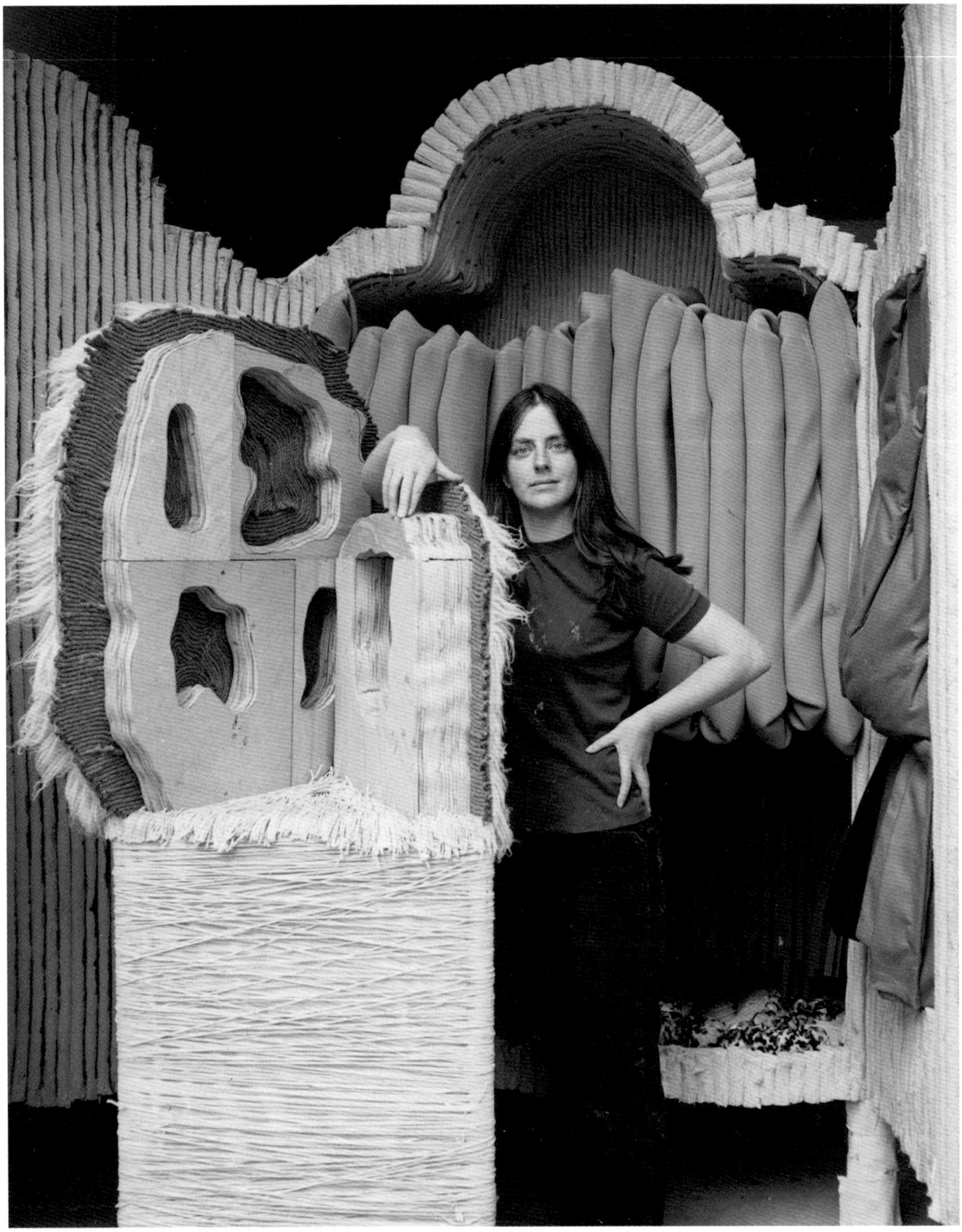

Phyllida Barlow mit *Wardrobe* in ihrem Atelier in der Camden Park Road, Foto: Fabian Peake, 1971

Wardrobe, 1971, Ausstellungsansicht, *Sculpture and Drawings*, Camden Arts Centre, London, 17.9.–17.10.1971

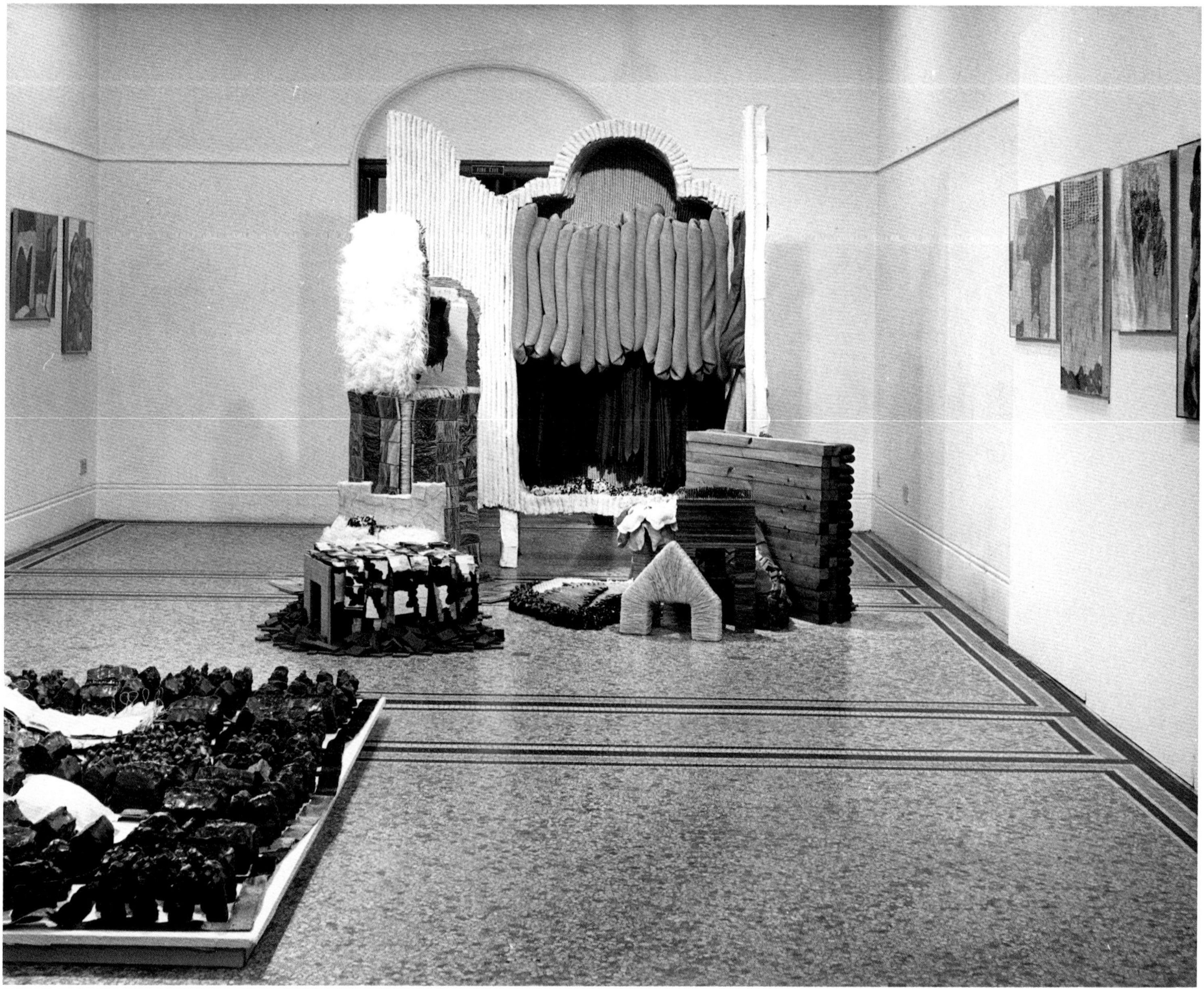

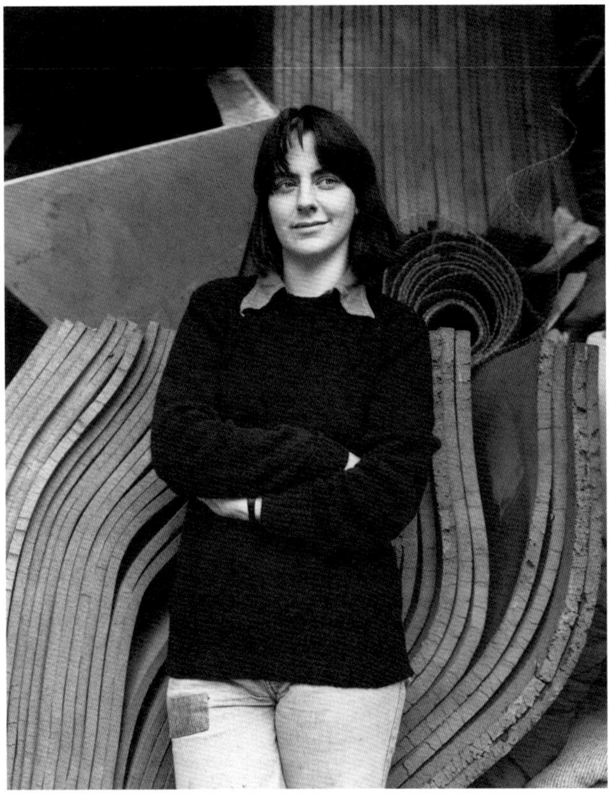

Phyllida Barlow vor Polsterschaum, der in den Arbeiten für *Sculpture and Drawings* im Camden Arts Centre verwendet wurde, 1971

Phyllida Barlow bei Vorbereitungen für *Sofa, floor & drawings* in ihrem Atelier in der Offord Road, Islington, London, 1970

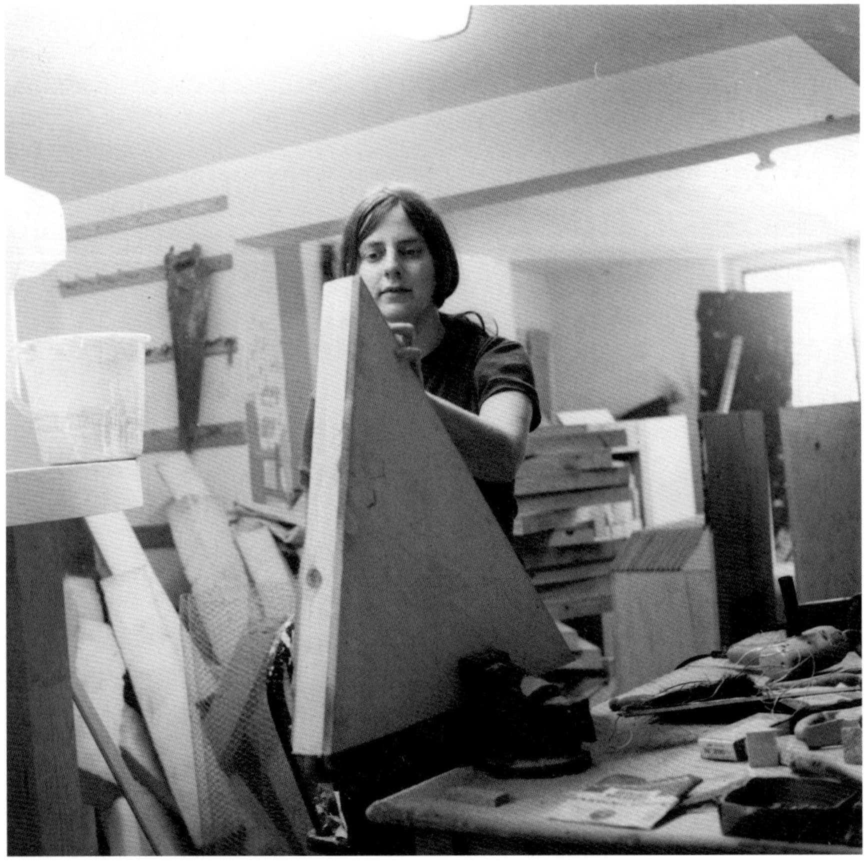

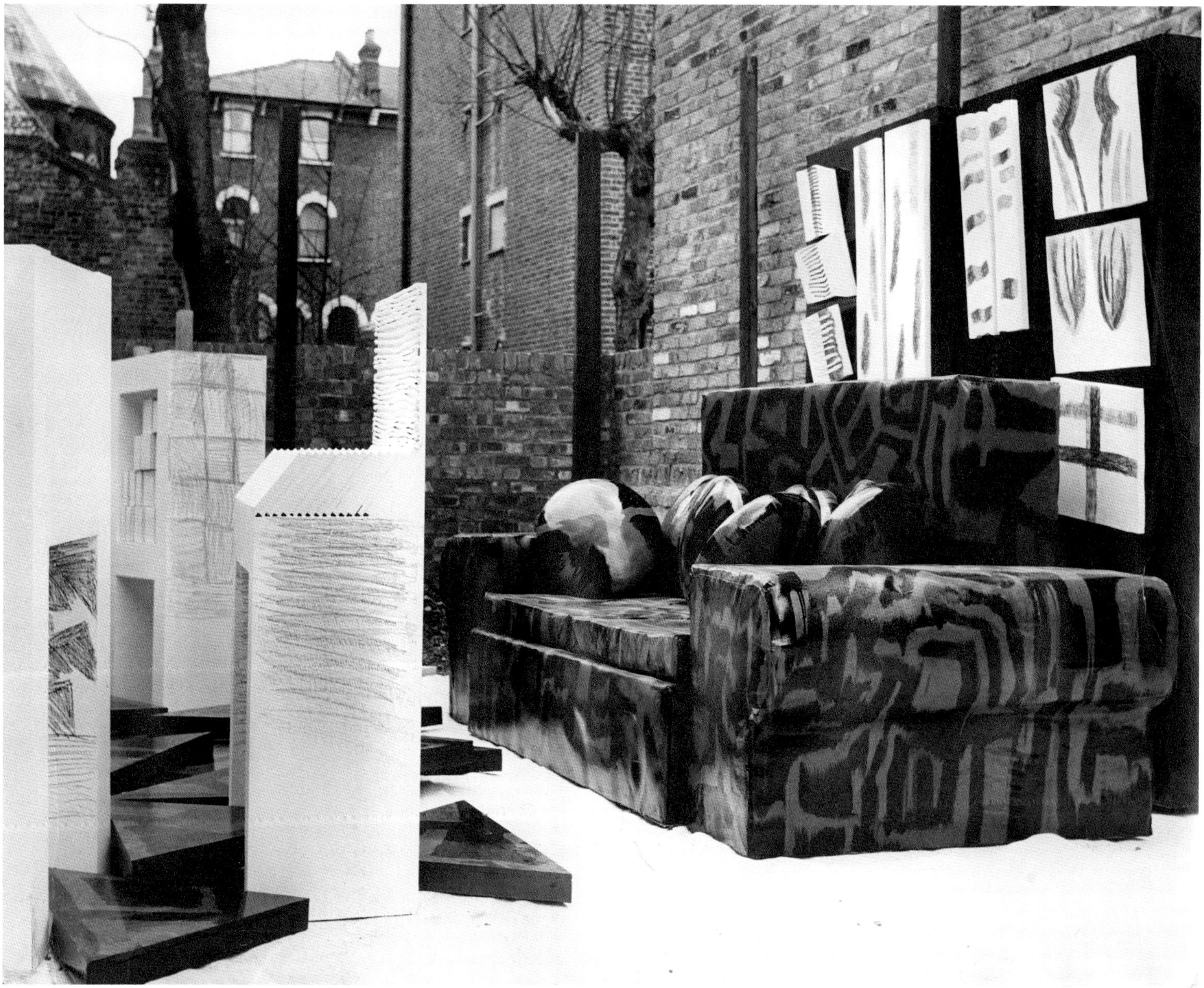

Sofa, floor & drawings, 1970/71, hier installiert in Barlows Atelier in in der Camden Park Road, anschließend gezeigt in der Ausstellung *Art Spectrum London*, 11.–30.8.1971

All and Everything, 1972, Ausstellungsansicht, *Sculpture at the University of Surrey*, Guildford, Surrey, 1972

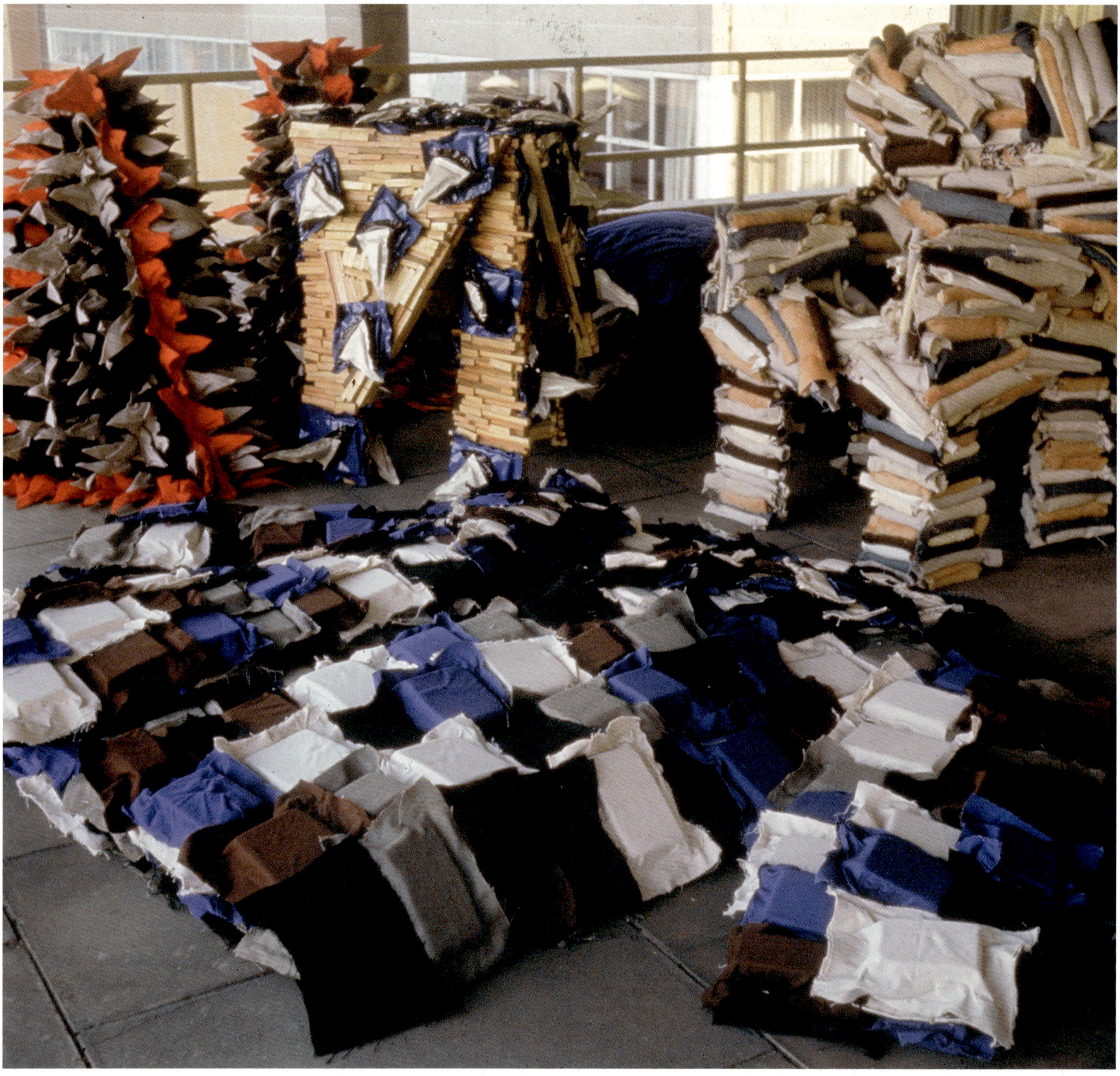

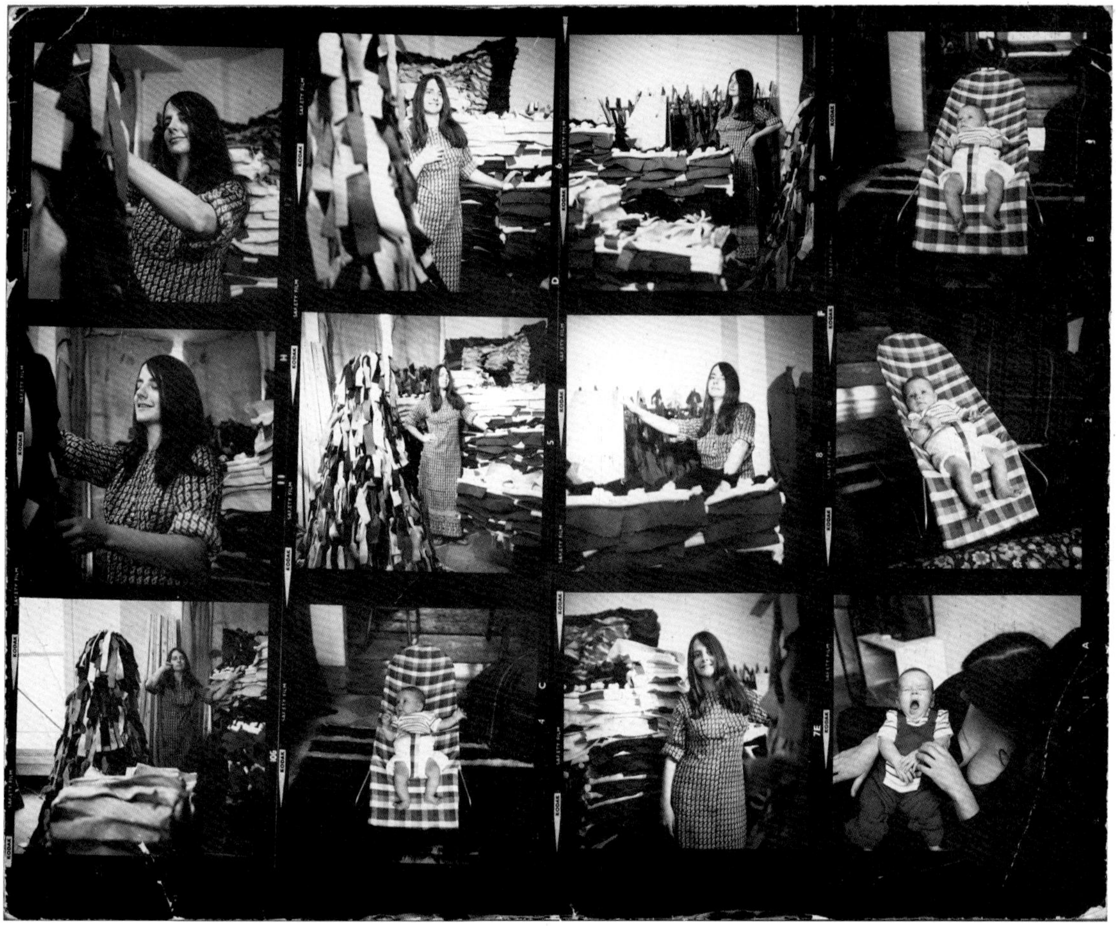

Phyllida Barlow mit ihrer Tochter Florence Peake in Barlows Atelier in der Camden Park Road bei der Arbeit an Skulpturen für die Ausstellung *Stuff*, Gulbenkian Gallery, Newcastle upon Tyne, 1973

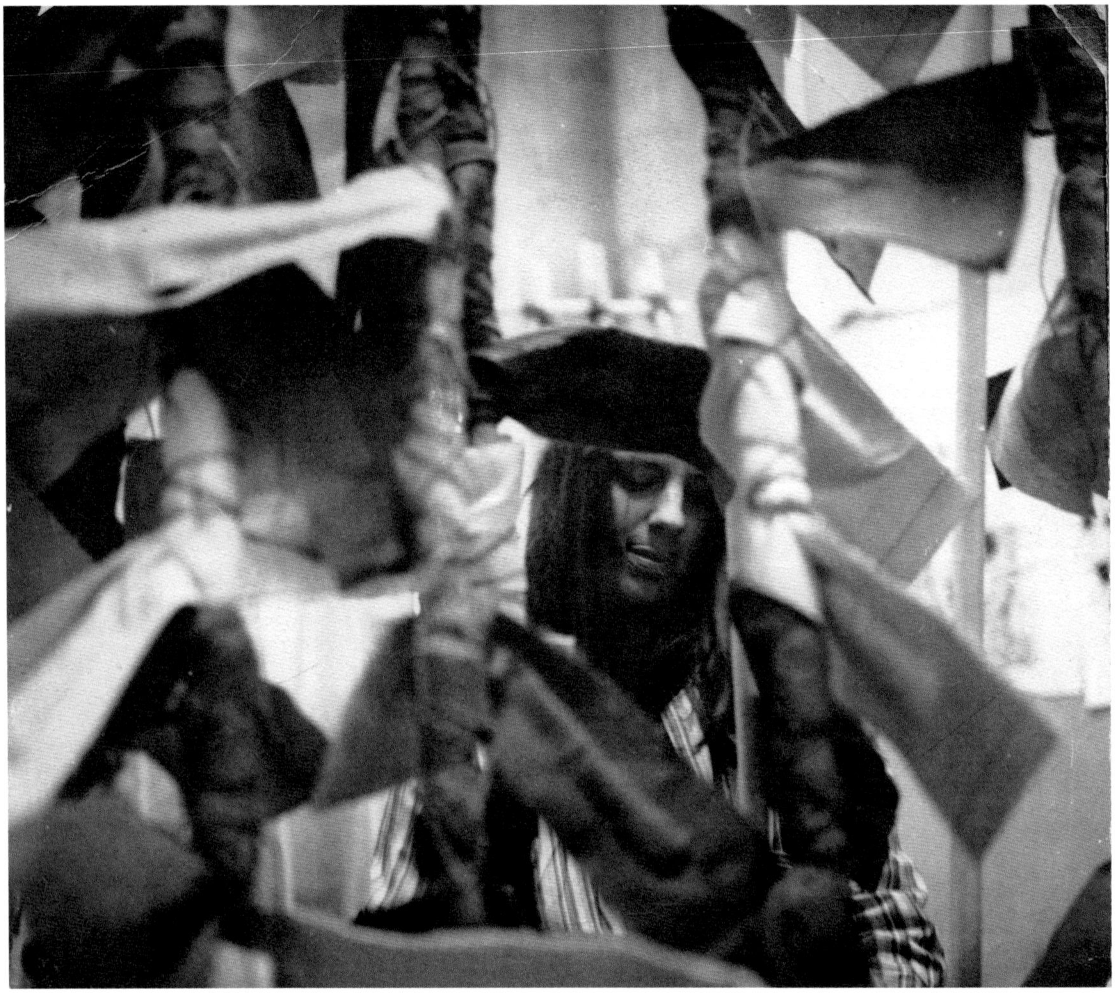

Phyllida Barlow in ihrem Atelier in der Camden Park Road bei der Arbeit an Skulpturen für die Ausstellung *Stuff*, Gulbenkian Gallery, Newcastle upon Tyne, 1973

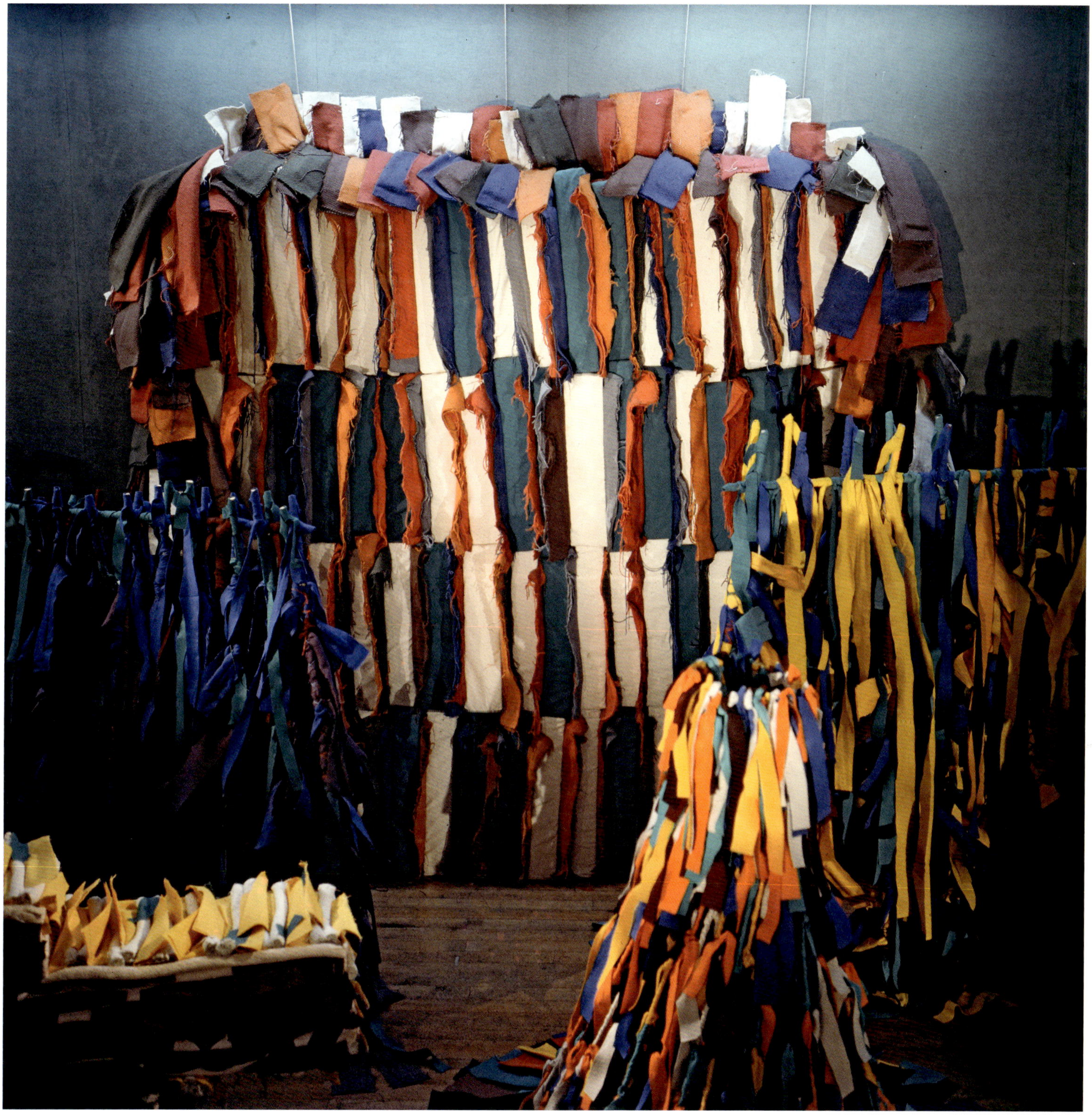

Stuff, 1973, Ausstellungsansicht, Gulbenkian Gallery, Newcastle upon Tyne, 1973

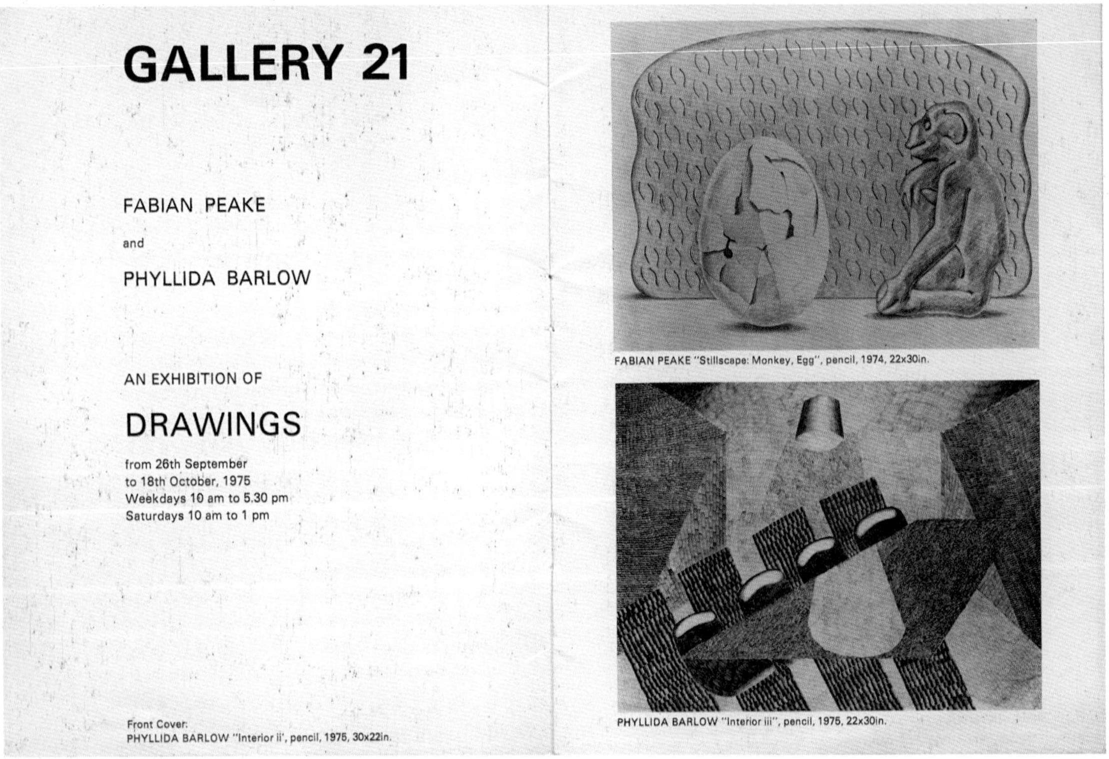

GALLERY 21

FABIAN PEAKE

and

PHYLLIDA BARLOW

AN EXHIBITION OF

DRAWINGS

from 26th September
to 18th October, 1975
Weekdays 10 am to 5.30 pm
Saturdays 10 am to 1 pm

Front Cover:
PHYLLIDA BARLOW "Interior ii", pencil, 1975, 30x22in.

FABIAN PEAKE "Stillscape: Monkey, Egg", pencil, 1974, 22x30in.

PHYLLIDA BARLOW "Interior iii", pencil, 1975, 22x30in.

Drawings, Doppelausstellung mit Fabian Peake, Gallery 21, London, 26.9.–18.10.1975

Phyllida Barlow mit ihrer Tochter Clover Peake vor *Shedmesh* im Camden Arts Centre, London, 1975

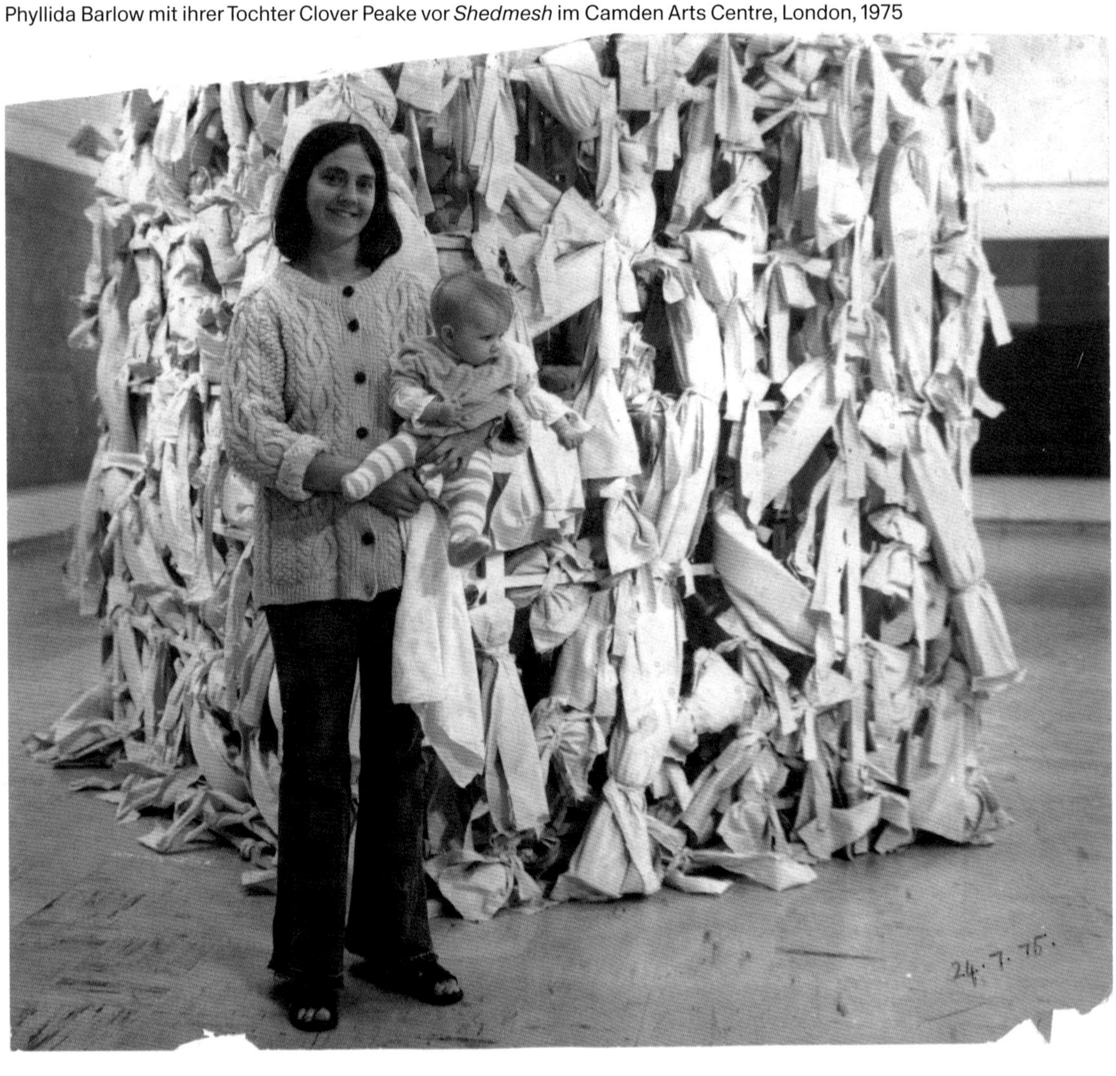

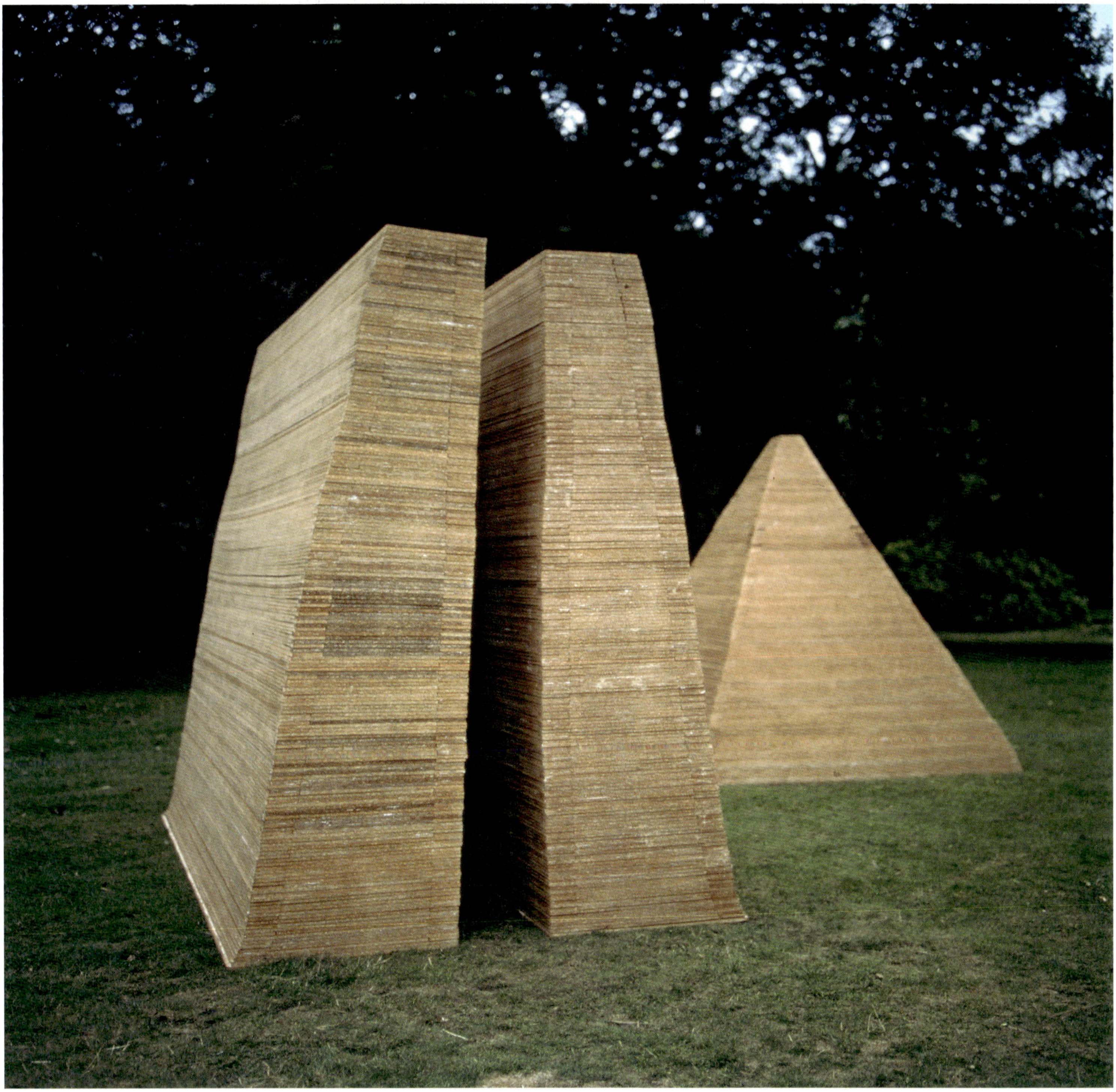

Stacks, 1979, Ausstellungsansicht, *Sculpture in Action*, South Hill Park, Bracknell, 1979

Touchpiece II, fotografiert in Phyllida Barlows Atelier in der Woodstock Road, London, 1982

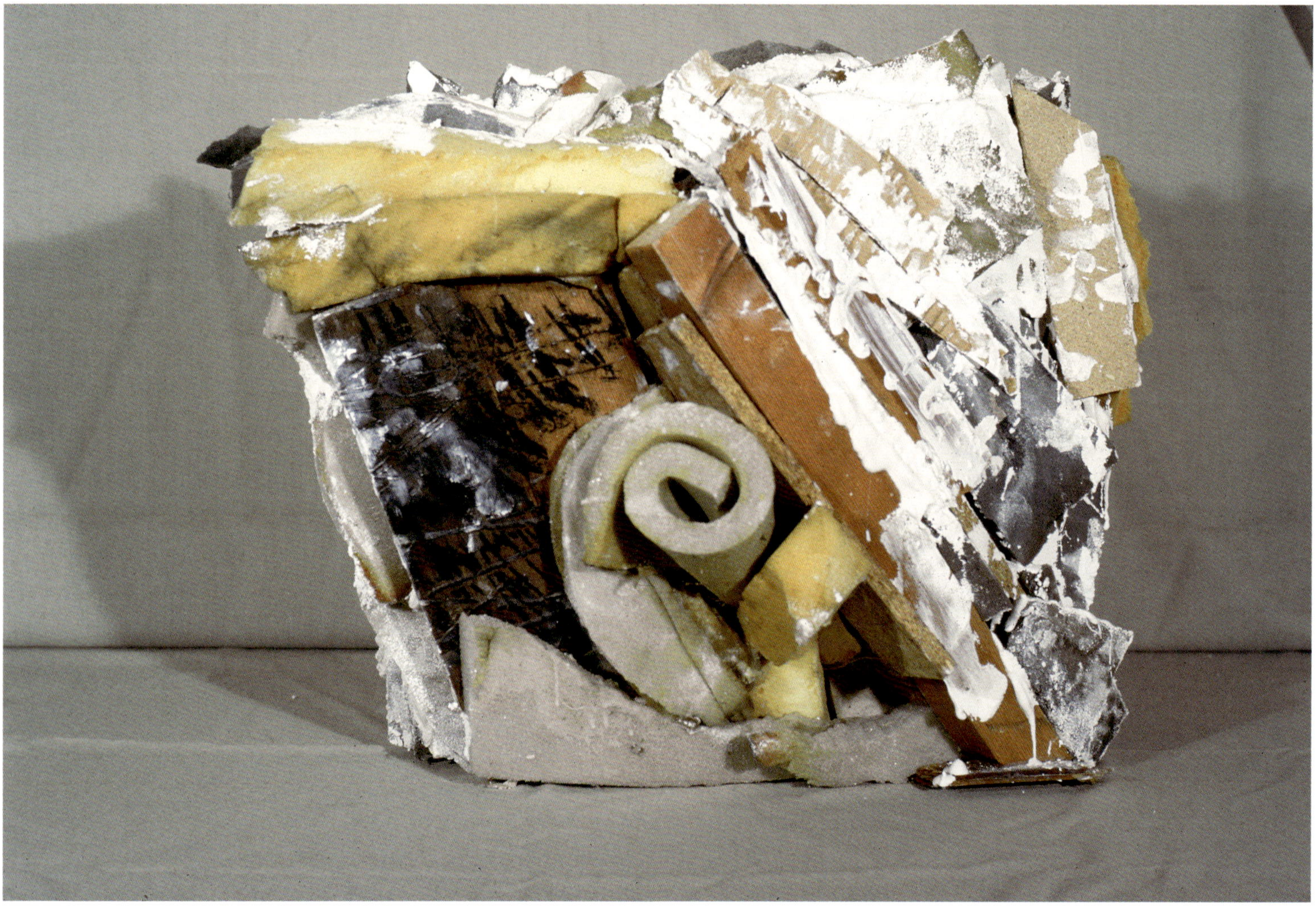

Neue Werkformen und Ausstellungsorte

Die 1980er- und 1990er-Jahre waren keine leichte Zeit für Phyllida Barlow. „Geld schien einfach nicht zu existieren", fasst sie selbst diesen Lebensabschnitt zusammen.[6] Da sie aufgrund von Lehrtätigkeit und Elternschaft hauptsächlich nachts Zeit für ihre eigene künstlerische Praxis fand, begann sie Anfang der 1980er-Jahre in ihrem Atelier – damals ein schmaler Schuppen neben ihrem Wohnhaus – im Dunkeln zu arbeiten. Aus dem Experimentieren in der Dunkelheit und der Konzentration auf den Tastsinn ging die Serie der *Nightworks* hervor, die durch die Betonung des Haptischen – die einzelnen Werke dieser Serie nannte sie *Touchpieces* – sehr an ihre frühen Tonskulpturen erinnert. Die Werke entstanden aus der unmittelbaren Interaktion mit dem Material heraus und zeugen von dem Bestreben, nicht ein zuvor imaginiertes Bild von einer Skulptur zu realisieren. Vielmehr ging es Barlow darum, den Fokus auf das Sensuelle und den Entstehungsprozess, dies insbesondere im Hinblick auf das Material, zu richten.

In dieser Zeit entwickelte Barlow nicht nur neue Arbeitsweisen, sondern erweiterte ebenfalls erneut ihr Materialspektrum. Sie begann mit hauptsächlich weichen Industrie- und Alltagsmaterialien wie Plastikfolie, Bitumen und Klebeband zu experimentieren und diese massenhaft angehäuft für großflächige Werke im Außenraum abseits der traditionellen Ausstellungsorte zu verwenden. Konzipiert als zeitbasierte Installationen, wurden zum Beispiel in *Fill* (1983) Schaumstoff, Leinwandreste und andere Atelierabfälle in einem Krater des stillgelegten Steinbruchs Tout Quarry in Dorset übereinandergeschichtet. *Scar* (1984) zeigte Barlow auf dem Dachboden eines verlassenen Hauses in der Archway Road im Norden Londons, *Strangers* (1985) wurde auf einem Schulhof in ihrer Nachbarschaft in Finsbury Park installiert, *Oracle* (1987) war ein Auftrag für den Kirchhof der St. Peter's Church in Cambridge. Ende der 1980er-Jahre setze Barlow diese expansiven Arbeiten anlässlich institutioneller Ausstellungen im Innenraum fort, so etwa 1986/87 mit den passend betitelten Installationen *Expanse* bei Unit 7 in der Londoner Peckham Road sowie *Engulf* im Cornerhouse, Manchester.

Im Zuge dieser Entwicklungen wurde die Ortsspezifität für Barlows Praxis immer wichtiger: Einmal gezeigt, bewahrte Barlow die Arbeiten nicht, sondern zerlegte sie und recycelte die Materialien oft, um daraus neue Werke zu schaffen. War dies zunächst einer pragmatischen Entscheidung aufgrund von mangelndem Lagerplatz und der Lagerkosten geschuldet, trug diese Praxis im Laufe der Zeit mehr und mehr zu Barlows Infragestellung der traditionell mit der Skulptur verbundenen Eigenschaften wie Beständigkeit und Dauerhaftigkeit bei. *Seam* (Naht) beispielsweise, 1990 im Rahmen des National Garden Festival in Gateshead entstanden, war eine Metapher für den „archäologischen Unterbau" der Skulptur. Sie bestand aus einer langen Wand aus Goldfolie, drapiert auf einer Unterkonstruktion aus Holz und installiert auf einem von einer Rasenschicht überzogenen Hügel aus Klinkersteinen. Das Werk war Barlows Antwort auf das faszinierende Geräusch und Gefühl, das die Steine unter der Rasenschicht auslösten.

Im weiteren Verlauf der 1990er-Jahre kreierte Barlow unter dem Titel *Objects for...* vermehrt kleinere Skulpturen für den öffentlichen Raum, die sie in ihrem Atelier in Finsbury Park herstellte, um sie anschließend irgendwo in Londons Straßen auszusetzen und sich selbst zu überlassen. Die Werke verblieben ungeschützt an Ort und Stelle, ungeachtet dessen, ob sie von irgendwem bemerkt, mitgenommen, zerstört oder weggeworfen wurden. Mittels dieser Guerillataktik thematisierte Barlow bewusst ihre Frustration über die wenigen Ausstellungsmöglichkeiten, die sich ihr damals boten. Später setzte sie die Serie im Innenraum, meist in den Häusern und Wohnungen von Freund:innen, fort: Allerlei voluminöse Dinge platzierte sie auf Möbeln und Haushaltsgerätschaften, zum Beispiel auf einem Sessel, einem Fernseher, Klavieren, einem Himmelbett oder einem Bügelbrett, wodurch die Einrichtungsgegenstände prompt zum Sockel umfunktioniert wurden. 1995 entwarf Barlow ortsspezifische Skulpturen als Teil der Serie *Objects for...* für die Bibliothek des Henry Moore Institute in Leeds. Keine der humorvollen Skulpturen dieser Serie hat sich erhalten, bis auf eine: *Object for the television* (1994; Abb. S. 109), ein überdimensioniertes Paar Hasenohren, das Barlow mit Brotteig überzog und auf einem Fernseher platzierte, ist heute Teil der Sammlung der Tate Modern.

Parallel zu ihrer künstlerischen Praxis setzte Barlow stets ihre Lehrtätigkeit fort: 1984 nahm sie eine Stelle im Fachbereich Bildende Kunst der Brighton Polytechnic an, die sie sich mit den Künstler:innen Alison Wilding, Edward Allington, Peter Randall-Page und Eric Bainbridge teilte. Barlow beschreibt diese Zeit als extrem bereichernd. Zwar diente das Unterrichten hauptsächlich dem Broterwerb, der Austausch mit Studierenden und Kolleg:innen war jedoch stets Inspirationsquelle für ihre künstlerische Praxis und umgekehrt. Anschließend, ab 1988, unterrichtete Barlow an der Slade School of Fine Art, wo sie in ihrer über 20 Jahre währenden Tätigkeit als Professorin viele heute sehr einflussreiche Künstler:innen, darunter Rachel Whiteread, Tacita Dean, Steven Pippin, Douglas Gordon, Spartacus Chetwynd, Bill Woodrow, Ángela de la Cruz und Eva Rothschild, künstlerisch ausbildete.

In den 2000er-Jahren zeichnete sich eine neue Entwicklung ab, die Barlows Schaffen bis heute

untitled, aus der Serie *wrecks*, 1983–1985, Installation in Phyllida Barlows Atelier in der Woodstock Road, London, 1982

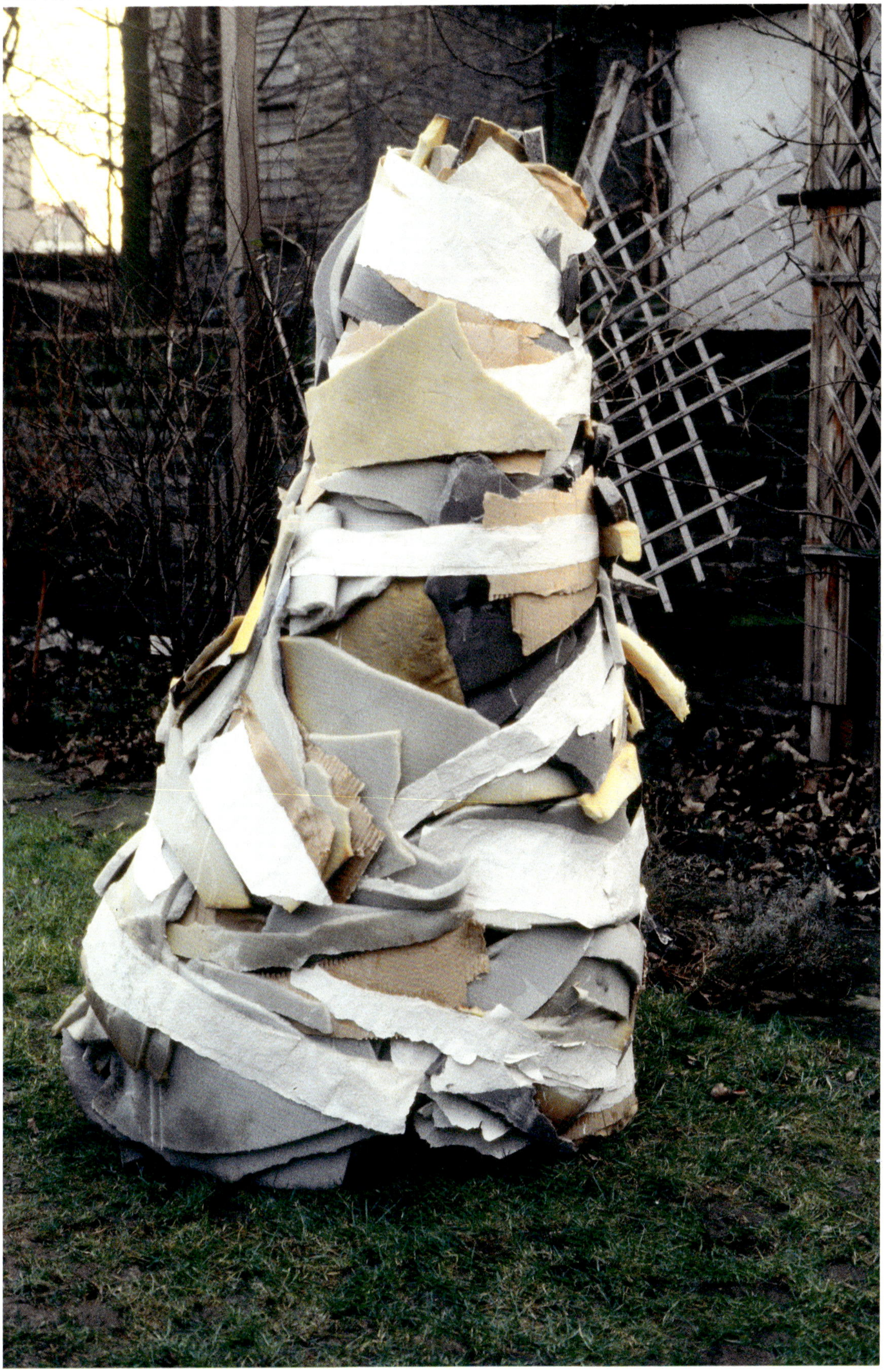

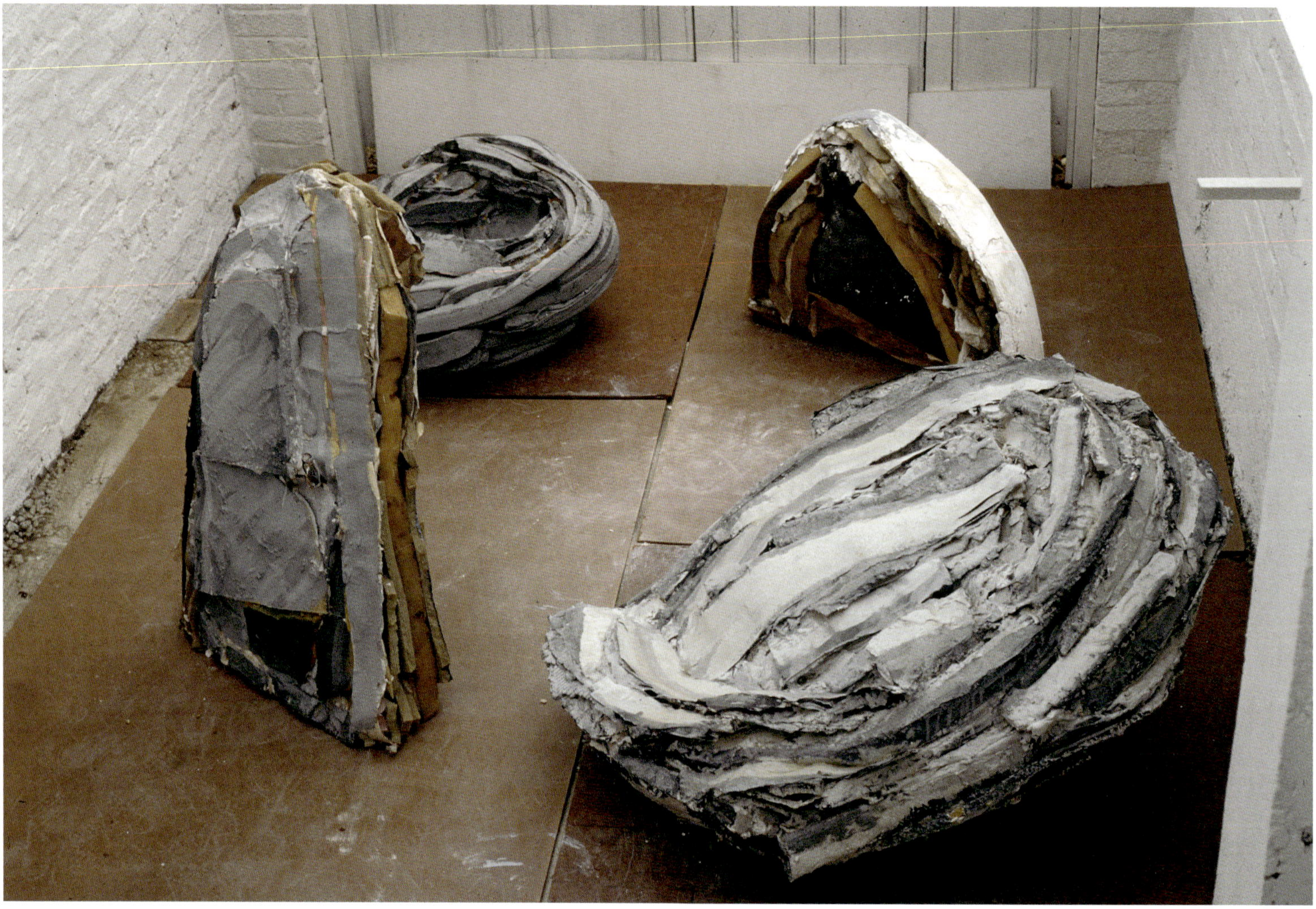

untitled: grey foursome, aus der Serie *wrecks*, 1983–1985, Installation in Phyllida Barlows Atelier in der Woodstock Road, London, 1984

prägt: Sie kreierte wieder verstärkt großformatige Skulpturen für internationale Kunstinstitutionen. So realisierte sie beispielsweise die Ausstellung *untitled: Dallas* (2003) während eines Stipendienaufenthalts als McDermott Visiting Artist an der University of Texas in Dallas. Anschließend hatte Barlow mit *Peninsula* (2004) eine große Einzelausstellung mit neuen Arbeiten im Baltic Centre for Contemporary Art in Gateshead. Es folgten unter anderem *SKIT* (2005) im Londoner Bloomberg Space, *STINT* (2008) in der Mead Gallery des Warwick Arts Centre sowie *STACK, FENCE* (2008) im Southbank Centre in London.

6 Phyllida Barlow, in: Marc Brown, „Phyllida Barlow: An Artistic Outsider Who Has Finally Come inside", in: *The Guardian*, 28.4.2016; www.theguardian.com/artanddesign/2016/apr/28/phyllida-barlow-artist-success-2017-venice-biennale (19.8.2020).

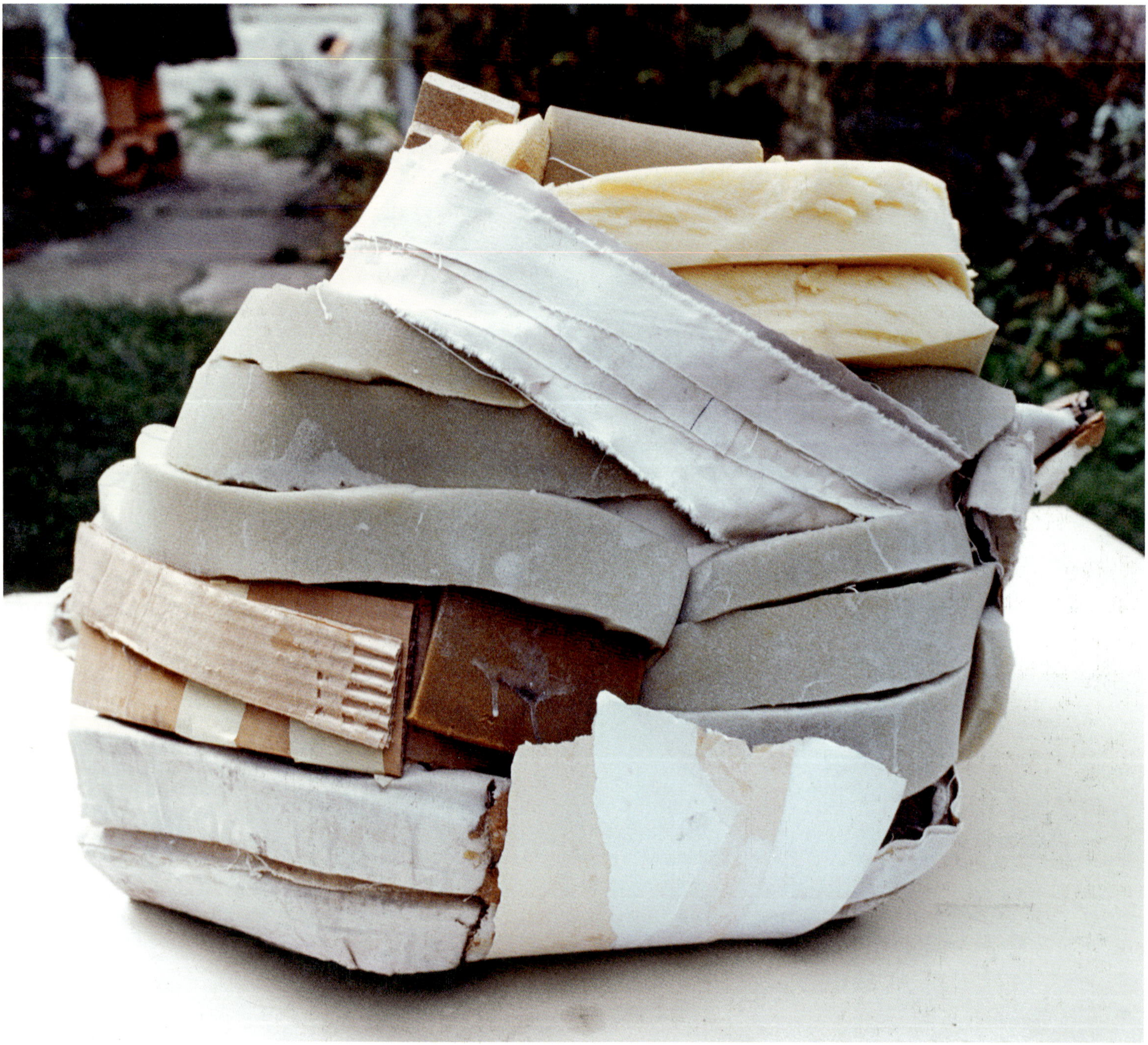

Touchpiece, hergestellt aus recycelten Reststücken, Installation in Phyllida Barlows Atelier in der Woodstock Road, London, um 1983–1989

Phyllida Barlow vor ihrer Installation *Fill*, Tout Quarry, Dorset, 1983

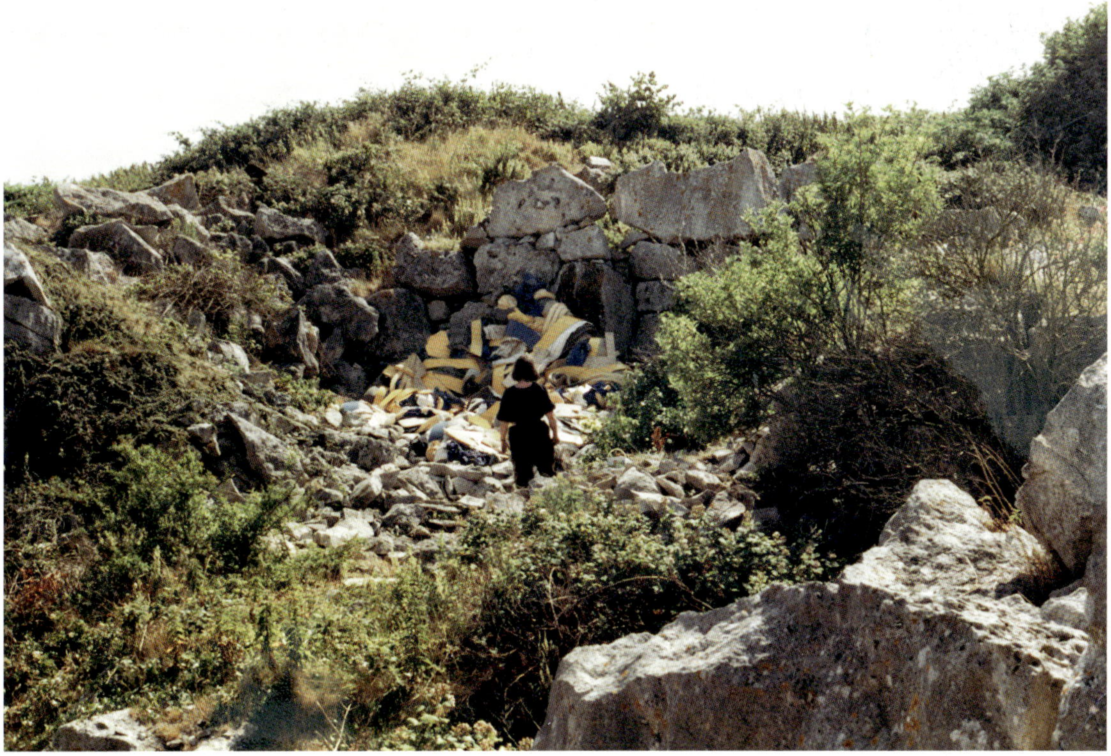

Scar, Installation auf dem Dachboden eines verlassenen Hauses in der Archway Road, London, 1984

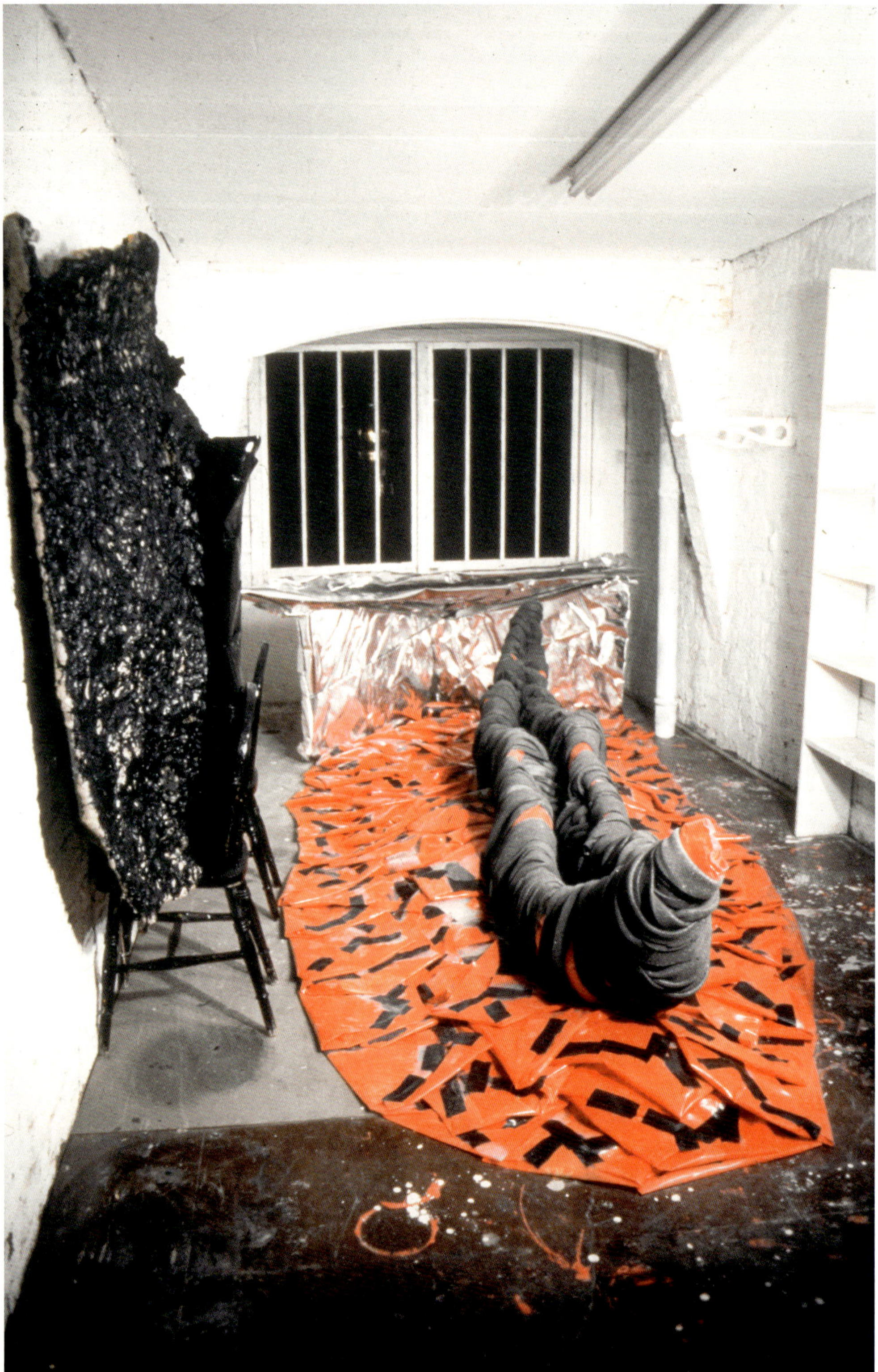

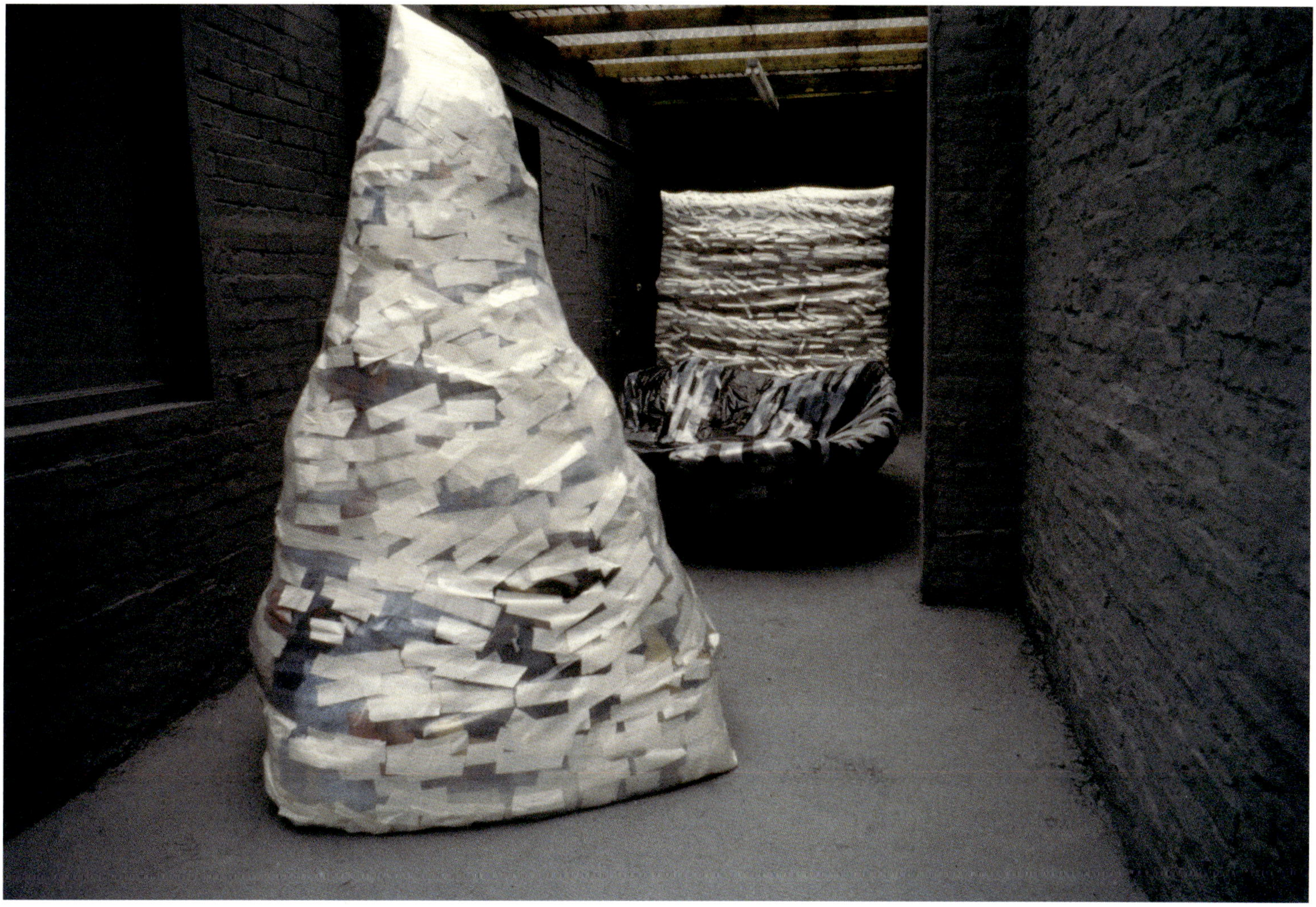

Ghosts, Installation in Phyllida Barlows Atelier in der Woodstock Road, London, 1985

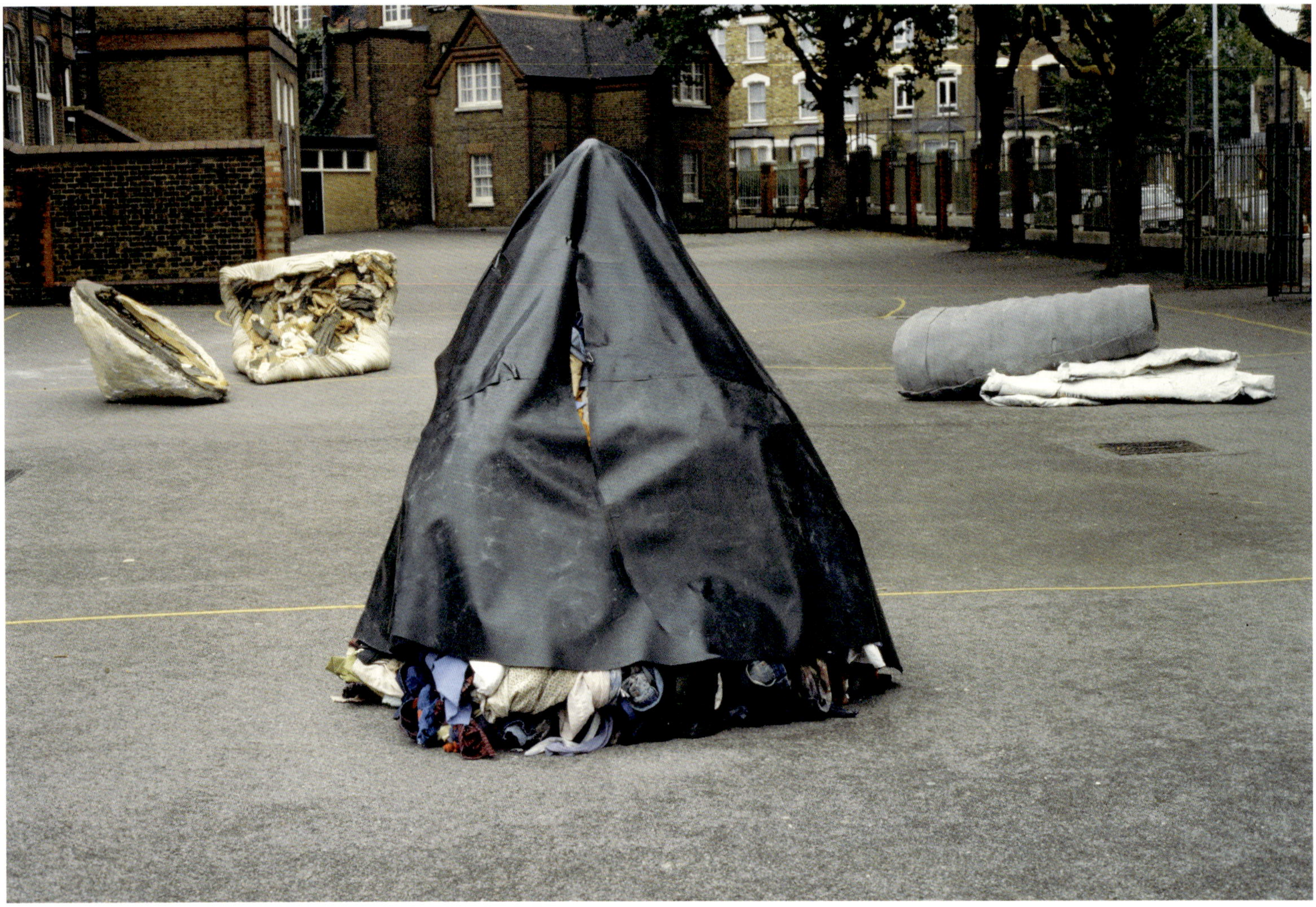

Strangers, Installation auf einem Schulhof in Finsbury Park, London, 1985

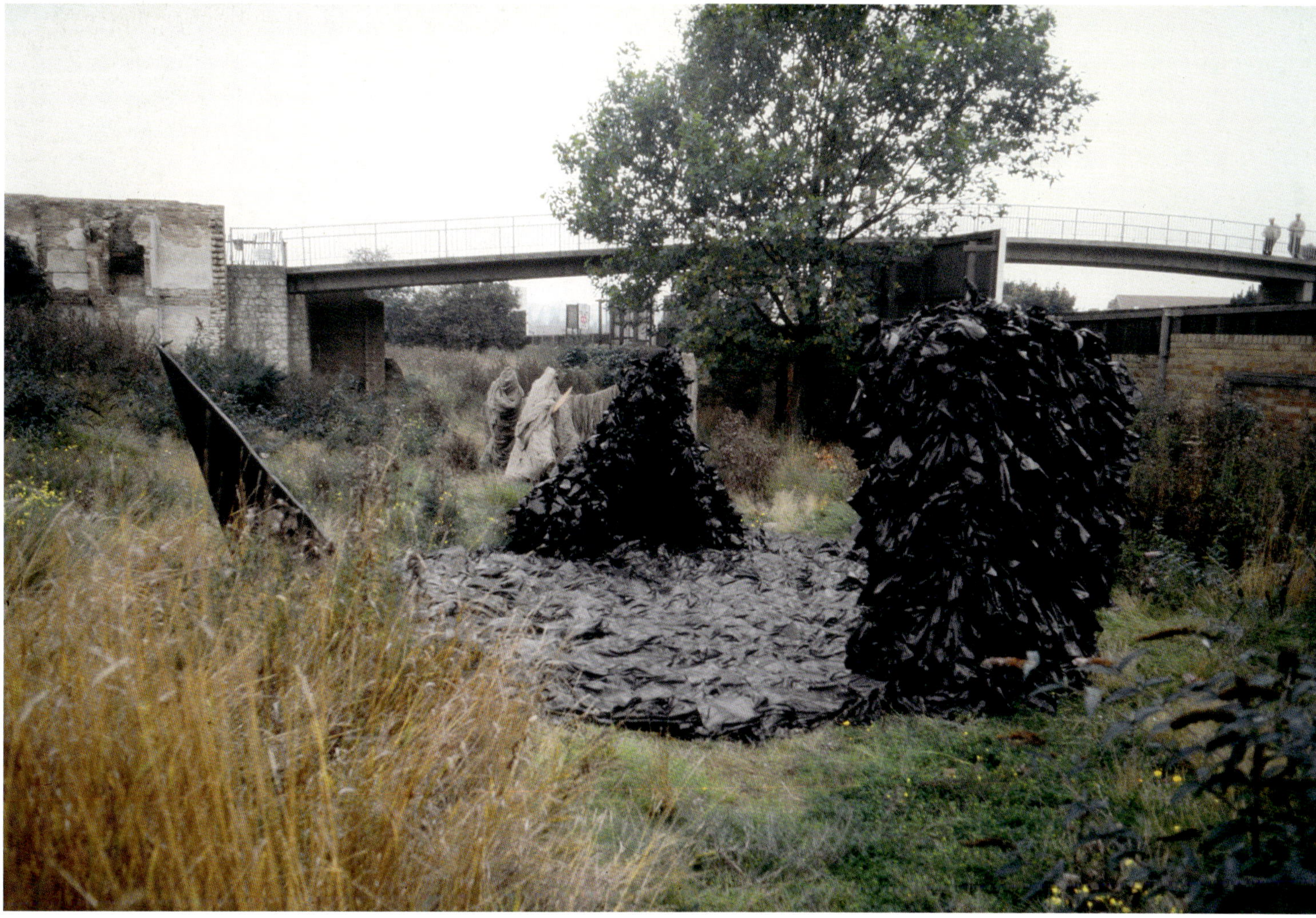

Threat, Installation auf dem Canterbury Festival, 1986

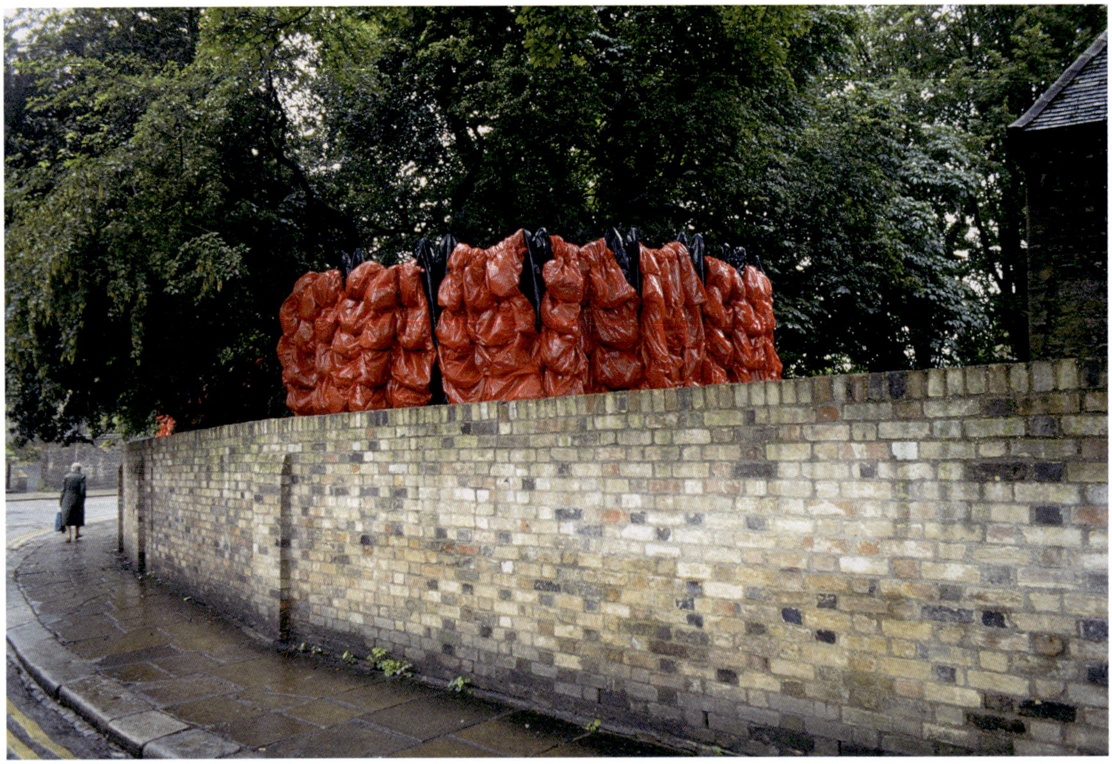

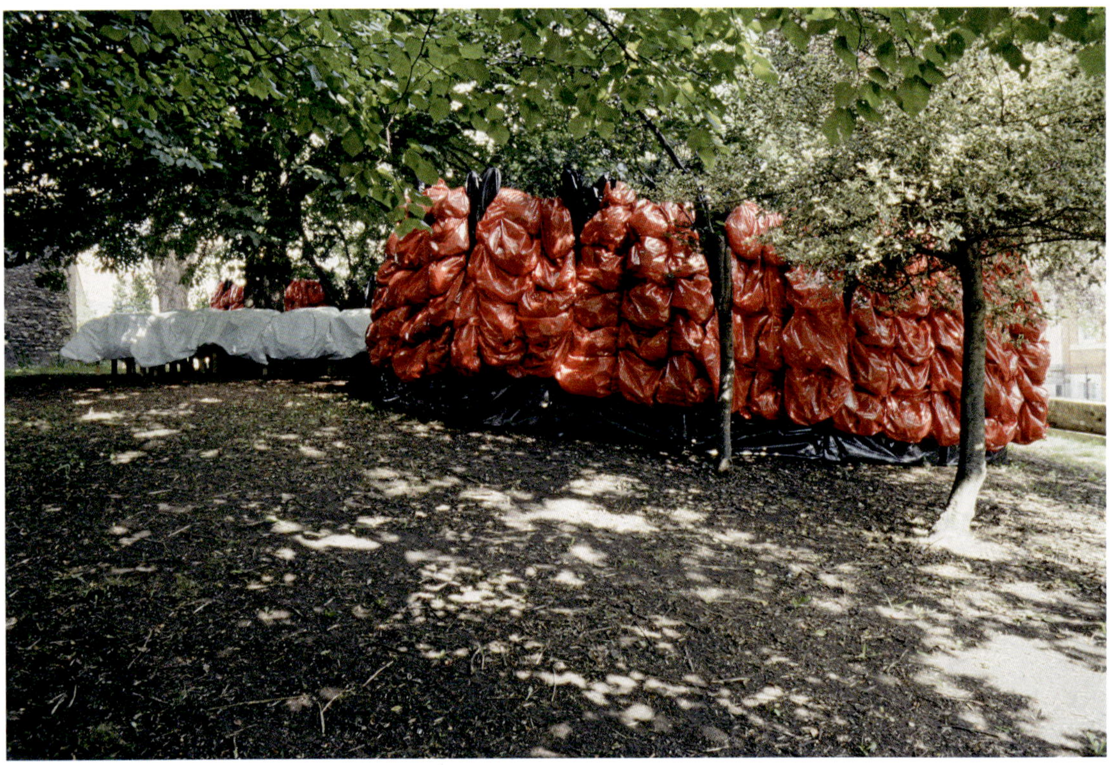

Oracle, Installation im Kirchhof der St. Peter's Church, Kettle's Yard, Cambridge, 1987

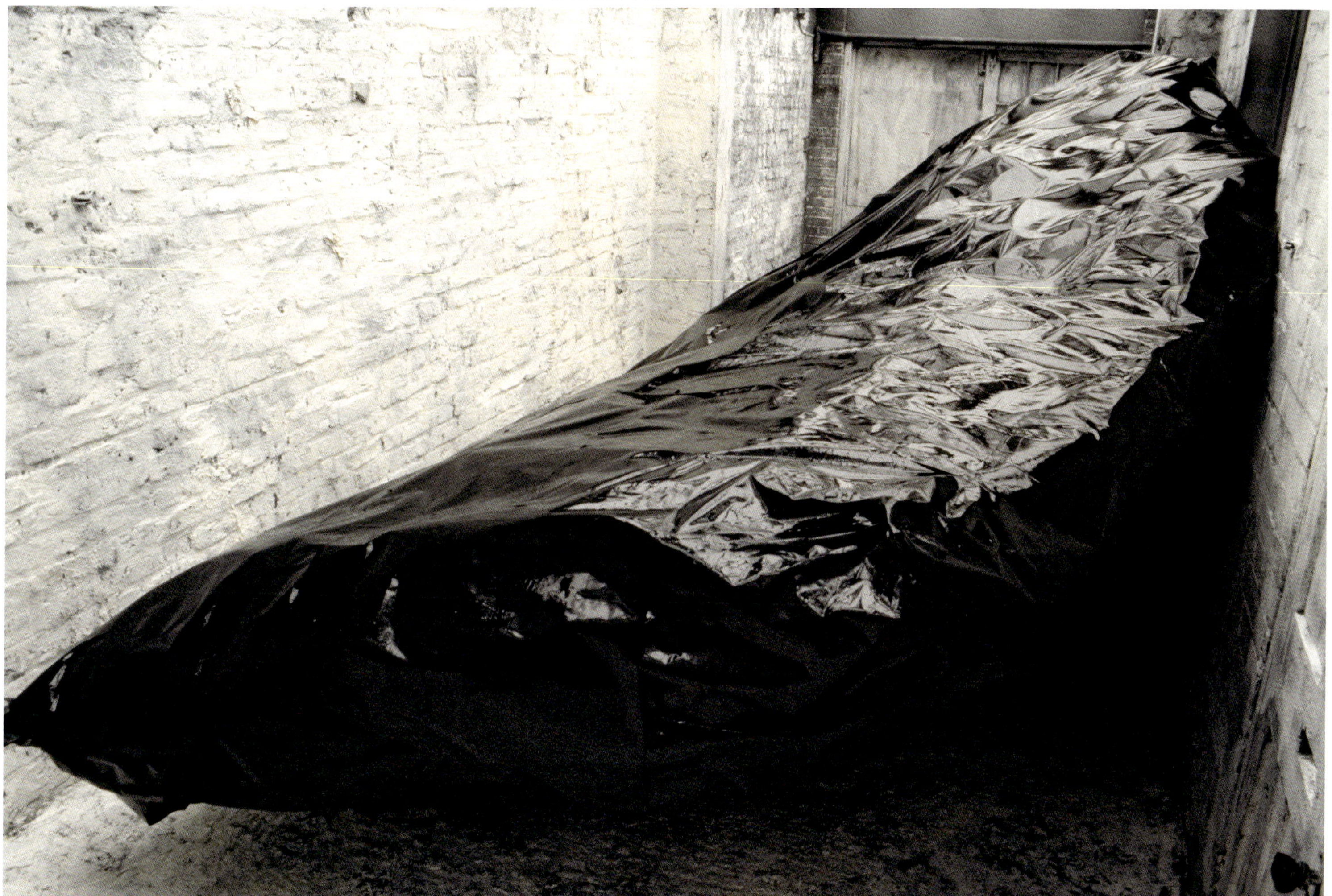

Swell, Installation in Phyllida Barlows Atelier in der Woodstock Road, London, 1987

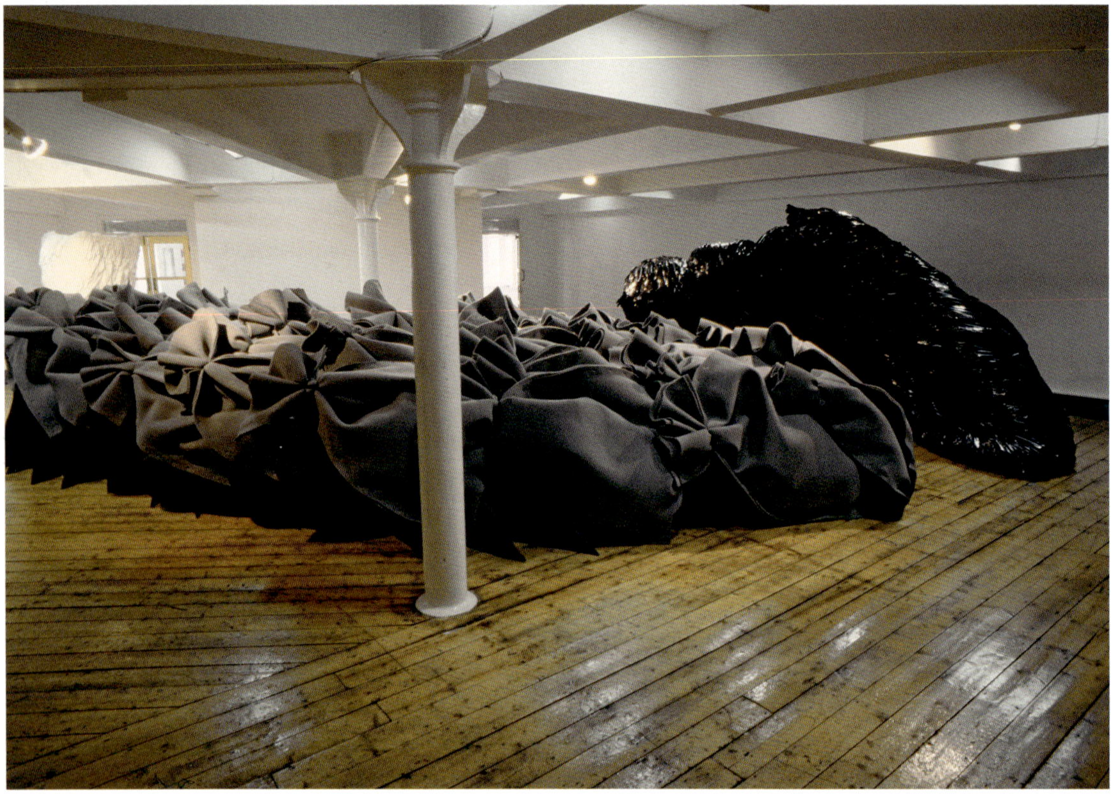

Engulf, 1986, Ausstellungsansicht, *Casting an Eye*, The Cornerhouse, Manchester, 1986

Expanse, 1987, Ausstellungsansicht, Unit 7, Peckham Road, London, 1987

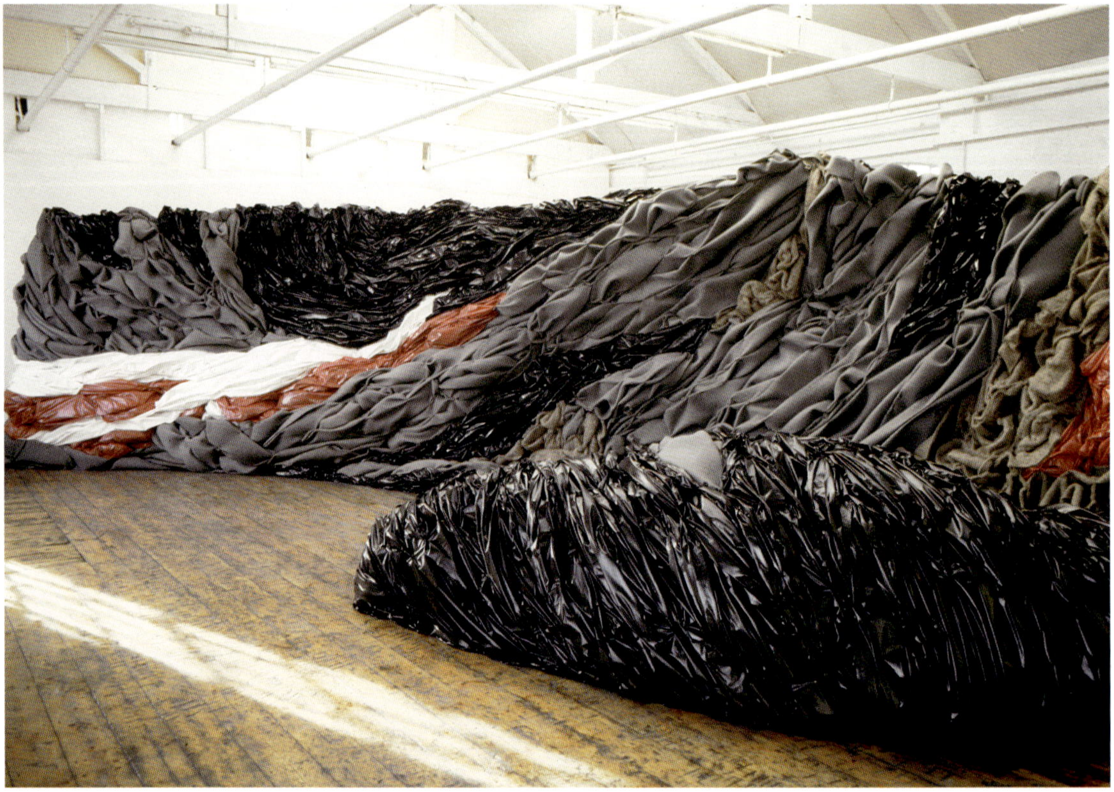

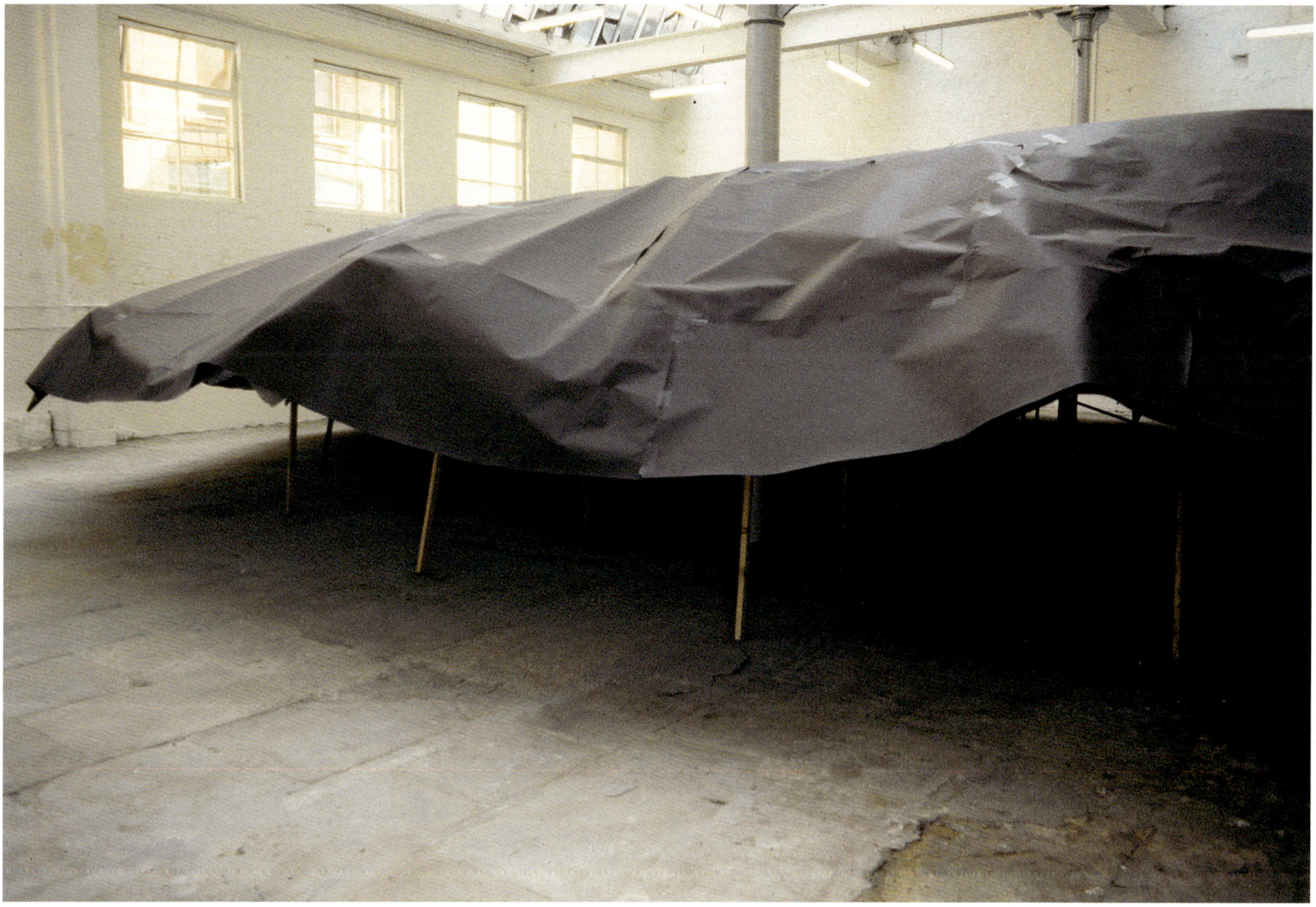

Slope, 1988, Ausstellungsansicht, The Gallery, Dean Clough, Halifax, 1988

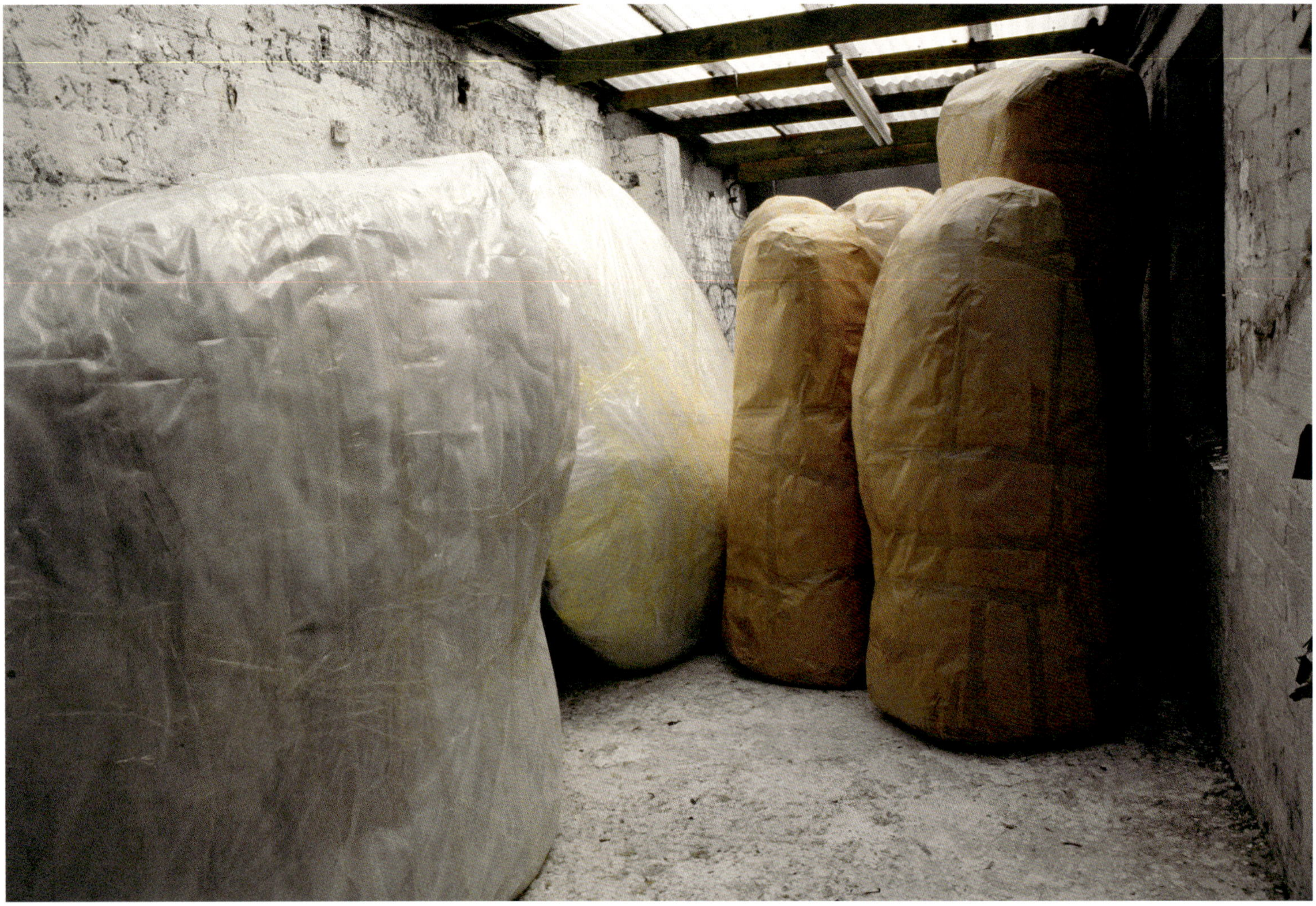

Untitled wrapped, Installation in Phyllida Barlows Atelier in der Woodstock Road, London, 1989

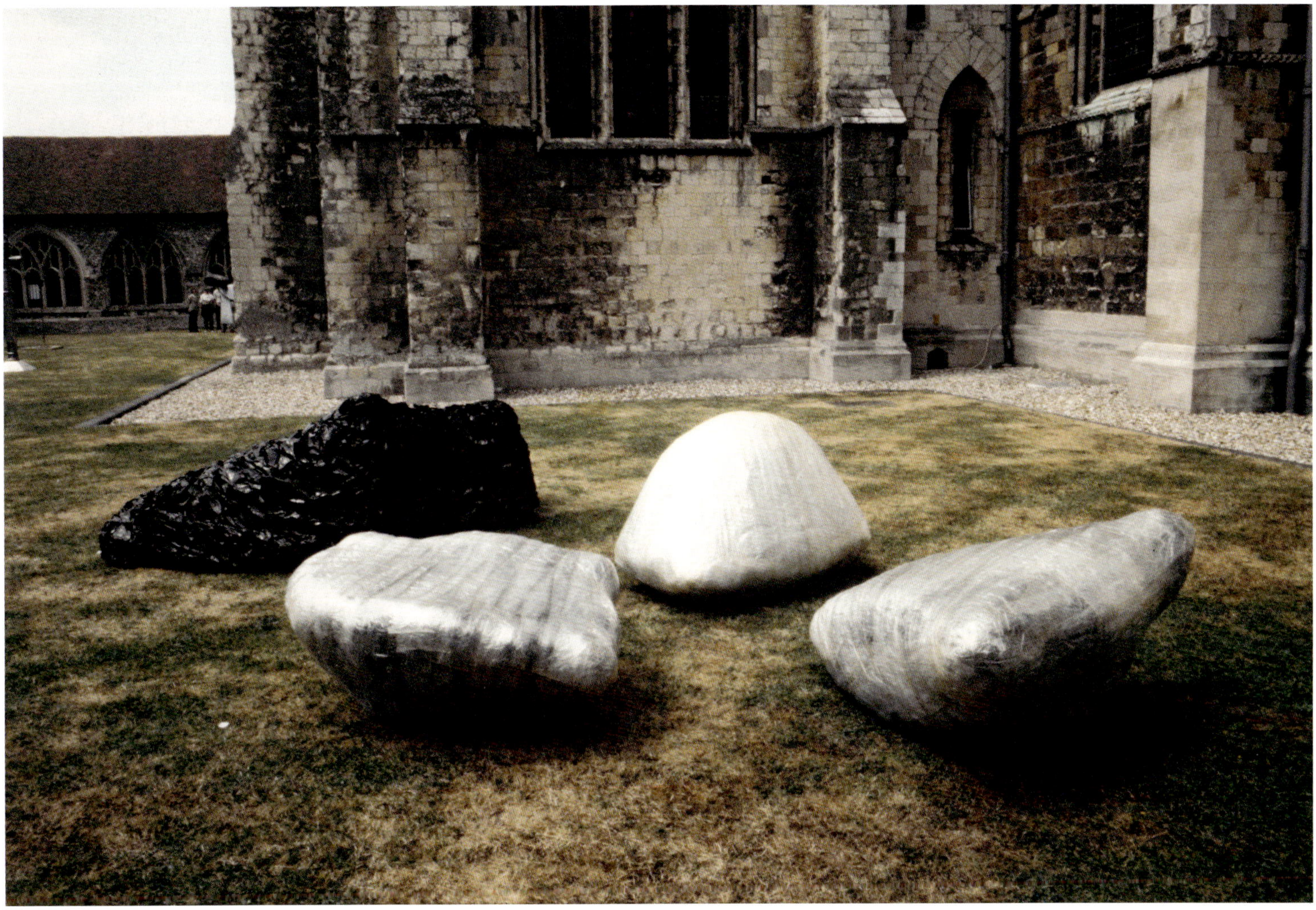

Vigil 1, ortsspezifische Skulpturen für *Site3*, The Churchyard, Windsor Festival, Windsor, 1989

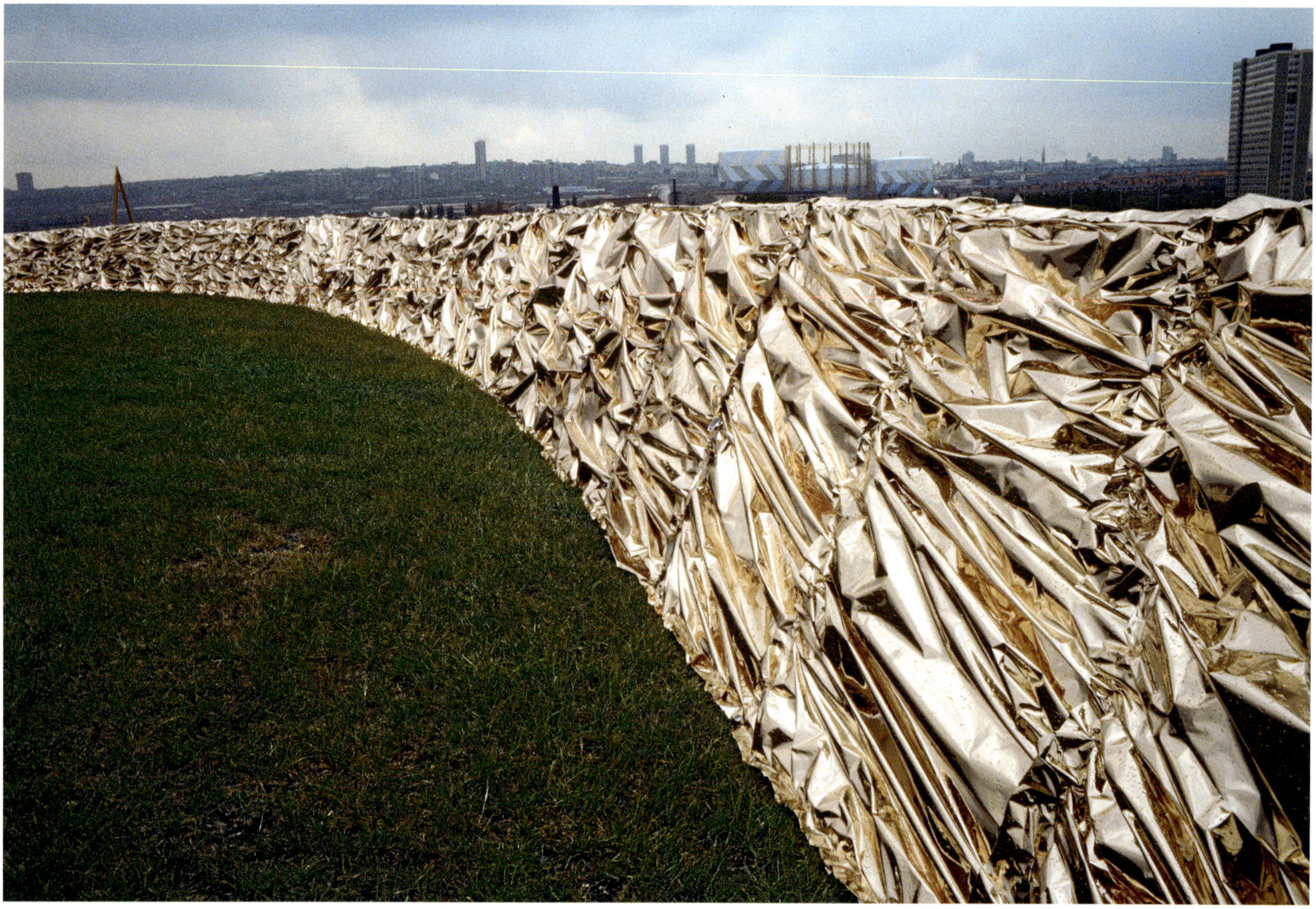

Seam, Installation im Auftrag des National Garden Festival, Gateshead, 1990

Closed (Vigil II), Installation im Skulpturenhof des Royal Institute of British Architects, London, 1991

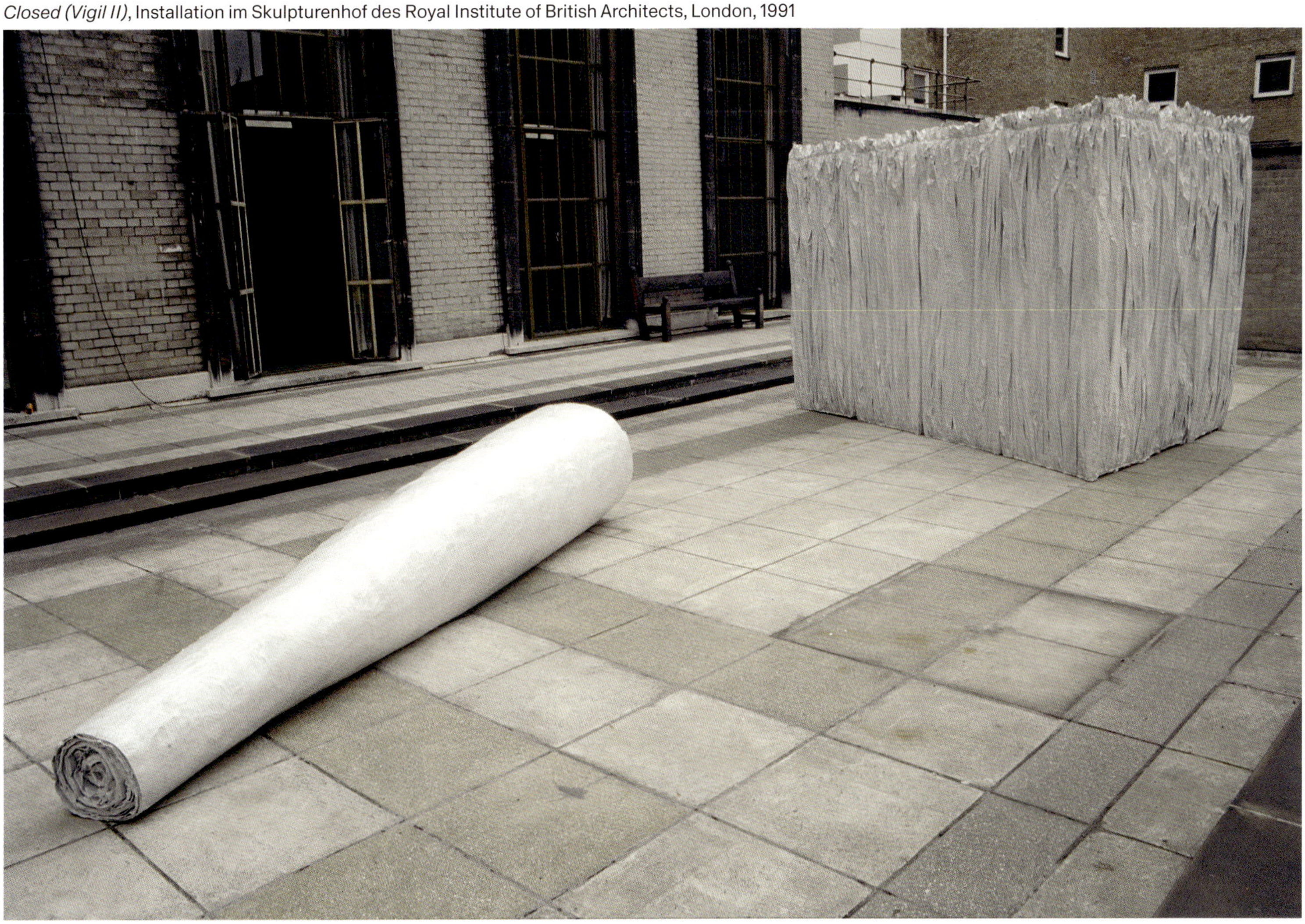

Plantation, Installation im Auftrag des Business Design Centre und des Museum of Installation, Fresh Art, London, 1991

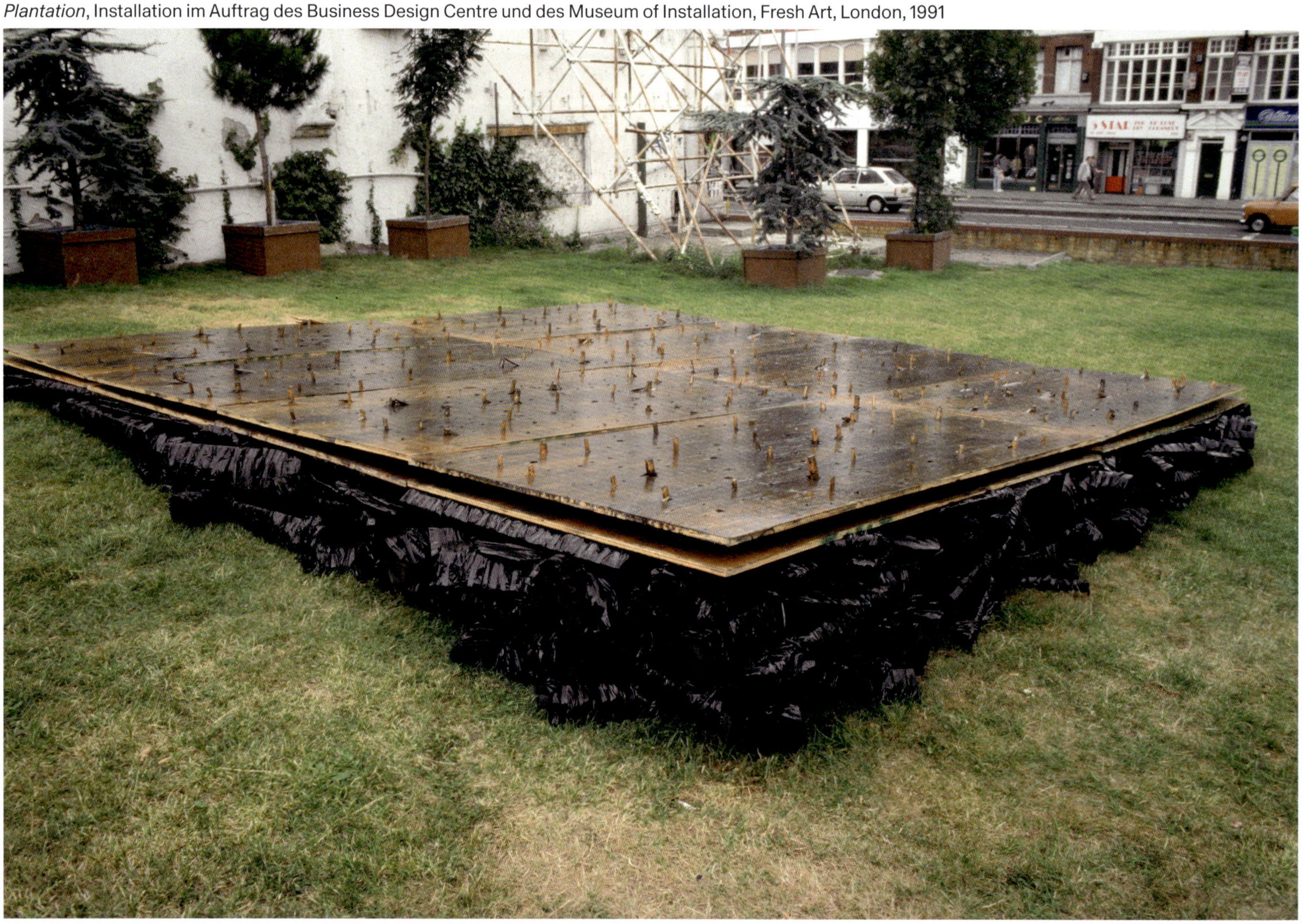

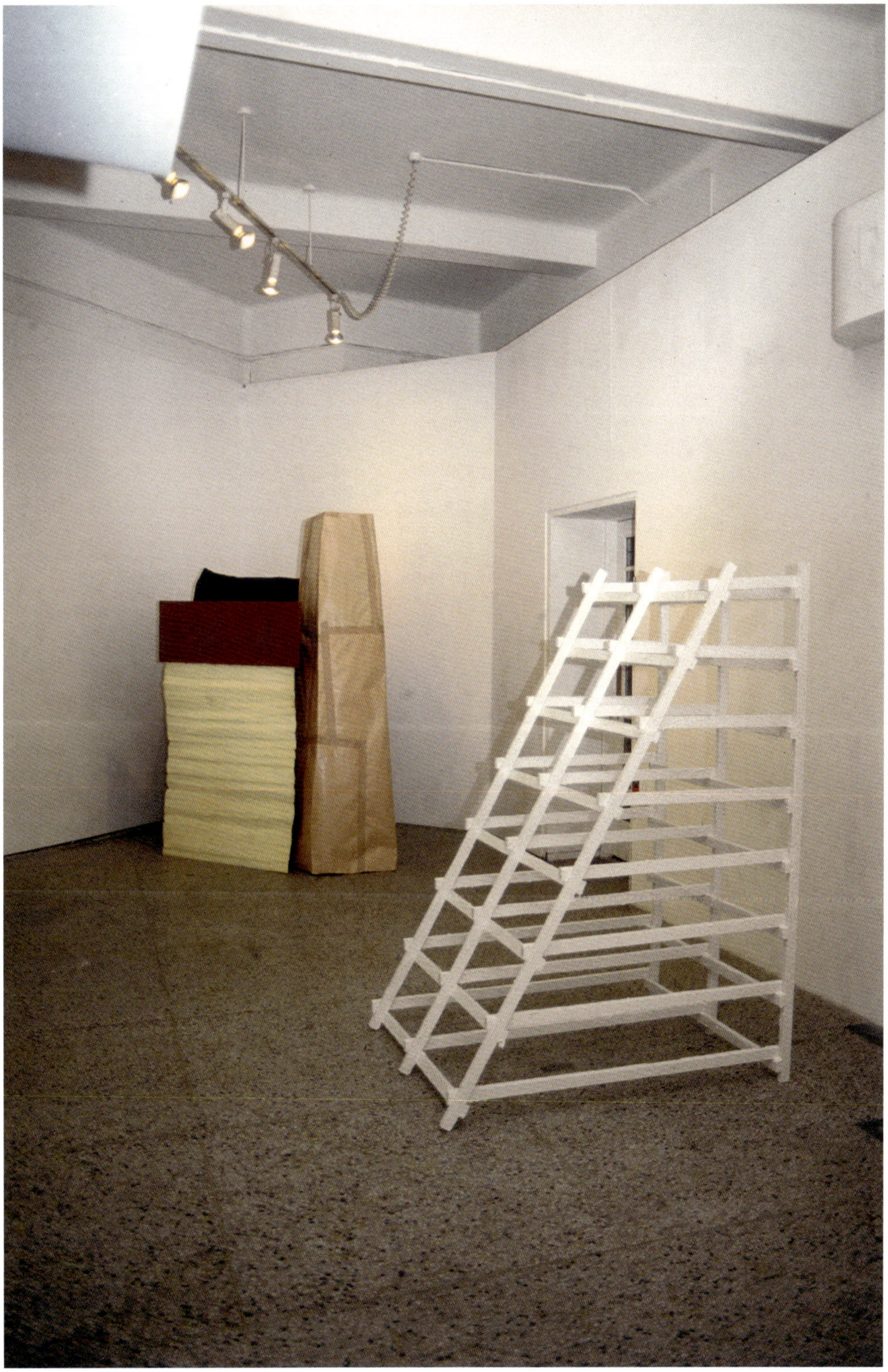

Up Across Around, 1992, Ausstellungsansicht, *Three Sculptors*, kuratiert von Phyllida Barlow, Diorama, Regent's Park, London, 1992

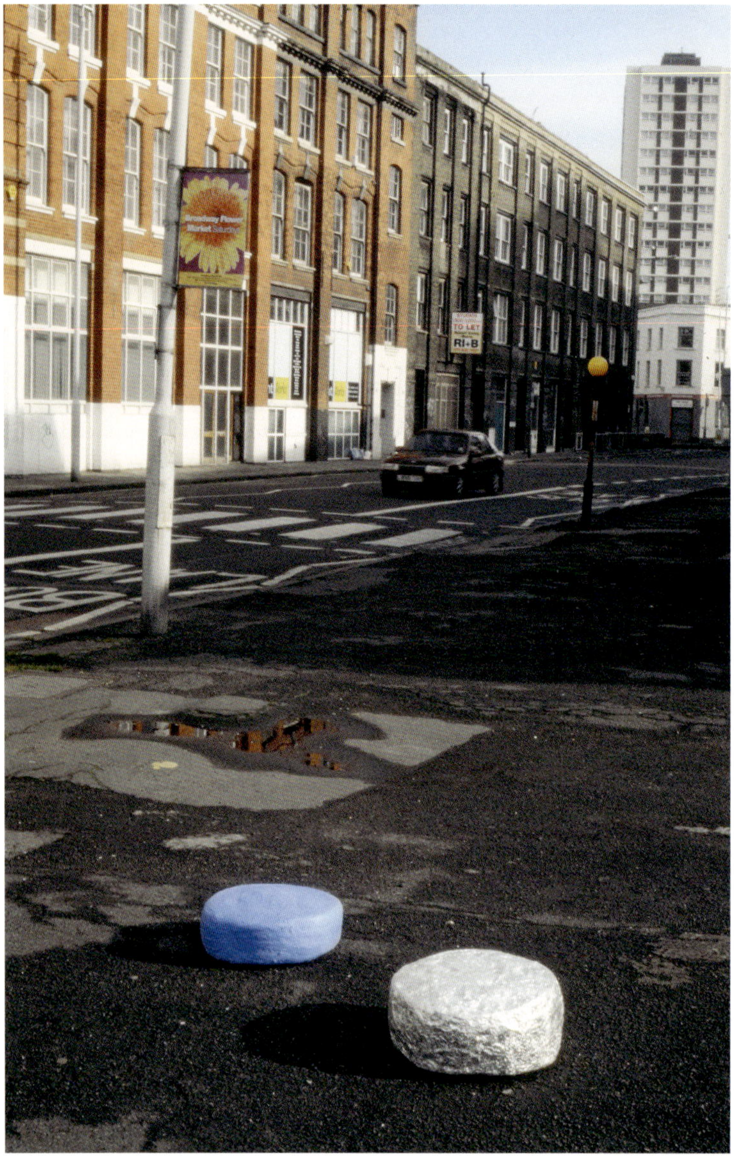

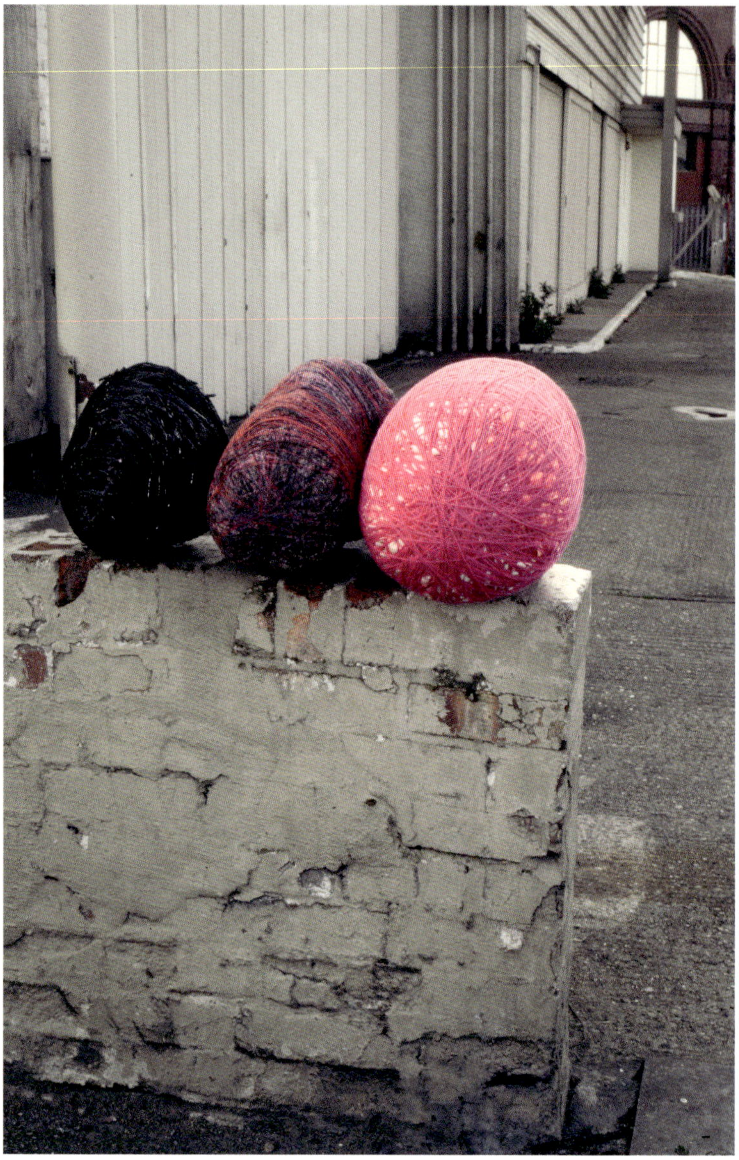

Out of Place, Serie ortsspezifischer Objekte, verschiedene Örtlichkeiten, London, um 1992/93

Things, Installation im Sydenham Hill Wood, London, 1992

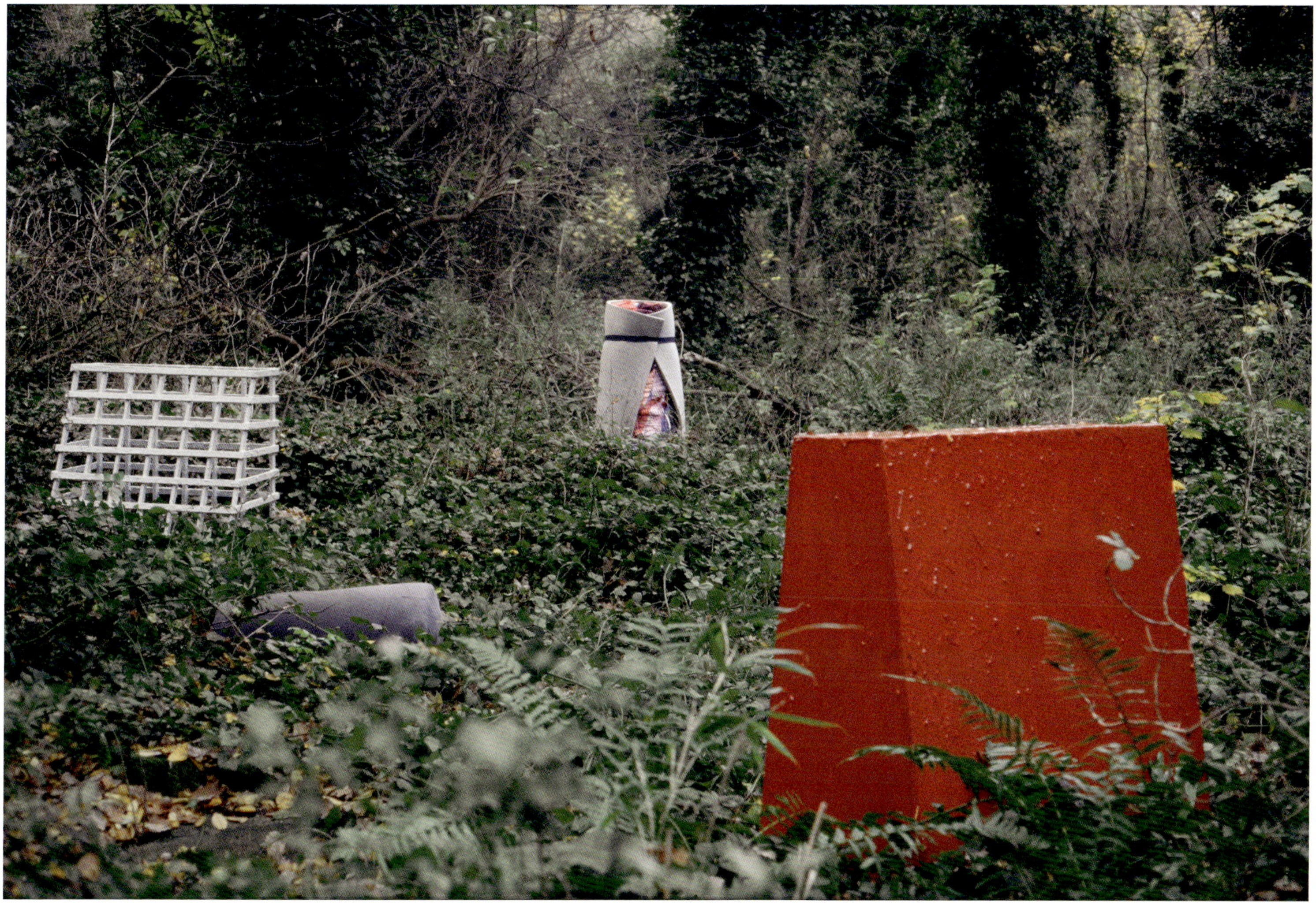

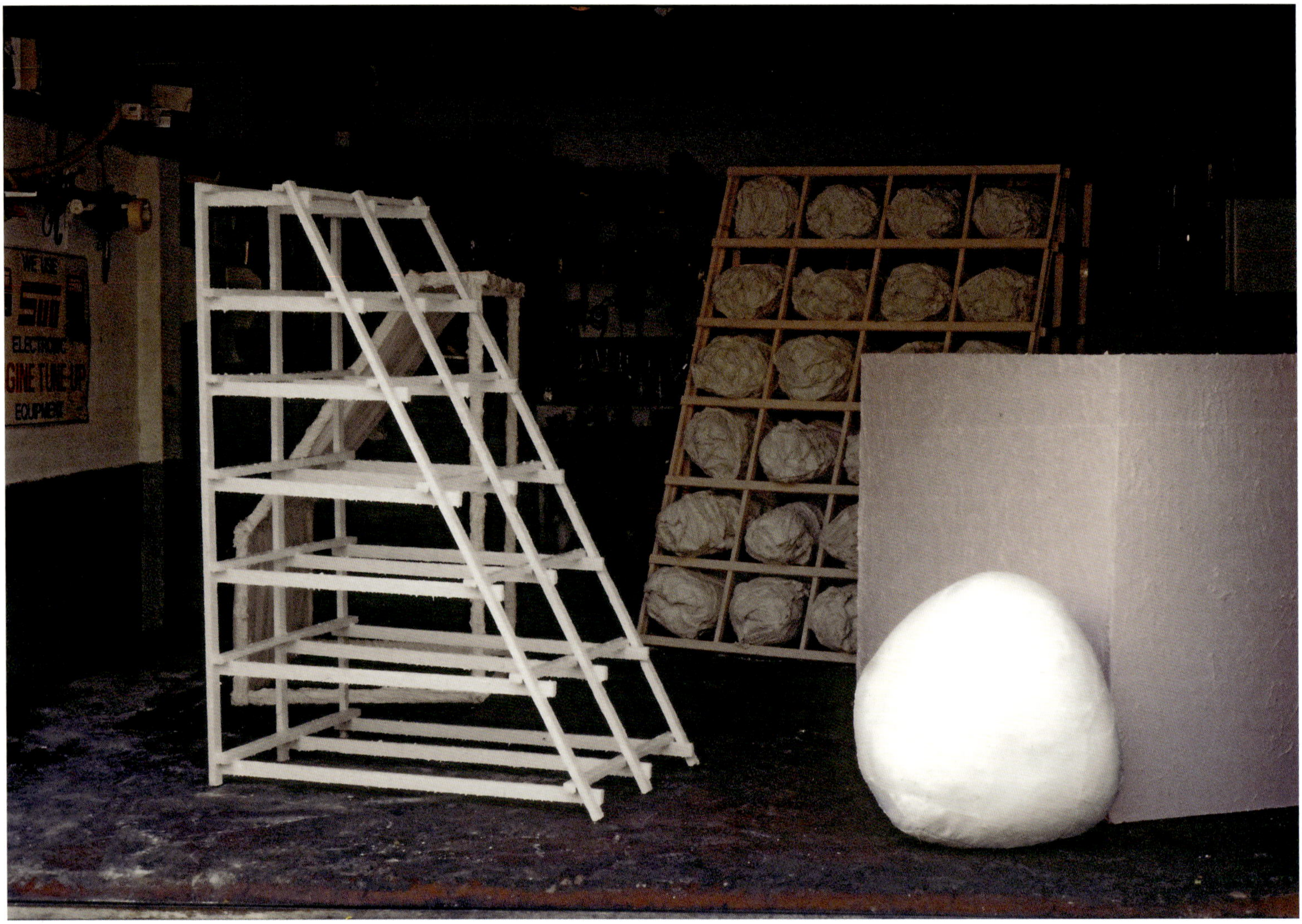

Installation for a car mechanic's garage, King's Cross, London, 1994

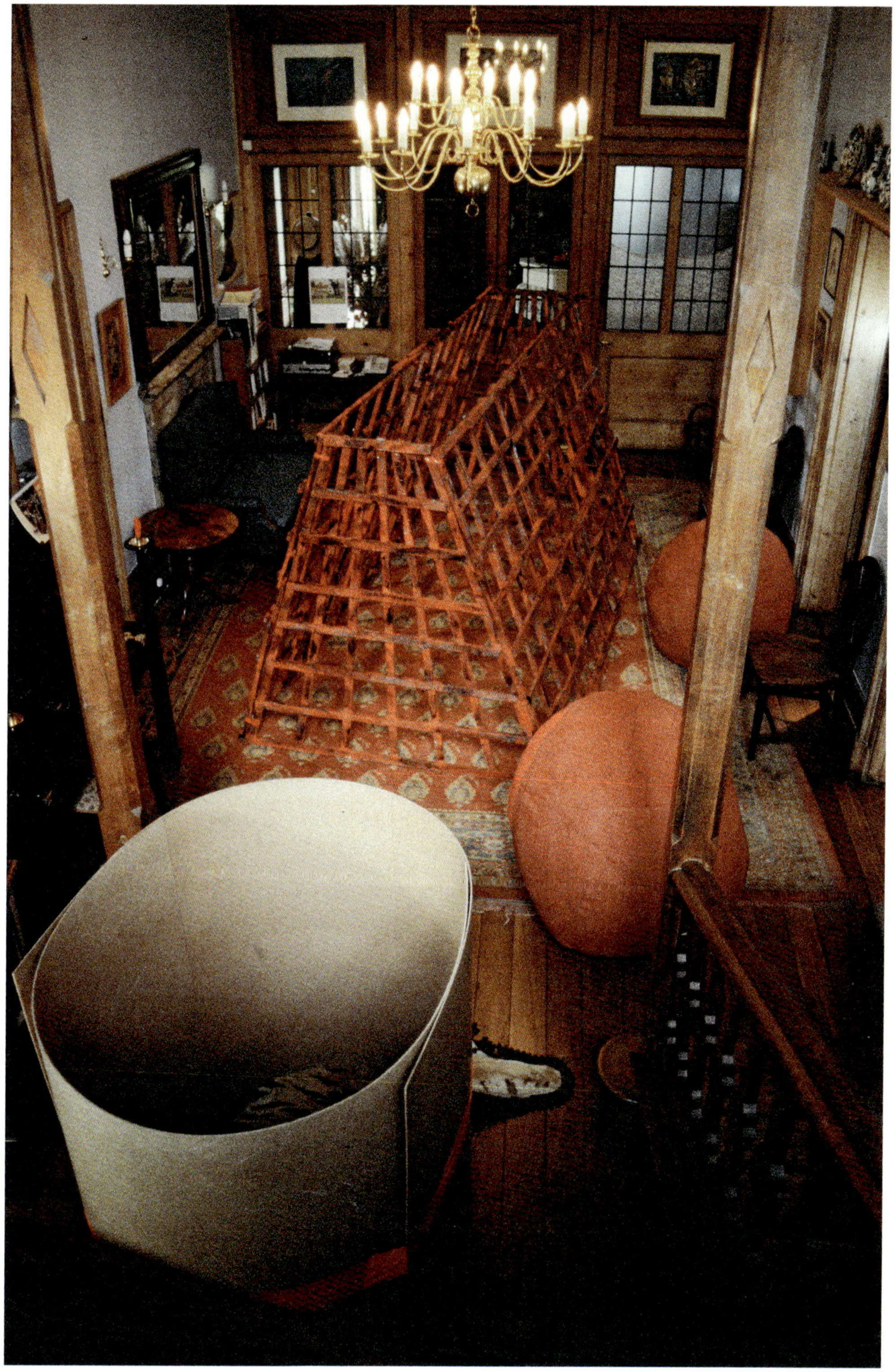

Installation for a country house hallway, Hertfortshire, 1994

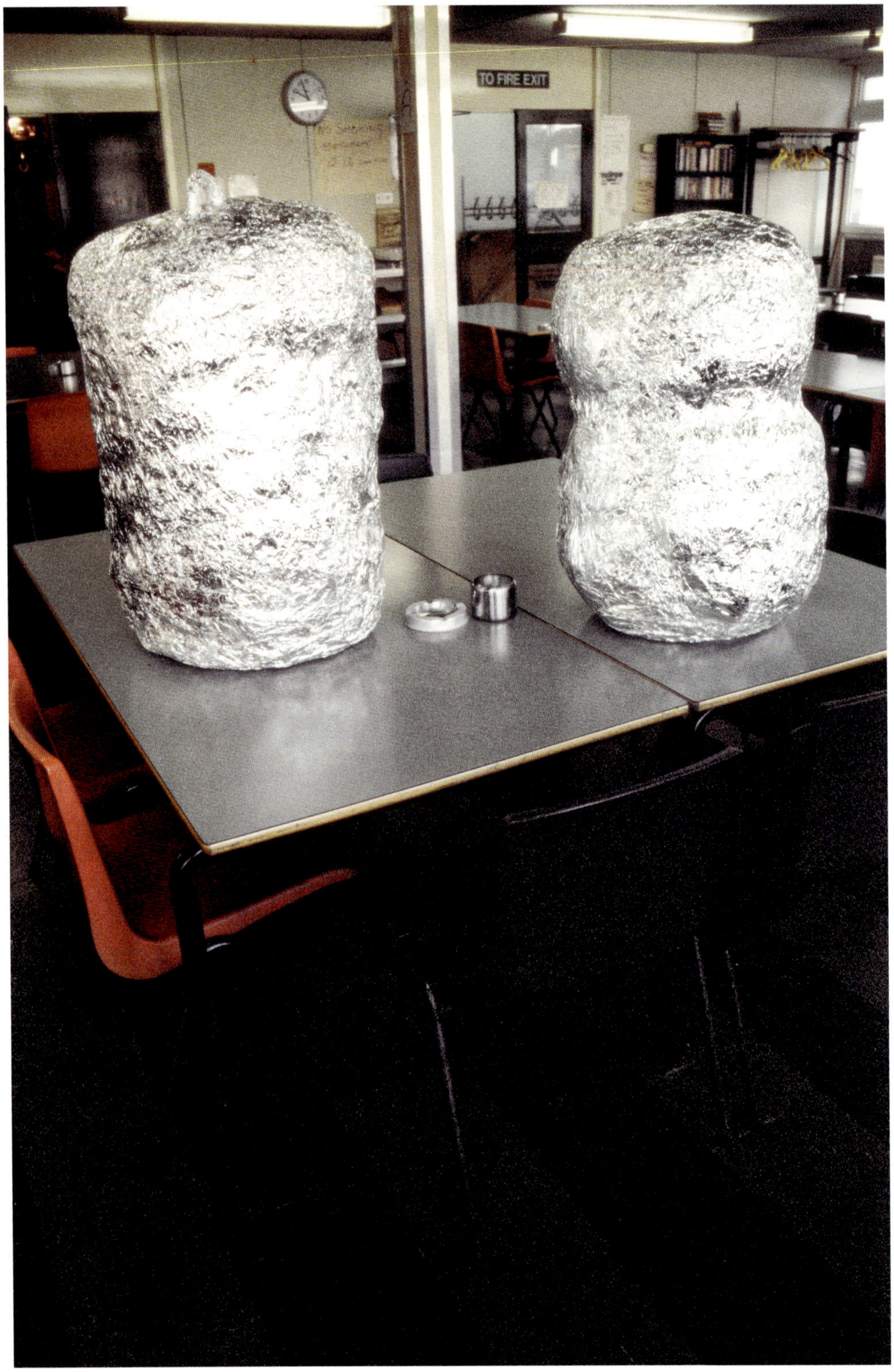

Objects for a canteen, Installation im Osborne Road Community Centre, London, 1994

Objects for a piano, Installation in Phyllida Barlows Haus in Finsbury Park, London, 1994

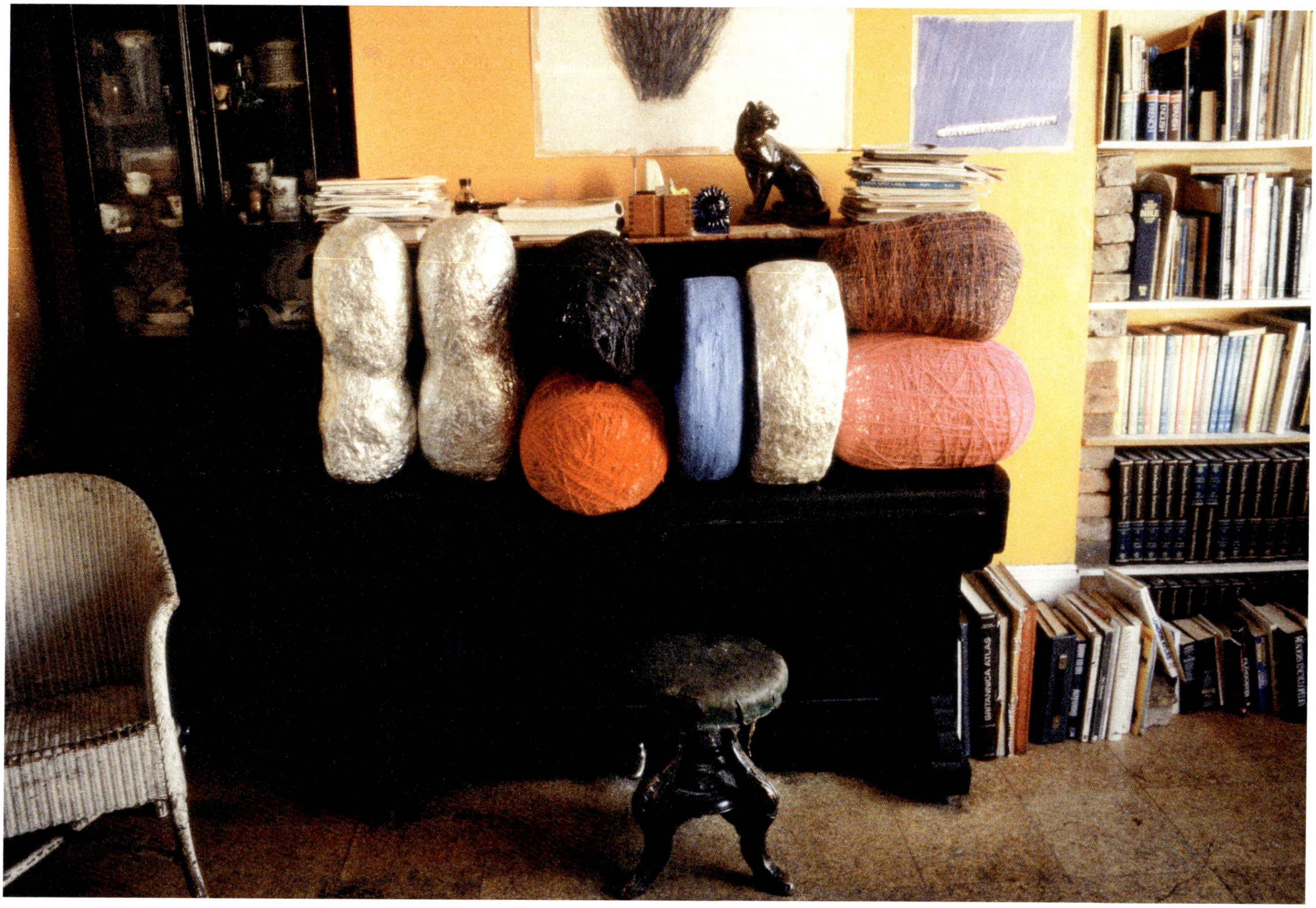

Objects for a table, Installation in Phyllida Barlows Haus in Finsbury Park, London, 1994

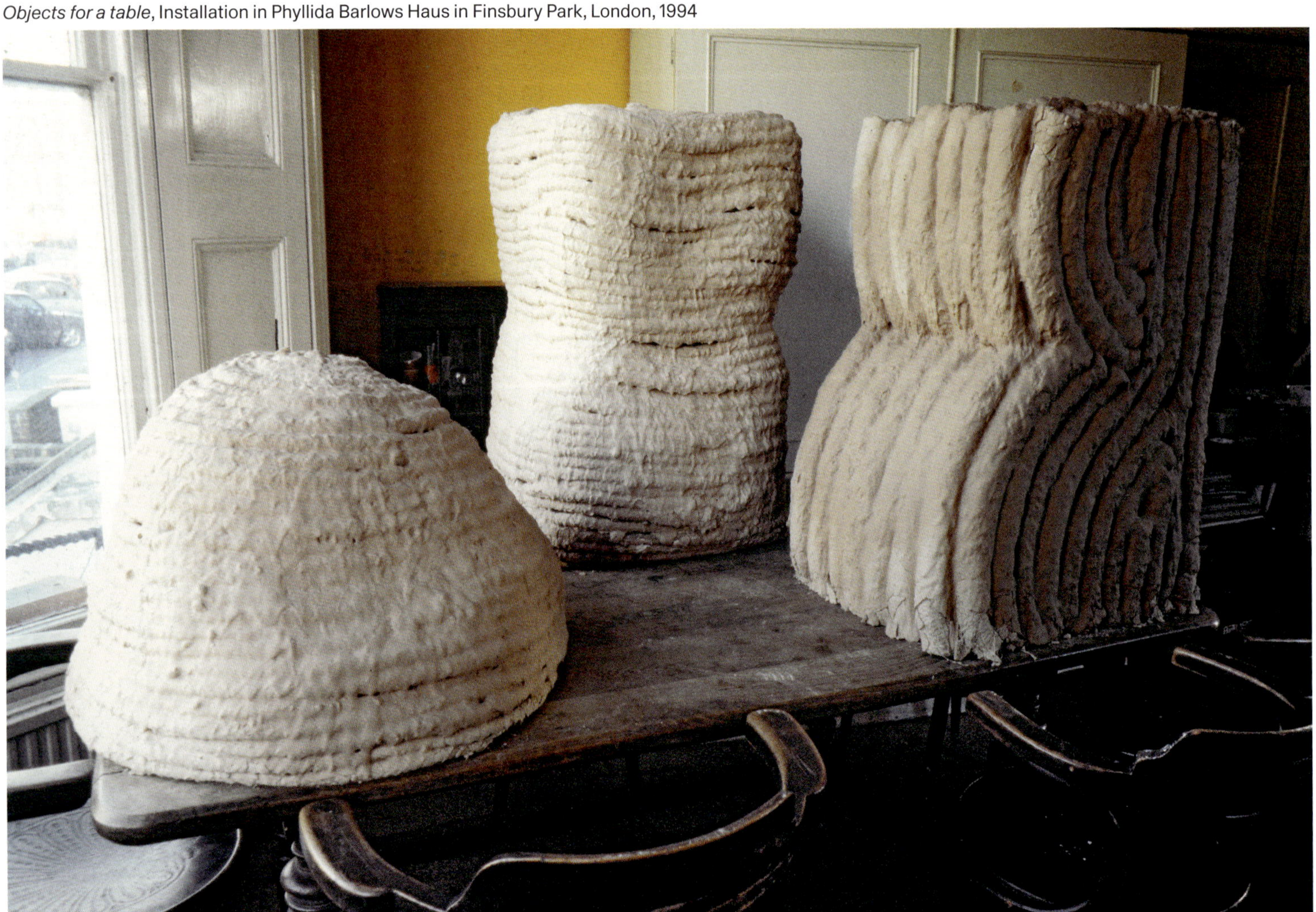

Object for an ironing board, Privathaushalt, 1994

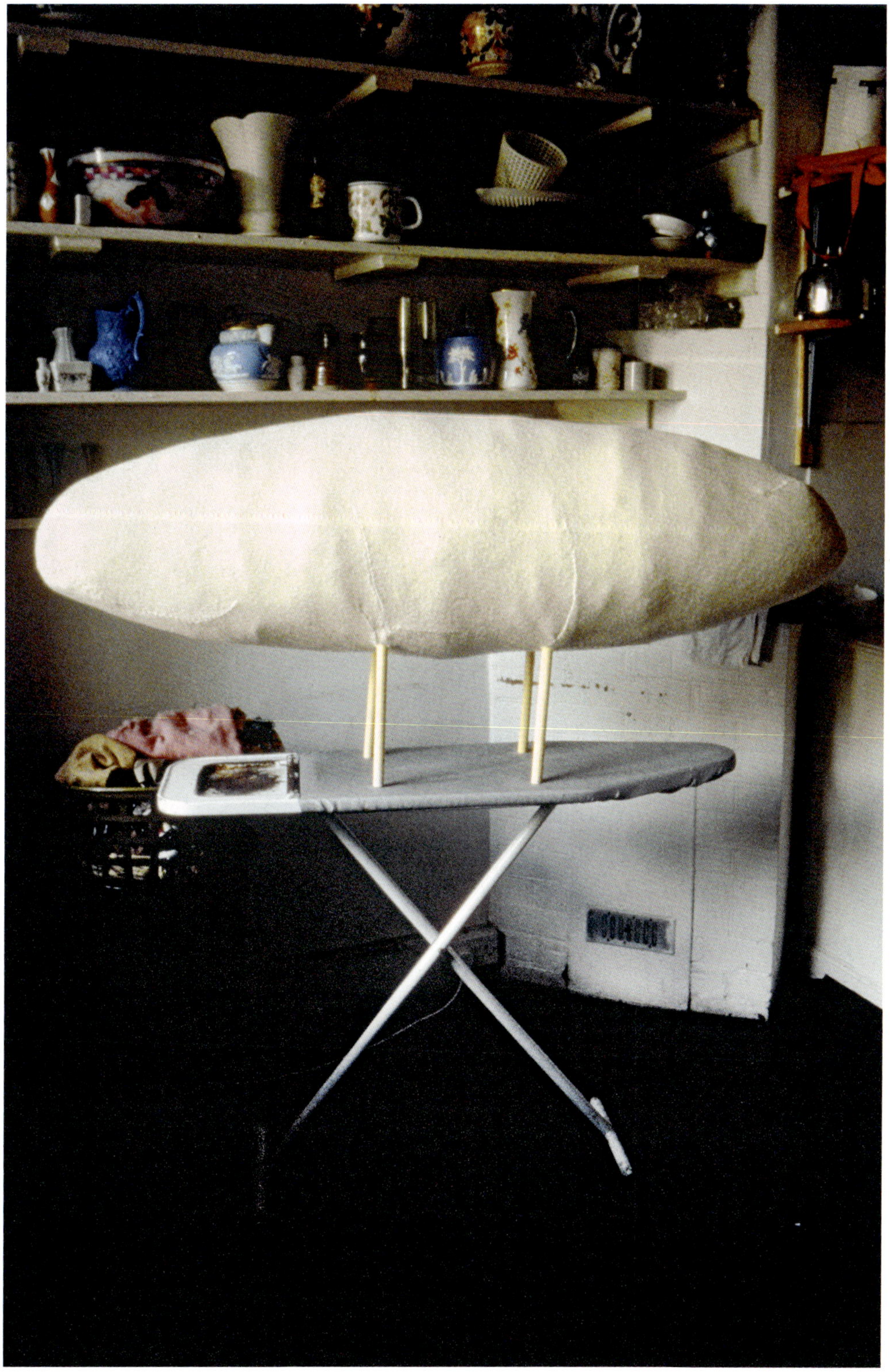

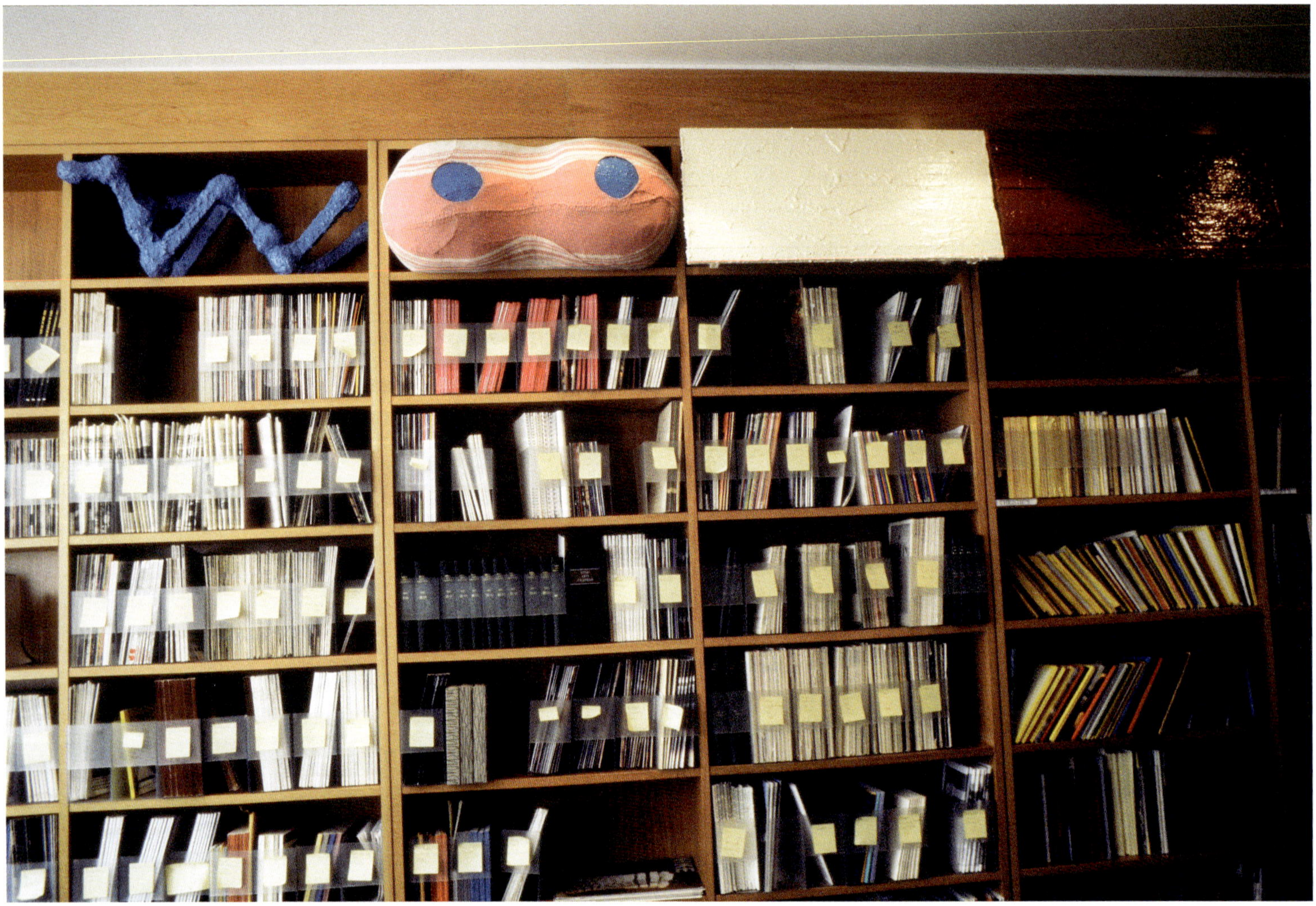

Objects for a library, Installation in der Bibliothek des Henry Moore Institute, Leeds, 1995

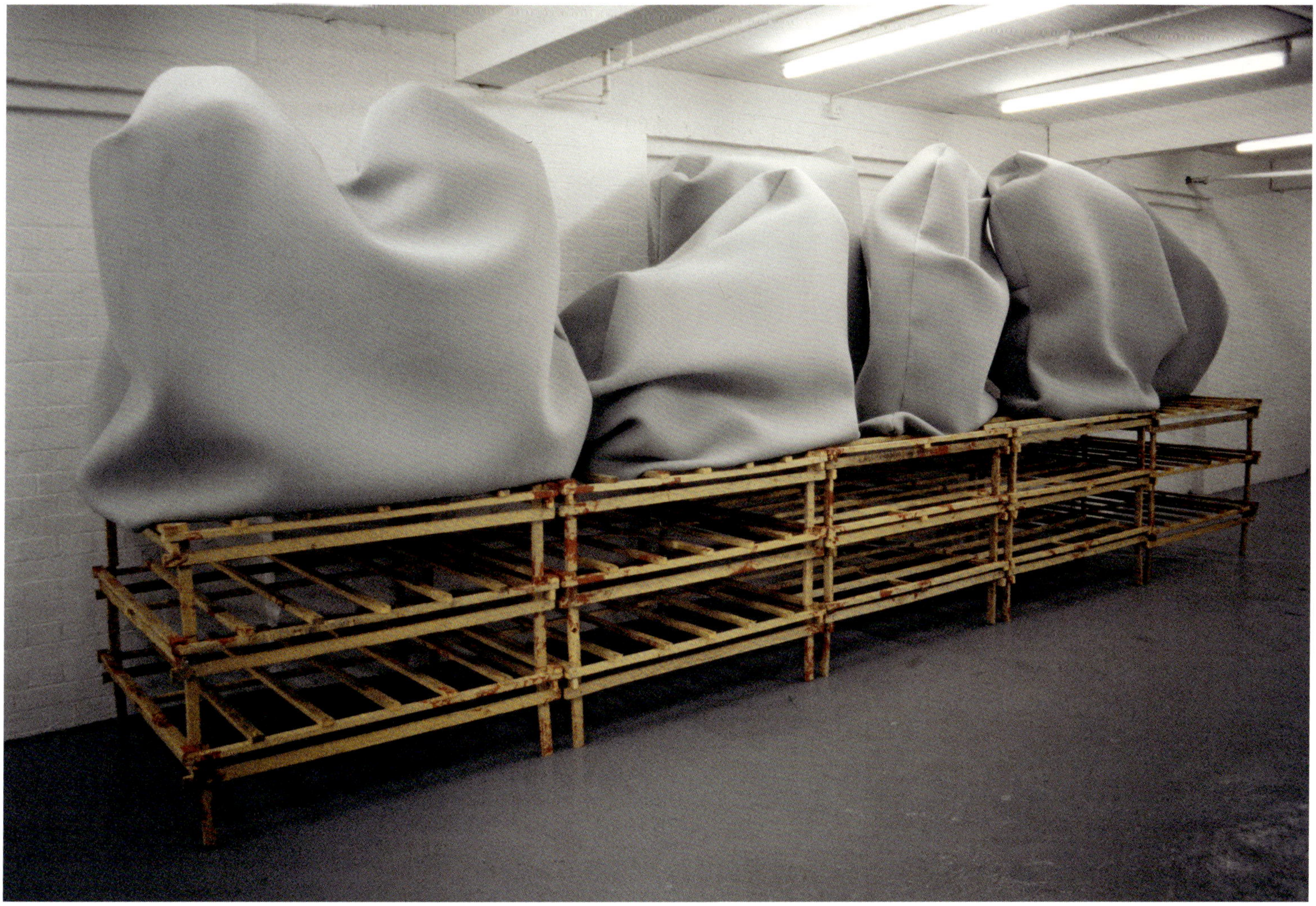

Depot, 1995, Ausstellungsansicht, Museum of Installation, London, 1995

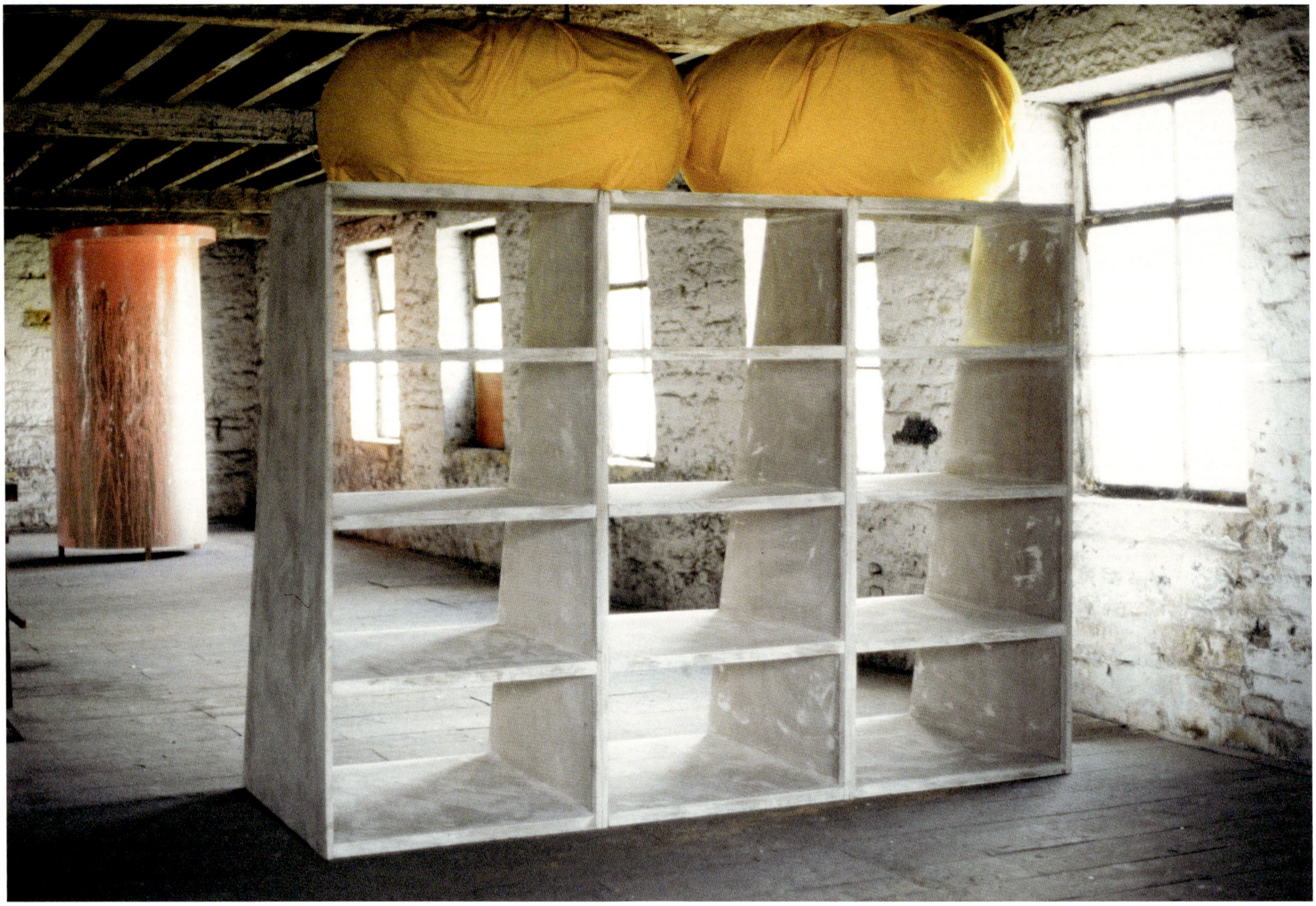

Recall, 1996, Ausstellungsansicht, Marshalls Mill, Dean Clough, Halifax, 1996

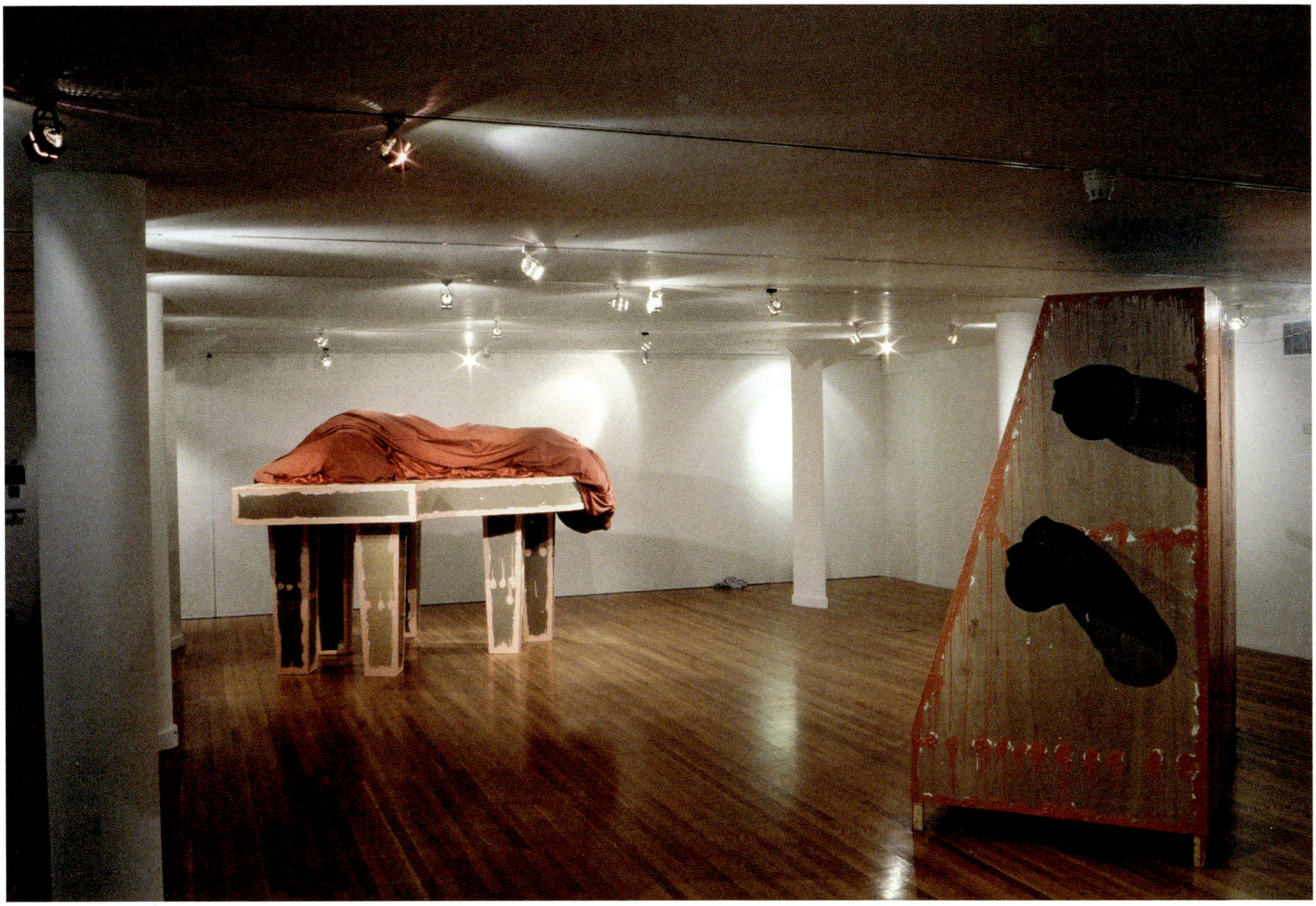

Stand off, 1996, Ausstellungsansicht, Henry Moore Galleries, Royal College of Art, London, 1996

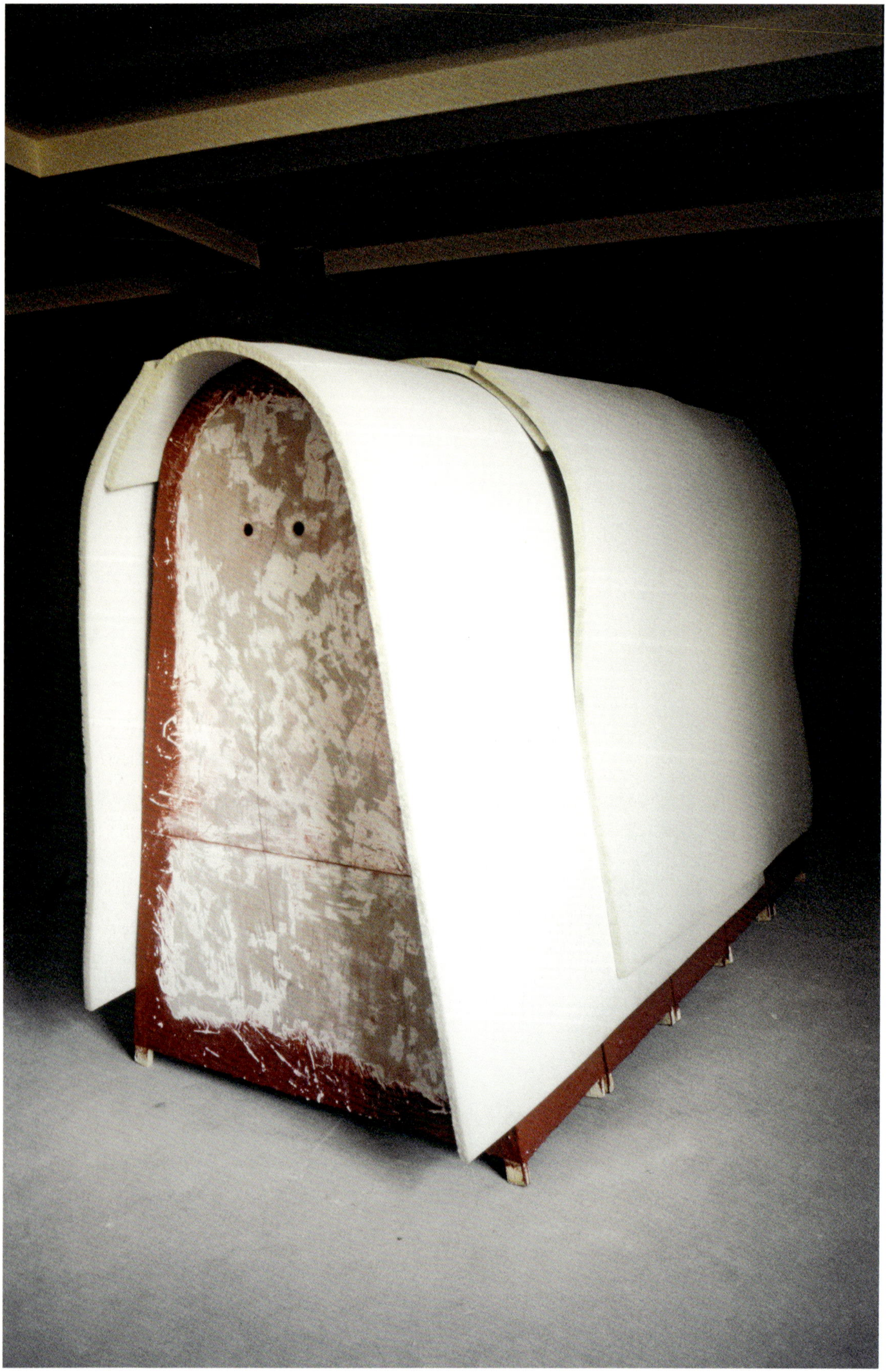

Undercover, 1996, Ausstellungsansicht, *9 Months 2 Seconds*, Manhattan Lofts, Bankside, London, 1996

Truce, 1997, Ausstellungsansicht, *EAST International*, The Sculpture Studio, Norwich School of Art, 1997

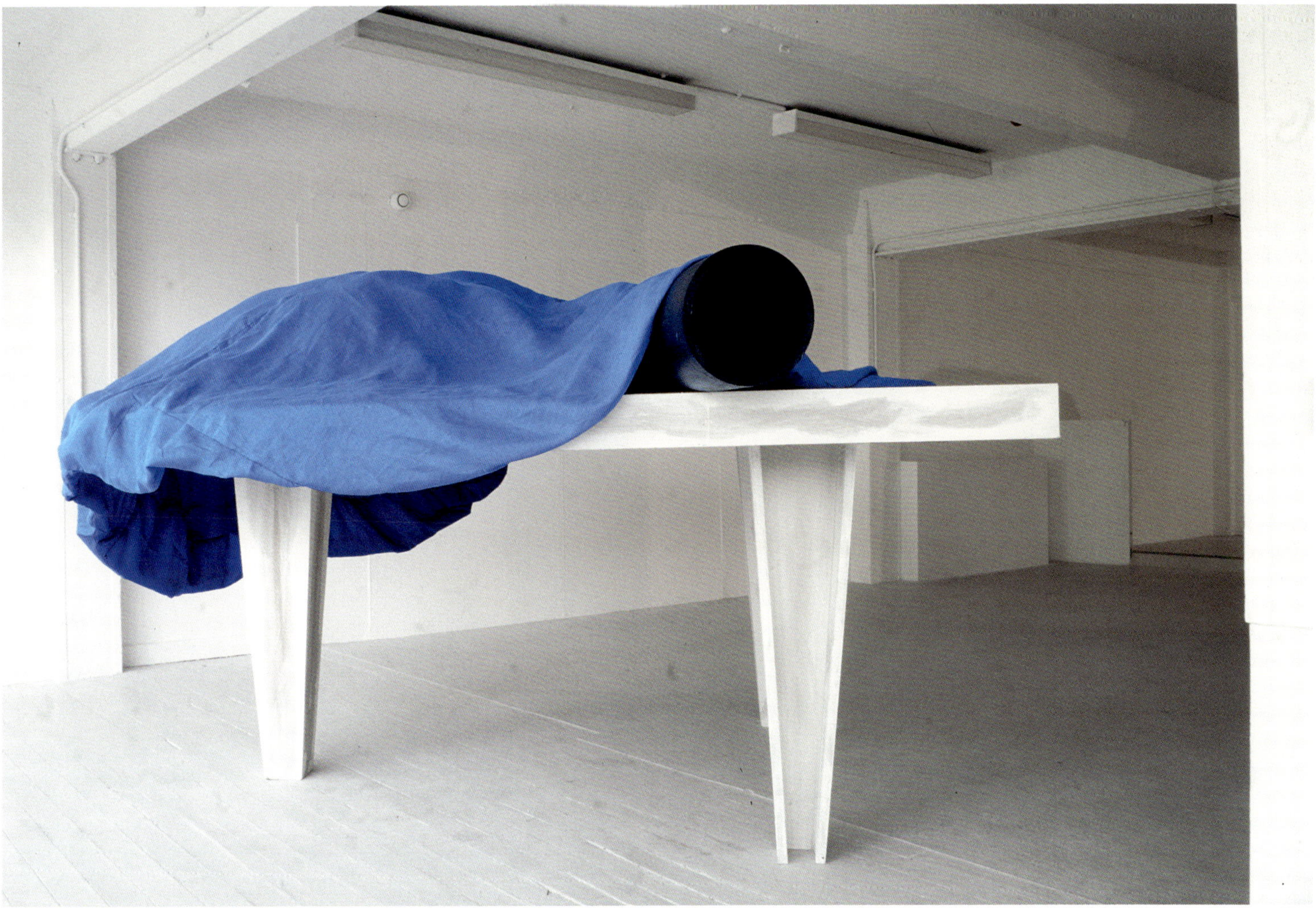

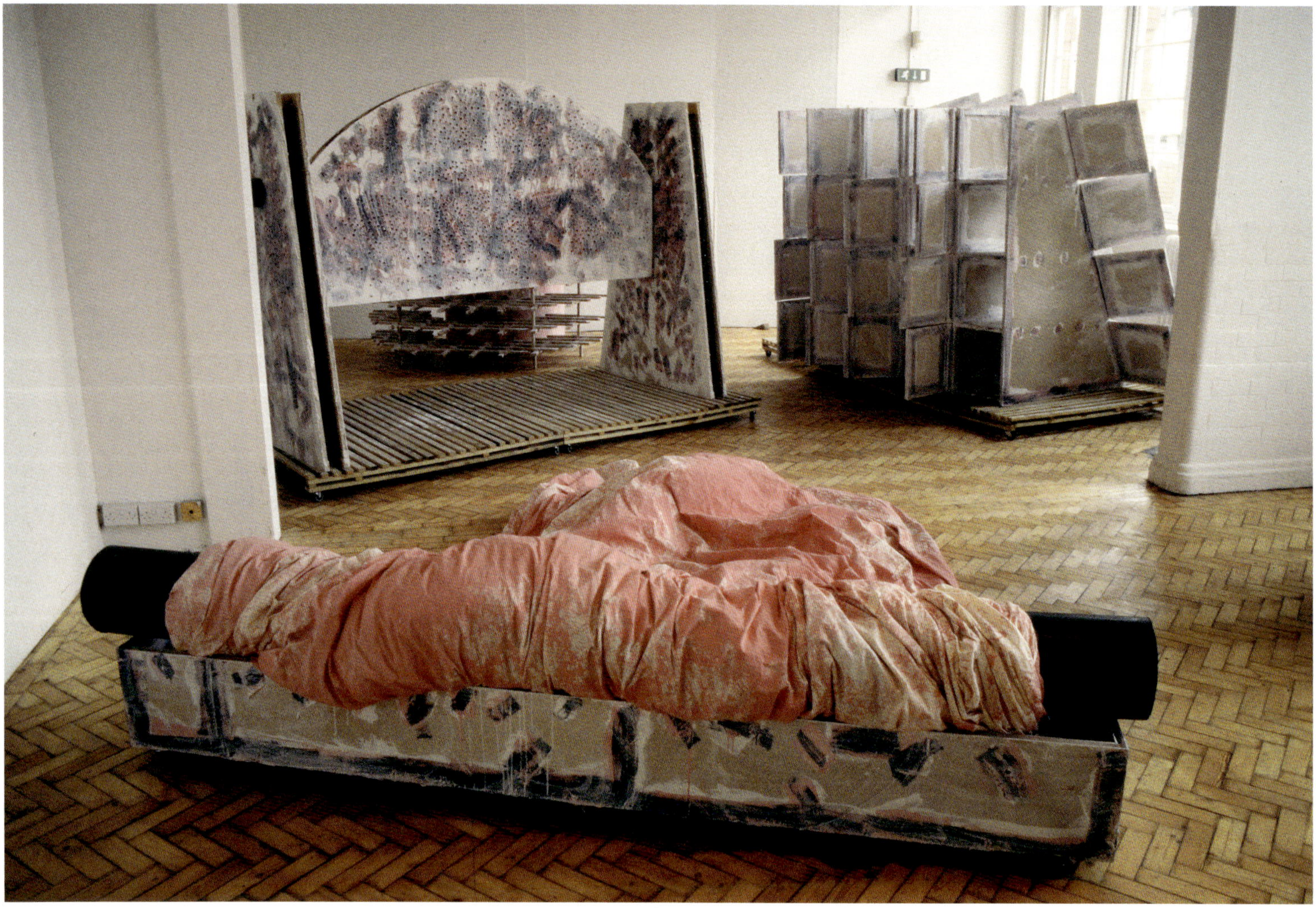

Time and Time Again, 1998, Ausstellungsansicht, *Out of Place*, Chapter Art Gallery, Cardiff, 1998

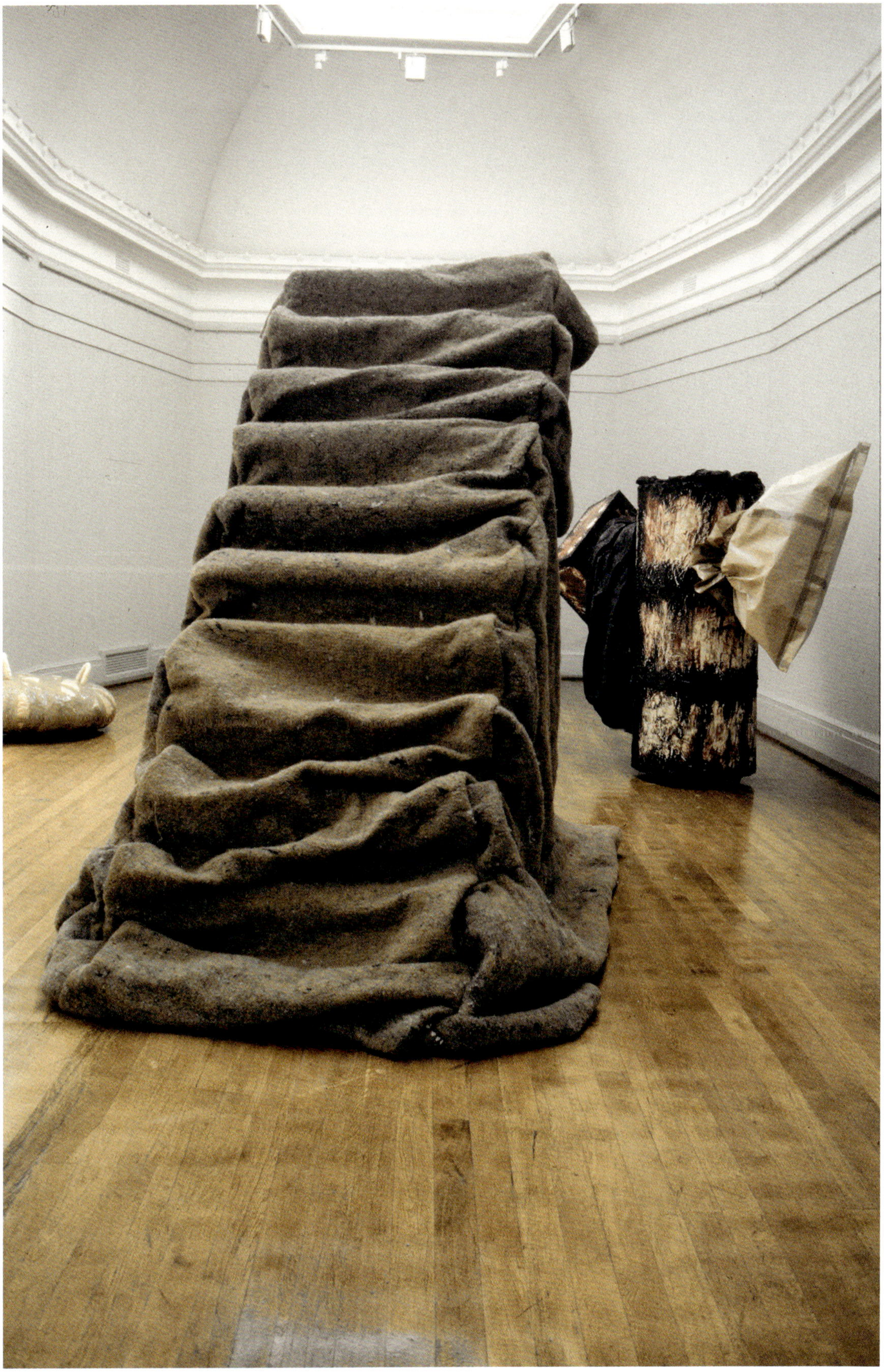

Dawn till Dusk, 1999, Ausstellungsansicht, *Sculpture Triennial*, Royal West of England Academy, Bristol, 1999

Far Away, 1999, Ausstellungsansicht, *O Pas Là, Surprising Spaces*, L.A.C – Lieu d'Art Contemporain, Narbonne, 1999

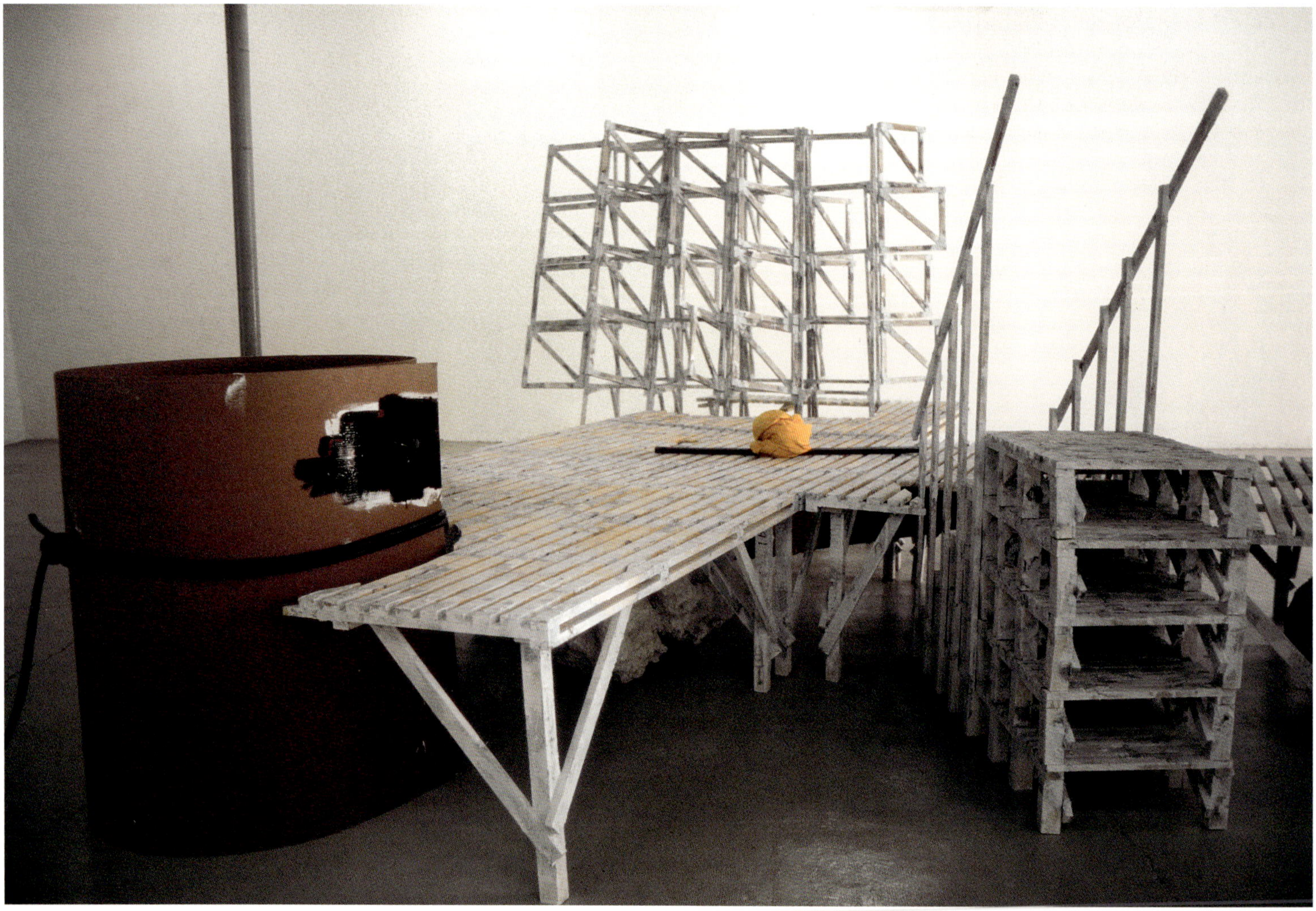

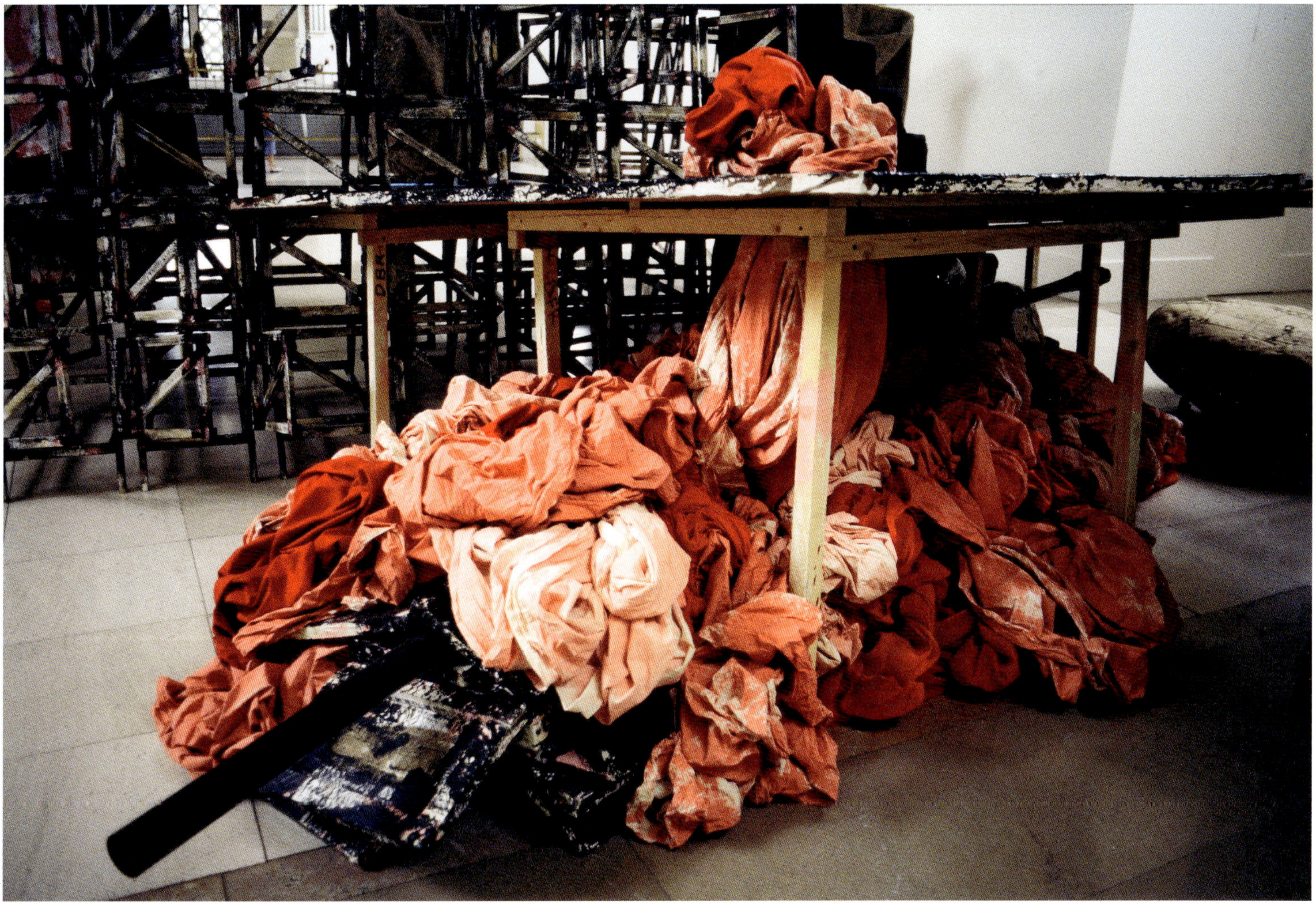

After dark, into black, 2000, Ausstellungsansicht, *British Art Show 5*, John Hansard Gallery, Southampton, 2000

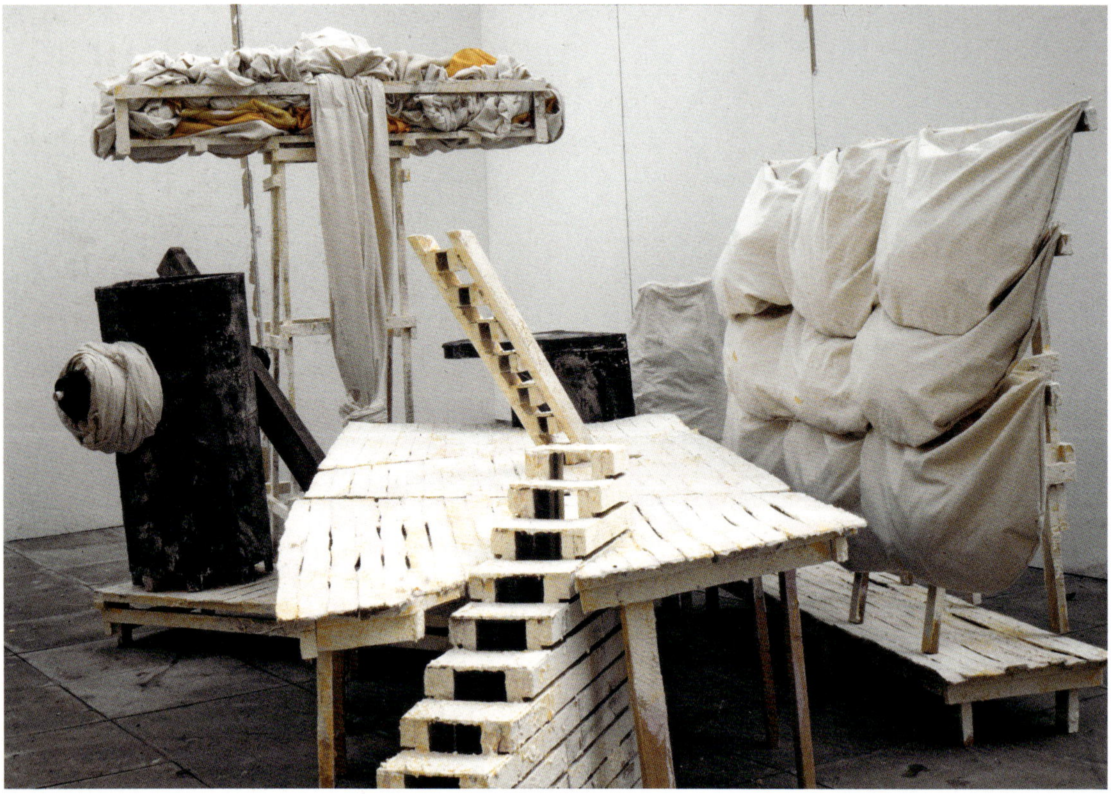

Models for Knives, Bühnenbild-Modelle für die Produktion *Knives in Hens*, im Auftrag der Attic Theatre Company, Wimbledon Theatre, London, 2000

Ramp, Installation in Phyllida Barlows Atelier in der Woodstock Road, London, 2001

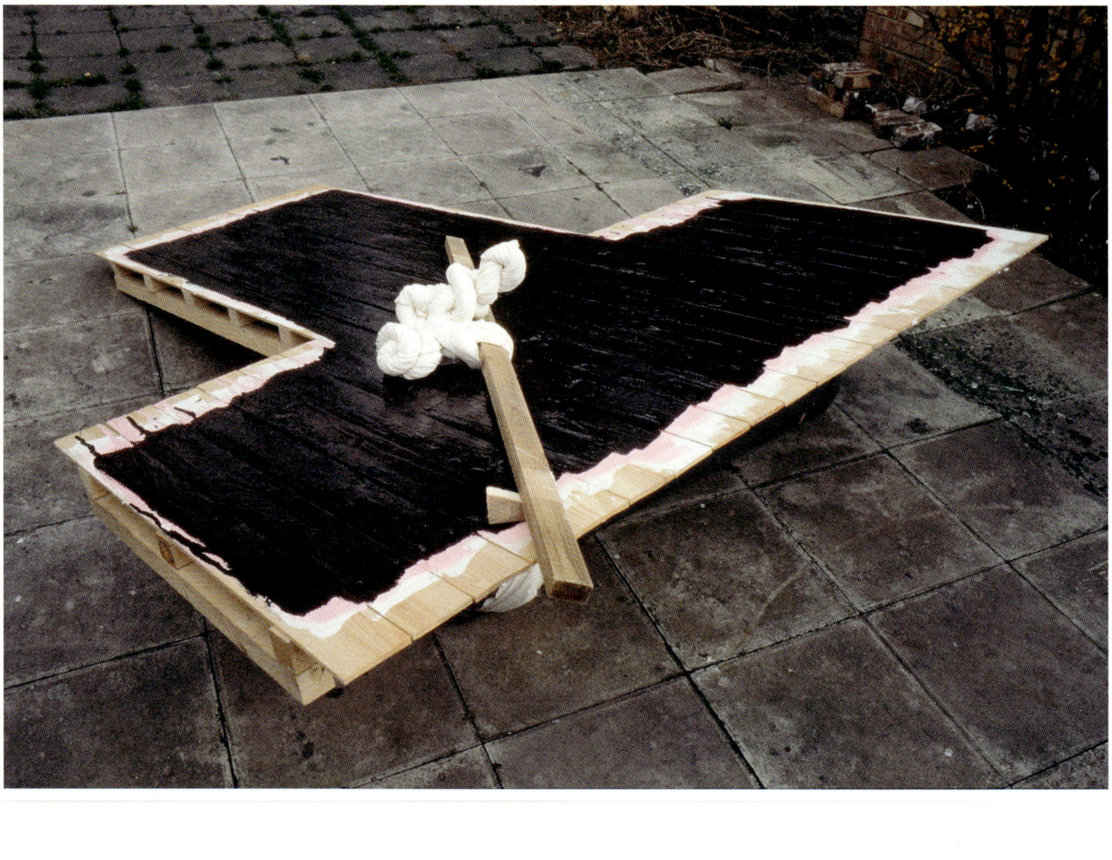

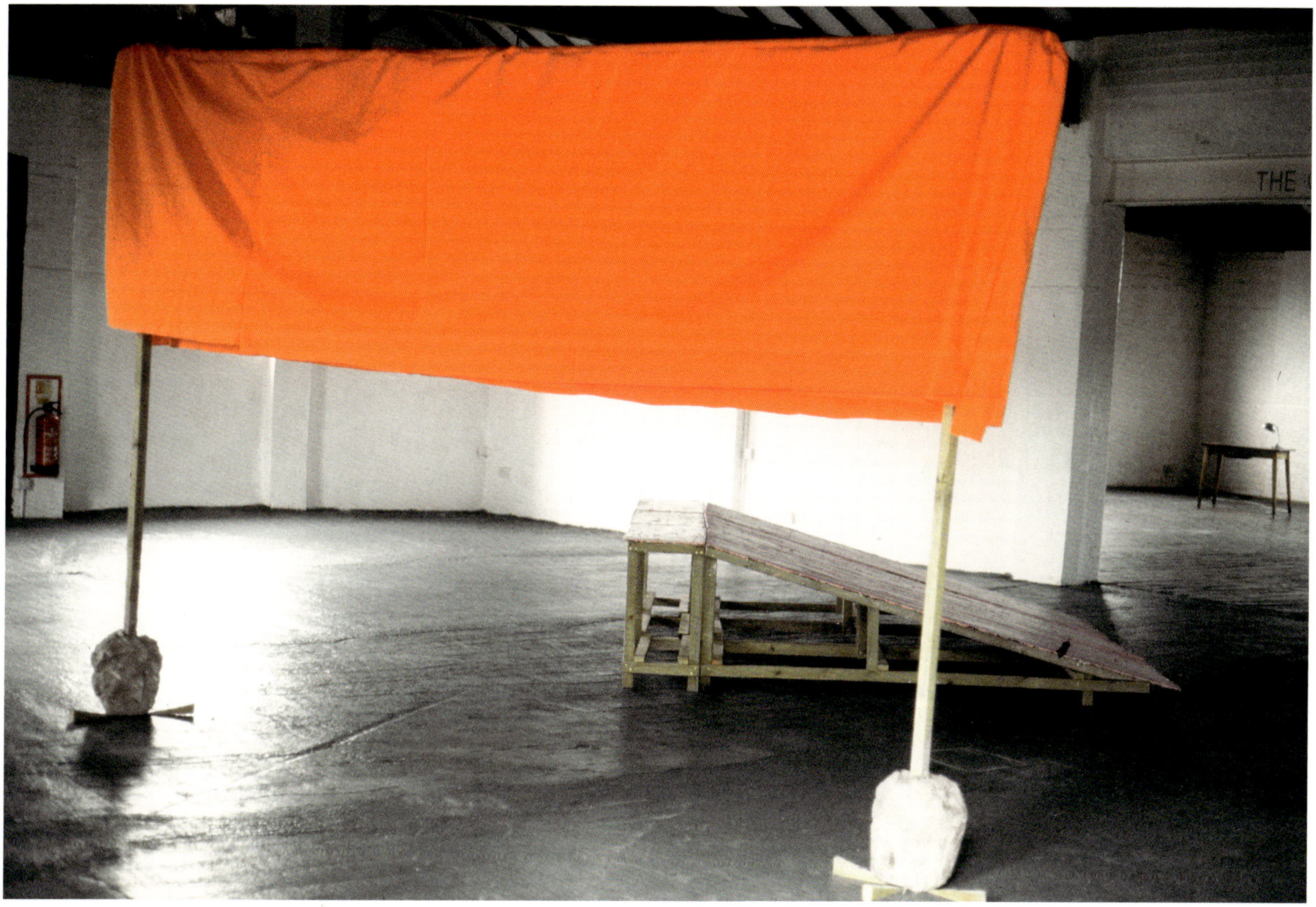

Untitled x 4, 2001, Ausstellungsansicht, *Station to Station*, Spacex 2, Maritime Museum, Exeter, 2001

View, 2001, Ausstellungsansicht, *Sculpture in the Park*, Mile End Park, London, 2001

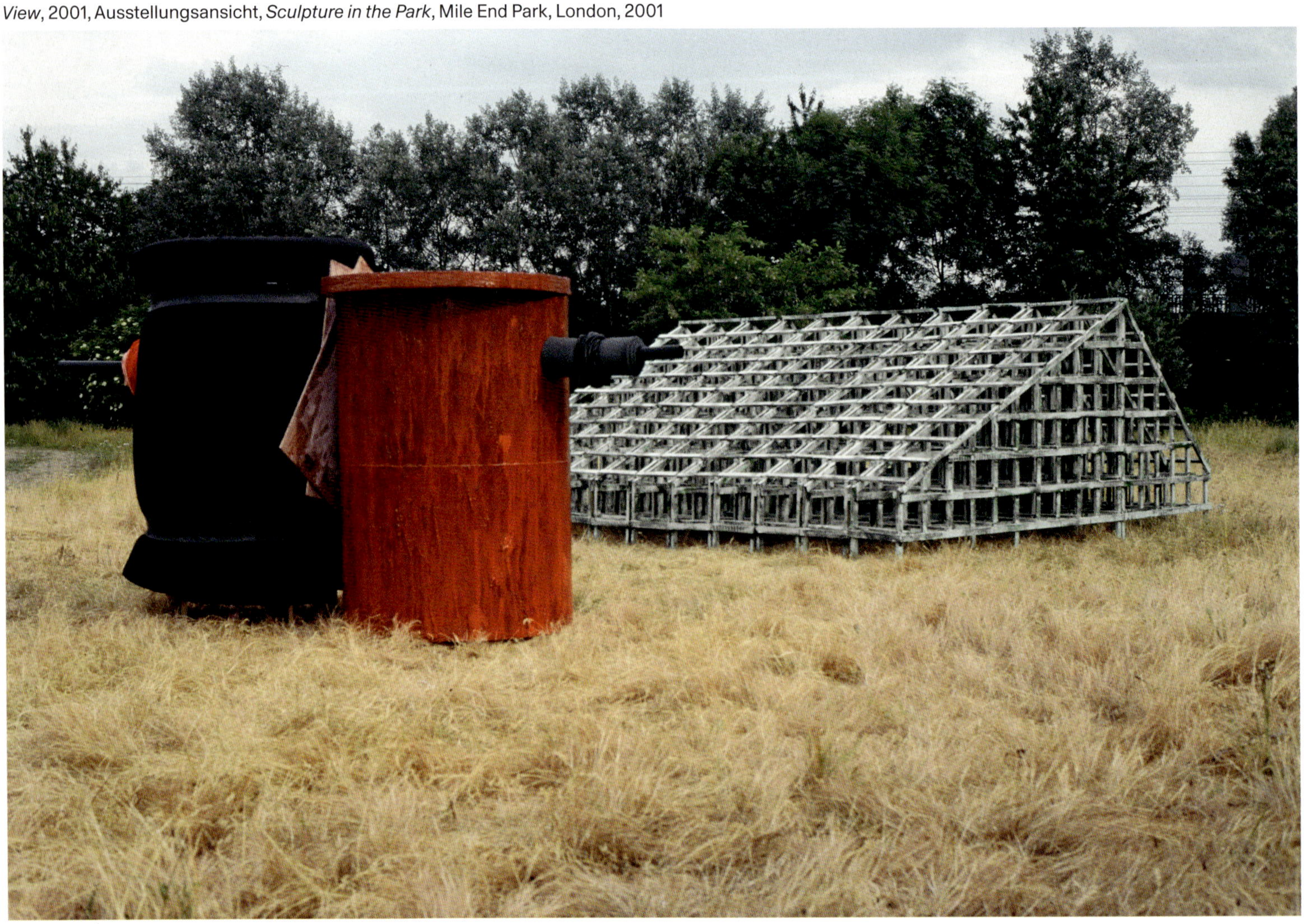

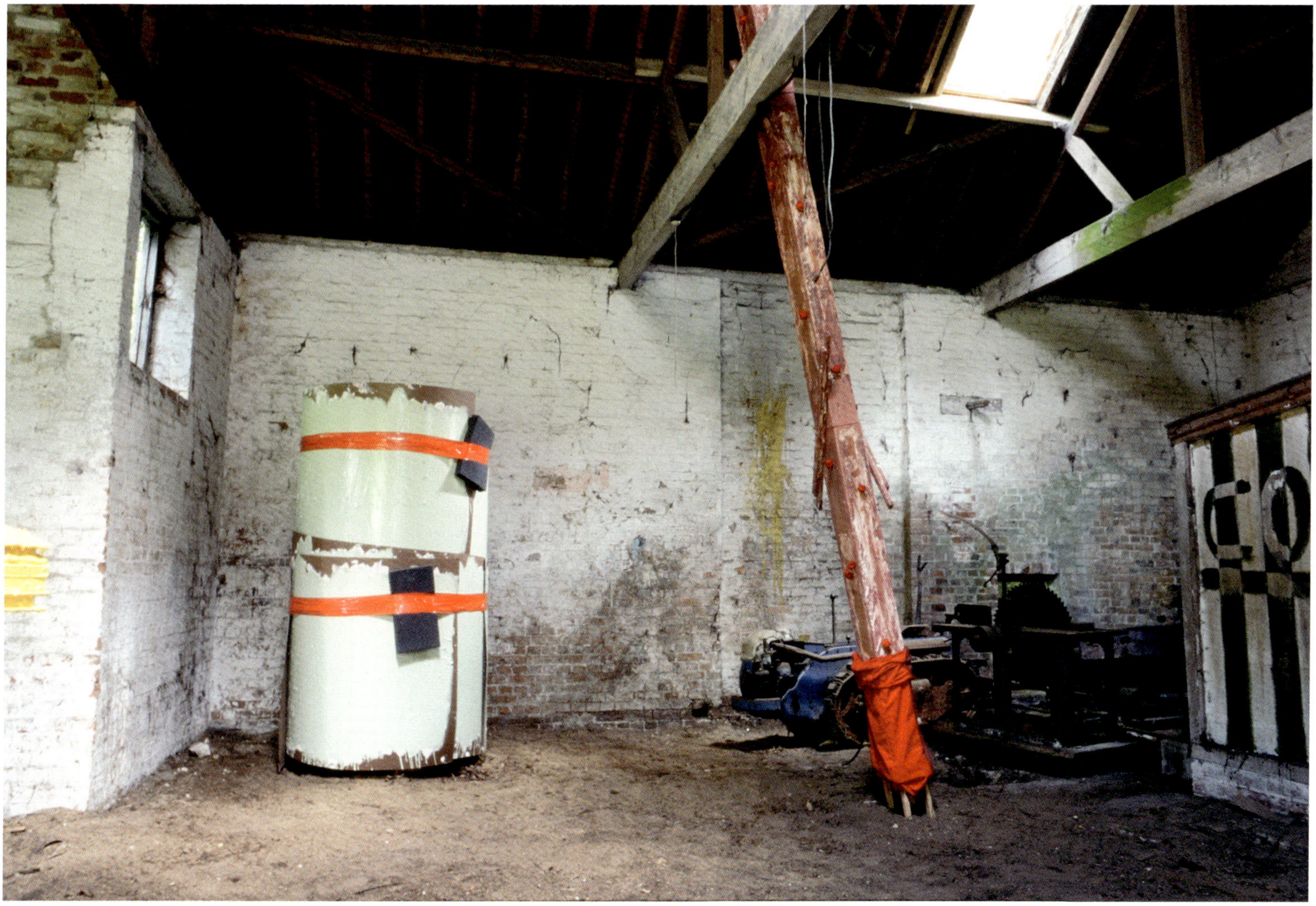

holed-up: yellow, red, green, pink, 2003, Ausstellungsansicht, *Location, Location, Location*, Albury Arts, Guildfort, Surrey, 2003

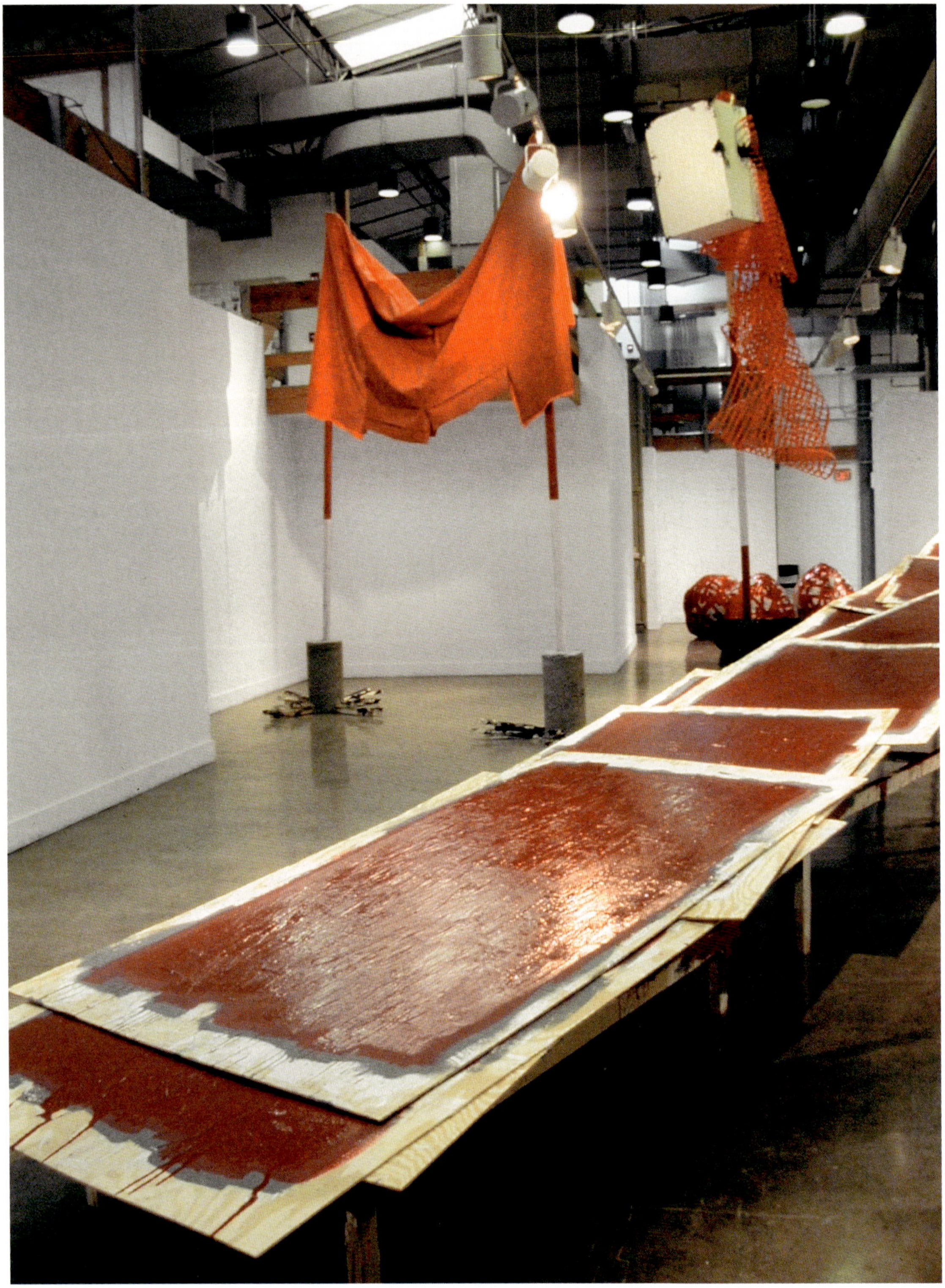

untitled: Dallas, 2003, Ausstellungsansicht, Dallas Visual Art Gallery, University of Texas at Dallas, 10.10.–15.11.2003

Peninsula, 2004, Ausstellungsansicht, Baltic Centre for Contemporary Art, Gateshead, 20.11.2004–17.4.2005

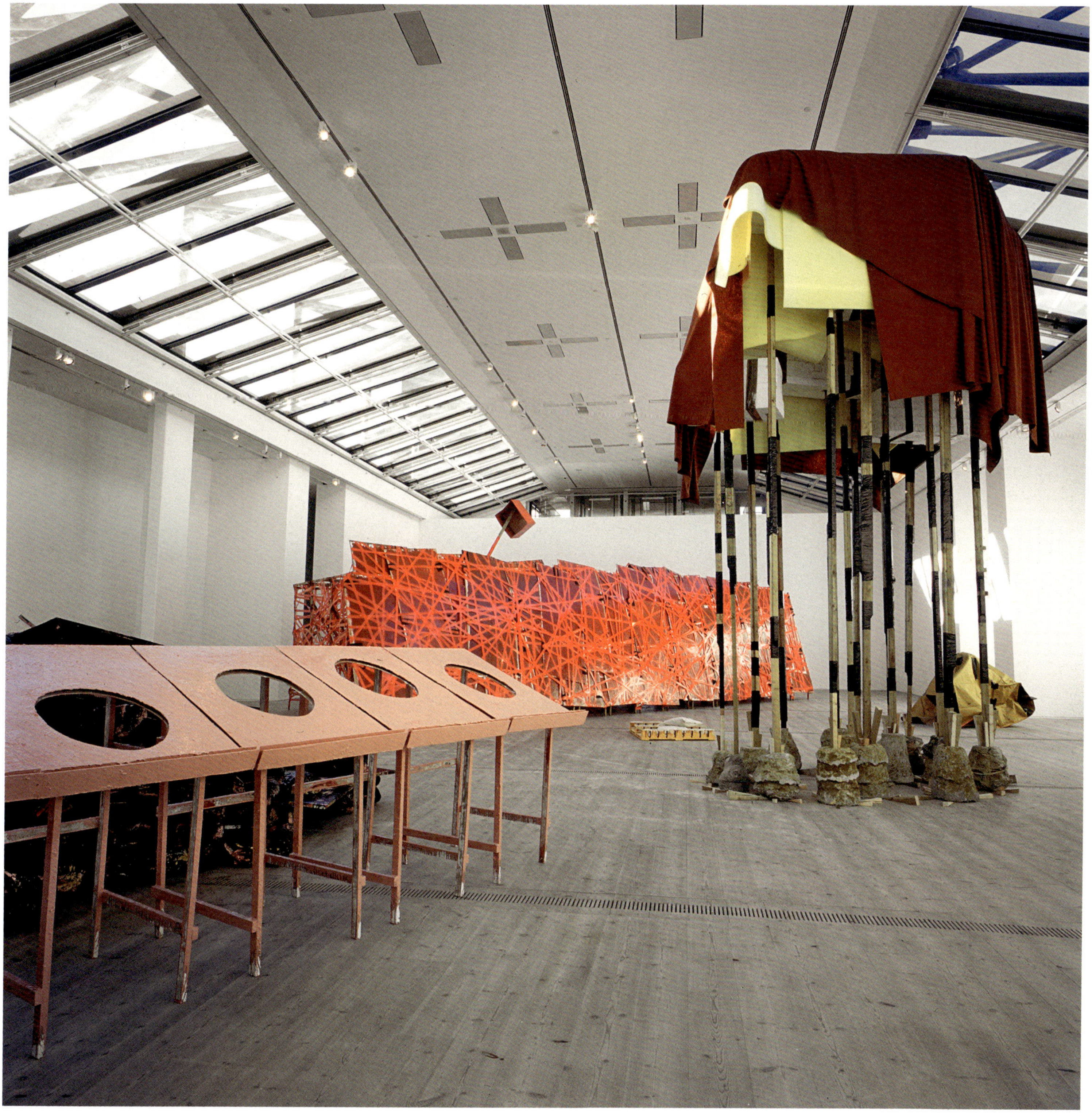

SKIT, 2005, Ausstellungsansicht, Bloomberg Space, London, 29.1.–5.5.2005

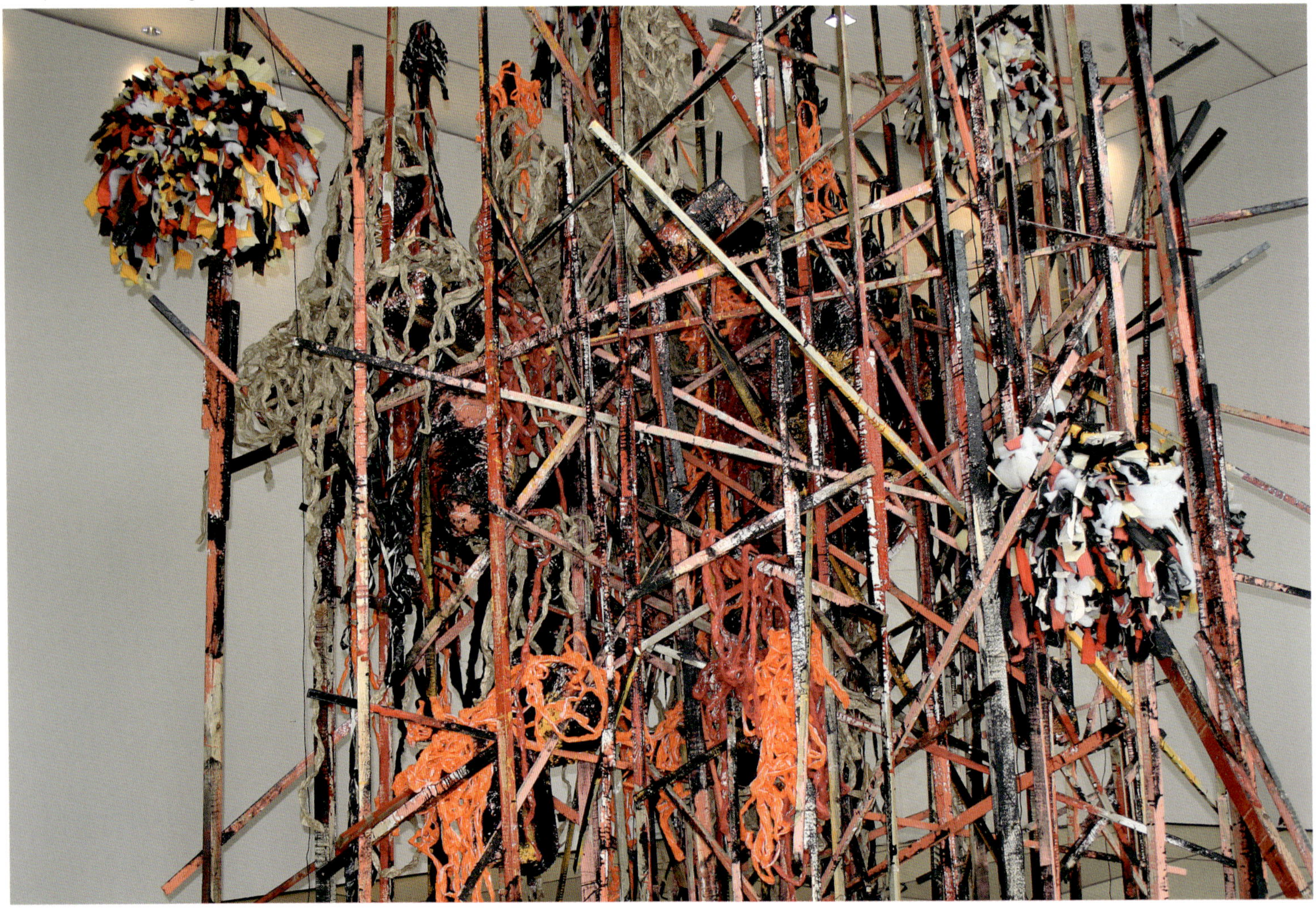

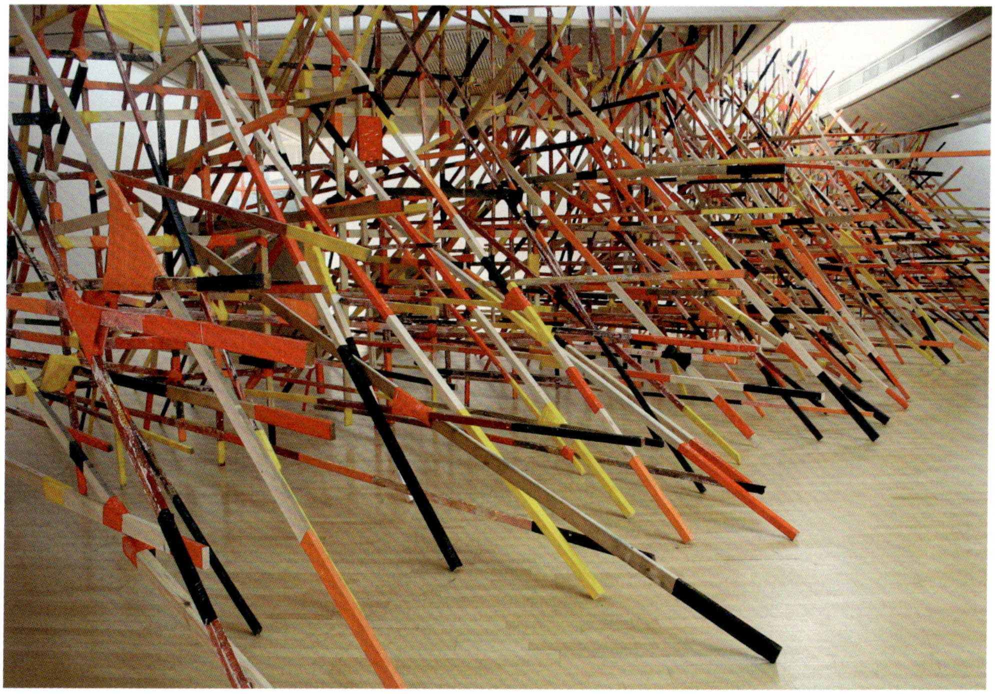

STINT, 2008, Ausstellungsansicht, Mead Gallery, Warwick Arts Centre, 4.10.–6.12.2008

FENCE, 2008, Ausstellungsansicht, *STACK, FENCE*, Southbank Centre, London, 2008

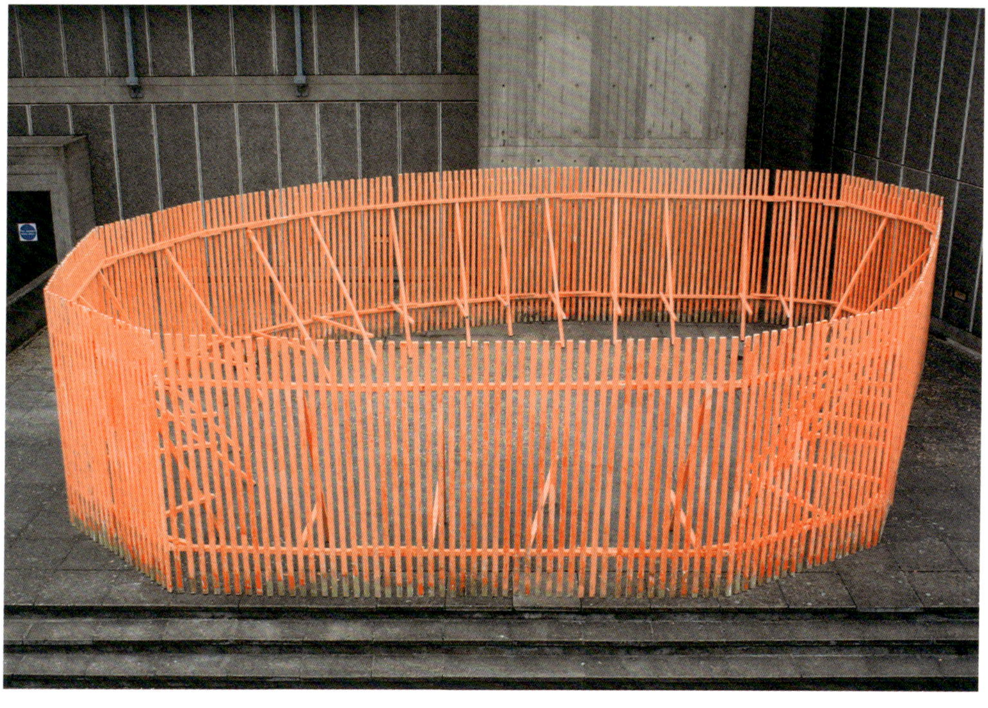

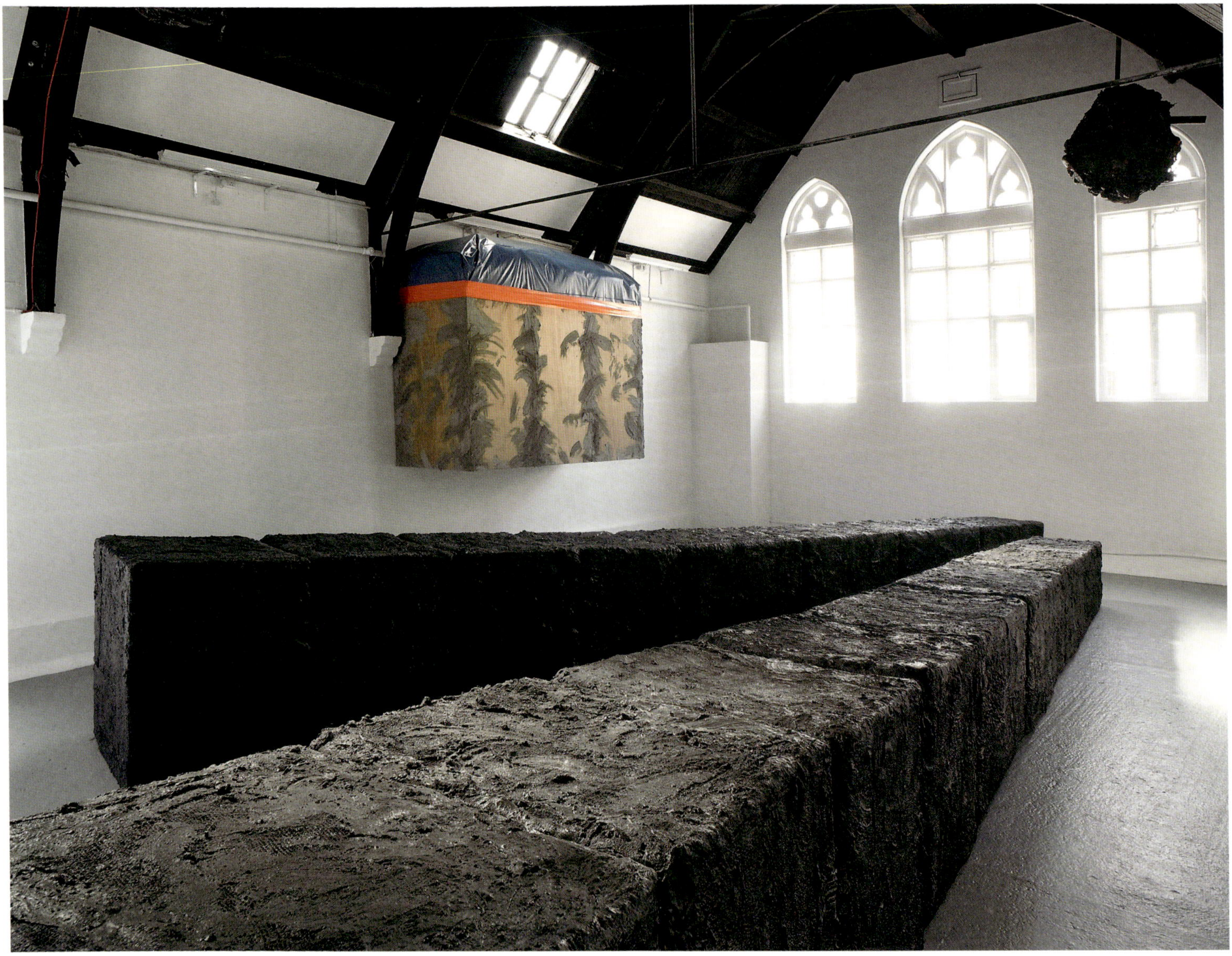

untitled (breakwaters); *untitled: balcony*; *untitled: security camera*, 2010, Ausstellungsansicht, *BLUFF*, Studio Voltaire, London, 23.4.–29.5.2010

Breite internationale Anerkennung

Im Jahr 2009 emeritierte Barlow als Professorin an der Slade und konnte sich nun erstmals in ihrem Leben ausschließlich auf ihre Kunst konzentrieren. Die Einzelausstellung *BLUFF* (2010) im Studio Voltaire in London war der Anlass für den Kurator Hans Ulrich Obrist, Barlow gemeinsam mit Nairy Baghramian zu einer Doppelausstellung in die Serpentine Gallery einzuladen; dort wurde die internationale Kunstwelt auf Barlows widerspenstige Arbeiten aufmerksam; darunter war auch die Galerie Hauser & Wirth, von der sie seitdem vertreten wird.

Neue Wege und Möglichkeiten eröffneten sich nun für Barlow. Seit 2010 hat sie viele ambitionierte Ausstellungsprojekte in namhaften Kunstinstitutionen in Europa und den USA realisiert, die es ihr erlaubten, in immer größeren Formaten zu arbeiten und Skulpturen zu gestalten, die die Ausstellungsräume in puncto Gewicht, Höhe und Volumen auf die Probe stellten. Dies galt zum Beispiel für *Cast*, ihre erste Einzelausstellung in Deutschland, die 2011 im Kunstverein Nürnberg ausgerichtet wurde und für die sie die gesamte Raumhöhe des ehemaligen Verwaltungsgebäudes eines Milchhofs nutzte. Im selben Jahr wurde Barlow darüber hinaus als Mitglied in die Londoner Royal Academy of Arts aufgenommen und war außerdem an einer Gruppenausstellung im Haus der Kunst beteiligt: *Skulpturales Handeln* befasste sich mit den performativen Aspekten zeitgenössischer Skulptur und hob dabei sowohl auf das Handeln einer Person mittels bildhauerischer Techniken als auch auf das Handeln einer Skulptur selbst ab. Barlow war in dieser Ausstellung unter anderem mit dem Werk *untitled: stage* (2011) vertreten – einer Art Vorgängerversion von *untitled: screestage; 2013* (Abb. S. 20/21) –, das mitten in einem Durchgang zwischen zwei Ausstellungsräumen installiert war und sich den Besucher:innen wortwörtlich in den Weg stellte.

2012 erhielt Phyllida Barlow den Kunstpreis Aachen. Kasper König, der damalige Direktor des Museum Ludwig in Köln, überreichte Barlow den Preis im Aachener Ludwig Forum für Internationale Kunst, wo sie anschließend die mit dem Preis verbundene Einzelausstellung *BRINK* zeigte. Für diese installierte sie, neben sechs weiteren neuen Skulpturen in den Shedhallen, die Arbeit *untitled: tyresplacards* (2012) auf dem Dach des Ludwig Forums, die für das Publikum nur von schräg unten durch eine Fensterfront sichtbar war.

In den Folgejahren realisierte Barlow mehrere große Ausstellungsprojekte in den USA, darunter *siege* (2012) im New Museum in New York, *scree* (2013) im von I. M. Pei entworfenen Erweiterungsbau des Des Moines Art Center in Iowa und *tryst* (2015) im Nasher Sculpture Center in Dallas, Texas. 2014 erhielt sie den Auftrag, ein neues Werk für die

untitled: columns, 2010, Ausstellungsansicht, *Nairy Baghramian and Phyllida Barlow*, Serpentine Gallery, London, 10.5.–13.6.2010

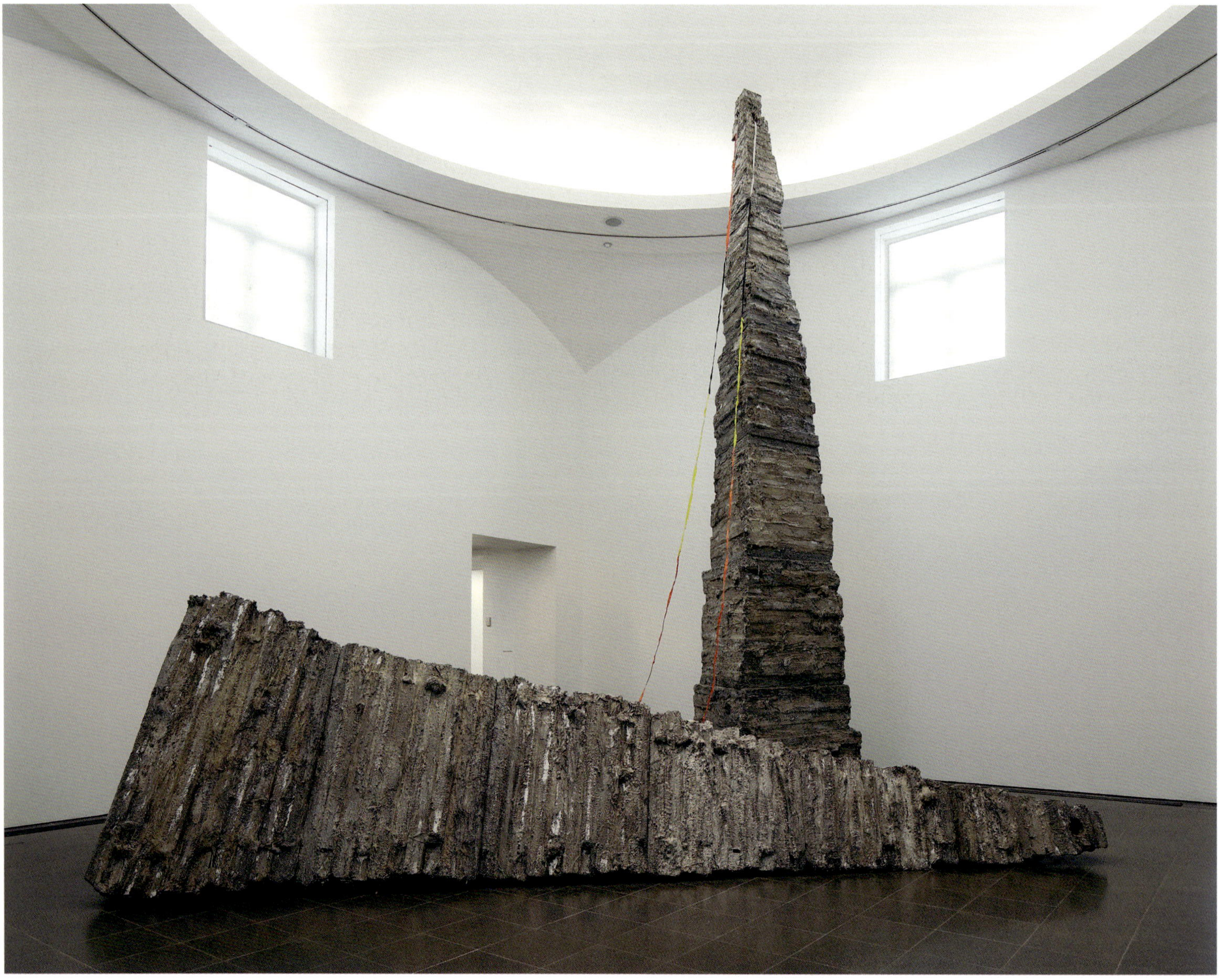

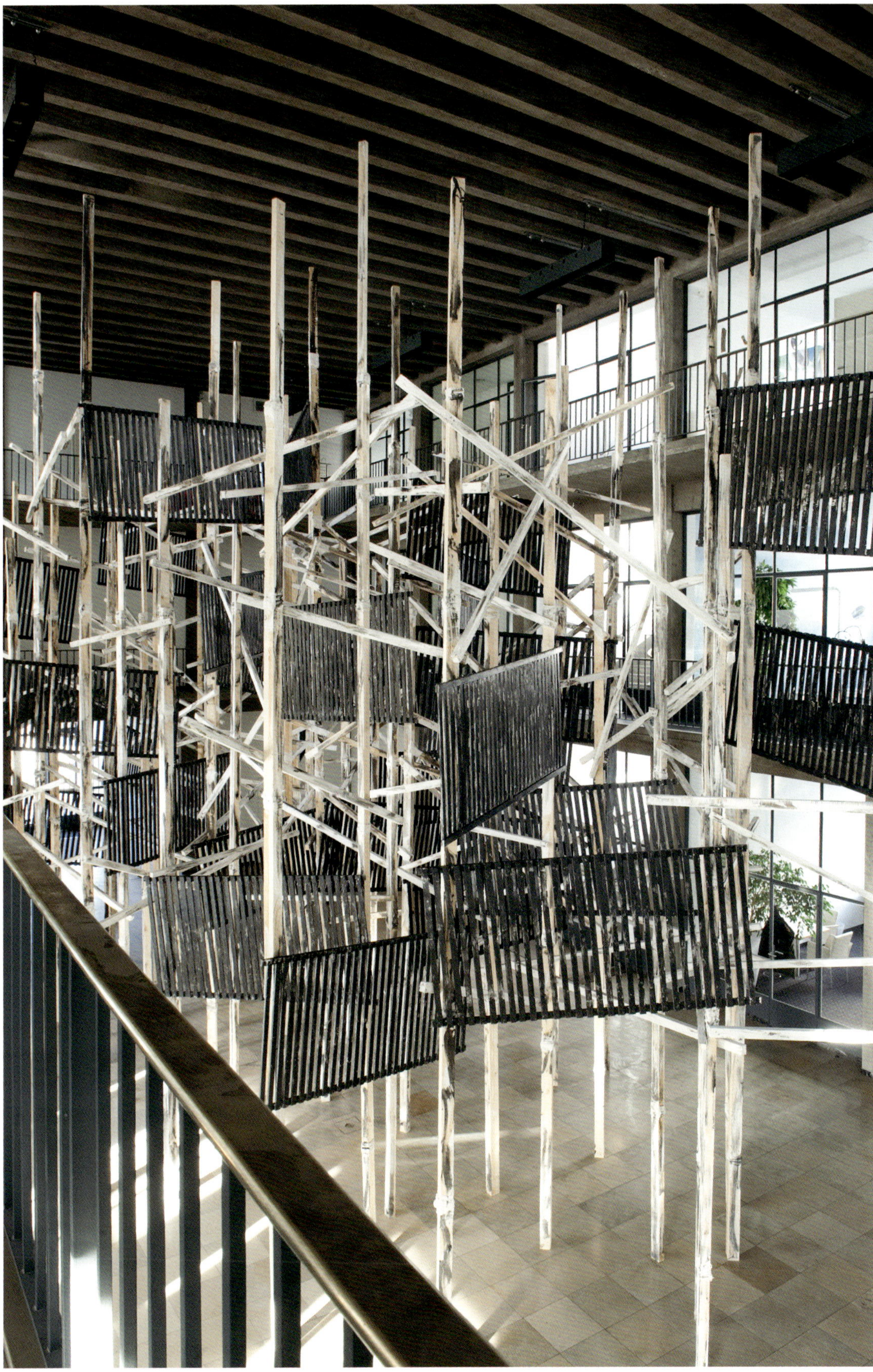

untitled: structure, 2011, Ausstellungsansicht, *Cast*, Kunstverein Nürnberg, 26.2.–1.5.2011

Duveen Galleries der Tate Britain zu entwerfen. Die standortspezifische Ausstellung *dock* nahm ihren gedanklichen Ausgangspunkt an den örtlichen Gegebenheiten der Tate Britain, insbesondere deren Lage am Ufer der Themse, und sprengte allein schon von den Dimensionen der Werke her schier die ohnehin großzügigen Räumlichkeiten. Im Jahr darauf präsentierte Barlow die Ausstellung *set* in der Edinburgher Fruitmarket Gallery, bei der es ihr erklärtes Ziel war, die Galerie mit einer Art Studio-Inszenierung auf den Kopf zu stellen. 2015 wurde Barlow außerdem für ihre Verdienste um die Künste zum CBE (Commander of the British Empire) ernannt, und sie zeigte die Ausstellung *mix* in der Lokremise des Kunstmuseum St. Gallen.

2016 verwirklichte Barlow ein umfassendes Ausstellungsprojekt in der Kunsthalle Zürich, für das sie unter anderem Baumaterial verwendete, das bei den gleichzeitig zur Ausstellung stattfindenden Umbauarbeiten der Kunsthalle anfiel. Teile dieses Projekts waren nur durch auf Veranlassung Barlows gebohrte Gucklöcher in der Wand zu sehen.

Im darauffolgenden Jahr repräsentierte Barlow Großbritannien auf der 57. Biennale von Venedig. Mit *folly* (2017; S. 74, 76, 78, Abb. 7–13) verwandelte sie den Britischen Pavillon in eine Bühne für ihre Skulpturen, die auf verspielte Art und Weise den gesamten Ausstellungsraum bevölkerten, dabei teils bis zur Decke reichten, gleichsam aus dem Pavillon herausschwappten und sich so bis in den Außenraum erstreckten. 2019 zeigte Barlow neue Arbeiten in der Royal Academy of Arts in London. Mit dem Titel *cul-de-sac* (Einbahnstraße*)* – Barlow benennt ihre Ausstellungen stets selbst – bezog sie sich erneut auf die Örtlichkeit, die nur über einen einzigen Zugang zu erreichen und wieder zu verlassen ist.

Phyllida Barlow stellt 2021 erneut in München aus; dieses Mal füllen ihre überwältigenden Skulpturen den 2000 Quadratmeter messenden Ostflügel des Haus der Kunst. *PHYLLIDA BARLOW. frontier* ist ihre bisher umfänglichste Ausstellung, die alle Phasen ihrer langen Schaffenszeit umfasst und in der sie neben Neuschöpfungen älterer Werke großformatige neue Arbeiten sowie einen breiten Überblick über ihr enormes zeichnerisches Werk präsentiert.

Barlow arbeitet noch immer jeden Tag in ihrem Atelier im Süden Londons, wo sie gemeinsam mit ihrem Studioleiter Adam Burge und ihren Assistent:innen unermüdlich neue bemerkenswerte Skulpturen erschafft.

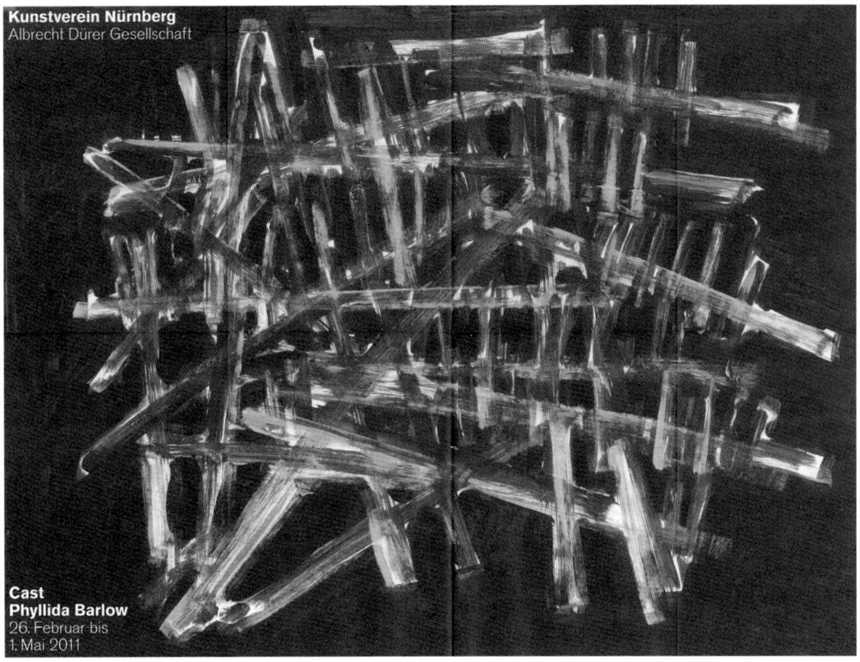

Plakat zur Ausstellung *Cast*, Kunstverein Nürnberg, 26.2.–1.5.2011

Phyllida Barlow während der Aufbauarbeiten zu *Cast*, Kunstverein Nürnberg, 2011

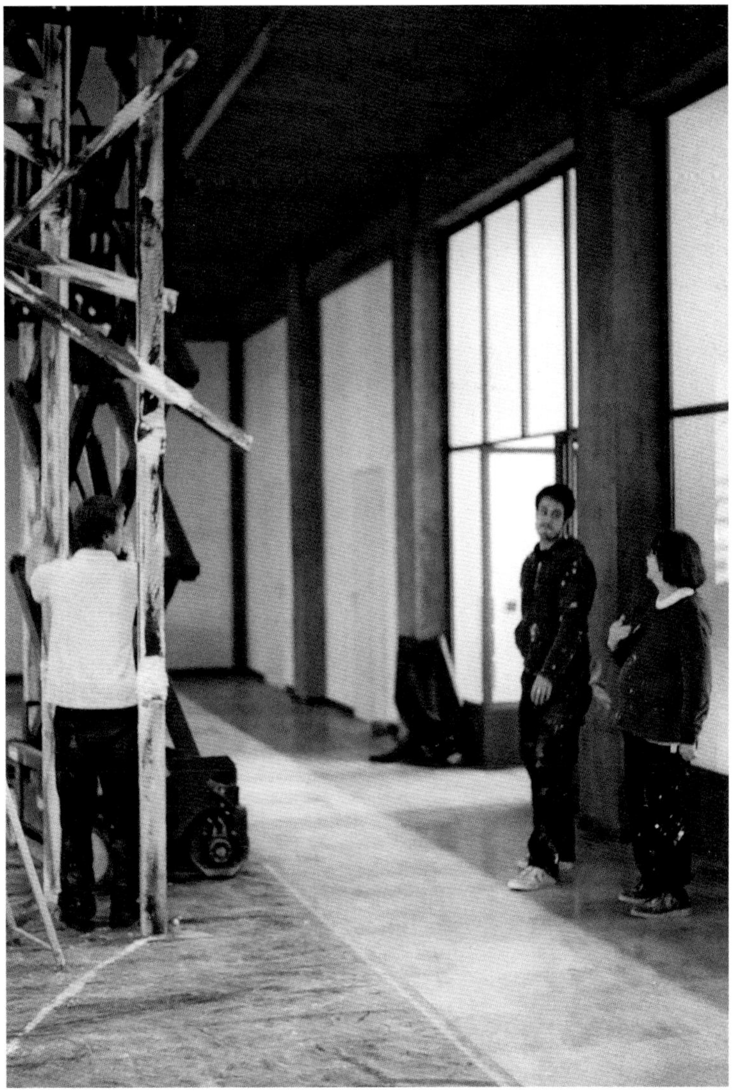

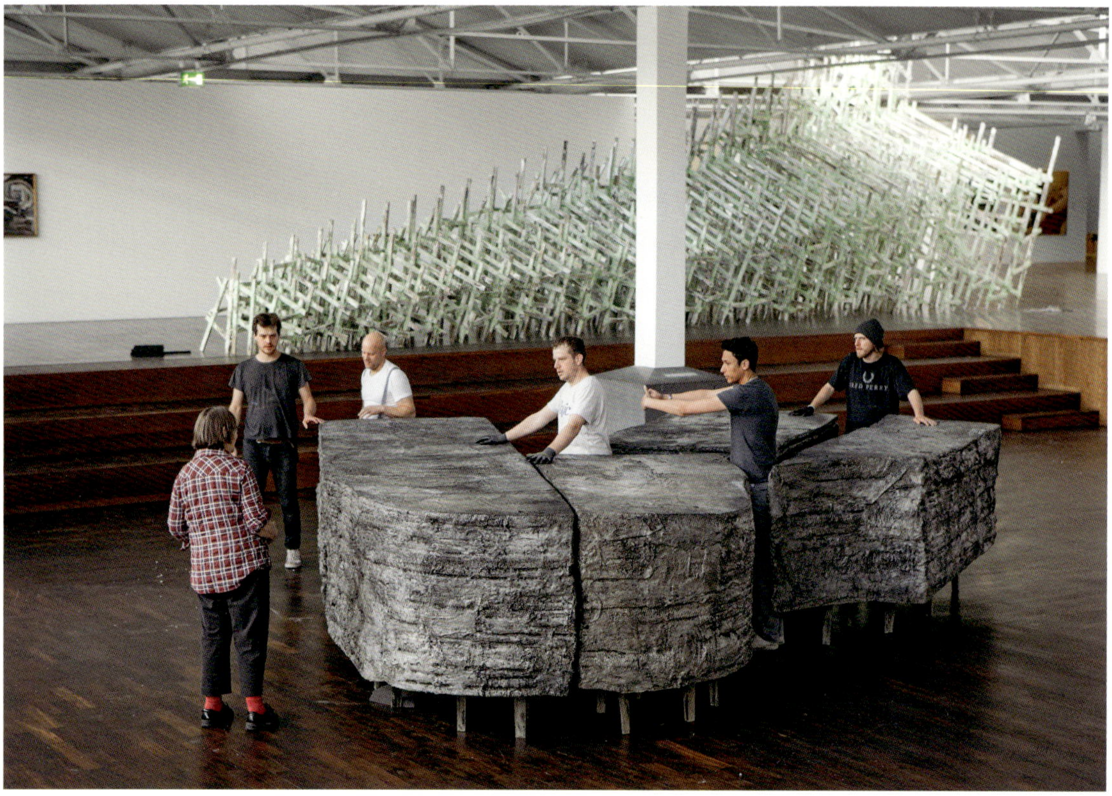

Aufbau der Ausstellung *BRINK*, Ludwig Forum für Internationale Kunst, Aachen, 2012

untitled: stage, 2011, und *untitled: eleven columns; standing, fallen, broken*, 2011,
Ausstellungsansicht, *Skulpturales Handeln*, Haus der Kunst, München, 11.11.2011–26.2.2012

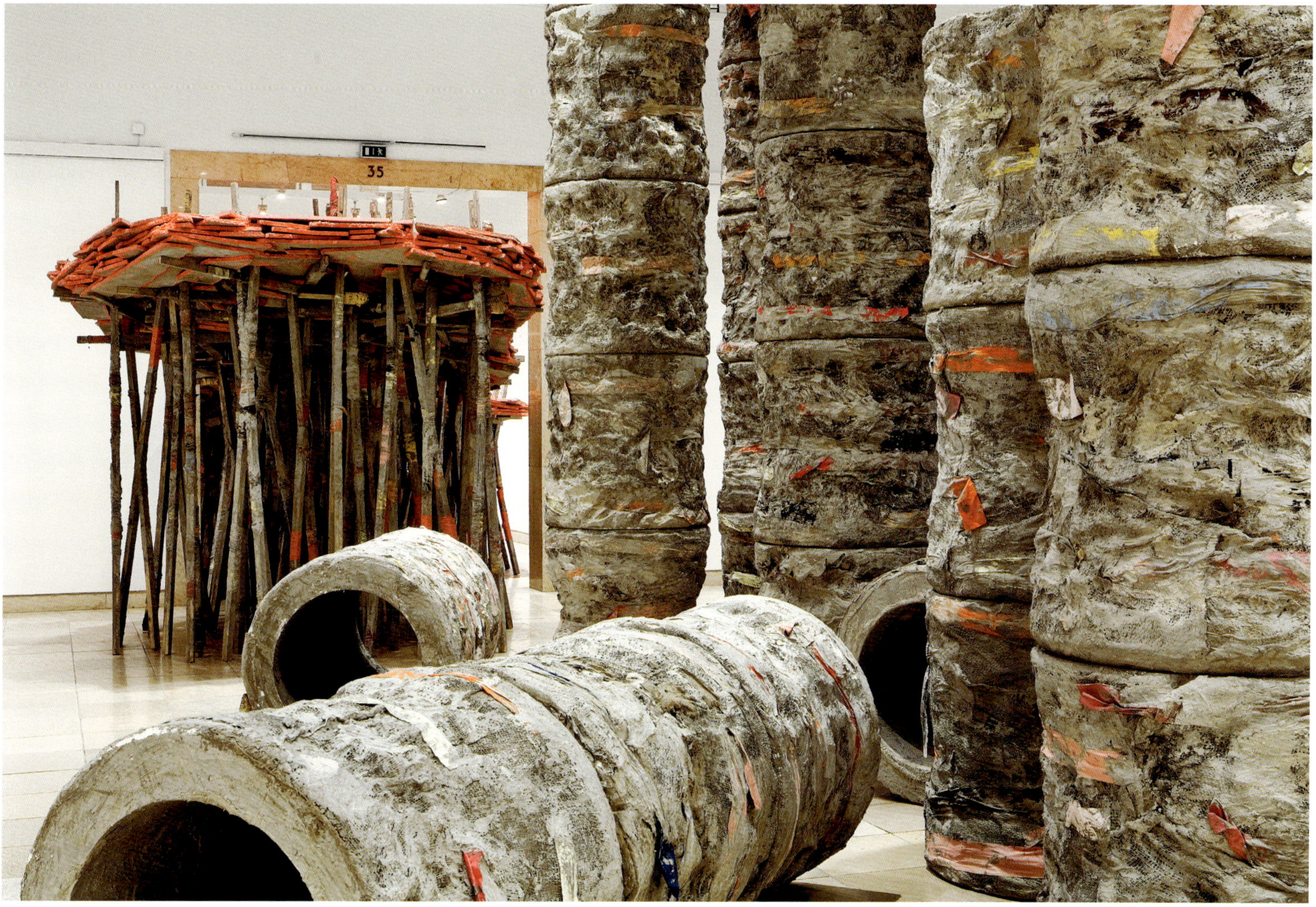

untitled: tyresplacards, 2012, Ausstellungsansicht, *BRINK*, Ludwig Forum für Internationale Kunst, Aachen, 13.5.–26.8.2012

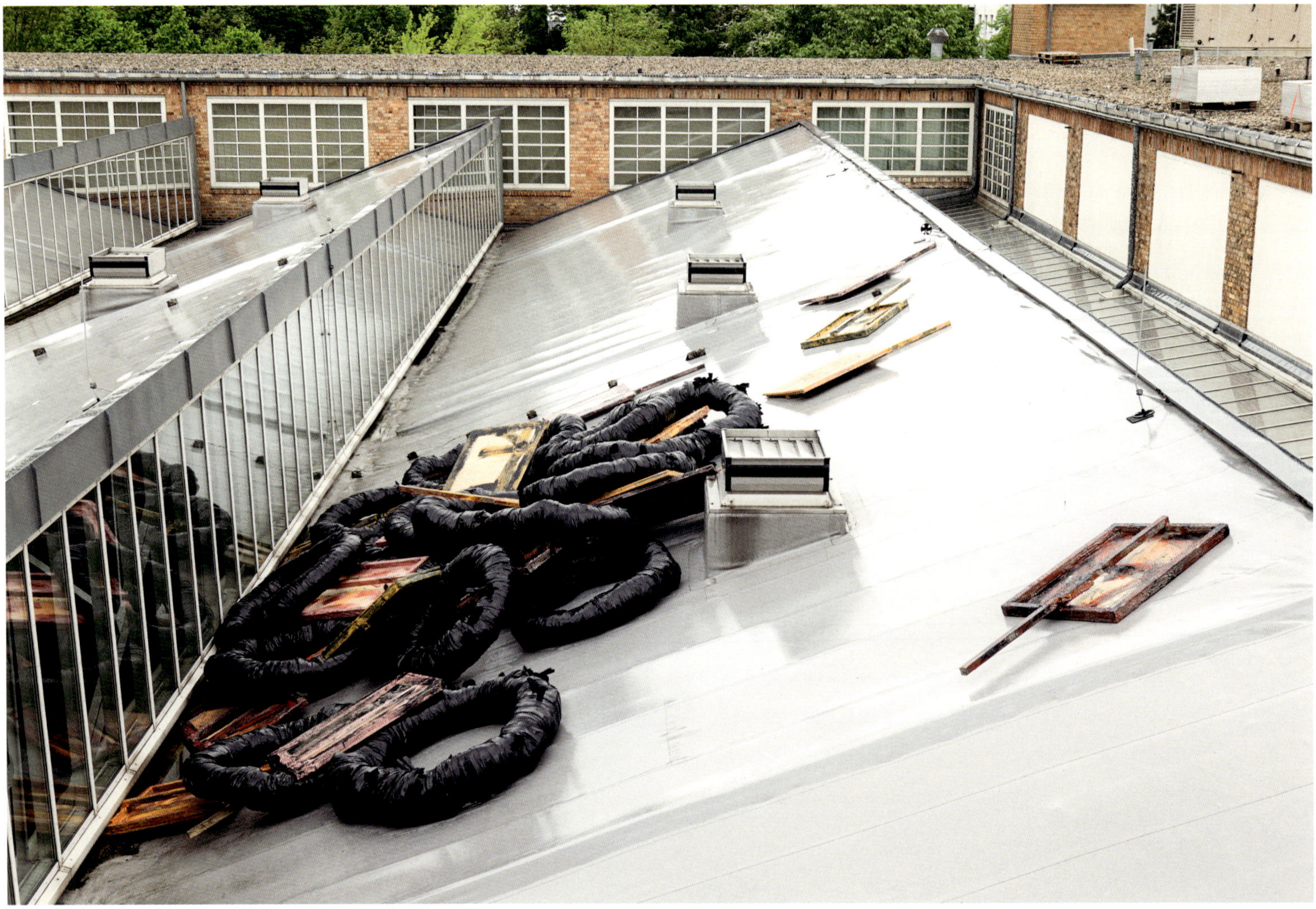

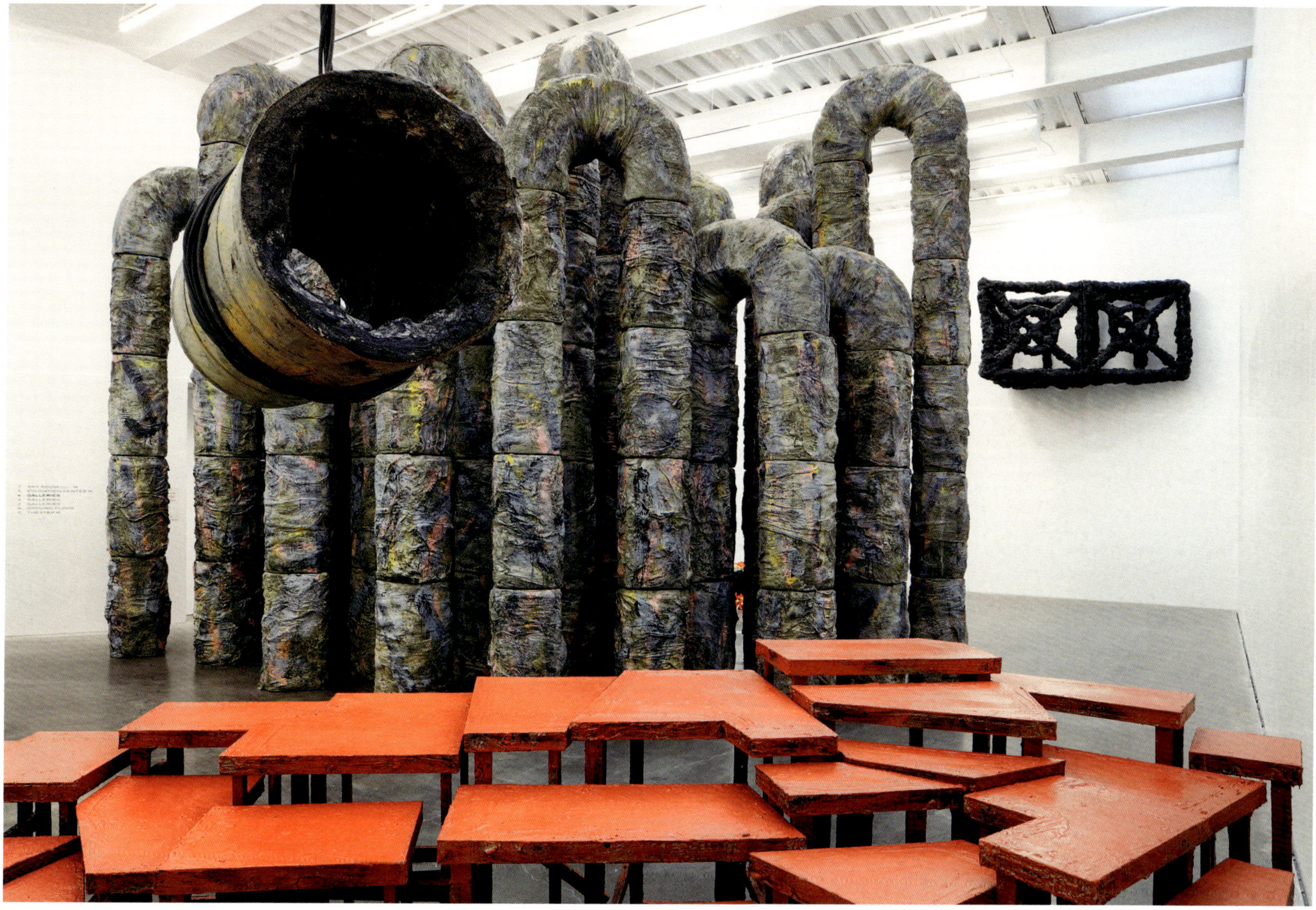

untitled: brokenstage/hangingcontainer; 2012/2013; *untitled: 21 arches*, 2012; *untitled: balcony*, 2012, Ausstellungsansicht, *siege*, New Museum, New York, 2.5.–24.6.2012 *untitled: dock: crashedlintel/brokensculpture/paintedtarps*; *untitled: dock: 5stockadecrates*; *untitled: dock: hungcowledtubes*; *untitled: dock: hungprongsplaster-coils*, 2014, Ausstellungsansicht, *dock*, Duveen Galleries, Tate, London, 31.3.–19.10.2014

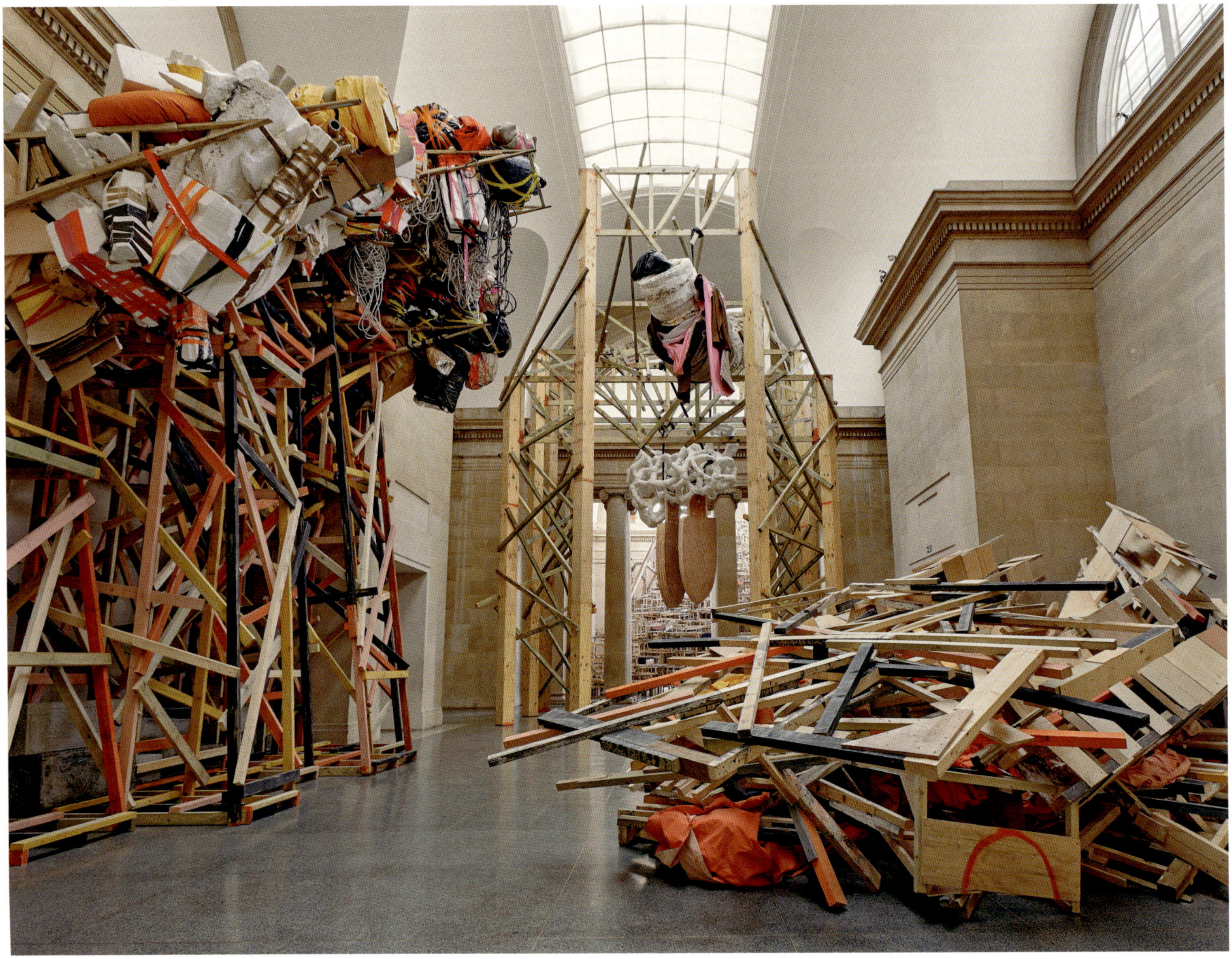

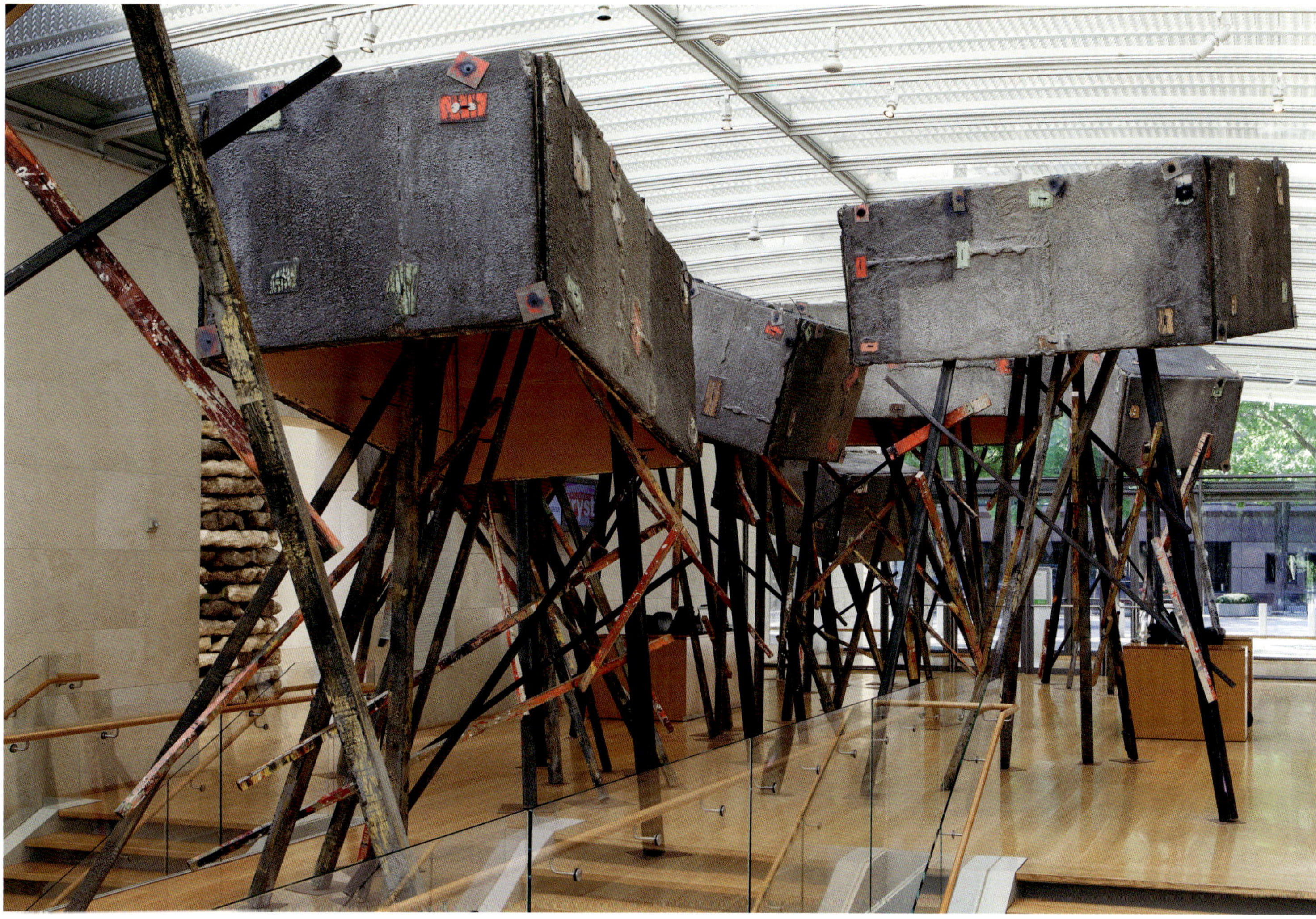

untitled: stiltedcrates; 2015, Ausstellungsansicht, *tryst*, Nasher Sculpture Center, Dallas, Texas, 30.5.–30.8.2015

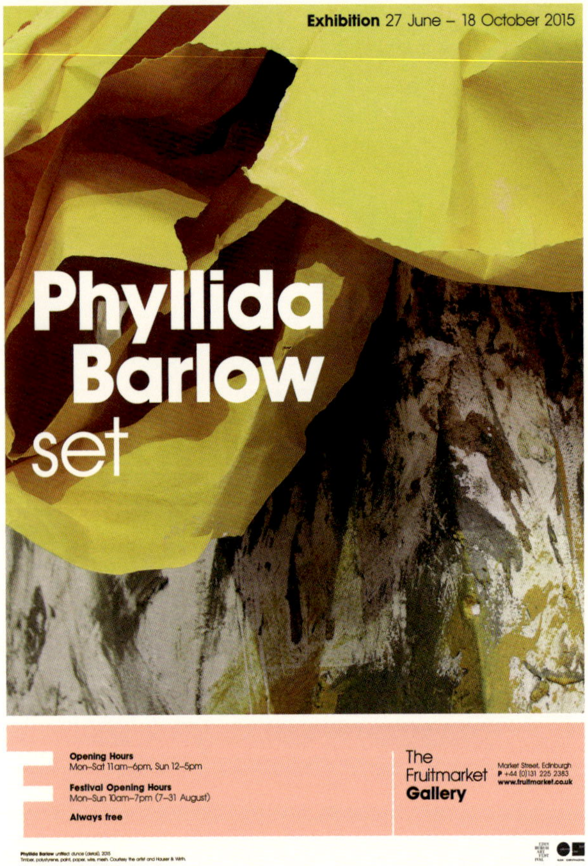

Plakat zur Ausstellung *set*, The Fruitmarket Gallery, Edinburgh, 27.6.–18.10.2015

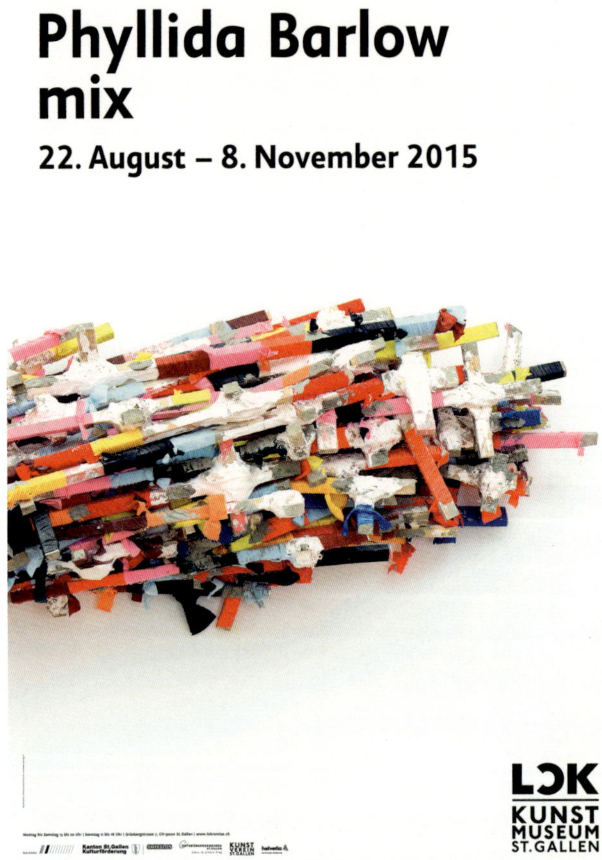

Plakat zur Ausstellung *mix*, Kunstzone in der Lokremise St. Gallen, Kunstmuseum St. Gallen, 22.8.–8.11.2015

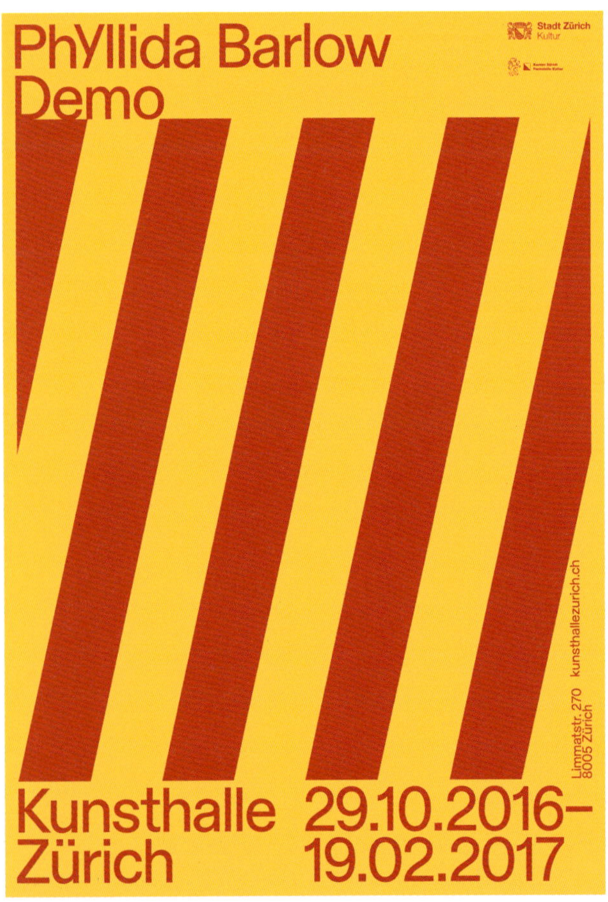

Plakat zur Ausstellung *demo*, Kunsthalle Zürich, 29.10.2016–19.2.2017

demo, Ausstellungsansicht, Kunsthalle Zürich, 29.10.2016–19.2.2017

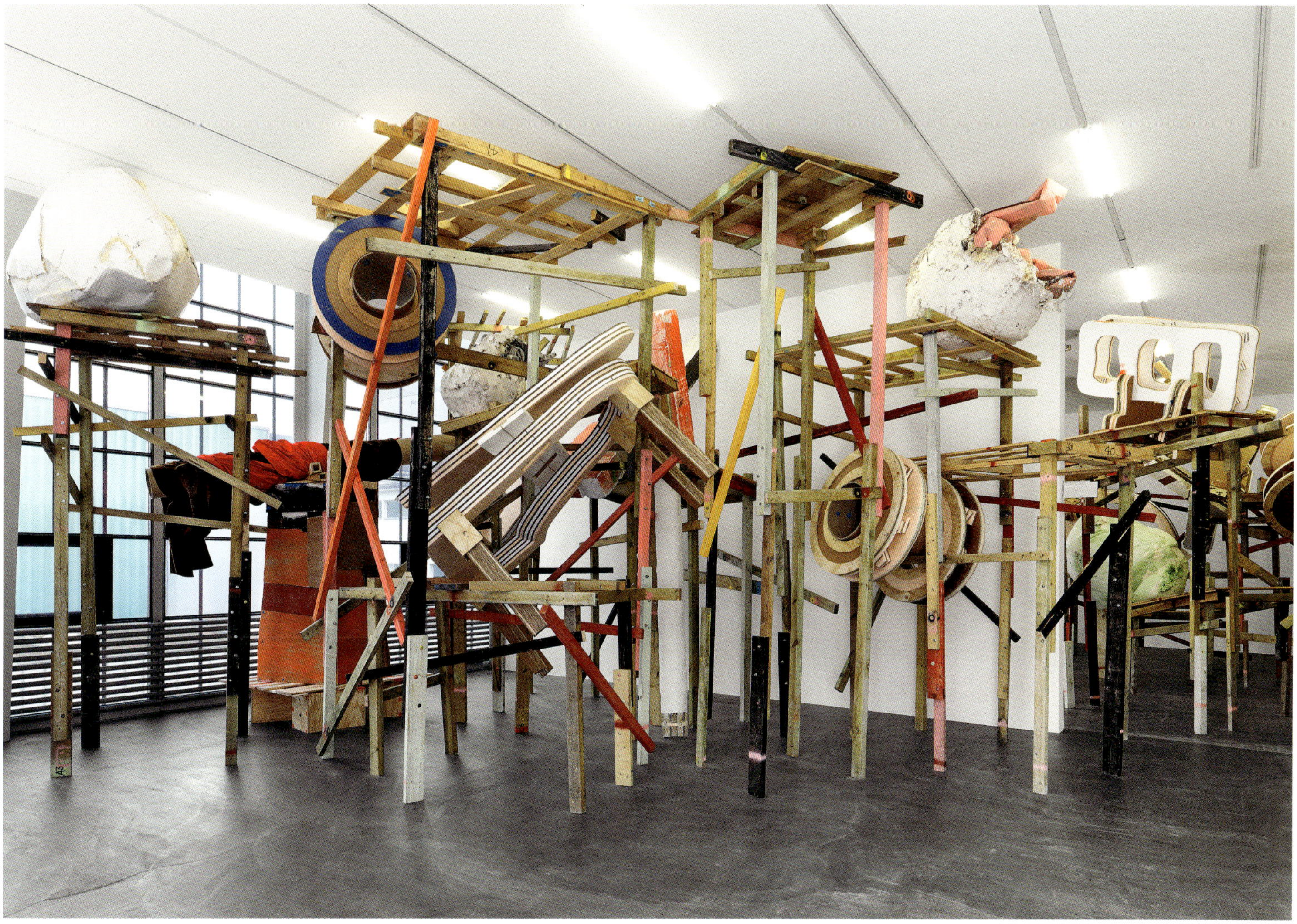

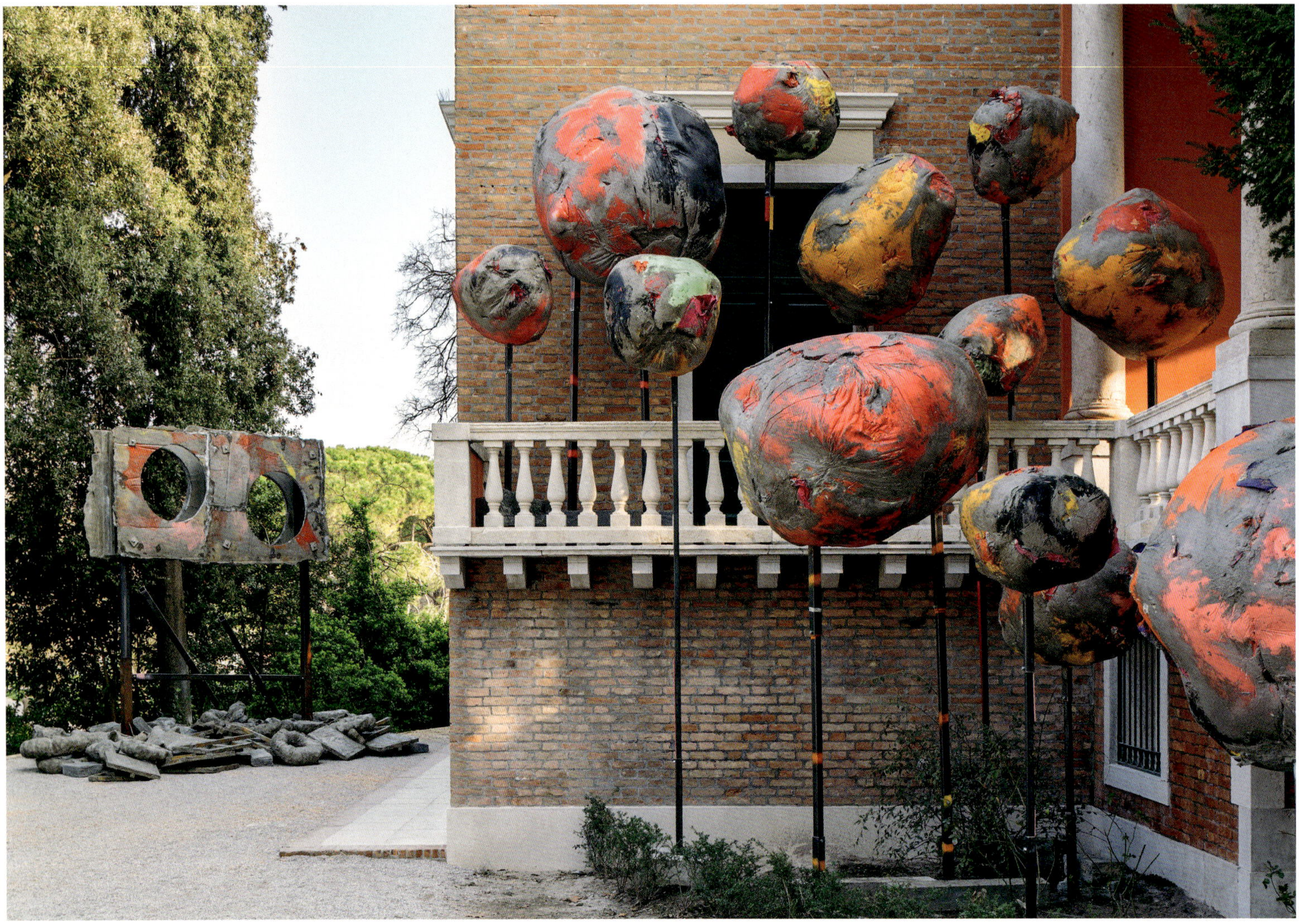

untitled: folly; holedhoarding; 2017; *untitled: folly; baubles; 2016/2017*; Ausstellungsansicht, *folly*, Britischer Pavillon, Biennale von Venedig, 13.5.–26.11.2017

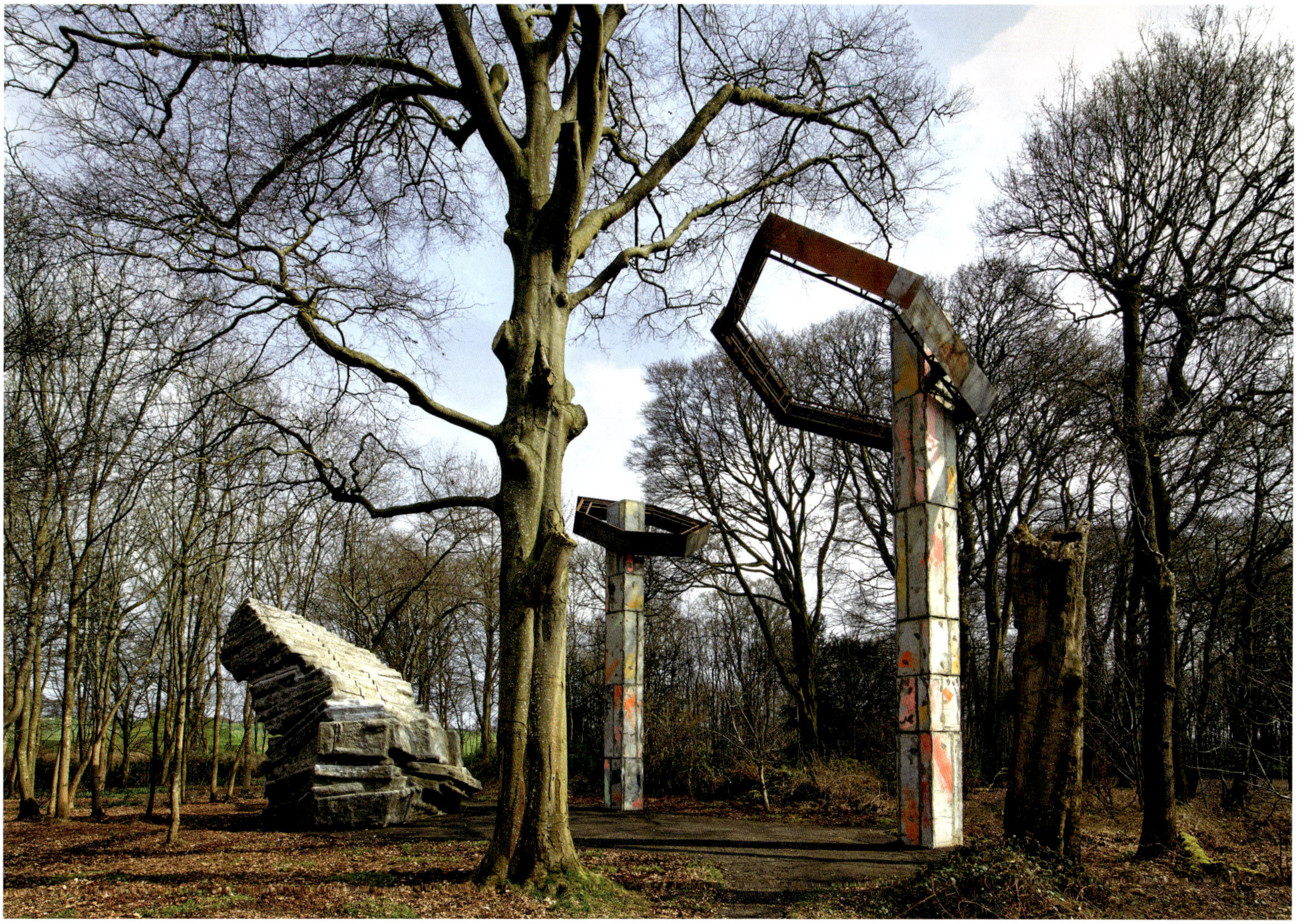

quarry, 2018, Installationsansicht, permanente Außenskulptur für Jupiter Artland, Edinburgh, 2018

untitled: lintelshadow; 2018–2019; *untitled: canvasracks; 2018–2019*, Ausstellungsansicht, *cul-de-sac*, Royal Academy of Arts, London, 23.2.–23.6.2019

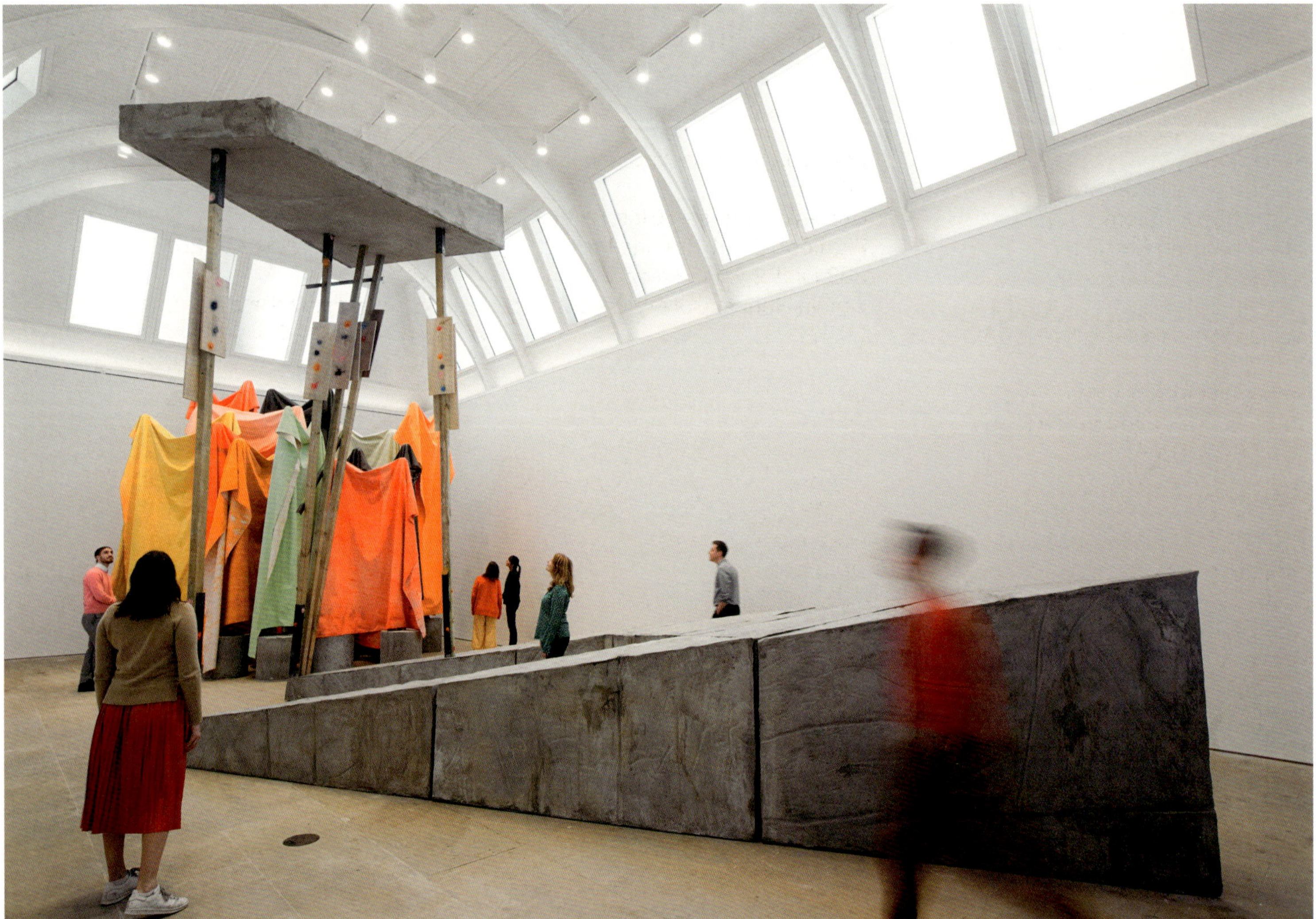

Werkliste

Sofern nicht anders angegeben, gilt für alle Arbeiten: Courtesy Phyllida Barlow und Hauser & Wirth.

Skulpturen

LOAF
1986–1989
Glas, Papier, Latex, AquaSeal
24 × 39,5 × 23 cm
S. 66

TORSO
1986–1989
Glas, Polyethylen, transparentes Klebeband
30 × 42,5 × 20 cm
S. 65

Object for the television
1994
Gips, Fernseher, Fernsehständer
150,8 × 103,5 × 51,5 cm
Tate: Anonyme Schenkung 2018
S. 109

Untitled (Yellow Rack)
2006
Bauholz, verzinkter Stahl, Gips
185,5 × 155 × 116 cm
Tate: Erworben 2007
S. 64

RIG: untitled; broken shelf 3
2011
Stahlkonsole, Schnittholz-Latten, Stoff, Gips, Baumwollgeflecht, Klebeband
119 × 360 × 90 cm
Privatsammlung
S. 56/57

untitled: balconies
2011
Zement, Baumwollgeflecht, PVA, Farbe, Maschendraht, Polyurethanschaum, Firnis, Füllmaterial, Stahlrahmen
5-teilig, 170–180 × 160–170 × 120 cm
S. 88/89

untitled: tapecoils 2
2011
Stahlrahmen, Klebeband
273 × 109 × 152 cm
Privatsammlung, Schweiz
S. 31

untitled: upturned2
2011
Sperrholz, Styropor, Schaumstoff, Haftputz, Zement, Baumwollgeflecht, Kunststoff, Farbe
137 × 47 × 37 cm
Privatsammlung, Schweiz
S. 112

untitled: hangingblock
2012
Styropor, Polyurethanschaum, Farbe, Firnis, Zement, Staub, PVA, Sand, Baumwollgeflecht
228,6 × 266,7 × 165,1 cm
S. 146

untitled: hanginglump, 2
2012
Styropor, Maschendraht, Polyurethanschaum, Stoff, Haftputz, Farbe, Sand
215,9 × 172,7 × 182,9 cm
S. 147

untitled: hanginglump, 4
2012
Gummi, Papierseil, Gips, Farbe, Firnis, Pigment, Sand, Stahlhalterung
259,1 × 152,4 × 152,4 cm
Ursula Hauser Collection, Schweiz
S. 149

untitled: hanginglumpcoalblack, 2012
2012
Zement, Stoff, Farbe, Papier, Pigment, Styropor, Gummischläuche, Sand, Sprühfarbe, Stahl, PVA, Polyurethanschaum, Firnis, Maschendraht, Drahtgeflecht
226,1 × 167,6 × 162,6 cm
S. 151

untitled: hollowedout
2012
Sperrholz, Bauholz, Farbe, Beton, Zement, Gips, Maschendraht, Baumwollgeflecht, Polyurethanschaum, Sand, PVA
200,7 × 40,6 × 50,8 cm
Ursula Hauser Collection, Schweiz
S. 113

untitled: brokenstage/hangingcontainer; 2012/2013
2012/13
Weichholz, Hartfaserplatte, Sperrholz, PVA, Sand, Zement, Farbe, Metall, Gummi
500 × 575 × 345 cm
ARTIST ROOMS: Tate und National Galleries of Scotland
Zur Verfügung gestellt von der Künstlerin und erworben mit Hilfe der ARTIST ROOMS Endowment, unterstützt von der Henry Moore Foundation und Tate Members 2015
S. 144/145

untitled: awnings; 2013
2013
Stahlarmatur, Polyurethanplatte, Polyurethanschaum, Zement, Baumwollgeflecht, Stoff
455 × 1645 × 487 cm
S. 24/25

untitled: hoard; 2013
2013
Bauholz, Sperrholz, Hartfaserplatten, MDF, Klebeband, Baumwollgeflecht, Zement, Farbe, Styropor, bemalter Kattun, Papierseil, Stoff, PVA, Papier, Spachtelmasse, Firnis, Pigment
215 × 1060 × 685 cm
S. 85

untitled: screestage; 2013
2013
Stahlarmatur, Bauholz, Sperrholz, Baumwollgeflecht, Zement, Polyurethanschaum, PVA, Farbe
420 × 1180 × 1870 cm
S. 20/21

untitled: slip
2013
Bauholz, Polyurethanschaum, Maschendraht, Haftputz, Sand, Zement, Gips, Baumwollgeflecht, Filz, Farbe, Sprühfarbe, Stoff, PVA
161 × 144 × 124 cm
Privatsammlung, Monaco
S. 110

untitled: 100banners; 2015
2015
Holz, Sperrholz, Klebeband, Wattierung, Baumwollgeflecht, Farbe, Sand, Kunststoff, Zement, Gips
440 × 735 × 1160 cm
S. 11

untitled: brokencolumn
2015
Bauholz, Baumwollgeflecht, Wattierung, Gips, Sperrholz, PVA
175 × 180 × 250 cm
S. 32/33

untitled: hiddenholed; 2015
2015
Bauholz, Sperrholz, Zement, Haftkleber, Gips, Sand, Farbe, PVA
160,5 × 88 × 80 cm
Privatsammlung, Schweiz
S. 106

untitled: stockade; 2015
2015
Bauholz, Polyurethanschaum, Styropor, Sperrholz, Farbe, Spachtelmasse, Sägemehl, PVA
515 × 843 × 806 cm
S. 153

untitled: folly; slashedcolumnx5; 2016/2017
2016/17
Zement, Beton, Baumwollgeflecht, PVA, Papier, Sperrholz, Styropor, Polyurethanschaum, Sprühfarbe, Stahl, Bauholz, Maschendraht, Farbe
820 × 453 × 603 cm
S. 98

untitled: folly; megaphone; 2017
2017
Stahl, Bauholz, Sperrholz, Drahtgeflecht, Sand, Polyurethanschaum, Styropor, Farbe, Firnis
618 × 370 × 294 cm
S. 157

untitled: female; 2018
2018
Zementplatten über Holz, gerahmte, mit Sperrholz ausgekleidete Kästen, Stahlelement, Stahlverbindung
335 × 60 × 80 cm
Sammlung der Royal Academy of Arts, London
S. 70

untitled: press, iii; 2018
2018
Pappe, Zement, PVA, Farbe, Sperrholz, Polybaumwolle, Polyurethanschaum, Sprühfarbe, Stahl
73 × 65,5 × 35,5 cm
S. 69

untitled: blocksonstilts; 2018–2019
2018/19
Baumwollgeflecht, Gips, Styropor, Sprühfarbe, Bauholz, Stahl
665 × 763 × 939 cm
S. 61

untitled: canvasracks; 2018–2019
2018/19
Beton, Segeltuch-Leinwände, Hartfaserplatte, Farbe, Kunststoff, Sperrholz, Stahl, Klebeband, Bauholz
460 × 622 × 561 cm
The Cross / Steele Family Collection
S. 92/93

untitled: crush; 2018–2019
2018/19
Haftputz, Zement, PVA, Farbe, Gips, Sperrholz, Styropor, Polyurethanschaum, Sprühfarbe, Stahl
75 × 75 × 60 cm
S. 152

untitled: smallholder; 2019
2019
Zement, Baumwollgeflecht, PVA, Sperrholz, Polybaumwolle, Styropor, Sand, Sprühfarbe, Stahl, Holz
196 × 73 × 65 cm
S. 34

Shedmesh, 2020
2020
Keilrahmen, Leinwand, Schaumstoff
204 × 210 × 225 cm
S. 67

untitled: catchers; 2020
2020
Zement, Baumwollgeflecht, Stahl
570 × 1205 × 1110 cm
S. 28

untitled: parasols; 2020
2020
Bauholz, Gips, Maschendraht, Baumwollgeflecht , Filz
235 × 213 × 185 cm
S. 58

untitled: towerholder; 2020
2020
Metall, Polyurethanschaum, Baumwolle, Baumwollgeflecht, Zement
700 × 285 × 186 cm
S. 29

Arbeiten auf Papier

untitled
1967–1970er-Jahre
Buntstift auf Papier
39 × 32,2 cm
S. 135

1 Chair Figure
Späte 1960er- / frühe 1970er-Jahre
Buntstift auf Papier
76,5 × 55,6 cm
S. 130

6 Bathing Hut
Späte 1960er- / frühe 1970er-Jahre
Buntstift auf Papier
76,4 × 55,6 cm
S. 131

7 Bathing Hut
Späte 1960er- / frühe 1970er-Jahre
Buntstift auf Papier
76,4 × 56 cm
S. 135

untitled
1977–1980
Reißkohle auf Papier
56 × 76 cm
S. 131

untitled
1978
Bleistift auf Papier
57,2 × 66,6 cm
S. 127

untitled
1979–1981
Kohle auf Papier
56 × 76,2 cm
S. 129

untitled
1990er- / 2000er-Jahre
Acryl auf Papier
56,5 × 75,9 cm
S. 128

untitled: bound
Späte 1990er-Jahre
Acryl auf Papier
63,7 × 90 cm
S. 130

untitled
1999
Acryl auf Papier
71,7 × 89,3 cm
Courtesy Jane and Roland Cowan
S. 136

untitled
2001
Acryl auf Papier
56,3 × 76 cm
S. 138

untitled
2002
Acryl auf Papier
56,5 × 76,2 cm
S. 136

untitled
2002
Acryl auf Papier
56 × 60 cm
S. 131

untitled
2002
Acryl auf Papier
56 × 76 cm
S. 132

untitled
2002
Acryl auf Papier
35,6 × 45,6 cm
S. 127

untitled: props
2010
Acryl auf Aquarellpapier
57 × 76 cm
Privatsammlung, Schweiz
S. 136

untitled: rolledtarpaulin 2
2010
Acryl auf Aquarellpapier
57 × 76 cm
Ursula Hauser Collection, Schweiz
S. 127

untitled: enclosurestockade, 2
2012
Acryl auf Aquarellpapier
55,8 × 77 cm
S. 128

untitled: nighttimestall
2011
Acryl auf Aquarellpapier
56,5 × 75,5 cm
Privatsammlung, Schweiz
S. 134

untitled: proposedhallstructure
2011
Acryl auf Aquarellpapier
55,5 × 75,5 cm
Privatsammlung
S. 132

untitled: wall
2011
Acryl auf Aquarellpapier
55,6 × 75,5 cm
Privatsammlung
S. 129

untitled: stockade 5
2012
Acryl auf Aquarellpapier
55,8 × 75,9 cm
S. 127

untitled: coil
2013
Acryl und Aquarell auf Papier
48,9 × 70 cm
S. 130

untitled: fallen
2013
Acryl und Aquarell auf Papier
49,8 × 69,8 cm
S. 129

untitled: awningred
2014
Acryl und Aquarell auf Papier
50 × 70 cm
S. 132

untitled: upturnedstaircase
2014
Acryl auf Aquarellpapier
50 × 70 cm
S. 136

untitled: upturnedhouse2015
2015
Acryl auf Aquarellpapier
30-teilig, je 24 × 32 cm
Privatsammlung, Courtesy Hauser & Wirth Collection Services
S. 118

untitled: hoardingvenice
2016
Acryl auf Papier
59,3 × 83,8 cm
S. 127

untitled: venicecolumnstubbytower
2016
Acryl auf Papier
59,5 × 83,5 cm
Sammlung Heejin No & Grey Skipwith, London
S. 129

untitled: plump; 2017
2017
Acryl auf Papier
56,5 × 76 cm
S. 130

untitled: blue(tarp); 2018
2018
Acryl auf Papier
57 × 76,8 cm
S. 135

untitled: canvases (cul.de.sac); 2018
2018
Acryl auf Papier
57 × 77 cm
Privatsammlung, London
S. 129

untitled: cul.de.sac (post stops); 2018
2018
Acryl auf Papier
57 × 77 cm
S. 136

untitled: drop (cutter); 2018
2018
Acryl auf Papier
56 × 76,5 cm
S. 128

untitled: fall (cutter); 2018
2018
Acryl auf Papier
56 × 76,5 cm
Blackstone Collection, London
S. 128

untitled: lintel (cul.de.sac); 2018
2018
Acryl auf Papier
57 × 77 cm
Privatsammlung, London
S. 132

untitled: pavilion; 2018
2018
Acryl auf Papier
56,7 × 76,6 cm
Privatsammlung, London
S. 131

untitled: scatter, 3; 2019
2019
Acryl auf Papier
56,1 × 76,6 cm
S. 130

untitled: upturnedhouse 3; 2019
2019
Acryl auf Papier
57 × 75,5 cm
Courtesy Giles and Sonia Coode-Adams
S. 135

untitled: 3 boulders; idomeneo; 2020
2020
Acryl auf Papier
57 × 75,5 cm
Privatsammlung, Schweiz
S. 133

untitled: 3 boulders; idomeneo; 2020
2020
Acryl auf Papier
57 × 75,5 cm
S. 134

untitled: breakwater; idomeneo; 2020
2020
Acryl auf Papier
57 × 75,5 cm
S. 134

untitled: industrial units; idomeneo; 2020
2020
Acryl auf Papier
57 × 75,5 cm
S. 133

untitled: set 2; 2020
2020
Acryl auf Papier
57 × 75,5 cm
S. 133

untitled: set 3 (greenstack); 2020
2020
Acryl auf Papier
57 × 75,5 cm
S. 133

untitled: set 4; 2020
2020
Acryl auf Papier
57 × 75,5 cm
S. 133

untitled: set 6; (blue tarp); 2020
2020
Acryl auf Papier
57 × 75,5 cm
S. 133

Briony Fer ist Professorin für Kunstgeschichte am University College in London. Sie hat zu den verschiedensten Themen des 20. Jahrhunderts sowie zur zeitgenössischen Kunst publiziert und Essays zu zahlreichen Künstler:innen wie Roni Horn, Ed Ruscha, Rachel Whiteread und Eva Hesse verfasst. Fer kuratierte außerdem eine Vielzahl von Ausstellungen, darunter die von der Presse gefeierte Anni-Albers-Ausstellung in der Tate Modern (2018/19) oder die Gabriel-Orozco-Schau in der Fruitmarket Gallery in Edinburgh (2013). Nach ihrem Studium der Kunstgeschichte an der University of Sussex promovierte Fer 1988 an der University of Essex. 1980 trat sie in das Institut für Kunstgeschichte der Open University ein, wo sie Essays für die Lehrbuchreihe *Modernity and Modernism* verfasste, die 1993 publiziert wurden. 1990 wechselte Fer ans Institut für Kunstgeschichte des University College; dort wurde sie 2005 zur Professorin ernannt. Zu ihren wichtigsten Publikationen gehören die Bücher *On Abstract Art* (1997/2002) sowie *The Infinite Line* (2004).

Damian Lentini ist Kurator am Haus der Kunst in München. Er promovierte zur zeitgenössischen Kunst, zur kuratorischen Praxis und Museologie an der Universität von Melbourne und lehrte dort mehrere Jahre Geschichte und Theorie der modernen und zeitgenössischen Kunst. Nach seiner Übersiedelung nach Deutschland arbeitete er an verschiedenen Ausstellungsprojekten in Berlin und München; unter anderem erhielt er ein Stipendium des Goethe-Instituts, um an der wegweisenden Ausstellung *Postwar. Kunst zwischen Pazifik und Atlantik, 1945–1965* (Haus der Kunst, 2016) mitzuwirken. Seitdem ist Lentini im Haus der Kunst maßgeblich an großen Ausstellungen und Publikationen beteiligt gewesen, unter anderem zu El Anatsui, Kapwani Kiwanga, Sarah Sze, Sung Tieu, Harun Farocki, Jörg Immendorff, Khvay Samnang, Raqs Media Collective und Forensic Architecture.

Lisa Paland ist Kunst- und Kulturwissenschaftlerin mit einem Schwerpunkt auf kritischer Theorie und feministischer Kunst der Gegenwart. Sie studierte im Master-Studiengang „Inszenierung der Künste und der Medien" an der Universität Hildesheim, den sie 2019 abschloss. Als freie Kuratorin und Kunstvermittlerin war sie unter anderem für den Kunstverein Hildesheim, die transmediale – Festival für Kunst und digitale Kultur in Berlin, Meta.Morf – Trondheim International Biennale for Art and Technology, das Skaftfell Center for Visual Art in Seyðisfjörður sowie die Isländische Nationalgalerie in Reykjavík tätig. Seit 2019 ist sie als wissenschaftliche Volontärin Teil des kuratorischen Teams des Haus der Kunst und hat hier gemeinsam mit Damian Lentini an diversen Ausstellungen und Publikationen gearbeitet, unter anderem zu El Anatsui, Kapwani Kiwanga, Sung Tieu sowie der Southeast Asia Performance Collection.

Alex Potts ist der Autor von *Flesh and the Ideal. Winckelmann and the Origins of Art History* (1994/2000), *The Sculptural Imagination. Figurative, Modernist, Minimalist* (2000) und zuletzt *Experiments in Modern Realism. World Making, Politics and the Everyday in Postwar European and American Art* (2013). Er war Mitherausgeber des *Modern Sculpture Reader* (2007/2012). Zurzeit schreibt er an einem Buch zum Thema der Arbeit und der visuellen Repräsentation des Sozialen in der Malerei und Skulptur des 19. Jahrhunderts. Er ist Mitglied der British Academy und war Max Loehr Collegiate Professor für Kunstgeschichte an der Universität von Michigan, Ann Arbor.

Gilda Williams ist Senior Lecturer des „MFA Curating"-Programms am Goldsmiths College der University of London, wo sie das Schreiben über Kunst lehrt, sowie Gastdozentin an der Ruskin School of Art der Oxford University. Williams ist eine langjährige Kunstkritikerin und schreibt für Zeitschriften und Tageszeitungen wie *Artforum*, *Frieze*, *Tate etc.*, *Time Out*, *The Guardian*, *Art in America* und viele weitere. Sie hat Katalogessays zu Künstler:innen wie Sarah Lucas, Christian Marclay, Yayoi Kusama, Fiona Tan und Damien Hirst verfasst. Von 1997 bis 2005 war sie leitende Redakteurin für zeitgenössische Kunst bei Phaidon Press. Sie ist Autorin von *On and By Andy Warhol* (2016) und *How to Write about Contemporary Art* (2014). Im Jahr 2020 war Williams zudem Gutachterin für das Arts Writers Grant Program, The Andy Warhol Foundation / Creative Capital, New York.

Ulrich Wilmes studierte Kunstgeschichte, Germanistik und Philosophie an der Ruhr-Universität Bochum. Von 1985 bis 1987 absolvierte er ein wissenschaftliches Volontariat am Westfälischen Landesmuseum für Kunst und Kulturgeschichte in Münster, wo er 1987 die *Skulptur Projekte Münster* mitorganisierte. Anschließend war er von 1988 bis 1991 Kurator am Portikus in Frankfurt am Main, bevor er Kurator und später stellvertretender Direktor am Lenbachhaus in München wurde. Von 2000 bis 2008 war Wilmes stellvertretender Direktor am Museum Ludwig in Köln, danach von 2008 bis 2018 Hauptkurator am Haus der Kunst. Wilmes hat zahlreiche Ausstellungen zur internationalen Gegenwartskunst kuratiert sowie Publikationen zu zeitgenössischen Künstler:innen verfasst und herausgegeben, unter anderem zu Georg Baselitz, Mel Bochner, Michael Buthe, Chuck Close, Hans-Peter Feldmann, Ellen Gallagher, Dan Graham, Cristina Iglesias, Jörg Immendorff, On Kawara, Ellsworth Kelly, Per Kirkeby, Matt Mullican, Gerhard Richter, Ulrich Rückriem, Ed Ruscha, Wilhelm Sasnal, Lawrence Weiner und Lynette Yiadom-Boakye.

Danksagung

Phyllida Barlow möchte den Partner:innen und Co-Produzent:innen, ohne die dieses Projekt nicht möglich gewesen wäre, ihren herzlichsten Dank aussprechen:

Fabian Peake

Adam Burge, Lucy Wilkinson, Frankie King, Hugo Harris, Helena de Pulford, Daniel Lambert, Joseph Moss

Sophie Nurse, Madeline Warren, Elly Hawley, Poppy Fairfax, Rosa Bacile

Art Mentor Foundation Lucerne, Henry Moore Foundation

Briony Fer, Alex Potts, Gilda Williams, Ulrich Wilmes

Andrea Lissoni, Wolfgang Orthmayr, Damian Lentini, Lisa Paland, Cassandre Schmid, Michael Haacke, Adina Laub, Carmella Schürmann

M. Johannes Baur, Anton Bosnjak, Elena Carvajal Diaz, Chloé Coquilhat, Tanja Eiler, Hans Peter Frank, Ben Goossens, Susanne von der Groeben, Jonas Gstattenbauer, Victoria Henri-Brossard, Lukas Hoffmann, Tommy Jackson, Peter Kreibich, Christian Leitna, Kaori Nakajima, Carlo Scheuermann, Felix Scheuermann, Marjen Schmidt, Martin Schoierer, Andrea Snigulla, Nikolaus Steglich

Dan Solbach, Robin Brass, Camilla Langnickel, Gérard A. Goodrow, Nikolaus G. Schneider, Olivia Parkes, Holger Steinemann, Max Geuter, Jutta Allekotte, Rainer Arnold

Impressum

Dieser Katalog erscheint anlässlich der Ausstellung
PHYLLIDA BARLOW. frontier
Haus der Kunst, München
10.3.–25.7.2021

Kurator:
Damian Lentini
Kuratorische Assistenz:
Lisa Paland

Katalog

Herausgeber:
Damian Lentini
Autor:innen:
Phyllida Barlow, Briony Fer, Damian Lentini, Lisa Paland, Alex Potts, Gilda Williams, Ulrich Wilmes
Redaktionsleitung:
Lisa Paland
Redaktionsassistenz:
Camilla Langnickel
Projektmanagement Hirmer Verlag:
Jutta Allekotte, Rainer Arnold
Übersetzung ins Deutsche:
Nikolaus G. Schneider (Essays Phyllida Barlow, Briony Fer, Damian Lentini, Alex Potts, Gilda Williams)
Lektorat:
Holger Steinemann
Gestaltung:
Dan Solbach mit Robin Brass und Natasha A. Okoth
Ausstellungsfotografie:
Max Geuter
Herstellung:
Rainer Arnold
Lithografie:
Reproline mediateam GmbH, München
Papier:
Profibulk 150 g/m²
Schrift:
ABC Schema, Robert Janes (Dinamo)
Druck und Bindung:
Eberl & Koesel GmbH & Co.KG, Kempten

Printed in Germany

Die Deutsche Nationalbibliothek verzeichnet diese Publikation in der deutschen Nationalbibliografie; detaillierte bibliografische Daten sind über htttp://dnb.dnb.de abrufbar.

ISBN 978-3-7774-3546-6
(deutsche Ausgabe)
ISBN 978-3-7774-3547-3
(englische Ausgabe)

www.hirmerverlag.de

Die Publikation wurde großzügig unterstützt durch die Art Mentor Foundation Lucerne.

ART FOUNDATION
MENTOR LUCERNE

Danken möchten wir außerdem der Henry Moore Foundation für die Unterstützung der Ausstellung.

HENRY MOORE FOUNDATION

Stiftung Haus der Kunst München, gemeinnützige Betriebsgesellschaft mbH
Prinzregentenstraße 1
80538 München
www.hausderkunst.de

HAUS DER KUNST

Für die jährliche Unterstützung des Programms danken wir unseren Gesellschaftern, dem Freistaat Bayern und der Gesellschaft der Freunde Haus der Kunst e.V., sowie unserem Hauptförderer, der Alexander Tutsek-Stiftung.

ALEXANDER TUTSEK-STIFTUNG
art + science

Bildnachweis

Sofern nicht anders angegeben, gilt für alle Abbildungen der Werke von Phyllida Barlow: © Phyllida Barlow und Hauser & Wirth.

Für alle Abbildungen mit Lizensierung © VG Bild-Kunst, Bonn 2021, gilt außerdem:

Die Geltendmachung der Ansprüche gem. § 60h UrhG für die Wiedergabe von Abbildungen der Exponate/Bestandswerke erfolgt durch die VG Bild-Kunst.

Cover: Fotos: © Genevieve Hanson.

Katalogbildstrecke *PHYLLIDA BARLOW. frontier*: S. 11–34, 55–70, 85–100, 103–118, 143–158: Fotos © Haus der Kunst, 2021 / Max Geuter.

Essay Lentini: S. 37, Abb. 1: © 2021 Frank Auerbach. Image Reproduced with the permission of the Museum of Hartlepool, image copyright Hartlepool Borough Council; S. 37, Abb. 2: © VG Bild-Kunst, Bonn 2021; Foto: © Tate; S. 37, Abb. 3: © VG Bild-Kunst, Bonn 2021; Foto: Courtesy Galerie Lelong & Co; S. 37, Abb. 5: © Kazuo Shiraga, Courtesy Nakanoshima Museum of Art, Osaka, 2021; S. 37, Abb. 6: © George Fullard Estate, Courtesy Gallery Pangolin; Foto: Steve Russell Studios; S. 38, Abb. 8: © The Estate of Eva Hesse; Foto: Courtesy Hauser & Wirth; S. 38, Abb. 9: © VG Bild-Kunst, Bonn 2021; Foto: Tom Haartsen, Courtesy Fondation Constant; S. 38, Abb. 10: Foto: © Haus der Kunst, München, 2011 / Wilfried Petzi; S. 38, Abb. 11: © VG Bild-Kunst, Bonn, 2021; Foto: Tony Smith Estate / Artists Rights Society (ARS), New York; S. 43, Abb. 14: Foto: © British Council / Ruth Clark; S. 43, Abb. 15: © Picture alliance / empics, Foto: Ben Birchall; S. 44, Abb. 19: Courtesy Carnegie Museum of Art, Foto: Greenhouse Media; S. 44, Abb. 20, 21, 23: Fotos: © Tate; S. 47, Abb. 26: © Giuseppe Penone; Foto: Nils Klinger, Courtesy Stadt Kassel; S. 47, Abb. 27: © David Medalla; Foto: Archivo Fotográfico Museo Nacional Centro de Arte Reina Sofía; S. 47, Abb. 28: © Trustees of the Paolozzi Foundation, Licensed by VG Bild-Kunst, Bonn, 2021; Foto: © British Council; S. 48, Abb. 29: © Etel Adnan; Foto: © White Cube (George Darrell); S. 48, Abb. 30: Foto: Todd-White Art Photography; S. 48, Abb. 31: Foto: Alex Delfanne, All Rights Reserved; S. 48, Abb. 32: Foto: © picture alliance / dpa / Sebastian Gollnow.

Essay Potts: S. 72, Abb. 1: Foto: Genevieve Hanson; S. 72, Abb. 2: © VG Bild-Kunst, Bonn 2021; Foto: © Tate; S. 72, 74, Abb. 3–6: Fotos: Alex Delfanne, All Rights Reserved; S. 74, 76, 78, Abb. 7–13: Fotos: © British Council / Ruth Clark; S. 80, Abb. 14, 15: © Fotos: Damian Griffiths; S. 80, Abb. 16: © VG Bild-Kunst, Bonn 2021; Foto: bpk / CNAC-MNAM / Georges Meguerditchian.

Essay Williams: S. 120, Abb. 1: Foto: Peter Mallet; S. 120, Abb. 2: Foto: Fabian Peake; S. 120, Abb. 3: Fotos: © Scala, Florence, 2021 – Courtesy Ministero Beni e Att. Culturali e del Turismo – Palazzo Ducale di Mantova; S. 120, Abb. 4: Foto: Benoit Pailley; S. 120, Abb. 5: Foto: Ruth Clark, Courtesy The Fruitmarket Gallery, Edinburgh; S. 122, Abb. 6: Foto: © Carl Brunn, Courtesy Ludwig Forum für Internationale Kunst, Aachen; S. 122, Abb. 7: Foto: © Haus der Kunst, München, 2011 / Wilfried Petzi; S. 122, Abb. 8: Foto: Kevin Todora für Nasher Sculpture Center, Dallas; S. 122, Abb. 11: Foto: © Kunstverein Nürnberg, 2011 / Stephan Minx; S. 122, Abb. 13: © Chuck Jones, Ted Geisel / MGM Animation/Visual Arts / MGM Television / CBS; S. 124, Abb. 14: Foto: Peter Mallet; S. 124, Abb. 15: Foto: Alex Delfanne, All Rights Reserved; S. 124, Abb. 16: Foto: © Noah Purifoy Foundation, 2021; S. 124, Abb. 17: Foto: Alex Delfanne, All Rights Reserved; S. 124, Abb. 18: Foto: © Kunstverein Nürnberg, 2011 / Stephan Minx.

Katalogbildstrecke Zeichnungen: S. 127, oben links, unten links, oben rechts, unten rechts: Fotos: Alex Delfanne, All Rights Reserved; S. 127, mittig rechts: Foto: Mike Bruce; S. 128, S. 129, links oben, links unten, mittig rechts, unten rechts: Fotos: Alex Delfanne, All Rights Reserved; S. 129, oben rechts: Foto: Gates Studios; S. 130, mittig links, oben rechts, unten rechts: Fotos: Alex Delfanne, All Rights Reserved; S. 130, oben links, unten links: Fotos: Todd-White Art Photography; S. 131, S. 132, oben links, oben rechts: Fotos: Alex Delfanne, All Rights Reserved; S. 132, unten links: Foto: Mike Bruce; S. 132, unten rechts, S. 133, S. 134, oben links, oben rechts: Fotos: Todd-White Art Photography; S. 134, unten rechts: Fotos: Mike Bruce; S. 135, S. 136, oben links, oben rechts, mittig links: Fotos: Alex Delfanne, All Rights Reserved; S. 136, unten links: Fotos: Todd-White Art Photography; S. 136, unten rechts: Fotos: Mike Bruce.

Essay Wilmes: S. 140, Abb. 1: © Robert Rauschenberg Foundation / VG Bild-Kunst, Bonn 2021; Foto: Ben Blackwell; S. 140, Abb. 2: © Robert Rauschenberg Foundation / VG Bild-Kunst, Bonn 2021; Foto: Private Collection. Courtesy Hauser & Wirth Collection Service; S. 140, Abb. 3: © 2021 The Museum of Modern Art, New York; Foto: © Scala, Florence; S. 140, Abb. 4: © The Josef and Anni Albers Foundation / VG Bild-Kunst, Bonn 2021; Foto: akg-images; S. 140, Abb. 5: © VG Bild-Kunst, Bonn 2021; Foto: Rheinisches Bildarchiv; S. 140, Abb. 6: © VG Bild-Kunst, Bonn 2021 / Frank Stella / Artists Rights Society (ARS), New York, Courtesy of the artist and Marianne Boesky Gallery, New York and Aspen; Foto: Object Studies.

Essay Fer: S. 160, Abb. 1: © The Estate of Eva Hesse; Foto: Courtesy Hauser & Wirth; S. 160, Abb. 2: © The Estate of Barry Flanagan; Foto: © Ikon Gallery; S. 160, Abb. 3: Foto: Alex Delfanne, All Rights Reserved; S. 160, Abb. 4: Foto: Kevin Todora für Nasher Sculpture Center, Dallas; S. 162, Abb. 5: Foto: Genevieve Hanson; S. 162, Abb. 6: Foto: Alex Delfanne, All Rights Reserved; S. 162, Abb. 7, 8: © The Easton Foundation / VG Bild-Kunst, Bonn 2021; Fotos: Bruce Jones; Christopher Burke; S. 162, Abb. 9: Foto: Genevieve Hanson; S. 164, Abb. 10: Foto: © Metro Pictures / Metro Goldwyn-Mayer; S. 164, Abb. 11: Foto: Alex Delfanne, All Rights Reserved; S. 164, Abb. 12: © The Metropolitan Organisation of Museums of Visual Arts of Thessaloniki; S. 164, Abb. 13: Foto: Alex Delfanne, All Rights Reserved.

Biografie Paland: S. 170: Foto: © George Fullard Estate, Courtesy Gallery Pangolin; S. 174: Foto: © John Malcom Couzins. Courtesy National Portrait Gallery / Martin Couzins; S. 175: Foto: © Courtesy Slade School of Fine Art / UCL; S. 183: Foto: Alex Delfanne, All Rights Reserved; S. 207: Foto: Martin Orpen; S. 247, oben: © Mead Gallery, 2008; Foto: Fabian Peake; S. 248: Foto: © Andy Keate, Courtesy Studio Voltaire; S. 250: © Serpentine Gallery, 2010, Foto: Raphael Hefti; S. 251: Foto: © Kunstverein Nürnberg, 2011 / Stephan Minx; S. 253, oben: © Die Krieger des Lichts, dkdl.de, Nürnberg, 2011; S. 253, unten: Foto: © Hans-Peter Weigel, Courtesy Kunstverein Nürnberg, 2011; S. 254: Foto: © Carl Brunn, Courtesy Ludwig Forum für Internationale Kunst, Aachen: S. 255: Foto: © Haus der Kunst, München, 2011 / Wilfried Petzi; S. 256: Foto: © Carl Brunn. Courtesy Ludwig Forum für Internationale Kunst, Aachen; S. 257: Foto: © Benoit Pailley; S. 258: Foto: Alex Delfanne, All Rights Reserved; S. 259: Foto: Kevin Todora für Nasher Sculpture Center, Dallas; S. 260, oben links: © The Fruitmarket Gallery, Edinburgh, 2015; S. 260, oben rechts: © Kunstmuseum St. Gallen; S. 260, unten links: © Dan Solbach; S. 261: Foto: © Annik Wetter, Courtesy Kunsthalle Zürich; S. 262: Foto: © British Council / Ruth Clark; S. 263: Foto: © Allan Pollok Morris, Courtesy Jupiter Artland; S. 264: Foto: © David Parry, Courtesy Royal Academy of Arts

Trotz größter Bemühungen war es nicht in allen Fällen möglich, die rechtmäßigen Copyright-Inhaber:innen ausfindig zu machen. Berechtigte Ansprüche werden selbstverständlich im Rahmen der üblichen Vereinbarungen abgegolten.